KB083203

# 실재와 창조의 중국민족사

한족과 티베트족 사이의 강족

**지은이**

**왕명가** 王明珂, Michael Wang

미국 하버드대학 동아시아 언어 및 문명학 박사. 1984년부터 2022년까지 대만 중앙연구원 역사어언연구소에서 근무하며 소장직을 역임했다. 2014년 학자로서 최고 영예인 중앙연구원 원사로 선출됐다. 퇴직 후 동 연구소의 통신연구원으로 있으면서 현재 중국 북경대학(北京大學) 역사학과에서 객좌교수를 맡고 있다. 오랫동안 청해(靑海)-티베트 고원의 동쪽변방에서 역사학과 인류학을 결합한 강족(羌族)과 티베트족의 현장 답사에 종사했다. 연구 분야는 중국 소수민족, 유목사회, 민족정체성, 사회기억과 텍스트 분석이다. 주요 저서로『華夏邊緣』,『羌在漢藏之間-一個華夏邊緣的歷史人類學硏究』,『英雄祖先與弟兄民族』,『游牧者的抉擇』,『反思史學與史學反思』,『毒藥貓理論』 등이 있다.

**옮긴이**

**서상문** 徐相文 Sangmun, Suh

대만 국립정치대학 역사연구소 박사. 국방부군사편찬연구소 선임연구원과 책임연구원을 지냈고, 중국 북경대학과 대만 중앙연구원 근대사연구소 방문학자를 역임했다. 현재 환동해미래연구원 원장, 한국역사연구원 상임연구위원, 한국군사평론가협회 회장을 맡고 있으며, 한국문인협회와 한국PEN문학회 회원이다. 주요 저작 및 번역서로『일제 외무성경찰의 임정 · 항일지사 조사기록』(공저, 2022),『6 · 25전쟁 공산진영의 전쟁지도와 전투수행』상 · 하(2016),『중국의 국경전쟁(1949~1979)』(2013),『박태준의 정신세계』(공저, 2012),『혁명러시아와 중국공산당 1917~1923』(2008),『毛澤東과 6 · 25전쟁』(2006) 등 15권과 "Conclusion Process and Analysis of '17 Point Agreement' Between China and Tibet", 2009 등등 중국공산당사, 중국근현대사, 한국전쟁 관련 학술논문 30여 편이 있다.

**실재와 창조의 중국민족사** – 한족과 티베트족 사이의 강족羌族

**초판 인쇄** 2024년 4월 5일 **초판 발행** 2024년 4월 15일
**지은이** 왕명가 **옮긴이** 서상문
**펴낸이** 박성모 **펴낸곳** 소명출판 **출판등록** 제1998-000017호
**주소** 서울시 서초구 사임당로14길 15 서광빌딩 2층
**전화** 02-585-7840 **팩스** 02-585-7848
**전자우편** somyungbooks@daum.net **홈페이지** www.somyong.co.kr

값 48,000원 ⓒ 소명출판, 2024
ISBN 979-11-5905-895-0 93910

이 번역서는 2017년 대한민국 교육부와 한국연구재단의 지원을 받아 수행된 연구임(NRF-2017S1A6A3A03079318)

우미파(牛尾巴) 촌락의 겨울 경치

우미파 마을은 무현(茂縣) 태평(太平) 부근의 산 위에 위치해 있다. 현재 마을 전체가 이미 산 아래 민강(岷江)의 하천 계단식 지역(河階地)으로 옮겨갔다(본서 저자 촬영. 이하 모든 컬러사진은 저자가 촬영한 것이다).

**무현**(茂縣) **북로의 고산 협곡**

민강 상류는 청해 · 티베트(靑藏)고원의 동쪽 끝에 위치하여 있고, 산이 높고 깊은데, 그 사이에 강족(羌族), 티베트족, 한족, 회족(回族)이 같이 살고 있다.

**산간 골짜기**(溝)

민강에는 크고 작은 지류가 많이 있는데, 모두 "골짜기(溝)"로 불리고 있다. 강족 촌락은 바로 각개 골짜기 내에 분포해 있다. 이것은 감목약 마을(甘木若寨)에서 내려다 본 영화구(永和溝)의 모습이다.

골짜기 마을로 걸어 들어가는 길
이것은 리현(理縣) 포계구(蒲溪溝)로 걸어 들어가는 산길이다.

휴계 마을(休溪寨) 및 그 산비탈 밭(山田)

휴계 마을은 포계구 내에서 가장 깊은 골짜기에 있는 마을이다. 가옥들은 성곽과 성곽의 성루 모양으로 긴밀하게 연결되어 있다. 그래서 "마을(寨子)"이라고 불린다.

**북합마을**(北哈寨) **및 산비탈 밭**(山田)

송반애기구(松番愛期溝)의 북합마을. 가옥들 사이는 비교적 넓은 편이다. 오른쪽 후방의 높은 산은 현지인의 말로 "격일낭조(格日囊措)"(음역)라고 불리는 산신이다.

**산 위에 방목되고 있는 야크 무리들**

송반애기구의 야크들은 1년 사철 내내 고산에서 방목되고 있는데 스스로 먹이를 찾으면서 야생의 곰이나 이리들에게 저항하면서 살아가고 있다. 사진 속 오른쪽에는 수컷 야크가 개를 몰아내고 있다.

청년과 상처 입은 암탉

강족 청년과 어린이는 언제나 깊은 산중으로 들어가서 약초를 캐고, 수렵을 하거나 소와 말을 보살펴야 한다.

애기구(埃期溝)의 초지(草場)

산의 정상에 접근하는 완만한 비탈은 늘 눈이 쌓여 있고 삼림으로 덮여 있다. 여름철에는 들꽃과 들풀들이 도처에 널
려 있는데, 이곳은 야크가 활동하기 좋아하는 곳이다.

**북천(北川) 강족의 농촌**
비교적 한족화(漢族化) 된 북천(北川) 소패향(小壩鄕) 내외구인데, 농촌의 구조는 천서(川西)의 한인촌락과 다를 게 없다.

**우미파 마을(牛尾巴寨)**
집들이 산등성이를 따라 분포되어 있는 것이 자주 보는 강족 촌락의 구조다. 사진은 무현 대평(大平) 부근의 산 위에 형성된 우미파 마을의 모습이다.

**흑호구(黑虎溝)의 촌락**

이 촌락은 산등성을 따라 형성된 것인데 아주 위험한 위치에 있고 많은 방어적인 돌로 만든 건물인 석조루(石碉樓)들
이 있다. 이러한 것들이 모두 과거 이곳이 자원 경쟁이 극에 달했음을 보여주고 있다.

**돌로 만든 가옥(石碉樓)**

이것은 흑호구에 있는 돌로 만든 가옥이다. 청대의 "흑호 강번(羌番)"은 강하고 사납기로 유명했지만, 이 돌로 만든 가
옥들은 그들도 전쟁과 폭력에 피해를 입었다는 것을 보여준다.

**리현(理縣) 포계구(蒲溪溝)의 촌락**
포계구에서 전해져 오고 있는 전설에 의하면 옛날 3형제가 이
곳에 와서 제각기 세 마을을 만들었다고 한다. 사진 속에 보이
는 것은 세 마을 가운데 두 마을의 모습이다.

**송반애기구의 가옥**
무현 북로의 송반 강족의 가옥은 나무진흙과 돌을 섞어서 만든 집이 많다.

**문천(汶川) 강봉촌(羌鋒村)의 건물**
이것은 섬돌(石砌)로 지은 전형적인 강족의 가옥이다.

**북천 내외구의 농가 건물(農舍)**
이곳 강족 주민들의 가옥은 일반 한족식 농가구이다.

**향상**(鄕上)

강변(시냇물 옆의 계단식 땅)에 있는 향정부 소재지인 "향상(鄕上)"인데, 간단한 일용품을 살 수 있는 곳이다. 사진은 북천 청편(靑片)의 향상이다.

**길거리 마을**

큰 강을 따라 형성된 거리는 인근 각 골짜기 주민들이 서로 교류하고 물건을 사고팔고 하는 곳이다.

**시와 읍**(城鎭)

주요 시와 읍은 모두 현정부 소재지(縣城)에 있다. 사진은 설 전의 무현 현정부 소재지의 모습이다.

**산 위의 탑들**

탑은 산신의 상징이자 자원의 경계를 가르는 표지이기도 하다. 왕래하는 사람들은 모두 탑 위에 나뭇가지를 꽂아서 신에 대해 경배한다.

**북천(北川)의 강족 가정**
북천의 내외(內外) 골짜기는 남녀노소 할 것 없이 모두 한인과 다를 바 없는 복장을 하고 있다.

**무현 영화(永和)의 강족 가정**
무현 영화구에서는 여인들만이 "강족 옷"을 입는다.

**우미파 마을의 강족(羌族) 가정**
무현 우미파의 강족은 보통 평상시에는 여성들만 "강족 옷"을 입는다. 그러나 의식을 치러야 할 때나 명절 때는
남성들도 티베트족의 대의(大衣) 복장과 유사한 "전통 옷"을 입는다.

**소흑수(小黑水) 사람**
이것이 바로 과거 이곳 사람들의 마음속에 존재했던
야만인 명칭인 "박과자(猼猓子)"이다. 오늘날 "강족말
을 하는 티베트족"이다.

**베를 짜는 흑호구(黑虎溝) 부녀들**

강족의 여성 복장은 각 골짜기 마다 조금씩 다르다. 그 중에서 흑호구 부녀들의 보랏빛 머리띠인 두건포자법(頭帕包紫法)이 가장 특색이 있는데 다른 골짜기와 많이 다르다. 원래는 순백색의 파두건(帕頭巾)인데 흑호(黑虎)장군의 상복(帶孝)이라고 불리고 있다. 근년에 들어와 그 옷 위에다 꽃모양이 수놓인 포건을 두르는 것이 유행하고 있다.

**설 명절 의식**

우미파 마을에서 음력 초 7일 동안 벌어지는 새해맞이 의식인데, 이 활동의 일부는 청장년 남자들의 외적에 대한 대항을 상징한다.

당대의 무당(端公)
학술, 관광과 이 민족의 정체성이 결합된 강족의 "제산회(祭山會)". 사진 속 왼쪽사람은 무당의 조수이고, 무당은 촬영 기자들에게 파묻혀 보이지 않는다.

**1940년대의 무당(端公)**
무당인 단공과 양가죽북을 두드리는 그의 조수들이 술법을 행하고 있다.

(본 사진을 제공한 中央研究院 歷史語言研究所에게 감사한다.)

**1940년대 강족 부녀와 아동**
사진 앞줄의 아동들이 갈대로 술을 빨아 마시고 있다. 당시 이러한 어른들과 아이들이 입고 있던 옷은 바깥에서 온 사람들의 눈엔 특색이 없다거나 한인들의 옷과 차이가 없다고 여겨졌다. (사진은 대만 中央研究院 歷史語言研究所에서 제공한 것인데, 이에 대하여 특별히 감사한다.)

**오늘날의 강족 어린이들**
이 사진을 보면 어린이가 자라면서 점차 사회규범의 영향을 받아 "본 촌락의 의복"을 입게 된다는 것을 알 수 있다.

접경인문학
번역총서
008

# 실재와 창조의 중국민족사

## 한족과 티베트족 사이의 강족羌族

The Chinese National History of Reality and Creation:

Gang between Han and Tibetans

왕밍가 지음
서상문 옮김

## 일러두기

1. 이 책은 대만의 중국민족 연구자 왕명가(王明珂)의 저서 『한족과 티베트족 사이의 강족 – 화하 변방의 역사인류학연구(羌在漢藏之間－一個華夏邊緣的歷史人類學研究)』를 한글로 번역한 것이 다. 한글 번역서의 서명은 『실재와 창조의 중국민족사 – 한족과 티베트족 사이의 강족(羌 族)』으로 바꾸었다.
2. 본서에 나오는 중국어는 중국에서 사용되고 있는 간체자(簡體字)가 아니라 대만에서 사용되고 있는 번체자(繁體字)이기 때문에 원문대로 본문이나 각주에서도 모두 번체자로 표기하였다.
3. 본서에 나오는 한자를 괄호 안에 병기할 경우 원서에서 사용한 번체자로 표기하였다.
4. 인명, 지명과 역사 관련 고유명사는 모두 중국어 발음이 아닌 한글음으로 표기하였다. 단 '서장 (西藏)'은 우리에게 익숙한 '티베트'로 번역하였다.
5. 한자어로 표기하면 의미가 생소한 단어들, 예컨대 집단(群體), 사람들(人群), 국족(國族) 등은 각기 그에 맞는 우리말로 바꾸었으나, 족군(族群)은 적당한 우리말 번역어가 없고 그대로 표기 해도 의미가 '종족의 무리'라는 의미가 전달되기에 따로 번역하지 않았다.
6. 한글만 표기할 경우 혼동될 수 있는 단어들, 예컨대 이족(彝族), 이족(異族) 같은 경우에는 매 번 괄호 안에 한자를 넣어 구분하였다.
7. 내용 중 강족(羌族)이 사용하는 방언을 중국어로 음역한 단어들이 적지 않은데, 예컨대 이마 (爾瑪), 격일낭조(格日囊措), 석파가막(釋巴迦莫) 등등은 모두 중국어 음가로 표기하여도 해당 강족 말의 발음과 유사하지 않기 때문에 이 역시 한글의 한자음으로 표기하였다.
8. 각주에는 저자의 주와 역자의 주가 있는데, 후자는 [역자주]로 표시하여 구분하였다.
9. 참고문헌의 배열은 원서에 있는 그대로 따랐다.

중앙대·한국외대 HK+ 접경인문학연구단은 2017년 한국연구재단의 인문한국사업HK+에 선정되어 1단계 사업을 3년에 걸쳐 수행한 후, 2020년부터 2단계 사업을 시작했습니다. 접경 인문학에서 접경은 타국과 맞닿은 국경이나 변경만을 의미하지 않습니다. 같은 공간 안에서도 인종, 언어, 성, 종교, 이념, 계급 등 다양한 내부 요인에 의해 대립과 갈등이 발생하기 때문입니다. 연구단이 지향하는 접경 인문학 연구는 경계선만이 아니라 이 모두를 아우르는 공간을 대상으로 진행됩니다. 다양한 요인들이 접촉 충돌하는 접경 공간Contact Zone 속에서 개인과 집단이 이를 어떻게 인식하고 변화시키려 했는지를 추적하고 분석하는 것이 접경 인문학의 목표입니다.

연구단은 2단계의 핵심 과제로 접경 인문학 연구의 심화와 확장, 이론으로서의 접경 인문학 정립, 융합 학문의 창출을 선택하였습니다. 1단계 연구에서 우리는 다양한 접경을 발견하고 그곳의 역사와 문화를 '조우와 충돌', '잡거와 혼종', '융합과 공존'의 관점에서 규명하였습니다. 이 성과를 바탕으로 삼아 2단계에서는 접경 인문학을 화해와 공존을 위한 학술적이면서 동시에 실천적인 방법론으로 제시하고자 합니다. 연구단은 이 성과물들을 연구 총서와 번역 총서 및 자료 총서로 간행하여 학계에 참고 자원으로 제공하고 문고 총서의 발간으로 사회적 확산에 이바지하고자 합니다.

접경은 국가주의의 허구성, 국가나 민족 단위의 제한성, 그리고 이분법적 사고의 한계성을 여실히 드러내는 대안적인 공간이자 역동적인 생각의 틀이라 생각합니다. 우리 연구단은 유라시아의 접경에서 일어나는 다양한 조우들이 연대와 화해의 역사 문화를 선취하는 여정을 끝까지 기록하고 기억할 수 있기를 희망합니다.


중앙대·한국외대 HK+ 접경인문학연구단 단장

손준식

## 『실재와 창조의 중국민족사 – 한족과 티베트족 사이의 강족姜族』 서序

　나는 본서의 저자 왕명가王明珂 선생과는 한 세대가 차이 나는 사람일 것이다. 나의 학술연구 역정이 1970년대 이전에 성장하였기 때문에 '민족', '민족집단' 같은 개념에 대해선 나는 '객관적 문화특징'파에 속할 것이다. 왕 선생의 학술연구 역정은 1970년대 이후에 성장한 것이다. 그래서 그의 '민족', '민족집단' 개념은 분명히 '주관적 정체성'파에 치우쳐 있다. 따라서 친구들과 동행자들이 나와 같은 세대이든, 아니면 나 보다 한 두 세대가 젊든, 만일 내가 저자 왕 선생의 문화특징론을 해체한 저서『한족과 티베트족 사이의 강족』을 위해 서문을 쓰는 걸 본다면 틀림없이 나 때문에 식은땀을 흘릴 것이다. 그러나 나 자신은 도리어 마음이 평온하고 심기도 편하다. 그런데다 민족사, 역사인류학 및 민족집단 연구를 겸비한 당대의 '모범적'인 대저작인 이 저서를 소개하게 되어서 대단히 기쁘다.

　사실, 나는 이미 일찍부터 왕명가 선생의 이전 저서『화하변방華夏邊緣』을 읽었다. 그래서 그의 논점을 이해할 수 있었을 뿐만 아니라 그가 '강족'이라는 이 사례를 선택하여 자신의 이론 분석을 발휘한 것을 감상하게 되었다. 그래서 그가 '강족' 안에서 더 오래 필드워크 작업을 수행할 수 있도록 지지한 바도 있다. 이제 그는 또 그의 풍부한 현지의 연구자료들을 엮어서 본서를 완성하였다. 그는 자신의 족군族群, 즉 민족집단변방이론인 강족의 '역사' 변천을 남김없이 다 드러내어 사람들에게 읽는데 흥미가 넘쳐나 책에서 손을 떼지 못하게 할 것이다. 그뿐만 아니라 매 장을 다 읽을 때마다 끊임없이 성찰과 연상을 불러일으킬 것이다. 이 역시 이 책의 가장 큰 특징이어서 배경이 같지 않은 사람들도 즐겁게 읽을 수 있도록 할 것이다.

왕 선생은 본서에서 논의를 개시하자마자 바로 이 책은 '족군변방이론'으로 이른바 '강족'의 역사 민족지를 분석하였다고 설명했다. 그는 고대 중원의 한족과 서쪽의 각 민족들이 오랫동안 서로 영향을 미친 역사의 여정에서부터 착수하여 인간집단들 사이 자원의 공유와 경쟁관계가 만든 정체성과 구분 현상의 해명, 그리고 '문화 현시' 과정의 촉진, 그것에다 당대 민족주의의 형성에 대하여서도 분석하여 오늘날 이른바 '강족'의 출현에 대하여 대단히 훌륭하게 논술하였다. 동시에 중국민족이나 중화민족의 기원과 형성에 대하여서도 완전히 새롭고 더 많은 성찰과 논쟁을 불러일으킬 역사 인류학적 해석을 내놓았다.

먼저, 왕 선생은 이른바 '강인' 혹은 '강족'이 역사상 실제는 하나의 모호하고 부단히 변동하며, 바람처럼 이동하는 집단이라고 생각하였고, 그들이 당대의 강족이 된 이유는 사실 세 단계의 과정을 거쳐서 이뤄진 것이라고 말한다.

첫째 단계로, 가장 이른 상商나라시대에서 진한秦漢시대의 소위 강족은 사실 중원 화하華夏[1]의 민족집단들이 서쪽의 이민족을 부르던 통칭이었다. 그들의 거주 범위는 화하의 영역이 확대됨에 따라 서쪽으로 이동하였고, 그보다 조금 후대에 와선 또 티베트족이 흥기함으로써 강인은 한족과 티베트족 두 민족 사이 민족집단의 완충 지대, 즉 이른바 민족집단의 변방이 되었는데, 두 민족 세력이 흥하고 쇠퇴함에 따라 그 범위를 변화시켰다.

둘째 단계는 서양 민족주의의 영향을 받아서 중국민족지의 글쓰기가 핵심과 변강 소수민족의 체계로 형성되었고, 전통적인 강족문화 혹은 저강氐

---

1  [역자주] 중국인들 자신이 명명한 한족 중심의 고대 국가인 '중국'의 옛 명칭이다.

羌문화는 마침내 변강의 어떤 소수민족의 문화로 만들어졌다.

마지막 단계는 1960년대에 민족분류가 구분되면서 강족이 55개 소수민족의 하나가 된 이후, 자기 자신들도 문화를 경쟁적으로 현시하는 과정에서 본토의 문화 이미지를 창조하여 형태를 정하였다.

이러한 민족집단의 형성은 복잡하고 우여곡절이 있었지만, 저자는 그가 1994년부터 2002년까지 연속 9년간이라는 긴 세월 동안 자세하게 실시한 현지의 필드워크 조사와 문헌자료의 탐색을 활용하여 아주 교묘하고 감동적으로 '강족' 사람의 이동, 모호하고 '정형'화된 옛날이야기들을 수를 놓듯이 새겨 넣었다. 그 기간에 그는 흥미롭고 깊은 많은 예들을 이용하였는데 복잡한 현상들, 예컨대 그의 '독약고양이 이론', '양머리羊腦殼'와 '소머리牛腦殼' 이야기, '형제이야기'와 '조상영웅' 전설, 소위 '서로 욕하기 一截罵一截'라는 현상 등은 모두 독자들에게 회심의 웃음을 자아낼 수 있게 할 것이다. 저자의 이러한 상세한 필드워크조사자료들은 일반 독자들의 공감을 불러일으킬 수 있을 뿐만 아니라 스스로 필드워크조사의 베테랑이라고 생각하는 우리 인류학자들도 승복하게 할 것이다. 비록 저자는 자신이 결코 인류학자가 아니라고 거듭 겸허하게 말하고 있지만.

저자는 이 책에서 '강족'의 '민족사' 혹은 '민족지'를 해석하는 노력 외에 다른 중요한 목표가 있는데 '강족'의 형성 과정을 분석하는 것에서 더 나아가 '중국민족'이나 '중화민족' 등의 개념을 '민족집단 이론'으로 검토하고 해체하는 것이다. 저자는 소위 '근대 구축론'에 비교적 가까운 학자임이 아주 분명하다. 그래서 그의 관념에서 '중화민족'은 사실 서방 '민족주의'의 영향을 받아 자아가 상상하여 구축한 산물이다. 그래서 그는 이렇게 말한다.

19세기 후반 서양의 '민족주의', 그것과 관련된 '민족nation' 개념과 사회적 다원주의social Darwinism가 구미 열강 세력을 따라 중국에 들어왔다. 중국에서 서양 열강의 세력 확장을 근심하고, '우리민족我族'이 '적자생존'하에서 타인의 지배를 받는 흑인종과 홍인종의 전철을 밟을까 매우 두려워한 중국 지식인들은 '민족주의'개념과 민주개혁 사상을 결합하여 '우리민족'이 단결하여 자립 자강할 것을 극력 호소하였다. 이 '우리민족'은 우선 혁명파 인사들의 마음속에서 전통적인 '중국'개념에서 사방의 오랑캐들에게 포위된 '한족'을 가리켰다. 만주족을 비교적 능히 포용할 수 있었던 입헌파 지식인들의 마음속에서 우리민족은 만주족과 몽골족 등등의 민족을 포함하는 것이었다. 나중에 구미 열강이 티베트, 몽골, 동북과 서남 변경지역에서 적극적으로 그들의 이익을 도모하려는 상황에서 '중국인'핵심과 '사방의 오랑캐四裔蠻夷'변방들을 결합하여 '중화민족'이 된 우리 집단我群의 상상은 점차 청나라 말기와 중화민국 초년 많은 중국 지식인들의 마음속에 국가민족의 청사진이 되었다.277~278쪽

또 그는 이렇게 말한다.

'역사실체론'이 주장하는 '민족'의 정의는 의심해볼만 하다. 30년 가까이 인류학의 족군族群 연구는 '민족집단'이든 '민족'이든 모두 비객관적인 체질, 언어와 문화가 범주를 정한 것임을 설명해준다. 이 민족의 정의에 근거하여 세워진 민족사는 한 민족의 실체가 시간 속에서 연속된 역사이기 때문에 자주 질의를 받기도 한다. 한 개 집단의 혈연, 문화, 언어와 '정체성'은 내적 차이가 있으며, 게다가 역사의 시간 속에 혈연, 문화, 언어와 '정체성'의 유출이 있고, 새로운 혈연, 문화, 언어와 '정체성'의 유입도 있었다. 도대체 어떤 '민

족 실체'가 역사에서 연속되었는가? '역사실체론'의 학술상의 결여는 주로 '텍스트text'와 '표징representaion'을 '역사적 사실historical fact'과 '민족지民族誌적 사실ethnographical truth'이라고 여기면서 '역사 텍스트'의 사회적 기억의 본질 및 '문화표징' 현시의 본질 ― 즉 양자의 생산과 존재의 역사 상황과 사회 정황을 소홀히 한 데에 있다.623쪽

이 같은 논점에 대해 민족주의의 지지자 및 민족실체론자들은 반드시 그렇게 받아들이길 원하지는 않을 것이다. 그러나 나 개인적으로는 오히려 당신이 받아들이든 받아들이지 않든 저자가 이 책 전체를 통하여 세밀하고 반복적으로 이야기한 논술을 자세히 읽었다. 싫증나지 않게 변론과 논술을 반복하면, 당신은 '민족', '족군' 등의 개념에 대해 비교적 넓고 탄력적으로 이해하게 될 것이라고 생각한다.

우리는 아마도 민족, 민족집단 등의 이런 개념들은 본래 인류가 조기의 우주 만물에 대한 인지를 분류하는 것과 마찬가지이고, 이 연속적인 스펙트럼을 주관적으로 잘라내는 것이라고 말할 수 있을 것이다. 그러므로 항상 인정자의 기본 입장에 따라 다르기 때문에 민족의 분류는 '타인분류'와 '자아분류'의 차이가 있다. '타인분류'는 또 행정분류와 정치분류, 학자분류와 타민족분류 등등으로 나눌 수 있지만, 자아분류는 그 자신의 신분에 따라 다를 수 있기 때문에, 예를 들어 지식인, 권력 장악자 혹은 일반 민중들 등에 따라 다르며, 더욱이 공간과 시간의 차이에 따라 더욱 큰 차이가 있을 수 있다. 난서蘭嶼섬2이나 호주의 태즈메이니아3의 고립된 그런 작은

---

2　[역자주] 대만 동남단의 태평양 해상에 있는 섬이다.
3　[역자주] 오스트레일리아 섬 남단의 멜버른 아래에 위치한 섬이다.

섬에선 사람들의 분류와 정체성이 '자아'이든, 아니면 '타인'의 것이든 모두 큰 차이가 없지만, 그 문화의 특징은 유형의 문화이든, 아니면 무형의 심층적인 가치판단, 우주관 등등이든 비교적 장구한 연속성도 존재할 수 있다.

그러나 중국 혹은 아시아 대륙의 동반부라는 이렇게 큰 지역에서 또한 수천 년의 역사 변천의 과정을 거치는 사이에 민족집단들의 정체성과 판별은 자연스레 극히 복잡하다. 확실히 단일 분류의 관념으로는 명확하게 설명하기가 아주 어렵다. 그래서 왕명가 선생의 이 책은 독자들에게 오랫동안 존재해 온 '우리민족'이나 '타민족'의 관념을 되돌아보고 성찰하는 유리한 구조의 패러다임을 제공할 수 있다. 예를 들어 전설에서 '강인'과 마찬가지로 하후씨夏后氏[4]나 우왕禹王[5] 이후의 '월인越人'으로 인식되지만 '강인'처럼 그렇게 화화변방 영역에서 표류하는 민족집단이 되지는 않았고, 역사 속에서 많은 민족집단의 소위 '백월百越'[6]이 되었다. 이는 남방에 비교적 강대한 티베트족이 존재하지 않았던 탓일까? 아니면 화남지역의 지리 환경 때문에 즉, 근본적으로 본서 저자의 방법에 근거하여 다시 발전시킬 수 있는 또 다른 화하 소수민족 상호 작용의 모범 사례이다.

그런데 본서의 저자도 '근대건구론'의 절대 지지자가 아니다. 그는 건구

---

4 [역자주] 夏后氏는 중국 최초의 세습 왕조인 夏왕조의 약칭이기도 하고 하왕조의 군주 이름인데, 오늘날 중국인들이 자신들의 시조라고 부르는 전설상의 인물이다.
5 [역자주] 禹王은 "大禹"로도 불리는 전설상의 인물로서 夏后氏族 부락의 지도자였는데, 중국인들에게 華夏族의 시조라고 인식되고 있다.
6 [역자주] 百越은 고대 越人들이 가장 많이 살고 있던 지역에 살던 종족을 말하는데, 오늘날의 강소성 남쪽에서부터 상해, 절강, 복건, 광동, 해남도, 광서 및 베트남 북부의 남동쪽 해안을 따라 7,000~8,000리에 걸쳐 반달 원 모양의 지역이다. 이 지역에는 호남, 강서 및 안휘성도 포함된다. "백월"이라는 칭호는 고대 월족이 많았기 때문에 여러 가지 많다는 의미의 百이 붙은 것이다.

론자들이 최소한 두 가지 큰 결함을 안고 있다는 것을 똑똑히 알고 있다. 첫째, 그들은 역사의 연속성과 진실성 성격을 소홀히 한다는 점이고, 둘째, 그들도 인류 종족생활에 대한 현실적인 관심을 등한시하였다는 점이다. 심지어 이데올로기의 적대 속에서 타자를 해체한 역사는 문화적 편견을 가진 표현으로 통합되어 사상과 정치상의 대항 도구가 되었다. 따라서 저자가 본서를 집필한 최종 시도는 실제로 한 걸음 더 나아가 구성론자의 입장을 넘어서려는 것이다. 그래서 인류의 자원 분배, 경쟁, 나아가 자원을 공유하는 관점에서 문제를 사유하고, 평심하게 탐구하는 과정에서 현실의 관심과 민족집단관계의 윤리적 가치가 존중되고 강조되는 경지에 도달하고자 하는 것이다. 그래서 그는 이렇게 말한다.

현실적 배려라는 측면에서 족군이나 민족 연구자로서 우리가 연구하는 대상은 공동의 과거, 현재와 미래의 신념을 가지는 일군의 인간 집단들이다. 우리는 그들이 현재 전체 사회의 집단 관계들 속에 처한 처지 및 이러한 족군 관계의 역사발전에 대하여 관심을 갖지 않을 수 없다. (…중략…) 따라서 본서에서 각개 골짜기 부락 사람들의 정체성과 구분을 설명하든, 혹은 '강족羌族'을 변방의 화하정체성 및 그 족군 경계의 변천으로 삼든, 나는 그것이 인류의 자원 배분, 공유와 경쟁 관계에서 지닌 의의를 강조할 것이다. 이러한 역사민족지의 지식을 믿는 것은 사람들의 사고에 도움이 될 것이다. 즉 우리가 칭하는 '통일'혹은 다원일체 중에 각종 문화적 편견, 본위주의가 '일체一體' 내 무리들 간의 계서화에 이르게 하고, 각종 형식의 불평등을 조성하지 않는가라고 생각하게 만드는 것이다. 우리가 주장하는 '분리'는 자원을 농단하는 일종의 이기적인 결정과 정책이고, 내외 집단체계의 장기 분열과 대항에 이르게 하는 게 아닐까? 그렇게 하여야만 비로소 우리가 어떻게 자원 공유와 조화롭고 평등한 사회 체계를 세울 것인지를 함께 상의할 수 있는 것이다. 「머리말」 41~42쪽

그는 또 이렇게 말한다.

근대 중국의 국가민족이 형성되는 과정에서 화하와 전통적인 화하의 변방은 하나로 합쳐져서 '중화민족'이 되었다. 이것은 이 지역의 오랜 인류의 자원 경쟁역사 중 새로운 시도, 즉 광대한 동아시아 대륙 생태계에서 상호 의존적 관계에 있는 지역의 인간집단을 자원 공유의 국가와 국가민족으로 결합시키는 시도였다고 할 수 있다. 이 점에서 보면 청나라 말기, 일부 중국혁명당의 엘리트들이 순수한 한족국가를 세우려고 한 청사진 및 당대 소수민족의 독립을 고취하는 언론이 꼭 최선의 선택인 것은 아니었다. 마찬가지로, 유라시아 대륙의 동, 서 양쪽 지역은 다음과 같은 차이가 있다. 서방은 대서양 연안의 인권, 자유를 추구하는 소수 부강한 국가들인데, 그 내륙은 자주 종교, 종족과 경제자원 전쟁에 휘말려 들어가고 내부의 성별, 계급과 종족 박해가 빈번하게 전해지는 각 국가와 각 민족이 있다. 대륙의 동쪽 연안은 '다원일체 多元一體'의 중국이 경제보조로 내륙 지역의 빈곤과 결핍을 늦추고 있으며, 국가의 힘으로 족군들 간의 질서를 유지하고 있다. 우리도 유라시아 대륙의 서반부의 체제가 동반부의 국가민족 아래에 있는 중국의 체제보다 우수하다고 말하기 어렵다. 626~627쪽

여기서 알 수 있지만, 저자는 역사 실체론을 비판하고 해체했을 뿐만 아

니라 동시에 근대구성론에 구애받지 않고 사실상 양자의 경지를 초월하였다. 나아가 저자는 미래 세계평등 공존의 관점에서 한층 이상적인 인류의 자원 공유 환경을 진작시키고, 기획하는 일을 모색했다. 이것은 얼마나 넓은 마음인가? 그래서 저자는 국가민족을 구축하는 과정에서 중화민국이 만약에 의의가 있다면 그 의의는 광대한 중국 대륙의 생태체계 중 서로 의존하는 지역의 군중들을 자원의 공유와 사용에 서로 협력하는 국가와 국가민족에 결합시키려는 시도에 있을 것이다. 동시에 그는 더욱이 유라시아 대륙의 동서 양분의 체제가 반드시 서구가 동아시아 보다 더 우월한 것이라고는 할 수 없으며, 서구는 대서양 연안에 강대국의 인권을 가진 부국이지만 그 내륙은 자주 종교와 자원 경쟁의 박해와 투쟁에 휘말려 들어가 있다.

그런데 동아시아는 '다원일체'라는 국가 민족주의의 이상으로 경제 지원 및 행정력을 가지고 내륙의 빈곤과 결핍을 경감시킬 수 있으며, 민족집단의 질서를 유지시킬 수 있다고 지적하였다. 가령, 문화적 편견을 갖지 않는 입장론으로 동아시아 체제는 사실 장기적인 발전의 의의가 있다. 분명히 이러한 사고방식은 서구에서 일국일민족 체제에 익숙한 학자에게는 물론, 더욱 공평한 경계의 '지구화'를 추구하는 인사들에게도 모두 그들이 반성하고 계획하도록 촉진시킬 수 있는 모범적인 사고일 것이다.

시스템의 차이를 언급하면, 나는 고인이 되신 저명한 고고학자 장광직張 光直 교수가 주장한 동서문명의 '연속성'과 '단절성'이라는 독창적인 견해를 떠올리지 않을 수 없다. 장 선생은 이 한 쌍의 관념으로 신석기시대에서 철기시대로 진입한 인류문명의 발전과정에서 나타난 동서문화의 차이를 설명했다. 이른바 '연속성'과 '단절성'이란 많은 분야의 문화현상을 가리킨다. 그러나 가장 중요한 것은 금속기 발명 후 생산도구의 변화를 가리킨다. 서방문화가 야만 상태에서 문명 상태로 진입한 대표적인 경우는 유프라테스강과 티그리스강 유역의 '수메리안Sumerian' 문화다. 수메리안의 금속기 발명은 농업생산 도구에 응용이 되었고, 비교적 이른 시기에 석기를 생산에 이용한 것은 분명하게 다른 점이었다. 그래서 도구성격의 이용상 일종의 단절이라는 것이다.

그러나 중국에서 금속 청동기가 황하유역에 출현한 하나라 말과 상나라 初夏末商初가 시작된 시기에는 정치와 종교의식에 사용하였다. 생산도구는 여전히 원래 있던 돌, 나무, 뼈, 조개 등을 그대로 사용하였기 때문에 일종의 연속이라고 할 수 있으며, 이러한 연속된 관계도 동시에 인간관계, 문자의 응용, 도시와 농촌관계, 재부의 누적과 집중, 권력의 획득 나아가 이데올로기의 표현상에 나타난다.「연속과 단절-하나의 문명기원 신설(連續與斷裂--一個文化起源新說)」, 1986 참고 즉시 장 선생의 이러한 '연속성'과 '단절성'으로 문화 전통 간의 차이 설을 위의 논급에서 강조한 동양과 서양의 민족 관계 방식의 차이와 결부시키는 것은 아마도 비교적 이해하기 어려울 것이다.

하지만 만일 중국문화에 대한 나 자신의 '치중화 우주관致中和 宇宙觀'[7]을 모색하는 논증, 또는 "3개 차원의 화해균형 우주관"[8]의 탐구를 자연에 대하여, 사람들에 대하여, 자아 3차원의 화해와 균형이라는 이상적 경지에 대비하여 설명하면, 아마도 동아시아 대륙 내에는 자고 이래 줄곧 자연과

---

7   [역자주] 致中和는 공자의 제자인 자사(子思)가 쓴 『중용(中庸)』에 나오는 어구인데, 사람의 도덕 수양이 편향되지 않고 극단으로 치닫지 않는 매우 조화로운 경지에 이른 상태로서 중용에 부합하는 화해로운 상태를 가리킨다.
8   [역자주] 사람, 자연과 사회 3자가 서로 영향을 미치면서 소통하는 조화롭고 화해로운 균형을 이루는 우주관을 말한다.

군중, 심지어 초자연까지도 하나로 융합되어 존재하여 왔고, 자원과 문화적 경험을 함께 나누려는 전통이 끊임없이 이어지고 있다는 것을 비교적 이해하기 쉬울 것이다.「전통 우주관과 현대 기업행위(傳統宇宙觀與現代企業行爲)」참고 이것이 바로 아마도 이 책의 저자가 말하는 현재의 다원일체 민족주의의 역사적 뿌리가 아닐까 싶다.

요컨대 저자가 본서에서 언급한 여러 가지 논술들은 확실히 많은 학술적 성찰과 공명을 불러일으킬 수 있을 것이다. 이는 이 책이 가장 추천할 만한 특징일 것이다. 독자들이 이 책을 읽으면서 작가의 섬세한 논술과 넓은 이론적 구조를 감상할 수 있기를 바랄 뿐만 아니라 동시에 민족집단관계의 맥락에 대해서도 더 많은 성찰과 이해를 할 수 있기를 바란다.

이역원李亦園

2003.1.20

대북 남항 중앙연구원臺北 南港 中央研究院에서

## 감사 말씀

본서를 완성한 것에 대해서 먼저 각지, 각 골짜기의 강족들에게 감사하고 싶다. 만약 그들이 사회, 문화와 역사의 기억 상 복잡다기한 특성들을 보존하고 드러내지 않았다면, 나는 이 부분의 역사와 관련 있는 족군族群 현상을 인식하는 것이 불가능하였을 것이다. 나는 또한 그들이 나에게 나 자신을 이해하게 해준 것에 감사하여야 한다. 우리의 역사적 심성이 끊임없이 '역사'를 창조하여 정복자와 피정복자, 오래된 주민과 새로 오는 이민자들을 구별할 때, 강족과 많은 서남 민족들은 '형제조상 이야기'로 우리에게 평등하게 경쟁하는 우리 무리와 타무리의 관계를 일깨워준 것에 대해 감사한다.

나는 나의 강족 친구들에게 더욱 감사해야 한다. 최근 8년 간, 그들은 나와 함께 민강岷江 상류와 북천北川을 따라 곳곳에 산을 넘고 울타리를 둘러치고 살고 있는 촌락 마을梁上寨子에 올라갔다. 그들의 열성적인 도움과 사회적 인간관계에 힘입었기에 이번 탐방 연구를 완성할 수 있었다.

본서의 장절 내용과 의제는 원래 초보적 구상으로 각종 학술회의에서 혹은 정기간행물에 발표한 것이다. 이 과정에서 많은 비평과 가르침을 받았다. 여기에서 나는 관련 학계의 친구들, 특히 나와 같이 중국소수민족 연구 분야에 있는 반영해潘英海, 하취평何翠萍, 사세충謝世忠 등의 교수들 그리고 역사, 사회와 인류학계의 황응귀黃應貴, 장무계張茂桂, 왕범삼王汎森, 왕도환王道還, 심송교沈松橋 등의 교수들에게 감사를 드리고자 한다. 최근 다년 간 중국 소수민족, 국가민족주의, 역사적 기억과 족군 정체성 등의 의제에서 학제적 관점에서 그들은 모두 나에게 많은 시사점을 일깨워 주었다. 최근

10년 이래 나는 역사학자로서 인류학 혹은 역사인류학과 관련된 연구에 발을 들여놓게 되었는데, 나는 많은 대만 인류학계 친구들의 가르침에 감사한다. 특히 나의 '화하華夏변방' 연구를 격려하고 지지해주신 이역원李亦園 교수님에게 감사드린다.

본서와 관련 있는 필드워크에 대해서는 내가 근무하고 있는 중앙연구원의 지원을 받은 것 외에도 장경국국제학술교류기금회蔣經國國際學術交流基金會와 행정원국가과학위원회行政院國家科學委員會의 지원도 받았다. 여기에서 나는 위 기구들에 대해 12만 분의 감격을 표시한다. 본서의 초고 대부분은 내가 1998~1999년 캘리포니아대학UCLA을 방문한 기간에 완성한 것이다. 나는 UCLA대학의 로타르 폰 폴켄하우젠Lothar von Folkenhausen 교수에게 감사하고자 한다. 이 기간 동안 그는 나에게 생활하는 데에 많은 협조를 해주었고, 또 다년간 학술적으로 가르침과 격려도 많이 해주었다.

나는 나의 선생님인 전임 중앙연구원의 역사어언歷史語言연구소 소장 관동귀管東貴 선생님에게도 감사를 드리고자 한다. 선생님은 제일 먼저 나를 강족 연구라는 이 영역으로 데려다 주신 분이셨다. 1987~1992년 내가 미국 하버드대학에서 공부를 하던 기간 중 로빈 야테스Robin Yates, 토마스 바필드Thomas J. Barfield, 제임스 왓슨James Watson, 스탠리 탐비아Stanley J. Tambiah, 드루 그랜드니Dru C. Grandney 등의 교수들은 모두 훗날 나의 학문이 발전하는 데에 많은 것을 일깨워 주었고, 나는 그들의 지도에 만분 감격스럽게 생각한다. 나는 앞선 스승이셨던 장광직張光直 선생님에게 그리움과 감사의 마음을 표한다. 선생님의 학문과 학자로서의 품격은 내가 영원히 앙모하고 따라야 할 대상이다.

마지막으로, 나는 나의 부모님과 아내에게 감사하고자 한다. 필드워크를 진행하느라 나는 5년 동안이나 집에 설을 쇠러 가지 못했다. 나는 이에 대한 나의 모친의 관용에 감사드린다. 나의 아내 청소溝沼는 최근 몇 년 동안이나 이 때문에 늘 겨울과 여름 방학 기간에 혼자서 우리들의 세 개구쟁이 아이들을 돌봤다. 나는 아내의 수고로움에 감사한다. 동시에 나는 아내가 나에게 정신적으로 지지해준 것에 대해서도 감사한다. 그는 내가 중요하고 의미 있는 연구 작업을 하고 있음을 믿어 주었다. 이것은 내가 연구하는 데 기댈 수 있는 중요한 기둥이었다.

대만에서 『실재와 창조의 중국민족사 - 한족과 티베트족 사이의 강족羌族』 초판이 나온 지 이미 20년이 지났다. 내가 강족지역에 처음 들어간 지도 거의 30년이 다 되었다. 이런 나의 학술 여정을 되돌아보면, 1994년부터 2003년 사이 강족지역 필드워크에서 얻은 바가 지금까지도 여전히 나의 학문 연구를 자양滋養하는 옥토가 되었고, 여기서 야기된 수많은 문제들에 대한 탐색이 영원히 끝나지 않을 것 같다는 생각이 항상 든다. 이런 차원에서 말하면, 이 책의 가장 진귀한 점은 본서에 실려 있는 민족지民族誌자료ethnography, 특히 내가 녹음하면서 수집하고 보존한 수많은 해당 지역의 신화, 전설, 역사, 종교, 습속 등의 사회기억이다.

이 책에 나오는 연구 논술은 독자들이 이 자료들을 접하고 관련된 문제를 사고하게끔 이끄는 단서일 뿐이다. 여기 한국어판 서문에서는 이 책의 두 가지 연구 경향인 해체deconstruction와 성찰reflexivity에 관해서만 설명하고자 한다. 후자가 전자보다 훨씬 중요한데, 이런 경향은 관련 문제에 대한 나의 후속 연구에서 더욱 분명해졌다.

먼저, 이 책의 연구는 당대 중국 학술계에서 유행하는 강족의 역사, 사회, 문화 지식에 대한 일종의 해체이다. 나는 '강羌'이 자고이래 중원인들이 서쪽의 이민족을 부르는 범칭이었지 어떤 민족이 자신을 부르는 호칭이 아니었기 때문에 '강'이라 불린 사람들은 집단 정체성과 정감이 전혀 없다는 점을 지적하였다.

심지어 1930~1950년대 근대 중국 국가민족주의가 성행하던 시기의 민족사 글쓰기書寫에서 강족을 자고이래 중국 서부에서 활약하던 오래된 민족으로 만들었지만, 당시 중국 지식계에서는 '오래된 민족'이 아직도 존재하는지 명확히 알지 못했고, 오늘날 강족의 아버지, 할아버지 세대도 당시 자신이 '강족'인지 알지 못했거나 '강족'이라고 여기지 않았다.

이 책에서 나는 이 민족, 그리고 그 역사, 문화가 근대에 만들어지는 과정이 책 제5장, 제9장 등에 나옴을 설명하였는데, 이는 만들어진 강의 문화, 강의 역사, 강족, 심지어 중국민족사 또는 중화민족 지식강족 지식은 그중 중요한 일부임에 대한 일종의 해체라고 할 수 있다.

그러나 이와 같은 해체는 오늘날의 강족에게 결코 공평한 일이 아니다. 1960년대 이래 그들은 이미 이 모범적인 '강족 역사'와 강족이란 신분 정체성을 받아들였을 뿐만 아니라 이를 영광스럽게 여겼다. 그런데 외부에서 온 학자인 내가 무슨 이유로 이런 민족 지식과 신분의 정체성을 해체하려고 하는가?

사실상 해체는 결코 이 책의 주요 목적이 아니고 단지 일종의 성찰적 지식을 쌓기 위한 길을 마련하는 역할에 불과하다. '타자'를 해체하고 나아가 '자아'를 성찰하자는 것이다. "낯선 것을 친숙한 것으로 바꾸는"데서 "친숙한 것을 낯선 것으로 보는to make strange familiar and familiar strange" 데에 이르는, 그래서 우리가 줄곧 친숙하다고 믿어 의심치 않는 역사, 사회, 문화 지식 및 그것들을 만들어낸 학문 분야의 방법, 원칙과 이론에 대해 새롭게 인식하고자 하는 것이다. 아래에서 두 가지 예만 들어 이러한 성찰적 인지에 관하여 설명해 보겠다.

첫째, 인간의 보편적 삶의 생태生態와 '역사'에 관해서이다. '강족'의 정체성을 받아들이기 전에 민강岷江 상류의 산간에 거주하던 이 촌락村寨 사람들은 자신을 '이마爾瑪'9라고 불렀다. 자신을 부르는 이 단어는 지역마다 발음에 약간씩 차이가 있었기 때문에 과거 해당 지역 사람들이 생각하는 '이마'는 한 작은 지역의 사람들, 예컨대 어떤 계곡 상류의 높은 산에 사는 몇 개 촌락의 주민만을 가리켰다. 그들은 공동의 삶의 터전을 함께 보호했으며, 내부적으로 서로 경계를 엄격히 나누고 세력 범위를 다투었다. 그들은 외부 세계와 외부인을 두려워하여 상류 사람들은 모두 흉악하고 잔인한 '야만인'이며, 하류 사람들은 모두 교활한 '한인漢人'이라고 여겼다이 책 3장에 나옴.

이러한 고립된 사회의 집단 정체성과 인간의 보편적 삶의 형태 속에서 과거 해당 지역에서는 일종의 '형제조상의 역사'가 유행하여 그 지역 각 무리가족, 촌락의 뿌리를 그곳에 가장 먼저 와서 그 뒤 각자 촌락을 세운 몇 명의 형제들에게서 찾았다. '형제조상의 역사'를 그 지역의 여러 무리들이 단결하기도 하여 서로 구분 짓고 대항하는 인간의 보편적 삶의 형태라는 맥락context에서 나온 역사기억의 텍스트text로 본다면, 권력이 집중되고 사회가 계층화된 소위 문명세계 사람인 우리는 자신이 믿는 '영웅조상의 역사'와 그것에 대응하였던 인간의 보편적 삶의 형태에 대하여 약간의 성찰적 인식을 가질 수 있을 것이다. 2006년에 출간한 필자의 졸저 『영웅조상과 형제민족英雄祖先與弟兄民族』은 바로 이러한 관점에서 중원中原 제국에 살았던 인간의 보편적인 삶의 형태와 '황제黃帝' 영웅조상 역사 사이의 관계를 새롭게 살펴본 것이다.

이러한 역사기억은 중국인특히 한족의 자아정체성에 영향을 미쳤고, 중국인이 사방의 주변 국가와 민족을 대하는 태도에도 영향을 미쳤다. 예컨대 중원 제국 중심주의하에 고대 중국의 역사가들은 항상 사방변방 집단의

---

9    [역자주] 강족 사람들이 강족말로 자신들을 칭하는 발음을 저자가 중국어로 음역한 것이다.

영웅조상 역사를 지어냈다. 그것들은 모두 중원에서 실패하거나 뜻을 이루지 못한 어떤 영웅이 멀리 변방지역으로 달아나 해당 지역 토착민들의 추대로 왕이 됨으로써 그 지역 통치 가족의 시조가 되고, 그 지역에 문명 교화를 가져왔다는 한 가지 패턴을 따르고 있다. 한반도 민족과 관련 있는 '기자箕子' 이야기와 일본열도 민족과 관련 있는 '서복徐福'[10] 이야기가 모두 이러한 패턴화된 역사기억이다.

둘째, 과거 세계 각지에는 모두 '형제조상의 역사'가 일부 있었지만, 오늘날 그것들은 모두 과거의 신화와 전설로 간주되고 있다. 예를 들면 중세시대 유럽 중북부에 널리 퍼져있던 하나의 이야기로, 사냥하러 나온 세 형제가 사냥감을 쫓다가 헤어졌는데, 그들이 나중에 체코인, 폴란드인, 루스인Rhus, 현재의 우크라이나와 벨라루스 및 러시아 서부의 각 집단을 가리킴의 조상으로 나누어졌다는 내용이다. 이는 역사상 그리고 오늘날 이 국가들과 민족들 간의 끝없는 세력 범위 구분과 쟁탈 및 충돌에 대해 우리에게 약간의 성찰적 인식을 할 수 있게끔 하는 것은 아닐까? 그 형제조상 전설의 배후에 가려진 인간의 보편적 삶의 형태가 지금까지도 전혀 사라지지 않은 건 아닐까?

또 다른 예는 과거 강족지역에 널리 퍼져있던 '독약고양이毒藥猫' 전설 및 그와 관련된 사회 현실이다.이 책 4장에 나옴 독약고양이는 굿으로 사람을 죽이는 여인을 가리키는데, 과거 각 촌락에는 이웃들이 공연히 독약고양이라

---

10 [역자주] 서복은 현 강소성 연운항(連雲港)시 출신으로 진나라의 유명한 도교의 도사(方士)였는데, 의학, 천문학, 항해에 정통했으며 『史記』「秦始皇本紀」에 진시황 28년(기원전 219년)에 진시황의 명령을 받아서 황제의 불로영약을 찾기 위해 소년, 소녀 3,000명을 이끌고 바다를 건너 영주(瀛洲)로 갔다는 기록이 있다. 중국에서는 『일본국사략(日本国史略)』에 "효령천황(孝靈天皇) 72년에 진나라 사람 서복(徐福)이 왔다"는 기록을 근거로 서복을 "인류 역사상 처음으로 바다를 통제한 사람일뿐만 아니라 중국과 일본 간의 문화 교류의 역사를 연 최초의 인물이기도 하다"고 평가하고 있다.

고 부르는 소수의 여인들이 늘 있었다. 예컨대 사악한 여인이 고양이로 변하여 찬장廚櫃을 타고 날아다닐 수가 있었으며, 항상 밤중에 모여 사악한 연회를 벌인다는 독약고양이 전설의 내용은 서양의 마녀 전설과 매우 유사하다. 구미歐美에도 '마녀'로 지목된 시골 여성이 늘 있었다. 이는 그들신화 전설 텍스트와 사회적 사건이 유사한 사회적 맥락에서 만들어졌음을 나타낸다. 그러나 과거 강족 촌락에서 이른바 '독약고양이'에 대한 집단 폭력은 단지 한담閑談 수준에 그쳤지만, 17~18세기 구미 여러 곳에서는 대규모 마녀사냥의 소동이 발생하였다는 점에서 다르다.

나는 2021년에 출판한 『독약고양이 이론 - 집단공포와 폭력의 사회적 근원毒藥貓理論-集體恐懼與暴力的社會根源』에서 강족 촌락 사회에 대한 조사자료에 근거하여 이는 혈연과 공간 관계가 긴밀한 소형 촌락 사회나는 이를 원초적 사회집단이라 부른다 내에서 사람들이 내부 모순과 외부 세계에 대한 두려움을 해결하기 위해 만들어낸 일종의 속죄양 현상소수의 여성이 독약고양이 혹은 마녀로 간주되어 속죄양이 되는이라고 설명하였다. 보통의 경우 단지 한담에 불과했고, 심각한 폭력은 없었다.

근대 초기 구미에서 발생한 대규모 폭력은 바로 이 시기 상층 정치권력과 권위적인 종교가 편벽한 시골 촌락 사회에 개입하고, 향촌 민중의 정신생활과 영혼 구제에 관심을 가짐으로써 생긴 비극이었다. 20세기 전반, 중국에서의 정치적 권위는 민강 상류 산간지역의 촌락에서 세금을 징수하는 정도에 불과했고, 사람들의 사상과 신앙이 정당한지 아닌지는 전혀 문제삼지 않았다.

한편, 구미의 마녀사냥은 결국 귀족과 교회 인사들에게까지 파급되었는데, 이는 문명사회와 도시생활 중에 사람들이 일상적으로 '촌락'과 같은 사회집단을 결성하고 서로 동포 혹은 형제자매로 부르며 자주 모이는 '집家'과 같은 장소를 갖게 되었기 때문이다. 이 역시 원초적 사회집단이었다. 캠퍼스의 절친한 친구校園死黨, 갱단黑幫 조직, 민족주의 국가, 극도로 배외적인 종교 단체와 네트워크화 된 사회집단 등, 구성원의 혈연, 사상, 신앙이 하나같이 순수하기를 추구한 이 사회집단들은 모두 '원초적 사회집단'이란 상상하의 무리였기에 마녀사냥과 속죄양 현상도 이곳에서 쉽게 발생한 것이다.

요컨대 강족이 되기 이전 민강 상류 촌락 사람들의 사회 형태, 문화 습속, 역사기억, 신화 전설 등은 실로 인류사회의 과거와 현재를 연구할 보물 창고이고, 모두 다 발굴할 수 없을 만큼의 풍부한 자원을 가지고 있다.

이러한 촌락민들 사이의 긴밀한 혈연과 공간 관계, 그리고 내부적으로 모든 의문들은 협력하고 분배하며 경쟁하는 사회집단이 초기 인류사회의 기본적이고 보편적인 형식이 아니었을까? 형제조상의 역사는 인류사회에서 하나의 원초적 역사기억 패턴이 아니었을까?

이러한 역사기억을 가진 사람들이 인류문명의 발전과정 중에 영웅조상의 역사기억을 가진 사람들에게 정복되어 후자의 통치하에 수많은 농민이 되었던 것은 아닐까?

이른바 문명 세계의 사람들도 여전히 각종 원초적 사회집단 속에 살면서 내부의 적과 외부의 적이 서로 결탁하는 것을 항상 상상함으로 인해 관련된 폭력이 부단히 발생하는 것은 아닐까? 이 모든 의문들은 우리가 깊이 연구하고 성찰해야 할 과제이다.

머리말

본서는 강족羌族의 민족사이자, 한 권의 강족 민족지이기도 하다. 더 정확하게 말하면, 이것은 '화하변방華夏邊緣'[11]의 역사를 기술하고 해석한 역사민족지이다. 본서는 중국 대륙에 있는 소수민족들 중의 소수민족인 강족을 묘사, 기술하는 데 그치는 게 아니다. 더욱이 나는 주로 강족 및 그들의 역사를 통하여 한족漢族, 티베트족藏族과 서남 민족 집단들 중의 일부 변방의 형성, 변천 및 그 성격을 설명하기를 희망한다. 본서의 더욱 큰 야심은 인류의 자원 공유와 경쟁관계 및 그 사회, 문화, 역사기억상의 표징rep- resentations에 의해 인류의 일반적인 집단 정체성과 구분을 설명하고자 하는 것이다. 마지막으로, 이러한 '집단'혹은 민족, 사회 '문화'와 '역사'의 새로운 이해에 바탕을 두고 나는 당대 한족, 강족, 티베트족 간의 집단 관계 혹은 더 큰 범위의 중국민족의 기원과 형성 문제에 대해서 일종의 새로운 역사 인류학적 해석을 하려고 한다.

중국 55개 소수민족들 중 하나로서 강족은 현재 약 20만 명이 있는데,

---

11  [역자주] 화하(華夏, Hua Xia, An ancient name for China)는 고대 중국의 중원(中原), 즉 황하(黃河)강과 장강(長江 = 揚子江) 사이 지역을 가리키는 옛 명칭이다. 화하라고도 하지만 "화(華)", "하(夏)"나 "제하(諸夏)"라고도 불린다. 화하라는 말이 가장 이르게 나타난 것은 『尙書·周書』, 「무성(武成)」편의 "화하만맥, 망불솔비(華夏蠻貊, 罔不率俾)"라는 어구다. "하(夏)"는 하수(夏水, 즉 한수(漢水))에서 비롯되어 중국어 고문헌들에선 "華"나 "夏"를 중원으로 불렀고 그 사방 주위 지역에 살던 종족들을 "이만융적(夷蠻戎狄)"이라고 불렀다. 오늘날 "중화(中華 혹은 중하(中夏))"라는 명칭의 어원이기도 하다. 본서에서는 화하를 '중국'으로 번역했을 시 현재의 중국과 구별되지 않는 부분이 많아서 역사의 고유명사로서 이 용어를 그대로 사용한다. 또 '변연(邊緣)'은 중국어에서 가장자리, 변두리, 주변부(marginal)를 뜻하는 일반명사이지만 이 단어가 화하와 결합할 경우 저자가 말하듯이 중국민족학, 역사학 또는 문화인류학의 연구대상을 가리키는 의미로 쓰이고 있어 '화하변방'으로 번역한다.

주로 사천성四川省 아파阿壩 티베트강족 자치주의 동남변방과 북천北川 지구에 모여 살고 있다. 그들의 남쪽은 사천, 운남雲南, 귀주貴州 3개 성에 분포해 있는 인구 약 658만 명의 이족彝族이 있다. 그들의 서쪽은 인구 459만 명으로서 중국 영토의 4분의 1을 차지하는 광대한 티베트족이 있다. 그들의 동쪽은 바로 광대한 12억 한족—아마도 전 세계에서 공동조상을 가지고 있다고 말하는 최대의 종족집단이다.

현재 아주 많은 한족 및 소수민족 학자들은 모두 강족이 한족, 티베트족, 이족과 그리고 납서納西, 합니哈尼, 경파景頗, 보미普米, 독룡獨龍, 노怒, 문파門巴, 낙파珞巴, 율속傈僳, 납고拉祜, 백족白族, 기락基諾, 아창阿昌 등 10여 종의 서남민족들과 모두 밀접한 종족의적 원류族源관계를 가지고 있다고 생각한다. 그래서 강족 민중들은 늘 자랑스럽게 "우리 강족은 한족, 티베트족, 이족의 조상입니다"라고 말한다. 어째서 현재 인구 20만 명에 지나지 않는 민족이 10여 개 민족 총 10수 억 사람들로 하여금 같이 연결되게 할 수 있을까? 본문에서 나는 이 현상을 일으키게 하는 역사와 '역사'를 설명할 것이다.

나는 괄호로 묶은 '역사'로 역사와 구분한다. 역사는 과거 실제로 발생한 약간의 자연과 인류의 활동과정을 가리키는 것이지만, '역사'는 바로 사람들이 구술, 문자, 그림을 통해 표현한 과거에 대한 선택과 구성을 가리킨다. 본서에서 나는 역사과정, '역사'구성과정 및 양자 간의 관계를 다시 한 번 더 재탐색할 것이다.

이 점에서 본서는 역사인류학historical anthropology의 연구에 가깝다. 역사인류학 중에서 매릴린 실버만과 굴리버Marilyn Silverman, P. H. Gulliver가 말한 바대로 연구의 초점은 다음과 같이 양대 주제로 나눌 수 있다. ① "=과거는 어떻게 현재를 만들었는가?How the past led to and created the present, ②
과거의 구성은 어떻게 현재를 설명하는 것에 쓰이고 있는가?How con-
structions of the past are used to explain the present[12]

본서에서 내가 논하고자 하는 주요 문제는 이렇다. 어떤 역사가 현재의
강족을 만들었는가? 어떤 '역사'가 다른 종족집단들에게 구성되고, 지금
의 강족이 어떻게 해석되고 이해되고 있는가? 또한 강족의 '역사'구성과
재구성에 대하여 어떻게 역사상의 '강인羌人'과 '화하'를 발생시켰고 변화
시켰는가?

본서에서 '역사'에 대해서만이 아니라 나는 '민족'과 '문화'에 대해서도
약간의 새로운 견해를 제시할 것이다. 만약 '민족', '역사', '문화'에 대해
서 전통적인 정의를 가지고 있다면 나는 '중화민족사'와 연결된 '강족사'
를 써낼 수 있을 것이다. 나의 필드워크자료 역시 '중국 소수민족총서' 중
의 '강족민족사'를 한 권 써낼 수 있을 것이다. 그래서 독자들은 이 책에서
내가 '민족족군(族群), 사회', '역사'와 '문화'에 대한 우리의 기존 관념들을 부
단히 검토, 해석하고 재구성하는 것을 발견할 것이다.

근년, 탈'민족'과 민족주의nationalism 연구가 성행하는 가운데 학자들이
자주 소위 '전통'이란 게 사실상 근대의 창조물이며, 민족은 바로 근대 국
가민족주의 풍조하에 지식엘리트들이 만들어낸 상상의 집단임을 지적하
였다.[13] 기본적으로 나는 이러한 견해에 동의한다. 그러나 이러한 '창조'

---

12  Marilyn Silverman · P. H. Gulliver, *Approaching the Past : Historical Anthropology through Irish Case Studies*, New York : Columbia University Press, 1992.
13  Benedict Anderson, *Imagined Communities*, rev. edition, London : Verso, 1991 ; Eric Hobsbawm · Terence Ranger, ed., *The Invention of Tradition*, Cambridge : Cambridge University press, 1983.

와 '상상'의 근대 이전 역사사실과 관련 역사기억의 기초 및 '창조'와 '상상'의 과정 그리고 이 과정 중에 각종 사회권력관계, 더욱 중요한 것으로서 관련 자원의 공유와 경쟁배경은 모두 우리가 다시 깊이 탐색해 볼 가치가 있다. 이러한 탐구는 필연적으로 '근대'와 '역사'의 범위를 넘어서 더 이른 역사와 역사의 기억 및 인류학의 필드워크 연구도 꼭 겸비해야 한다.

전통적인 '민족', '역사' 및 '문화' 개념에 대한 질의는 일찍이 나로 하여금 한 사람의 역사학자로서 역사문헌에서 강족의 역사를 15년 동안 궁구한 후 다시 인류학에 가까운 필드워크 조사로 나아가게 하였다. 지난 8년 동안 대만의 중앙연구원과 장경국蔣經國국제학술교류기금의 지원을 받아 나는 몇 번 강족지역에 가서 필드워크 조사 연구를 수행하였다. 산과 고개를 넘어 깊은 산골지역 마을의 주민들을 탐방하기도 하였으며, 문천汶川, 무茂현, 리理현 등 산간 촌락에서 그곳의 현지 지식인들과 교류하고 대화를 나누기도 하였다. 목적은 모두 강족이 자기 민족 및 그 역사와 문화에 대하여 어떤 시각을 갖고 있는지 탐구하는 것에 있었다.

필드워크 경험은 나로 하여금 '문화'와 '역사'의 구성과정 및 그 배후의 다층적인 족군의 정체성, 사회구분체계, 그리고 그것이 미치는 많은 개인과 집단의 이익과 권력관계에 대하여 신선하고 생생한 관찰과 체험을 하게 만들었다. 이 지식은 나 자신에게 원래 있던 각종 문화와 학술상의 편견을 해체하여 버렸다. 그리고 이 반성에 근거하여 나는 역사문헌들을 새로 읽었는데, ― 일종의 '문헌상에서의 필드워크do ethnography in archives'라는 각도에서 이러한 사회 '기억'으로서의 문화와 역사의 기록유산遺存을 고찰하였고, 그 배후의 개인 혹은 집단들 간의 이익과 권력관계, 사회정체성과 구분체계를 탐색하였으며, 관련 있는 '문화'와 '역사'의 구성과정에 대한 이해도 시도하였다.

본서는 세 부분으로 나누어져 있다. 첫 번째 부분은 '사회 편'인데, 주로 본서의 주체인 강족의 소개, 그들의 지리적 분포, 환경과 취락형태, 자원의 경쟁과 공유체계 및 그로 인해 생겨나는 사회적 정체성과 구분 등등에 관해서 묘사하고 기술하였다. 이 부분은 본서가 강족 관련 역사와 문화를 검토한 민족지의 기초라고 할 수 있다. 그런데 기본적으로 나는 인류학자나 민족학자가 아니다. 나 역시 당대 인류학 혹은 고전민족학의 민족지ethnography를 써내기가 어렵다. 민족집단 현상을 연구하는 한 사람의 역사학자로서 필드워크 조사를 수행하는 가운데 나는 주로 역사와 집단의 문제에 관심을 가졌다. 강족의 체질, 언어, 문화, 종교와 경제생활에 관한 모든 관찰과 검토는 전부 역사와 집단의 관심과 사고 맥락 속에 받아들여졌다.

이러한 관심과 사고는 원래 약간의 집단 혹은 민족 연구의 이론 논쟁에서 비롯된 것이다. 비교적 전통적인 '민족'개념은 보통 민족을 일군의 공동체질, 언어, 경제생활과 문화 등 객관적 특징이 있는 집단이라는 것이다. 스탈린이 제시한 바 있는 민족의 4대 요소, 즉 공동의 언어, 공동의 지역, 공동의 경제생활 및 공동의 문화면에 표현되어 있는 공동심리 소질이 바로 한 예다. 이러한 민족개념은 많은 학술 연구들에서 여전히 표준으로 받아들여지고 있다. 또한 일반 민중들에게는 이러한 관점이 더욱 보편화되어 있음은 더 말할 필요가 없다.

서구의 사회인류학계에서는 집단 현상의 논의에 대하여 프레드릭 바쓰 Fredrik Barth 등의 사람들의 공헌[14] 덕에 기본적으로 1970년대 이후 바로

---

14　Fredrik Barth ed., *Ethnic Groups and Boundaries*, London : George Allen & Unwin, 1969. 집단 이론의 발전에 관해선 졸저, 『華夏邊緣 - 歷史記憶與族群認同』, 臺北 : 允晨文

객관적 특징으로 민족의 범주를 획정하는 연구의 전통에서 멀리 벗어나 집단의 주관적 정체성의 형성과 변천을 중시한다. 1970년대에서 1980년 대 중기에 이르기까지 학자들은 경쟁적으로 민족집단의 정체성이 인류의 자원 경쟁과 공유관계에서의 공리적 도구인지, 아니면 인류의 사회생활에 서 선택할 수 없는 근원적 감정인지를 두고 논쟁하였다. 이것이 바로 도구 론자들instrumentalists와 근원론자들primordialists 간의 다툼이다.

사실상 이러한 논쟁은 이미 집단 정체성의 양대 특질을 지적하였다. 그 것은 도구적이어서 자원과 환경의 변화에 따라 바뀔 수 있고, 또한 그것은 근원적이어서 민족의 집단 감정이 야기시키는 정체성은 때때로 쉽게 바뀌 지 않으며, 또 늘 집단들 사이의 기타 사회적 정체성과 구분예컨대 성별, 계급과 지역을 은폐한다.

1980년대 중반 이래 많은 연구자들이 모두 '역사'와 집단 정체성간의 관계에 주의를 기울였다. 이 때문에 근원론자들과 도구론자들의 논쟁이 해소되기도 하였다. 사람들은 공동의 기원인 '역사'에서 인류의 가장 기본 인 '수족手足의 정情'을 흉내 냈다. 이것은 집단의 근원적 정감의 유래이다. 한편, '역사'는 일종의 사회집체적 기억인데 선택되고, 기억이 상실되고, 새롭게 재구성된다. 따라서 집단의 정체성은 변천이 일어날 수 있는 것이 다.[15] 어쨌든 집단 정체성의 배후에 있는 정치politics와 역사history적 요소

---

化公司, 1997의 제1장 「당대 인류학 족군 이론(當代人類學族群理論)」 및 제2장 「기억의 역사와 집단의 본질(記憶歷史與族群本質)」을 참조하라.
15  Elizabeth Tonkin·Maryon MacDonald·Malcolm Chapman ed., *History and Ethnicity*, London : Routledge, 1989; Anthony D. Smith, *The Ethnic Origins of a Nations*, New York : Basil Blactwell, 1987; Eunege E. Roosens, *Creating Ethnicity : The Process of Ethnogenesis*, London : Sage Publications 1989; 王明珂, 「過去的結構 −關於族群本質與認同本質的探討」, 『新史學』5.3, 1994, 119~140쪽.

는 관심의 초점이 된다. 이것 역시 당대 인류학 발전의 일반적 경향이기도 하다.[16]

정체성identity과 구분distinction은 본서 '사회 편'의 주제이다. 정체성은 한 사람이 특정 상황 아래에서 자신이 한 사회의 무리에 속해 있다는 점을 인식하는 것이다. 반대로 구분은 특정 상황 아래에서 사람들이 나의 무리 我群와 타 무리他群의 구성원을 구별하는 것이다. 정체성과 구분은 인류사회 집단형성 현상의 일체의 양면이라고 할 수 있다. 공간, 자원환경은 인간집단들 사이 자원의 분배, 공유와 경쟁체계에서 인류사회의 집단들이 나눠지는 주요 배경이다.

민강岷江[17] 상류 산속의 각 가정, 가족과 촌락 등 집단들은 모두 자원의 공유와 배분하는 획분체계에 따라 응집하고, 구분하며, 연속된다. 가족신, 산신, 사당과 보살 등의 신앙은 이러한 집단구분을 강화시키고 집단의 경계선을 유지시킨다. 이 때문에 본서에서 내가 관심을 가지고 논의하고자 하는 것은 협의의 종족집단ethnic group과 '종족본질ethnicity'뿐만 아니라 각 층차별 '경계boundaries'에 둘러싸여 있는 사람들의 각종 사회적 정체성과 구분이다.

인류사회의 '구분' 문제에 관하여 인류학과 사회학계에서는 한 가지 연구의 전통이 있다. 그 가운데 노버트 엘리아스Norbert Elias, 매리 더글라스 Marry Douglas, 피에르 부르디외Pierre Bourdieu와 르네 지라드René Girard 등 저

---

16  George E. Marcus · Michael M. J. Fischer, *Anthropology as Culture Critique : An Experimental Moment in the Human Science*, Chicago : the University of Chicago Press, 1989, pp.34~39.
17  [역자주] 岷江은 장강(長江) 상류의 주요 지류이다. 민강은 사천(四川)의 송반(松潘)현 민산(岷山)의 남사면이 발원지이다. 민강의 유역 면적은 13만 5,881제곱킬로미터다.

명한 학자들의 연구가 있다.[18] 이러한 인류사회의 구분 및 관련 품행과 취미, 생활습속, 차별, 증오와 폭력에 관한 연구는 대다수 집단의 본질을 연구하는 연구자들에게 소홀히 되고 있다. 이는 주로 위에서 말한 학자들이 연구한 것이 한 사회에서 다른 계급, 성별 혹은 신구의 주민 등 친근한 무리들 사이의 구분이었지 집단 혹은 종족 구분이 아니었기 때문이다.

본서에서 나는 강족의 '독약고양이毒藥猫' 전설과 신앙으로 '구분'은 각 가족과 촌락에만 존재하는 게 아니라는 점을 설명할 것이다. 모든 사람이 저마다 외계와 구분된 고립적 개체이며, 험악한 환경과 적의를 가질 수도 있는 인근 사람들과 친속 가운데서 살아가고 있는 것이다. 사람들은 결코 자주 외적인 위협과 적의가 그 '변계' 밖에서 오는 것을 이성적으로 분별할 수 있거나 원하지 않는다. 이 때문에 이웃 사람들과 친한 사람들의 모순과 원한은 아마도 멀리 있는 다른 종족들에게 전가될 수 있다.

반대로, 멀리 있는 다른 종족의 증오와 공포도 신변의 이웃 사람들과 가까운 사람들에 대한 시기와 질시에 투사된다. 모든 적의와 증오의 전가, 분노하는 대상의 이동은 층층의 경계에서 응집되고 각 차원의 집단을 강화시킨다. 나는 여기에서 '독약고양이 이론'을 수립하여 인간 집단의 정체성 및 적대, 멸시와 집단적 폭력 현상의 사회적 근원을 해석하고, 이것으로 르네 지라드 등이 주장한 '속죄양 이론'의 부족한 점을 보충할 것이다.

본서의 둘째 부분은 '역사 편'이다. '사회 편'에서 묘사하고 기술한 강족

---

18  Pierre Bourdie, *Distinction : A Social Critique of Judgement of Taste*, trans. by Richard Nice, London : Routledge & Kegan Paul 1984; Norbert Elias, *The Established and the Outsiders the Sociological Enquiry into Community Problems*, 1965; London : SAGE Publications, 1994; Marry Douglas, *Purity and the Danger : An Analysis of Concepts of Pollution and Taboo*, New York, 1966; René Girard, *Violence and of the Sacred*, trans. by Patrick Gregory, Baltimore : The Johns Hopkins University Press, 1977.

은 사실상 역사와 '역사'의 산물이다. 나는 어떤 역사과정과 역사기억이 오늘날의 강족을 만들어냈는지 이해하여야만 우리가 강족에 대하여 전면적으로 이해할 수 있다고 생각한다. 지금의 강족 뿐만 아니라 고대의 강족도 포함하고, 강족 사람들과 강족 뿐만 아니라 우리도 이로 인하여 화하와 중화민족을 이해할 수 있는 것이다. 이것은 역사인류학적 강족 연구이며, 또한 내가 말하는 '화하변방' 연구이기도 하다.

많은 중국학자들이 알고 있는 역사지식들 중에 강족은 화하의 서쪽에 거주하고 있는 이민족이다. 이 민족은 몇 번에 걸친 이주와 번성 그리고 주변 민족들과의 융합으로 많은 새로운 민족들을 형성시켰다. 이러한 강족사는 부분적으로 한족, 티베트족, 이족彝族 그리고 여타 많은 서남 소수민족들의 조상의 원류임을 설명한다. 이 민족사 가운데 민족은 하나의 공동체질과 문화적 특징의 집단으로, 또 역사 속에서 연속, 성장, 소멸과 멸망이 있는 것으로 인식되고 있다. 그런데 유사한 '민족사'는 포스트모더니즘 경향을 지닌 학자들의 시각에서는 근현대 중국 지식인들이 민족주의의 집체적 상상과 구성에 지나지 않을 뿐이다. 포스트모더니즘의 중국민족과 민족사 연구는 이러한 '역사'의 해체와 재구성에 있다. 과연 강족은 '역사'의 산물인가 아니면 역사의 생산물인가?

이 물음에 대해서 나의 생각은 이렇다. 현재의 강족은 역사의 생산물임과 동시에 '역사'의 창조물이기도 하다. 이뿐만 아니라 그들은 역사와 '역사'의 창조자이기도 하다. 민족주의하의 '역사'적 상상은 당대 강족을 창조하고 강족을 응집시킨다. 그러나 이는 청조 후기晚淸 이전 중국문헌들 중 '강羌' 관련 기록이 전혀 의의가 없다는 걸 의미하진 않는다. '강'이라는 서쪽 이민족의 칭호는 상나라 사람, 화하 혹은 중국인의 역사기억 중 최소한

3,000년이나 오래 된 것이다.

이러한 무리의 '강'족에 대한 묘사, 기술과 기억 중에서 우리는 화하나 중국인 서쪽 집단 변방의 본질과 그 변천을 탐색할 수 있다. 말하자면, 족군변방의 관점에서 보면 근대 국가민족주의하에서 한족의 강족에 대한 역사와 문화의 수립은 그 족군변방의 재조형을 반영하는 것이다. 마찬가지로, 역사상 강족에 대한 중국인의 묘사와 기술은 당시 중국인이 그 서쪽변방의 족군에 대해 그린 것을 반영하기도 한다. 화하에 의하여 상상되고 그려진 '강족 사람'들 역시 행동으로 역사를 만들어내고 상상하여 그들 자신의 '역사'를 창조하였다.

본서에서 내가 강조한 강족사는 한족의 서쪽변방 족군의 역사일 뿐만 아니라 티베트족의 동쪽 집단 변방의 역사 및 이족彝族 혹은 '서남 저강氐羌계 민족'의 북방 족군변방의 역사이기도 하다. 이 역사 중에 '민족'은 한 종족 사람들의 주관적 상상과 수립이다. 또한 우리 무리我群의 공동조상원류와 역사를 상상하고 만들어 냄으로써 '동질화'된 집단을 응집시키고 타 무리他群의 조상원류와 역사를 상상하고 만듦으로써 '이질화'된 족군의 변방을 그려낸다. 이처럼 하나하나의 '역사기억'들에서 만드는 개인과 집단에서 자원의 경쟁과 분배 체계 중 서로 협력, 타협, 대항하고, 책략과 권력이 피차에게 영향을 미치는 역사기억을 운용하여 새로운 역사사실, 역사기억과 집단의 정체성을 만들어 낸다.

내가 발굴하고 새로 세운 역사 중에 전통 '민족사' 속의 역사 주체인 강족은 거의 존재하지 않는 듯하다. 역사에서 연속하고 있는 그러한 '민족'은 없다는 것이 확실하다. 당대 강족과 강족의 정체성은 위에서 언급한 화하 서쪽 족군변방 역사의 최신 단계의 산물이다. 하지만 이것은 역사상의 강족이 결코 존재하지 않았다는 걸 말하는 게 아니다. 역사상 화하에게 '강'으로 불렸던 인간의 무리는 화하의 서부에 '떠돌아다니던 족군의 변방'에 대대로 번식하면서 살아오고 있다. 그들의 후예들은 이 때문에 오늘날의 강, 한, 티베트, 이彝 및 기타 민족들 속에 흩어져 살고 있다. 우리도 오늘날 강족은 주류 민족인 한족이 부여한 역사를 피동적으로 받아들여야만 강족이 된다거나, 혹은 강족이 되기 전 그들은 역사가 없었던 무리였다고 말할 수 없다.

당대 강족의 본토 '역사'는 크게 양대 부류로 나눌 수 있다. 하나는 '영웅조상 역사'이고, 다른 하나는 '형제조상 이야기'이다. 영웅조상 역사에서 그들은 과거를 가지고 자신의 변방 약세 이미지어리석은 오랑캐 같이를 만들어 내거나, 아니면 과거를 가지고 충분히 자랑할 만한 우리족我族 이미지한 족의 구제자와 수호자처럼를 주조하였다. 어쨌든 이러한 역사들은 주창周倉,[19] 번리화樊梨花[20] 혹은 대우大禹[21]처럼 '강족'의 영웅조상에서 많은 기원을 두고 있다.

강족 중 다른 종류의 '역사'는 형제조상 이야기이다. 그것들은 "이전에 몇 개의 형제들에서 이곳으로 옮겨와서 제각기 자신의 마을을 건립한다"

---

19 [역자주] 周倉은 삼국지에 나오는 관우(關羽)의 부하 장수라는 설이 있는 인물로서 평육서기(平陸西祁)에서 태어났다고 하는데, 태어난 연도는 알 수 없고, 사망한 해는 기원후 219년이었다.

20 [역자주] 樊梨花는 『설정산정서(薛丁山征西)』, 『설강반당(薛剛反唐)』 등의 소설작품에 나오는 등장인물인데, 소설들은 당 태종시대에 서부 지방의 반란을 진정시킨 공로로 출세를 하게 된 이야기다. 오늘날까지도 그녀의 아름답고 현명하고 용감한 성품이 TV드라마, 영화, 노래 및 무용 드라마 등 다양한 문학 및 예술 작품에 표현되고 있다.

21 [역자주] 대우(大禹)는 우왕, 하후씨로도 불리는 전설상의 인물이다. 황제의 현손이라고 하는데 생졸년 미상이고, 치수에 공을 세워서 순임금의 선양을 받아서 하왕조(기원전 2,070년경~기원 1,600년경)를 개창한 인물로 알려져 있다. 중국의 역대 제왕들은 대부분 우임금의 묘에 와서 제사를 지냈고, 그의 후손들은 大禹로 존경받고 있다.

는 이러한 류의 모든 '역사'로 몇 개 마을 촌락민들의 기원과 피차 조상의 원류관계를 설명한다. 나는 이를 일종의 '원초적 역사primordial history'라고 부른다. 또한 그것들은 '공동 기원'으로 집단 구성원들간의 형제 수족 같은 원초根基, primordial attachments적 정감을 강화시킨다. 중국에 서남 각 민족들의 전설들이나 혹은 세계 각지 민족들의 전설들 중에는 이런 류의 '형제조상 이야기'는 아주 많이 보편화되어 있다. 단지 우리의 지식분류 계통에서 그것들이 전설 혹은 신화로 분류돼 있을 뿐이다.

반면, '영웅조상 역사'는 정말로 일어난 역사로 인식되고 있다. 이러한 편견은 '영웅조상 역사'도 '동포수족'의 정동시에 집단들 간의 계서 등 차별화로 쓰임을 응집시키는 것에 이용된다는 것을 등한시 하고 그것들도 일종의 원초적 역사라는 사실을 소홀히 한다. 사실상, '형제조상 이야기'와 '영웅조상 역사'는 두 종류의 다른 '역사 심성'의 산물이라고 할 수 있다. 이에 따라 나 역시 본서에서 역사심성의 문제를 논할 것이다.

본서의 세 번째 부분은 '문화 편'이다. 과거 많은 학자들은 모두 '전통문화'를 하나의 민족이 역사전승 중에 얻은 조상의 유산으로 본다. 그런데 현재의 당대 학자들은 이른바 '전통문화'가 늘 근대 민족주의 아래 지식인들이 만들어낸 주관적 상상과 창조라고 믿는 경향이 있다. 전자의 생각은 민족주의하에서 객관적 체질, 언어, 문화적 특징으로 범주를 정한 민족개념이라고 잘못 받아들인 것임은 물론이다. 후자는 근대 '역사', '문화' 창조의 고대 기초 및 배후를 창조한 사회권력 관계와 과정을 소홀히 다룬다.

본서에서 나는 세 가지 각도에서 문헌들 중 '강인문화'와 관련된 기록들을 해독할 것이다. 사실fact적인 측면에서 강족 문화에 대한 화하의 묘사와 기술의 일단은 당시 '강'으로 불리던 사람들의 실제 습속을 반영하고 있을 것이다. 서사narrative 측면에서는 편견이 있는 이러한 선택적인 다른 문화에 대한 묘사와 기술은 화하 자신의 문화와 정체성의 특질을 반영할 것이다. 습속행위와 전연展演, practice & performance[22] 차원에서는 다른 문화에 대한 화하의 나쁜 묘사와 기술진실여부와 관계없이은 차별, 과시와 모방 등 문화현시의 작용하에 '강인'들에게 학습을 촉진시키고 화하의 문화와 역사기억을 모방하여 화하가 되도록 한다는 점이다.

'강인문화'는 바로 이처럼 영원히 끊임없는 건립과 변천 과정 중에 있다. 이 같은 건립과 변천 과정도 오늘날의 강족과 강족문화를 조성한다. 이 '문화사' 중 연속과 변천은 결코 하나의 민족문화가 아니라 핵심과 변방 족군 관계하의 문화현창, 과시와 모방과정이다. 혹은 이 역사 속에서 연속하고 변천하는 것은 핵심과 변방 족군들 간의 각종 사회적 현실social reality의 문화적 표징이다.

'문화'를 각종 매개를 통한 현시로 볼 때 우리는 비로소 '문화'동태의 한 면을 볼 수 있으며, '객관적 문화현상'과 '주관적 문화건립'의 대립을 넘어설 수 있다. 객관적 문화는 현시 중 사람들에게 주관적으로 인지되고, 비평과 모방이 되면서 여기에서 사람들의 정체성을 형상화 시키거나 바꾼다. 또한 개인의 주관적 정체성 역시 문화 현시를 통해 사회화, 객체화 된다.

필드워크 연구를 진행하면서 나는 많은 강족 친구들의 도움을 받았다. 그런데 내가 한 사람의 '전범典範역사와 문화'를 해체하고 재구성하는 학자

---

22  [역자주] 본서에서 저자는 전시, 공연, 연출 등의 의미가 복합적으로 들어가 있는 단어인 '展演'을 사용하였는데, 한글 번역시 이 한자를 그대로 썼을 경우 강족이 자신들의 문화를 타자들에게 홍보, 전파, 현시나 현창하려는 의미가 제대로 전달되지 않는다. 그래서 문장의 앞뒤 문맥에 따라 '展演'을 전시, 연출, 현시, 현창, 공연, 전파, 홍보 등등 다양하게 번역하였다.

로서 이 책을 쓰기로 하고 구상했을 때 가장 불안을 느꼈던 것은 만약에 그들의 민족적 자존감과 긍지가 이러한 전범 강족사와 강족 문화지식 위에 세워지게 되면 나의 저서가 그들의 민족적 정체성과 감정을 상하게 하는 게 아닐까 하는 점이었다.

그런데 나는 독자들과 나의 강족 친구들이 책을 다 읽고 난 후 내가 결코 '강족사' 혹은 '중국민족사'만 해체하고 재구성하는 것이 아니라 더 넓게, 더 해석력을 지닌 인지체계상에서 '강족'에 관한 역사와 역사민족지를 새로 세우는 것임을 발견하기를 희망한다. 이 새로운 역사와 역사민족지는 우리로 하여금 '강족', '한족', '티베트족' 혹은 '중국민족'에 대하여 더욱 깊이 이해하게 만든다.

그리하여 본서의 논술은 반드시 '화하변방'의 역사 속에 놓여 있어야 한다. 그래야만 내가 강족과 중국민족에 대한 견해를 완전하게 드러낼 수 있다. 사실상 이 책은 내가 1997년에 출판한 『華夏邊緣 – 歷史記憶與族群認同화하변방-역사기억과 집단정체성』이라는 책에 뒤이은 연속과 보충이라고 할 수 있다. 앞서 출판한 책에서 나는 먼저 화하 '변방 연구'의 이론과 방법적 구상을 제시한 후 화하변방의 출현 및 그 표류의 확장과 변천과정을 설명하였다. 그리고 자원경쟁과 각 차원의 권력 다툼이라는 배경에서 화하변방의 확장과 변천이 어떻게 변방 사람들의 역사기억과 기억상실로 진행되었는지를 해석하였다. 본서는 바로 한족, 티베트족간 고금의 강족 사람들과 강족을 예로 들어 화하 서쪽 집단변방의 형성과 변천을 설명한다. 그래서 이것은 '강족'의 역사만이 아니라 '티베트족변방'과 '한족변방'의 역사이기도 하고, 또 '바깥오랑캐外夷' 혹은 '소수민족'의 역사만이 아니고, 화하와 중국민족 역사의 일부분이기도 하다.

최근 20년 이래 '중국민족'이나 '중국소수민족'의 역사와 민족학 연구들 가운데는 서로 대립하는 두 종류의 해석유형이 유행하고 있다. 첫째 유형인데, 나는 이것을 '역사실체론'이라고 칭하며, 다른 하나는 '근대구축론'이다. 역사실체론자들은 중국민족이 역사상 연속의 실체이며, 그 가운데는 역사가 유구한 핵심 민족인 한족 그리고 많은 역사 중에 흥망성쇠를 했고 한족과 서로 영향을 주고받으면서 융합한 변강의 소수민족들을 포함하고 있다고 주장한다. 이 해석의 유형은 거의 모든 중국 역사와 민족학자들에게 채택되고 있으며, 관련 '역사'는 표준적 중국사와 중국소수민족사이다.

근년에 들어와 '창조된 전통invented tradition'과 '상상된 공동체imagined community' 등의 연구영향을 조금 받은 서구 학자들은 중국민족 혹은 중국소수민족을 근대 민족주의하에 만들어진 건축물이라고 본다. 그들은 근대 중국정치의 권위하에서 민족분류와 관련 역사의 구축이 원래 중국 밖이었던 중국 내 많은 크고 작은 비한족 민족들을 귀납하여 개별 '소수민족'으로 획분하였다고 강조한다.[23] 족군 정치의 입장에서 상술한 두 부류의 학자들도 항상 서로 극명하게 대립하고 있다. 전자는 늘 서구 학자들이 중국의 민족단결을 파괴하려고 시도한다고 비난하고 있고, 후자는 중국정부및 대한족주의 학자가 '역사'에 근거하여 소수민족을 통제하거나 심지어 압제한다

---

23　Stevan Harrell, "The History of the History of the Yi", in Stevan Harrell ed., *Cultural Encounters on China's Ethnic Frontiers*, Seattle : University of Washington Press, 1995; Ralph A. Litzinger, *Contending Conceptions of the Yao Past, in Cultural Encounters on China's Ethnic Frontiers*; N. Diamond, *Defining the Miao in Cultural Encounters on China's Ethnic Frontiers*; Dru Gladney, *Muslim Chinese : Ethnic Nationalism in the People's Republic*, Cambridge : Council of East Asian Studies, Harvard University, 1991.

고 비난하고 있다.

이 두 가지 논술은 다른 민족과 문화 연구 이론에 근거하고 있다. 본서에서 나는 민족과 문화의 이해에 대하여 근대구축론자들과 비교적 유사한 곳이 많다—기본적으로 나는 역사실체론자들의 전범인 '중국민족사'를 동의할 수 없다. 그런데 나는 근대구축론 역시 수정과 보충할 곳이 많다고 생각한다. 그 빠트려진 주된 결락이 두 가지 있다.

첫째, 연구자들은 역사의 연속성과 진실성 측면을 등한시 한다.

둘째, 연구자들도 이 때문에 족군 생활에 대한 현실적 관심에 대하여 소홀히 한다. 심지어 이데올로기적으로 적대하는 가운데 '타자 역사의 해체'는 종종 일종의 문화적 편견으로 표술되거나 혹은 사상과 정치상의 길항적 도구가 된다.

근대구축론자들의 이 두 가지 결락은 원래 역사실체론자들의 장점이었다. 그러나 유감스런 것은 역사실체론자들이 주장하는 연속적 역사가 모종의 중심주의남성, 사대부, 화하 중심주의처럼아래 선택적인 역사기억을 구성한다는 사실이다. 따라서 변방의 '현실적 배려'—변방의 안정과 통치安邊, 治邊와 오랑캐화化夷 등등처럼 그것의 '현실적 관심'도 자주 정치적 간섭, 통제와 문화적 차별로 흐른다.

본서에서 내가 세운 민족사지식은 핵심과 변방 관계에서의 '화하변방역사'이고 혹은 '한족티베트변방의 역사'이다. 이 역사 및 민강 상류의 마을에 잔류한 무리들 중의 사회, 문화와 역사기억에 근거하여 나는 역사상 표류하고 모호한 화하변방의 '강인'이 어떻게 한족, 티베트족, 이족 및 많은 서남민족들 사이에 교량적 성격을 지닌 '강족'으로 전화되어 갔는지를 설명한다. '강인'과 '강족'은 끊임없이 변천하는 하나의 '변방'—그들과 청해티베트靑藏고원 동쪽변방에 있는 약간의 부락들과 마을 집단은 화하의 집단변방이고, 토번吐蕃[24]과 티베트족의 집단변방이기도 하다. 여기에서 역사는 연속적이다.

그러나 역사에서 연속한다는 것은 하나의 '민족'이 아니라 하나의 다층적인 핵심과 변방 집단들 간에 서로 영향을 주고받는 관계이다. 여기에서 '강족'의 역사는 화하와 티베트변방의 변천사로 해체되고, '강족'의 본토 문화는 쉽게 변하며, 다원적이고, 모호한 것으로 묘사되고 기술되기도 한다.

그러나 이러한 역사주체로서의 변천과 부정확성 및 문화의 모호성은 중국의 서쪽과 서남 변강의 한족과 티베트족 사이, 또는 한족과 비한족 사이에 원래 있던 떠돌아다니고 모호한 집단변방을 설명한다. 근대 민족주의 아래에서야 그것은 한족, 강족, 티베트족, 이족의 각 민족들 간 집단의 경계선으로 전화된다. 이러한 지식은 역사실체론과 근대구축론의 주장과 다르다. 또한 그 목적은 '중국소수민족' 혹은 '중국민족'의 역사적 진실성에 대해 논쟁하거나 답하는 것에 있지 않고, '중국소수민족'과 '중국민족'의 형성과정을 설명한다. 이 과정에서 '강족'이나 '중국민족'이나 모두 '역사'의 창조자이자 역사의 창조물이기도 하다.

현실적 배려라는 측면에서 족군이나 민족을 연구하는 연구자로서 우리가 연구하는 대상은 공동의 과거, 현재와 미래의 신념을 가지는 일군의 인간 집단들이다. 우리는 그들이 현재 전체 사회의 집단 관계들 속에 처한 처지 및 이러한 족군 관계의 역사발전에 대하여 관심을 갖지 않을 수 없다.

---

24  [역자주] 고대 티베트민족의 명칭임과 동시에 국가명칭인데, 현재의 티베트지역과 청해
    지역에 웅거했으며 당대(唐代)에는 당나라에 필적할만한 세력을 떨치면서 국력이 강성
    하였다.

예를 들어, 당대 강족의 정체성이 형성되기 전에 이 지역의 각 골짜기와 각 부락 사람들은 항상 서로 차별하고 원한을 품고 살았는데, 이에 대한 나이 든 세대 강족 사람들의 기억이 특히 새롭다. 지금 그들이 자주 하는 말처럼 "이것은 모두 옛날 사람들이 지식이 없었고, 모두가 원래 하나의 민족이었다는 사실을 몰랐기 때문이다". 이런 말은 우리를 깊이 생각하게 만든다. 즉, 만약에 더 좋은 족군 관계의 이상이 없었다면 우리는 어떻게 이러한 '지식'과 이 '민족'을 해체하고 다시 세울 것인가? 확실히 전통적인 화하변방의 '남방 오랑캐蠻夷'는 '소수민족'으로 탈바꿈했으며, 인간 집단들 간의 차별과 폭력이 사라진지 짧지 않은 시간이 흘렀다.

그러나 '소수민족'인 강족은 전체 중국에서 여전히 변방의 지위에 놓여 있다. 즉 그들은 현대화의 변방, 정치의 변방에서도 핵심 집단의 변방에 있다. 따라서 본서에서 각개 골짜기 부락 사람들의 정체성과 구분을 설명하든, 혹은 '강족羌族'을 변방의 화하정체성 및 그 족군 경계의 변천으로 삼든, 나는 그것이 인류의 자원 배분, 공유와 경쟁 관계에서 지닌 의의를 강조할 것이다. 이러한 역사민족지의 지식을 믿는 것은 사람들의 사고에 도움이 될 것이다. 즉 우리가 칭하는 '통일혹은 다원일체' 중에 각종 문화적 편견, 본위주의가 '일체一體' 내 무리들 간의 계서화에 이르게 하고, 각종 형식의 불평등을 조성하지 않는가라고 생각하게 만드는 것이다. 우리가 주장하는 '분리'는 자원을 농단하는 일종의 이기적인 결정과 정책이고, 내외 집단체계의 장기 분열과 대항에 이르게 하는 게 아닐까? 그렇게 하여야만 비로소 우리가 어떻게 자원 공유와 조화롭고 평등한 사회체계를 세울 것인지를 함께 상의할 수 있는 것이다.

이처럼 역사, 민족지와 현실적 관심을 겸비한 타자의 묘사 및 기술과 글쓰기의 전통은 중국에서 『사기』의 사예열전四裔列傳으로까지 거슬러 올라갈 수 있다. 근대 민족주의하에 이 전통은 외래의 사회과학과 결합하여 역사학, 민족학혹은인류학과 변정邊政, 변방정치 연구 등 중국 소수민족 연구의 전통이 되었다. 이러한 '변방 글쓰기'는 화하변방과 이 변방의 역사적 변화를 불러일으킨 바 있다. 본서에서 나는 역사기억, 역사사실과 역사심성의 긴 도정인 역사 연구와의 결합을 날줄로 삼고, 인류자원 생태와 사회정체성의 구분체계를 씨줄로 삼아서 공동으로 일종의 역사민족지 연구를 구성할 것이다. 어떤 각도에서 말하면, 그것은 여전히 역사 민족지, 현실의 관심을 결합시킨 글쓰기이다.

그러나 '사회'혹은민족, '역사'와 '문화'는 이 연구에서 모두 새로운 이해와 해석을 가지고 있다. 한족중심주의의 "변경을 안정시키고 다스린다安邊治邊"는 현실적 이상은 어떻게 족군의 화해와 자원 공유를 달성하느냐로 대체되었다. 또한 타자를 묘사 서술하고 분석하는 것은 우리 무리의 변방을 창조하고 그려내기 위한 것이 아니라 자아를 검토하고 인식하기 위해서이다. 어쨌든 이것은 내가 10년 가까이 강족을 연구하면서 얻은 것이고, 중국민족 연구 중 '해체'에서 '재구성'에 이르는 나의 자아성찰과 시도이기도 하다.

## 텍스트와 필드워크 설명

연구추세에 따라 문헌, 구술자료이든 혹은 문화현상이든, 본서에서는 모두 일종의 '문헌text'이나 '표징, 재현representation'으로 본다. '문헌'의 의의는 맥락context들과의 상호 반영에 있고, '표징과 재현'은 그것들이 모종의 사회 현실social reality에서 생겨난 표상임을 강조하는 것이다. 문헌은 맥락 중의 텍스트texts in context에 있고, 콘텍스트 역시 문헌에서 나타나고 활성화 된다context in texts. 혹자는 문헌은 모종의 사회 현실의 표징 / 재현 representations of reality이라고 말한다.

이러한 사회 현실은 또한 각종 형식의 표징에 의존하여 좁은 의미의 텍스트를 포함하여 나타난다reality of representations. 예를 들어 한 편의 역사 문헌에서 저자는 강족을 3묘苗[25]의 후대라고 칭한다. 어떤 강족 사람은 강족이 주창의 후대라고 말하고, 한 강족 부녀는 '전통복식'을 입고 있다. 나에게 그것들은 모두 일종의 '문헌'이거나 '재현 / 표징'이다. 이 중에서 내가 탐색하는 것은 강인이 진짜로 3묘나 주창의 후손인가라거나, 어떤 게 강족의 전통복식인가라는 게 아니고 그것들의 배후에 있는 사회적 콘텍스트 혹은 사회 현실이다. 어떤 사회적 콘텍스트가 고대 화하로 하여금 강이 3묘의 후예라고 인식하게 하고, 당대의 강족으로 하여금 주창이 그들의 조상이라고 인식하게 하고, 또 강족 부녀들에게 꼭 '전통복식'을 입게 하는가?

---

25　[역자주] 고대 중국의 전설에 나오는 황제에서 요(堯)·순(舜)·우(禹)시대의 고대 부락 명을 말하는데 "유묘(有苗)"라고도 불린다. 지역은 서북이라는 설이 있는가 하면 장강 (長江) 이남이라는 설도 있다.

더 넓은 역사적 각도에서 보면, 강족의 문화, 민족과 역사 현상에 관한 당대의 모든 소견들이 나에게는 모두 일종의 '문헌' 혹은 '재현 / 표징'이다. 그것들은 역사상 일련의 역사사실이 만들어낸 역사적 사실historical facts이다. 이러한 고금의 역사적 사실을 '문헌'이나 '재현 / 표징'으로 보겠다는 것이다. 내가 이해하고자 기대하는 것은 그 배후에 있는 역사민족지의 콘텍스트이고, 일종의 집단 간 연속과 변천의 역사적 현실historical reality이다. 문헌분석textual analysis은 현재 많은 사회과학과 인문학 연구 두 영역에서 모두 상당히 중시되고 있다.

그러나 성격과 연구취지가 달라서 각 학과들은 이 방면에서 제각기 발전해 오고 있다. 언어학과 비교문학에 비해 인류학과 역사학은 텍스트 분석에 대하여 비교적 느슨하게 이해하고 있고, 동일학과 내 학자들의 연구방법에도 상당한 차이가 있다. 이는 아마도 당대 많은 인류학자와 역사학자들이 모두 우리에게 사회의 진실 혹은 역사적 사실을 파악할 수 있게 하는 일련의 '연구방법'이 있다는 사실을 믿지 않고 있기 때문일 것이다.

아무튼 텍스트 분석을 강조하는 역사학이나 인류학 연구는 확실히 공유하는 인식이 있다. 우선, 텍스트 분석은 각종 사료혹은 각종 학과들을 결합하여 귀납하고 '사실'을 발굴하는 '유비법analogy'과 다르다. '유비법'은 인류의 지식을 생산하는 중요한 법칙이긴 하여도 '유사성similarity'을 찾는 지성활동에서 우리는 자주 자신의 문화, 정체성과 경험 배경의 영향에서 벗어날 수 없다. 즉 우리의 지적 이성은 사회문화와 현실의 이익들 가운데 깊이 심어져 있고, 이 지적 이성중에 우리는 무엇이 '유사하고', '상관적'이며, '합리적'인지를 정의하고 찾아서 하나의 익숙하고 자기에게 이로운 지식 체계를 세울 수 있다는 것이다. 반대로, 평범하지 않으며 특이하고 단절적인 현상들은 소홀히 되고 있다. 이 소홀 역시 부분적으로 사회 대중이나 '타자'를 사회적 주변부에 떨어지게 만든다. 이 때문에 포스트모더니즘의 학술적 각성으로 학자들은 근대에 생산된 '텍스트'들에서 약간의 다원, 주변부, 이상한 현상을 찾아서 그 의미를 분석한다.

둘째, 위와 같은 인지에 근거하여 학자들의 텍스트 분석 착안점은 늘 '익숙함과 비슷함'이 아니고, 반대로 텍스트들 중에서나 텍스트들 사이에 나타나는 황당한 오류, 단절, 모순, 기억상실, 모호함, 좌절 등이다. 텍스트 생산자가 텍스트에서 흘러나오는 것뿐만 아니라 열람자연구자가 느끼는 것이기도 하다.[26] 학자가 종사하는 '이례적인 분석anomaly analysis'[27] 혹은 '경계 이론border theory'[28]은 모두 이 연구의 방향과 다소 관련이 있다. 다원적인 자료들 사이에 생기는 '이례'나 우리의 이성과 시간, 공간 거리 밖의 '고대', '토착' 세계간의 차이에서 우리는 하나의 다른 시대나 다른 사회적 '콘텍스트'의 복잡한 구조 및 '당대 콘텍스트'와 다른 하나의 '당대 콘텍스트들' 간의 연속과 변천에 대한 이해를 시도할 수 있다.

셋째, 텍스트나 표징의 분석을 통하여 우리는 그것이 반영reflective하는

---

26  이 역시 로버트 단톤(Robert Darnton)이 말하는 것이다. 즉 "우리가 격언, 우스갯소리, 예의 혹은 시 한 편을 이해하지 못할 때 우리는 자신이 어떤 것을 건드리게 된다는 것을 안다. 문헌의 가장 난삽한 면에 착수하여 우리는 혹시 상이한 의미체계를 드러낼 수 있다. 이러한 사고과정은 심지어 낯설거나 미묘한 세계관 안으로 들어갈 수 있다. Robert Darnton, *The Great Cat Massacre and Other Episodes in French Cultural History*, New York : Basic Books, 1984, p.5를 보라.

27  R. A. Gould, *Living Archaeology chapter* 6~9, Cambridge : Cambridge University Press, 1980.

28  Renato Rosaldo, *Culture and Truth : The Remaking of Social and Analysis*, Boston : Beacan Press, 1993; Scott Michaelsen · David Johnson ed., *Border Theory : The Limits of Cultural Politics*, Minneapolis University of Minnesota Press, 1997; Elazar Barkan · Marie-Denise Shelton ed., *Borders Exiles, Diasporas*, Stanford : Stanford University Press, 1998.

'콘텍스트' 혹은 '사회 현실'과 그 변천 및 그 반향reflective이라는, 우리가 익히 잘 알고 신뢰하는 '문화'와 '역사'의 본질을 이해하기를 희망한다. 나는 텍스트에서 드러나고 있는 단절, 모호, 이례를 탐구하는 중에 텍스트가 반영하는 것과 그에 대한 반향의 지식은 상호 증장된다고 생각한다. 이렇게 되어야만 우리가 자신의 문화, 사회와 역사의 콘텍스트 가운데 다른 하나의 사회나 또 다른 시대의 문화, 사회와 역사에 대한 이해가 가능해진다.

마지막 넷째는 문헌사료, 구술자료, 문화현시를 모두 일종의 '텍스트'로 삼고, 학자로서 연구와 관련된 흥미는 배후의 사회맥락적 콘텍스트와 개인의 정감 및 텍스트와 콘텍스트들 간의 관계에 있다. 이 사회적 콘텍스트와 개인정감은 나의 연구에서 특히 당대 인간집단들의 자원공유와 경쟁관계 그리고 관련 족군, 계급, 성별과 지역의 정체성과 구분 그리고 이 정체성과 구분하에 개인 정감의 유출과 행위를 가리킨다.

텍스트와 관련이 있는 것은 '장르genre'의 문제이다. 중국의 정사正史, 지방지, 문인의 기록, 송대 이래의 족보, 명청明淸 시기 한인 사대부의 이역 여행기, 근대 민족지의 글 등등이 모두 일종의 '장르'이다. 일종의 장르는 아주 많은 텍스트들을 수용하고 있을 뿐만 아니라 장르 자체도 일종의 텍스트로 본다. 그것의 생산에는 특정한 사회와 시대의 콘텍스트라는 배경이 있다. 일종의 장르는 지속적으로 사용되고 유전되며, 이 종류의 콘텍스트의 연속적 존재를 현시하고 있다. 내적 함의 형식의 변화와 소실도 이러한 콘텍스트의 변화와 망실을 나타내고 있다. 문헌이나 표징에 대한 분석을 통하여 내가 이해하기를 희망하는 것은 일종의 '장르'에 내재되어 있는 '콘텍스트'나 '사회 현실'과 그것의 변천이다.

기본적으로 나는 텍스트의 방식은 일종의 고고학 유물이 남겨진 은유라고 생각하고 분석한다. 고고학자는 유물이 남겨진 것을 자료선택, 제조, 사용, 폐기과정의 산물로 본다. 나는 텍스트 역시 일종의 사회적 기억이 남겨진 것으로 간주된다고 생각한다. 마찬가지로 그것들은 자료선택, 제조, 사용, 폐기 / 보존을 거쳐 형성된다.

하나의 텍스트를 마주 대하면 우리는 이렇게 사고하여도 된다. 즉 어째서 작자는 이처럼 재료특정인, 물(物), 시간, 공간 등의 간섭과 상징의의를 취하는가? 왜 이렇게 조직하고 제조특정한 논리적 어구와 텍스트 구조하는가? 과연 저자는 이를 가지고 무엇을 설명하고, 무엇을 달성하고자 기대하는가? 저자나 타인은 이 사회적 기억텍스트들 그리고 여타 사회적 기억과 서로 부딪치는 것들을 어떻게 다루고 사용할 것인가? 끝으로, 각종 권력관계의 논쟁과 상호 제어 중에 이 기억은 어떻게 보존되며, 보급 혹은 수정되고 폐기되는가? 나에게 이것은 일종의 텍스트 분석의 공식이 아니다. 그러나 이 책에서 독자들은 텍스트에 대한 나의 이해와 분석은 항상 이 맥락에 따라 진행되고 있음을 발견하게 될 것이다.

본서에서 의거한 텍스트자료의 출처는 두 종류의 필드워크이다. 첫째는 내가 1994년에 개시해서 지금까지 진행해온 강족에 관한 필드워크 조사이다. 1994년 여름, 나는 서안西安에서 농서隴西를 거쳐 바로 청해 하황河湟지구로 들어간 뒤 다시 섬서陝西성 남쪽에서 사천성 서북쪽의 민강 상류로 들어갔다. 이 여행의 주요 목적은 역사상의 강인의 발자취를 따라가면서 그들이 생활하는 산천 환경을 관찰하고, 그 후의 필드워크 학술활동을 문의하고 일정을 짜는 것이었다.

그 뒤 나는 1995, 1996, 1998, 2000, 2001년, 2002년의 겨울과 여름 여덟 차례 민강 상류와 북천北川지구에 들어가서 필드워크 조사를 진행했다. 누계로 약 11개월 간의 필드워크 조사활동을 벌이던 중 나는 세 곳에서 여러 차례의 체류방문을 한 바 있다. 그 세 곳은 송반松潘, 소성구小姓溝, 무현茂縣, 영화구永和溝, 사천성 북쪽 소파향小嶓鄕 내외의 골짜기[29]이다. 이세 곳은 제각기 서북쪽에서 가장 많이 티베트화 된 곳, 한족과 티베트족의 중간 지역이고, 동쪽지역에서는 가장 많이 한화된 강족지역을 대표한다.

이외에 나는 여타 각 골짜기의 마을들을 단기간 방문했다. 매번 갈 때마다 한 마을에 약 5~7일간 머물렀거나 혹은 1~2년 후 이런 촌락들을 다시 방문했다. 이렇게 한 것은 이유가 있었다. 내가 진행한 연구는 강족 민중의 자기 민족의 문화, 역사, 사회에 관한 '다양한 목소리'들을 경청할 필요가 있었기 때문이다. 따라서 나의 필드워크 조사는 다원성이 필요했고, 또각종 '변방'들을 포함시킬 수 있었다.

이러한 연구의 필요성에서 나의 필드워크 고찰 지역은 다음과 같았다. 무현의 영화구, 수마구水磨溝, 흑호구黑虎溝, 삼룡구三龍溝, 적부소赤不蘇, 우미파牛尾巴, 문천현汶川縣의 강봉羌鋒, 리현理縣의 포계구蒲溪溝, 설성薛城, 흑수현黑水縣의 마와麻窩, 흑수와 지목림知木林, 송반현의 소성구, 북천현의 소파小嶓, 편구片溝, 청편靑片 등지와 이상 각 현의 현성들이다. 방문 대상은 다른 세대, 성별, 교육 배경 및 외계와의 접촉 정도가 다른 강족 민중들이 포함되었다.

필드워크 중에 관찰, 기록, 현지를 기록한 일반 민족지 자료들 외에 내가 수행한 가장 중요한 활동은 마을 사람들에게 몇 가지 간단한 문제들을 물은 것과 그 구술을 녹음한 것이다. 이런 문제들 혹은 주제의 생산은 한

---

29  [역자주] 본문에서는 溝를 골짜기로 번역하였다. 溝 앞에 특정 지명이 붙어 있는 경우는 그 지명과 함께 '○○溝'와 같이 사용하였고, 溝가 단독으로 하나의 지역을 가리킬 때는 골짜기로 번역하였다.

편에서는 현지의 역사와 민족지에 대한 나의 이해에서 온 것이고, 다른 한편으로 그것들은 관련 있는 집단과 기억 이론에서 온 것이다. 강족에 대한 나의 인식은 주로 이러한 경과를 거쳐서 설계한 주제와 문제들이고, 또 강족 민중이 나와 이러한 문제와 주제로 나눈 대화에서 생성된 텍스트들이다. 예를 들면, 그 중 중요한 문제는 다음과 같다. "여기 사람들은 어디에서 온 것인가?"와 같은 문제 중의 '군중'은 가정, 가족, 한 마을 사람들, 한 골짜기溝 중의 군중에서 강족 등등에까지 이른다. 사실상 내가 물은 것은 바로 현지인들의 기억 중의 각종 '역사의 기원'이었다. 이런 '역사의 기원'을 획득한 후 나는 그 가운데 약간의 언어 부호의 은유 및 약간의 관건적 주제들이 어떻게 구술되는가 하는 점을 분석했다.

이러한 녹음 구술자료들 중의 대화는 모두 현지 사천성 서북 방언, 현지인들이 칭하는 '한어漢話'로 방문취재와 응답을 진행했다. '한어'는 강족이 인근 티베트 지구에서 가장 보편적으로 통행되고 있는 말이다. 이 방문은 '한화漢化'의 결과이고, 다른 측면에선 '사투리鄕談話, 이른바 강족말'가 각지 강족들 사이에 쉽게 소통이 되지 않기 때문이다. 거의 모든 강족과 인근의 티베트족은 모두 한어를 말할 수 있다.

그러나 상당한 비례의 많은 강족인들은 현지 '사투리'를 말하지 못한다. 강족이 언어부호로 조직한 문화와 지식체계로서 원래 '한어'로 이해하고 표술하거나 혹은 '사투리'나 '한어'의 상호 통역 전달, 혼합문화와 지식체계라고 말할 수 있다. 이 역시 강족과 아주 많은 중국 서남 소수민족들의 중요한 집단적 특질 가운데 한 가지다. 따라서 '한어'로 방문 취재해서 얻은 자료들은 적당하게 현지의 본토 관점을 대표하는 것이다.

반대로, 토착 언어를 견지해서 본토 사회와 문화의 인류학 전통을 이해하는 것은 '강족'의 이러한 군중사회에서 진행할 수 없을 뿐만 아니라 쉽게 한 '민족'의 전범적 패턴화範準化, 고정화를 불러일으킬 수 있다.

모든 필드워크의 녹음은 전부 한문으로 바꾸었다. 구술자료의 사회적 기억의 본질적 인식에 근거하여 나는 연구자들이 보고인의 '구술'을 기억하고 삭감시 각종 주관적 편견이 만들어내는 오차를 피하기가 아주 어려울 것이라고 생각한다. 왜 그런가 하면 내가 구술기억들을 녹음해서 기록하고 그것들을 한 자, 한 구절마다 다듬어서 문자로 전환하였기 때문이다. 따라서 본서에서 인용한 구술자료들은 어법에 혼란이 있거나 문구들이 서로 연결되지 않는 현상이 있거나 혹은 인용문 중에서 드물게 보는 단어들이 약간 있을 수 있다. 그래서 나는 되도록이면 모두 주를 달아서 설명을 하였다. 이러한 구술자료들을 대량으로 인용한 것도 본서의 특색 가운데 하나이다.

나는 이러한 민족지의 표술과 서사는 독자들을 본지인과 저자, 혹은 현지인들과 독자들 사이를 중개하는 문화인지의 영역 안으로 들어가도록 인도할 수 있다고 생각한다. 이 영역 안에서 저자와 독자는 강족이 거주하는 본토의 사회 문화를 인지하고 있기 때문에 우리가 자신이 처한 사회 문화를 인식할 수 있다. 반대로 우리의 사회문화를 인식하고 우리는 이 때문에 강족 본토의 사회와 문화를 인식할 수 있는 것이다.

본서에서 미치는 다른 종류의 '필드워크'는 문헌에서 수행한 필드워크이다. 나는 각종 문헌들을 보고자가 문자로 현시시키는 사회적 기억이거나 혹은 앞서 말한 바 있듯이 일종의 텍스트와 표징으로 삼는다. 한진漢나라와晉나라 시기 화하의 서강西羌에 대한 역사와 문화의 묘사 및 기술이든, 아니면 근대역사와 민족학자들이 강족 역사의 역사와 문화에 대하여 쓴 저작이든, 또 그것도 아니면 당대의 강족 지식인이 자기 민족의 역사, 문화의 서사들은 모두 모종의 사회적 콘텍스트에서 사람들이 '타자'와 '우리 무리我群'를 선택하고 구성한 표술로 간주되고 있다.

고금의 화하, 중국인 및 강족은 이러한 글쓰기 주체인 자신의 정체성 및 정체성의 변천은 '우리집단'과 '우리집단의 변방'에 대한 그들의 묘사, 기술과 논변 중에 반영되어 있다. 이 때문에 이러한 문헌들을 통해 우리는 먼저 문자로 기록된 것 중에 사람, 일, 때, 땅 물物들이 서로 교직해서 이루어진 역사와 사회적 사실을 분석하고 논의할 수 있다.

그 다음으로, 이러한 문자로 기록된 사회 역사적 기억과 서사의 콘텍스트—각 차원의 사회적 정체성 체계, 관련 사회권력 관계—그리고 이 콘텍스트는 역사 속에서의 연속과 변천도 논의할 수 있다.

끝으로, 텍스트가 현실 사회에서 하나의 '담론discourse'으로서 갖는 인류학적 필드워크의 관찰과 결합하여 우리는 이러한 고금의 텍스트들이 어떻게 하나의 동태적인 사회적 기억이 되어 사람들에게 과시, 논쟁, 부정, 수식, 복제되어서 사회적 정체성과 구분체계 및 그 변천에 영향을 미치는지 탐구할 수 있다.

# 차례

# 지도 목차

# 사회 편

# 이끄는 말

본서의 첫 부분에서 나는 현 강족羌族의 생활환경, 생계활동, 사회 정체성과 구분 및 그와 관련된 공포와 두려움, 애정과 미움, 감정세계 등을 소개할 것이다. 이러한 묘사와 서술은 인류학의 민족지 서사와 비슷한 것이다. 그렇다. 이하 4개 장은 하나의 정체성과 구분을 주제로 한 강족의 민족지이다. 내가 말하는 "정체성과 구분identity and distinction"은 인류학의 민족지에서 일컬어지는 "사회 조직social organizations"과 같은 것이다.

내가 토론하고자 하는 내적 함의는 가정, 가족, 촌락 등과 같이 부분적으로 그것과 중첩돼 있다. 사회 조직에 대해선 인류학자들은 각종 "조직"의 기능구조 및 그것이 신화, 사물과 의식儀式 중의 상징적 표현을 연구하는 것을 중요시한다. 그런데 정체성과 구분이라는 각도에서 나는 특별히 개인이 사회에서의 각종 신분적 정체성이 그들이 각 계층에서 외재하는 사람들人群의 변계구분 그리고 이 정체성과 구분을 만들어내는 자원 환경과 권력관계의 배경을 강조하고자 한다.

생물계의 일부분으로서 "생존동기"는 인류의 모든 사회와 문화활동의 근본 바탕을 이루는 것이다. 인간들은 각종 무리군체를 지어 특정의 생존자원을 쟁탈, 분배하고 농단한다. 또한 이것은 인류사회의 각종 "정체성과 구분"의 주요 배경 가운데 하나이다. 생존자원이 부족하고 결핍된 강족지역에서 자연은 더욱 그렇다.

먼저 나는 제1장에서 강족지역의 지리 환경을 소개하고, 이곳에 거주하는 강족의 언어 체질과 문화적 특징을 간단히 소개할 것이다. 강족이 거주하는 지리환경은 하나하나 심산유곡 중의 계곡에 깊이 감춰져 있는데, 이는 각 마을을 고립되게 만드는 주요 배경이다. 바로 이 때문에 각 골짜기, 각 촌락 주민들은 언어, 체질과 문화에서 분기현상을 일으킨다. 나의 묘술에서 독자들은 통일된, 혹은 전형적인 강족의 언어와 강족의 문화가 없다는 사실을 발견하게 될 것이다.

제2장에서 나는 각지 강족의 생존 환경을 더욱 깊이 소개할 것이다. 많은 학자들은 항상 가장 편벽지고 먼 곳의 원시적인 촌락을 필드워크의 대상으로 삼아서 이른바 '원시사회primitive society'의 구성을 묘사하고 기술할 것이다. 반대로, 이 장에서 나는 강족은 단순히 산촌, 농촌의 촌락에만 거주하는 게 아니라 일부는 작은 시가지와 시, 읍城鎭[1]에도 거주한다는 것을 설명할 것이다. 깊은 산중의 촌락에 거주하는 강족들이라 할지라도 그들은 다층적으로 바깥 세계와 상당 부분 접촉하고 있다. 생계활동에서 자원의 경쟁과 나눠가짐分享은 각종 군중 사회의 공간을 구분 짓는다. 이러한 공간에서 사람들은 각 계층의 정체성을 경험하고, 관련이 있는 권력 관계를 구분 짓는다. 이로 인해 사람들의 마음속에 원근, 친숙함과 낯설음, 친절과 적대라는 사회적 공간구조를 빚어낸다.

제3장에서는 본서의 중요 주제인 "정체성과 구분"의 논의로 들어갈 것

---

1   [역자주] 성진(城鎭)은 현 중국의 행정구역 중의 하층 단위로서 한국의 행정단위에 대비하면 성(城)은 시에 해당되고 진(鎭)은 현 정부 소재지다. 중화인민공화국의 현재 행정구역은 성(省)급, 지(地)급, 현(縣)급, 향(鄉)급 지역으로 구분된다. 2022년 12월 31일 기준으로, 중국 전역의 34개 일급행정구(대만성을 포함하여 23개 성, 5개 자치구, 4개 직할시, 2개 특별행정구)를 "성급 행정구"라고 하고 그 아래에 성급행정구의 관할인 地級(293개 지급시(地級市), 7개 지구, 30개 자치주, 3개 맹(盟)), 현급(977개 시할구(市轄區), 1301개 현, 394개 현급시, 117개 자치현, 49개 기(旗), 3개 자치기(旗), 1개 특구, 1개 림(林)구), 향(鄉)급(8984개 가도(街道), 21,389개 진(鎭), 7116개 향(鄉), 966개 민족 향(鄉), 153개 소목(蘇木), 1개 민족소목, 2개 공소(公所)) 등의 지급, 현급, 향급이 있다. 鎭은 현과 현급시 이하의 행정구역으로 향과 동급이다.

이다. 족군 정체성은 본장에서도 본서의 연구 중점이다. 즉 기타 인류사회의 정체성과 구분, 예컨대 계급, 성별, 도시와 시골 족군 등은 족군 정체성 현상 안에 두고 논할 것이다. 본서에서 족군은 영어 ethnic group의 중국어 번역어를 제외하고도 한층 더 광범위한 참고 의의, 즉 모든 공동 혈연 및 의사 혈연기억에서 인류사회 군체를 응집하는 것을 가리키는 게 있다. 이 때문에 가정, 가족, 종족, 공동조상의 부락, 촌락의 무리들에서 민족, 국족 등등에 이르기까지 모두 광의의 족군이다.

이 장에서 나는 이 지역 자원의 경쟁과 분배의 배경 아래 각 계층 족군의 정체성 체계를 소개할 것이다. '구분'은 바로 특정 자원을 공유할 수 있는 사람들을 한정하기 위해 실천하는 사회적 경계의 유지이다. 내부의 격렬한 자원 경쟁 때문에 각지의 강족 사람들은 특히 피차간의 경계 구분에 마음을 두고 있다. 이것 역시 그들 사이의 언어, 문화의 차이성을 해석한다.

민강 상류의 여러 산들 사이에 있는 각 가정, 가족과 촌락 등 집단은 모두 자원의 공유와 응집과 연속에 있다. 가족신, 산신, 묘당과 보살 따위의 신앙들이 이러한 족군 구분을 강화하고 족군의 경계선을 유지한다. '본 취락 사람들'의 정체성 위에 현지에는 더 큰 범위의 족군 정체성이 있는데, '이마'우리민족라는 이 하나의 족군이 자칭하는 관념에 나타나 있다. 본지인의 이마, 적부赤部, 오랑캐와 이漢人의 개념 및 그것들이 반세기에 가까운 변천에서 본장 역시 본지의 족군과 혹은 민족 정체성 및 그 변천을 설명한다.

개인에게 '구분'은 일종의 생물의, 심리의, 사회적 체질 변계의 유지이다. 이 층층의 변계를 유지하는 것은 체질이 병통과 외력의 침해를 받지 않는 것을 바라고, 가정, 마을, 촌의 '신체'가 이웃이나 외적의 침범을 받지 않기를 바라는 것이다. 제4장에선 나는 강족들 간의 '독약고양이 전설'

과 관련 문화, 사건과 기억에 유행하는 것을 예로 촌락 주민이 상술한 정체성과 구분 체계하의 정감情感, 애증과 관련 행위 및 개인 경험, 정감과 행위가 또 어떻게 각종 사회 구분 구조를 강화시키는가 하는 점을 설명한다.

# 제1장

# 지리적 환경과 사람들

오늘날 중국 남서부 소수민족 중 하나인 강족羌族은 인구 약 20만 명 전후로, 주로 사천성四川省 서북부 아파티베트강족자치주阿壩藏族羌族自治州의 남동쪽, 즉 민강岷江 상류와 그 지류 양안의 문천汶川, 리현理縣, 무현茂縣, 송반松潘 등지에 거주한다. 그 외에 민강 상류 사이와 산을 두고 있는 북천北川에도 일부 강족으로 식별되는 향진鄕鎭¹에 사는 사람들이 있다. 이 지역 〈그림 1〉 민강, 전강湔江 및 그 지류는 티베트고원의 가장자리를 가로질러 높은 산과 깊은 골짜기를 형성하였다. 이러한 높은 산 사이의 깊은 골짜기를 현지 강족은 중국어漢話로 '구溝'²라고 하는데, 강족 촌채村寨³가 바로 이 골짜기들 사이에 분포한다.

---

1  [역자주] 향(鄕)의 향청 소재지를 말하며, 현 중국의 행정 단위들 중에서 현 아래에 있는 구역인데 한국의 행정구역 체계로 대비하면 향은 면이나 리 정도에 해당된다고 보면 된다.
2  [역자주] 溝는 원래 도랑, 하수도, 개천, 고랑, 골, 홈, 협곡, 골짜기 등등 여러 가지 의미로 쓰이지만 본서에서는 고산지구 산간 양안의 골짜기, 계곡(valley), 협곡을 가리키는데, 이하는 일률적으로 '골짜기'로 통일하여 사용하고, '구채구(九寨溝)'처럼 앞에 지명이 붙은 골짜기는 "○○구"를 그대로 사용하였다.
3  [역자주] 저자의 설명에 의하면, 사방이 담이나 울타리로 둘러싸인 마을을 의미하는 채

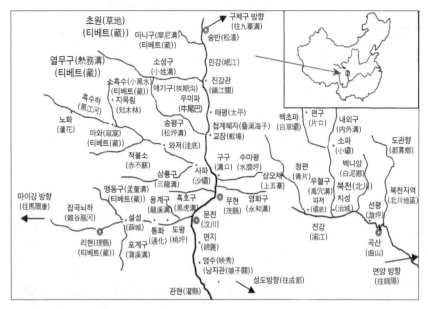

초원(草地)
(티베트(藏))

마니구(摩尼溝)
(티베트(藏))

구채구 방향
(往九寨溝)

송반(松潘)

열무구(熱務溝)
(티베트(藏))

소성구
(小姓溝)

민강(岷江)

진강관
(鎮江關)

소흑수(小黑水)
(티베트(藏))

애기구(埃期溝)

흑수하
(黑江河)

지목림
(知木林)

우미파
(牛尾巴)

태평(太平)

백초파
(白草壩)

편구
(片口)

내외구
(內外溝)

노화
(蘆花)

마와(麻窩)
(티베트(藏))

송평구
(松坪溝)

첩계혜자(叠溪海子)

교장(較場)

소파
(小壩)

도관향
(都貫鄕)

와저(洼底)

적불소
(赤不蘇)

구구
(溝口)

수마평
(水磨坪)

청편
(青片)

백니향
(白泥鄕)

삼룡구
(三龍溝)

사파
(沙壩)

상오채
(上五寨)

우혈구
(禹穴溝)

북천(北川)

치성
(治城)

마이강 방향
(往馬爾康)

맹동구(孟董溝)
(티베트(藏))

용계구
(龍溪溝)

흑호구
(黑虎溝)

무현
(茂縣)

영화구
(永和溝)

파저
(壩底)

선평
(波坪)

북천지역
(北川地區)

잡곡뇌하
(雜谷腦河)

설성
(薛城)

문천
(汶川)

전강
(湔江)

리현(理縣)
(티베트(藏))

통화
(通化)

도평
(桃坪)

포계구
(蒲溪溝)

면지
(綿篪)

곡산
(曲山)

영수(映秀)
(낭자관(娘子關))

면양 방향
(往綿陽)

관현(灌縣)

성도방향(往成都)

〈그림 1〉 강족 지구 약도

송반과 구채구九寨溝로 가는 도로는 민강의 본류를 따라 북쪽으로 향하고, 문천과 무현 일대를 지나가는 길 양쪽은 대개 이미 개발된 산전山田이거나 혹은 황량한 민둥산뿐이며 숲과 나무의 임목林木은 극히 드물다. 민강변의 주요 도로를 벗어나 각 지류 쪽으로 들어가더라도 넓은 삼림은 보이지 않는다. 산골짜기로 깊이 들어가거나 높은 산의 뒤쪽으로 올라가야 비

---

(寨)와 채자(寨子)는 뜻이 같고, 보통 가구 수가 100호 미만의 작은 산간 마을(小村落), 산촌(山村)을 가리키는데 영어의 hamlet에 상당한다. 촌채(村寨)는 몇 개의 인근 山村(寨)으로 구성된 촌락군(村落群)의 부락을 말하고 영어의 tribe에 해당된다. 따라서 본서에서는 村, 寨, 寨子, 村落, 部落, 聚落은 모두 일률적으로 가구 수가 적은 규모의 거주지라는 의미로 '마을' 혹은 '촌락', '부락'으로 번역하였고, 이 보다 규모가 큰 거주지로서 몇 개의 인근 山村(寨)으로 구성된 촌락군(村落群)을 가리키는 촌채(村寨)는 채(寨)라는 단어가 지니는 촌락의 입지나 형태의 의미도 살린다는 의미에서 그대로 사용하기로 하였다.

로소 넓은 임목이 나타난다. 이는 근대, 특히 1980년대 이후 중국이 개혁 개방을 실행한 후 과도하게 벌목한 결과이다. 리理현과 흑수黑水, 송반 등지는 원래 풍부한 삼림 자원으로 유명하였지만, 최근 삼림 면적이 급격히 줄어들고 있다. 중국은 1998년 이래로 민강 상류에서 '폐경환림廢耕還林'정책[4]을 시행하면서 삼림 벌목은 전면 금지하였다.

온전한 삼림은 해발 2,500~4,000m의 산간지대에 많이 분포하며 주로 소나무 숲으로 이루어져 있고, 소나무 숲 아래에는 각종 버섯류 식물들이 무성하게 자란다. 예를 들어 송반의 소성구小姓溝에서 채집할 수 있는 식용 균류에는 현지의 중국어漢話로 양류균楊柳菌, 장자균獐子菌, 쇄파균刷把菌, 계단균雞蛋菌, 양두균羊肚菌, 백송균白松菌, 백화균白樺菌, 초균草菌, 황련균黃連菌, 양각균羊角菌, 오아균烏鴉菌, 계균雞菌, 후두고猴頭菰, 마고蘑菰, 초고草菰, 향고香菰, 금침고金針菰, 야목이野木耳, 마비포馬屁包 등등이 있다. 산간 지대 전역에서는 임목과 버섯 외에도 각종 약재들이 많이 생산된다. 동충하초冬蟲夏草, 대황大黃, 천마天麻, 강활羌活, 천궁川芎, 당귀當歸, 당삼黨蔘 등은 모두 이 지역의 특산품이다.

과거에 이곳도 야생동물의 천국이었다. 현재 중국 국가 1급 보호동물인 판다와 황금들창코원숭이, 영양 외에도 곰 3종말곰, 불곰, 반달가슴곰, 표범 2종아무르표범과 레오파드, 레서판다, 살쾡이, 노루, 문착,[5] 사슴, 늑대, 승냥이, 멧돼지, 돼지코오소리 등등이 있었다. 오늘날에도 남획과 밀렵으로 인해 동물이 많이 감소하였다. 논밭과 숲속, 고산초원에는 또 다양한 야생조류도 서식하

---

4   [역자주] 경작을 중단하고 삼림을 조성하는 정책을 말한다.
5   [역자주] 중국과 자바섬 등지에 분포하는 사향 사슴을 닮은 작은 사슴이다. 온몸이 누런 색이고 수컷의 위턱에는 긴 견치가 있으며 작은 뿔도 있다고 한다.

고 있다. 흔히 사냥할 수 있는 꿩 종류로는 패모계貝母雞, 양각계楊角雞, 석판계石板雞, 괄괄계聒聒雞, 마계馬雞, 송계松雞, 타타계坨坨雞, 금계金雞 등이 있다.

삼림 위쪽은 가까이 산등성이의 완만한 경사면이고, 해발고도가 약 3,500~4,500m 사이다. 고랭지이고 겨울에는 눈이 쌓이다 보니 나무숲은 드문드문 흩어져 있으며, 작은 지역에만 산발적으로 분포한다. 하지만 여름이 되면 일조량이 충분해서 풍성한 목초지가 된다. 여기가 강족이 야크와 말을 방목해서 기르는 곳이다. 삼림 아래쪽은 높이가 약 2,000~3,000m인 산허리의 완만한 경사면으로, 계단식 산전山田으로 개간되어 다양한 식량작물이 재배된다. 하곡河谷 근처 강둑은 해발고도가 약 1,000~2,500m 사이이며, 면적이 넓고 일조량이 많은 가경지가 있다. 여기가 교통이 편리하여 최근 몇 년 사이 경제적 작물의 생산지가 됐다.

총괄하면, 민강 상류의 이 지역 자연환경의 특징은 한편으론 골짜기에서 수직으로 분포하는 산전, 삼림, 목초지가 풍부한 경제자원을 형성하고 사람들에게 다원화된 생활 수요를 충족시켜주기에 '골짜기'는 상당 부분 자급자족이 가능한 생태지역이 됐다. 다른 한 편으로는 골짜기와 골짜기 사이가 높은 산으로 가로막히고 교통이 불편한 것이 골짜기 마을 주민들을 상당히 고립된 무리로 만들었다. 다만 근년에는 강 계곡을 따라 도로가 개발되면서 각 지역 강족 간 교류가 활발해졌고, 그들은 잉여 농산물과 임산물을 바깥으로 운반해서 판매할 수 있는 기회가 생겼다.

북천의 지리환경은 민강 상류지역과 약간 다르다. 이곳 북천의 산간지역은 해발고도가 낮은 편이고, 혼합림混淆林 위주로 돼 있다. 북쪽은 송반이나 남평南坪과 가까워서 임목이 풍부하다. 여기는 한족지역과 가까워 개발된 역사가 비교적 빨랐다. 약간의 약재들을 생산하거나 외지에 나가서 일하는 사람들을 제외하고 이곳 북천 주민들은 거의 전부 농업에 종사한다. 그러나 민강 상류지역과 비교하면 이 지역은 성도평원成都平原과의 왕래가 밀접하고 빈번하다.

## 각 행정구별 간략한 소개

### 문천汶川

도강언시都江堰市, 관현(灌縣)에서 청성대교青城大橋를 건너 산으로 들어가서 차로 약 1시간을 가면 문천현 남단의 선구진漩口鎮과 영수진映秀鎮에 도착한다. 영수진은 과거 낭자관娘子關이라 불렸다. 많은 강족 사람들은 모두 과거 영수진과 선구진이 모두 강족이 분포하였던 곳이라 생각하지만, 현재 이 두 지역의 주민 절대 다수는 한족漢族이다. 이곳에서 민강을 따라 북쪽으로 자동차로 약 1시간 30분을 달리면 문천의 면지진綿虒鎮에 도착한다. '서강 제일촌西羌 第一村'이라고도 불리는 이곳은 아파주 최남단의 강족 마을이다. 문천의 구 현성縣城[6]은 면지와 강봉羌鋒 일대에 있었고, 청나라 시기 와사토 사瓦寺土司[7]는 이 부근에서 군대를 주재시켜 이곳을 지켰다. 오늘날 문천의 현성인 위주진威州鎮은 이곳에서 북쪽으로 자동차 거리로 30분 더 가야 있

---

6  [역자주] 현 정부(縣政府) 소재지를 뜻한다.
7  [역자주] 瓦寺土司는 '瓦寺宣慰司'의 다른 명칭인데, 가융(嘉絨)지역의 18개 土司 중의 하나로서 그 연원은 청대 황제의 명령을 받고 사천성 문천현에 원정 와서 거주하기 시작한 티베트의 한 부락에서 비롯되었다. 토사(土司)란 원(元)나라 이후 중앙정부에서 중국 남서부의 여러 성들에 두었던 지방관을 의미한다. 청조는 중앙 정치권력이 변방지역에 미치지 않자 그 고장 소수민족 출신의 토사를 두었는데 토사라는 직함의 이 족장 혹은 추장직은 세습하였다.

다. 문천 현성은 강족의 문화·교육의 중심지로, 위주소수민족사범학교威州少數民族師範學校와 아파주사범전문대학阿壩州師範專科學校이 모두 여기에 있다. 따라서 위주진 역시 강족의 역사·문화의 중요한 본바닥 연구 및 보급 중심지 중 하나이다.

문천현에는 한족, 강족, 티베트족과 회족回族이 거주하고 있다. 1985년의 인구통계에 따르면, 한족 인구가 문천현 전체 인구에서 61.88%를 차지하고, 강족 인구가 약 26.18%, 티베트족이 약 11%를 차지하고, 회족은 겨우 0.8% 뿐이었다. 현재 강족 인구는 문천 인구의 40%를 차지할 것으로 보인다. 민족구역자치제도民族區域自治制度가 시행되면서 1980년대 이래 점점 더 많은 지방간부와 공직자의 자리가 소수민족으로 채워지고 있어 문천현은 엄연히 강족이 위주인 곳이 됐다.

사실상, 강족은 주로 현의 북쪽에 거주하고, 문천의 강족 마을은 민강, 잡곡뇌하雜谷腦河 및 그 지류 연안의 용계龍溪, 극고克枯, 안문雁門, 면지 등의 지역에 주로 분포해 있다. 이 일대의 강족은 더욱이 한족지역과 가까워서 오랜 세월 동안 한족 문화의 영향을 받은 게 깊다. 현재 민강 동쪽 기슭의 촌락 주민의 대다수는 한어漢語를 모국어로 사용하고 있으며 본토 언어는 거의 자취를 감추었다.

### 리현理顯

문천현에서 민강 지류 잡곡뇌하를 따라 서쪽으로 가면 점차 리현지역으로 들어간다. 리현 역시 한족, 강족, 티베트족과 회족이 뒤섞여 함께 살아가는 곳이다. 이 지역에서는 가융티베트족嘉絨藏族이 인구가 가장 많으며, 이들이 사회적·정치적 우위를 갖고 있는데, 전체 아파주에서도 그렇다.

예로부터 리현은 과거 서번西番이라 불렸던 가융티베트족과 한족의 주요 교역지였는데, 현재는 서쪽 아파주정부 마이캉馬爾康으로 통하는 중간 요지이다. 따라서 리현 강족은 오랫동안 가융티베트족과 한족 양쪽에게 영향을 받아왔다. 이곳에서 강족 마을은 주로 감보甘堡 동쪽지역에 분포하고, 서쪽지역에는 가융티베트족의 주거지가 자리 잡고 있다. 도평桃坪, 통화通化, 설성薛城 부근의 각 골짜기는 모두 강족 마을이 분포하는 지역이며, 그 중 포계구蒲溪溝는 가장 깊은 산속 골짜기이다.

통화, 설성 일대의 강족은 자주 그들이 과거 가융 사람들과 함께 '오둔五屯'의 백성[8]으로서 유사시 청 조정의 지시에 따라 출정하였음을 자랑스럽게 생각한다. 이 지역 강족 마을은 청대에 오둔 중 '구자둔九子屯'에 많이 속하였다. 그들은 잡곡뇌하 남안의 포계구 사람들을 무시했는데, 옛날 전투 시에 그들은 군수품을 운반하는 짐꾼인 '배피자揹被子'만 할 수 있었을 뿐이었다는 것이다. 북쪽 기슭 각 골짜기의 강족 마을 주민과 비교하면 포계구의 강족은 가융티베트족의 영향을 적게 받았다. 예를 들어 설성, 통화 부근의 강족이 두건을 쓰는 방식인 '탑말자搭帕子'는 가융티베트족과 유사하지만, 포계구 강족의 부녀자들은 '포말자包帕子'[9] 방식을 취한다.

### 무현茂縣

문천 현성에서 민강을 따라 북쪽으로 가면 얼마 지나지 않아 무현이 나

---

8  건륭제 17년, 청조(清朝)는 잡곡토사(雜谷土司) 창왕(蒼旺)을 없앤 뒤 현지에서 둔병제(屯兵制)를 실시하였다. 현지 다섯 개의 큰 마을을 필두로 오둔(五屯)을 설치하고, 여러 마을의 병사들을 모두 동원하였는데, 이 오둔에는 잡곡뇌둔(雜谷腦屯), 건보둔(乾堡屯), 상맹둔(上孟屯), 하맹둔(下孟屯), 구자둔(九子屯)이 있었다.
9  탑말자(搭帕子)는 네모난 모양으로 접은 천을 머리에 얹어 천 조각이나 가발로 고정하는 것을 말하고, 포말자(包帕子)는 긴 천을 머리에 바로 두르는 것이다.

온다. 무현은 현재 강족 인구 비율이 가장 높은 현이고, 가장 전형적인 강족지역으로 꼽히고 있다. 민강의 동쪽 기슭에는 남성南星, 석고石鼓, 영화구永和溝, 수마구水磨溝, 석대관石大關, 첩계疊溪, 태평太平 등의 골짜기와 촌락이 있고, 서쪽 기슭에는 모탁牟托, 조림ㅋ林, 흑호구黑虎溝, 송평구松坪溝, 양류구楊柳溝, 우미파牛尾巴 등이 있는데, 이것들이 모두 강족 마을이 모여 있는 지역이다.

민강의 지류 흑수하黑水河를 따라가면 또 삼룡三龍, 와저窪底, 곡곡曲谷, 유성維城 등의 골짜기가 있다. 동쪽으로 토지령량자土地嶺梁子 너머 전강의 물줄기湔江水系인 토문향土門鄕도 무현의 행정 관할에 속한다. 무현 현성은 본토인들에게 무문茂汶이라고 불리며, 역시 강족지역의 중요한 정치·경제·문화 중심지 중 하나이다. 무현은 위주진에 비해 소수민족의 색채가 더 강하다. 예를 들어 거리에서는 흔히 민족 복식을 착용한 강족 여성들이 물건을 사고파는 모습을 볼 수 있다. 무문에서 북쪽으로 멀지 않은 양하구兩河口, 흑수하는 이곳에서 서쪽으로 민강에 합류한다. 적어도 청대 이후로 현지인들은 무문과 양하구 이북지역을 북로北路라고 불렀다. 이곳 남쪽에서는 민강 동쪽 기슭의 각 골짜기들을 동로東路로 하고, 민강 서쪽 기슭의 골짜기와 흑수하 유역은 서로西路이다.

일반적으로 민강 동쪽 기슭 각 골짜기와 강변의 제방河壩[10]지역은 생활여건이 좋은 편이다. 서쪽과 북쪽으로 갈수록 산이 높고 골짜기가 깊으며, 마을은 아주 높은 산 위에 자리 잡고 있다. 골짜기 밑의 강둑 제방에서 마을까지 걸어가려면 가파른 산길을 2~4시간씩 타야 한다. 높고 추운 날씨와 척박한 토지 때문에 이곳 주민들의 생활은 상당히 고달프다. 여기서 가

---

10  [역자주] 하천이 흐르는 골짜기의 제방을 가리킨다.

장 주목할 만한 문화현상은 동쪽에서 서쪽으로, 남쪽에서 북쪽으로 갈수록 모두 한족에서 티베트족가용으로 지나가는 현상이 나타난다는 것이다. 다시 말해 동쪽과 남쪽의 마을에 가까울수록 한족 문화의 영향을 많이 받고, 서쪽과 북쪽으로 갈수록 가융티베트족의 문화 요소가 많아진다.

문화적으로 강족이 한족과 티베트족의 중간이라면, 무현에서 가장 서쪽에 있는 곡곡, 유성 그리고 가장 북쪽의 우미파, 쌍천雙泉 등지의 강족은 강족과 티베트족의 중간 유형이라고 할 수 있다. 이들의 문화와 종교 습속은 모두 흑수와 송반 티베트족의 영향을 많이 받았다. 무현의 가장 동쪽에 있는 토문향의 강족은 이미 한족화漢族化되어 청나라 시기 이곳과 많은 동로 마을들은 중국에게 한인이 사는 마을, 즉 '한민리漢民里'로 구분되어졌다.

곡곡에서 와발량자瓦鉢梁子를 넘어가면 흑수현 티베트족 마을이 나온다. 흑수현 동반부의 티베트족은 스스로 중국어로 '장족藏族'이라 자칭하지만, 그들의 모어로는 '이륵마爾勒瑪'라고 부른다. 이는 곡곡, 삼룡 각지의 강족이 자기들을 부르는 명칭과 유사하다.


## 북천北川

무현에서 토지령량자를 넘어 토문을 거쳐 동쪽 계곡으로 내려가면 전강 유역의 북천지역으로 들어간다. 이곳은 민강 상류의 아파주에 비해 해발 고도가 비교적 낮은 편이고, 하곡 분지가 넓게 펼쳐져 있다. 숲을 이루는 대규모 삼림은 거의 보이지 않고, 서북쪽 모퉁이의 작은 마을 일대에만 그런대로 온전한 삼림이 있을 뿐이다. 전강에는 청편하青片河, 백초하白草河, 백니하白泥河, 도파하都壩河 등 중요한 지류가 있다. 이곳도 마찬가지로 상류의 산간지역 촌락일수록 생활이 고생스럽고, 하류지역 촌락일수록 사는 게 여유롭다. 서북쪽으로 가면 비非한족 본토 문화의 흔적도 볼 수 있지만, 동남쪽으로 갈수록 사천성 서부지역 한족의 취락이나 다름없다.

현재 강족 촌락은 주로 북서쪽의 청편하, 백초하와 그 지류지역에 분포한다. 과거 명, 청시대에는 '반란을 일으키기 좋아하는 것'으로 이름난 청편강青片羌과 백초강白草羌이 이 일대에 거주하였다. 그러나 20세기 중반에 이르러 본토민들은 자신을 한족이라 칭하였다. 현재의 북천강족은 대부분 1980년대에 민족 식별 및 등록을 거쳐 강족이 되었다. 북촌의 민족 간부에 따르면 현재 강족은 북천 전체 인구의 약 40%를 차지한다.

북천의 옛 현성은 치성治城에 있는데, 부근에는 저명한 '우혈구禹穴溝'가 있다. 새로운 현성은 이보다 동쪽에 있는 곡산진曲山鎭으로 옮겨갔다. 명, 청대 이래 대량의 한족들이 이곳으로 난을 피해 황무지를 개간하러 들어오면서 현지 주민들이 상당히 한족화하였다. 1950년대에 이미 원주민들의 토착 언어와 문화는 완전히 자취를 감추었고, 청편하 유역의 가장 서쪽에 있는 상오채上五寨[11]만이 현지 문화의 흔적을 일부 간직하고 있다. 1980년대 이래 북천의 강족은 무현 등지의 강족들과 교류하며 자민족 문화를 배우기 위해 노력하였다.

### 송반

현성 부근의 해발고도는 약 2,700m 전후이다. 현지 주민으로는 티베트족, 한족, 강족, 회족 등이 있다. 일반적으로 한족과 회족은 도시에 거주하고, 티베트족과 강족은 향鄕에 거주한다. 강족 인구는 송반 전체 인구에서

---

11  [역자주] 上五寨는 위쪽에 위치한 5개의 채, 즉 마을을 뜻하지만 그곳을 가리키는 고유명사로도 불리는 듯하다. 이하 하나의 지명을 가리킨다는 의미에서 '상오채'로 번역하였다.

아주 적은 부분에 불과한데, 송반 남부의 진강관鎭江關, 소성구와 쌍천 일대에 분포한다. 진강관은 민강변을 따라서 대로에 위치하여 부근 강족 주민들 대부분이 한족 문화의 영향을 많이 받았다. 도로와 가까운 많은 마을에는 벌써 본토 언어가 사라졌고, 주민들 간에는 단지 중국어만 통한다. 소성구 북안의 각 골짜기에는 열무티베트족熱務藏族 마을이 분포하고 있다. 남안의 기슭에는 주로 강족이 살고 있으며, 대이변大爾邊과 소이변小爾邊, 주이변朱耳邊을 의미하는 이변삼채爾邊三寨와 애기구埃期溝의 마을들이 유명하다. 소성구 각 마을의 주민, 특히 애기구와 대이변 등의 주민은 한족 문화의 영향을 적게 받고 티베트 문화의 영향은 많이 받았다. 송반 최남단의 쌍천구雙泉溝 강족은 지리적으로 무현 양류구, 우미파와 가깝고, 이곳 몇 곳의 강족들은 언어·문화적으로 밀접한 관계가 있다. 명. 청시대의 중국문헌에서는 이 일대의 마을 주민들을 모두 '생번生番'12 또는 '양류번강楊柳番羌'이라고 불렀다.

진강관과 소성구 일대는 송반고원松潘高原과 가깝고, 하곡의 해발고도가 상당히 높아서 상대적으로 주변 사방의 산들 보다 무현과 문천 일대의 산세가 훨씬 웅장하다. 이 지역은 지리적으로 고랭지 지대에 속하기 때문에 일반적으로 농업생산이 문천과 무현 등지보다 못하다. 그러나 일부지역에서 삼림 식생이 잘 보존되어 있어 현지 강족은 삼림으로 소득 일부를 얻어서 농업에서의 부족분을 보충한다. 그러나 지난 수십 년간 '삼공국森工局'13이 과도하게 벌목한 통에 삼림이 크게 손상되었다.

---

12  [역자주] 중국어나 대만을 포함한 근대 중국역사에서 '생번'은 미개인, 야만인을 가리키는 단어다.
13  [역자주] 중국의 대형 기업에 속하는 기구이다. 지방행정 단위에서 임업을 담당하는 기구는 임업국(林業局)이다.

## 언어, 체질 외모와 문화 표징 누가 강족羌族인가?

청장靑藏, 청해-티베트고원의 주변부에 사는 강족은 과연 어떤 민족일까? 쉽지는 않겠지만, 나는 본서가 시작되면서부터 독자들에게 강족의 개괄적인 이미지를 제시해 줄 수 있기를 희망한다. 예를 들어 이 민족의 생김새는 어떤지, 그들은 어떤 말을 하는지, 그들은 어떤 문화적 특징을 가지고 있는지 등등이다. 그러나 이것들은 나에게는 조금 곤란하다. 우리는 흔히 같은 하나의 민족이라면 자연히 그 민족만의 독특한 언어, 문화 혹은 체질적 특징을 가지고 있다고 생각하는데, 이는 전형적인 민족 개념에선 '민족'에 대한 사람들의 고정관념이다. 아무튼 각지 강족의 언어, 체질, 문화적 표징은 조금씩 차이가 있다. 강족은 지역적 영향을 많이 받아 동남쪽으로 갈수록 한족과 비슷하고, 서북쪽으로 갈수록 티베트족과 유사하기 때문에 한족과 티베트족 사이의 스펙트럼이라고 할 수 있다.

### 언어

강족지역에서 가장 자주 들리는 공용어는 중국어의 일종인 사천성 서부의 천서방언川西方言인데, 강족은 이를 한족 사람들의 언어라는 뜻인 '한어漢話'라 부른다. 또 다른 본토 언어가 있는데 현지인들은 이를 '향담화鄉談話'[14]라고 부른다. 각지의 사투리는 차이가 크므로 향담화는 아주 좁은 범위의 사람들끼리만 통하는데, 보통 골짜기 내의 사람들 사이에서만 통한다. 서로와 북로의 각 골짜기와 각 마을 및 취락의 강족은 아주 많은 사람

---

14  [역자주] 鄉談話는 이 지역 사람들이 사용하는 방언이나 사투리를 가리키는 고유명사이기 때문에 '방언' 또는 '사투리'로 옮기지 않고 이 단어를 그대로 사용하기로 한다.

들이 향담화와 중국어를 구사할 수 있다. 민강 동로 각 마을의 강족은 거의 대부분 중국어만 말할 수 있다. 북천지역 강족의 대부분은 조부모 세대가 쓰던 한어를 사용하였다. 현재는 청편 상오채 지역의 얼마 안 되는 일부 노인들만 이 지역 본토방언의 단어들—강족말 계통에 속한다고는 말하기 어려움—약간을 기억하고 있을 뿐이다. 시와 읍城鎭에 사는 강족은 일반적으로 보통 중국어를 사용하며, 지식인은 보통어普通話, 즉 북경어도 할 수 있다. 일부 부락에서 사용하는 향담화에는 중국어 어휘가 많이 섞여 있기도 하다. 방언만 사용하는 지역은 도로에서 멀리 떨어진 깊은 골짜기의 고산 마을뿐이다.

이른바 '향담화'란 언어학적 분류에 따라 '강어羌語'라고도 불리는데, 이 가운데는 서로 간에 의사소통이 곤란한 지방 방언이 많이 포함되어 있다. *
어떤 언어학자들의 관점에서 이러한 강어 방언은 다시 남부 방언과 북부 방언으로 나뉘고, 이 두 가지 방언군은 다시 각각 다섯 개의 지역 사투리로 나뉜다.[15] 사실, 동일한 사투리를 구사하는 사람들 사이에도 반드시 향담화로 의사소통이 가능한 것은 아니다. "우리의 말은 멀리 가지 못하였다. 골짜기에 또 골짜기가 있다면, 때로는 같은 골짜기라도 산의 음지 면에 사는 사람들과 양지 면에 사는 사람들이 사용하는 말은 서로 다르다"라는 어느 강족의 말처럼, 향담화로 의사소통 하는 데에 어려움이 있어서 여러 지역의 강족이 모이면 모두 중국어를 사용한다. 동로의 강족은 자주 자신들이 중국어에 능통한 것을 자랑스럽게 여긴다. 그리고 그들은 서쪽, 북쪽 및 깊은 오지의 강족이나 티베트족이 사용하는 중국어를 비웃는다. 심

---

15  孫宏開, 『羌語簡誌』, 北京 : 民族出版社, 1981, 177~178쪽.

지어 그들은 중국어는 "배우지 않아도 구사할 수 있는 언어"라고 생각하지만, 향담화는 배워야 말할 수 있는 말이라고 여긴다.

반대로, 서로와 북로의 강족은 중국어로 말할 때 사투리 음이 심하지만, 일부 남성은 이웃한 티베트족의 방언도 잘 구사할 수 있다. 예컨대 송반애기구의 강족은 열무티베트어를 원활하게 말할 수 있으며, 가융티베트어를 할 줄 아는 리현 강족들도 많다. 과거 이 지역에서는 사용 언어와 사회계층 사이에 밀접한 관련이 있었던 것으로 보인다. 가융티베트족 지방관인 토사의 세력이 서로와 북로에서 강하였기 때문에 이 지역에서는 '가융어嘉絨話'가 그들의 세력 범위 내에서 일종의 관방언어, 즉 공용어에 해당되었다. 따라서 과거 서로와 북로에서 '강어'를 사용하였던 토사의 추장들도 통상 가융티베트어를 구사할 수 있었다. 한족지역에 가까운 동로지역의 추장들에게 '중국어'는 과거 자연스레 가장 많이 사용하던 말이었다.

지역적 차이뿐만 아니라 남녀의 성별에 따른 사용 언어도 다르다. 남성들은 여성에 비해 중국어또는 티베트어 구사 능력이 더 뛰어났다. 여성은 외부와 접촉이 많지 않아 다른 언어를 잘하지 못하기 때문이라고 전해진다. 향담화에서도 남성의 어휘가 더 다양하고 유연하며, 여성의 언어는 보수적이고 지역적이라고 여겨진다. 이른바 남성의 강족어가 어휘량이 많고 유연한 것은 그들이 중국어, 티베트어, 인근 강족 방언의 차용어를 많이 사용하기 때문이다.

이외에 같은 마을에서도 상하 세대 간 언어 사용에도 차이가 있어 보인다. 리현 포계구의 한 중년은 현지의 노인들이 사용하는 단어가 이제는 전혀 쓰이지 않는다고 나에게 말하였다. 현지의 많은 노인들이 사용하는 어휘는 이미 완전히 사용할 수 없게 되었다. 더욱 보편화된 것은 현재 많은 현지 절대 다수의 강족 사람들이 '옛말'이 많은 강족 단공희端公戲[16] 가시歌詞를 알아듣지 못한다는 사실이다.

## 체질적 특징

체질적 특성상 강족 역시 한족에서 티베트족에 이르는 중간 과도형태가 나타나고 있다. 흔히 체질적 특징으로 한 민족을 정의하곤 하는데, 강족의 예는 '체질'이 종족이나 민족을 구별하는 데 한계가 있음을 말해준다. 예를 들어 티베트족은 보통 한족보다 코가 크고 피부가 검으며 키가 크다고 여겨진다. 이 정의에 따르면 북천지역의 강족은 외관상 한족과 전혀 다를 바 없다. 민강 상류지역에서는 일반적으로 가융티베트족과 가까운 서로, 북로의 각 마을 사람들이 가융티베트족의 체질적 특징을 비교적 더 많이 가지고 있지만, 동로 각 마을의 강족은 한족과 차이가 없다. 이 중간에 있는 강족은 이웃 집단 간의 미묘한 차이로 이루어진 한족에서 티베트족으로의 지속적인 변화를 보여준다.

이른바 한 민족의 '체질적 특징'은 무조건 객관적으로 존재하고, 유전학적 논리에 따라 연속되며 퍼트리는 체질의 내·외부적 특징이 아니다. 한 집단의 '체질적 특징' 역시 사람들의 주관적인 인식에 따라 집체적으로 선택되고, 상상되고, 구축된다. 이렇게 상상하고 구축된 '체질적 특징'이 유행하는 이데올로기가 되면 그것은 개인의 심미안과 배우자 선택에 영향을 미치고, 이로 인해 해당 민족의 체질적 구성에도 어느 정도 영향을 미치게 된다. 1920년대 민강 상류지역에서 선교 활동하던 영국 국적의 선교사 토

---

16　[역자주] 무당(단공) 굿에서 발전한 희곡으로 과거 섬서성(陝西省), 안휘성(安徽省) 등지에서 유행하였다.

마스 토랜서Thomas Torrance는 일찍이 강족을 독특한 민족, 즉 고대 이스라엘인의 후손이라고 지적한 바 있다. 그는 강족의 체질을 보고 이 종족의 기원을 알 수 있다고 한 바 있다.[17]

토랜서가 저술한 책에 실린 사진을 살펴보면 분명히 일부 현지인들이 일반적인 한족보다 코가 높다는 것을 확인할 수 있다. 토랜서가 의도적으로 자신이 생각하는 '전형적인 강족'을 표본으로 삼았는지, 아니면 토착민의 코가 당시에 정말로 더 높았는지는 내가 알 수 없다. 그러나 중국이 강족을 소수민족으로 인정하면서 지난 50년 동안 강족의 체질적 특징은 다소 변화하였다. 우선, 자신을 한족이라 칭하던 많은 현지의 본토민은 현재 자신의조상이 강족이라고 주장한다. 이에 따라 그들도 강족으로 인식되면서 체질적 특징이 한족과 같거나 비슷한 '강족'이 많아졌다.

이처럼 한족과 체질이 다르지 않거나 차이가 크지 않은 '강족'이 생겨났다. 무현 동로와 북천의 이러한 강족들은 일반적으로 강족이 고대 중국인의 원류로 인식되고 있는 화하華夏민족의 한 갈래이기 때문에 강족과 한족은 체질적 차이가 없는 게 "당연하다"고 여긴다. 다음으로 서로와 북로에서도 티베트지역과 인접한 많은 강족들은 모두 과거에는 강족과 티베트족 사이에 차이가 없었으나, 민족 식별 및 구분 후에는 "말을 많이 하다 보니 차이가 생겨났다"고 말한다. 따라서 과거에는 그들이 상류지역 마을 사람과 결혼하는 것이 보편적이었지만, 민족 식별 및 구분 이후에는 티베트족이라고 여겨지는 상류 마을 사람들과의 혼인은 많이 줄어들었다.

강족의 사례는 한 민족의 체질적 특징이 때로는 개별 학자 혹은 사회의

---

17　Thomas Torrance, *China's First Missionaries : Ancient Israelites*, London : Thynne · Co. Ltd., 1937, pp.36~37.

집단적 상상과 선택임을 보여준다. 여기에는 서양 선교사나 한족 혹은 토착민의 자아 정체성, 그리고 자기집단과 타집단의 전형적인 체질적 특징 혹은 체질적 구분에 대한 상상이 반영되어 있다. 이러한 정체성과 전형적인 체질의 특징이 사람들의 배우자 선택에 영향을 줄 때 자연스레 한 종족의 체질적 특징에도 영향을 미친다.

### 문화적 특징

체질의 특징으로 강족과 한족을 구분하기는 어렵지만, 강족이나 타 지역에서 온 외부자들은 모두 강족 여성의 복식이 강족의 민족적 특색을 뚜렷하게 나타낸다고 생각한다. 오늘날에는 마을 여성들이 입은 선명한 복식만 봐도 그들이 강족임을 바로 알 수 있다. 그러나 마을의 강족 남성과 도시의 강족 남녀, 모든 북천지역의 강족은 지역적으로 가까운 한족과 비슷한 옷차림을 하고 있다. '복식'은 개인 또는 한 집단의 '신체'의 연장선이라 할 수 있으며, 이를 통해 개인 또는 집단은 자신의 신분적 정체성 identity을 강조하거나 우리 집단과 다른 집단을 구분할 수 있다. 따라서 복식은 일종의 문화적인 몸의 구성으로 볼 수 있다. 나는 본서에서 이러한 현상에 대해 더 논의하고, 왜 모든 강족이 아닌 마을의 여성들만 민족 복식을 갖추고 있는지 그 이유를 설명할 것이다.

게다가 학자들은 지역별 강족 부녀 복식의 '유사성'을 종합하여 '강족 부녀 복식'에 대한 하나의 개념을 구축하였다. 그러나 각지 강족에게는 한 곳에 하나의 복식이 있고, 한 마을에 하나의 복식이 있을 정도로 지역마다, 마을마다 저마다 복식의 특징이 있다. 간단히 말하자면 남쪽과 동쪽으로 갈수록 한족 문화의 영향을 받고, 북쪽과 서쪽으로 갈수록 티베트 문화의 영향을 많이 받는다. 결국 본토민에게 중요한 것은 이웃 마을과 지역 집단 간 복식의 '상이성'이다.

강족의 여타 문화적 표징 역시 티베트지역에 가까울수록 티베트족의 특징을 많이 가지고 있고, 한족지역에 가까울수록 한족의 특징을 흡수하였다. 예를 들어 종교 신앙 측면에서 북로 강족이 모시는 많은 신들 중에는 티베트불교의 신이 많으며, 동남부의 강족 신앙에는 옥황玉皇상제, 관음觀音, 동악東嶽 등 한족 문화의 신이 많다. '티베트화'와 '한족화'의 정도는 골짜기와 지역마다 달라서 특정 지역의 문화가 강족 문화를 대표한다고 말하기는 어렵다. 물론, 우리는 소위 '티베트족 문화'와 '한족 문화' 요소를 배제한 전형적인 '강족 문화'를 제시할 수도 있다. 사실, 많은 학자들의 강족 연구, 강족 지식인과 지방정부가 강조하고 홍보하는 것을 통해 강력년羌曆年18과 과장무鍋庄舞, 19 강족자수羌族刺繡, 20 신수림신앙神樹林信仰, 산신신앙山神信仰, 단공문화端公文化, 우문화禹文化21 등이 점차 사람들에게 알려졌다.

20세기 전반기 초기 강족 연구자들도 일찍부터 이러한 문화적 특징에 주목하였지만, 그들은 무엇이 한족문화이고, 티베트문화이고, 강족문화의 요소인지 구분해 내는데 곤혹스러워 하였다. 초기 연구자들의 학식과 소양이 오늘날의 학자들에 미치지 못하였던 것인가? 아니면 최근 반세기 동

---

18  [역자주] 사천성 리현, 무현, 문천현, 북천강족자치현 23개 향진의 강족 거주지의 전통 명절로 중국 국가급 무형문화유산 중 하나이다.
19  [역자주] 티베트어로 원(圓) 가무라는 뜻인데, 티베트족의 3대 민간 무용 중의 하나이다. 일종의 집단 무용으로 수십 명이 원을 그려 돌면서 노래하며 추는 춤이다.
20  [역자주] 사천성 등 강족 거주지에서 유행하는 전통 자수 예술인데, 중국 국가급 무형문화유산 중 하나이다.
21  [역자주] 사료에 따르면, 강족 사람들은 전통적으로 우임금을 자기 조상의 성왕으로 여기고, 우임금을 천지신명처럼 떠받들었다.

안 '강족 문화'에 많은 변화가 생긴 것인가? 이에 관해서는 본서 문화 편에서 자세히 소개하겠다.

지금까지 강족에 관해 간단하게 언급한 것에서 알 수 있듯이 한 종족의 언어와 체질, 문화적 특질은 항상 변동적이고, 내부적으로 차이가 있거나 주관적으로 이해된다. 따라서 객관적인 언어와 체질, 문화로 이 족군族群, ethnic groups을 묘사하거나 범주를 규정하기는 어렵다. 이 역시 1970년대 이후 인류학계의 종족 연구자들의 보편적인 인식을 뒷받침하기도 한다. 즉 주관적으로 판단되는 집단 정체성인 종족 또는 민족은 객관적인 언어, 체질, 문화적 요인에 의해 규정되기 어렵다는 것이다. 과연 강족은 누구who인가? 나는 이 질문이 인류의 족군 정체성 현상을 지나치게 단순화시켰다고 생각한다.

나는 본서에서 그들이 왜why 자신을 강족이라고 밝히거나 인식하는지, 그그녀들이 어떻게how 강족이 되었는지, 그리고 자신이 강족임을 어떻게 표현하거나 선언하는지를 탐구하고 설명할 것이다. 이러한 강족 묘사와 서술은 필연적으로 인류 생태, 계층별 정체성과 계층 구분, 사회적 계급과 권력 관계, '역사'가 구축된 과정과 연관되어 있다. 강족 사회와 강족이 어떻게 역사와 '역사' 속에서 민족의 생명을 얻었는지를 설명한 뒤 다시 '강족 문화'라는 주제로 돌아오고자 한다.

제2장

# 촌락과 시·읍城鎭 생활

학자들은 보통 틀에 박힌 토착민의 이미지를 바탕으로 외진 지역 토착민의 취락 생활을 선택적으로 묘사한다. 이를 통해 자연적이고, 전형적이며, 구조적인 '타지他者' 사회와 그 문화를 묘사하곤 한다. 이러한 소규모 사회 집단에 관한 연구는 자연히 학술적 가치를 지닌다. 그러나 이와 같은 자료들을 '어떤 민족'의 사회와 문화로 본다면 다음과 같은 두 가지 어려운 문제에 직면할 수 있다. 첫째, 지식 면에서 왜 '일부' 인식이 '전체'를 대표하는가? 둘째, 사회·윤리 면에서 이 같은 '토착민 이미지'가 특정 종족 또는 문화중심주의적 편견에서 생겨났으므로 이런 연구가 종족이나 문화의 핵심과 변두리 간의 대등하지 못한 관계를 심화하는 게 아닌가?

강족을 예로 들면, 현재 대다수 강족은 산간 촌락에 거주하고 있다. 그러나 모든 강족이 다 그렇다는 건 아니고, 일부 강족은 위주, 무현, 곡산 등 도시 및 규모가 각기 다른 많은 소읍小邑과 시가지에 거주하고 있다. 나 역시 향에 살아야만 전형적인 강족이라고 생각하지는 않는다. 강족의 도시 거주는 20세기 하반기에 성하게 된 것이지만 이는 '강족'의 형성과 관련이 있다. 본서에서 나는 많은 페이지를 할애해서 그 과정을 설명할 것이다. 먼저 여기서 간단히 말하면, 과거 촌락에 거주한 일부 강족, 시와 읍, 면과 국가의 경제, 문화, 행정과 긴밀하게 연결되면서 도시 밖 촌락 주민들의 강족 정체성이 비로소 뚜렷해졌다. 따라서 강족을 이해하기 위해서는 마을과 도시의 사회적 배경 그리고 그곳에서 강족의 생계와 일상생활을 아는 것이 매우 중요하다.

## 마을 취락

강족의 촌채는 대부분 산 중턱에 자리 잡고 있는데, 최근에서야 하곡의 고도가 높고 넓은 평탄한 대지臺地에 일부 촌채가 생겨났다. 마을 주민에 따르면, 사람들이 과거에는 더 높은 산에서 살다가 점차 현재의 산중턱으로 옮겨왔다고 한다. 그들은 산에서 사냥하고 약초를 캐면서 이 같은 고산지역 마을이 폐허가 된 것을 자주 목격하기도 한다.

이 고장 사람들은 시냇물이 구불구불 흐르는 그 사이의 협곡을 '골짜기溝'라고 부른다. 강족 마을은 골짜기 양쪽 기슭의 산비탈에 세워졌다. 보통 본류 계곡을 지나는 현수교를 먼저 건너고, 산허리를 감고 있는 오솔길을 따라가야 지류에서 파생된 골짜기로 들어갈 수 있다. 깊은 골짜기로 들어가면 멀리 양쪽 산에 있는 촌채가 시야에 들어온다. 촌채의 해발고도는 지리적 상황, 생산 여건에 따라 차이가 있다. 무현 동로의 영화와 수마평水磨坪처럼 생산 여건이 좋은 지역은 강독에서 5분에서 10분만 가면 촌채에 들어갈 정도로 촌채와 강둑이 가깝다.

이러한 지역에는 통상 비교적 넓은 계단식 구릉河岸段丘이 있어 산초, 사과를 심도록 개발되었다. 무현의 삼룡, 곡곡, 리현의 포계구 등지 같이 자원이 부족한 지역의 마을은 2시간 내지 4시간은 걸어 올라가야 하는 높은 산에 자리 잡고 있다. 사람들이 이곳에 도착하면 사람이 왜 이런 곳에서 사는지 자연히 의문이 들 수 있다. 그 이유는 바로 자원 부족 때문이다. 자원 부족이 사람들에게 깊은 골짜기의 고산으로 들어가 각종 주변 자원을 이용하게 만들었다. 또한, 자원이 부족해서 집단 간의 충돌이 잦아지자 방어에 편리한 산골짜기 촌채에 살게 된 것이다. 그러나 이제는 치안이 좋아져서 많은 마을 주민이 강둑 근처로 이사하여 거주하거나, 강둑에 밭을 만들어 경작한다. 이 때문에 현재 곳곳에 강둑 촌락이 자리 잡고 있다.

가장 큰 촌채인 문천의 나포채羅布寨에는 약 200가구 정도가 있고, 가장 작은 마을[1]에는 대략 3~5가구만이 살고 있다. 보통 마을에 30~50가구 혹은 70~80가구가 있는 게 가장 보편적이다. 리현, 문천, 무현 강족 마을의 가장 특이한 경관은 바로 산비탈에 하나로 연결된 석축石築 가옥과 일부 남아 있는 석조 조루碉樓가 있다는 것이다. 석조 조루는 돌로 쌓은 사각, 육각 또는 팔각 탑 모양의 고층 건물로 높이는 약 20~30m이다.

조루가 가장 밀집한 지역은 흑호인데, 이는 명, 청시대의 '흑호강번黑虎羌番'과 중국 조정 간의 치열하였던 전쟁을 생생하게 보여준다. 취락의 지형 선택, 한데 모여 있는 집, 혹은 석조 조루들로 미루어 볼 때 강족의 촌채는 방어 기능을 띠고 있다는 것이 분명히 드러난다. 이 역시 왜 이전에는 강

---

1  [역자주] 저자가 번역자인 나에게 설명해준 것과 달리 원서에는 3~5가구뿐임에도 "村寨"로 되어 있지만 가구 수가 적다는 의미에서 "마을"로 번역하였다.

둑 마을이 존재하지 않았는지를 설명해준다.

강족 사람들은 강둑 부근에서는 자주 약탈당하였기 때문에 강둑 근처에 살면 안전하지 않다고 여긴다. 과거 강둑 근처에 살았던 사람들은 대부분 외지에서 온 한족이었다고 전해진다. 그래서 지금까지도 고산 마을 사람들은 최근에 강둑으로 이사 온 사람을 제외하고 강둑 마을 사람들을 업신여기고, 한족의 피가 흐르는 그들의 '뿌리'가 좋지 않다고 생각한다.

무현 북로 태평 부근의 산에 있는 우미파牛尾巴 촌은 마을 내 가옥들 간 간격이 넓은 편이고, 도시처럼 집들이 밀집하여 있는 취락은 보이지 않는다. 송반의 소성구에 가보면 집과 집 사이의 거리가 더욱 넓고, 나무와 진흙으로 지어진 집이 대부분이다. 이를 통해 과거 이곳 마을 취락 간의 긴장관계가 느슨하였음을 알 수 있다. 리현, 무현, 송반을 막론하고 마을의 가옥들은 대부분 3층 건물이다. 하층에는 가축이 있고, 중간층에는 사람이 거주하며, 상층에는 보통 간단하게 보살을 모시는 경당經堂이나 저장실이 있고, 나머지 공간은 진흙을 깔아 놓은 옥상 마당으로 식량을 햇볕에 쬐는 용도로 쓰인다. 각 층간에는 나무 사다리로 오르내릴 수 있다.

북천지역에서 촌락은 대개 강둑이나 낮은 산 중턱에 자리 잡고 있다. 이곳의 강족은 "촌村에 거주한다"가 아니라 "채寨에 거주한다"라고 말하는데, 아파주처럼 서로 연결된 석축 가옥은 없고 한족식漢族式 촌락만 보이기 때문이다. 가옥도 일반적인 사천성 서부지역의 한족식 농가와 다르지 않다. 집들도 천서川西의 한족식 농가 건물과 다르지 않다. 본채는 기와지붕과 대나무 벽으로 구성되어 있으며, 꽃무늬가 새겨진 창문이 있고 돼지우리와 나뭇간은 본채 바깥에 있다.

통상 강은 본류와 지류로 나뉘고, 시냇물에는 상류와 하류가 있으며, 마을이 있는 골짜기는 내구內溝, 외구外溝, 상구上溝, 하구下溝, 골짜기 어귀로 나뉜다. 따라서 내구 마을들 간의 관계는 내구 마을과 외구 마을 간의 관계보다 자연적으로 더 가깝고 친밀하다. 그럼에도 고립이라는 것이 마을 생활에서 있을 수밖에 없는 주된 특성이다. 특히 과거에는 골짜기 마을 주민들 간엔 왕래가 드물었는데, 이것은 각 골짜기 주민 간 자원 구분 및 경쟁과 관련이 있다. 다음 절에서 나는 이에 관해서 상세히 소개하고자 한다. 촌과 채의 구분은 현지에서 상당히 모호하다. 따라서 현재 강족 사람들은 주로 대대大隊, 소대小隊 혹은 조組2와 같은 행정구역 명칭을 선호한다. 대대는 촌에, 소대와 조는 채에 해당하는 개념이다.

그런데 이러한 지방 행정 구분은 현지의 집단 구분 개념과 완전히 같지는 않다. 예를 들어 행정 편의를 위해 이웃한 두 마을을 한 조로 합쳐서 같은 조가 되는데, 큰 마을大寨子과 작은 마을小寨子 또는 윗마을上寨과 아랫마을下寨로 나뉜다. 일부 강족 지식인들은 행정촌조과 자연촌채으로 이 둘을 구분하기도 한다. 따라서 여러 강족 향에 있는 마을 혹은 조의 개수는 알 수 있지만, 현지에서 생각하는 '마을'이 몇 개인지는 통계를 내는 건 쉽지 않다. 왜냐하면 현지인들의 관점에 따라 각각의 조가 내부에 몇 개의 '마을'로 나뉠지 알 수 없기 때문이다.

나는 예시를 통해 이 같은 마을 취락을 설명하겠다. 민강이 송반의 진강관鎮江關을 통과할 때 지류인 열무하熱務河가 서쪽에서 합류한다. 이 지류가 흐르는 골짜기의 앞쪽을 소성구라 하고, 뒤쪽을 홍토구紅土區 또는 열무구熱務溝라 칭한다. 소성구에는 또 몇 개의 지류가 열무하로 합류하는데, 그중

---

2  [역자주] 중국의 행정단위 중 마을을 뜻하는 '촌(村)'의 하위 단위가 '조(組)'이다.

하나가 애계埃溪로 불리는 시내이다. 애계가 흐르는 골짜기를 애계구埃溪溝 또는 애기구埃期溝라고 부른다. 이 작은 골짜기에는 촌이 애기촌埃期村 하나만 있을 뿐이다. 촌에는 세 마을이 있는데 각각 1조, 2조, 3조라고 불린다. 이보다 조금 더 깊고 긴 골짜기의 경우 마을 구조가 훨씬 복잡하다. 무현의 흑호구처럼 현재 1대대 '아급미兒給米', 2대대 '갈자관葛紫關', 3대대 '경독백계耕讀百計', 4대대 '파지 5파爬地五坡' 등 4개 대대로 나뉜다.

현지인의 관념으로 1대대는 '아급미'와 '음취하태陰嘴河台'로 나뉘며, 여타 다른 대대 몇 개와 함께 '흑호 5족黑虎五族'으로 불린다. 매 대대는 다시 몇 개의 소대로 나뉘고, 각 소대는 몇 개의 마을을 포함한다. 예를 들어 2대대 '갈자관'은 세 소대로 나뉘는데, 그중 2소대에는 또 다시 왕 씨마을王氏寨, 백석마을白石寨, 화상촌和尚村, 상촌上村, 판등마을板凳寨 등등이 있다. 이러한 마을 구조에서의 경제생활과 이와 관련한 자원 분배, 경쟁 체계에 대하여서는 뒷부분에서 더 자세히 설명하겠다.


## 촌락의 경제생활

마을에서 각지 강족의 경제 생산 방식은 지역마다 다를 수 있지만, '다원화'라는 공통된 특징을 보인다. 다원화는 농작물 종류뿐만 아니라 생계 수단 측면에서도 나타난다. 그들은 농업과 목축업을 겸업하고 있고, 크고 넓은 산속에서 약재와 버섯을 채취하면서 사냥도 한다. 농한기에는 남성들이 외지에 나가 다른 일을 해서 돈을 번다. 이는 지리적으로 변방이면서 수직적 차이가 큰 자연환경에 적응하기 위한 것이다.

농업은 강족의 주된 경제활동이다. 봄과 가을의 농번기에는 남녀노소 모두 농사일에 참여하지만, 1년 중 대부분 농사일은 여성이 맡는다. 마을 주민들은 일반적으로 밀, 옥수수, 도끼콩斧豆,[3] 감자, 귀리, 쌀보리, 완두콩, 야콘 그리고 채소류인 배추, 무, 청경채, 비트, 상추, 시금치, 중국 배추, 파 등등 다양한 식량 작물을 주로 재배한다. 작물마다 자라는 계절이 다르고 돌보는 방법도 달라서 마을의 여성들은 거의 1년 내내 밭에서 분주하게 보낸다. 근래에는 산초, 사과, 배, 자두, 복숭아, 마늘, 양파 등 경제작물을 재배하여 강족지역에 상당한 부를 가져다 주었다. 따라서 민강 대로변 근처 비교적 교통이 편리한 마을 주민들은 모두 햇볕이 잘 드는 밭에 경제작물을 심는데, 그 중에서도 특히 이미 지역 특산품이 된 산초와 사과를 재배하기 시작했다.

그러나 산초와 사과 외에도 여전히 다양한 식량 작물과 채소를 재배하고 있으며, 경제작물만 전문적으로 생산하는 농민은 아주 적다. 많은 젊은 층 사람들은 진즉에 전통적 농업방식에 불만이었다. 나는 다수의 젊은이들이 자기 부모들이 '완고'하게 이런 전통적 농사를 고집하는 것에 불만이고, 아무리 설득해도 어머니가 값을 더 받을 수 있는 작물을 심을 생각을 안 하는 것에 대해 불만을 토로한다고 들었다. 고산 지대 골짜기 마을의 여성들이 특히 그렇다.

그러나 이는 생계지향subsistence-oriented 농업과 시장지향market-oriented 농업이라는 두 가지 농업 생산 방식의 모순이다. 전자의 경제적 동기는 주로 '생활 리스크를 줄이는 것'이고, 후자의 경제적 동기는 '최대 이익을 추

---

3  [역자주] 콩의 일종인데, 완두콩과 비슷한 모양이다. 한자의 뜻대로 번역하여 '도끼콩'으로 옮겼다.

구하는 것'이다. 기성세대의 마을 농민이나 고산 지대 골짜기의 마을 농민
이 농업에서 가장 중요시 하는 것은 가정의 생계 안전과 위험의 최소화이
다. 따라서 여러 종류의 작물을 재배하는 것이 바로 이 목적에 부합한다.
계절마다 다른 리스크로 인해 제철 작물을 제대로 수확하지 못한다고 해
도 몇 가지 다른 작물의 작황이 좋다면 일가의 생계가 보장된다. 반대로,
여기에서 '최대 이익'은 그다지 의미가 없다. 교통난으로 인해 잉여생산물
을 운송하여 시장에 내다 팔기 어렵기 때문이다. 게다가 마을의 경제·사
회 구조에서 '부유'하다는 것은 그저 땔감, 식량과 돼지고기를 많이 저장
해 두었다는 뜻일 뿐이다.

그런데 이들 가정과 마을 주민들 역시 스스로가 인심이 후한 사람이길
바란다. 남에게 베푸는 것도 '잠재적 위험을 피하는' 농촌 도덕이고,[4] 친
척, 친구와 이웃에게 베풀면 필요할 때 그들의 도움을 받을 수 있기 때문
이다. 따라서 과거 고산지대 골짜기 마을에서는 아편 장사를 하는 소수의
촌장만 부유하였고, 나머지는 경제적으로 상당히 '평등'하였다. 중국공산
당의 계급혁명 후에는 더욱 그렇다.

1980년대 이후 '개혁개방'과 사유제의 회복으로 일부 마을 사람들에게
도 '최대 이익'을 추구할 경제적 동기와 기회가 생겨났다. 앞서 말한 바와
같이 그들은 전통 농업을 완전히 포기할 수는 없었지만, 공예작물 재배와
다른 사업을 통해 확실히 남들보다 더 부유해질 수 있었다. 이렇게 똑똑하
고 과감히 혁신에 도전하였던 농민은 성공한 '농촌 자영업자'가 되었다.
대량의 땔감, 식량과 돼지고기를 저장하는 것 외에도 위성 안테나로 수신

---

4    James C. Scott, *The Moral Economy of the Peasant : Rebellion and Subsistence in Southeast
     Asia*, New Haven : Yale University Press, 1976, pp.25~34.

되는 텔레비전이 새로운 부의 상징으로 등장하였다. 지금은 멀리서도 희뿌연 마을 가옥 지붕 위로 보이는 하얀 '솥뚜껑'주민들이 위성 안테나를 부르는 말이 강족 산간 마을의 새로운 풍경이 되었다.

전통 농업이든, 경제작물 축에 들어가는 농업이든 노동력이 가정경제의 성패를 결정짓는 중요한 요소이다. 전통 농업이 주를 이루는 마을에서 가구 간 빈부격차는 보통 가족생활주기와 가족 구성원 수와 연관이 있다. 부부 한 쌍이 어린아이 한두 명을 기르는 형태의 젊은 가정은 일손이 부족하므로 늘 제일 궁핍하다. 반면, 자녀가 모두 성인이고, 가장이 이미 결혼한 아들과 며느리, 사위와 함께 살며 이 일손들을 나누어 이용한다면 비교적 부유한 가정이 된다. 그러나 확대가족은 오래 유지되기 힘들고, 일정 시간이 지나면 핵가족으로 나뉘어 가산家産이 분산되는 것이 일반적이다. 이러한 방식으로 마을의 모든 가구가 경제적으로 어느 정도 평등을 유지할 수 있었다.

어쨌든 1999년 이래 장강長江 중·하류에서 해마다 수해가 발생하자 중국정부가 시행한 '퇴경환림退耕還林'5 정책이 점차 강족지역에서 전면적으로 추진되었다. 이에 따라 원래 각 가정에 배분된 밭에서 재경작을 허락하지 않았고, 5년 동안 국가에서 묘畝6별로 보상금을 지급하였다. 각 가정에서는 이제 작은 밭에 자신들이 먹을 채소와 잡곡, 과수를 조금씩밖에 심을 수 없다. 이러한 발전은 앞으로 틀림없이 강족의 경제생태, 사회문화에 큰 변화를 불러일으킬 것이다.

---

5  [역자주] 생태환경을 보호하고 개선하기 위하여 중국정부가 1999년부터 개시한, 농지를 산림으로 되돌리려는 프로젝트를 말한다. 토양 침식이 발생하기 쉬운 경사진 경작지에 단계적으로 경작을 중단하고 나무를 심어 산림 생태계를 복원시키는 것을 골자로 한다.
6  [역자주] 중국의 토지 면적 단위로, 1묘는 약 666.7제곱미터이다.

노동력 과다와 가정의 재부는 서로 밀접한 연관이 있다. 농업을 통해 얻는 이익은 적지만 여기에 다양한 자원이 있어 집안에 이런 자원을 얻을만한 충분한 노동력을 갖추고 있는지가 핵심이기 때문이다. 인근 숲이 잘 보존된 마을 사람들에게 버섯은 중요한 자원인데, 특히 곰보버섯, 표고松茸버섯 같은 귀한 품종의 버섯을 생산하는 지역은 더욱 그러하다. 그해 버섯 가격이 좋으면 한 가정에서 한 계절 동안 500~3,000위앤[7]의 수입을 올릴 수 있다. 최근 황룡黃龍과 구채구의 관광사업이 발전하면서 상인들이 일반 버섯, 목이버섯도 사들이고 있다. 양을 기르는 것 역시 가내 부업이다.

그러나 양은 도둑맞거나 짐승에게 공격당할 수 있으므로 너무 멀리 방목하여서는 안 되고, 양이 작물에 해를 끼칠 수 있기에 너무 가까이 두어서도 안 된다. 그러다 보니 양을 방목하는 데는 인력이 어느 정도 필요하다. 예닐곱 살 이상의 아이나 노인이 있는 집에나 버섯을 채취하고 양을 방목할 수 있는 인력이 남아 있다.

또한 집집마다 돼지를 몇 마리씩 키우는데, 매일 꼴풀을 베어 돼지에게 먹이는 것도 부녀자와 어린아이의 몫이다. 나는 송반지역에서 어린아이가 '돼지를 방목하는' 모습을 본 적이 있다. 아이는 돼지를 데리고 마을 부근의 산에서 낟알이 달린 들풀을 먹이고 있었다. 현지인에 따르면, 과거 중국 3년 대기근1960년대 초[8] 당시 이런 야생 낟알이 많은 사람을 먹여 살렸다고 한다.

---

7  [역자주] 한글의 외래어 표기법에는 중국의 화폐 단위인 인민폐의 元을 "위안"으로 표기하라고 되어 있지만 이는 명백한 오류여서 본서에서는 元의 원래 음가인 "위앤"으로 표기한다. 중국어에는 안과 앤에 해당되는 글자들이 무수히 많은데, 아직까지도 국어학계에는 안과 앤을 구분하지 못하도록 해놓은 이 잘못을 시정하지 않고 있다.
8  [역자주] 1959~1961년 3년간 이어진 자연재해가 초래한 대기근 시기를 가리킨다.

보통 돼지는 가정에서 소비하고 내다 팔지 않는다. 매해 설을 쇠기 며칠 전에 집집마다 돼지를 서너 마리씩 잡는다. 일부는 설날에 먹고, 대부분은 집에 걸어두고 훈제하거나 바람에 말린다. 돼지의 등에서 떼어낸 기다란 돼지고기와 비계는 한 집안의 부를 대변한다. 이렇게 바람에 말린 비계는 거의 모든 집의 들보에 7~8개, 많게는 수십 개가 걸려 있다.

사냥과 약초 채집은 청장년층이 맡게 되는데, 보통 일주일 혹은 그 이상 산속에 들어가야 한다. 현재는 남획으로 인해 동물의 개체 수가 많이 줄어들었다. 그래서 이제 사냥은 재미로만 하는데, 산토끼와 각종 야생 꿩을 사냥하는 경우가 대부분이다. 약초를 캐는 것은 매우 중요한 가내부업이다. 민강 상류의 강족지역에서는 강활羌活, 대황, 천마, 천패, 동충하초 등의 약재가 많이 생산된다. 강족 마을 주민들이 가진 식물에 관한 지식과 감각은 놀라울 정도로 경제 활동에서 약재가 얼마나 중요한지를 보여준다. 아이가 열 살 남짓이면 현지 방언 또는 중국어로 수백 종의 산속 식물을 식별할 수 있다. 강족 친구들이 나를 자기들 마을에 데리고 간 적이 있었는데, 그 친구들은 현지인들에게 자신이 본 적 없는 식물의 명칭과 특색을 자주 물어보곤 했고, 그 모습을 주의 깊게 본 바 있다.

7월 초가 되면 약초를 캐는 청년들은 말린 곡식을 가지고 짝을 지어 산에 오른다. 그리고 숲속에 초막을 하나 짓고는 그 안에서 잔다. 초막 밖에는 흙가마를 쌓고, 어떤 약재는 여기서 불에 쬐어 말려서 가지고 내려간다. 닷새나 일주일 간격으로 집에 있는 사람이 산에 올라가 식량을 보내주고, 그 참에 캐낸 약재나 버섯, 사냥감을 마을로 가져간다. 여름에 큰 숲에서 약초를 캐는 사람들은 휙휙 소리를 내며 서로 신호를 주고받는데, 이를 통해 약초를 캐는 사람이 있는 곳이 어딘지, 또 약초를 캐는 사람들이 현지의 '본토인'인지를 안다. 마을마다 각자 약초를 캐는 구역이 있으므로 함부로 남의 산에서 채집하여서는 안 된다. 그러나 분수령을 이루는 큰 산은 경계가 모호하다 보니 약초 채집으로 인한 마을 간의 분쟁과 싸움이 자주 발생한다.

큰 산에서 말과 야크를 방목하는 것도 좋은 가내부업이다. 사람들은 예전부터 말과 야크가 고산 지대에서 스스로 먹이를 찾고 생육하게 하였으며, 곰, 표범, 늑대에 맞서 싸우도록 키웠다. 필요할 때만 마을 사람들이 높은 산에 올라가서 야크를 끌고 내려와 밭을 갈게 하거나 말을 끌고 내려와 양식을 실어 나른다. 야크와 말을 많이 키우는 가정은 1년에 몇 마리씩 팔면 적지 않은 이익을 얻을 수 있다.

현재 야크 한 마리 당 최대 인민폐 2,000위앤에 팔 수 있다. 과거에는 사람이 말과 야크들을 돌볼 필요가 없었지만, 점차 야크와 말을 훔치는 사람이 많아지면서 몇몇 가정에서 야크와 말을 함께 기르기 시작하였고, 집마다 며칠 간격으로 교대로 한 번씩 산에 올라가 살펴보게 된 것이다. 열 살 남짓한 아이가 있는 집안에서는 유휴 인력이 여름에 산에 올라 약초를 캐거나 산에 있는 야크와 말을 돌본다.

마찬가지로 고산지대의 목장도 골짜기와 마을별로 근거지를 나누었으므로 방목할 때나 땔감을 주울 때 함부로 경계를 넘어가서는 안 된다. 나는 '퇴경환림' 정책 시행 이후인 2001년 여름에 탐방하던 중 애기 마을 사람들이 다른 마을의 야크와 말이 경계를 넘지 못하도록 산 곳곳에 나무 울타리를 설치한 것을 직접 목격하기도 하였다. 현재는 마을 청년들이 거의 매일 산에 올라가서 야크와 말을 돌봐야 한다. 농업 자원이 끊기면서 주민들 사이에서 목축업 자원을 두고 날이 갈수록 쟁탈전이 심해지고 있다.

여름이면 성인 남자들은 통상 외지로 나가 더 많은 이익을 얻을 수 있는 일을 한다. 예컨대 도로 정비, 집짓기, 벌목, 우물 파기, 약재 판매와 같은 일들을 통틀어 '조전找錢', 즉 "돈을 찾는다"라고 부른다. 대부분 사람들은 아파주 내에서만 이런 돈벌이 기회를 찾고, 소수의 일부 사람들은 성도평원, 심지어 더 먼 곳까지 가서 생계를 도모하기 위해 일한다. 이들은 9월이 되어서야 마을로 돌아와 밭일을 돕는다. 석축 가옥 짓기는 강족과 흑수티베트족黑水藏族이 가장 잘하는 손기술인데, 마을의 집들은 모두 이런 방식으로 지어졌다. 한족화가 많이 진행된 지역에서는 대개 이러한 손기술이 사라져서 골짜기 마을 주민들이 대신 집을 지어준다. 최근 구채구 관광이 지역의 중요 자원으로 떠오르면서 도로 확장 및 보수공사가 진행되어서 주변 지역의 강족 사람들에게 일할 기회가 많아졌다.

'조전'은 보통 상당히 고생스런 일이다. 외부인의 관점에서는 농한기의 잉여 노동력을 현금으로 바꾸는 과정에서 사람들이 쏟아 붇는 노동력에 비해 얻는 돈이 적어 상당히 비경제적으로 보일 수 있다. 예를 들어 나는 깊은 골짜기 오지 마을의 청년들을 본 적이 있는데, 그들의 조전 방식은 나무토막을 메고 외부 지역에 내다 파는 것이었다. 날이 밝기도 전에 일어나 산에 오르기 시작하여 오전 11시 가까이쯤에 '판장板場'이라 불리는 벌목 가능한 깊은 산중에서 오래된 나무들을 베고 깎아서 나무토막을 만든다. 때로는 나무토막을 등에 업고, 때로는 아래로 굴려서 가지고 내려온다. 그렇게 해서 촌채로 돌아오면 벌써 오후 대여섯 시가 되어 버린다.

이튿날 해가 떠오르기도 전에 그들은 70~80kg 가량의 나무토막을 메고 골짜기를 빠져나가는데, 정오쯤이 되어서야 골짜기 어귀에 도착한다. 상인에게 나무를 팔고나서 다시 촌채로 돌아가 집에 도착하면 늘 하늘이 이미 어둑어둑해진다. 이런 식으로 이틀 동안 일하여서 나무를 팔아 번 돈은 대략 인민폐 30~40위앤에 불과하다. 그러나 이 사회에선 '경제'는 다르게 이해된다. 바로 '조전'의 주요 목적은 최대 이익을 얻는 것이 아니라 생활을 더욱 보장하는 것이다.

남자의 '조전' 활동은 한가한 면도 있다. 산에서 금을 캐고 벌목하거나 약초를 캐는 사람들은 함께 모여 수다를 떨고 술을 마시며 몇 시간을 보낸다. 송반 또는 무현에 가서 농산물이나 약재를 파는 남자들은 평소 그곳에서 지인을 만나 함께 밥을 먹고 술을 마시며 이곳저곳을 돌아다닌다. 그런데 '조전' 과정에서 남성은 외부와의 교류를 통해 여성보다 더 넓은 세상을 접하고, 이들이 외부에서 가져오는 '지식'은 촌채 정체성의 본질을 끊임없이 변화시킨다.

일부 똑똑한 촌민들에게는 돈 버는 방법이 더 많게 되었다. 어떤 이들은 지방도로 공사 청부를 맡은 뒤 본토인을 헐값에 고용하여 도로를 건설하고 상당한 이윤을 남긴다. 또 일부는 작은 트럭 한 대를 장만하여 매일 골짜기 안팎과 도시를 돌아다니며 골짜기 마을 사람을 대신하여 교통과 농산물 운송 문제를 해결하고, 자신은 많은 돈과 명성을 얻는다. 더 많은 마을 주민들은 땅에다 사과와 산초를 심는데, 이것만으로도 1년에 3,000위앤에서 8,000위앤에 이르는 수입을 거둔다.

매년 7~8월에 문천과 무현 등의 산중 시와 읍은 산초, 사과, 복숭아, 자두 등 경제작물의 도소매 시장이 되고, 농민들은 산초와 과일을 짊어지고 시장에 가서 이를 판매한다. 황룡과 구채구의 관광사업 역시 산중 시와 읍의 상업을 발달시켰다.

최근 10년간 문천과 무현에 이곳을 경유하는 관광객들을 수용하기 위한 많은 호텔과 숙박 시설이 문을 열었다. 현지 과일과 약재, 수공예품, '민족문화'도 관광상품이 되었다. 지금까지 위에서 서술한 것에서 알 수 있듯이 민강 상류의 산간지역에는 원래 다원화된 자원이 존재하였다. 시장경제가 점차 활성화하고 관광사업에 따른 새로운 비즈니스 기회 속에서 시와 읍의 마을 주민들은 돈을 벌 수 있는 더 많은 기회를 얻게 되었다. 이렇게 가정의 노동력과 개인의 재간이 경제적 성공 여부의 결정적인 요인이 되었다.

총괄하면, 마을 환경의 특징은 다음과 같다. 한편으로, 골짜기에 수직으로 분포된 자원이 사람들의 다양한 생활 수요를 제공함으로써 '골짜기'는 하나하나 상당히 자족적인 생태 구역이 되었다. 다른 한편으로, 높은 산이 골짜기와 골짜기 사이를 막고 있고 교통이 불편하여 골짜기 마을 주민들은 상당히 고립되어 있다. 강족 마을 주민들은 이처럼 아주 폐쇄적인 환경에서 산 중턱에 여러 작물들을 재배하고, 거주지 근처에서 돼지를 키운다. 또한 더 높은 지대의 삼림지대에서 약재와 버섯을 따고 사냥을 하며, 임야의 틈새에서 양을 방목하고, 산림 위쪽의 고산 초원에서 말과 야크를 방목한다. 이런 환경에서 각각의 가정은 모두 독립적이고 상당한 자족성을 지닌 경제체제이다. 대체로 곡식과 채소에서부터 납육臘肉,[9] 황주黃酒[10]에 이르기까지 모두 자급자족할 수 있다. 외진 산이나 고랭지에 있는 마을의 주민들은 농업 생산이 수월하지 않더라도 촌민들도 여타 다른 일로 소득을

---

9  [역자주] 소금에 절인 돼지고기를 말한다.
10  [역자주] 중국인들은 통상 술을 빛깔에 따라 백주, 홍주, 황주 등으로 구분하는데, 황주는 보통 차조, 찰수수, 쌀 등으로 만든 빛이 누렇고 순도가 낮은 술을 말하고, 소흥주(紹興酒)의 다른 이름이기도 하다. 백주는 고량주 등 투명한 색의 술을 가리키는 총칭이고 홍주는 포도주 등 색이 붉은 술의 총칭이다.

메울 수 있는 기회가 있다.

근년 강족 촌채의 자원환경에 큰 변화가 생겼다. 첫째, 삼림벌채가 전면 금지되고, 수렵용 엽총의 사용이 금지되었으며, 퇴경환림으로 대부분의 농업생산이 거의 중단되었다. 둘째, 도로 개발과 민강 상류의 대규모 수력 발전소 건설 및 황룡, 구채구의 관광산업이 신규 일자리 기회를 가져다주었고, 소수민족지역의 자치에도 새로운 자원이 많이 생겨났다. 이 같은 변화들이 전통적인 촌채를 생활에 매우 큰 변화를 일으켰다.

더욱 중요한 변화는 자본주의화 된 상품의 생산, 판매, 소비의 동기가 생겨나면서 이들의 경제생활이 촌채 밖의 세상과 더욱 가까워지고 있다는 점이다. 예를 들어, 촌채의 촌민들은 '중일 무역협상'에 관심을 가지기 시작하였는데 이것이 현지의 고급 버섯 수매가격에 직접적인 영향을 미치기 때문이다. 그러나 다양한 생존 자원을 모색하면서도 다른 한편으로는 자원을 공유할 수 있는 집단의 범위를 엄격히 구분한다는 두 원칙은 여전히 변하지 않고 지키고 있다.


## 시·읍, 시가지와 향상鄉上

최근 몇 년 이래 많은 강족사람들은 촌채에 거주하지 않고, 앞서 언급한 경제생활에서도 벗어나 있다. 그들은 교통이 편리한 편이며 상업, 행정 등의 기능이 있는 지역에 거주한다. 강족지역에서 이러한 곳을 대략 3등급으로 나눌 수 있는데 시, 읍과 시가지, 향상鄉上이다.

시와 읍이라고 부를 수 있는 것은 대부분 현성縣城인데, 무현의 봉의진鳳

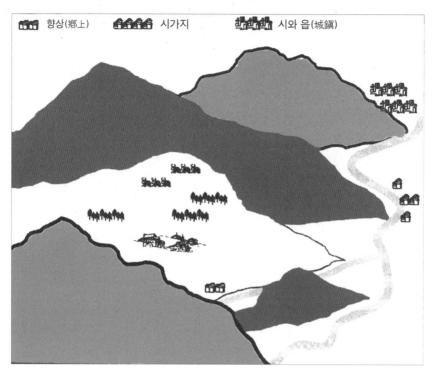

〈그림 2〉 골짜기 안과 골짜기 밖의 세계

儀鎮, 문천현의 위주진, 리현의 잡곡뇌, 송반현의 송반성松潘城, 북천의 곡산
진 등등이 있다. 주요 도로 노선이 민강, 잡곡뇌하, 전강을 따라 건설되기
때문에 시와 읍 역시 강을 따라 교통의 요충지에 위치한다. 각지의 현성은
강족지역의 상업, 문화교육, 정치의 중심지이며, 더욱 중요한 것은 강족이
타 지역의 강족, 티베트족, 회족을 앎으로써 자신의 민족적 속성을 인식하
는 곳이기도 하다. 많은 강족 주민들이 이곳의 정부 기관에서 근무하거나,
상점 또는 노점상을 운영하거나, 일용직과 서비스업에 종사한다.

　시와 읍에 가까운 마을의 주민들은 더 자주 아침에 농산물을 챙겨 도시에
내다 팔곤 한다. 특히 산초가 무르익는 여름철이 되면 문천현과 무문현의

현성은 모두 유명한 산초 집산시장이다. 최근 몇 년 동안에는 구채구, 황룡, 홍원초지紅原草地 등 관광지가 개발되면서 도로 인근의 문천, 무현, 송반에도 풍부한 상업 기회를 제공하였다. 관광객 유치와 민족 정체성 강화를 위해 각 현성에서는 종종 강족의 민족축제와 전시행사를 개최하고 있다.

현성 사이에는 규모가 각기 다른 크고 작은 시가지들이 존재한다. 예를 들어 무현과 송반 사이에 구구溝口, 위문渭門, 태평, 진강관이 있고, 문천과 무현 사이에 안문, 남성, 석대관이 있으며, 문천에서 리현 사이에는 도평, 통화, 설성 등의 시가지가 있다. 강을 따라 교통로에 위치한 이 시가지들은 길이가 100m가 안 되거나 200~300m이며, 통상 생활용품을 판매하는 상점과 몇 집의 소박한 식당들, 숙박처 및 농산물, 약재 수매 대리점이 있다. 일부 시가지 자체는 구區 정부 소재지로, 인근에는 통상 초등학교가 하나 있다. 시가지는 이웃한 골짜기의 마을 주민들이 만나 거래를 하는 곳이자 오고 가는 여객·화물차 운전수와 승객들이 휴식을 취하는 곳이다. 근처 마을의 남성들은 한가한 날이면 거리를 거닐고, 친구와 만나 이야기를 나누며 외부 소식들을 접한다. 시와 읍이 그렇듯이 시가지도 여러 민족들이 섞여 사는 곳이다.

높은 산 깊은 골짜기에서 향정부가 있는 강변시냇물 옆의 계단식 땅을 보통 '향상鄕上'이라고 부른다. 이곳에는 향정부 외에도 식당 한두 곳과 몇몇 구멍가게, 촌의 공급, 판매 합작사, 산 아래로 이사 온 농가 몇 곳이 있다. 이러한 농가들이 모여 촌을 이루면 강둑촌이라고 하는데, 향정부는 보통 강둑촌에 자리를 잡는다. 만약 골짜기로 가는 정기 운행 버스가 있으면 이곳은 통상적으로 정기 운행 버스의 출발역이자 종착역이 되기도 한다. 다른 지역에서 물건을 가지고 골짜기에 가는 마을 주민들은 여기서 내린 후 짐을 짊어지고 계곡을 따라 산으로 올라간다. 향정부와 촌채 주민들의 삶은 밀접한 관계가 있다. 지방의 향장鄕長과 서기는 자주 농촌에 가서 회의를 열고 정령政令을 설명하며, 빈곤 및 재해에서 주민을 구제하고 분쟁을 해결한다.

촌채 주민들도 자주 향상의 사무처에 나가 일을 처리한다. 이렇듯 '향상'은 같은 골짜기의 여러 촌채 주민들이 교류하는 곳이다. 향상에서 잘 아는 친구를 만나면 작은 식당이나 잡화점에서 함께 술을 마시고 이야기 꽃을 피운다. 보통 향상에도 초등학교가 있지만, 대부분 그 수준이 시가지의 초등학교에 비할 바가 못 된다고 생각하기 때문에 촌채 주민 중 일부는 바깥의 시가지에 있는 초등학교에 아이를 보내 공부시킨다. 그러나 향상의 초등학교는 고산 지대 골짜기 촌채의 '향촌 초등학교'보다 낫기 때문에 향상의 학교에 자녀를 보내는 촌채 주민들이 많다. 이 아이들은 등·하교를 할 때 보통 산길을 몇 시간씩 걸어가야 하는 경우가 많다.

소수민족 지역자치 정책이 시행되면서 1980년대 초부터 아파티베트족 강족자치주의 강족이 거주하는 현에서 지방정부의 일은 강족 지식인들이 맡았다. 시, 읍 시가지, 향상에 사는 강족 주민들 중 일부는 지방정부 각 부처에서 노동자, 운전기사, 일꾼, 요리사 등의 노동직으로 일한다. 이들 중 일부는 각급 자치정부 지도자, 간부, 민족학교 교사, 각급 당위원회, 중국 인민정치협상회의와 중국 전국인민대표대회 등 소수민족지역자치 아래서 생겨난 각종 공직을 맡았다. 이들이 바로 향후 본서에서 자주 등장하게 될 '강족 지식인'이다. 그들이 촌채 밖의 환경에서 살아갈 수 있었던 이유는 바로 국가와 강족을 연결하는 다리 역할을 하였기 때문이다.

촌채 주민에게 그들은 국가의 대변인이고, 국가에게 그들은 강족 인민들의 대변인이다. 국가의 대변인으로서 그들은 반드시 한문漢文의 지식 체계를 숙지하고, 자민족이 중화민족에서 차지하는 위상과 국가 정책, 현재 정세를 이해해야 한다. 따라서 이들은 개인 및 자민족의 이익을 추구할 때 국가와 중화민족의 전반적인 이익을 고려할 수 있다.

다른 한편으로 그들은 국가 및 사회에서 특수한 지위를 갖고 현지 민족 문화를 해석하고 대변하므로 반드시 현지 민족 지식도 습득해야 한다. 그러나 그들은 중국어 문화 지식이나 그곳 본토 지식을 학습하고 전파하면서도, 또 이것을 선택하고, 해석하며, 창조하기도 한다.

소수민족지역자치주 시와 읍에서 '소수민족'과 '소수민족 문화'는 분명 공유하고 쟁취할 수 있는 자원이다. 여기에는 이로 인해 생겨난 정부 공직과 풍부한 경제·문화교육·관광자원 개발 비용뿐만 아니라 비교적 우월한 출산 및 자녀 취학 기회도 포함된다. 그래서 자원이 부족한 환경에서도 시와 읍의 '소수민족'이 이 영역에서 안전하고 신뢰할 만하고 리스크를 줄일 수 있는 생존 공간을 제공하였다. 공직자들 월급의 경우 부지런히 일해 부자가 된 촌채의 농민보다 적더라도 촌채의 부모들은 자녀를 조금 좋은 학교에 보내고, 자녀가 앞으로 민족 간부가 되기를 희망한다. 이는 마을에서의 삶이 고생스럽기 때문만은 아닐 것이다. 다음 세대는 매일 마을을 오가기 위해 언덕을 힘들게 오르락내리락하는 생활에서 벗어났으면 하는 마음이다. 더 중요한 이유는 '잠재적 위험의 최소화'를 고려했을 때 민족 간부가 되는 것이 훨씬 '경제적인' 생계 방식이기 때문이다.

그러나 시와 읍에서 '소수민족 간부'라는 자원도 상당히 한정적이기 때문에 또 다른 자원의 분배와 경쟁의 장을 형성하였다. 교육은 이 분배, 경쟁의 장에 진입하기 위한 중요한 관문이다. 그 때문에 아이를 도시에 있는 학교로 보내는 것, 특히 민족 교사와 간부를 양성하는 민족사범학교에 입학시키는 것을 두고 강족들 사이에 치열한 경쟁이 펼쳐지고 있다. 매년 여름방학이면 아이의 취학을 위해 이리저리 바쁘게 뛰어다니며 부탁을 하는 부모가 많다 보니, 자연스레 강족이 시와 읍에서 우위를 점하게 되었다.

소수민족 공직을 맡게 된 각 지역의 소수민족 간부 사이에서도 자원 경쟁이 치열하다. 소수민족의 자원 분배가 종족별로 혹은 행정구역별 구분단위가 되다 보니 강족과 티베트족 사이, 그리고 북천, 문천처럼 각 행정구 내 강족들 사이에 일종의 자원경쟁이 이뤄지고 있다. 자원경쟁은 개인의 권력과 이익일 뿐만 아니라 집단의 권력과 이익에도 직결된다.

시와 읍 내 마을은 생활환경이 완전히 다르므로 아예 다른 '강족'을 만들어낸다. 그렇다고 하더라도 많은 생활 측면에서 이 둘은 생활의 여러 방면에서 미묘하면서도 가까운 관계를 유지한다. 시와 읍의 강족, 특히 지식인들은 일찍부터 마을을 떠나 공부하고 일하기 때문에 대부분 '향담화'를 말하지 못하고, 중국어사천성 서부 지역 방언가 그들의 공동 언어이다. 이들의 옷차림 역시 여느 한족과 다름없다.

그러나 그들은 모두 '전형적인 강족'은 마을에서 '향담화'를 사용하고 강족 복식을 입는 사람들특히 부녀들이라고 생각하며, 강족 문화를 동경하고, 기록하고, 연구하며 자랑스러워한다. 마을 주민에게 시와 읍에 사는 이러한 강족 지식인들은 상당히 부러워하는 대상이다. 그들은 시와 읍에서 사람들로부터 민족 지식을 포함한 새로운 지식을 습득하고, 새로운 물질적 향유를 배운다.

게다가 마을 사람들은 자주 바깥세상, 특히 시와 읍에 대해서 두려움과 불안감을 느낀다. 1920년대 때, 역사어언연구소歷史語言研究所[11]의 연구원들은 문천 부근에 거주하는 강족의 대부분이 도시에 들어갈 경우 보호 받고 한족에게 무시나 모욕을 당하지 않기를 바라는 마음에서 그 도시에 거주하는 한족 '양아버지'를 두고 있다는 사실을 알게 되었다.[12] 현재 이런 습속은 이미 자취를 감춘 지 오래 되었지만 도시 내에 강족 지식인들은 이마을에서 온 사람에 대해서는 여전히 '보호자'역할을 자주 하고 있다. 마을 사람들은 시에 들어가는 사람에게 항상 직접 만든 납육과 농산품예물을 선물하고, 시에 사는 사람들은 동향인을 도와주고 시에 있는 여러 기관들을 공적, 사적으로 연결해준다.


## 인근 시·읍 송반松潘, 마이강馬爾康, 관현灌縣과 성도成都

강족 마을 인근이나 강족지역에 위치한 몇 개의 도시에 거주하는 강족이 많지 않지만, 그들의 일상생활 및 역사경험은 이 도시들과 밀접하게 연관되어 있다. 강족 마을 인근 시와 읍으로는 송반, 마이강馬爾康, 관현灌縣 그리고 성도成都가 있다.

송반과 마이강은 강족 사람들이 인식하기에 '티베트족이 거주하는 곳'이다. 송반은 강족 거주 지역 북쪽 끄트머리에 있고, 마이강은 서쪽 끄트머리에 자리 잡고 있다. 이곳들은 청나라 말부터 중화민국 초까지 '서번西番'이라 불리었던 곳으로 둘러싸인 티베트 일대의 변방 요충지이기도 하다. 과거 무현 북로茂縣北路 쪽의 강족은 '서번'과 같이 공격해 송반성을 공

---

11  [역자주] 그 당시는 대만에 있지 않고 중화민국의 수도 남경(南京)에 있었다.
12  黎光明·王元輝, 「獞猓子, 汶川的土民, 汶川的羌民」(川康民俗調査報告之三 미간행원고), 台北 : 中央研究院歷史語言研究所, 1929, 47~48쪽.

략한 적이 있는데, 이러한 역사는 아직도 일부 나이 든 노인들에게 기억되고 있다.

현재 송반은 구채구九寨溝로 향하는 길목에 위치해 있고 목적지에 가장 가까운 시와 읍 중의 한 곳이기도 하다. 무현 북로의 강족 사람들이 이곳 송반에서 작게 장사를 하거나 관광호텔에서 일하기도 한다. 그러다 보니 송반은 강족에게 특수한 의의가 있으며, 송반 사람들도 그들과 관계가 가깝고 친하다. 그러나 무현 남로茂縣南路와 문천에 거주하는 강족들, 그 중에서도 노인들은 송반을 위험한 곳으로 인식하고 온거리滿街는 모두 교활한 한족, 회족이 살고 있으며, 부근은 모두 야만적인 초원 사람들紅原, 등지에서 유목하러 온 티베트인이라고 생각한다.

오늘날 마이강은 아파티베트족, 강족 자치주의 정부 소재지이다. 강족 중 연로한 노인들은 마이강을 과거 강대했던 가융족嘉絨族 족장을 대표하는 정치 핵심지로 여긴다. 공무에 종사하는 것을 제외하면 강족사람들은 이곳에 오는 사람이 아주 적다. 그런데 강족지역 시와 읍에서 마이강 출신인 사람 또는 마이강의 소식을 심심치 않게 접할 수 있다. 마이강 또는 '아파주에서 온 사람들' 대다수가 정부 공무원들이다. 강족 입장에서 그들은 문화를 제외한 정치·사회적으로 우세한 집단이다. 이는 그들 마음속의 '티베트족' 이미지와 관련이 있다.

아파주 중에서 가융티베트족은 우세한 종족이고, 주정부는 가융티베트족지역에 위치하고 있을 뿐만 아니라 주정부의 관원들도 가융티베트족이 많다. 우연히 강족 지식인이 마이강 출신 공무원을 평하는 걸 들었는데, 그들은 행동거지가 으스대며, 저속하다는 소문이 나 있다는 것이다. 이것은 그들이 생각하는 '티베트족'의 정형화된 이미지와 관련이 있다. 그러나 대부분의 경우 마이강 주정부는 강족·티베트족을 연합시키는 '현지 소수민족'의 상징으로서 강족과 티베트족 간의 긴밀하고도 우호적인 관계를 보여준다.

지금의 도강언시都江堰市인 관현은 성도 평원에서 민강 상류 산간지역으로 들어가는 입구의 도시다. 신화로 가득한 이 오래된 도시古城는 한족 문화가 민강 상류로 진입하는 시작점이기도 하다. 그래서 이빙李冰, 얼룽孽龍, 이랑신二郎神 등 관현과 관련된 신화 전설은 주로 민강 상류지역, 특히 문천, 리현, 무현 남로, 무현 동로茂縣東路 등 한족화가 어느 정도 이루어진 강족 사이에서 크게 유행하였다. 나이가 지긋한 강족들에게나 현지에서 내려오는 전설 속의 관현은 한족과 '우리 족'강족 두 세력이 만나는 접점의 경계지역이었다. 이는 관현이 처음 강족이 한족지역에 들어간 큰 도시였기 때문이다.

오늘날이나, 청나라 혹은 그보다 더 이른 시기에도 관현은 민강 상류지역 주민의 경제생활과 밀접한 관계가 있다. 민강 상류 산간지역의 주민들은 계절에 따라 성도 평원으로 가서 돈을 벌곤 하였다. 한진漢晉시대 중국 문헌의 기록에 따르면, 지금의 강족뿐만 아니라 과거 지역의 '오랑캐' 또한 그러하였다고 한다.

관현의 도강언은 예로부터 많은 함지질꾼이 필요해 온 터라 최소 100년은 넘게 민강 상류 마을 주민들이 함지질에 필요한 노동력을 제공해왔다. 오늘날 많은 강족사람들에게 관현은 여전히 '돈벌이'하기에 가장 이상적인 곳이다. 관현은 경제 형편이 좋은 많은 강족들이 소비하기에도 더할 나위 없이 편리한 곳이다. 그들은 여기에서 각종 신형 전자제품을 살 수도 있고, 고급 레스토랑에서 맛있는 음식을 즐길 수도 있다. 심지어 강족 중 많은 이들이 여기에 부동산을 구입하여 도시로 이사 와서 거주하기도 한다.

강족 부모들은 자녀가 아파주를 떠나 살기를 바란다. 그들 부모들은 남자는 외지에서 일해야 발전할 수가 있고, 여자는 외지로 시집가야 고생하지 않는다고 생각한다. 아파주와 가장 가까운 관현은 이렇게 생각하는 강족 부모들에게 자녀들이 일하고 가정을 꾸리는 데 최적의 지역으로 꼽힌다. 아파주의 퇴직한 많은 공무원들도 대부분 관현에서 여생을 보내고자 한다. 따라서 강족들은 적든 많든 모두 관현에 친구나 지인을 두고 있다.

성도는 사천성 청사 소재지이자 관현보다도 더 번화한 대도시이다. 그렇다 보니 강족은 성도가 마이강보다 더 큰 정치권력의 중심지이자 한족 사람들의 권력 공간의 상징이라고 생각한다. 민강 상류 마을에는 성도가 중국 황제가 살던 곳이라는 이야기가 전해 내려오는데, 이 역시 과거 강족이 성도를 어떻게 생각했는지를 보여주는 것이다. 강족 사람들은 가끔 관현에서 구할 수 없는 물건들을 구입하거나 지역 특산물을 판매하기 위해, 혹은 친구를 만나고 쇼핑을 즐기기 위해 성도에 들른다.

어찌되었든 성도는 강족에게 부富와 현대화의 상징이지만, 그만큼 위험도 가득한 곳이다. 이에 관하여 나는 그들이 성도에서 당한 경험들, 예컨대 강도를 당하거나, 도둑을 맞고, 속임을 당하고, 바가지 쓰는 일이 자주 일어난다고 하는 말을 많이 들었다. 많은 강족들은 '한족'들이 모두 아주 교활하고 약았으며, 성도 사람들이 그러한 '한족'이라고 생각한다. 일부 강족은 일이나 장사를 하기 위해 성도로 이주하는데, 대부분 서문 일대에 거주한다. 성도에 와서 물건을 사고팔거나 거리를 쏘다니는 아파주 사람들은 주로 성도의 서문 근처에서 활동한다. 성도의 서문은 아파주에서 성도로 들어오는 문이고, 장거리 버스의 종착지인 서문 정류장도 이곳에 있다. 이 역시 그들이 성도에서 느끼는 불안전감 중 한 가지다. 성도에서 아파주 사람들은 서로를 '동향인'이라 일컫는데 티베트족, 강족 할 것 없이 같은 아파주 사람이면 서로 친밀감을 느낀다.

대다수의 강족 사람들에게 마이강과 성도는 인접해 있지만 완전히 극단적으로 서로 다른 문화공간으로서, 각각 가융티베트족과 한족 문화의 대표지로 인식되고 있다. 마이강은 가융티베트족의 패도와 야만의 일면을 대표하고, 성도는 한족의 교활하고 문명적 일면을 대표한다. 강족은 마이강과 성도 사이에, 동시에 송반과 관현 사이에도 거주하고 있다.

그러나 반대로 강족지역 안에서도 사는 위치에 따라 두 도시에 느끼는 친근감의 정도가 모두 다르다. 북로에 사는 강족에게 송반은 티베트족과 강족이 서로 너와 나를 나누지 않는 지역이며 모두가 소박한 소수민족이라 생각한다. 남쪽에 사는 다수의 강족은 관현을 옛 강족 문화또는 우임금 문화가 알려진 중요한 거점으로 여기고, 심지어 과거 강족의 지역이라고 생각한다. 지리적 공간상 마이강과 강족지역 사이에 큰 산이 하나 자리하고 있고, 성도 역시 멀리 관현에서 남쪽으로 차로 한 시간 반 떨어진 곳에 자리 잡고 있다. 송반과 관현은 강족지역과 함께 민강을 끼고 같은 교통 길목에 있다. 그러다 보니 송반과 관현, 강족지역은 자연스레 지리·교통상 밀접하다. 그러나 강족이 이 네 지역에 애증을 품고 있는데, 이는 강족 정체성의 특질 그리고 이 정체성하에 일종의 문화 또는 공간적 거리감을 반영하고 있다. 많은 강족은 자신들이 한족처럼 그렇게 교활하지 않고 강족과 티베트족 사람들은 모두 순한 사람들이라고 생각한다. 그러면서도 강족은 또한 자기들이 티베트족처럼 야만적이지 않다고 생각하고, 강족과 한족이 모두 오래된 문명의화허華夏민족이라고 여긴다. 다음 장에서 나는 강족의 이러한 자기종족에 대한 이미지에 관해 설명할 것이다.

강족은 지역 마을별로 시와 읍과 관계에서 느끼는 친소의 정도가 다 다르다. 같은 마을이라고 해도 각개 주민들이 가지는 외지 시와 읍과의 연관성은 같지 않다. 일반적으로 북천과 문천의 각 마을 주민들은 시와 읍과의 관계가 밀접하지만, 송반과 무현 서로茂縣西路 각 마을의 주민들은 도시에 갈 기회가 적다. 지역을 불문하고 노년층보다는 젊은 층이, 여자보다는 남자가 도시로 나갈 기회가 훨씬 많고 더 먼 지역으로까지 이동한다. 나이 든 강족 사람들 중에는 평생 단 한 번도 관현이나 성도를 가본 적 없는 남자들도 많다. 또한 나이 든 여성들 중에는 일생 동안 그 마을이 있는 산골짜기를 벗어난 적 없이 그곳에서만 보낸 이들도 있다. 현재 시가지, 시와 읍은 인근 도시들의 정보 확산 기능이 다 다르기 때문에 현재 강족 중에 세대, 성별, 지역, 시와 읍마다 사회·문화적으로 상당히 큰 인지 차이가 존재한다.

# 제3장

# 족군族群의 정체성과 구분

앞서 언급했던 지리·경제적 생태환경에서 강족들은 제한된 생활 자원을 함께 공동으로 지키고 나눠 누리며 경쟁하기 위해 다양한 각종 사회 집단을 형성한다. 이러한 사회 집단들과 그들 사이의 구분은 국가의 민족 분류 및 행정 구획으로 생겨난 정체성과 구분 체계에 따라 구별된다. 예를 들어 강족과 북천 사람, 강족·티베트족·이족彝族 또는 북천·무현·문천 사람들 간의 구분이다. 그 밖에도 현지에 원래 존재하는 정체성과 구분체계가 있는데, 마을과 마을 주민마다의 정체성과 여타 타지인을 구별하는 구분 체계를 따르는 곳도 있다. 정체성과 구분은 사회에서 나타나는 분업과 자원 분배로 생겨난 계급 정체성 및 구분 그리고 남녀의 성별, 다른 세대 간 정체성과 구분도 포함하고 있다.

인류 사회의 정체성과 구분 체계에서 종종 '혈연'으로 자기 무리끼리는 응집하고 다른 무리는 배척한다. 이 '혈연'관계는 진실일 수도 있고, 상상이거나 거짓일 수도 있다. 그러나 중요한 것은 사람들이 이와 같은 무리

속에서 서로 '믿음'으로써 친근 관계가 생긴다는 점이다. 그리하여 그들은 함께 생활에 필요한 자원을 향유하고 지키며 또 쟁취하기도 한다. 이를 통해 성별, 세대, 지역, 계급 간의 구분으로 나타난 불평등을 망각하거나 합리화한다.

사람마다 사는 곳이 멀기도 하고 가까워서 자원을 공유하는 관계의 정도가 상이한지라 혈연이나 의사疑似 혈연 집단이라도 그 관계의 깊이가 다 같진 않다. 우리는 통상 혈연 집단 중에서도 소규모이면서 하위의 형태로는 '가정', '가족' 또는 '부족'이라고 부르고, 규모가 더 크고 상위 형태의 집단으로는 '인종ethnic group', '민족ethnos'이라고 칭한다. '민족 / 국적nation 혹은 nationality'은 근대 국가민족주의하에 문화, 언어, 역사를 조사하고 분류한 뒤 국가권력의 인식과 승인에 따라 '민족'이 탄생하게 되었다. 본서에서 나는 모든 혈연의 기억으로 응집하는 이러한 인류사회집단을 '족군族群'으로 총칭한다.

우리는 강족에서도 앞서 언급했던 우리가 잘 알고 있는 인간집단의 정체성과 구분체계를 찾아볼 수 있다. 하지만 거주공간, 사회구조, 외부와의 관계가 모두 상이하다 보니 강족 사람들 간에도 시·읍의 주민들과 촌채 주민들 사이처럼 완전히 동일한 사회적 정체성과 구분 개념이 존재하는 것은 아니다. 어찌 되었든 혈연 혹은 의사 혈연관계로 모인 집단은 모두 가장 중요한 것이다. 대부분이 고산지대의 깊은 골짜기에 모여 살고 있어 이동이 어렵고 상대적으로 교통이 불편하기 때문에 그들은 제한된 공간 속에서 생활 자원을 얻기 위해 필사적으로 경쟁하는데, 혈연 집단의 정체성과 구분은 자원의 공유 및 경쟁과 밀접하고도 뚜렷한 연관관계를 가지기 때문이다.

인간들 무리의 자원과 공간 영역은 자연이 나눈다는 의미로서 현지 강족의 속담인 '산분량자, 수분친山分樑子, 水分親'[1]이 이 현상을 설명한다. 이하 나는 가장 기본적인 혈연 집단과 의사 혈연집단의 단위인 '가정'에서 이야기를 시작해서 작은 것에서 점차 큰 것으로, 가까운 것에서 먼 것으로 옮겨가서 마지막에는 강족과 중화민족 등 집단의 정체성까지 논할 것이다.


## 혼인과 가정


민강 상류의 산간지역에서 가장 보편적으로 볼 수 있는 가족 형태는 이른바 부계 중심 가정이다. 거의 예외가 없이 혼인 후의 남자는 즉시 또는 단기간에 자기 집과 독립된 가정을 이룬다. 보통 가장 작은 아들이 최후로 집과 부친이 남긴 가업을 이어받는다. 본 가족 또는 본 마을에서 새 가정을 맞이하기 어려울 때면 남자는 종종 일손이 부족한 인근 마을이나 골짜기 중에서 남성 노동력이 부족한 가정의 '데릴사위'가 되기도 한다. 물론 어쩌다가 예외도 있기 마련이지만, 대부분 머리 좋고 능력 있는 독단적인 부친은 갖가지 수완을 발휘하여 기혼한 아들과 딸, 사위까지 모두 가정에 묶어 두고 분가를 허락하지 않는다. 이러한 경우는 자주 서로 간에 많은 원망을 일으키고 결국 집안 다툼이 있고나서야 자녀들이 분가해서 각자 가정을 이룬다.

그런데 보통 '우리 가족'이라고 하면 마을 사람들은 부친또는 조부 형제들

---

1    [역자주] "산이 들보를 가르고 물이 부모를 가른다"는 뜻이다.

의 가족까지 포함한다. 마을에서는 아버지대와 할아버지대의 여러 형제 가족들이 함께 모여 사는데, 서로를 공동의 혈연관계로 생각한다. 그들은 혈육 관계여서 평소에 왕래가 잦고 경제적으로, 노동력 측면에서도 서로 돕는다. 이와 같은 '대가족'에서 한족이 일컫는 '사촌 형제'는 서로 '형제 자매'라고 부른다. 강족의 가족 구조를 '부계 중심 가족'이라 설명하기에 는 다소 부족한 감이 있다. 하지만 그러한 각 '가호'들이 자주 잘 어울린다 는 법은 없다. 토지가 부족하여 재산 분할을 할 때면 형제, 숙질, 사촌 형제 간에 공공연하게 또는 보이지 않는 긴장 관계나 대립각이 생기기도 한다. 또한 일상생활에서 잦은 왕래로 마찰이나 말다툼도 자주 일어난다. 대부 분의 경우 그리 심각한 건 아니고 영구적인 사람과 사람 간에 자주 발생하 는 충돌 정도이다.

혼인은 한 가족의 친속 범위를 확대시킨다. 그러나 산골짜기에 고립된 마을에 사는 강족들은 일반적으로 딸이 먼 곳으로 시집가는 것을 원하지 않고, 부득이한 경우가 아니면 먼 곳의 며느리를 맞는 것도 바라지 않는다. 많은 지역 사람들이 대부분 같은 마을 주민이면 '뿌리'가 같다고, 즉 같은 조상을 두고 있다고 여겨서 꼭 가까운 마을에서 결혼 상대를 찾는다. 규모 가 좀 더 크고 한족 주민이 있는 마을일 경우 한족 성을 가진 '집안家門'끼 리 결혼을 하고, 한족이 없는 마을이면 같은 터주신이나 조상신을 모시는 '가족'끼리도 혼사를 치른다. 그러나 대부분 지역 풍습은 마을을 벗어나 결혼 상대를 찾으려는 경향이 있다. 아무튼 딸은 먼 곳으로 시집보내지 않 는 것이 중요 원칙이다. 예를 들어 문천 강봉羌鋒 일대에 사는 강족의 풍습 중 딸을 시집보낼 때 어머니가 "난 널 멀리 시집보내는 게 아니다. 너는 돼 지가 울고 개가 짖는 소리를 들을 수 있는 곳으로 시집가는 것일 뿐이다"

라고 노래를 부른다고 한다.

이외에도 또 다른 원칙이 있는데, 그건 바로 여자는 경제 형편이 좀 더 나은 마을이나 지역으로 시집간다는 것이다. 고산지대 마을의 여자는 주로 산 아래의 마을로 시집간다. 향鄉 또는 시가지에 산다면 자치주 내의 시, 읍이나 자치주가 아닌 한족지역의 사람과 결혼하기도 한다. 딸을 둔 부모들은 이렇게 해야 딸이 덜 고생할 것이라고 여긴다. 며느리를 맞이하는 집안일 경우, 그들은 고산지대 마을로 시집오는 여자가 게으른 산 아래의 마을 여자들보다 고생을 마다 않고 부지런할 것이라고 생각한다. 두 집안 중한 집안에서 식량이 필요하거나 재해를 피해야 할 때면 다른 한쪽 집안에서 위험을 피할 수 있도록 도움을 준다. 하지만 평소 농사일로 바쁠 때는 시집간 딸과 사위를 불러들여 일을 거들도록 한다. 이는 강족 마을의 '전통'이지만, 사실상 논쟁거리이기도 해서 가족 간의 갈등을 유발하는 원인의 한 가지이기도 하다.

한 강족 남성은 부계 가족의 일원이지만 동시에 어머니와 그 윗대 조모 친족의 보살핌과 제약을 받기도 한다. 무현 흑호구黑虎溝의 한 노인이 나에게 이런 말을 한 적이 있다.

남자한테는 외척이 있고, 여자한테는 친정이 있다네. 물에는 수원이 있고 나무에는 뿌리가 있으며, 나무의 가지와 잎들은 결국 뿌리로 돌아가게 되어 있지. 사람에게 돌아갈 곳이란 외척과 친정을 말하네. 네가 부모한테 효를 다하는지 신경 쓰는 것도, 집안을 돌보는 것도, 경조사에 오는 귀한 손님도 다 외척이라. 하늘에 뇌신雷神이 있다면 땅에는 외숙부가 있다. 시집을 가든 장가를 가든, 부모의 허락을 먼저 받아야 한다네. 그야 부모가 계시기에 내가 있고, 아버지의 어머니가 계시니 내 부모가 계시고, 부모가 계시니 내가 존재함이라. 기쁜 일이 있을 땐 외숙부께 많은 음식과 비싼 술을 대접해드려야 한다. 누군가 명을 달리 하였다면 가장 먼저 외척에 알리고, 외숙부댁에서 사람이 오지 않으면 그 누구도 죽은 자의 수의를 입힐 수 없어. 외숙부댁 사람이 죽은 자의 죽음이 정상인지 검시를 끝낸 후에야 시신을 관에 안장할 수 있지.

외숙부는 명의상 가정 바깥의 사람이지만 가정의 여러 대소사에 참여한다. 그래서 "하늘에 천둥신雷神이 있다면 땅에는 외숙부가 있다"라는 말이 있을 정도다. 강족의 관혼상례에서 진외종조부할머니의 남자 형제와 외숙부어머니의 남자 형제 모두 권위 있고 입지도 세다. 통상 진외종조부는 의례적으로 굉장히 높은 위치에 있지만, 실질적인 집안일에서는 외숙부의 역할이 더 크다. 심지어 가족의 부권이나 주체성 문제에서 외숙부는 균형을 이루고, 개입하는 외부의 힘이다. 이곳의 일상생활에서 가족 일원들한테 이러한 외부 지지의 힘은 굉장히 중요하다.

가족이나 가정에서 형제·숙질 관계인 사람들은 때로 외부 힘 때문에 서로 대립하기도 한다. 누군가 한 사람이 죽을 때는 맨 먼저 외숙부에게 소식을 알려야 한다. 외숙부가 '검시'하고 사인에 의혹 한 점 없다는 것을 밝히고 나서야 장례를 치를 수 있다. 이 의식으로 가족 내부의 형제·숙질 사이에 팽팽한 긴장이 되는 것도 볼 수 있다. 그래서 강족 마을 내 매 가정마다 표면적으로는 부계 중심 가족 위주지만, 실제로는 곳곳에 또 다른 상호 견제, 적대적인 힘이 숨어 있는데 — 이는 시집오면서 데려온 일원이 가부장권을 견제하고 균형을 이루는 역할을 하는 것이다.

이처럼 부계 가정 내부에 잠재된, 부계 권위를 견제 통제하고 적대적인 힘은 현재 마을의 가정 안에 '철 삼발이'와 관련된 신앙을 나타내는 것이다. '철 삼발이'는 화당火塘2의 철 삼각대로 세 발이 고리형 철판을 받치고있는 형태. 화로와 철 삼발이는 신주장神主欌 쪽에 자리하고 있다. 현재일부 현지인들은 철 삼발이가 한 가정의 화목, 신과 남녀 주인들 간의 협력을 설명하는 것이라고 해석한다. 이것은 분명히 1950년대 이후 사회주의 중국의 남녀평등권 개념이 선도한 결과 생겨난 현상이다. 문헌 자료와오늘날 어르신들의 말씀에 따르면 철 삼발이의 세 발은 집안에 머무르는화신火神, 조상신, 며느리신을 상징하는데 이는 즉 신, 조상, 그리고 진외종조부와 외숙부가 함께 집안을 다스린다는 것을 의미한다고 한다. 앞서 언급했듯이 관혼상제 같이 집안의 대소사나 자녀의 교육, 가정 내 다툼 따위에서 진외종조부와 외숙부는 큰 역할을 한다. 이 때문에 철 삼발이와 관련된 신앙과 그 상징은 부계 가족에서 외숙부가 가장과 동등한 위치에 있음을 말해준다.

## 가족

'가족'을 더 넓은 범위에서 보면 부계로 이루어진 '대가족' 외에 더 많은가정들을 포함하고 있다. 강족도 대체로 '한족화' 되면서 현재 대부분의강족 마을 주민들은 한족의 성姓을 갖고 있다. 일부 사람들은 항렬자를 통해 5~10대 위의 조상을 알 수 있다고 한다. 그래서 대개 동성同姓이나 타성

---

2  [역자주] 방바닥을 파서 둘레를 벽돌로 쌓고 그 안에다가 불을 피워 따뜻하게 하는 구덩이를 말한다.

他姓으로 서로 같은 '한족조상을 둔 가족'인지 확인한다. 한족 문화의 영향을 가장 많이 받은 북천 또한 마찬가지이다. 다음은 북천 소파향小石파가모(壩鄉) 내외구內外溝에 거주하는 강족이 말한 가족에 대한 기억이다.

나의 증조부모님께서 말씀하시기를……. 호남, 광동, 운남, 사천湖廣塡四川으로 왔을 때 장張 씨, 류劉 씨, 왕王 씨, 세 형제가 소파향에 당도했다더군. 그때 찰담察詹[3]이라는 할아버지는 나를 저쪽에 앉히고 말을 이어 나갔지. 당시 삼형제는 혼인 관계를 맺을 수 없어 류 씨, 왕 씨, 용 씨는 용龍 씨로 성을 바꿔 각자 터를 잡아서 마을을 세웠다네. 한 마을은 삼나무숲에 유기劉家, 다른 한 마을은 내외구內外溝에 용기龍家, 그리고 다툼이 많았던 현재의 왕가王家다. 지금도 세 가문 간에는 서로 통혼을 하지 않는다네. 형제끼리니…….

동성 혹은 성이 다른 몇 개의 가정은 서로 동일한 '가족'이라고 부르는데, 이처럼 한 '가족' 내에서도 성이 다른 경우는 강족 마을에선 흔하다. 위에 언급한 북천 소파향 주민의 이야기가 바로 구체적인 예시이다. 이러한 공통의 조상 '삼형제' 이야기의 기억은 현재 내왕이 빈번한 세 마을의 주민들을 연결시켜 준다. 소파향의 예 중 이 가족은 과거의 '류 씨, 왕 씨, 장 씨' 세 성은 오늘날의 '류 씨, 왕 씨, 용 씨' 세 성으로 바뀌었다. 이는 가족 구성 성분을 보여주고 있는데 '가족에 대한 기억'도 변화를 거쳐 바뀌었을 것이다. 이 이야기를 전한 소파향 내외구 주민도 왕 씨 가문이 삼형제 가문의 후손이 아니라며 논란의 여지가 있다고 하였다.

---

3    [역자주] 저자에게 문의한 바에 따르면 현지 민족의 언어를 중국 한자어로 음역한 것으로서 사람이름을 말한다.

북천 청편향靑片鄉의 한 중년도 현지의 교喬 씨 가문이 가장 이른 시기의 두 형제에게서 비롯되었다고 말한다.

우리 교 씨 가문 족보를 보면 이곳에 형제 둘이 사냥을 왔다고 해요. 날씨도 화창하고, 멧돼지가 판 흙도 좋고 해서 모자와 수건에 갖고 온 쌀보리를 흩뿌려 이듬해 곡식이 익을 때쯤 어디부터 익나 지켜보려 했다고 합니다. 그랬더니 이곳에 뿌린 곡식이 더 빨리 익어 이곳으로 이주했다고 하더군요. 두 형제는 같이 살다가 나중에 두 지역으로 갈라졌고 지금은 첫째 후손, 둘째 후손으로 나눕니다. 우리는 첫째의 후손이고요. 원래는 네 형제였는데 이주해 온 형제는 셋째와 넷째이고, 다른 형제들은 무현에 있다고 들었습니다.

이 교 씨 가문의 두 직계는 조상이 형제라 함께 얽히게 되었다. 리현 포계구蒲溪溝 휴계休溪 마을에 거주하는 왕 씨 노인도 이곳 마을에 사는 왕 씨 가문 몇몇은 외지에서 온 다섯 형제의 후손들이라 말하였다. 그는 나에게 이렇게 말하였다.

우리 왕 씨 집안은 호남, 광동, 운남, 사천에 있었을 때 이곳에 왔다네. 관현灌縣에 있던 석언장石堰場[4]은 먼저 사천 관현의 석언장으로 옮겼지. 호남과 광동의 어느 곳인지 몰라. 그리고 이곳에 다섯 형제가 오면서 5형제가 다섯 집으로 나눠졌어. 우리는 그에 대한 족보도 갖고 있다네.

---

4　[역자주] 石堰場은 성도(成都)시 인근의 지명이다.

이 포계구 주민과 위에서 언급된 소파향의 안팎 골짜기 주민들 모두가 자신의 조상이 호남과 광동지역에서 왔다고 전하였다. '호남, 광동, 운남, 사천'은 사천 사람들 마음속에 널리 존재하는 역사기억이다. 민간에 전해지는 이야기에 따르면, 그해 근거지 없는 떠돌이 도둑 장헌충張獻忠[5]의 무자비한 도살로 사천 사람이 얼마 남지 않게 되자 호남과 광동지역에서 포박해 사천으로 대거 이주시켰는데, 지금의 사천사람들은 모두 호남과 광동에서 건너온 사람들이다. 그들이 온 곳은 '호북湖北의 마성麻城, 효감孝感'이었다고 한다.

조상이 호광호남과광동 출신이라 말하는 사람은 한족화된 강족 뿐만이 아니었다. 사천에 거주하는 한족들은 대개 조상이 호광호남·광동 출신이라고 기억하고 있는 게 보통이다. 과거 일부가 실제로 호북의 마성, 효감에서 사천으로 이주했을 수도 있다.[6] 그러나 현재 이 같은 조상 기원에 대한 기억을 보편적으로 하고 있는 것을 보면 그중 대다수가 허구의 가족기원 기억일 가능성이 크다고 합리적 의심을 할 수 있다.

한족 성씨가 없는 강족 마을은 거의 없다. 내가 송반 소성구小姓溝에 머물렀을 때, 마을에서 같은 가신家神을 모시는 '가족'을 보았다. 그 지역 말로는 이를 '파개巴個, 음역'라고 하였다. 다음은 소성구에 거주하는 한 부자父子가 한 말이다.

아들 왈, "우리의 가족신은 '찰나근정서察那根頂西'[7]인데, 두 가족만 이 신을

---

5   [역자주] A.D. 17세기 인물로서 명나라 말기 농민기의를 일으켜 이자성(李自成)과 함께 대서(大西)정권을 세운 인물이다.

6   孫曉芬, 『淸代前期的移民塡四川』, 成都 : 四川大學出版社, 1997.

7   [역자주] 그곳 현지 강족이 믿는 신인데, 강족말로 부르는 이름을 중국어로 음역한 표기

모시고 있죠. 우리는 서로 직접적인 친척 관계는 아니고, 단지 같은 신을 모시고 있어요. 그리고 가족신이 이 뿐만 아니라 세 개의 조組가 있는데 하나의 조, 하나의 그룹<sup>■</sup>처럼 친척 관계가 아니라 지역에 따라 나누지 친척에 따라 나누지 않는데, 그게 바로 '파개'입니다. 그들 하나하나가 모두 같은 신을 믿죠. 하나의 '파개'는 다 같은 신을 모십니다. 산기슭 평평한 곳의 '파개'에는 이러한 신들이 몇 개나 되지요. 친척 관계는 처음엔 한 집 사람들로 나누는데 시간이 아무리 많이 흘러도 같은 신에 따라 나눈 것이었죠. 나눠보니 같은 신을 모시고 있었던 겁니다. 저 위에 있는 집은 원래 저곳에 있었는데 그땐 일 가였습니다. 그런데 그들이 그곳으로 이사를 가더니 또 다른 집의 신이 생기고 해서 두 신을 모시더라고요. 다른 이의 공간에 들어갔으니 그들의 신을 모셔야 한다면서요. 2조 중에서는 이 집이랑 저 산중에 툭 튀어나온 집과 같은 신을 모셔요. 밑에서부터 이 집 소유니 섬겨야죠. 저 집 가족한테 집을 팔았으니 도리상 그들이 같은 신을 모시는 게 맞아요. 저의 아버지는 홍토紅土에서 오셨어요".

아버지 왈, "난 오늘 들른 것뿐이오. 우리도 이곳처럼 서른 몇 가구가 함께 '주탑잡합<sup>朱搭卡哈</sup>'이라는 똑같은 신을 모시지. 여기로 와서 이곳 사람이 되었으니 여기 보살을 섬겨야 하죠".

보통 몇몇 '가족'들이 모여 마을을 이루는데, 이런 '가족'은 마을 구성원의 각 가정이 신상을 안치해놓은 신주장神龕에 두고 숭배하는 신에 따라 결집하고 지금껏 이어져 오게 된 것이다. 그러나 이를 단순히 친속관계나 조

─────────

이다. 이하 이런 형식의 표기는 모두 같은 성격의 것들이다.

상 숭배로 이해해서는 안 된다. 형제가 분가하게 되면 주로 각자 제사를 통해 조상을 모시는 게 보통이지만, 위에서 구술한 이야기에 따르면 가신도 집의 터주신이므로 어느 터에 집을 짓거나 이사를 하게 되었을 때 그곳의 가신을 위해 제사를 지내는 건 익숙한 풍경이 되었다고 한다.

앞서 소개한 북천 소파향의 예 중에 다른 한족 성씨의 가족은 형제 관계인 조상 덕에 대가족을 이루었다고 하였다. 송반 소성구의 예시에서는 피가 섞이지 않은 가족들끼리 같은 신을 모시면서 '가족'이 되었다고 한다. 이를 통해 한족의 '가족' 개념으로 이른바 강족의 '가족'을 오롯이 이해하기란 어렵다는 걸 알 수 있다. 그리고 지역별로 강족 간에도 '가족'의 개념도 큰 차이가 존재한다.

한족 성씨가 없는 '가족'은 '티베트화'가 많이 이루어진 북로와 서로에 거주하는 강족과 인근 티베트족 사이에서 보편적으로 볼 수 있다.[8] 앞서 소성구의 부자父子 이야기에서 아버지는 홍토 출신 티베트족으로 홍토에도 '가신'을 모신다고 했었다. 한족 성씨가 없는 강족 마을은 극히 드물어서

---

8  본서에서 자주 '티베트화'와 '티베트족'을 언급할 것이므로 나는 이 두 단어에 대한 개인적인 의견을 설명하여야 할 것이다. 이른바 '티베트화'는 종교, 문화, 생활 풍습에서 토번(吐蕃)과 티베트불교의 영향을 받아 생겨난 현상들을 일컫는다. '티베트족'은 중국 근대국가의 민족 분류에서 '티베트족'이라 자칭하는 사람들을 의미한다. 이러한 정의가 생겨난 까닭은 오늘날의 소위 '티베트족'과 '티베트 문화'가 토번시대 이래 점차 발전하여 20세기에 유행했던 '민족'이라는 개념에서 집단에 의해 민족과 민족 문화로 자리 잡게 되었기 때문이다. 이처럼 역사과정 속에서 티베트 민족과 문화의 탄생에 참여했던 이들은 토번 또는 '이민족'이라 자칭하는 사람들뿐만 아니라 한인(漢人) 그리고 '한족'과 '티베트족' 사이에 있는 사람들까지 포함된다. 이것은 한족, 티베트족 간에 원래 있던 모호한 종족의 주변부를 설명해준다. 예컨대 과거 송반의 열무(熱務) 마을 사람들과 소성구 마을 사람들은 자신들 사이에 '티베트족'과 '강족'의 구분이 있는지 전혀 몰랐다. 이것이 바로 위에서 언급된 예들 중 홍토구(熱務區)의 '티베트족'이 작은 소성구의 '강족' 촌채로 온 까닭이다. 뒤에 가서 나는 당지의 이러한 복잡한 족군현상을 좀 더 자세하게 설명할 생각이다.

나는 '강족 말을 하는 티베트족'인 소성구 부근 흑수현黑水縣 주민의 말을 빌려 설명할 수밖에 없다. 이하는 흑수현 지목린知木林에 거주하는 티베트족의 이야기다.

마을에는 총 123가구가 성씨가 아닌, 신주장神龕9에 모시는 신의 이름에 따라 네 개의 조로 나눠 살고 있고 모두가 다 같은 뿌리랍니다. 누군가 죽으면 모두 형제를 기준으로 봅니다. 한 마을에는 최소 세 가구는 같은 하나의 형제가 대대로 전해 온 것이니까요.

위에서 그가 말한 이야기는 어딘가 빠진 듯 불완전하다. 그의 말인즉슨, 취락에 마을이 네 곳 있는데 마을마다 가족들이 있고, 모시는 신주장의 신 이름에 따라 가족 이름을 취한다는 뜻이다. 같은 가족 사람들은 같은 혈연에서 나온다. 마을 중 각개 가족은 그들의 조상이 형제지간이었기 때문에 마을의 누구라도 상을 당하면 각 가족은 모두 장례식에 조문객을 보내 상제喪祭에 참여한다. 흑수현 마와麻窩 주민도 이와 비슷한 이야기를 하였다. 그는 아래와 같이 말했다.

가족이야 있죠. 우린 한 가족에 열 가구가 넘고 '아찰극阿察克'이라는 신을 모신답니다. 예전에는 강둑의 아홉 가구랑 산속에 있는 열 몇 가구가 한 가족

---

9  신주장은 강족지역에서 보편적인 것으로, 안채의 가장 우측 귀퉁이에 놓여 있다. 티베트화 된 서로(西路)와 북로(北路)쪽 마을의 집들에게 신주장은 가신을 상징한다. 신은 형상이 없고 선조의 이름을 새긴 위패도 없으며, 신의 활(神箭)만이 그 자리를 대신할 뿐이다. 동로(東路)와 잡곡뇌하(雜穀腦河) 지역의 몇몇 집에서는 신주장에 천신(혹은 옥황), 부뚜막신, '아무개의 문종(門宗)' 등을 모시고, 또 어떤 이들은 '천지군친사(天地君親師)', 즉 천지, 임금, 부모, 스승의 목패를 두기도 하였다.

이었어요. 몇몇 집들이 산이랑 강둑에 토지를 갖고 있는데, 이게 바로 과거의 일가였다는 뜻이죠. '아찰극'의 기원은 모르지만, 보살이자 신주장의 이름입니다. 마을이니까 '탑'이 있지 가족들한테는 '탑'이 없어요. 중화 민족이 많은 민족으로 이루어진 것처럼 우리 가족도 많은 소가족으로 이뤄진 대가족입니다. 같은 가족이 아니어도 장례는 함께 치릅니다. 한 가족은 형제 몇으로 나뉘고, 몇 가족으로 나뉩니다.

흑수현의 두 예와 앞서 함께 보았던 송반의 예는 마을에 이러한 '가족'이 적게는 두세 집뿐이고, 많게는 열 몇 집이나 있음을 보여준다. 여기서 눈여겨볼 점은 그 가족이 '형제'로 인해 이어져 왔다는 것이다. 그래서 시조 몇 분의 '형제 관계'는 또 다시 마을의 후손들을 가족으로 묶어준다. 이게 바로 앞서 흑수현 마와 주민이 말하는 '더 큰 가족'이다.

일부 지역의 한족 성씨 가족들은 여전히 '가족'이란 뜻에 해당하는 그 지역 명칭을 사용한다. 예를 들어 무현 흑호구의 왕가는 향담화라는 지역 말로 '와사瓦渣'라 하고, 장가는 '수목희殊木喜'라 한다. 하지만 이것이 원래 가신의 이름이었는지는 알 수 없다. 어찌되었든 그들이 한족 성씨를 갖게 된 후 한족 성씨 가족이 됐음을 보여준다. 이러한 한족 성씨의 가족들 중 일부는 여전히 가신家神 신앙을 이어가고 있다. 다음은 리현 포계구 주민이 이에 대해 전한 예시이다.

이곳에 맹孟 씨가 여덟 집이고, 왕王 씨가 제일 많고 서徐 씨도 좀 있어요. 맹 씨는 7~8대째인가 그렇고, 우리 서 씨 가문은 십몇 대째입니다. 우리 가문은 원래 숭경현崇慶縣에서 왔어요. 그곳엔 사람이 너무 많아서 흩어졌어요⋯⋯.

왕 씨는 외부에서 들어왔죠. 서, 맹, 여<sup>余</sup> 세 성씨가 정착할 때는 사실 삼형제
였는데 예전에는 다 같은 성씨를 쓰다 보니 1개 성이었죠. 현재 이 세 성은
지금까지도 서로 혼인 관계를 맺지 않아요. 원래 삼형제가 분가해서 왔어요.
선산은 같은데 여기 와서 각자 세간을 나눴죠. 맹 씨 집안도 숭경현에서 왔어
요. 왕 씨 가문은 그렇지 않은데 우리보다 일찍 이곳에 왔어요. 우린 '아취<sup>阿</sup>
<sup>就</sup>'와 '왕탑<sup>王塔</sup>'을 위해 제를 올리는데 '아취'는 왕 씨 가문이 모시는 신이고,
'왕탑'은 세 가문이 같이 모시는 신입니다.

강족과 인근의 티베트족이 공양드릴 때 각 가족과 각 방향의 신에게 먼
저 술을 올려야 한다. 위 예에서 '아취'는 왕 씨 집안의 '가신'이고, '왕탑'
은 서, 맹, 여 세 집안의 '가신'이다. '한어<sup>漢語</sup>'로 말하자면 세 집안은 한
'가족'이 아니다. 그러나 그곳 향담화로 따져보면 그들은 모두 '왕탑' 가족
에 속한다. 이를 통해 일부 한족 성씨를 가진 가족들은 아마도 성姓을 받고
우리 조상은 사천 서쪽의 숭경현에서 이주해왔다는 식으로 '조상에 대한
기억을 꾸며내서' 생긴 가족일지도 모른다. 그리고 외부의 한족이 어느 가
족의 터에다 가업을 세워서 그 가족의 가신을 모시게 된 것일지도 모른다.
같은 가신을 모시는 '가족'이든, 동성 또는 타성인데 같은 조상을 둔 여
러 '가족'들이든 간에 그들은 '같은 형제로부터 전해졌거나' '조상이 형
제'였기 때문에 가족이 된 것이다. 그들은 서로를 한 '가문', 즉 "같은 뿌
리의 사람"이라고 말한다. 그래서 같은 '가족'인 사람들은 서로 혼인을 맺
지 않고, 죽은 후에 함께 무덤에 묻힌다. 그리고 그들은 장례를 통해 주로
모인다.
더 중요한 것은 같은 '가족' 일원들이 가족 소유의 목초지와 채벌장을

공유하고 자원도 함께 보호한다는 점이다. 그래서 소유물을 공유하려면 한 '가족' 구성원들이 너무 많아서도 안 되고, 자원을 보호하기 위해선 구성원 수가 너무 적어서도 안 된다. 이러한 생태적 조건에서 가족에 대한 기억을 잃어버린다거나 재건하는 것은 자연스럽고 굉장히 보편적이다. 예를 들어 두 성이나 세 성이 세력을 키우기 위해 가문으로 결합되는 경우가 있다는 걸 위에서 이야기한 사람은 잘 알고 있다. 응집시키기 위해서 그들도 공동혈연이라고 상상하여서 서로 간에 통혼을 하지 않는다.

한족화된 강족지역에서는 형제였던 조상의 '역사'를 바꿈으로써 가족을 재구성했다면 티베트화된 지역에서는 모시는 '가신'을 바꿈으로써 가족을 재구성했다는 것이 한층 더 주의를 끈다. 송반 소성구와 흑수현 등지의 사람들도 형제들이 분가하여 '가족'이 생겨났다고 말하지만, 그들은 대부분 형제가 분가한 과거의 '역사'를 말하진 않는다. '역사'를 바꾸려면 북천 소파향 내외구에서는 한바탕 논쟁을 거쳐야 한다.

송반 소성구에서 '가족신'을 바꾸는 건 제도화된 사회적 행동으로 다른 가족의 터로 이주했다면 그 터의 가신을 응당 모셔야 한다. 바꾼 것이 '역사'든, '가신'이든 혈연과 지연관계를 같은 질서 속에서 결합하려는 건 이른바 이곳에서 '가족'의 개념이 단순히 '혈연 집단'이 아니라 혈연·지연이 합쳐진 집단이라는 것임을 나타내 준다.

# 마을과 그 수호신

몇몇 가족들이 모여 사는 취락을 중국어로 보통 울타리가 쳐진 채寨, 즉 '마을'이라 부른다. 그리고 그 마을들이 몇 개 모여서 '촌'을 이룬다. 같은 마을과 촌 주민들은 가족보다 더 큰 범위의 집단을 이룬다. 마을 주민의 다수가 동성 또는 타성인 하나의 가족으로 이루어졌거나 큰 마을 내에서도 여러 작은 마을들로 나뉘는 경우에는 '우리 가족'과 '우리 마을'의 개념은 서로 통하게 된다.

사람들은 보통 같은 무리나, 마을이나 같은 촌락의 사람들도 같은 산신 사당을 모시는 집단이라 생각한다. 강족과 인근 티베트족 사이에서는 산신 신앙이 유행하고, 한화漢化 된 강족들 사이에는 한족의 불교 사당을 모신다. 그러나 한화가 보편화되면서 대다수 강족지역 모두에 사당이 생겨났지만, 오히려 상당히 많은 강족지역에는 산신신앙이 없다. 마을 근처 산에 있는 돌무더기가 산신이 있다는 표시인데, 현지인들은 이를 한어로는 '탑'이라 하고 지역마다 발음이 다를 수 있지만 지역 '향담화'로는 '나색喇色'이라 부른다.

사당은 사천 서부지역 마을에서 크고 작은 것들을 자주 볼 수 있는데, 모두 옥황玉皇, 관음觀音, 천주川主, 우왕牛王, 동악東岳 등 한족 신앙 중의 신들을 숭배한다. 사실상 마을, 촌은 이처럼 단순히 2급 사회 구조만을 일컫는 것이 아니다. 같은 마을, 촌의 주민이 아니더라도 같은 산신이나 사당을 모시면 같은 마을이 되거나 촌민이 되는 것이다. 이는 집단의 상당히 복잡한 정체성과 구분 체계를 포함하고 있고, 산신 신앙과 사당 신앙을 통해 촌마을 사람들의 '조상의 뿌리'에 대한 기억을 엿볼 수 있다.

비교적 덜 밀집된 송반 소성구는 마을에서 같은 가족 구성원인 몇 가구들이 함께 모여 마을 속 작은 마을을 이루고 산다. 앞서 언급된 소성구 애기촌埃期村에서는 총 3개 조로 나뉘어 1조와 2조는 음산陰山에 함께 모여 거주하고, 3조는 나머지 2개 조 사이에 산골짜기 하나를 두고 있다. 1조 사람들은 '배기捕基' 사람, 2조는 '북합北哈' 사람 그리고 3조는 '결사潔沙' 사람이라고 제각기 자칭한다. 그들은 중국어에서 '배기', '북합', '결사'는 모두 '마을'을 뜻한다고 생각한다. 이 세 마을 사람들이 외부로 나가면 강족 말로 '미자불美玆不' 사람이라 자칭하며, 이는 중국어로 애기촌 사람을 의미한다.

그런데 마을 안에는 더 작은 '마을'이 있다. 예컨대 2조는 '북합'과 '양알梁嘎' 두 지역 사람들로 구성되어 있는데 '양알'에는 약 다섯 가구가 살고 있다. '북합'은 또 다시 '목가木佳', '조하措河', '과파과戈巴戈', '나와羅窩' 등의 '마을'로 나뉘고, '마을'마다 〈그림 3〉과 같이 2~6가구가 모여 살고 있다. 이는 하나의 큰 마을이 작은 마을들로 소분화 된 마을 구조에서 가장 작은 마을 단위라 할 수 있다. 어쨌든 주민들에게 이러한 전통적 구분 방식은 오랜 시간 이어져 온 것이며, 신화 전설 외에도 자연 자원의 구획과도 관련되어 있다. 다음은 이 애기촌 2조隊의 한 노인이 전하는 이야기이다.

우리 2조隊는 약 다섯 가구가 '당모혁열當母革熱'이라는 보살을 모신다네. 2조隊와 1조隊가 공양드리는 신은 '홀포고로忽怖姑嚕'와 '흡백격렬恰伯格烈'이고, 세 조가 모시는 보살은 '격일낭조格日囊措'신이지. '대이변大爾邊', '소이변小爾邊'과 함께 모시는 보살은 없어. 아무도 없는 땅에 3형제가 제일 먼저 왔었다더군. 이곳에 왔을 때 첫째가 절름발이었다지. 다른 형제는 여기로 오고, 막내 동생은

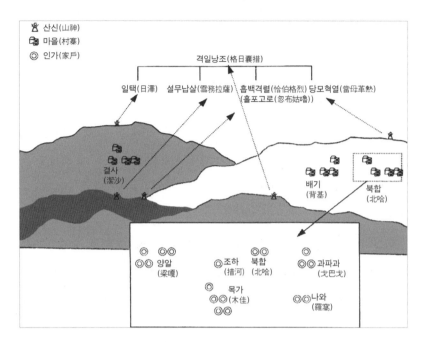

〈그림 3〉 애기촌채와 수호신

1조陳로 갔다네. 첫째는 햇볕을 쬘 수 있어서 여기에 산다고 하였지. 그래서 3조의 해가 일찍 뜬다네. 막내 동생이 걱정하니 둘째가 막내더러 네가 죽거든 우리 조에 와서 묻어주겠다고 하더래. 그래서 1조陳 사람이 죽거든 이곳에 와서 묻어주었어. 지금은 그렇게 하지 않지만. 묘회廟會는 모든 소성구 사람들이 함께 모여 축하하고 기리는 활동으로, 용두사龍頭寺 묘회는 항鄕의 묘회로 대이변의 관소關所[10]에서 치러진다네.

2조와 이웃한 1조의 한 노인이 지역 산신에 대해 이렇게 말하였다.

10  [역자주] 關所란 옛날 중국에서 관문이나 요새에 세운 초소를 말한다.

우리 1조가 모시는 신은 '설무雪務'라는 대보살이라네. 대보살은 일전라一轉囉 이자 두 조의 신인 설무 나살喇撒이지. 신은 경계 안의 인간을 보호하는데 경계선은 가까울 수도 멀 수도 있어. 신 또한 가까울 수도 멀 수도 있고. 탑에는 구체적인 이름이 있다네. 1, 2, 3의 세 조가 함께 공양을 드리는 신은 '격일낭조'라네. 더 큰 보살은 '설보정雪寶頂'의 '도여都如'인데 티베트족, 강족을 포함한 송반의 모든 신을 아우르고 있지. 술을 올리기 전에 '도여'와 '화탁도여和卓都如'에게 먼저 공양드린다네.

이상과 같이 애기촌 주민들의 이야기를 통해 알 수 있듯 이곳 2조隊의 다섯 가구는 산신 보살을 모시는 '양알'이기도 하다. 2조 중에 '북합'과 1조는 같은 산신 보살을 모신다. 1조와 3조, 2조와 3조 간에는 공통된 산신이 없다. 3개 조가 함께 모시는 산신은 바로 '격일낭조'이다. 더 큰 범위에서 볼 때 티베트불교 문화의 영향을 받았기 때문에 산신은 티베트불교의 제신들 안에 포함된다.[11] 예컨대 티베트불교의 '용두사' 묘회에는 소성구의 모든 강족과 티베트족 주민들이 참석한다. '설보정' 보살신앙은 티베트불교와 산신이 결합한 것으로 소성구와 송반 부근의 각 강족과 티베트족들을 응집시켰다. 마을의 이러한 정체성과 구분 방식은 다양한 산신 제사 외에 집단의 뿌리를 말해주는 '역사'로 더욱 굳혀지게 되었다. '가족'을 결집하고 구분하는 '역사'처럼 마을 사람들의 기원에 대한 공통된 기억을 하나로 묶고 구분하는 것은 주로 '형제조상 이야기'라고 할 수 있다.

---

11  이 현상은 흑수지구에서 특히 두드러지게 나타난다. 흑수지구 마을 주민들이 보살을 위해 제사를 올릴 때 먼저 티베트에서 가장 큰 보살을 독송하기 시작하여 윤목체(倫木切)를 거쳐 흑수지구의 가장 큰 산신인 구탑기(歐塔基), 구탑미(歐塔迷), 구탑랍(歐塔拉)의 이름을 염호한다. 그리고 마지막에는 마을의 산신과 가족신의 이름을 염호한다.

북천 백초강 상류 입구에 명나라시대 '백초白草 강족'의 본거지가 있는데, 그 지역 강족 주민인 양楊 씨는 본인 가족의 유래에 대해 나에게 다음과 같이 말하였다.

양가네가 가장 먼저 삼나무가 자라는 내수來壽로 이주해와서 그곳에서 개간하고 살았다지요. 처음에는 마을을 상, 중, 하로 나누었답니다⋯⋯. 그리고 그곳엔 커다란 측백나무 세 그루도 있었다고 하더이다. 들어보니 양가 형제 셋의 이주를 기념하기 위해서 측백나무 세 그루를 심었다고 합디다.

양가 형제 셋에서 마을 세 곳을 꾸렸다는 것은 마을들의 공통된 기원이기도 하며, 마을 주민들의 공통된 기억이기도 하다. '형제 이야기'가 주민들을 하나의 공동체로 결집한다는 의의 그리고 '형제 이야기'와 익히 알고 있는 '역사' 간의 관계는 본서의 두 번째 부분인 역사 편의 주제여서 여기선 더 이상 논하지 않겠다.

다시 인류 사회의 정체성 및 구분 체계와 관련된 천지신명 신앙이라는 주제로 돌아가 보자. 한족화된 강족지역에서는 산신신앙과 '사당'제사가 공존하거나 사당으로 대체되었지만, 정체성과 구분상의 중요성에서 '천지신명'은 여전히 변한 게 없다. 문천 면지綿虒의 한 주민은 나에게 이렇게 전하였다.

이곳엔 이평理平, 족두簇頭, 구두溝頭 이렇게 세 마을이 있어요. 사당으로는 천주묘川主廟가 있죠. 족두에 천주묘가 있고, 구두에는 괴성묘魁星廟 그리고 이평에는 계선묘魁仙廟가 있습니다⋯⋯. 우리는 구두와 같은 산신을 모시는데 '부주십不住什'이라 부르죠. 이평과 고동산高東山도 같은 것인데, 그들은 산에서 '관도십關都什'을 모셔요. 여기 우리는 '부주십'께 공양드리고요. 마을들의 위치는 다르지만 모두 같은 산에 있어요. 족두와 구두에서는 같은 산신을 위해 제사를 지내지만, 시기가 다르게 제각기 제사를 지냅니다. 기우제를 드릴 때면 세 마을 모두 우왕묘禹王廟와 산왕묘山王廟 세 마을을 들립니다. 우리가 사는 곳에서는 다섯 개의 마을이 모두 설륭포雪隆包를 모셔요.

이곳 면지 주민의 예시에 나오는 이평, 족두, 구두는 모두 같은 촌락이다. 제사 또한 '사당'에서 마을 마다 각자 지낸다. 하지만 '산신'제를 드릴 땐 족두와 구두가 모시는 신이 같고, 이평과 또 다른 마을인 '고동산'이 같은 산신을 모신다. 더 큰 범위에서 이평, 족두, 구두는 기우제를 올릴 때면 함께 우왕묘와 산왕묘에 가서 제를 올린다. 면지구의 다섯 마을은 〈그림 4〉와 같이 '설륭포' 산신을 위해 함께 제를 올린다.

이처럼 두 신앙이 응집하고 구분해놓은 집단이 완전히 같은 건 아니다. 공통된 기원과 관련 기억에 대해 족두촌의 한 노인은 "예전에 형제 여덟이 이곳에 정착한 뒤 분가하여서 여덟 마을을 세웠다지. 하지만 지금은 이평, 족두, 구두 이렇게 세 마을만 남았지"라고 말한 바 있다. 이 형제 이야기는 앞서 살펴보았던 소성구 애기촌의 형제 이야기와 같은 것으로 '마을'과 마을 주민들의 유래를 해석해주고 있다.

강족 마을이 '한족화'되었을 경우 주로 '동성同姓 가족' 간의 정체성이 '마을'이라는 정체성을 대체하기도 하는데, 이 현상이 산신 신앙에 나타날 때도 있다. 무현 영화구永和溝 감목약촌甘木若村의 한 노인은 마을 가족들의 기원에 대해 나에게 다음과 같이 말하였다.

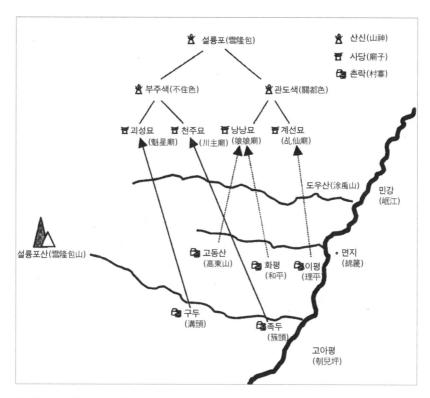

〈그림 4〉 면지촌과 수호신

이李 씨 집안이 가장 먼저 이사 왔었지……. 그리고 우리 백白가가 위쪽 지역
에 있다 여기로 내려왔고. 시謝 씨 집안은 뇌평賴平, 토문土門에서 왔는데 온 지
얼마 안 돼서 수중에 있던 돈을 다 써버렸다지. 그래서 살 수가 없어 이곳으
로 와서 혼사로 사돈을 맺었지. 사 씨와 백 씨 두 성은 선산이 같은데 예전엔
화장한 분묘火墳였다네. 산신도 각자 모셨어. 백가, 사가, 이가, 서기徐家가 모
두 각자 높은 산에다 산신을 모셨지.

감목약촌의 큰 마을과 작은 마을은 다 같이 산을 바라보고 있고 서로

100m 정도 밖에 떨어져 있지 않다. 그러다 보니 두 마을 주민들끼리는 왕래가 잦은 편이다. 작은 마을에는 주로 이 씨, 사 씨, 서 씨 세 가문으로 이루어져 있고, 큰 마을은 주로 백 씨, 사 씨 두 성씨가 주를 이루고 있다. 이곳에서 산신 신앙은 '마을'이 아니라 '성씨'로 구분하므로 가문마다 모시는 산신이 다 다른데 한 성은 하나의 산신을 모신다. 하지만 '사당'에서 제를 올릴 때는 천주묘, 지모낭낭묘地母孃孃廟, 우왕묘牛王廟 등에서 다 같이 올린다.

더 넓게 보면 백호산白虎山의 관음묘觀音廟는 영화구의 모든 주민들이 모여 공동으로 제사를 지내는 곳이다. 위문渭門 운정산雲頂山의 인과조사묘因果祖師廟는 영화구와 수마구水磨溝 등지의 마을 주민들이 함께 묘회를 연다. 그밖에 구구溝口, 위문 등지의 주민들 중 예전에 한인이라 불렸던 주민들까지 참석한다. 이곳에는 송반 소성구처럼 작지만 크고, 가깝지만 먼 산신은 보이지 않는다. 통상 각 마을과 각 성씨들은 오직 한 산신만을 섬길 뿐이다. 비교적 많은 사람들이 크고 작은 다양한 사당으로 모여든다.

무현 수마평水磨坪도 이와 비슷하다. 수마평은 이목약二木若, 수약水若, 이리二里, 리어里魚, 뢰자賴子 등 다섯 개 마을로 이루어져 있다. 수약은 주로 오吳 씨와 하何 씨가 주를 이루는데, 모두 뢰자 마을 출신으로 형제 두 명이 가장 먼저 이주해왔다고 한다. 수약에 살고 있는 경景 씨네 집 사람들은 스스로 이리 마을에서 건너왔다고 말한다. 리어 마을의 주된 가족은 왕 씨와 미馬 씨 두 가문이다. 수약 마을의 오 씨 주민은 산왕 보살께 제사 올리는 습속이 있다며 나음과 같이 말하였다.

우리가 모시는 산신은 산왕보살로, 정월이면 제사를 올리러 가지요……. 뢰자 마을과 우리가 한 산왕보살을 모시고, 경가네와 이리 마을이 한 산왕보살을 모시며, 수마평의 주민 일부와 주가평礁傢坪에서 한 산왕보살을 모시지요. 리어 마을 자기들만 모시는 산왕보살이 또 따로 있고요. 다섯 마을이 함께 모시는 산왕보살은 없어요. 함께 모일 때는 동악묘東嶽廟를 갈 때지요.

분명히 이곳에서는 혈연관계의 동성同姓의 가족 혈연이라는 기억이 있어 '하나의 마을, 하나의 산신'이라는 전통이 유지되지 않고 있다. 수약 마을은 강둑 근방에 위치한 새로운 마을이라 그런지 주민들은 많은 마을 가족이 하나의 뿌리가 아니라는 걸 잘 안다.

무현 흑호구도 '산신'과 '사당' 신앙이 공존하는 곳이다. '아급미兒給米'의 한 노인은 나에게 말하기를 흑호 일대대一大隊는 '아급미'와 '음취하陰嘴河'로 나뉘며, 이 두 '족族'과 애자관藹紫關, 경독백계耕讀百計, 파지오파爬地五坡를 합쳐 '흑호오족黑虎五族'이라 부른다고 하였다. 이 노인 분의 말에 따르면, 이곳의 각 가족이나 각 마을은 모두 산신이 있고 각 대대도 저마다의 산신이 있으며, 또 다 같이 공동으로 모시는 산신이 있는데 강족말로 '나색喇色'이라고 칭한다. 그는 이렇게 말하였다.

'나색'은 토지보살이네. 집 옥상 가운데에 있는 흰 바위가 바로 '나색'이라네. 집을 고치려면 집 한가운데에 '나색'이 있어야 하지. 정월대보름에는 깃발을 준비해야 하니 집집마다 깃발을 갖고 있지. 마을의 가구들도 모두 '나색'이 다 있어. 세 가족이면 세 '나색'이 있겠지. 다들 각자 제사를 지내거든. 가족 단위가 아니더라도 한 마을에 몇 집들은 같은 '나색'을 모시는 경우도 있다네.

그가 '나색'을 "토지보살"이라 지칭한 것은 한족 신앙의 영향을 받았음을 말해준다. 한족 신앙을 믿는 이들의 천지신명 '사당'은 흑호구에서도 크게 유행하고 있다. 이 노인은 또 나에게 흑호오족 중 가족마다 모시는 사당이 모두 다르다고 말하기도 하였다. 음취하태陰嘴河台가 모시는 것은 천주묘이고, 아급미는 흑호장군黑虎將軍을, 그리고 애자관 사람들은 용왕을 모신다. 경독백계는 왕야王爺를 모시고 파지오파는 마왕馬王을 위해 제를 올린다. '천태산대묘天台山大廟'에 제를 올릴 때면 흑호구의 모든 주민들이 함께 모여 '티베트불교의 부처, 석가모니, 관음, 옥황, 원시천존元始天尊'께 공양드린다. '아급미' 사당의 경우 가족마다 모시는 신이 다 다르다.

한 현지인이 다음과 같이 말하는 것처럼 아급미는 세 집단으로 이루어져 있는데, 우리 사당인 대묘大廟 중앙에는 3존신이 계신다오. 중간에는 용왕이 계시고, 이건 흑호장군, 그리고 이건 토주土主신이지요. 임任 씨와 여余 씨 두 집안이 사는 윗동네에서는 토주신을 모시고, 중간 마을의 엄嚴 씨와 왕王 씨 두 집안이 또 용왕을 모시고 있소. 아랫동네에서는 흑호장군을 모시고요. 다 나눠서 제를 올리지요. 이러는 이유는 다들 묘회를 열기 위함이라오. 칠월 칠석에는 토주신을 위한 묘회를, 6월 13일에는 용왕을 위한 묘회 그리고 4월 4일에는 흑호장군을 위한 묘회를 열 수 있도록 다 나눠 놨다우. 이 보살 뒤쪽으로는 중간 마을을 향하고, 이 보살 뒤쪽으로는 우리 마을을, 그리고 이 보살 뒤쪽으로는 그들을 향하고 있죠. 양을 방목하고 벌초하는 것도 서로 침범할 수 없소. 각 대대와 대대 사이에 지나가는 건 더 더욱 안 되고.

위에서 인용된 흑호구의 이야기들은 산신 또는 사당 신앙이 지닌 중요한 사회적 기능을 명확히 나타내고 있다. 그건 바로 자원의 경쟁과 분배를 위해 생겨난 집단의 정체성과 구분 체계였다. 현지의 흑호구 사람들은 강인하고 약탈을 좋아하는 것으로 알려져 있는데, 이는 생태적 요인 중 하나인 자원 부족으로 인한 결과이다. 그래서 그들은 '산신'과 '사당'을 겹겹이 서로의 자원 경계선으로 삼고 있다.

앞 장에서 우리는 강족지역의 엄격한 자원 분배와 공유체계를 살펴보았다. 산신과 사당 신앙은 이러한 체계를 반영하고 강화하였다. 가정, 가족, 마을, 몇몇 마을이 모여 이뤄진 촌락, 몇몇 촌락이나 마을로 구성된 구溝의 주민들 모두가 공동의 자원을 공유하고 보호하는 집단이다. 마을에는 방목할 수 있는 초지의 산과 벌목이 가능한 삼림이 있다. 그리고 촌락에는 함께 사용할 수 있는 산과 삼림이 있는데 그 경계가 뚜렷하다. 각 마을과 촌락마다 산신보살들과 여러 사당들도 이 경계를 지키는 수호자 역할을 하고 있다. 소성구의 한 노인은 다음과 같이 '산신보살'에 대해 적절한 해석을 내놓았다.

산의 경계로 우리의 땅은 저기서부터 저기까지라네. 산의 경계는 길게 뻗었는데 그 외에는 딱히 신비로울 건 없어. 조상 대대로 몇 천 년, 몇 만 년간 내려왔는데, 이 산비탈이 어떻게 지금껏 전해져 왔는지 잊으래야 잊을 수 없지. 왜 산신을 모셔야 하냐고? 우리의 지반을 지키기 위함이네……. 가까운 경계선도 있고, 먼 경계선도 있고, 가까이 있는 보살도 있고, 멀리 있는 보살이 있는 게야.

겹겹이 작기도 하고 크기도 하고, 가깝기도 하고 멀기도 한 '신'은 자신을 섬기는 여러 집단의 토지와 그들의 자원을 보살핀다. 정기적으로 사당에 제를 올리거나 산신을 위한 행사를 연다는 것은 집단의 정체성을 강화하고 다른 집단과 확실히 구분 짓겠다는 것을 의미한다. 산신에게 제사 지내는 활동 중, 마을 내 자원을 공유하는 사회적 기본 단위인 '가정'은 모두 대표 한 명을 보내 참여해야 한다. 과거 민강 상류지역에서는 대부분 산신제를 올렸고 사당을 참배할 때면 '출석자를 확인하는' 습속도 있었다고 한다.

가구마다 만일 누군가가 제사에 참여하면 나무에 이름을 새겨야 한다. 불참하는 가정은 벌로 술이나 음식을 먹거나 벌금을 내는 조치를 당한다. 그래서 '티베트화'의 영향 아래에 있는 마을들이 산신을 티베트불교의 제신으로 분류하든, 혹은 '한족화' 영향 아래에서 산신과 사당이 혼합되어 있든, 각지 강족들의 산신과 사당 신앙은 모두 각 마을과 가족의 정체성을 높이고 명확히 구분하며, 각 가정이 가족, 마을, 촌락, 촌 자원의 공유체계에서 위치를 확인한다.


## '양머리羊腦穀'와 '소머리牛腦穀'

지금의 강족, 티베트족의 마을에는 과거 정체성과 구분 체계가 있었다. 과거 '양머리'와 '소머리' 또는 '양부락'과 '소부락'으로 불렸지만, 지금은 거의 사라졌다. 이러한 정체성과 구분은 지금의 티베트족과 강족의 정체성 및 구분 체계와 관련성이 적거나 아예 관련이 없다. 무현 삼룡향三龍鄕의 한 노인은 '양부락'과 '소부락'에 대해 이렇게 말한다.

삼룡향은 두 개의 향鄕으로 나뉘네. 잡와＃窩, 파자＃子, 조화彫花, 납호納呼, 잡어＃於는 리현 관할인데, 중앙 조정에 늦게 귀속되어이것은 중국의 관리에 들어갔음을 가리키는데, 개토귀류임 리현의 관할지가 되었지. 우리들의 가장 이른 대隊는 부락시대 때부터였고, 이쪽은 소부락에 속해왔고 저쪽은 양부락에 속하게 되었지. 소가 형이니 우린 형제인 셈이야. 우리는 일찍이 중국 중앙의 조정에 귀속되었는데 땅이 엄청 넓었다네. 우리 소부락은 큰 범위 내에서 여유가 있었어. 술잔치를 열면 먼저 송반이 노래를 부르면 흑수가 따라 부르면서 노래는 송반에서 흑수까지 이어지지. 노인네가 말하는 바로 두 형제가 있는데, 두 형제네 목장 보다 우리 목장이 조금 넓고 그쪽이 좁아서 형제는 이 일대에 터를 잡고 살았다네. 두 형제 중 동생이 흑수강을 건너서 땅 상황을 보았지. 나중에 일부 사람들은 그쪽으로 이주하기 시작했어. 그 후 얼마가 지나서 동생은 여건을 갖추어서 그의 형을 초대하여 새로운 땅을 보여줘서 형과 분가하려고 하였지. 동생은 한쪽 땅을 독차지하고 싶어 했지만, 형은 동생의 말을 따르지 않았어. 형이 듣지 않자 동생은 다른 사람과 함께 형을 한 대 갈겼다네. 돌아간 형은 뜻을 굽히지 않았어. 그러니 동생도 다시 형에게 분가하겠다고 맞섰지. 그러자 이번에는 형이 동생을 내리쳤어. 오늘날 우리 노인네들은 먼저 이긴 사람이 '꺾어' 이겼다고들 말하더군. 말다툼 끝에 우리는 갈라졌지. 저쪽은 양부락이고 이쪽은 소부락이야. 흑수강을 경계로 백계 밑은 '겹합掐鄕 부락'이라 부르고 여긴 '와합瓦鄕 부락'이라 한다네. 우리는 흑수하 쪽 사람들이 아주 교활하다고 하지.

이상의 이야기를 통해 우리는 삼룡향 남안南岸에 있는 각 마을 사람들이 '소부락'이라 자칭함으로써 '흑수강'의 북안北岸에 위치한 '양부락'의 각 마

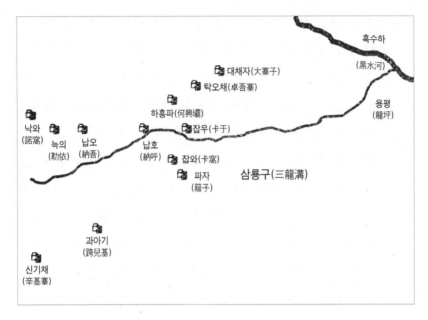

〈그림 5〉 무현 삼룡구 촌채

을들과 다르다고 인식한 사실만 알게 되었다.[12] 현재 삼룡구에서는 다음 페이지의 〈그림 5〉처럼 이렇게 구분하는 사람은 극소수이고, 이 보다 더 상세한 자료를 수집하기도 아주 어려운 실정이다.

무현 북부 마을에 위치한 티베트불교를 신봉하는 강족의 고산 마을에서도 이 구분을 아는 사람은 많지 않다. 그러나 아래에서처럼 태평太平 우미파牛尾巴 마을의 한 노인이 전한 이야기를 통해 마을이 마치 두 종교의 지파처럼 나누어진 것임을 알 수 있다.

　　'찰寨'은 양머리를 경배하는 것이요, '발撥'은 소머리를 숭배하는 것이다. 우

---

12　지금까지 언급된 내용 중에서 '흑수강'이 가리키는 것은 삼룡구일 것이다. '그들'은 삼룡구 북쪽에 위치한 '낙와(諾窩)', '늑의(勒依)' 등 고산지대의 마을 주민들을 지칭한다.

리가 경배하는 것은 소머리이지……. 양류구楊柳溝는 양머리를 모시고 말이야. 예컨대 내일 우리가 의식 중에 갑옷을 입고 춤을 출 때 외치는 소리도 다 다르다네. 용을 갖고 공연도 하지. 그들은 반룡盤龍이 구불구불한 것이고, 우린 음기룡陰基龍으로 둘 다 마치 꼬불꼬불한 뱀과 같아.

가장 북서쪽에 위치한 강족 마을인 송반 소성구의 노인들은 대부분 과거에 마을을 이처럼 구분했다는 사실을 기억하고 있다. 이곳의 강족은 소성구를 무현의 우미파 마을의 강족과 비교했을 때 '티베트화'가 훨씬 더 많이 이루어진 곳이라 할 수 있다. 이 말인즉, 이곳 주민들이 티베트불교 혹은 뵌교[13]의 영향을 깊이 받았다는 뜻이다. 현지 주민은 나에게 양부락과 소부락은 확실히 티베트불교의 두 지파라고 말하였다. 그뿐만 아니라 양부락과 소부락은 서로 적대시했다며, 이에 대해 소성구의 한 노인은 다음과 같이 전하였다.

큰 강의 저쪽 지역은 양부락이오. 당시 마을이라고 하면 소부락이거나 양부락이었지. 우리 마을은 양부락 중 하나였는데 끝이 뾰족했고, 소부락은 평평했다네.[14] 예전에 두 부락이 싸웠다는 건 들었겠지. 그것도 우리 전, 전전 세대의 이야기야. 집을 수리할 때도 각기 자기 방을 수리하곤 했지. 소부락은 전부 통나무를 썼기 때문에 뭐든지 둥글둥글했지. 그에 비해 양부락은 나무를 깎아서 썼기 때문에 평평해. 강족은 모두 이런 습속이 있지만 한족한테는

---

13 나타나 지상세계를 다스렸다고 한다. 이러한 뵌교의 사상은 티베트불교에서 활불(活佛)을 제도화하는 단초를 제공했다.
14 뾰족하고 평평하다는 것은 신주장에 있는 '신의 화살(神箭)' 끝부분의 형태를 말한다.

우리의 이런 풍습을 찾아볼 수 없지. 티베트족도 이런 습속이 있는데 소머리와 양머리로 나눈다네. 종교 습속에 '맥니麥尼'와 '맥지麥兹'가 있는데 모두 제각각이야.

과거 민족이 식별되기 전에는 소성구 일대의 '소부락'과 '양부락' 사이의 정체성과 구분이 '일맥日麥, 타지역 강족이 부르는 '이마'를 지칭' '적부'간의 구분보다 더 심하였다. 소성구에는 결혼 후 인근 홍토현재 티베트족지역에 속함에서 애기촌으로 이주한데릴사위로 들어감 몇몇 노인이 있다. 그들은 이전 마을과 이곳 모두 '양부락'에 속하기 때문에 기근을 피해 이곳에 정착하였다고 말한다. 민족을 식별하고 분류하고서야 그들은 자신이 '원래 티베트족'이고, 애기촌은 강족 마을이라는 사실을 알게 되었다.

내가 강족지역에서 '소부락'과 '양부락'에 관한 구술 자료를 수집한 결과는 대략 이와 같았다. 청나라시대부터 근현대까지 지방지地方志와 민족조사 자료에서는 관련 기록이 드물었다. 그런데 나는 흑수〈그림 6〉을 볼 것 지역, 특히 지목림소흑수의 티베트족지역에서 비교적 많은 구술 자료를 얻을 수 있었는데, 이 자료에서는 사회적 구분이 더 명확하였다. 흑수 지목림지역의 한 노인은 '양머리'와 '소머리'를 다음과 같이 설명하였다.

남평南坪에서 옮겨온 사람은 양머리 사람이야. 양머리 마을은 18개, 소머리 마을은 19개였지. 양머리와 소머리 이 두 조직은 교파가 아니고 부락 같아. 한족이 욕하는 박과猼猓족[15]이 바로 부락사람이지. 양머리와 소머리 사람들은

---

15  [역자주] 중국 55개 소수민족 중의 하나로서 사천(四川)성, 운남(雲南)성, 귀주(貴州)성, 광서(廣西)성 등지에 거주하고 있는 이족(彝族)에 대해 과거 중국인들이 낮춰 부르

〈그림 6〉 대흑수, 소흑수지역

사이가 굉장히 안 좋았어. 나무를 벨 때도 "소머리를 벤다"고 하거나 "양머리를 벤다"고 말할 정도였네. '이륵멸爾勒滅'은 민족을 뜻하는데 양머리, 소머리 나누지 않고 모든 흑수인들을 가리키는 말이라네.

흑수는 아바주 내 여러 지역 중에서 가장 빈곤한 지역 중 한 곳이고, 또 지목림은 흑수현에서 가장 빈곤한 지역이다. 치열한 자원 경쟁으로 인해 '소머리'와 '양머리' 마을 간의 폭력싸움이 잦았다. '양부락' 출신인 지목

---

는 멸칭(蔑稱)의 한 가지다. 같은 멸칭으로 '과과(倮倮)', '라라(羅羅)', '과라(倮儸)'라고 부르기도 했다.

림의 노인은 이를 더 자세하게 기억하고 있었는데, 그는 이렇게 말한다.

우리는 '찰합기祭合基'였지. 양부락이 바로 '맥지麥玆'라네. '박합기博合基'가 소부락일세. 소머리 놈들을 '맥니'라고 불렀지. 오목수烏木樹, 열석다熱石多, 잡곡ᴷ穀, 잡룡ᴷ龍진鎭이 모두 '찰합기'였는데, 양을 죽이고 나면 양머리를 집 꼭대기에 걸어두곤 했었지. '박합기'는 소부락들이지. 청랑晴朗, 지목림힝鄕, 잡외雜窩가 '박합기'였는데 우리보다 마을이 한두 개 정도 더 많았네. 우리 양쪽은 서로 싸워댔었지. 토관土官[16] 한 명이 다스리는 건 같았어. 고양평高陽平, 1940년대 현지의 유명한 토관이 관리한 잡와힝鄕은 '박합기'였는데 풍습 습관, 노래 부르는 것, 마시는 술, 장례 문화가 다 달랐네. 외우는 불경도 달랐는데 뭐. 송반은 '맥자'였는데 소머리 놈들이 거의 없었어. 몇몇 곳에만 있었고 말이지. 소부락이랑 양부락은 뿌리부터 전혀 다르네. 우리는 소머리 놈들이 소머리 같지 않고, 양머리 놈들이 양머리 같지 않다고 욕했지. 우리는 뿌리부터가 달라. 우리는 오목수지. '이륵멸'은 오목수지 암⋯⋯.

노인의 말에 의하면, 집 꼭대기에 걸려 있는 양머리는 양부락의 상징이다. 실제로 흑수지역 폐가에서 담장의 하얀 돌에 소머리가 새겨져 있는 것을 본 적이 있다. 노인이 강조한 "뿌리가 전혀 다르다"라는 말은 곳 두 집단의 '피'가 다르다는 것을 뜻한다. 과거 '소부락'에 속했던 지목림의 노인은 두 집단의 충돌과 각 집단 내의 '유사 혈연관계'를 아래와 같이 설명하였다.

---

16  [역자주] 옛날, 묘족이나 요족(瑤族) 따위의 소수민족이 모여 사는 지역에 임명되었던 그 민족 출신의 관리를 말한다. 같은 지역에 임명된 한족 출신의 벼슬아치는 류관(流官)이라고 불렀다.

우리 지목림의 몇몇 마을은 '찰합기'고, 우리는 '박합기'라네. 지목림에서 곡, 오목수, 위도位都, 열리熱裏는 '찰합기'였어. 우리 '박합기'는 대흑수에서는 홍애紅崖, 마와, 시과施過, 박작博作이었지. 우리는 형제 같았다네. 또 서이西爾, 필석弼石, 이목림二木林, 목도木都, 격기格基도 '박합기'였지. 모두 형제와 같았다네. 우리는 따로 나누어져 있었는데, 서로를 괴롭혔어. 원래 토관과 일반 백성이 따로 구분되어 있었다네. 우리 형제가 따로 분가한 것처럼 말이야. 예전에는 그랬어. 그들은 '찰합기'였고, 우리는 '박합기'였지. '찰합기' 사람들은 심성이 고약해서 누군가 그곳에 가면 불로 구워버리듯 아주 못살게 굴었다네. '박합기' 사람들은 그런 사람들이 아니었어.

이 노인 분은 '형제'라는 말로 '소부락' 마을들 간의 감정을 표현하였고, 동시에 '분가한 형제'라는 표현으로 '소부락'과 '양부락' 간의 적대 관계를 나타내었다. '형제'에 관한 두 가지 은유는 이어지는 역사 편에서 설명하겠다.

흑수하는 '강족 말을 하는 티베트족' 지역이 다수인데 일부 노인들은 과거 '양머리'와 '소머리'를 어떠한 기준으로 구분하였는지 기억하고 있었다. 유곡維谷의 한 티베트인은 아래와 같이 말하였다.

지목림은 송반 관할의 양머리이고, 우리는 리현 관할의 소머리였네. 리현 지방관인 토사는 황제의 관할이었고 말이야. 마와랑 노화도 소머리였지. 우리 소머리 사람들은 참 성실했네. 양쪽은 서로 말이 통하지를 않으니 옛날에는 서로에게 시집 장가도 안 보냈었어. 그쪽 여자들은 성격도 험악했다고……. 리현이랑 적불소 쪽은 소머리였지. 강 건너는 다 양머리였고 말이야. 이건 노인네가 과장했던 것 같은데, 나도 정확히는 잘 모르겠어.

이 노인 분이 기억하고 있기로는 모든 소흑수 사람은 '양머리'이고, 흑수하 주류의 연안지역 마을들은 과거 리현에 속했든 흑수에 속했든 어쨌든 오늘날의 마와의 티베트족이나 적불소의 강족이든 모두 '소머리'라는 것이다. 즉 현재는 마와 티베트족과 적불소 강족을 구분하지 않고 모두 '소머리'로 보고 있는 셈이다. 그러나 마와 티베트족의 노인 한 분은 마와 사람들을 '양머리'라고 말한다. 아래는 이 노인 분이 하는 이야기다.

우리가 '찰합기'이고 송반 사람이 '박합기'지. 예전에 청랑쪽 초원에서 '찰합기'와 '박합기'가 씨름 시합을 벌인 적이 있었고, 말뿐만 아니라 먹는 것, 입는 것 모두 다르더구먼. '찰합기'랑 '박합기'는 전혀 다른 뿌리인 셈이지. 소흑수 저쪽은 '박합기'이고, 송반 저쪽도 '박합기'일세.

노인의 위 말을 통해 그가 생각하는 적인 '소머리'는 주로 소흑수 사람들과 송반 사람들인 것이다.

지금까지의 자료들을 종합하여 보면, 소흑수의 노인들만이 '찰합기'의 마을과 '박합기'의 마을에 속한 지역과 두 집단의 적대 관계 및 분쟁에 대해 기억하고 있음을 알 수 있다. 또한 소흑수와 소성구 보고자에 따르면, '찰합기' 마을들과 '박합기' 마을들은 뭉쳐있지 않고 이웃하여 교차되는 형태로 분포되어 있었다고 한다. 그러나 자신을 '소머리'에 속한다고 주장하는 흑수 유곡維谷지역의 보고자는 소흑수인들을 모두 '양머리'라고 보고 있으며, 스스로가 '양머리'임을 주장하는 마와지역 보고자는 되려 소흑수인을 모두 '소머리'박합기라고 생각하고 있었다.

이러한 모순은 마와와 유곡이 모두 대흑수지역적불소 이북의 흑수하 주류지역에 위치하고, 대흑수인이 줄곧 소흑수인을 적대시하거나 두려워하였기 때문으로 보인다. 이로 인해 과거 '양머리'와 '소머리'의 구분 및 쌍방 간의 폭력 충돌이 작금에는 대흑수인과 소흑수인의 구분과 적대감으로 여겨진다. 현재 '양머리'와 '소머리'는 적대 관계에 놓여 있는 인근의 두 집단을 구분할 때 쓰인다. 이와 유사한 현상은 관련 기억들조차 희미해지고 있는 강족 지역에서도 존재하였다. 일례로 앞서 나온 삼룡의 노인이 말하는 '강 건너편 사람'은 '겹합擖合 부락'을, 소성구인이 말하는 '큰 강 건너편 사람'은 '양부락'을 뜻하며, 우미파 마을의 보고자는 인근의 양류楊柳마을 사람들을 '양머리'라고 말한다.

더 중요한 것은 이상 지금까지 언급한 여러 보고자들이 '양머리'와 '소머리'의 '근본'이 완전히 다르다고 말하고 있다는 점이다. 해당 지역들에서는 교파 간의 대립과 충돌로 사회적 집단이 형성되었기 때문에 '집단' 구성원들 간에는 혈연관계가 존재한다고 여기며, 이를 통해 '종족집단' 내부의 정체성과 단결력을 강화한다. 이뿐만 아니라 "근본이 다르다"는 말로 적대적 종파들 사이를 구분 짓는다.

### '이마爾瑪', '한인漢人'과 '야만인蠻子'[17]

마을 외에도 같은 골짜기나 인근 골짜기의 사람들과 혈연관계를 맺어 하나의 정체성으로 묶인 집단을 형성하고, 집단 외부의 사람들과 구분된다. 위 절에서 예시한 것에서 볼 수 있듯이 같은 정체성을 가진 비교적 큰 범위의 집단은 높은 단계의 '산신'이나 비교적 큰 사당을 공동으로 모신다. 이 같은 정체성을 지닌 집단을 현지 '향담화'로 '우리 사람'이라는 뜻인 '이마爾瑪'라고 부르는데, 1950년대 이전에는 '이마'의 집단 범위가 그다지 넓지 않았다.

현재 강족을 연구하는 학자들과 다수의 강족 그리고 한족은 모두 '이마'와 '강족'을 동일시한다. 대체적으로는 이 같은 정의가 틀린 것은 아니지만, 과거 '이마'가 쭉 '강족'과 같은 것으로 표시되진 않았다. 자기 집단을 자칭하는 '이마'가 여타 각 지역에서 다른 발음으로 불린다는 점을 간과하여선 안 된다. 리현, 무현 동로, 무현 서로의 적불소 일대, 송반 소성구, 흑수지역은 '이마'를 각각 현지말로 '이마', '마瑪', '일매日昧', '일맥日麥', '이륵멸爾勒滅'이라 발음하였다. 따라서 현재 '이마'를 '강족'과 동일시하는 것은 강족이 자신의 정체성과 민족 지식에 기반으로 자신을 가리키는 단어

---

17　[역자주] 고대로부터 중국의 한인들이 남쪽지역 소수민족을 "오랑캐"라고 얕잡아 부르던 말이다. 본서 저자의 설명에 의하면 '蠻子'는 통상 미개하고 야만스런 종족을 가리키고, 특히 고대시대에 노비들이 대개 남방에서 와서 북방에 비교하여 중국 남방의 소수민족에 대한 폄칭으로 "南蠻"이라고 불렸다고 한다. 오늘날엔 만자는 대개 "남방사람"이라는 의미로 이해되고 있다. 만약 요즘 중국인들이 남방사람들을 "만자"라고 부르면 약간 비하하는 느낌이 있는데, 일부러 비하하기보다 언어습관상 크게 의식 없이 사용하는 경우가 대부분이다. 본서에서는 "오랑캐", "야만인"이라는 뜻으로 해석되는 경우도 있고, 문맥에 따라 "외지인"이라는 뜻으로 해석되는 경우도 있어 '오랑캐' 외에도 '야만인', '외지인'으로 옮긴 데도 있다.

가 여타 지역에서 다른 발음으로 불리는 것을 간과한 소치라고 볼 수 있다.

특히 주목할 만한 것은 골짜기 사람들은 옛날 지리적으로 단절되어 있었고 경제생태적으로 자급자족하였기 때문에 스스로가 강족이라는 사실을 깨닫기 이전에는 현재의 모든 강족을 아우르는 집단 정체성이 부재하였고, 공통적으로 '자민족을 가리키는 칭호'autonym도 없었다. 또한 '이마' 혹은 이와 비슷한 발음 역시 매우 제한적인 범위의 집단만을 가리켰는데, 일반적으로 같은 골짜기에 사는 사람을 의미하였다. 현지에서 불리는 속칭 '서로를 욕한다'라는 것은 과거 '이마'의 정체성이 보여주는 종족집단체계를 잘 나타낸다. 아래에서 나는 다른 지역을 예거로 해서 설명하겠다.

## 무현 서로 흑수하 유역

민강 서쪽 지류인 흑수하 중하류의 유성維城과 사파沙壩 사이에는 수많은 지류의 골짜기들이 있는데, 골짜기마다 마을이 들어서 있다〈그림 7〉을 볼 것. 이 지역의 늙은 세대의 촌민들은 이전에 '이매爾昧, 혹은 이와 비슷한 발음'가 같은 골짜기의 각 마을 사람 모두를 지칭하던 말이었다고 입을 모은다. 강 위쪽 각 골짜기의 각 마을 사람들은 모두 '적부' 혹은 '식별識別'이라 불렀고, 강 아래쪽 각 골짜기의 각 마을 사람들은 '이而'라 불렀다. '적부'나 '식별'은 남의 것을 훔치기도 하고 빼앗기도 하는 야만인을 말하는데, 그들이 더럽고 흉측한 야만인임에 반해 '이'는 한족을 말하는데 총명하고 교활하다.

매 지역마다 현지인만을 '이매'라 여겼으므로 와저 사람洼底人들은 자신을 '이매'라 부르고, 강 하류 삼룡 사람들을 '이'라 불렀지만, 자칭 '이매'라고 부르는 삼룡 사람들의 눈에는 와저인이 곧 '적부'인 것이다. 마찬가지로 자칭 '이매'라 부르는 강 상류의 곡곡 사람들 눈에는 삼룡 사람들이

'이'인 것이다. 이것이 바로 오늘날 그들이 곧잘 우스갯소리로 하는 '서로를 욕하던' 과거의 집단 체계다. 아래는 무현 삼룡골에 사는 노인 한 분이 기억하는 과거 모습이다.

해방 전에는 우린 밖에 잘 안 나갔어. 사파도 가본 적 없는 노인이 수두룩했다고. 가봤더라도 한두 번뿐이었지. 이전에는 낙와, 늑의勒依, 신기辛基 같은 몇몇 마을 사람들이 곡곡 사람들과 함께 큰 산에서 사냥을 했네. 우리는 자신을 '이매', 외지인을 '이爾'라고 불렀어. 납호 아래는 모두 '이'였어. 서로를 외지인이라며 그렇게 불렀지. 용평 아래 사람들은 우리를 '식별'이라고 불렀고 말이야. 예전에는 '이매'가 적었고 그 아래는 다 '이'였네. 이전엔 2대대 하홍파河興壩 사람들이 이 목초지에 올라와서 사용하는 것을 허락하지 않았어. 그네들은 우리를 아파상방阿巴上房이라고 불렀는데 욕하는 뜻이야. 우리를 무서워하기도 했고 말이지.

무현의 곡곡지역 마을 출신의 한 강족 사람은 대학교육도 받은 이 지역의 지식인이지만, 그가 하는 말에서 신구新舊 '민족'지식의 모순이 나타나는데 아래와 같다.

우리는 강족을 '이매'라고 부릅니다. 우리가 하는 말은 삼룡 사람들과 그런대로 통하고, 흑수 아래 지역과도 말이 통합니다. 우리가 생각하는 '이매'의 범위를 따져보면 아래로는 한족, 위로는 티베트족이었어요. 우리에겐 한족, 강족, 티베트족을 구분하는 우리의 방법이 있어 왔다는 거죠. 예를 들어 우리는 티베트족을 '식별'이라고 불렀습니다. 삼룡 사람은 우리를 '식별'이라고

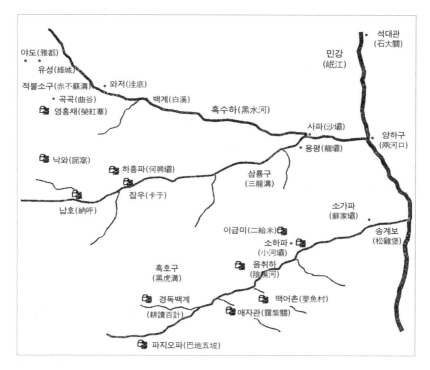

〈그림 7〉 무현 흑수하 하류 및 흑호구

생각했고, 우리는 또 흑수 사람들을 '식별'이라고 불렀죠. 흑수 사람들은 자신을 '이매'라고 여겼고, 흑수현 위쪽 지역을 '식별'이라고 부른 겁니다. 멀리까지 갈 필요 없습니다. 아직까지도 저는 티베트족은 위쪽에, 한족은 아래쪽에 있다고 생각하니까요. 1970년대에도 많은 사람들이 뭐가 뭔지 잘 모르더라고요. 대부분 자신들만을 민족이라고 말하거나 '이매'라는 말로 다른 모든 민족을 지칭하더군요.

이 곡곡의 강족 지식인인 그가 말하는 '한족, 강족, 티베트족 구분 방법'이란 사실상 '이'와 '이매', '식별'의 구별을 뜻한다. 단지 현재의 민족 분류개념에서 그는 이들 3자 중 각기 한족, 강족, 티베트족과 대등하게 구분하였고 고정적인 민족 경계선이 있게 되었을 뿐이다. 하지만 그도 알고 있듯이 과거 그들은 삼룡 사람들에게 '식별'로 보였는데, 곡곡 출신인 그의 나이가 마흔이 채 되지 않았음을 고려한다면 '이매'라는 옛날 개념이 여전히 중년 이상 마을 주민들의 마음속에 널리 존재하고 있음을 알 수 있다. 지금은 많은 강족 사람들이 '이매'가 강족을 지칭하는 말이라고 생각하지만, 고산지대 깊은 골짜기에 거주하는 마을 주민들이 생각하는 '이매'의 범위는 여전히 매우 좁다. 이들은 "아래 지역 사람들이 강족이라니 말이 돼? 예전에는 걸핏하면 우리를 야만인이라고 욕했던 사람들인데!"라고 말하곤 한다.

### 무현 서로 흑호구

무현 서로의 흑호구는 흑수하 남쪽에 위치해 있다. 이 골짜기의 흑호구 각 촌락 주민들은 곡곡인과 삼룡인들 눈엔 '하류지역 한족'이었다. 흑호의 각 마을들은 바깥지역과의 교통이 제한적이다. 깊은 산골짜기에 위치해 좁고 가파른 산길을 통해서만 외지를 오갈 수 있을 뿐이다. 여타 강족지역과 마찬가지로 이 같은 환경으로 인해 고립되고 좁은 유대감이 형성되었다. 자신을 '막이莫兒, 'mer'와 비슷한 발음'[18]라 부르는 이 지역 사람들은 흑수 유역의 사람을 '비이費爾, 'ferh'와 비슷한 발음'라고 불렀으며, 야만인을 가리킨다. 또한 민강 동안의 사람을 '한족'이라는 뜻의 '이'라 칭하였다. 흑호구의 한 노인은 '막아'를 다음과 같이 설명하였다.

---

18 [역자주] 현지 언어로 '한인'을 뜻하는 발음의 한자어 음가다.

'막아'가 바로 강족일세. 이 지역에서 나고 자란 사람은 다 '막아'라고 하지. 흑호 사람들 모두 '막아'인 셈이야. 곡곡 사람들은 우리를 '비아費兒'라 불러. 흑수보黑水寶말일세. 실제로 곡곡 사람도 강족인데 말이지. 예전에는 아래쪽 지역의 우리는 모두 '이爾'라고 불렀어. 우리는 구구 그쪽 사람들도 '이'라고 불렀는걸. 우리 흑호 사람들만 '막아'라고 불렀네.

노인이 말하는 '흑수보黑水寶'는 흑수의 '외지인'이나 티베트인들을 가리킨다. 그의 말을 통해서 과거 흑호구 사람을 제외한 중상류의 곡곡사람들과 구구溝口 하류 사람들은 '막아'로 생각하지 않는다는 사실을 알 수 있다. 흑호구 사람들만 '막아'다. 또 다른 노인의 설명은 더 분명하다.

흑호족은 향담화로 바로 '막아'이지. '막아'는 현지인, 강족 중에서도 특히 흑호 사람들을 가리킨다네. 적불소 사람들도 당시 하나의 민족이기는 했지만, 왕래가 워낙 적어서 '비아'라고 불렸지. '비아'가 바로 외지인이야. 실은 다 같은 하나의 민족인데 말이야. 한족은 '이'라고 불렀네. 우리 언어를 알지 못하는 사람은 다 '이'이지. 사실 강족 중에서도 우리말을 안 쓰다 보니 퇴화되고 한족 말을 하게 된 사람도 있는데 말이야. 그래서 이곳 사람들은 그들을 다 한족이라고 생각했어. '이'라고 말이야.

그는 흑호구의 사람들만을 '흑호족'이라고 칭하였다. 이 역시 '막아'의 정체성이 일종의 유사 혈연관계로 형성된 '집단'임을 보여준다. 이상 앞에서 소개한 두 흑호구 노인들의 구술을 통해 과거 이 구술자들이 '막아'를 인정하는 범위가 좁았으나, 민족과 언어에 관한 새로운 지식을 얻은 뒤 '막아'를 '강족'과 동일시했으며, '막아' 또는 강족의 범위를 새롭게 인식했다는 사실을 알 수 있다. 이 흑호구 노인은 아래처럼 과거 '막아'의 인정 범위가 좁았던 이유가 그 이면에 자원경쟁이 있었기 때문이라고 밝혔다.

구 사회에는 바깥사람이 들어오는 걸 막았어. 삼룡 쪽 사람들이 오면 죽는다고 봐도 될 정도였지. 그 당시 산과 초원을 두고 서로 싸웠거든. 우리는 그들을 '비아', 오랑캐라고 불렀지. 예전에는 사파 위쪽 사람들을 모두 오랑캐라고 불렀네. 그 사람들이 흑수인과 매우 닮았다고 생각했지. 왜냐하면 그들은 남의 물건을 훔치고 빼앗고는 그 가족들까지 모두 죽였기 때문이야. 가장 관건은 생활 방식이 달랐다는 것이었는데 그들은 수유酥油[19]를 먹었다네.

이 흑호 노인의 말에서 우리는 이 지역이 과거 집단 간의 긴장 관계 및 그 관계 속에서 '다른 사람異己'에 대한 두려움이 존재한다는 점을 체득할 수 있다.

### 무현 동로

민강의 동안 용화구와 수마구〈그림 8〉을 볼 것 마을 주민들 대다수는 과거 자신을 '막아'라고 여겼다. 그러나 '막아'의 범위 역시 크지 않았다. 예를 들어, 용화구 중에서도 깊은 곳인 용화와 도재주의 마을 주민과 수마구 내 깊은 곳에 위치한 수마평의 모든 주민들에게 '막아는 '같은 골짜기 내에

---

19 [역자주] 소와 양의 젖을 이용해 만든 기름을 말한다.

거주하는 사람'이었다. 또, 수마구와 용화구는 민강의 큰 줄기와 연결되어 있는데, 연결된 지점을 각각 구구와 위문渭門이라 한다. 골짜기 안의 '막아' 들이 볼 때 구구와 위문 사람들은 '이한족'였다. 그러니 구구와 위문보다 더 아래에 있는 무현 현성 사람들은 두말할 것 없이 '이'였던 셈이다. 서로西路의 흑호와 흑수하 유역의 삼룡, 와저, 북로 우미파, 양류구 마을 사람들 모두를 '비아'라 부르고 야만인이라고 여겼다. 아래는 용화촌의 한 노인이 과거 서로를 무시하던 상황을 회상하며 한 말이다.

우리는 흑수인을 야만인이라고 불렀어. 송반인, 흑수인, 적불소인, 삼룡인 할 것 없이 다 '비아'였지. 무현인은 '이'라고 불렀네. 위문인들은 되레 우리를 야만인이라고 욕했어. 높은 곳에 사는 야만인이라더군. 우리는 그들을 강 아래 야만인이라고 불렀지. 해방 후에는 감히 그러지 못했지. 무현 사람들 역시 우리를 야만인 새끼라고 욕하기도 했지.

수마평 사람들도 과거 그러한 경험이 있었다. 현지의 한 노인이 나에게 과거 '서로 욕하는' 상황을 설명해주었다.

강족, 그러니까 '막아'는 예전에 싸움을 잘했었네. '강족'이라는 두 글자는 해방 후에나 알게 되었어. 그들은 예전에 우리를 야만인이라고 불렀지. 우리가 구구에 가면 그곳 사람들에게 야만인이라고 욕먹고, 구구 사람은 무현에 가면 또 야만인이라고 욕먹었어. 그야말로 서로 욕하는 거지. 우리는 그들을 '이소알而訴嘎'이라고 한족들을 비난했고 말이야.

<그림 8> 무현 용화구와 수마구

    늙은 세대는 보통 옛날에는 '막아'를 '같은 언어를 말하는 사람'으로 여겼다고 기억한다. 학자들은 집단의 정체성과 구분에서 언어가 굉장히 중요한 요소라고 강조한다. 확실히 그와 같다. 그러나 간과하지 말아야 할 것은 우리들 사례들 중의 이 '언어'가 언어학자들이 이야기하는 '언어'가 아니라 현지 사람들이 주관적으로 상호 소통이 가능하다고 여기는 '향담화'라는 점이다. 앞서 내가 말했듯이 이곳의 각지 '향담화'들은 서로 큰 차이가 있다. 이 역시 과거 '막아'로 인정받는 범위가 좁았던 이유를 설명해 준다. 혹은 '막아'의 인정 범위가 좁아서 각 지역 사람들 간의 소통이 부족해짐에 따라 결국 서로의 언어가 달라졌다고 이해할 수도 있다. 또는 주관적인 편견으로 인해 '타인'이 무엇을 말하고자 하는지 그들이 귀 기울이지 않았다고 볼 수도 있다.[20]

〈그림 9〉 잡곡뇌하(雜谷腦河) 유역

### 리현지역

잡곡뇌하 유역〈그림 9〉를 볼 것의 리현의 도평, 설성지역 북안 일대에는 큰 골짜기가 몇 개 있다. 골짜기 마을에 사는 주민은 자신을 '이마'라고 부른

---

반대로 현재 서로 다른 '향담화'를 사용하는 사람들이 사실은 모두 '강어'를 구사하는 '강민족'이라는 것을 알게 된 후, 강족은 다른 지역 강족의 '향담어'가 무슨 말인지 자세히 경청하기 시작하였다. 어쩌다가 그들의 말에서 몇 구절 혹은 몇 단어를 알아들으면, 그들은 이를 모두가 같은 언어를 한다는 증거로 받아들였는데 이것이 보편적인 생각이었다. 민족이나 종족을 연구하는 학자들은 '언어'가 민족과 종족을 구분하는 데 중요한 기능을 한다고 늘 강조한다. 또한 그들은 자주 민족 언어가 객관적으로 존재하며, 언어학적 논리 구조하에서 만들어진 '언어'라는 것이다. 그러나 나는 '언어'가 민족 혹은 종족끼리 완전히 대응관계에 있다고 생각하지 않는다. 강족의 예가 우리에게 말해주는데, 종족 정체성이 사실상 '언어'에 대한 사람들의 주관적인 인식이며, 각 종족의 현재 본질을 반영한다는 사실을 보여주는 것이다.

다. 앞서 말했듯이, 과거 그들은 현지의 가융인들과 함께 '오둔五屯'에 속하였고, 이로 인해 청나라시대 중국변방군의 일부였다. 나이든 세대들은 이를 매우 자랑스러워하며, "싸울 때 이불만 짊어질 수 있는" 포계구인들을 무시하였다. 이 때문에 과거 그들은 '이마'가 그저 오둔 사람들 중 비가융인만을 지칭한다고 생각하였다. 남안 포계구의 '이마니'와 대양산大陽山 이북지역의 삼룡인 그리고 곡곡인은 '이마'에도 속하지 못하였다.

우리 강족 말은 널리 퍼지지 못했네. 오둔 사람들만 알아들었지……. '이마'는 다소 우둔한 면이 있고, 주로 산에 살았었지. 예전에 강족사람들은 물에 휩쓸려 내려갈까 두려워했었거든. 그래서 높은 산에 살았어. 우리들 몇 개 대대처럼 긴 옷을 입고 산에 사는 사람이 '이마'이지. 삼룡인들은 흑수 쪽에 있지 않은가. 우리는 '적부'가 아니라 '아리阿囉'나 '로와魯哇'라고 불렀는데, '로와'는 사리분별을 못하는 사람들이야. 우리는 무현 쪽 사람들과는 쓰는 말이 다르고 부족도 다르고, 그들을 '이마'라고 부르지도 않네. 우리는 그들 뒤에 있는 사람들을 '로와'라고 부르지.

포계구의 주민들도 자신을 '이마'라고 불렀다. 특히 장년층은 '강족이마'을 포계구의 10개 마을앞의 다섯 마을, 뒤의 다섯 마을 사람이라고 여겼고, '강족'이 구구까지만 분포되어 있다고 생각하였다. 그들에게는 오둔의 사람들이 모두 흉악하고 사나운 가융인으로 보였다.

과거 잡곡뇌하의 북안과 남안 모두 '이마'의 인정 범위가 좁았다. 이 때문에 과거 혼담을 주고받을 때 상대 집안 '혈통의 순수성'을 매우 따졌다. '혈통의 순수성'이란 한족이나 티베트족의 혈통이 없고, 조상도 빌어먹거나 해서 나병에 걸린 일이 없는 것을 말한다. 사람들은 자주 과거 골짜기와 골짜기 사이에 사는 사람들, 강 상류에 사는 사람과 하류에 사는 사람들, 산의 음산陰山면과 양산陽山면 사람들은 모두 혈통이 깨끗하지 않다고 헐뜯었다. 이로 인해 '혼맥사돈을 맺는 것'을 맺는 범위가 굉장히 좁았다.

그런데 현재 도평, 통화, 설성, 문천, 용계 등 잡곡뇌하 양안에 위치한 많은 마을 사람들은 자신들의 선조가 호북성湖北省, 호남성湖南省, 천서川西, 숭경崇慶, 팽주彭州 등지에서 왔다고 말한다. 이는 그들이 자신의 '혈통이 순수하다'고 강조하는 모습과 상반되어 보이는데, 그들은 천서의 각 현과 '호북성', '호남성'이 모두 고대 강족이 살던 터였기 때문에 이 지역에서 온 사람들 역시 정통성이 있는 '강족'이라고 해석한다.

## 흑수 티베트족지역

현재 중국 민족 분류상 흑수지역의 주민은 모두 티베트족으로 분류된다. 그러나 자신을 '이륵멸'이라 부르는 흑수 동부지역 골짜기 주민들은 언어와 풍습 등이 무현 서로의 강족과 유사하다. 그래서 흑수인의 사례를 통해 인정 범위가 좁았던 '우리 일족'의 개념이 과거에는 얼마나 보편적이었는지 이해할 수 있다. 흑수인들 가운데 자신을 '이륵멸'이라 칭하는 사람들은 가융어를 사용하는 서쪽의 사람들을 '적부', 안다티베트어安多藏語를 쓰는 북방의 사람을 '식별'이라 불렀다. 그렇다고 하여서 이들을 제외한 모든 사람을 '이륵멸'로 인정한 것은 아니었을 뿐만 아니라 '식별'과 '적부'를 구분하는 기준도 모호하였다. 한 지목림소흑수인은 자신들이 마와인을 모두 '적부'라 여겼다고 말하였다.

우리는 자신을 '이륵멸'이라고 불렀고, 마와인을 '적부'라고 했어요. 메밀 빵을 먹는 사람들입니다. 송반 사람은 '식별', 즉 티베트족을 저주하고 욕하죠. 적불소 사람들은 '이일미而日味'라고 불렀습니다. 우리는 그들 티베트족이 티베트족 같지 않고, 한족도 한족 같지 않다고 험담하였지요. 무현과 문천 사람들도 '이일미'라고 불렀어요.

마와, 노화, 지목림 사람들이 말하는 언어는 언어학적 분류상 강족 언어에 속한다. 그러나 지목림인은 마와, 노화 등 대흑수지역의 사람을 가융 티베트인과 비슷한 '적부'라고 본다. 앞서 지목림인이 말한 '이일미'는 적불소의 강족을 뜻하는데, 적불소는 흑수에 인접한 지역으로 가장 서쪽에 위치한 강족 마을이다. 과거 하류지역 마을 사람들에게 적불소인은 의심할 여지없는 '적부'였고, 반대로 그들에게 하류지역 사람들은 모두 '한족'이었다. 그러나 흑수인은 그들을 '한족 같지만 한족이 아닌 사람'이라 여겼다.

동쪽 유고에서부터 서쪽의 노화 사이 흑수하 주류 유역의 각 마을 사람들은 모두 자신을 '이륵멸'발음은 다름이라고 불렀다. 그러나 과거 '강족'의 사례와 마찬가지로, '강족어를 하는 티베트족'들은 서로를 인정하지 않았다. 자신을 '이륵멸'이라 부르는 사람들은 상류지역 마을 사람을 '일기부日基部', 하류지역 마을 사람을 '일소부日疏部'라 불렀다. 17세의 홍애 마을 여성은 지금도 이 같은 구분법이 남아 있다고 이야기한다.

우리는 골짜기 초원어를 하는 사람을 '식별'이라고 부릅니다. 어떤 사람들은 '적부'라고 부르기도 하는데, '마이강' 쪽에서는 '적부'라고 불러요. 어떨 때는 그들이 말하는 '식별'이랑 '적부'가 같은 대상을 가리키기도 해요. 구분이 뚜렷하지는 않아요. 우리는 유고인을 '일소부'라고 부르는데 밑에 사는 사람들은 다 '일소부'라고 불러요. 암튼 우리보다 밑에 사는 사람이면 다 '일소부'죠. 여기노화 사람은 우리 홍애 사람을 '일소부'라고 불러요. 우리는 유고인을 '일소부'라고 부르고요. 아래쪽 유고 사람은 높은 곳에 사는 우리를 '일기부'라고 불러요. 서로가 서로를 부르는 방식인데, 서로를 얕잡아 보는 느낌이 있죠. 유고 사람은 우리가 돼지 밥을 먹는다고 욕하고, 우리는 밑에 사람들이 대나무를 먹는 판다냐며 흉보죠……. 예전에는 여기 흑수 사람들만 '이륵멸'이라고 생각했어요. 무현 일대 사람들은 '달마達媽'라고 여겼죠. 그런데 사석다沙石多까지 모두 '이륵멸'이더라고요. 강족말을 배우는 강문반에 들어가서야 강족 사람이 이렇게 넓은지역에 퍼져 있다는 걸 알았어요. 예전에 나는 무현 근처에 사는 사람들은 모두 한족이라고 생각했거든요.

이처럼 서쪽의 홍애 사람들은 하류의 유고 사람들을 '일소부'라 부르고, 홍애보다 더 서쪽에 있는 노화 마을 사람들은 홍애 사람을 '일소부'라 한다. 유고인은 홍애 사람들을 '일기부'라 부르고, 홍애 사람들은 상류의 노화 사람을 '일기부'라 칭한다. 홍애와 유고 사이에 위치한 마와마을 사람들은 홍애부터 마와까지를 '이륵마', 노화 사람들은 '일기부'라 부르며, 유고와 석조루石碉樓 사람들은 '일소부'라고 한다.

이 외에도 이른바 노화, 홍애, 마와, 유곡 등 대흑수지역 사람들은 소흑수지역 사람들을 '아락부俄落部'라고 부르며, 소흑수지역 사람들은 대흑수지역 사람들을 '적부'라고 부른다. 두 지역 사람들 모두 흑수하 하류의 적불소, 와저, 삼룡, 흑호의 각 지역 사람들현재의 서로 지역 강족을 '이'한족, '링啷' 혹은 '이일미'한족 같으나 한족 같지 않고, 민족 같으나 민족 같지 않은 사람이라 부른다. 흑수인이 생각하는 '랑'과 '이일미'의 개념을 통해 과거 흑수인에게 '강족'의 개념이 없었음을 알 수 있다. 흑수인은 그들과 '한족' 사이에 '한족' 같지는 않고, 또 '우리' 같지도 않은 사람들이 존재한다고 여기는 것이다.[21]

오늘날 절대 다수의 흑수인과 소흑수인은 모두 '이륵멸'이 노화, 색이고, 석조줄맞춤루지역 등 대흑수 및 소흑수인을 포함한 티베트족이라고 생각한다. 흑수인과 소흑수인은 단호히 '이륵멸'이 하류의 '랑' 및 '이'와 다르다고 생각한다. 위에서 흑수지역 17세 여자아이가 '이륵멸'을 '강족'이라고 본 것은 예외적인 경우다. 그녀는 문천의 민족학교 강문반에서 수학하면서 분명 강족 스승의 생각을 받아들이게 된 것이다. 현재 강족 지식인들은 언어학자들의 '강족어' 및 '티베트어' 분류를 알게 된 후로는 보편적으로 흑수인이 사용하는 언어를 '강족어'라고 여긴다.

### 북천지역

북천〈그림 10〉을 볼 것의 상황은 상술한 지역과 다르다. 한족의 영향을 깊이 받아서 20세기 전반 이곳 사람은 모두 이미 자신을 한족이라 자칭하였다. 그러나 '서로를 비난하는' 현상은 이 지역에서도 여전히 존재하고 있다.

명, 청 시기 중국 문헌들을 살펴보면 청편하와 백초하 유역 마을 사람들은 모두 '강羌'이라고 불렸다. 해당 지역의 민족 관계를 보면, 사실 과거 이일대 한족은 한족이 아닌 사람들을 모두 '야만인'이라고 불렀다. 그러나

---

21  현재 민강 상류의 각 토착 원주민 집단에서는 통상 '민족'이라는 단어가 '비한족 집단'을 가리키는 데 쓰인다. '미'는 사람이라는 뜻으로, '한족이 아닌 집단'을 뜻하기도 한다. 혹은 지금처럼 대흑수지역에서 '미'는 더 좁은 의미로 '티베트족'을 가리키기도 한다. 흑수인이 말하는 '이일미'는 그들의 한화로 '한족 같지도, 민족 같지도 않은 사람'을 의미한다.

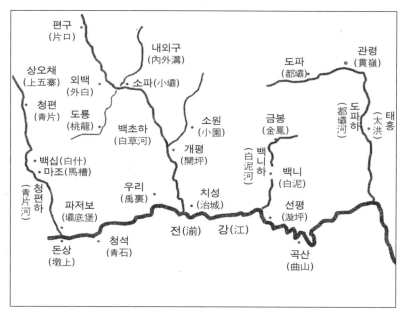

〈그림 10〉 북천지역 약도

'한족'과 '야만인'을 나누는 기준은 매우 모호하였다. 1950년대 이전 청편하와 백초하 유역 사람들은 모두 자신이 한족 마을에 살고 있다고 여겼고, 상류지역 마을은 전부 '야만인' 촌락이라고 생각하였다. 아래는 백초하 중류 소파향에 거주하는 강족 농민이 한 말이다.

> 우리는 80년대 초가 되어서야 강족이 되었습니다. 예전에는 모두 한족이었죠. 1950년대에 일차로 커다란 민족 이동이 있었잖아요. 당시 외지 사람들은 우리를 산에 사는 야만인이라고 불렀습니다. 물론 우리도 가만있지는 않고 다른 몇 가지 말로 반격을 했죠. 1950년대 초에 티베트족으로 등록된 사람들도 있었는데, 티베트어를 할 줄 몰라서 인정이 안 되었습니다. 1980년대가 되어서야 인정되었어요. 산에 사는 야만인이라고 불릴 때 자기가 강족이라고

말하는 사람은 아무도 없었습니다. 그러나 우리 중에는 무현지역 사람과 친척 관계인 사람이 많았어요. 무현지역의 많은 사람들은 일찌감치 인정을 받았어요. 우리는 '이마'라는 말을 들어본 적이 없습니다. 어르신들 말로는 몇몇 형제가 분가하여 북천으로 온 뒤 북천 사람이 된 거라고 하더군요.

과거 분명 그들은 자신을 '한족'이라고 생각하였다. 그러나 하류지역 사람들 눈에 그들은 '야만인'이었다. 청편하는 북천에서도 가장 북서쪽에 있는데, 과거 이 지역 원주민들도 '야만인'이라고 불렸다. 그러나 청편하 유역에서도 서로를 욕하는 현상은 존재하였는데, 모두가 자신보다 상류 유역에 사는 사람을 '야만인'이라고 불렀다. 최상류지역의 상오채 마을 주민들은 그들보다 상류에 사는 사람들이 없었기 때문에 북서쪽의 송반인을 '야만인'이라고 불렀다. 아래는 청편하 상오채마을의 한 노인이 한 말이다.

우리는 송반의 박과자를 부르는데, 안쪽 사람들인 박과자를 부르지. 즉 당신이 야만인이 어디 있냐고 물어보면 나는 여전히 이 안에 있다고 말할 걸세. 우리는 인정할 수 없어. 우리가 인정하면 당신이 우리를 괴롭힐 테니 말이야. 박과자가 안에 있다고 우리는 안전하지 않아. 당신이 다시 들어가도 그들은 박과자는 안에 있다고 말하지. 이것이 바로 예전의 대한족주의가 우리로 하여금 뻗어나갈 수 없게 한 것이지.

이상, 위 노인이 한 말로 보아 과거에는 이곳에선 티베트족과 강족을 구분하지 않았고, 심지어 한족과 비한족을 나누는 기준도 매우 모호했다는 걸 알 수 있다. '오랑캐蠻子'나 '박과자'로 불렸고, 또 나중에 '오랑캐'나 '박과자'는 '티베트족'이라고 들었기 때문에 1950년대에 민족식별조사시 많은 현지인위에서 언급된 청편 상오채의 노인처럼들이 자신을 '티베트족'이라고 자칭하였다. 현재 그들은 모두 자신을 강족으로 등록하였으나 자신이 본래 한족이었다고 여기거나 '한족의 핏줄'이라고 생각하며 자기 선조들이 '호남, 광동, 사천을 채우던湖廣塡四川'[22] 시기에 이곳에 정착한 것이라고 주장하는 사람들이 여전히 많다. 그들은 아직도 마을의 몇몇 가족이나 상류 마을 사람들이 예전에는 '오랑캐'였다거나 '오랑캐의 혈통'이 있었을 거라고 수군거린다. 그러나 그들 마음속에 품고 있는 '오랑캐'는 완전 '송반 사람' 혹은 '티베트족'과 동일하다.

이상은 현지의 중년, 노인들이 지금까지도 기억하는 '옛날 서로 욕하던' 집단 체계이다. 이 집단 체계에서 '야만인', '한족', '이마'를 구분하는 객관적이고 정확한 경계선은 없다. 소규모지역 집단이 생각하는 '이마'의 범위를 보면, 사람들은 모두 자기 집단이 '야만인'과 '한족'에 둘러싸여 있다고 생각하였다.

사실상 이런 편협한 '이마'의 정체성은 지금까지도 강족 사람들의 마음에 존재한다. 따라서 근 10년 이래 강족이 '강족문화'를 세우고 현창시켰을 때 대체 어느 지역의 '강족문화'가 가장 정통한 것인지가 논쟁이 되어 각지 강족의 문화 현창 경쟁자세한 내용은 본서 제10장을 볼 것을 불러일으켰다. 그들은 이것이 '민족내부의 모순'이나 '지역적인 자아중심관념'이라고 말한다.

---

22　[역자주] 명나라 말기에서부터 청나라 초기까지 사천지역에서 전란과 전염병 등이 발생해 인구와 세금이 줄자 청조 정부는 호남, 호북, 광동, 광서지역의 백성들을 사천지역으로 이주시켰다.

민족의 '내부'와 '외부' 간의 경계는 어디에 있는가? 민족 정체성과 지역 정체성은 어디에 있는가? 강족의 사례를 통해 더욱 중요한 문제의 답을 내놓을 수 있다. 한 민족의 내부와 외부 사이의 경계는 어떻게 형성되고, 우리는 왜 민족 정체성과 지역 정체성을 갖고 있으며, 이 둘을 구분하는가? 아래에서 나는 이 문제를 토론해보고자 한다.

마지막으로는 '이마'의 '역사' 문제에 관해서다. 통상 마을 주민들은 보통 가족과 마을의 뿌리예를 들어 몇 형제가 외부에서 해당 마을에 정착하게 되었는지 등를 알고 있지만, '이마'의 공통 유래는 알지 못한다. 또는 '이마'의 유래가 가족이나 마을의 기원이 되는 옛날 '형제조상의 이야기' 정도로 인식하는 사람들도 있다. 그래서 그들이 늘 "우리는 이마의 주요 민족이죠"라고 말하는 이유도 이 때문이다. 모든 '이마'를 아우를 수 있는 역사적 기원을 알지는 못하지만,[23] 그들은 '이마'는 여전히 같은 뿌리혈통를 가진 사람들이라고 생각한다. 특히 배우자를 고를 때, 조상 중 '이마'에 속하지 않는 외부인이 있다면 이 남녀들은 "뿌리가 좋지 않다"고 여겨진다.

그러나 서로 같은 핏줄을 지녔다고 믿으면서도 같은 '종족의 역사'는 존재하지 않는다. 이는 어떤 사람이 '이마'인지, 마을 내 '이마'를 정의하는 일정한 기준이 없기 때문일 것이다. 사람들은 저마다 다른 지식과 기억, 경험에 의존해 '이마'를 구분한다. '마을' 내부의 사람들끼리 관계가 가까우므로, 공통된 지식과 기억이 만들어지기 쉽고 유사한 경험을 갖는다. 그러나 '마을'을 벗어나게 되면, 저마다의 지식, 기억, 경험에 크게 차이가

---

23  마을 주민들의 마음속에 남아 있던 과거 '이마'의 개념을 뜻하며, '강족'의 '이마'와는 다른 개념이다. '강족'의 '이마'에 대하여 강족인(특히 지식인)들은 수많은 버전의 '강족 역사'라는 공통된 유래를 자연스럽게 이야기 한다.

생긴다.

결국, 전통적으로 '이마'란 민강 상류지역 사람들이 혈연관계를 중심으로 형성한 최대 범주의 '우리 집단'이다. 이런 이유로 나중에 그들이 '강족' 개념을 접하게 된 후에 '이마'와 '강족'을 동일시하게 된 것이다.

## '이마爾瑪'와 강족羌族

오늘날 농촌과 도시 거주민들 중 모두 보편적으로 '강족' 정체성을 가지고 있다. 주관적인 자아 정체성 또는 문화적 특징상에서 강족은 모두 한족 및 티베트족과 뚜렷한 차이를 보인다. 과거 민강 상류지역의 '이마', '적부', '이' 사이, 북천지역의 '한족'과 '야만인'들 간의 모호한 차이와는 전혀 다르다. 강족 정체성의 형성 및 그 본질은 화하 주체와 그 주변 지역 간에 오랜 기간 쌓아온 역사과정 및 역사기억의 형성과정 그리고 관련 문화의 선택과 창조에 영향을 미친다. 이와 관련된 내용은 본서 제2부 '역사 편'과 제3부 '문화 편'에서 다루고자 한다. 본 절에서는 다만 '민족' 정체성이 각기 다른 배경을 가진 강족에게 주는 의미를 설명하고, 강족과 티베트족, 이족, 한족의 차이 등 강족이 생각하는 족군의 구분을 묘사하고 서술하고자 한다.

현재 강족 민중들은 보편적으로 '이마'와 '강족'을 동일시한다. 도시의 강족 지식인 대다수가 '일맥', '마', '막아', '일매' 등 고향의 '향담화'를 따르지 않고 사천어 방언을 사용해 '이마'라고 발음한다. '이마'는 다양한 상황에서 강족을 상징하는 단어로 쓰인다. 예를 들어 강족지역에서 생산되는

술은 '이마주', 강족의 민족 풍습을 소개한 문헌은 '이마 스타일風情'이라는 명칭이 붙었다. 게다가 이제 모든 강족인들이 남쪽으로는 문천의 면지棉篪, 서쪽으로는 리현 동부와 무현 적불소, 북쪽으로는 송반의 진강관과 소성수 일대, 동쪽으로는 북천까지가 '이마'의 지리적 범위라고 인식한다. 과거 편협했던 '이마'에 대한 관념은 잘못된 인식 정도로만 여겨지게 되었다.

민강 상류지역의 강족은 예전에는 지식이 부족하고 교통이 발달하지 않아 '이마'를 소수 집단으로 봤다고 생각한다. 북천지역의 강족은 과거의 민족 차별로 인하여 자신이 '이마'라는 사실을 잊거나 인정하지 않은 채 스스로를 '한족'이라 여겼다고 생각한다. 그러나 이와 별개로 많은 이들도 과거 자신들이 '강족'을 들어본 적이 없다고 인정하였다.

나이든 사람들은 여전히 민족 식별을 하던 해에 그들이 가졌던 곤혹, 의심과 우려를 기억하고 있다. 예컨대 무현 용화구의 한 노인은 "강족이라는 이름은 사실상 자기들끼리 정한 거지, 강족, 티베트족, 이족 같은 말은 우리가 정한 게 아니다. 우리는 막이밖에 몰랐다"라고 말하였다. 아래 북천 청편향 상오채 사람의 말은 당시 사람들 사이에서 민족 인식이 어떠했는지 더 자세히 말해준다.

해방 초에는 무현 사람들은 강족으로 등록하고, 우리는 많은 사람들이 티베트족으로 등록했습니다. 우리는 모두 다 같은 종족인데 왜 그 사람들만 강족으로 등록했는지 아주 이상하다고 생각하면서 그들을 탓했고 그들도 우리를 탓했죠. 나중에야 강족이 옳다는 것을 알았어요. 우리 지역 인구조사에는 이런 문제가 많더군요. 어떤 사람은 강족으로 등록할 수가 없어서 한족으로 등록했습니다. 예전에 어쩔 수 없이 한족으로 등록한 사람이 많았는데, 문헌이 있게 된 후에야 강족으로 등록할 수 있었습니다. 또 어떤 사람은 이렇게 말합니다. "이전 한인들은 책자로 장부를 계산하였는데, 당신들은 강족으로 등록하여야 하니 잘 고려하여야 합니다!"

나는 이 구술 자료를 인용하여 근대 민족 식별이 정확하지 않았다는 것을 설명하려는 게 아니다. 과거 한족과 티베트족 간의 종족, 문화, 정체성의 경계가 모호했다는 점이 더 중요하다. 아무튼 현재 강족 민중들은 모두 오랜 미몽迷夢에 사로잡혀 있다가 이제야 깨어나고 있는 데, 무현, 문천, 리현, 북천과 송반 같은 산중집단은 모두 '강족'에서 비롯된 것이고 강족은 바로 '이마'라는 사실을 알고 있다. 사실상 '강족'을 '이마'와 동일시하는 방식으로는 과거 편협했던 '이마'의 개념을 완전히 대체할 수 없다. 현재 사람들 인식 속의 '이마'는 여러 차원의 의미를 품고 있다. 어느 측면이 더 중요한 지는 일정하지 않은데 세대, 도시나 농촌 등 거주 환경 및 지역마다 강족이 중요하다고 생각하는 부분이 모두 다르다는 것이다. 한 개인의 인식 속에서도 그가 처한 상황에 따라 '이마'의 함의가 달라진다.

일반적으로 시와 읍의 강족민중이 촌락의 강족민중보다 '강민족으로서의 민족정체성'이 더 강하다. 이것은 자연스레 생활환경 면에서 시와 읍에 사는 강족은 농촌 강족보다 티베트족, 한족, 회족 등 다른 민족을 만나고 접촉할 기회가 많고, 민족 관련 지식을 접할 기회가 더 많기 때문이다. 또한 '다른 민족'을 만나고 알아가면서 자기 민족에 대한 정체성과 소속감도 생긴다.

더 중요한 것은 앞에서 내가 언급했듯이 시와 읍에서는 '소수민족' 자원을 두고 '민족'끼리 경쟁하게 된다. 학교의 티베트족 입학 정원과 강족 입학 정원, 정부 부처별 관료와 회의의 지방 대표 중 티베트족, 강족, 한족, 회족이 차지하는 비율 등 '민족'이 중요한 단위가 된다. 이로 인해 특히 소수민족 자원에 매우 연연하는 시와 읍의 강족 지식인들은 강력한 민족정체성을 형성하게 된다. 세대별로 보면, 노년층보다는 청년층과 중년층 강족의 민족 정체성이 더 강한데, 중요한 원인으로 노년층보다 신세대 청년층의 강족이 더 넓은 세계를 접하고 다양한 지식을 배울 수 있기 때문이다. 성별로 보면, 여성보다는 남성이 외부 세계와 지식을 접할 기회가 많아 남성 강족 정체성이 여성보다 강하다.

지역적으로 보면, 북천강족은 도시와 농촌 할 것 없이 다른 지역보다 자기 민족에 대한 더 강한 민족 정체성을 갖고 있다. 그 이유를 살펴보면 우선 북천강족은 다른 지역의 강족보다 한족 문화의 영향을 깊이 받아서 한문 지식을 비교적 쉽게 배우고 받아들였으며, 한문으로 전파되는 민족 지식을 접하기도 쉬웠기 때문이다.

다음으로 그들은 한문을 배우며 과거 그 지역에 청편강족, 백초강족 등 토착민들이 있었으나 명나라 장군 하경何卿[24]의 잔혹한 진압과 민족 차별 등으로 인해 화를 모면하고자 주민들이 자신을 한족이라 칭하게 된 사실을 알게 되었고, 이 같은 가슴 아픈 역사로 인하여 이들은 되찾은 소수민족의 신분을 더욱 소중히 여기게 되었다.[25]

마지막으로, 북천 그리고 강족이 절대 다수가 거주하는 아파주는 서로 다른 수계水系에 속하는데, 한족 문화를 깊게 받아들이는 과정에서 북천의

---

24  [역자주] 何卿(?~1555)은 명나라 때 성도위(成都衛, 오늘날의 성도시) 출신으로 경위 지휘첨사(京衛指揮僉事)를 지낸 무인이다.
25  우리는 상당수 북천강족의 부계 가족 또는 부모가 본래 한족이었다는 점은 부정할 수 없다. 그러나 그들에게 이런 '비극적 역사'는 여전히 매우 중요한 과거이다.

본토 문화는 많이 사라졌다. 따라서 북천 사람들은 강족의 경계선에 놓여 있다고 볼 수 있다. 경계라는 위치적 특성과 정체성 위기로 인하여 북천강 족은 강족으로서의 정체성을 더욱 강조할 필요가 있었던 것이다.

앞선 구술 기록 및 문헌을 통하여 이러한 강족의 정체성은 1950년대 이후에 점차적으로 형성되었다는 사실을 알 수 있다. 현지에서는 자신을 강족으로 등록하길 원하고, 심지어 강족이 되기 위해 노력하는 사람이 많았다. 이는 사회주의 중국이 민족 차별을 없애기 위해 노력하고, 경제, 교육 등 다양한 분야에서 소수민족 우대 정책을 실시하고, 민족지역 자치를 시행하여 차차 공직 일자리를 많이 만들어낸 결과이다. 강족이 된 후 민족의 역사와 문화에 고무되어 다른 민족과의 왕래가 빈번해지면서 1980년대 이래 강력한 강족의 민족 정서와 정체성 의식이 높아졌다. 현재 자기를 강족이라 자칭하는 사람들은 소수민족을 위한 대우와 자원을 누리고, 위대하고 자랑스러운 민족 집단에 속하고 싶어서일 것이다. 그들은 강족의 이 같은 특성을 보통 강족과 가까운 다른 민족 사이의 차이를 통하여 표현해낸다.

### 강족과 티베트족·이족·회족·한족 간 구분

모든 민족과 종족이 그러하듯 강족의 정체성도 보통 '종족경계族群邊緣'를 통해 묘사되고 부각하였다. 종족경계는 사람들이 인위적으로 보여주는 문화적 특징에서 드러나며, 주관적으로 '타민족'을 묘사하거나 타민족과 자기 민족을 구분 짓는 생각에서 나타나기도 한다. 민족 구분 및 식별 이후 강족이라 불리는 사람들은 점차적으로 어느 지방 사람들이 강족인지, 인근의 어느 지방 사람들이 다른 민족티베트족, 한족, 회족, 이족 등인지 알게 되었다. 이런 외부 민족이 '강족'의 경계를 만들었다.

사실상 강족에게 타민족, 특히 티베트족과 한족은 모두 완전히 새로운 개념이 아니다. 과거 사용하던 '적부', '식별', '비아費兒', '오랑캐' 등의 단어들이 '티베트족'으로, '이'가 '한족'으로 바뀌었을 뿐이다. 따라서 이들에게 티베트족은 생활 여건이 열악하고 남의 것을 강탈하길 좋아하면서도 위생엔 신경을 쓰지 않는 상류지역의 사람들이고, 한족은 좋은 땅에 자리 잡고 살며 교활하고 문명이 다소 발달한 하류지역 사람들인 셈이다. 달라진 점이라고는 '강족'이마의 범위가 확대되고 확립되면서 '티베트족'과 '한족'이 구분 지은 '강족'의 경계가 더 넓어졌다는 것뿐이다.

강족은 인근의 한족, 회족, 티베트족에 대한 자신들의 견해를 자주 드러낸다. 이곳은 당시의 상황과 사람들의 역사적 기억에 따라 결정되기 때문에 논란의 여지가 있다. 마을 주민들 중에는 자기 민족이 티베트족과는 가깝고, 한족과는 소원하다고 생각하는 사람이 많다. 북천 청편향 상오채의 노인이 다음과 같이 말한 것처럼 말이다.

외지 사람은 '이'고 우리는 '막아'야. 한인과 티베트족은 한마디로 양과 개가 한 편이 될 수 없는 것과 같아. '이'는 교활하지만, '막아'는 성격이 솔직하지. 송반 사람이나 흑수 사람과 이야기를 나누면 친근한 느낌이 든다네.

이 노인은 인터뷰에서 줄곧 자신을 '티베트족'이라고 했는데, '야만인'이라고 욕을 먹었던 사람들이 모두 '티베트족'이어서 자신도 티베트족이라는 것이다. 나중에 지방 민족 간부의 설명과 도움을 받고 나서야 자신을 강족으로 등록하였다. 과거 상오채인은 하류지역 '한족'으로부터 온갖 무시를 당했기 때문에 그가 티베트족을 더 친숙하게 느끼는 것도 자연스러운 일이다.

리현 설성 수당水塘촌의 강족 역시 티베트인과 강족은 비교적 친근한 사이라고 생각하였다. 그는 이렇게 말하였다.

강족 관료들이 한족 관료들과 싸움이 붙었지만 패배하였고, 문자도 모두 불살라졌어요. 강공으로 밀어 붙였지만 계획이 없었죠. 그들은 금괴, 관인, 은 같은 것들을 절벽에 걸어놓고선 예전에 우리도 부유했고 우리만의 인장이 있었다는 것을 기념했어요. 강족은 초원에서 도망쳐왔고, 그중 몇 명이 이곳에 정착했어요. 강족과 티베트족은 서로 마주 보고 있었고, 한족에 대해서는 등지고 있었어요. 그래서 티베트족은 강족과 잘 지냈죠.

설성 수당촌 강족이 사는 골짜기의 상류 안쪽은 바로 가융 티베트족 마을이다. 이 지역 강족과 티베트족은 모두 상대의 언어를 어느 정도 구사할 수 있는데, 이는 강족과 티베트족이 "마주 보고 있다"고 여기게 되는 원인들 중 하나이다.

일부 강족인들이 티베트족을 가깝게 여기는 이유는 한족과 비교했을 때, 티베트족과 강족 모두 어리석고 솔직하며 낙후된 '민족'이기 때문이다. 그러나 반대로 티베트족, 이족과 비교하면 강족은 진보적이고 비교적 총명한 민족이라고 생각하는 강족도 많다. 이런 각도에서 그들은 강족과 한족이 비교적 가까우며 티베트족, 이족과는 거리가 멀다고 생각한다. 아래 무현 아도雅都 사람의 말처럼 이러한 진보와 낙후의 관념은 주관적으로 생각하는 '위생' 수준에서 가장 두드러지게 나타난다. 무현 아도 사람은 이렇게 말한다.

강족은 한족과 가까웠어요. 이족보다 우리가 더 발전한 이유죠. 위생적으로 봐도 우리가 더 청결하고 앞서 있었어요. 티베트인들이 먹는 것은 위생적이지 않죠. 이족은 한족과 가깝지 않으니 발전이 힘들 수밖에요……

강족인은 때에 따라 강족이 티베트족과 가깝다고 느끼기도 하고 한족과 가깝다고 느끼기도 한다. 이는 그들의 강족, 티베트족, 한족 등 민족 개념과 구분이 과거의 '이마', '적부', '이' 등의 집단 구분 개념과 유사하다는 것을 보여준다. 스스로를 '이마'라 칭하던 시절, 그들도 자신이 '적부', '이'의 특징을 일부 갖고 있어서 타 지역 사람들이 이들을 '적부', '야만인', '이'라 부른다는 사실을 알고 있었다. 이로 인해 강족의 정체성과 구분이 한족과 티베트족 사이에 놓이게 되었다. 한편, 그들은 강족과 회족 사이에는 문화 습속상 아무런 공통점이 없다고 생각한다.

'공통의 기원'을 따질 때, 강족 마을 주민 대다수가 티베트족, 이족을 가깝게 여긴다. 현재 주류 역사와 민족 지식을 기반으로 살펴보면, 티베트족, 이족, 강족이 모두 고대 강족의 후예로 보인다. 따라서 자기 민족을 역사 속의 '광대한 강족'의 기원이자 핵심으로 보고, 티베트족과 이족을 고대 강족의 한 지류의 후예支裔이자 주변 민족으로 바라봄으로써 그들의 자기민족 중심주의ethnocentrism를 여실히 드러낸다. 이런 주류와 지류의 구분 역시 강족이 여타 민족보다 우월하다는 생각을 반영한다. 프랑스 인류학자 루이 뒤몽Louis Dumont은 인도의 카스트제도를 연구하면서 포함자와 피포함자전체와 부분의 관계가 형성한 집단의 위계hierarchy현상[26]을 지적한 바 있다.

---

26  Louis Dumont, *Homo Hierarcbicus : The Caste System and Its Implication*, complete revised English edition, Chicago : The University of Chicago Press, 1980, pp.239~245.

'역사지식' 역시 강족과 한족이 고대 화하문명의 일부분이므로 밀접한 관계를 갖는다고 그들에게 말한다. 이와 관련해 북천 강족의 지식인은 다음과 같이 말한다.

이족彝族은 강족의 후손이고, 티베트족도 강족의 후손입니다. 강족은 가장 오래된 민족으로 과거에는 강대했으나 후에 열 몇 개의 민족들로 갈라졌어요. 운남의 백족白族, 보미普米, 납서納西, 경파景頗, 요족傜族 모두 강족과 조상이 같습니다. 화하족의 화는 한漢을, 하는 강羌을 뜻합니다. 이건 역사학자가 연구한 것인데 화하는 한족과 강족이죠.

따라서 마찬가지로 '역사'로 인해 강족은 한족, 티베트족과 이족 사이에서 왔다갔다 하였고, 자기 민족과 한족이 깊은 역사적 연원을 가지고 있으며, 본래 자신이 티베트족, 이족과 같은 민족이라고 여기게 되었다. 다른 한편에선 '역사'는 강족과 기타 민족 간에 구분을 짓게도 한다. 소수민족과 중화민족에서 차지하는 인구와 지역이 매우 적은 강족에게 있어 유구하고 위대한 '역사'는 자기 민족의 정체성을 확인하고 다른 민족과 구분 짓는 중요한 사회적 기억이다.

한편, 강족은 그들과 회족 사이엔 그 어떤 공통의 역사적 기원도 없다고 생각한다.

## '이마', 한족과 중화민족

강족은 자신들이 티베트족 및 이족과는 가깝지만 한족과는 거리가 있다고 여긴다. 현재 중국의 민족정책과 민족정치에서 한족은 소수민족과 같지 않은 지위를 누리고 있기 때문이기도 하다. 현재 현지의 강족과 티베트족 민중들은 '한족'과 구별하기 위하여 '민족'이라는 단어로 모든 소수민족을 칭하고 있다. 따라서 지금까지도 일부 마을에서는 '이마'를 넓은 의미로 모든 '민족'을 가리키는 것이라고 본다.

송반 소성구에 사는 한 강족 노인이 나에게 해준 이야기가 있다. 한인과 '민족'이 세력 범위를 나누기 위하여 각자 자신들이 차지한 토지에 표시를 남겼는데, '민족'은 풀을 묶어 표시하였고 한족은 바위에 글자를 새겨서 표시하였다. 나중에 한족이 불을 질러서 '민족'이 해놓은 표시는 다 타버리고 돌에 새긴 글자만 남게 되어 좋은 땅은 모두 한족 차지가 되었다고 한다. 이 노인은 또 이렇게 말한다.

민족은 모두 산골짜기로 들어갔고, 평파平壩는 한족이 차지하였지. 나무들이 병드는 것을 본 한족은 이상하다고 여기며 교활하게도 결국 바위 위에 글씨를 새겨 표시하였어. 한족은 이렇게 세력이 양분되는 것을 보니 불을 지를 수밖에 없다고 판단하였지. 방화 후 민족 세력이 다 타버렸고 증거는 없었어. 한족은 이곳이 이제 우리 땅이고 우리가 쓴 글자만 남았다고 주장하였네. 한족은 평파를 차지했고, 민족은 고산으로 갔어. 여기서 민족은 강족을 말하는데 강족뿐만 아니라 모든 민족을 말하는 것이기도 하지. 강족 말로 하면 민족은 '일맥'이라고도 하는데, '일맥'은 모든 민족을 다 포함하는 개념이라네. 회족은 '일맥'이 아니지만 티베트족과 이족은 모두 '일맥'인 것이지.

여기서 그 당시 '일맥'이마은 '민족'소수민족, 다시 말해 '산에서 사는 사람'
이었다. 회족은 도시나 시가지에 거주하였기 때문에 '민족'의 범주에 포함
되지 않는다고 위 노인은 말하였다. 소성구에 사는 이 노인은 문자가 있었
던 한족과는 달리 '민족'은 문자가 없었는데, 원주민에게 있어서 이 점이
'민족'과 한족의 중요한 차이였으며, '민족'이 약세였던 이유라고 말하였
다. 서남부 지역의 다른 많은 소수민족들 중에도 비슷한 이야기가 있다.

무현 아도는 흑수와 가장 가까운 강족의 행정단위인 향鄉이다. 아도에
사는 한 노인은 '이매'를 한족이 아닌 모든 현지인을 다 포함하는 개념으
로 기억하고 있었다. 그는 나에게 이렇게 말하였다.

'이매'는 광범위한 개념이었네. 강족도 티베트족도 다'이매'였지.'이매'는
민족이었지만 한족은'이'였어. 이족彝族이 우리말을 못하였다면 그들은 '이매'
가 아니었겠지. 소수민족이긴 하였지만 흑수도 '이매'였어. 사토四土 사람은
적부였는데 그들이 하는 말은 알아들을 수 없어. 초지草地인들은 식별이었지.
북천 사람들은 우리가 보통 '이'라고 불렀고 한족이야.'이매'에서도 '식별'과
우리로 나눌 수 있지. 적불소지역 사람들도 '이매'라고 불러. 강족은 해방 이
후 글을 공부하여서 처음 알게 되었는데 그전에는 한족이 아니면 다 '이매'라
고 하였지.

한번은 송반 소성구의 한 젊은이가 나에게 책에서 대만도 '일맥'에 속한
다는 구절을 보았다고 말하였는데, 그가 가리키는 것은 대만 원주민이다.

그에게 '일맥'은 소수민족이나 산에 사는 사람을 일컫는 말로 알고 있었는데 그 범위가 중국 본토지역을 넘어서는 줄은 몰랐다고 하였다. '이마'라는 개념은 중국 본토의 모든 소수민족, 혹은 전 세계에서 산에 사는 모든 사람까지로 확대하고 있다. 외진 지역에 있는 강족 사람들만이 이러한 관념이 있었다. 위에서 언급한 송반 소성구와 무현 아도는 강족지역 중에서도 가장 소외되고 외진 곳이다.

마지막으로 더 높은 차원에서 봤을 때, 강족은 스스로가 '중국인'이나 '중화민족'의 일부라는 자부심이 있었다. 특히 시·읍과 시가지에서부터 마을까지 여러 매체들이 보급되자 강족인들은 텔레비전 앞에 모여서 중국 선수가 올림픽 경기에서 뛰는 것을 보며 이야기하거나, 화당火塘[27]에 둘러앉아 미국의 아들 부시 대통령이나 대만의 이등휘李登輝 총통을 비판하기도 하였다. 이러한 사회적 기억을 바탕으로 강족인들은 '중화민족'이나 '중국인'이라는 정체성이 강해졌다. 도시에 사는 강족 지식인들이 특히 더 그랬다. 강족이 역사적으로 중화민족의 옛 화하華夏로 이루어졌고, 문화적으로는 중국 전통문화를 잘 보존하고 있는 소수민족이라는 사실에 자부심을 느끼고 있었다. 황룡黃龍, 구채구의 관광사업이 외국인 관광객을 많이 불러왔고, 텔레비전 덕분에 중국 밖 세상을 접하게 되면서, 또 최근 수 년 사이 중국의 미국, 대만에 대한 적의가 매체를 통해 전파되기 때문에 강족민중의 중화민족 혹은 중국인으로서의 정체의식이 더욱 강화되는 추세에 있다.

지금까지 가정, 가족, 마을, 다양한 계층의 '이마', 그리고 중화민족으로 구성된 현지 종족의 정체성과 구분 체계에 대해 살펴보았다. 사실 이러한

---

27  [역자주] 방바닥을 파서 둘레를 벽돌로 쌓고 그 안에다가 불을 피워 따뜻하게 하는 화덕 같은 구덩이를 말한다.

체계는 정태적인 것이 아니라 시대에 따라 변화한다. 예를 들면, 과거 '소머리'와 '양머리'의 정체성을 구분하던 개념은 오늘날 대부분의 강족 사이에서 이미 완전히 사라졌다. 50년 전에는 지금의 강족, 중화민족 등등 여러 민족들을 구분하는 개념이 없거나 드물었다. 본서의 뒷부분에서 나는 강족의 정체성 형성 과정 및 관련 '역사'와 문화 구축에 대해 살펴볼 것인데 내가 '민족화' 과정이라고 하는 것이다.

이번 장에서 우리는 현지인이 '민족화'를 거쳐 강족이 되기 이전에 이곳의 종족 정체성에서 가장 두드러지는 현상이 바로 고립된 지역적 '이마'의 정체성과 그에 상응하는 '서로 욕하는' 족군 체계임을 알 수 있었다. 이 같은 종족 현상은 종족 이론 연구에서나 '한족화' 문제 연구에서 상당히 중요하다.


## '서로 욕하는 족군族群' 체계

인류학의 종족 현상 연구에서 학자들은 정체성의 동심원적 정체성 구조를 들어 '상황에 따른 종족 정체성situational ethnicity'을 설명하였다. 동심원 구조는 강족의 가정부터 '이마'까지 모든 차원에서 나타나는 정체성 체계이다. 그 핵심은 '자아', 혹은 자신이 속한 가장 작은 단위인 가정이다. 그 바깥으로는 친밀도에 따라 본인의 가족 및 친지, 같은 마을 사람, 같은 촌채 사람, 같은 골짜기 사람, '이마' 등이 겹겹이 둘러싸고 있다.

그러나 강족의 예시를 보면, 어떤 상황에서는 동심원의 가장 바깥쪽 경계, 즉 '종족'의 경계가 모호하고 불확실하다는 것을 알 수 있다. 방법을 조금 바꿔서 말해도 된다. 인류학자들은 '종족 자칭'이 종족 정체성과 종족의 경계를 나타내는 가장 효과적인 방법이라며, 같은 이름을 가지면 같은 종족으로 인식하고, 다른 이름을 가진 집단과 구분하는 데 쓰인다고 하였다.[28] 이것은 대체적으로는 맞는 말이지만 강족의 예시를 보면, 과거 '이마'를 좁은 의미로 봤을 때는 이웃하고 있는 '다른 종족 사람'이 자신들을 어떻게 부르는지 신경 쓰지 않았다. 혹은 자신의 종족과 이웃 종족이 미묘한 차이가 있다는 사실을 일부러 더 강조하였다.

좁은 의미의 '이마' 관념으로 보면, 상류지역 마을 주민은 모두 '적부'나 '비아' 같은 오랑캐이며, 하류지역 주민들은 모두 한족인 '이'이다. 그래서 전체적으로 보면 모든 골짜기에 사는 주민은 세 종류의 신분으로 분류할 수 있다. 스스로 부르는 '이마', 상류지역 주민들이 부르는 '한족', 하류지역 사람들이 말하는 '오랑캐' 등이 있다. 전체 지역으로 보면 우리가 볼 수 있는 것이 '서로 욕하는' 족군 구조다. 외부인의 관점에서 마을 주민이라는 '집단'은 모두 경제 및 생산 활동, 취락 형식, 종교·신앙, 풍속 습관 등 각 분야에서 상당히 비슷하다. 따라서 이들이 상호 정체성을 기반으로 한 '민족'이 되지 못한 이유는 흥미로우면서도 연구할만한 가치가 있는 문제이다.

우선, 상호 간에 비슷한 점은 많지만, 상류지역 주민을 '야만인', 하류지역 주민을 '한족'이라고 생각하고 있다. 이는 그들이 객관적인 근거 없이 주관적으로 하는 상상이 아니다. 사실 '집단'과 '집단' 간에는 분명한 차이들이 있다. 이는 주로 서방과 북방지역의 티베트불교 및 동방과 남방지역의 한족 문화의 영향으로 비롯된 것이다. 잠시 '한족화'와 '티베트화'라는 단어로 이 두 문화의 경향을 설명해 보겠다. 강족지역 전체에서 '티베트

---

28 Michael Moerman, "Ethnic Identification in A Complex Civilization : Who are the Lue?", *American Anthropologist* 67, 1965, pp.1215~1218.

화'는 서쪽 끝 지역과 북부지역에 가장 깊은 영향을 주었고, 여기에서 동남부지역으로 전파되었다. '한족화'의 영향이 가장 강한 쪽은 남부와 동부지역이고, 여기에서 서북부지역으로 전파되었다.[29]

산신 신앙을 보면 서북부 송반 소성구 근처에서 산신 보살이 티베트불교의 계층화된 보살 체계 안으로 들어갔다. 이로부터 동쪽 혹은 남쪽으로 나 있는 각 촌락에서 티베트불교의 보살이 점차 사라졌다. 사람들은 각급의 산신 보살과 '사당'의 관음, 옥황, 동악東嶽 등 한족의 천신지기神祇에게만 제사를 지냈다. 다시 더 동쪽과 남쪽으로 가면 문천, 리현 등 지역의 촌락에서 한족의 천신지기 신앙이 각급 산신을 대체하였고, 촌락마다 최대한 명의 산신에게 제사를 지냈고, 서로 다른 크기의 '사당'에 어느 정도 규모의 사람이 모였다. 가장 동쪽에 있는 북천에서는 산신신앙이 완전히 사라지고 불교와 도교의 천신지기와 사찰만 남았다.[30] 티베트불교와 관련된 '양머리'와 '소머리'의 정체성은 아파주 남부 및 동부, 북천 강족에는 나타나지 않고 북로와 서로의 강족들 사이에서 유행한 바 있다.

가족 측면에서 말하면, 동남부 촌채 주민들은 모두 한족 성을 써서 각 가족에 소속되었다. 이러한 한족 성을 가진 가족은 '향담화'로 된 가족명칭이 없었다. 서북쪽으로 가거나 깊은 산간 마을로 들어가 보면 주민들이 '본토 가족'과 '한족 성씨 가족'에 동시에 속해 있다. 한족 성도 가지고 있

---

29  여기에서 '티베트화'와 '한족화'를 따옴표 안에 넣은 것은 티베트화와 한족화가 언어, 문화, 의복으로 인해 티베트인과 한족이 되는 과정이라고 여겨지기 때문이다. 뒷부분에서 문화적으로 '한족화'된 집단이 꼭 자신을 '한족'이라고 칭하지 않거나 자신을 한족이라고 칭해도 타인에게 꼭 한족으로 인식되지는 않는다는 점을 설명할 것이다. 따라서 '티베트화'와 '한족화'는 여기에서 서로 다른 두 문화의 경향만을 가리킬 뿐이다.

30  민강 상류지역 촌채 주민들의 종교 신앙 및 지역적 특성에 관한 내용은 본서 제9장을 참고하기 바란다.

고, '향담화'로 된 성도 가지고 있었다. 가장 서북쪽에 있는 소성구에는 '본토 가족'밖에 없고 한족 성은 없었다.

촌락 사람들의 정체성을 단결시키는 '형제조상 이야기'를 보면 송반 소성구와 무현 북로, 서로의 강족들 및 흑수 티베트족 사람들이 마을의 기원인 '형제'는 이름이 없었다고 기억하거나 대부분 그 기원조차 모른다. 남쪽, 동쪽으로 가면 그곳에 있는 촌락에서는 가장 처음 나타난 조상이 모두 한족 성을 가진 '형제'였다. 북천과 같이 더 한족화된 지역에서는 많은 가족이 기억하고 있는 기원인 '형제'가 모두 천서의 숭경, 안읍에서 왔거나 더 보편적으로는 '호남 광동'이나 '호북성 마성麻城시 효감孝感'에서 왔다.

언어 사용 측면에서 보면, 흑수지역에서 강족의 언어인 '강어'를 사용하는 사람들은 현재 티베트족으로 구분되며, 그들 자체도 자신을 티베트족이라 인식하고 있다. 사실 그들 중 많은 사람들은 가융티베트어를 사용한다. 송반 소성구의 강족은 '향담화'강어 말고도 열무熱務티베트어나 송반의 안다安多티베트어도 사용한다. 이곳에서 동쪽과 남쪽으로 가면 높은 산 깊은 골짜기에 있는 강족 촌채만이 온전히 '향담화'를 사용하고, 일반적인 마을에서 사용하는 '향담화'에는 중국어들이 많이 섞여 있다. 더 한족화된 강족들 중에 주요 도로에 가까운 동로의 여러 촌채들과 북천의 강족들에서는 중국어가 일상적으로 사용하는 유일한 언어가 되었다.

이에 반해 대체로 모든 강족들이 다 중국어를 사용할 줄 알지만 적불소와 소성구 등 가장 서쪽과 북쪽에 있는 강족들은 중국어를 잘하지 못하고 사투리가 세다. 동남쪽에 있는 강족들이 사용하는 중국어는 순전히 '사천어'이다.

경제생활을 보면, 일반적으로 동남쪽으로 흐르는 하류지역이 더 풍요롭고, 북쪽이나 서쪽으로 가면 갈수록 지세가 높고 한랭하여 사는 게 더욱 빈곤하다. 그래서 이 지역 사람들은 보통 상류지역 사람들이 더 가난하고 더러우며 성격이 거친 반면, 하류지역 사람들은 비교적 풍요롭지만 교활하다고 생각한다. 이에 대해 우리는 경제 인류학적 해석을 가할 수 있다. 전체 민강 상류지역의 강족, 티베트족 거주지역에서 동쪽과 남쪽으로 갈수록 한족이 주도하는 시장 경제의 영향이 더 커진다. 따라서 사회적 교환 관계에서 마을 내부에 있는 사람들은 사심이 없거나 공정하고 서로 도우려는 원칙을 바탕으로 공유 자원을 분배 및 공유한다. 이것이 인류학자들이 말하는 '일반성 상호 관계generalized reciprocity'와 '평등 호혜 관계balanced reciprocity'이다.[31]

그러나 대외 비즈니스 교환은 사적 이익의 원칙을 기반으로 최소의 비용으로 최대의 이익을 창출하려고 하므로 서로 속고 속이는 경우가 많은데, 이를 '서로 속이는 부정적 관계negative reciprocity'라고 한다. 서쪽과 북쪽으로 갈수록 마을마다 공정하고 호혜적인 원칙을 기반으로 자원을 분배하고 공유한다.

그러나 지세가 높고 음랭하며 자원이 부족하므로 대외적으로 다른 지역과는 다른 형식의 '부정적 상호관계'를 형성하는데, 이는 투자 없이 이익만 취하려고 하는 도둑질이나 강도질과 다름없다. 이 지역은 시장에서 멀고 교통이 불편하며 거래할 만한 자원이 부족하다 보니 비즈니스 거래가 활발하게 이루어지지 않는다. 거래하더라도 중국어와 거래 규칙을 잘 모르기 때문에 사기를 당하는 경우가 많다. 따라서 민강 상류지역 중 산촌지

---

31  Marshall Sahlins, *Stone Age Economics*, New York : Aldine Publishing Company, 1972, pp.193~196.

역에서는 지금까지도 상류지역 사람일수록 더 난폭하고 하류지역 사람일수록 교활하다고 여기는 사람이 많다.

위와 같은 내용을 통해 모든 강족지역의 문화 차이가 모두 '한족'과 '티베트족' 간에 연속적이고 과도기적인 변화를 통해 드러난다는 것을 알 수 있다. 이러한 현상은 현지인들이 오랫동안 '한족'과 '티베트족'이라는 서로 다른 양대 문화체계 사이에 있었기 때문에 나타난다. 주의할만한 것은 과거 민강 상류지역에서 문화상의 '한족화'와 '티베트화'는 객관적으로 존재하는 '한민족'과 '티베트민족'을 만들어내기보다는 주관적으로 인정하는 '한족'과 '야만인'을 만들어낼 뿐이다. 따라서 이 지역 사람들 눈에는 현지인들이 '한족'과 '야만인'의 범주 안에 있어서 좁은 협의로서 '이마'의 정체성을 강화하였다. '서로 욕하는' 족군 체계는 이러한 사회 문화적 배경에 뿌리를 두고 있다.

북천지역에서 '한화'는 본토의 언어, 문화와 종교를 바꿨을 뿐만 아니라 현지 마을 주민의 종족 신분 정체성에도 영향을 끼쳤다. 적어도 청 말기부터 20세기 초까지는 현지인들이 자신을 '한족'이라고 칭하였음에도 불구하고 조금도 의심할 여지가 없는 '한족'이 될 수는 없었다. 앞에서 언급하였듯 하류지역 마을 주민들은 여전히 자신을 '오랑캐'나 '숙오랑캐熟蠻子'[32]라고 칭하고 있다. 이러한 예도 조상의 근원祖源이나 종족 이름, 그리고 정체성을 바탕으로 종족의 신분을 이야기한다고 하여서 꼭 그 민족의 신분

---

32 [역자주] 상대적으로 야만의 정도가 적은 부류의 소수민족을 부르는 칭호다. 수당시대 서남 각 민족의 사회발달 정도가 달라서 대략 오만(烏蠻)과 백만(白蠻) 두 개의 그룹으로 나눠졌고, 오만은 "생번(生蕃)"이라고도 불렸는데 상대적으로 원시상태에 있고 한화의 영향을 적게 받아서 생산과 생활수준이 모두 낮았다. 백만은 "숙만(熟蠻)"이라고도 불렸는데 한화의 정도가 높아서 한어를 말하고 한자를 쓰기도 하여 이미 일부는 한인들과 다를 바 없었다.

을 확실하게 얻을 수 있는 것은 아니라는 점을 설명해준다. 족군의 구성원이 되기 위하여서는 그 족군 내부의 구성원이 기억을 잃거나 새로운 기억을 쌓음으로써 서로 인정할 필요가 있다.

과거 북천의 '한인'과 '비한인' 간 족군의 경계 역시 전통적인 화하지역의 경계와 민족화된 후 한족의 경계가 본질적으로 다르다는 것을 나타낸다. 전자는 일종의 모호한 족군 경계이며, 후자는 선명한 민족 경계이다. 과거에 모호하였던 화하지역의 경계에서 사람들은 '오랑캐'라는 단어로 같은 마을의 다른 가족이나 이웃 마을 사람들을 지칭하며 '오랑캐'의 풍속을 비웃고, 일상생활에서 자신들의 한족 문화 풍속을 실천하면서 과시하였다. 이는 한족으로서의 정체성 위기가 있는 사람이 한족 신분을 드러내고 보여주기 위한 책략인 셈이다. 이렇게 이웃한 집단들 간에 서로를 차별하고 과시하면서 '한화' 과정을 촉진시켰다.

이 같은 전통적인 '모호한 화하지역 경계'는 모든 화하지역 주변에 다 존재한다기보다 문헌 기록에 '오랑캐生番'와 '한족에 동화된 오랑캐熟番'를 구분하는 지역이 있다. 혹은 반대로 말하면, 이렇게 '한화'로 형성된 서로 욕하는 족군 현상으로 인해 중국 문헌 작성자들이 경계 지역 사람들을 '오랑캐'와 '한족에 동화된 오랑캐'로 구분하게 되었다. 따라서 이처럼 '오랑캐'와 '한족에 동화된 오랑캐'로 구분되는 지역 역시 '한화'나 한족 형성 과정에서 중요한 지역이다. '서로 비난하기'는 하지만 북천에서 '야만인'으로 불리는 사람들은 모두 자신을 '한인'이라고 칭하고, 민강 상류지역에서 '야만인'이나 '한인'으로 불리는 사람들은 모두 자신을 '이마'라고 칭한다. 그들 사이의 차이는 '화하지역 경계'에서 진행되는 한화 과정의 여러 단계에서 나타난다.

만약, 나중에 '강족화'가 진행되지 않았다면 민강 상류지역의 여러 골짜기에 사는 사람들은 1960년대 이전 북천의 촌채 촌민들처럼 자신을 스스로 '한족'이라고 칭할 것이다. 혹은 이 양자 간의 차이가 지역의 경제 및 문화생태의 차이를 반영한다면 나중에 '강족화'가 된다고 하더라도 민강 상류지역의 여러 골짜기 주민들은 여전히 각 마을마다 '이마'의 정체성을 유지하고 있었을 것이다. 역사에서 기록된 문화 생태 현상을 보면 나에게는 후자가 더 설득력이 있어 보인다. 나는 본서의 역사 편과 문화 편에서 이에 대해 설명할 수 있다.

마지막으로, 주의할 게 있다. 여러 골짜기와 마을 간의 객관적인 문화 차이가 민강 상류지역의 여러 골짜기 중에 고립된 '이마'의 정체성을 만든 주된 원인은 아니라는 점이다. 족군 현상을 연구하는 인류학자들은 일찍부터 이미 객관적인 문화 요소의 공통점 및 차이점으로 '족군'을 정의하려 하지 않았다.[33] 강족의 예가 이 관점을 뒷받침해준다. 문화적으로 분명히 공통점과 차이점이 객관적으로 존재하지만, 사람들은 "그 사람들의 언어, 체질, 문화는 우리와 비슷하다"라거나 "그 사람들의 언어, 체질, 문화는 우리와 다르다"라며 주관적으로 인식한다. 이러한 주관적인 견해와 이로 인해 생겨나는 문화 선택, 창조, 해석, 시연演이야말로 족군의 정체성과 밀접한 관련이 있다. 이에 관하여서는 '민족화'된 후의 강족 문화가 아주 좋은 예시를 제공해준다.

과거에 고립된 '이마'의 정체성 가운데 마을 사람들은 타인과 현지인 간의 사회문화즉 언어 차이에 주목하면서도 일부러 현지의 특징을 드러내 차

---

33   인류학 족군 이론의 발전에 관해서는 졸저, 『華夏邊緣－歷史記憶與族群認同』, 台北 : 允晨文化公司, 1997, 제1장 23~40쪽을 참고할 것.

이를 강조하려고 하였다. 반대로, 현재 강족의 정체성하에서 과거 서로를 야만인이나 한족으로 보았던 '이마'가 지금은 강족의 정체성을 바탕으로 일부러 '내부'의 언어 및 문화 차이를 간과하거나, 민족 정체성을 응집시키기 위하여 똑같이 '강족화'를 함께 선택하고 창조한다.

과거 민강 상류지역의 '서로 욕하는' 족군 체계는 족군의 정체성 연구에서 나에게 중요한 시사점을 던져준다. 과거 족군 연구의 중점은 각 족군 혹은 민족들 간에 벌어지는 자원의 경쟁 및 공유 관계이거나 관련 족군들 간 경계의 유지 및 변천이었다.[34] 시간이 지나면서 학자들은 족군이나 민족 정체성에서 숨겨지거나 이용된, 혹은 이동된 계층, 성별, 지역 등 집단 정체성과 그 구분에 대해 주목하기 시작하였다.[35]

어쨌든 이러한 연구에서 논의한 것은 모두 명확히 분류된 사회 집단으로 보이며, 얼마간 족군 정서와 정감을 불러일으키고 만들어내는 지역적 맥락local context을 간과하였다. 여기에서 '지역적 맥락'은 족군 구분을 만들어내는 자원 환경, 정치적 배경, 이주 및 식민 지배 등을 일컫는 것이 아니라, 위와 같은 배경이 만들어낸 개인의 일상 경험, 인간관계 내왕, 관련 행동 및 표징 등 미시적인 부분을 뜻한다.

이 같은 맥락 속에서 경계는 상당히 모호할 수 있지만, 사람들은 주변의

---

34  Fredrik Barth ed., *Ethnic Groups and Boundaries*, London : George Allen · Unwin, 1969; Leo A. Despres, *Ethnicity and Resource Competition in Plural Societies*, Paris : Mouton Publishers, 1975; John Rex, *Race Relations in Sociological Theory*, Second edition, London : Routledge & Kegan Paul, 9183; Anya Peterson Royce, *Ethnic Identity : Strategies of Diversity*, Bloomington : Indiana University Press, 1982.

35  Christopher McAll, *Class, Ethnicity, and Social Inequality*, London : McGill-Queen's University Press, 1990; Partha Chatterjee, *The Nation and Its Fragments*, Princeton : Princeton University Press, 1993.

가까운 '동포'와 '이단자'를 인식하고 구분한다. 예를 들어, 과거 여러 골짜기에서 고립된 '이마'의 경우 적대적이거나 위험한 '한족' 또는 '오랑캐'와 가까이 있었을 수도 있다. 고립된 '이마'의 정체성을 더 자세히 들여다보려면 우리는 '구조'의 차원에서 벗어나 일상생활 속에서 개인의 사랑과 미움의 감정, 그리고 이 감정을 기반으로 한 실제 행동practice, 개인의 감정과 행동이 어떻게 사회특히 정체성의 구조의 영향을 받고 동시에 사회의 정체성 구조를 어떻게 형성하고 바꾸는지 논의해볼 필요가 있다. 이것이 다음 장의 주제다.

**제4장**

# 구조 속의 정감과 행위

앞 장에서 분석한 것을 보면 청장고원青藏高原[1] 동쪽변방의 산간지역에 사는 주민들이 여러 혈연과 유사 혈연으로 이루어진 '종족'임을 알 수 있다. 가정과 가정 간, 가족과 가족 간, 마을과 마을 간, 골짜기와 골짜기 사이처럼 인류의 모든 '종족'들 간에 자원 분배가 정확히 이루어졌다. 물질적이든, 심리적이든 생계에 필요한 자원의 부족과 이로 인한 자원 분배 및 경쟁은 여러 사회 정체성과 구분의 주요 배경이다. 이러한 정체성과 구분을 바탕으로 이전 장에서 언급한 민강 상류지역의 여러 골짜기 사이에 '서로 욕하는' 족군 체계를 주목해볼 만하다. 골짜기라는 작은 세계의 사람들에게는 '이마'의 정체성이 핵심이고 상류 및 하류지역의 '야만인'과 '한족'이 자기 민족의 경계에 있었다. 이러한 현상은 민강 지류의 흑수 유역에서 가장 두드러진다.

---

1 [역자주] 이 명칭은 중국에서 칭하는 명칭인데, 청해(青海)와 티베트를 가리키는 중국어 서장(西藏)의 한 글자씩을 따서 조합한 것이다. 편의상 본서에서도 중국식의 이 명칭을 그대로 옮긴다.

이번 장에서 나는 이 같은 종족 체계에서 사람들의 정서, 애증 및 행동을 더 심층적으로 분석해 보려 한다. 우선 필히 설명해야 할 게 있다. 즉 강족의 정체성이 보편적으로 받아들여진 후에는 여러 골짜기들 간에 '서로 욕하는' 족군 체계가 기본적으로 점차 변하고 있다는 점이다. 따라서 이번 장에서 나는 20세기 초 민강 상류 사회의 상황을 주로 분석해 보겠는데, 이 시기의 문헌 자료를 인용하고 일부 마을의 노인들을 찾아가서 당시의 상황을 재구성하였다. 일부 자연 및 인류 생태계는 변하지 않았으므로 종족 체계와 관련된 일부 전설과 습속, 관념은 지금까지도 마을 사람들의 말과 행동에 남아 있다.

다음으로, 내가 이렇게 '과거'를 재구성하고자 하는 이유는 현지에서 '민족화'된 이후 종족 관계의 변화를 부각할 수 있을 뿐만 아니라 '과거'의 여러 현상들을 통해 '종족' 생활에서 인류가 느꼈던 애증, 공포, 원한, 폭력의 근원을 충실히, 그리고 명확하게 반영할 수 있기 때문이다. 이번 장에서는 '과거'와 '타자'를 분석할 뿐만 아니라 이를 바탕으로 '현재'와 '우리'를 이해해보고자 한다.


## 촌락생활 중의 '우리민족'과 '타민족'

윗 장에서 나는 마을 사람들이 보는 '이마'의 개념에 관해 서술하였다. 그들에게 '이마'는 '적부'가 아니고 '이'도 아니다. 민강 상류 마을의 기성세대가 보기에 '적부'는 생고기와 수유酥油[2]를 먹는 야만인인데, 야만적이고 말 보다는 주먹이 앞서고 라마를 모시며 중국어를 잘 구사하지 못하는 사람이다. 더욱 중요한 사실은 그들이 더럽고 성관계가 문란특히 여성들하다는 사실이다.

한편, 사람들은 '적부'가 '이'와 '이마'보다 어리석다고 여긴다. '이'는 한족이다. 마을의 한 노인은 한족이 똑똑하고, 교활하고, 심보가 나쁘고, 거저먹기를 좋아한다. 한족 여자들 역시 단정치 못하다. 그러나 전체적으로 봤을 때 한족들은 그런대로 교양이 있다고 하였다. '적부'와 '이' 사이에 끼어있는 '이마'는 자신을 성실하고 약간 어리석지만 '적부'만큼 바보 같지는 않다고 여기며, 그런대로 위생을 중요하게 생각하고 성관계도 문란하지 않는 사람인데, '향담화'도 말할 수 있고 '중국어'도 구사할 수 있다고 여겼다.

그들이 과거 '야만인'과 '한족'에 대해 가졌던 반감이나 공포는 생생한 일상 경험에서 비롯되었다. 현지 주민에 따르면, 과거1949년 전에는 치안이 아주 좋지 않았다고 한다. 경제 수준이 낮은 상류지역 마을 주민들의 인식 속에선 '적부', '비아', '박과자' 혹은 '야만인'은 항상 하류지역 마을에서 소와 양을 훔치고 심지어 공공연히 길을 막고 강도나 살인을 일삼는 사람들이었다. 1928년 중앙연구원 역사어언연구소의 여광명黎光明 선생이 천강川江에 와서 이 일대의 민속조사를 한 바 있다. 이 조사보고서에서 그는 송반의 '박과자'에 대해 생동감 있는 묘사를 하였다.

강탈하기 좋아하는 것은 박과자들이 미움을 받는 가장 큰 원인이다. 그들이 강탈하는 목표는 첫째가 당연히 한족이다. 다음은 서번西番과 잡곡雜谷 민족이

---

2    [역자주] 앞서 소개한 바 있듯이 소나 양의 젖을 국자로 저으며 부글부글 끓여서 냉각한 후 응고된 지방으로 만든 기름인데, 티베트족과 몽골족들이 주로 애용하고 있다.

다. 그러나 그들은 자기들끼리도 서로 강탈한다. 그들의 구역 내 거의 매 성년 남자는 모두 강탈을 부업으로 삼을 수 있다. 그들은 자주 땅을 팔 때, 나무를 벨 때나 혹은 사냥을 할 때는 목표물을 발견하기만 하면 본 김에 뺏으려고 한다……. 간혹 그들도 35프로가 무기를 차고 다니고 자기가 사는 곳을 떠나 타지에 가서 뺏는다……. 그러나 서번 사람들은 어떨 땐 털 적삼에 짧은 바지를 입고 박과자의 이름을 이용하여 곳곳에서 약탈행위를 하는 게 적지 않다.

한족화된 하류지역 마을 중에는 난군亂軍, 한족 토비, 비밀 결사와 결탁하였던 건달과 무뢰한이 있었다. 이들은 강둑지역을 따라 약탈을 일삼고 부녀자를 강간하였다. 청나라 말기 이래 아편을 들여와 재배하면서 치안은 더욱 안 좋아졌고, 지방정부는 질서를 유지할 힘이 없었다.[3] 골짜기 마을 주민들은 주변 시가지나 도시로 나가 장사를 하기 위해 자주 골짜기 밖으로 나갔다. 이때 하류지역 마을이나 시가지의 주민으로부터 '오랑캐'라고 욕을 먹었다. 이 지역 사람들과 거래할 때 '안에서 나온 사람'들은 사기를 당하는 경우가 많았다. 따라서 외부에서 온 한족 상인이든 이웃 마을의 '한족'이든 이들에게는 모두 교활한 사람들에 불과하였다. 그러나 자원마저 부족하였기 때문에 이 지역에서 사기, 절도, 강탈이 빈번히 일어났다.

이러한 자연, 경제, 사회 환경은 골짜기 마을 주민들이 외부세계에 대해 공포와 적의를 불러일으켰다. 외부세계에 대한 두려움과 경계심은 여러

---

3  앞에서 언급된 내용을 보면 여광명은 자신의 생명으로 이에 대한 또 다른 증인이 되었다. 1946년 그가 정화(靖化)(金川)현 현장으로 재임했을 때 현지에서 불법 점거 중인 비밀 결사단 수령 두철초(杜鐵樵)를 제거할 계획을 세웠다. 그날 밤 비밀결사단 패거리가 현 정부를 포위하였고, 여광명은 그들이 휘두른 칼에 살해되었으며 며칠 동안 시신이 방치되었던 것이다. 이 사건에 대해선 阿壩藏族羌族自治州阿壩州志編纂委員會 編, 『阿壩州志』, 成都 : 民族出版社, 1994, 2604~2605쪽을 보라.

부분에서 나타난다. 예를 들어 마을의 취락 형태를 보면 산 중턱이나 고산에 수십에서 수백 개의 석조 건물들이 가운데에 좁디좁은 통로를 두고 조밀하게 연결되어 있다. 이것이 보통 강족 마을과 이웃 마을인 티베트족 마을에서 보이는 형식이다. 마을에 있는 집 벽에는 작은 창문이 하나 있는데, 밖에서 보이는 면적은 작고 안에서 보면 크다. 이렇게 하면 방어하기 쉬우면서도 빛이 많이 들어온다. 마을에는 곧게 솟은 굴뚝처럼 생긴 30m 높이의 망루가 있는데 감시와 방어에 쓰인다. 이러한 취락과 집의 건축 형태를 보면 과거 이 지역 사람들이 자주 폭력에 노출되었다는 점을 알 수 있다. 윗 장에서 내가 인용하였던 현 강족의 인터뷰 기록에서도 과거에 폭력을 당하였던 기억과 그에 대한 사람들의 공포심을 엿볼 수 있다.

외부세계에 대한 골짜기 거주민들의 공포심과 이로 인한 고립은 여러 골짜기의 언어 및 문화적 의견 대립을 불러왔다. 이 지역에서 산을 사이에 두고 이웃한 두 골짜기의 거주민들이 사용하는 '향담화'는 서로 달랐다. 어떨 때는 같은 골짜기에서도 음산면과 양산면, 윗 골짜기와 아랫 골짜기 사람들이 쓰는 말이 정도의 차이는 있었지만 다 달랐다. 각 골짜기 및 각 촌채의 종교 · 신앙과 명절 풍습, 부녀의 의복 등도 차이가 있다. 따라서 그들은 현지에선 "3리만 가면 말이 달라지고, 5리만 가면 풍습이 달라진다"라는 말을 자주 한다. '구분distinction'은 이 지역의 중요한 사회 매커니즘이다. 그것은 문화적 특징을 기반으로 객관적으로 존재하는 현상일 뿐만 아니라 주관적으로 문화적 특징과 의식을 통해 강조된다. 촌채의 촌민들은 이러한 방식으로 "우리의 풍습이나 특징"을 드러내고 "저들의 풍습과 특징"을 비판 및 묘사함으로써 우리 종족의 정체성 및 '우리'와 '저들'의 구분을 나타낸다. '구분'은 구체적으로 관찰할 수 있는 현상이다. 예컨대 장례를 치를 때 관을 앞으로 두고 갈 것인가 뒤로 두고 갈 것인가, 혹은 특별한 새해 풍속이나 의식, 여성 의상상의 미세한 차이 등이 있다. 또한 "우리는 자주 씻는데 저들은 그렇지 않다", "저들은 옷차림에 신경 쓰지만, 먹을 때는 돼지처럼 먹는다"와 같이 주관적인 생각도 있다. 어쨌든 그들은 '우리 종족'과 '다른 종족'의 차이에 대해 자주 언급하고 이러한 차이를 의도적으로 실천하고 보여준다.

현지의 과거 종족 관계를 보면 상류지역 사람들은 '한족'으로 여겨졌다. 대다수의 '이마'는 이를 대단한 것으로 치지 않았다. 어쨌든 그들은 자신들이 중국어를 잘 구사한다는 점에 자부심이 있었고 현지 사원에서 한족의 보살을 숭배한다는 것을 알고 있었다. 반대로 청나라 말기, 혹은 더 일찍부터 현지 마을 주민들은 대부분 한족 중심주의 기반의 문화적 가치를 받아들였으므로 '야만인'이라는 인식에 상처받고 치욕스러워하였다. 그래서 상류지역 마을 사람들은 야만인이며, 도둑질과 강도질을 하는 더럽고 음란한 사람들이라고 비난하면서 자신들의 깨끗함과 순결함을 강조하였다.

더 중요한 점은 '문란하지 않은 관계'가 이 족군의 중요한 도덕적 특색으로 여겨졌다는 것이다. 그들은 남성이 이성 앞에서 상스러운 말욕설을 하거나 방귀를 뀌면 안 된다고 말하였다. 남성들끼리만 있으면 가능하나 여성과 함께 있을 경우 절대로 방귀를 뀌면 안 된다. 만약 실수로 방귀를 뀌었다면 "죽고 싶을 만큼 수치스러운 일"로 여긴다고 말한다. 더욱이 여성들은 남성들만 있는 곳에 가면 안 되며, 언행을 더 조심하고 심지어 남성을 똑바로 바라보는 것도 해선 안 되는 금기였다.

'외부인'에 대한 이 같은 관념하에서 주의할 것은 더럽고 음란하다고 여겨지는 '야만인'은 먼 곳에 있는 특정의 다른 종족만이 아니라 이웃 마을 부터 시작해서 그 밖에 있는 모든 계층에 속하는 사람까지 포함한다. '야만인'의 혈통이나 습속에 오염될 수 있는 이웃 사람이나 이웃 마을 사람, 그리고 서쪽지역의 의심할 바 없이 분명한 '야만인'인 흑수인과 '오랑캐' 중에서 가장 흉악한 '박자', 흑수지목림 일대의 소흑수인까지 포함한다. 이는 '서로 욕하는' 족군 체계에서 자연스럽게 나타나는 현상이지만 인류의 '족군 정체성' 중에 비교적 은밀한 면을 반영하는 것일 수도 있다.


## 촌락 안 이웃 사람들과 여인

'족군'의 정체성 때문에 우리는 성별, 계급, 세대, 지역 등 인류 사회의 다른 '구분'을 간과하게 된다. 하지만 이러한 사회적 정체성과 구분은 '족군'의 정체성 및 구분과 같이 얽혀 있다. '족군'의 정체성과 구분은 성별, 계급, 지역 주민의 계층 간 차별에 비유되어 '우리 종족'과 '다른 종족' 간의 우열을 가린다. '우리 종족'과 '다른 종족'을 확고히 구분 지으면서 집단 내부에서 나타나는 성별, 계급, 지역 간의 불평등도 강화하거나 은폐하였다. 우리는 이 현상을 민강 상류 사회에서 관찰할 수 있다. 과거 이 지역 마을 사회에서는 엄하게 사회계급을 구분하는 일은 없었지만, 성별이나 분야별로 가정, 가족, 마을 주민들 간의 구분은 분명하였다. 이하에서 나는 이러한 사회적 구분과 '이마' 족군 구분 간의 미묘한 관계를 설명하려고 한다.

먼저, 우리는 마을의 각 가정, 가족, 그리고 마을을 살펴보고자 한다. 이웃 마을들 간에, 또는 같은 마을의 여러 가족과 가정 간에는 갈등의 대립 관계가 있다. 골짜기 하나에서도 여러 마을 주민들의 조상이 '형제관계'였다고 하지만, 그 '형제관계'라고 하는 것은 사람들 간의 협력뿐만 아니라 경쟁과 대립까지도 내포하고 있다자세한 내용은 본서 제7장 참고할 것. 이웃 마을들 간에 목초장, 경작지, 숲이 맞물려 있어서, 또한 가까운 촌락에는 각자의 산신 보살도 있고 공동의 묘회廟會[4]나 산신 제사도 있어서, 이웃 촌채의 각 가정들 간에 혼인 관계도 있었기 때문에 세력 범위를 넓히거나 산신회나 묘회에서 세력을 과시하거나, 혹은 자녀의 결혼과 가족 분쟁 등 이유로 이웃한 마을과 갈등 및 적대 관계인 경우가 많았다. 심각한 폭력까지 발생하는 경우는 많지 않지만 더 보편적이고 다양한 문화와 생활 곳곳에서 사람들 사이에 충돌이 발생한다.

한 번은 소성구 애기촌에서 내가 2조의 친구들과 0.5km 정도 떨어진 곳에서 열리는 1조의 결혼식에 참가할 예정이었는데, 오후 두 시가 넘자 2조 친구들이 나에게 자신들은 가지 않기로 결정했다고 말하였다. 원래는 이웃 마을 친구의 결혼식을 위해 사자춤을 추려고 하였는데 상대방이 2조가 사자춤을 추면 돈 봉투를 나눠 가져야 한다며 걱정하였다. 이렇게 몹시 화가 나고 즐겁지 않은 분위기는 저녁때까지 지속되다가 나중에 자연스레 풀렸다. 저녁에 2조 친구들은 모두 이웃 마을로 가서 술을 마시고 춤을 추었다.

정체성과 구분에 대한 경험 중에 우리는 '가족', '지역', 그리고 '종족'에 대한 정체성은 확실히 구별할 수 있다. 우리는 왕 씨 가족 혹은 이 씨 가족에 속하며, 우리는 대북臺北 사람이거나 성도成都 사람이고, 우리는 '다른 성

---

4  [역자주] 廟는 불교의 절, 도교의 사원, 유교의 사당에 각기 가리키는 명칭으로 쓰이는데, 본문에서 廟會는 이와 관련 되는 행사를 총칭하는 의미다.

사람外省人'이거나 '객가인'이다. 통상 우리는 모두 친척, 동족, 이웃, 동향 등 집단 정체성과 민족 또는 종족 정체성을 혼동하지 않는다. 우리는 왕 씨 가문이나 대북 사람을 민족이라고 하지 않는다. 심지어 우리가 어떨 때 는 민족과 종족을 명확히 구분하기 때문에 '다른 성 사람을 민족'이라고 하지 않는 것이다. 그러나 많은 강족 마을 주민의 관념은 그렇지 않다. 예 를 들어보자. 먼저 나는 무현 흑호인 '흑호 5족'에 대해 앞에서 언급하였 는데, 5개 민족 중에 '애자관'은 다시 세 개의 소대로 나눠진다. 그중 두 번 째 소대에는 또 왕 씨 마을, 백석白石 마을, 스님 마을, 윗마을, 판등板凳 마을 등이 있다. 아래는 '민족'에 대한 왕 씨 마을의 한 주민이 밝힌 견해이다.

위로는 왕 씨 마을이 있는데 우리 애자관의 주요 민족이에요. 그러니까 왕 씨 마을이라는 이름 자체가 애자관에서 따온 거예요. 옛날에는 단공端公마을, 스님마을, 백석마을이었는데 애자관을 일컬어 왕 씨 마을이라고 하는 거죠. 왕 씨 마을의 이 일족은 원래 사람이 많았는데 원래 총 24가구가 있었죠.' 반 득갑板得甲' 12가구, '북잡北雜' 12가구였습니다. 왕 씨 마을과 가까이 있는 사 람들도 다 왕 씨였어요. 그들은 아주 오래 전인 4, 5대 전부터 모두 하나의 민족이었죠. 하나의 씨족은 두 형제가 분가한 것과 같다고 하잖아요. 그래서 우리 민족은 애자관의 주요 민족이라고 할 수 있어요……. 여기에 12가구, 저쪽에 12가구가 있었는데 하나씩 병에 걸리더니 24가구가 병으로 죽고 이 제 2가구 남았어요. 저쪽에 한 가구, 우리 '반득갑' 쪽에 한 가구가 있어요. 마지막으로 남은 이 두 가구는 형편이 어려운 편이에요. 우리는 한 가구가 남 았는데 저쪽은 독자 한 명뿐이에요. 지금까지 남아 있는 저쪽 '북잡' 가구를 불러서……. 같이 살자고 했어요. 우리 민족은 애자관에서 이들이 다입니다.

이 말을 한번 잘 생각해보자. 위 언급 중에 두 가구밖에 남지 않았어도 자신을 '민족'이라고 여기거나 '애자관'의 주요 '민족'이라고 칭하는 것을 보고 의아해 할 수 있는데 흑호의 이 노인이 '한어'를 잘 구사하지 못해서 그런 것이 아니다. 이 노인의 아버지 세대는 한어를 잘 구사했고, 심지어 한자로 쓰인 고문까지 읽을 수 있었다. 그렇다면 우리가 도대체 왜 '의아함'을 느끼는지 생각해봐야 한다.

사회적 환경이 다르면 인지 체계도 완전히 다를 수밖에 없으므로 다른 문화를 접할 때 이렇게 의아함을 느낄 수 있다. 우리가 처한 사회는 모든 '문명적인' 인류 사회처럼 서로 다른 이익 관계를 바탕으로 다양한 사회 정체성과 구분이 만들어진다. 마찬가지로 진실이든 허구이든 혈연관계는 집단을 응집시키는 가장 강력한 요소이다. 그러나 우리 사회에서 여러 계층으로 나뉜 집단의 혈연, 공간, 자원 공유 관계는 친척 관계의 거리와 친한 정도에서 일관된 논리가 결핍돼 있다.

'이웃'은 우리가 사는 거주공간과 가깝지만, 꼭 같은 혈연관계이거나 긴밀한 자원의 공유 및 경쟁 관계가 있을 필요가 없는 사람들을 일컫는다. '동향同鄕'은 같은 지리적 뿌리는 있지만, 혈연관계와 자원의 분배 및 공유 관계가 없는 사람을 가리킨다. 그런데도 '이웃'과 '동향' 관계는 모두 개인이나 집단의 이익을 추구하도록 강화할 수 있다. 중국 전통의 농촌사회에서 '가족' 구성원은 혈연, 거주 공간, 자원 관계가 모두 긴밀하게 이어진 사람이다.

가족을 뛰어넘는 '종족ethnic group' 혹은 '민족ethnos' 정체성 중에 우리도 광범위한 지역의 사람들이 혈연, 공간, 자원 공유 관계에서 긴밀한 관계를 형성하고 있다고 상상한다. '다른 종족'은 혈연, 공간, 자원 공유 관계에서 '우리 종족' 구성원보다 거리가 멀다. 이를 통해 종족 정체성ethnic identity과 정감이 '가정' 혹은 '가족'이 친족 집단으로서 가지는 정체성 및 정감과 유사하다는 점을 알 수 있다. 또한 일반적으로 '우리 민족 사람'과 '이웃', '동향', '가족' 집단 간에 구분이 있는 이유가 가족 구성원이 대부분 같이 살지 않고 혼자서 자주 이동하는 사회적 환경이기 때문이라는 것임을 알 수 있다. 그러므로 '유사 혈연관계'와 '국가'가 결합하여 '국가 민족 정체성' 사회가 형성된다. 더 중요한 것은 이 사회가 문자 역사의 기억으로 다양한 정체성과 구분을 부각시킨다는 점이다.

그런데 과거 민강 상류지역 깊은 골짜기의 많은 촌채사회에서 남성들은 한 촌채에서 나고 자랐으며 촌채를 떠나는 일은 거의 없었다. 현지인의 유래에 관해 설명하는 '형제조상 이야기'도 모든 이주를 '잊어버리는' 경향이 있었다. 촌채에서 혈연관계가 끈끈한 가정이나 가족 구성원은 주거지도 비교적 가까웠다. 그들은 특정 가족의 산림자원을 공유하고 있었으므로 밀접한 자원의 경쟁 및 공유 관계도 형성하고 있었다. 한 단계 더 올라가서 같은 마을 사람들은 주거공간상 혈연관계가 가족 구성원보다 멀었다.

자원의 분배나 공유 관계에서도 마찬가지였다. 다시 한 단계 더 올라가면, 같은 골짜기에 사는 '이마'의 여러 촌채 촌민들도 서로 혈연, 공간, 자원을 공유하는 관계라고 보고는 있었지만 같은 골짜기에 사는 사람들과의 관계는 촌채 내 여러 집단들 간의 관계보다는 소원했다. 즉, 가정, 가족, 마을 사람과 이마는 모두 동일한 혈연, 지연, 자원 공유의 차원에서는 혈연관계가 더 가까울수록 공간적 거리도 가깝고 자원의 경쟁 및 공유 관계 역시 더 가까웠다. 그러므로 그들이 중국어에서 '족族'이나 '민족'과 같이 '같은 조상을 가진 집단'이라는 뜻을 가진 명사를 배울 때는 가족, 마을, 이마,

그리고 중화민족 등 모든 집단을 지칭하는 데 사용한다.

　동일한 원인으로 그들이 자주 구조적인 '형제조상 설화'로 가족에서 민족까지 서로 다른 계층의 '족군'의 유래를 설명하는 것도 이 때문이다. 왜냐하면 '족族'의 개념이 '이마'에서 '가족'까지 그 연장선에 있으므로 '서로 욕하는' 족군 체계는 서로 다른 '이마' 사이에서뿐만 아니라 '이마' 안에서도 존재하기 때문이다. 이러한 정체성과 구분 체계에서 이른바 '외족인外族人'은 수십 미터 떨어진 이웃이 될 수도 있다. 그러나 그렇다고 해서 이것이 '문명사회의 사람'보다 더 이웃을 적대시한다는 뜻은 아니다. 또한 우리는 누구든 '친근한 외부인'에 대해 어느 정도 적의를 가지고 있기 때문이다.

　성별구분과 족군 구분 간의 관계에 대해 보자. 마을 주민들이 바라보는 '오랑캐'에 대해 앞에서 다뤘을 때 나는 이곳 사람들이 '오랑캐'는 더럽고 성적으로도 문란한 사람들이지만, '이마'는 순수한 사람들로 여긴다고 말한 바 있다. 이러한 관념은 마을 남성들이 '여성'을 바라보는 부정적인 은유에 영향을 미쳐서 나타난다.

　민강 상류지역 촌채의 가정과 가족은 남성을 핵심 주체로 한 '족군'이다. 이러한 '족군'은 '타자' 사이에 고립된 집단이다. 구성원들은 서로 같은 뿌리혈연를 가졌다고 믿고 같은 문중끼리 내적으로 통혼하지 않는다는 원칙을 지킨다. 따라서 외부에서 시집왔든 외부로 시집을 가든, 여성들은 어떤 의미에서 '외부인'이라고 여겨진다. 이 지역에서는 여성 쪽이 경제적으로 여유로운 하류지역 촌채나 골짜기로 시집가는 경우가 유행하였다. 동시에 이것은 혹시나 '오랑캐의 뿌리를 가진' 곳으로 '하가下嫁'[5] 하는 걸 막기 위함이기도 하였다.

그래서 '외지'뿐만 아니라 상류지역이나 경제적으로 여유가 없는 가까운 촌채에서 온 여성들이 많았다. 그들은 주관적으로 상류지역일수록 야만적이고 위생상 깨끗하지 않다고 여기기 때문에 외지에서 오거나 특히 상류지역이나 경제 수준이 낮은 이웃 마을에서 시집온 여성들은 모두 '오랑캐'의 혈통과 풍습에 오염되었다고 여겨졌다. 따라서 고립된 촌채의 집단 정체성 속에서 여성들이 불결한 존재로 받아들여진 것이다. 현지인들이 남을 욕하는 속어 중에 "야만인 어미, 한족 아비"라는 말이 있는데, 위와 같은 혼인 모델과 외부에서 시집온 여성에 대한 주관적인 우려와 의심을 반영하고 있다.

'우리 종족'가족, 촌채 혹은 골짜기 종족 정체성 때문에 여인들은 '우리 종족'의 혈통이 '오랑캐'에게 오염되는 속죄양이 되진 않을까 두려워하였다. 민강 상류지역과 이웃 지역 촌채에서 부녀들은 불결과 악마의 상징으로 여겨졌다.[6] 북천의 한 강족 사람은 다음과 같이 말하였다.

1950년대 이전, 1950년대 초기까지 우리 지역에는 흰 것은 선이고 검은 것은 악이며, 붉은 것은 기쁜 것, 파란 것은 하늘이라는 믿음이 있었어요. 남

---

5  [역자주] 자신보다 신분이 낮은 남자에게 시집가는 것을 말한다.
6  사람들이 여성을 '불결'하다고 여긴 이유는 다양하며, 지역마다 그 해석이 다르다. 예를 들어 도시와 가깝고 한화된 지역에서 여성의 불결함은 출산 및 월경과 관련이 있다. 일상 생활과 제사 의식에서 여성의 금기는 천서지역 한족의 풍습과 큰 차이가 없다. 여러 연구에 따르면, 부계 가족에서 외지인인 여성은 잠재적인 파괴자라는 인식이 있으며, 한족 사회에서의 여성은 불결, 오염, 망령과 관련이 있다. Emily M. Ahern, "The Power and Pollution of Chinese Women", in Margery Wolf and Roxane Witke eds., *Women in Chinese Society*, Stanford : Stanford University Press, 1975, pp.269~291; Robert P. Weller, "Bandits, Beggars, and Ghosts : The Failure of State Control Over Religious Interpretation in Taiwan", *American Ethmologist* 112, 1985, pp.46~61.

자들은 흰 모자를 쓸 수 있었지만, 여자들은 검은색 모자밖에 못 썼어요. 여자들은 악마에서 전래된 것이라는 거죠.

민강 상류에서는 신명神明이 '오염'될까봐 여성들은 숲의 신에게 제사지내는 의식이나 산신에 제사 지내는 제신祭山 의식에 참여할 수 없었다. 강족지역에서 유행하던 신화에서도 해자海子, 높은 산의 호수 연못湖池이 이동한 이유를 어떤 여성에게 오염되었기 때문이라고 하기도 하였다. 여자가 사용하는 자수 허리띠는 여인들 몸의 독과 마를 없애는 신성한 물건이었다. 가정, 가족, 마을에서는 외지에서 시집온 여성들을 혈통과 풍습을 오염시키는 존재로 여겼다. 그래서 혼사 얘기를 하는 과정에서 상대의 '혈통이 좋은지'는 남녀 모두 가장 신경 쓰는 부분이었다. 그런데 자신의 혈통이 좋다고 떠드는 사람은 주로 양측의 '외숙부'들이었다. 소흑수 지목림의 한 노인이 예전에 혼사를 논할 때 외숙부가 맡은 역할과 해야 할 말에 관해 나에게 말한 바 있다. 그는 이렇게 말하였다.

결혼할 때는 주로 외숙부가 제일 많은 것을 가져온다네. 그는 발언권도 제일 많아. 다른 사람은 말할 권한도 없어. 만약 내가 외숙부처럼 집안의 실세인데 찾아온 사람의 태도가 좋지 않으면 화를 내겠지. 외숙부가 화를 내면 무슨 일이든 제대로 처리하지 못하고 싸움만 했을 게 분명하니까. 위로 가면 나는 '식별'초원의 티베트족의 후손도 아니고, '식별'의 느낌도 없어. 아래로 가도 한족은 아니지. 나는 '이륵멸爾勒滅'이고, 신주장神龕의 이름, 그 후손이라네. 아래에 있는 성도成都 황제의 장부에는 내 이름이 있고, 위로 가서 '식별' 초원의 우두머리 쪽에도 내 이름이 있어……. 외숙부는 또 자기가 얼마나 부유한지

자랑해댔어. 기르는 돼지는 콩팥腎臟도 안 보일 정도로 기름져 있고, 농작물 뒤에 있는 돌 말뚝도 안 보일 정도라더군. 답례하지 않는 자는 개에 불과하고, 대답하지 않는 자는 벙어리이니 오늘은 내가 한마디 해야겠네. 이렇게 무게를 잡고 말을 하더라고.

흑수 와발량자瓦鉢梁子의 한 노인도 현지에서 혼사를 논할 때 '혈통'을 중시한다고 말하였다.

일반적으로 약혼할 때 남자 쪽 사람이 여자 쪽으로 와서 양가가 만나저자주 - 잡답하거나 자랑하려는 의도 우리 혈통이 좋다며 못 믿겠으면 마을에 가서 물어봐도 된다고 했을 걸세. 지금도 마찬가지지. 혈통이 좋다는 것은 말 그대로 순수 현지인이라는 거야. 전에는 사람들을 돕고 집집마다 찾아다니며저자주 : 처가살이 하는 사람 남에게 빌어먹는저자주 - 거지 사람이 나쁜 거였지. 이 늙은이는 이렇게 말하는 게 좋다네. 외부에서 들어와 정착한 사람도 별로였어. 독약이 있는 현지의 '덕식 있는 사람'도 그렇고, 독을 넣는 사람과 독약고양이는 같은 개념이었어. 마주치면 밥 먹었냐고 자기도 달라고 했어.저자주 - 봉변당한다는 의미 이런 집안에서는 여자들이 필요 없으니 멀리 시집을 가는 거야.

'외숙부'가 자기 집안의 "혈통이 좋다"고 허풍을 떠는 모습에서 가족 혈통의 순정성에 대한 가장 큰 위협은 주로 외부에서 시집오는 여성들어머니, 아내와 며느리로부터 비롯된다고 생각한다는 사실을 알 수 있다. 같은 촌락에 있는 몇 개의 마을들이 '어떤 형제'의 후손인지 말할 수는 있지만, 같은 마을 사람들이어도 누구네 집안의 혈통이 더 순수하고 누구네 집에 '오랑캐'

의 혈통이 있는지는 여전히 논의의 대상이다. 결국 순수함과 불결함을 기준으로 우리 무리와 다른 무리를 구분 짓는 것이다.

이러한 사회문화 아래에서 그리고 한족이 '오랑캐의 문란한 성관계'를 무시하는 족군들 간의 차별적인 대우 속에서 여자들은 남자들이 주관적으로 만들어 놓은 '성 결벽증'과 '깨끗한 혈통'의 잠재적인 위협이 되었다. 성적으로 순결하고 윤리적이며 남녀가 유별한 것은, 넓은 의미로 봤을 때 '순결함'의 대명사가 되었다. 순결함과 불결함은 '우리'본 가족, 본 마을, 이마와 '그들'외래인, 오랑캐을 구별하는 중요한 기준이 되었다. 이를 보면 우리 무리와 다른 무리의 '순결함'과 '음란함'을 구분하는 것은 여성이 성적 순결함 혹은 불결함과 관련이 있는지 설명하는 이유가 된다. 그러나 이것이 과거 '이마' 사회만의 특이한 풍속은 아니다. 인류 사회에서는 여성이 보편적으로 소외된 위치에 있었기 때문에 족군중심주의 속에서 '여성'이 다양한 은유예컨대 약자, 더러운 자, 아부하고 빌붙거나 남에게 의지하는 자를 통해 '다른 종족'을 나타내는 경우가 많았다.

인류 사회에서 '구분'은 이뿐만이 아니다. 모든 '개인'은 고립된 개체로서 타인과 구분되는 존재이다. 고립된 개체는 현실 사회에서 다음과 같은 의미를 지니고 있다. 우선, 모든 사람은 자신의 이익을 중시하고 자기방어적이다. 또한 자원 경쟁의 수요와 외부 세력의 침략에 대응하기 위해 개인은 타인과 함께 집단을 이루어 고립으로 인한 불이익과 공포에 대응할 필요가 있다. 따라서 개인에게 '구분'은 생물적, 심리적인 것으로 사회의 경계를 유지하기 위해 존재한다. 여러 층의 경계를 유지함으로써 병에 걸리지 않고 외부 세력의 침략을 막으며 가정, 마을, 동네가 이웃이나 적으로부터 침략당하지 않도록 할 수 있다. '구분'은 종족 내부의 '체질'을 강화하고 응집하기 위해 존재하기도 한다. 개인의 생물학적 체질의 경계를 벗어나도 사람들은 여전히 사회의 경계 안에 있는 '본 족군'이 하나의 공통된 '체질'을 가진 집단이라고 상상하고 있다. 이러한 족군의 체질에 대한 상상은 한편에선 '족군'의 의인화로 나타나기도 하고, 다른 한편에선 족군 구성원의 공통된 혈연의 상상력으로 나타나기도 한다.

사람들이 사는 자연과 사회 환경에서 예측 가능하거나 또는 예측이 불가능한 많은 재앙과 외부의 적은 이렇게 여러 층으로 되어 있는 '체질'을 침범하였다. 그러나 남성이든, 여성이든 모든 개인은 외부의 위협과 적이 어느 '경계' 밖에 있는지 이성적으로 분별할 수 있고 또 그러기를 원한다. 따라서 이웃과의 갈등과 원한은 먼 곳에 사는 '다른 민족'에게 돌아가게 된다. 같은 이유로 개인의 체질적인 부적응도 결국 그 화가 가까운 가족에게 돌아가게 된다. 모든 적의와 원한이 외부로 전가되면 '체질'의 기능을 응집시키기 위해 모든 '경계'를 강화한다.

집단을 단결시키기 위해 멀리 있는 '타자'에 대한 원한이나 외부에서 비롯된 재앙 및 적에 대한 공포는 가까운 '타자'로 전가될 수도 있다. 아니면 반대로 집단 내에서 발생한 이웃한 '타자'와의 갈등과 마찰은 멀리 있는 '타자'에 대한 증오로 바뀌기도 한다. 이처럼 이 두 경험은 서로 돕고 이끌면서 증폭된다. 내부의 원한과 시기로 인한 집단의 해산을 막기 위해 화풀이나 책망의 대상이 된 내부의 사람, 즉 이른바 '속죄양'은 집단 내에서 소수에 불과하다.

## 사회규범, 더럽혀진 땅과 속죄양

인류 집단 간에 선택받고 창조되거나 상상되는 '족군의 경계'와 이로 인해 나타나는 상호 간의 차별, 적의, 폭력은 사회과학의 많은 '종족ethnic group' 및 '민족nation' 연구의 중요한 과제이다. 국가민족과 족군 현상을 연구하는 일부 연구자들은 이미 국가 민족이나 족군 관계의 이면에 깔린 성별, 계급 및 여러 유사 혈연 집단들 간의 구분에 대해 주목한다.[7]

유럽과 미국 학계의 연구에는 독특한 전통이 있다. 소규모 사회 집단 내에서나 가까운 집단들 간의 적대적 관계와 충돌 및 '경계'와 관련된 연구이다. 1960년대에 노버트 엘리아스Norbert Elias는 벌써 보편적인 집단들 간의 대립 및 충돌 모델에 주목하였다. 이 모델에는 자신이 현지인estab-lished이라고 생각하는 집단과 자신을 외래자outsiders라 여기는 집단, 이렇게 매우 유사하거나 가까운 두 집단이 있다. 현지인은 현지 문화와 생활 풍습의 '규범norms'을 강조하면서 외지인은 이 부분이 부족하거나 이를 모방할 수 없다고 생각한다. 또한 현지인들은 외지인이 이러한 '규범'의 잠재적인 파괴자이기 때문에 음란하고 불결하다고 여긴다.[8] 엘리아스가 상대적으로 규모가 작거나 집단 간 동질성이 높은 공동체를 대상으로 이와 같은 연구를 진행했기 때문에 인류 사회의 족군 구분에 대해 독자적인 견해가 있을 수 있다.

---

7    Partha Chatterjee, *The Nation and Its Fragments : Colonial and Postcolonial Historiest*, Princeton : Princeton University Press, 1993.

8    Norbert Elias, *The Established and the Outsiders : A Sociological Enquiry into Community Problems*, London : Frank Cass · Co. Ltd., 1965; London : SAGE Publications, 1994.

이렇게 가까운 집단을 구분하는 '규범'은 인류 사회의 족군 구분에 대한 피에르 부르디외Pierre Bourdieu의 연구에서 더 심도 있게 논의되었다. 사회의 '취향'taste에 대한 그의 연구를 통해 우리는 인류 사회에서 족군의 경계를 구분하는 '규범'의 특징과 이것이 어떻게 형성되고 영향을 받았는지를 알 수 있다. 부르디외에 따르면 사회적 정체성은 '구분distinction'을 기반으로 만들어지고 생활 방식취향의 '구분'을 만들어내고 영향을 끼치며 이로 인해 한 집단이 가장 가까우면서도 가장 위협적인 다른 집단을 적대시한다고 한다.[9]

르네 지라드René Girard의 '모방 욕망mimetic desire'과 '폭력의 쌍둥이mon-strous double' 설[10]은 유사하거나 가까운 집단 간의 상호 모방과 적대적인 태도를 더 심도 있게 설명한다. 더 중요한 것은 그가 가까운 집단 내부의 갈등 관계로 인해 사회적 혼란이 발생하였을 때 한 명 혹은 소수의 사회적으로 소외된 자들이 '속죄양'이 되어 사회의 갈등을 해소하고 집단을 단결시킨다는 것이라고 지적하였다. 이것이 바로 지라드의 '속죄양 이론'이다.[11]

---

9   Pierre Bourdieu, Trans. By Richard Nice, *Distinction : A Social Critique of the Judgement of Taste*, 1979; London : Routledge & Kenan Paul, 1984.

10  mimetic desire와 monstrous double 그리고 피에르 부르디외가 칭하는 Distinction이나 노버트 엘리아스가 칭하는 현지인과 외래자에 대해 나는 중국의 예 한 가지를 들어서 설명한다. 위진남북조~당대의 중고(中古)대 이래 중국의 사대부 전통은 문인생활 품격과 문인들이 사용하는 용구에 대한 고상한 놀이를 강조한다. 이것은 송대와 그 후 신흥 상업가족들이 도시의 상층사회 안으로 들어갔기 때문이다. 그들은 호화 주택을 짓고 고아한 가구를 사들이고, 심지어 골동품과 서화 작품을 감상하면서 완전히 전통적인 사대부 생활을 모방하였는데 이것이 모방 욕망인 것이다. 사대부(구 士族)는 이러한 신흥 졸부, 외래자나 폭력의 쌍둥이에 대한 배척은 '품격'이라고 정의되는 여가 놀이에 나타난다. 그들은 저술에서 헤아리기 어려운 생활품격을 묘사하고 우스갯소리로 졸부들이 품격이 없다는 것을 조롱하거나 상인이 문인생활의 격조를 "오염시킨다"는 것을 비꼰다. 이런 식으로 문인 사대부는 다른 사회계급이 뚫고 들어오기 어려운 '주변부'를 강화한다.

이처럼 친하고 가까운 집단 내부의 충돌과 긴장 관계, 그리고 '속죄양' 현상은 사회 문화의 여러 '가족' 집단에서 드러날 수 있다. 예를 들어 오염과 여성의 사회적 역할에 대한 인류학자 메리 더글라스Mary Douglas의 연구에 따르면, 남성이 가장인 사회에서 시집간 여성은 남성의 가족 안과 바깥에 있는 '경계'를 허물었기 때문에 "오염되었다."[12]고 여겨진다. 이 또한 중국사회에서 여성이 여러 신앙 및 의식에서 '불결하다'고 여겨지며 가족 간의 분쟁이 일어났을 때 며느리가 '속죄양'이 되는 이유를 설명한다.

학자들이 연구한 위와 같은 집단의 '구분' 중 일부는 소규모 마을에서 기존의 거주민과 새로운 주민들 간의 구분이고, 일부는 같은 지역의 다양한 계층 집단들 간의 구분이며, 또 다른 일부는 가정이나 가족 내에서 중심남성과 주변여성 간의 구분이지만 가까운 집단들 간의 적대 모델은 그 의미가 확장되어 집단 간의 인종이나 종족 관계에서 나타난다. 나는 종족이나 민족 현상을 연구하는 학자에게는 이러한 유형의 연구가 참고할만한 가치가 있다고 생각한다. 반대로 종족 연구자들에게는 종족 간 갈등과 대립에 관한 연구 성과와 가까운 사회 집단 간의 구분 문제를 연구하는 데 상당히 도움이 된다.

예를 들어서 지금까지 내가 설명한, 촌채의 주민들에게 있어 '족' 혹은 '민족' 개념과 '외부 민족' 간의 구분에 따르면, '이민족'은 멀리 있는 특정 집단에 그치는 것이 아니라 이웃 가족, 촌채로부터 외부로 확장되고 계층끼리 서로 연결된 집단까지 포함한다. 이 역시 이웃이나 가까운 집단에 대

---

11  René Girard, Trans. By Patrick Gregory, *Violence and the Sacred*, Baltimore : The Johns Hopkins University Press, 1977.

12  Mary Douglas, *Purity and Danger : An Analysis of Concepts of Pollution and Taboo*, London : Routledge & Kenan Paul, 1966.

한 의심과 적의가 멀리 있는 '다른 종족異類'에 대한 의심 및 적의와 밀접한 관계가 있다는 것을 나타낸다. 이러한 의심과 적의 때문에 사람들은 여러 매개체의 불결함이 자신들의 '몸'을 침범하지 못하게 막아서 개인과 집단의 '몸'을 보호해야 한다고 생각한다. 여기에서 불결함과 불행을 가져오는 매개체는 '외부인'이나 여성과 같이 소외된 사람들이라고 여겨진다.

민강 상류지역의 여러 골짜기와 마을에서 미세한 차이로 형성된 집단의 구분은 언어, 복식 그리고 여타 문화와 생활 습속에서 나타난다. 외부에서 온 여성은 언어, 복식, 생활 속의 세부적인 부분에서 현지인의 '규범'을 파괴하고 오염시킨다. 그 여성이 원래 속해 있던 집단에서 외숙부 가족과 이웃한 다른 가족들은 현지인의 '규범'에 간섭하고 이를 바꾸려고 한다. 현지의 집단에 이렇게 잠재적인 위험과 갈등이 생기는 것이다.

이처럼 가까운 사람이 우리를 오염시킬 것이라는 위험은 과거에도 느꼈던 '오랑캐'와 '한인漢人'이 가져다주는 위험과 함께 증폭된다. 따라서 '신화'와 '역사'의 계승과 '과거의 경험'을 통해 여성을 다른 종족이나 죄스러운 존재, 혹은 오염의 근원으로 보면서 외부 세계에 대한 적의와 두려움을 드러낸다. 특히 민강 상류지역 마을사회에서 성관계나 도덕, 몸의 순결은 중요한 사회 규범으로, 이를 통해 우리 집단과 '오랑캐' 및 '한족'을 구분한다. 여성 중에서도 특히 젊고 미모 있는 여성은 마을에서 잠재적으로 이러한 규범의 파괴자로 여겨져 마을을 오염시키는 유해한 존재로 인식되었다. 민강 상류지역의 여러 촌채에서 이러한 여성은 '독약고양이'라고 불리었다.

다음으로 민강 상류지역에서 유명했던 '독약고양이' 설화에 관해 살펴보고, 촌채 주민들이 어떻게 소수자인 여성을 '속죄양'으로 만들어서 사회

내부의 혼란을 잠재우고 외부의 적에 대한 두려움과 증오를 드러냄으로써 집단 정체성을 강화했는지를 설명하겠다.

## 민강岷江 상류 촌락의 독약고양이

민강 상류 마을에는 보편적으로 '독약고양이毒藥貓'라는 말이 전해져 내려온다. 민중들 인식 속에 '독약고양이'는 변신 능력이 있고 사람을 해하는 자인데 대부분이 여성이다. 그들은 동물로 변신하거나 손톱의 독을 이용하여 사람에게 해를 끼친다. 피해자는 마을의 어린아이이거나 남성이다. 한 마을에는 누가 혹은 어떤 사람들이 독약고양이인지 모두가 알고 있다. 오늘날 많은 노인들이 과거에는 마을에 독약고양이가 많았으나 지금은 많이 줄었다고 여기거나, 독약고양이가 매우 사나웠으나 현재는 그 독성이 약해졌다고 생각한다. 따라서 대부분의 마을에서는 독약고양이가 지금까지도 사람들의 정서 및 행동에 일정 부분 영향을 끼치고 있음에도 불구하고, 그저 전설로 여겨진다. 그러나 과거 마을마다 '독약고양이'가 존재하였고, 단순히 옛이야기나 신화가 아닌 일상의 보편적 경험이자 기억이었으므로 마을 안팎 사람들 간의 관계에 매우 깊은 영향을 미쳤다.

어찌됐든 사람들은 촌락에서 발생한 원인 모를 역병과 갑작스런 재난을 늘 독약고양이 탓으로 돌렸다. 독약고양이에 대한 두려움으로 인해 집과 마을은 밤중에 보호받을 수 있는 보루가 되었고, 사람들은 꼭 필요한 경우가 아니면 야밤에 집이나 마을을 벗어나려 하지 않았다. 또한 독약고양이인 여성은 유해하고, 불결하며, 음란하다고 여겨졌다. 도덕과 '순수'혈통을 중요시하는 마을 남자들은 독약고양이 여성을 두려워하는 걸 넘어 극도로 혐오하였다. 사람들은 독약고양이를 무서워하고 혐오하면서도 "독 없이는 마을도 없다마을에 독약고양이가 없는 것도 좋지 않다"고 여겼다.

일반적 견해에 따르면, 독약고양이는 낮에는 일반 사람과 다를 바 없지만, 밤이 되면 육체는 집에서 자고 있고 영혼은 어떤 동물로 변신하여 곳곳에서 사람을 해한다. 독약고양이마다 작은 주머니를 갖고 있는데, 그 안에는 온갖 동물들의 털이 들어있다고 한다. 독약고양이가 밤에 사람을 해치러 갈 때면 주머니 속에서 손에 잡힌 털의 주인인 동물로 변신한다. 그 다음 밤중에 길을 걷던 사람을 놀라게 해 낭떠러지로 떨어트려 버린다. 아래는 무현 적불소의 한 중년이 마을의 지나간 사건에 대해서 한 말이다.

우리 마을에서 단체 모임이 있었을 때 한 집의 두 사람이 회의를 하러 갔습니다. 마을에 제일가는 독약고양이 왕자가 백마로 변신하였는데, 마을에 있는 진짜 백마 같았죠. 두 사람 중 한 명은 겁이 많았고, 한 명은 대담했습니다. 그들은 백마가 따라오고 있다는 것을 느꼈고, 그게 독약고양이라는 사실을 알았습니다. 대담한 사람이 "내가 바위돌출된 암석에 몸을 숨기고 있을 테니 자네가 저 말을 향해 소리를 지르게"라고 하였다. 그 결과 말이 다가오자 둑에 숨어 있던 사람이 고함을 쳤고, 말은 그대로 떨어져 죽었습니다. 두 사람은 상의한 바 다음 날 아침 일찍 일어나 현장을 보러 왔을 때 만약 죽어있는 게 마을의 말이라면 이 사실을 입 밖에 내지 않기로 하였고, 그렇지 않다면 독약고양이일 거라고 하였습니다. 다음 날, 그들이 다시 그 장소를 찾았을 때 죽은 말은 보이지 않았으나 마을에 한 사람이 병이 났습니다. 그들은 독약고양이를 혼내준 사람이 독약고양이를 찾아가면 그 독약고양이가 피를 토하며 죽기 때문에 보통 가지 않는다고 하였습니다. 그러나 마을 간부였던 둘은 안 갈 수가 없어 결국 병든 사람을 찾아갔죠. 독약고양이의 가족이 그를 병원으로 실어 보내는 길에 마침 그 두 간부와 마주쳤고, 독약고양이는 결국 피를 토하며 죽었습니다. 이 일로 인해 그 두 집의 관계는 여전히 매우 안 좋습니다.

송반 소성구의 한 중년은 필자인 나에게 그 지역 '독약고양이'에 관한 이야기를 들려주었다.

한 남자가 강변에서 물을 부어가며 맷돌질을 하고 있는데, 독약고양이가 와서는 그에게 "여기서 혼자 맷돌질할 때 가장 두려운 게 무엇이지?"라고 물었습니다. 그 남자는 "난 당나귀가 가장 무섭다오. 다가와서 울어대는 게 가장 무섭소"라고 답하였죠. 이어 독약고양이는 곧바로 당나귀로 변신하여 돌아왔고, 방앗간 문이 열리자 울어대기 시작하였습니다. 이 사람은 당나귀를 끌고 와 식량을 위에 싣고는 그 위에 올라탔습니다. 당나귀를 때리니 바로 절벽 위로 올라갔습니다. 반쯤 올라갔을 때 당나귀는 지쳐 비명을 질렀습니다. 남자는 집으로 돌아와 아들들을 깨워서는 "내가 당나귀 한 마리를 주웠으니 너희가 풀을 좀 먹여라"라고 하였습니다. 아들들이 당나귀에게 풀을 주어도 먹지 않자 "아버지, 당나귀가 풀을 안 먹는데요"라고 하였고, 그는 "안 먹으면 그냥 굶겨라"라고 말하였습니다. 다섯 시에 닭이 울고, 당나귀는 "이제 나를 좀 놓아주시오. 집에서 아기가 울고 있어 젖을 물려야 하오"라고 말하고 나서야 남성은 그를 풀어주었습니다.

위 이야기처럼 독약고양이가 동물로 변신하는 대다수 이야기 중 결국 고초를 겪는 것은 늘 독약고양이이고, 독약고양이를 혼내주는 사람은 독약고양이의 남편이거나 마을의 청장년들이다. 촌락 사람들의 인식 속 독약고양이는 모두 여성이다. 남자는 독약고양이로 변할 수 있는가에 대해선 사람마다 의견이 다르다.[13] 독약고양이와 여성 간의 관계는 설화 속 독약고양이의 계승과 훈련에서 뚜렷하게 나타난다. 설화에서 독약고양이는 모두 어머니가 딸에게 전수해 주는 것으로 나온다. 아래는 흑호구의 한 노인이 말한 것으로 이 같은 일반적인 견해를 대변한다.

> 독약고양이는 여자, 남자 둘 다 있지만 여자가 더 사납고 교활하다네. 딸이 걸음마를 떼었다 하면 어머니는 곧바로 아이를 가르치기 시작하지. 아무도 없을 때 딸을 불러내 대바구니 난로에 불을 붙인 뒤 찐빵을 굽는 판을 그 위에 얹히고, 딸도 그 위에 올리고, 털도 판 위에 올려놓은 후 딸한테 그 위에서 구르라고 한다네. 한참 구르고 나면 딸은 털의 주인인 동물로 변한다네. 딸을 가르치는 건 보통 어머니이고 아버지는 가르치지 않는다네. 기술적인 부분을 바로 잡아주지. 이렇게 아이는 커서 독약고양이가 된다네. 남자도 있긴 하나 매우 적고 남자 독약고양이는 계승되지 않는다네.

위에서 말한 바와 같이 독약고양이는 모녀간의 전승일 뿐만 아니라 이와 관련된 난로, 부뚜막, 냄비 모두 여성과 관련 있는 장소와 도구이다. 한족 문화에 동화된 지역에서 독약고양이는 부뚜막신과 밀접한 관련이 있다

---

13  나는 필드워크 중에 들은 독약고양이 이야기는 거의 모두 여성 독약고양이였다. 나는 남성 독약고양이 이야기는 들었을 뿐인데, 이 남성 독약고양이는 외지에서 데릴사위로 들어온 남자다.

고 여겨진다. 아래는 흑호구의 노인이 한 말이다.

　부뚜막신 보살은 독약고양이의 조상이지. 둘이 가장 친한데 부뚜막신 보살
역시 독약왕이라네. 독약고양이에게는 작은 주머니가 있네. 그 안에 참새털,
쥐털, 표범털, 닭털, 소털 등 온갖 털이 들어 있지. 독약고양이의 주머니를 난
로 밑에 숨겨두고, 부뚜막 보살이 그녀 대신 그것을 관리한다고 말하지. 그녀
는 몰래 주머니를 꺼내 열고 한 번 구른 뒤 잡힌 털의 동물로 변한다네. 쥐털
을 잡으면 쥐로 변하여 사람을 괴롭히고 넘어뜨린 후 잡아먹는다네. 사람을
진짜 잡아먹는 것은 본 적이 없고, 그냥 사람을 괴롭혀서 크게, 혹은 병이 날
정도로 놀랜다네.

　같은 집의 여인이라도 며느리에게는 독약고양이의 법술을 전수할 수 없
다. 반대로 독약고양이와 관련된 여러 이야기에서 독약고양이인 어머니가
아들을 어떻게든 해치고자 하여도 결국 며느리에게 들켜 벌을 받는다. 또
는 시어머니인 독약고양이가 며느리에게 법술을 전수하려 하여도 실패로
돌아가고 만다.[14] 아래는 적불소 사람이 한 이야기다.

　아들이 애인과 결혼하였는데 아직 자녀가 없었다고 합니다. 어머니는 집에
서 밥을 하고 아들과 며느리에게 밭을 갈러 가라고 하였습니다. 마침 봄갈이
기간이라 파종을 해야 했죠. 저녁에 며느리는 시어머니가 부린 독약고양이
법술에 겁에 질렸고 곧바로 찬장 아래로 몸을 숨겼습니다. 우리 강족 지구<sup>羌區</sup>

---

14　四川省阿壩藏族羌族自治州文化局 編, 『羌族故事集』, 馬爾康 : 四川省阿壩藏族羌族自治州
　　文化局, 1989, 484쪽.

에서는 찬장을 독약고양이의 교통수단으로 보는데, 마치 말과 차와 같아요. 그날 저녁 며느리가 찬장 안으로 숨었을 때, 늙은 시어머니는 하필 독약고양이의 왕이었습니다. 마침 사방팔방에서 독약고양이들이 몰려와 그녀에게 배움을 얻고 임무를 받으려던 참이었습니다. 그녀는 찬장을 타고 출발하였습니다. 그녀가 회의를 여는 장소에 모든 독약고양이들이 다 모였죠. 그들이 주사위를 던졌습니다. 시어머니, 그러니까 그 독약고양이 왕이 져서 많은 술과 고기를 대접해야 하였습니다. 며느리는 찬장에 숨어 시어머니의 말을 엿듣고 있었습니다. 시어머니는 "내가 졌으니 우리 제도에 따라 내일 정오에 내 아이를 너희들에게 먹이겠다……"라고 선포하였습니다. 이를 엿들은 며느리는 놀라 까무러칠 지경이었습니다. 부부는 서로에 대한 감정이 매우 깊었기 때문이었죠. 다음날, 부부가 밭에서 쉬고 있을 때 그녀는 눈물을 흘렸습니다. 눈물이 남편의 얼굴로 떨어졌고 남편은 그제야 그녀가 눈물을 흘리고 있다는 것을 알아차리고는 그녀에게 물었습니다. "오늘 왜 그러시오?" 아내는 사정을 털어놓자니 상대는 남편의 어머니고, 입을 다물자니 남편이 죽을 노릇이었습니다. 그녀는 참고 또 참았으나 눈물이 속절없이 흘렀습니다. 남편의 성화에 못 이겨 결국 그녀는 사실을 솔직히 털어놓았습니다. 이야기를 들은 남편은 "내게 방법이 있다"며 친어머니라 하더라도 용납할 수 없다고 말하였습니다. 그들이 밭을 반쯤 갈았을 때 어머니는 쇠꼴과 찐빵을 챙겨 왔습니다. 그들에게는 새참을 먹으라고 하였고, 어머니는 소에게 풀을 먹이러 갔습니다. 아들은 어머니에게 자기가 소에게 풀을 먹이러 갈 테니 식사를 하시라 하였습니다. 소가 풀을 먹으니 역시나 눈이 빨개졌습니다. 아들은 소의 고삐를 당겨 절벽까지 끌고 가서 밀쳐 떨어뜨려 죽였습니다. 소가 죽자 어머니도 집으로 돌아가 문턱에서 죽었죠.

어떤 사람들은 독약고양이가 아들만 해치지 남편은 감히 해치지 못한다고 말하고, 다른 어떤 사람들은 독약고양이가 자신과 가장 가까운 사람을 해치길 좋아하는데, 주로 자신의 남편과 아들이 그 대상이라고 말한다. 그러나 어쨌든 그들 모두 독약고양이가 자신의 형제는 절대 해치지 않는다고 여긴다. 게다가 독약고양이가 못된 짓을 한 것이 들통 나면 보통 그녀의 부모 또는 형제가 그녀를 친정으로 데리고 간다. 아래 흑호구 사람이 말한 것처럼 말이다.

그날 저녁, 남자의 아내는 한 번 잠들면 소리쳐 깨워도 일어나지 않았습니다. 그는 미리 준비한 초목 횟가루를 뿌렸죠. 한밤중에 나는 소리에 일어나 보니 문턱을 지나간 고양이 발자국이 보였습니다. 그는 발자국을 따라갔습니다. 도착한 곳엔 독약고양이들이 요란스럽게 떠들고 있었습니다. 그들의 언어는 알아듣기 쉽지 않았고 매우 섬뜩하였죠. 독약고양이의 왕은 사람 손톱을 가지고 있고 옷을 걸쳤으며, 꿩의 깃털을 꽂고 있었습니다. 그 남자는 겁에 질려 재빨리 집으로 돌아갔습니다. 결국 한밤중에 천장에서 먼저 사람 다리가 떨어졌고, 잠시 후 또 사람 팔뚝이 떨어졌습니다. 남자는 그것들을 숨기고 자는 척 하였습니다. 그 뒤 아내가 집에 돌아와 몸을 구르니 사람으로 변하였죠. 그 후 아내의 부모가 왔고, 남자는 그들을 모닥불 가에 모셨습니다. 그는 침대 아래에서 사람의 팔뚝과 다리를 꺼낸 뒤 말하였습니다. "따님이 저지른 기막힌 행동 좀 보세요. 어제 천장에서 떨어진 팔과 다리입니다. 어떻게 하면 좋을까요?" 그녀의 부모는 "고쳐야지"라고 답하였습니다. 고치는 방법은 강 아홉 군데에서 모든 독을 깨끗이 씻기는 것이었습니다. 아내는 부모에게 큰 강으로 끌려가 씻김을 당했고, 여덟 번째 강에서도 씻김을 하였습니다.

마지막 강에 왔을 때 하늘에서 외침이 들렸습니다. "그 여자를 더 이상 씻기지 말라, 씻기면 안 된다, 씻기면 독약고양이의 대가 끊길 것이다." 마치 그녀가 독약고양이를 대표하는 것처럼 정말로 대가 끊겼습니다. 인간들 사이에선 전염병이 유행하였고, 사람은 안전에서 더욱 멀어졌죠.

여기서 이른바 독약고양이의 '독'은 마치 구체적인 독약과 같아서 그 독성이나 오염성은 강물로 씻어낼 수 있다. 더욱 주목할 만한 점은 이 같은 이야기들이 모두 "독 없이는 마을도 없다"라는 사실을 강조하고 있다는 것이다. 이는 과거보다는 많이 줄었으나 지금까지도 독약고양이가 존재하는 이유를 설명할 뿐만 아니라, 더 심각한 역병을 피하기 위해서는 마을에 독약고양이가 꼭 필요하다는 것을 의미한다.

독약고양이와 관련된 것은 손톱에서 독을 뿜을 수 있는 여성이다. 사실 독약고양이와 '손톱에서 독을 뿜을 수 있는 여성' 간의 차이는 매우 모호하다. 어떤 사람은 손톱에서 독을 뿜는 독약고양이와 동물로 변하여 해를 끼치는 독약고양이, 이렇게 두 부류가 있다고 말한다. 손톱에서 독을 뿜는 사람은 음식을 통해 독을 전파하는데, 음식을 만드는 일 역시 여자의 일이므로 이렇게 독을 뿜는 '독을 가진 사람毒人'은 모두 여자라고 여긴다. 또한 현지 사람들은 동물로 변신하는 독약고양이도 대부분 젊은 여성이고 보통 외모가 뛰어나다고 말한다. 반대로 절대 다수 사람들은 손톱에서 독을 뿜는 것은 늙은 여자라고 여긴다. 일반적인 견해에 따르면, 독약고양이가 늙으면 그들의 독은 점점 약해지고, 나중엔 결국 손톱에만 독이 조금 남게 된다고 한다.

## 여성과 고양이  구분의 파괴자

'독약고양이'와 유사한 '독녀 이야기'는 인류사회에서 드물지 않다. 서로 다른 문화에서 사람들은 일부 여성을 "여우같은 년", "무당" 또는 "독으로 저주를 뿜는 여자"라고 여긴다. '무당'이나 '여성오염력'을 연구하는 학자들은 이런 편견의 사회적 근원을 여러 각도에서 지적한 바 있다.

독약고양이 이야기의 서사 줄거리와 함의는 한편으로는 서양의 '마녀' 전설이 반영된 사회 및 양성兩性관계와 유사하다. 다른 한편으로는 일부 사회例를 들어 중국과 인도의 부녀가 종교의식과 사회에서 '오염력'을 지닌 존재인 것과 관련이 있다. 그러나 유럽 또는 미국의 뉴잉글랜드지역에서는 마녀가 사람을 해치거나 주술을 부리는지를 막론하고, 각종 민간과 정치 및 종교 단체들은 줄곧 '마녀'에 대해 폭력을 행사하였다.[15]

민강 상류지역 마을 사람들 사이에서 '독약고양이'는 그저 한가한 잡담거리였다. 여성 주술 전통에 관한 어떠한 증거도 없었고,[16] 군중들도 그녀들에게 심각한 정도의 집단폭력을 행사하지 않았다. 인류학자는 생산방식, 혼인의 사회적 기능 및 부계가족의 대물림 등을 통해 인도와 중국에서 사회와 종교의식 상에서의 여성 '오염력'이라는 말이 출현하게 된 유래를

---

15 Carlo Ginzburg, trans. by, John · Anne Tedeschi, *The Night Battles : Witchcraft and Agrarian Cults in the Sixteenth and Seventeenth Centuries*, Baltimore : The Johns Hopkins University Press, 1983; Robin Briggs, *Witches & Neighbors*, New York : Penguin Books, 1996.

16 반대로 현지 남성 중 전통적인 주문과 주술이 있었는데, 보통 무당과 밧줄을 만드는 사람들이었다. 전자는 강족의 종교신앙, 제사 의식의 주재자로서 악귀를 내쫓고, 재난과 질병을 막는 전문가이자 신화 및 역사를 논하고 해설하는 사람들이다. 후자는 함정을 만들고 주술(예 : 黑山法)을 걸어 사냥하는 사람들이었다. 이들의 주술과 주문은 대대로 전수되었다.

설명하였다.[17]

그런데 생산방식, 혼인과 가족 차원에서 민강 상류지역의 강족그리고일부 티베트족은 모두 중국 내륙지역 및 인도와 차별화와 관련된 사회적 배경을 가지고 있다.[18] 비록 그렇다 하더라도 '마녀' 또는 '오염력을 지닌 여자'가 동일한 배경을 가지고 있다는 점은 주목할 만하다. 종교적 순결이나 가족의 순결을 추구한다는 이유로 여성은 모두 늘 외래인, 잠재적 오염자로 치부되었다. 따라서 한 사회에서 역병, 원인 모를 죽음, 외부로부터의 좌절 및 집단 내 갈등 등의 소란이 발생할 때면 여성은 보통 두려움 극복, 집단 결집을 위한 속죄양이 되었다.

원인 모를 역병과 죽음에 대한 두려움, 여성이 사회에 끼치는 '오염', 일부 사람들을 집단의 '속죄양'으로 삼는 것 등은 서양 신화학, 역사학, 인류학 연구에서 모두 다뤄진 적이 있다. 프랑스 학자 지라드는 신화 연구를 통해 '속죄양' 이론을 제시하여 인류사회에서의 폭력과 종교의식의 기원을 설명하였다. 그는 '폭력' 및 '속죄양'을 이용한 폭력 억제가 인류사회의

---

**17** Nur Yalman, "On the Purity of Women in the Castes of Ceylon and Malabar", *Journal of the Royal Anthropological Institute* 93.1, 1963, pp.25~58; Emily M. Ahern, "The Power and Pollution of Chinese Women", in Margery Wolf and Roxane Witke eds., *Women in Chinese Society*, Stanford : Stanford University Press, 1975, pp.269~291.

**18** 인류학자는 중국과 인도의 가정조직, 여성의 지위, 재산 상속의 특징이 사하라 이남 아프리카 민족과 다른 핵심 이유로 전자는 남성 노동력 위주의 쟁기 농업이었고, 후자는 여성 노동력 위주의 호미 농업이었던 점을 꼽았다. 관련 연구는 E. Boserup, *Women's Role in Economic Development*, London : Allen and Unwin Press, 1970; Jack Goody, *Production and Reproduction : A Comparative Study of the Domestic Domain*, Cambridge : Cambridge University Press, 1976에서 찾아볼 수 있다. 강족과 농업을 행하는 인근 티베트족지역에서는 농번기 때 남자들도 농사일을 많이 부담하지만 '식량생산' 일은 기본적으로 여자들이 관리한다. 이걸 보면 인도와 중국의 농업과 관련된 사회 특색은 본 지역과 상당한 차이가 있다.

특질이며, 많은 종교와 희생 의식의 근원이라고 여겼다.

이 관점은 먼저 1972년 작인 그의 저서 『폭력과 성스러운 제사La Violence et le sacrè』에서 찾아볼 수 있다. 그는 한 사회에서 가까운 개인 및 집단 간에 서로 비슷하다는 이유로 중요한 구분을 무너뜨리고, 개인과 개인 간, 또는 개인과 집단 간의 긴장, 충돌, 폭력을 야기하며, 폭력으로 대응하는 것은 사회에서의 충돌을 억제할 수 없다고 지적하였다. 사람들은 보통 사회 긴장을 해소하기 위해 통상 집단이 한 속죄양에게 폭력을 가하는 방법을 선택하였고, 이를 통해 집단 화합 및 단결을 보장받을 수 있었다. 인류사회의 여러 신화들과 의식이 바로 이 최초의 '속죄양 살육사건'을 반영하거나 반복한다.[19]

'가까운 집단 간의 적대심과 의심'이라는 이 주제 역시 영국 역사학자 로빈 브릭스Robin Briggs가 유럽 중세 말 '마녀사냥'의 역사를 설명하는 데 쓰

---

19  도서 「속죄양」(*Le Bouc emissaire*, 1982; 영문번역명 *The Scapegoat*, 1986)과 그 중 일부 장문의 긴 글에서 지라드는 자신의 과거 견해를 종합하여 인류 사회의 신화, 종교 및 관련 의식의 기원을 설명하였다. 그는 ① 사회의 혼란, ② 외지인을 보통 구원자로 여겼다가 속죄양으로 삼는 점, ③ 대중이 그에게 집단 폭력을 가하는 점, ④ 외부에서 온 영웅이 살해되거나 원래 있던 곳으로 쫓겨나는 점, ⑤ 그가 다시 태어나도록 하는 점, ⑥ 그들이 신이나 신성한 조상이 되는 원만한 결말을 맺는다는 점 등을 예로 들어 신화들의 공통적인 특징을 분석하였다. 지라드의 이론은 학계에서 크게 중시되었고, 그에 대한 토론도 많이 있었다. 본문에서 언급한 '독약고양이 설화'와 지라드가 제기한 '속죄양 설화'는 유사한 부분이 있는데, 특히 속죄양으로 여긴다는 사회적 특징이 그렇다. 그러나 독약고양이는 영웅으로 여겨진 적이 없으며, 더 중요한 점은 그녀들이 '집단 폭력' 때문에 죽은 것도 아니고, 사망 후 다시 살아나지도 않았으며, 더욱이 신화나 조상으로 여겨지지도 않았다는 것이다. 따라서 나는 지라드가 이를 통해 일반적인 종교의 기원 문제를 탐구하는 것에 동의할 수 없다. 이상 관련 저서로는 Renè Girard, trans. by, *Violence an the Sacred*, Patrick Gregory, Baltimore : The Johns Hopkins University Press, 1977; trans. by Yvonne Freccero, *The Scapegoat*, Baltimore : The Johns Hopkins University Press, 1986; "Generative Scapegoating" and "Discussion", ed., by Robert G. Hamerton-Kelly, in *Violent Origins*, Stanford : Stanford University Press, 1987, pp.73~105 · 106~148.

였다. 사회사의 고전적인 이 저작에서 저자는 간단한 경제, 종교, 정치 등의 배경 해석 대신 이웃과 가족 구성원 간의 적대심과 시기, 일상에서 겪는 좌절, 공포, 불안이야말로 '마녀사냥'의 주요 배경이라고 지적하였다.[20] 간단히 말해서 이른바 '마녀'는 이웃이 밀고하여 원망의 표적이 된 것이고, 이웃의 증언으로 죄를 뒤집어쓰게 된 것이다. 가까운 집단 간의 적대심과 이로 인한 사회적 구분, 그리고 사회적 구분을 파괴하려는 자는 해롭다고 여겨지는 것, 이러한 탐구는 사회학 또는 인류학 저서에서 더 많이 찾아볼 수 있다.[21] 다수의 연구에서 여성은 소외집단이라는 사회적 역할 때문에, 혹은 가정 안팎의 주요 사회적 구분을 파괴한다는 이유로 오염되고 유해하다고 여겨져 일부 재난 및 불행과 연관이 있다는 의심을 받았다.

위에서 언급한 '독약고양이'와 관련된 구술 자료에서 예시로 사람이 잠든 후 영혼은 나가서 나쁜 짓을 한다거나, 독약고양이가 밤중에 부엌 찬장을 타고 날아간다거나, 연회에서 인육을 먹는다거나, 독약고양이는 대부분 여자라고 하는 서사에서의 일부 주제가 모두 구미 마녀 전설과 유사한 점이 있다는 사실을 알 수 있다. 이는 앞서 언급한 역사학자 로빈 브릭스의 탁견을 입증한다. 세계의 수많은 문화 중에는 마녀와 같은 신화 및 신앙이 있는데, 이것은 인류 사회에서 이웃, 집단 간의 긴장과 충돌을 해결하는 어떤 보편적인 특질을 반영하고 있다.[22] 그러나 독약고양이 이야기 중에는 구미의 마녀 전설과 다른 점 역시 매우 많다. 이는 현지의 특정한 자연과 사회 환경 내에서만 해석할 수 있다.

---

20  Robin Briggs, op. cit..
21  Norbert Elias, op. cit.; Mary Douglas, op. cit.; Pierre Bourdieu, op. cit..
22  Robin Briggs, op. cit., p.3.

독약고양이 설화에서 피해자의 불행한 처지는 전체 이야기가 낳은 주요 배경 중의 하나가 한 사회에서 발생하는 소란과 불안, 또는 그로 인한 공포임을 보여준다. 예측 불가하고 설명할 수 없으나 자주 발생하는 소란과 불안으로는 역병과 원인을 알 수 없는 식중독, 산에서 느닷없이 불어오는 괴이한 바람과 낙석, 또는 설명할 길 없는 절벽에서의 실족사, 갑작스러운 (특히 집에 키우는 소) 동물의 습격 등이 있다.

내가 앞서 설명했다시피 민강 상류지역은 청장고원 변방의 심산유곡이다. 산에서 갑작스레 발생하는 눈보라, 험준한 산길, 인간을 습격할지도 모르는 곰, 표범, 멧돼지, 거칠게 소란을 피우는 가축 소, 독성이 있는 산나물과 버섯, 물을 통하거나 외지로부터 전파된 전염병 등이 모두 이곳 마을에 예상치 못한 인명 피해를 끼칠 수 있다. 그런데 산속의 각종 자원들을 모두 이용하는 혼합 경제로 인해 마을 주민들은 이런 위험에 시시각각 노출될 수밖에 없었다. 독약고양이 이야기는 이런 불행들의 근원을 설명하는 데 쓰였을 뿐만 아니라, 독약고양이를 '처리'하는 방법을 설명함으로써 불행을 해석하고 제거하거나 이것이 사라지기를 기대하였다. 설화들 속에서나 사람들의 상상 속 사건에서 여성은 '속죄양'이 되었다.

마을 주민이 들려준 이야기를 통해 그들이 독약고양이와 마을 여성 사이에는 매우 밀접한 관련이 있다고 생각한다는 사실을 알 수 있다. 독약고양이는 어머니가 딸에게 이를 전승해준다. 독약고양이 훈련은 냄비와 아궁이 또는 부뚜막에서 이루어진다. 밤중에 그녀가 날아갈 때 쓰는 도구는 부엌에 있는 찬장이다. 독약고양이는 또 부뚜막신과 같은 나라, 즉 같은 한 편이고, 혹은 부뚜막신은 독약고양이의 조상이라고도 한다. 이러한 여자들이 평소 일하는 장소와 도구 그리고 여성과 관련된 신 또는 신성神性의 상징은 모두 독약고양이와 여성이 매우 밀접한 관련이 있다는 것을 보여준다.

게다가 일반인들은 독약고양이가 대체로 젊고 아름다운데, 특히 동물로 변신할 수 있는 독약고양이가 그렇다고 생각한다. 일부 사람들은 독약고양이인 여자의 눈은 사람을 홀릴 만큼 매우 매력적이며, 눈을 통해서 독을 뿜을 때도 있고, 나이가 점차 들면서 손톱에서만 독이 나오게 된다고 말한다. 분명 독약고양이의 '독성'과 그 여성의 특질, 혹은 남성에 대한 성적인 매력은 비례한다고 볼 수 있다. 따라서 독약고양이 전설과 관련 신앙풍속의 사회적 의의, 그리고 마을 사회에서의 '여성' 지위 및 이로부터 파생된 은유는 모두 깊은 연관이 있다.

남성 중심의 마을에서 아내와 타인의 아내가 될 사람 모두 '외부인'으로, 마을에서의 여성 지위 및 마을 남성 인식 속 '여성'을 은유한다. 그녀들은 외부인일 뿐만 아니라 부계 가족의 남성 구성원에게는 가장 가까운 '외부인'이다. 혹자는 보통 자신이 직접 경험한 독약고양이 사건을 이야기할 때 이 여자들은 외부에서 시집왔다는 것을 강조하곤 한다. 아래는 적불소 사람이 한 말이다.

한 마을에 독약고양이가 여러 명일 때도 있어요. 외부 마을에서 온 여자들, 우리 마을 사람들은 보통 외부에서 온 사람들과 결혼하지 않습니다. 마을은 원래 하나의 혈연으로 이루어졌을지도 몰라요. 독약고양이는 모두 다른 마을에서 온 사람들입니다.

여성은 가족의 한 구성원 또는 주변인이자, 가정 내 잠재적인 적이기도 하다. 불의 신火神과 부뚜막신처럼 말이다. 현지 설화에서 부뚜막신은 보통 천신에게 말을 전한다. 여성 역시 집안일을 부계 가족 구성원 입장에서 '외숙부'라 칭하는 형제에게 말한다. 사실 "하늘에 천둥신雷神이 있다면 땅에는 외숙부가 있다"라는 강족지역의 속담에서도 외숙부를 권위 있는 천신에 비유한다. 앞서 말했듯 외숙부는 강족지역에서 부계 가족과 힘의 균형을 이루는 세력이다. 부녀는 늘 자기 형제의 힘을 빌려 자녀 교육, 혼인, 재산분배 등의 문제들에 관여한다. 현지인의 말에 따르면, 외숙부는 이 방면에서 최고의 권위를 가진다. 이 때문에 집안 대사 결정에 있어 부권과 외숙부권舅權이 자주 충돌한다. 이처럼 여자들은 단순히 외부인이 아닌 외숙부의 권력을 지닌 외부인이었다.

여러 독약고양이 서사에서 우리는 이 관계를 찾아볼 수 있다. 예를 들어 독약고양이가 아들도 해치려 하고, 심지어 아들을 직접 다른 독약고양이 연회에 바치기까지 하지만 자기 형제는 절대 해치지 않는다. 일부 보편적으로 전해져 내려오는 이야기에서 마지막에 결국 정체가 들통 난 독약고양이는 그녀의 부모나 형제가 다시 친정으로 데리고 간다. 현실에서처럼 그들은 아내와 며느리가 영원히 그의 친정 형제들 편이고, 친정의 형제들, 즉 아들과 손자의 외숙부는 자신의 생질을 끝까지 조종하려고 애쓴다고 여긴다. 독약고양이가 자기 아들을 어떻게 해치는지는 부계가족의 입장에서 외숙부의 권위 및 사돈에 대한 적대심과 의심을 반영한다. 한편, 외숙부와 사돈은 보통 같은 골짜기의 다른 가족이거나 가까운 상류지역 골짜기의 가족이다.

'독약고양이' 서사에서 이 여인들과 동물의 관계, 특히 그녀들과 고양이의 관계는 주목할 만한 또 다른 문제다. 여러 강족어 방언 중에 '독약고양이'의 발음은 대략 'du'나 'der'인데, 원래 뜻은 '독인毒人'이다. 하지만 사람들이 관련 이야기를 할 때 이를 모두 한어로 '독약고양이'라 부르고, 심지어 많은 이들이 '독약고양이'가 향담어羌族语에서는 뭐라고 부르는지 알지 못한다. 독약고양이 이야기에서 여자가 가장 자주 변신하는 동물이 바로 고양이와 소다. 강족과 이웃 티베트족은 일상생활 속에서 동물과 매우 가까운 관계를 맺고 있다. 그중 가축과 야생동물이 구분되는 두 범주로, 집안 동물과 바깥 동물, 온순한 동물과 사나운 동물로 구분된다.

그러나 '고양이'는 모든 방면에서 이 '구분'을 파괴하는 동물이다. 집고양이든 야생고양이살쾡이든, 그들은 모두 마을에 살거나 그 근처에 살면서 집에서 기른 닭을 훔쳐 먹을 기회를 노린다. 게다가 고양이는 인간이 동물을 길들이는 역사에서 특수한 지위를 갖고 있다. 인간에게 길들여질 수 있는 동물은 주로 '군서 동물'인데, 고양이는 인간이 길들인 동물 중 극히 드문 비군서 동물이다.[23] 그들과 인간의 '집'과의 관계도 가까운 듯 멀다.[24] 고양이의 비군서 속성과 그들과 인간의 '집'의 소원한 관계 때문에 일부 학자는 심지어 고양이는 인간에게 길든 적이 없고, 그들집고양이은 단지 인간과 같은 공간에서 살아갈 뿐이라고 말한다.

어쨌든 고양이는 가축과 야생동물 사이의 구분을 깨뜨리는데, 마치 여자가 현지인과 외부인의 구분을 깨뜨리는 것과 같다. 따라서 고양이는 흔히 '독약고양이'의 화신, 여자는 독약고양이의 본체로 여겨진다.[25] 여자든

---

23  Roy Robinson, "Cat", in Ian L. Mason ed., *Evolution of Domesticated Animals*, London : Longman Group Limited, 1984, p.217.
24  몇 년 동안 기른 고양이가 갑자기 사라진 경험을 한 사람들이 많다. 집 밖에 있는 '야생고양이'는 도시에 있든 농촌에 있든 모두 적응을 잘한다. 최근 대만 곳곳에서 병에 걸리고 초라한 '집 잃은 개'들을 볼 수 있는데, 우리는 '집 잃은 고양이'를 본 적은 없다. 이것이 고양이는 본래 인간의 '집'과 가까운 것 같으면서도 떨어져 있다는 사실을 설명한다.

고양이든 사람들 인식 속 그녀구들은 집안의 구성원이면서도 그 집에 완전히 속하지는 않았거나 집안의 잠재적 파괴자로 여겨진다. 특히 고양이는 밤에 활동하고, 고양이 눈은 특별한 마력이 있다고 여겨지며, 고양이와 집의 가까운 듯 먼 관계, 겉은 유순하나 속을 알 수 없는 성격이 모두 사회가 부여한 '잠재적 위험이 있는 여자'라는 상징적 의미에 부합한다. 어쩌면 이 때문에 유럽의 마녀에 대한 소문과 신앙에서도 고양이와 마녀가 깊은 연관이 있는 것인지도 모른다. 고양이와 여성은 이 지역 사람들에게는 "내부인도 외부인도 아닌" 것도 지라드의 말처럼 '속죄양'이 된 사람들의 사회적 특징 중 하나이다.[26]

## '내부 독약고양이'와 '외부 독약고양이'

촌락 민중들이 독약고양이는 유해한 여성들이 따로따로 흩어져 있는 것이 아니라 사악한 집단에 함께 속해 있다고 여기는 점도 주의를 기울일 만하다. 이야기 속 독약고양이 집단은 정기적으로 모임과 연회를 열고 표적을 정한다. 유럽의 마녀를 연구하는 학자들은 민간 신앙 속 '마녀들의 야간 모임sabbat'이 중요한 주제인 점, 마녀를 조사하고 심판하는 과정에서

---

25  독약고양이의 화신이 되는 또 다른 동물이 바로 소다. 강족지역의 가축 소는 주로 야크, 소와 소수의 황소들이다. 소들은 한 해 대부분을 산에서 길러지는데, 봄갈이할 때만 비교적 온순한 소 몇 마리만 밭을 갈러 내려간다. 소들은 일 년 내내 산에서 자유롭게 먹이를 구하고, 번식하고, 표범, 늑대, 곰에 맞서며 살아가기 때문에 야생성이 상당히 강하다. 가축 소의 야생성이 드러나 주인을 다치게 하는 일도 자주 발생한다. 이 때문에 이곳의 소 역시 가축과 야생동물, 마을 안과 밖의 구분을 깨뜨리는 동물 중 하나다.

26  Renè Girard, *Violence and the Sacred*, 1977, pp.269~273.

이 모임에 대해 여러 번 묻는 점에 주목했다.[27]

'마녀들의 야간 모임'에 대해 카를로 긴즈버그Carlo Ginzburg는 농촌의 무당benandanti[28]이 풍작을 기원하는 제사 의식을 지내던 것이 왜곡되었다고 여긴 반면, 브릭스는 이를 풍작 의식에 반하는 상상이라고 생각했다.[29] 그들이 제시한 마녀의 자백에서 작물 수확(및 농촌의 빈부 대립)이 확실히 중요한 주제라는 것을 알 수 있다.[30]

그러나 강족의 독약고양이 설화 중에는 이와 같은 주제가 없다. 다원화된 경제 생태계에서 그들에게는 농업이 절대적으로 중요하지 않았기 때문이다. 게다가 마을의 빈부격차도 뚜렷하지 않았다. 따라서 나는 글에 등장하는 마녀의 자백과 전설, 혹은 독약고양이 신화 전설에서의 '야간 모임'이 각 사회나 시대의 특질을 반영한다고 생각한다. 그러나 '사악한 여자들이 밤에 모인다'라는 주제가 구미 '마녀'와 강족의 '독약고양이' 전설에 모두 등장하는데, 이것이 반영하는 것은 아마도 적대적인 사악한 세력이나 외부 집단을 두려워하는 보편적인 인간 사회의 모습일 것이다.

이 외에도 '마녀'에 대한 브릭스의 해석은 우리가 중시할 필요가 있다. 그는 이웃 간의 관계가 매우 친밀한 농촌 사회가 다양한 마녀 전설이 탄생하게 된 주요 배경이며, 각종 현실 생활에서 겪게 되는 좌절과 불행으로 인해 서로를 적대시하고 의심하며 감시한 것도 역시 속죄양으로 삼을 '마녀'를 함께 만들어내었다고 말한다. 강족지역의 자연환경과 사회 배경을 통해 우리는 가까운 이웃 간에 적대심과 의심이 싹트게 되고, 여성이 의심

---

27  Carlo Ginzburg, *The Night Battles*, pp.99~145; Robin Briggs, op. cit., pp.38~56.
28  [역자주] 베난단티는 샤먼, 무당을 가리킨다.
29  Carlo Ginzburg, op. cit., pp.22~25; Robin Briggs, op. cit., p.40.
30  Robin Briggs, Ibid., pp.41~42.

과 원망을 받으며 재난과 불행의 속죄양으로 전락하게 된 배경을 이해할 수 있다. 그러나 독약고양이 또는 마녀 '집단'의 야간 모임과 그 모임에서의 테러 활동은 '독약고양이' 역시 사악하고 불결한 세력의 강력한 상징임을 보여준다. 따라서 주민들은 '독약고양이'를 공격함으로써 공포와 불안을 해소하는데, 이때의 공포와 불안은 수확 부진 또는 전염병으로 인한 인간과 가축의 사망뿐만 아니라 외부 집단과 외부 세계에서 침투할지도 모르는 오염과 피해까지 아우른다.

민강 상류지역 마을 주민의 마음 또는 잠재의식 속 '독약고양이 집단'은 여러 차원의 '외부인'을 상징하는데, 외숙부 집단기타 가족, 이웃 마을 사람과 '야만인'이 있다. 이 지역 현지인들은 좁은 민족 정체성으로 또한 이러한 '외부인'들을 '야만인'과 연결 짓는다. 다시 말해 이 마을의 다른 가족들은 '야만인'의 혈통을 가진 사람들이 있을 수 있고, 이웃 마을과 골짜기에 '야만인'에 뿌리를 둔 사람이 더 많으며, 더 먼 곳에는 야만성의 차이만 좀 있을 뿐 모두 '야만인'이라는 것이다. 우리는 이런 외부인 집단을 마을 주민 인식 속에 있는 '외부 독약고양이'라고 부를 수 있다.

'외부 독약고양이'와 마을 내 '독약고양이' 간 층층별 관계와 여러 차원의 '외부 독약고양이'와의 관계가 모두 상당히 뚜렷하다. 앞서 내가 언급했던 마을 주민의 '족族'에 대한 개념에서 '족'은 이른바 지역 집단이웃, 한마을 사람, 혈연 집단가정, 가족, 준혈연 집단민족을 광범위하게 일컫는다. 이런 광범위한 '족'의 개념 아래 가족, 한마을, 한 골짜기 사람들은 모두 층층이 '우리 족'이다. 반대로 타 가족, 이웃 마을, 이웃 골짜기 사람들도 층층이 '외부 민족'이다. 이 때문에 여성들이 이웃 가족, 이웃 마을, 이웃 골짜기에서 시집온다고 하더라도, 마을 주민의 잠재의식 속에서 그녀들은 '외부 족'으로 인식된다.

내가 앞서 언급했듯 마을 주민이 가지고 있는 이른바 '뿌리의 깨끗함'<sup>혈</sup>
통 순정 또는 '함부로 성관계를 갖지 않는다'라는 개념도 '내부 독약고양이'
와 '외부 독약고양이'간의 밀접한 관계를 설명한다. 가족 '뿌리'의 깨끗함
을 지키는 것은 현지 사람들이 혼인관계에서 중요하게 고려하는 요소다.
'외숙부'가 자기 가족의 뿌리가 좋다며 허풍을 떠는 것도 '나쁜 뿌리'는 여
자 쪽에서 가지고 온다는 사람들의 인식을 반영한다. "뿌리가 안 좋은 집"
은 곧 '오랑캐'와 한족의 뿌리, 나병 유전자가 있는 뿌리, 또는 독약고양이
뿌리를 가진 가정으로 인식된다.

현지에서 사람들이 서로 욕할 때 쓰는 말인 "오랑캐 어미, 한족 아비" 역
시 마을 안 각 가족의 '모계'에는 '오랑캐의 뿌리'가 있을지도 모른다는 의
심을 드러내는 것이다. '한족 아비', 즉 아버지가 한족이라는 말도 욕이지
만, 사람들은 보통 조상이 한족지역에서 왔다고 인정하고 말하는 것에 별
로 신경 쓰지 않는다. 그러나 상대방에게 '오랑캐 어미'라고 욕하는 것은
그 강도가 훨씬 세다. 이는 더럽고, 음란하고, 독이 있는 것은 모두 상류지
역에서 온 '오랑캐'라고 생각하기 때문이다. 따라서 혼담을 나눌 때 '뿌리
의 깨끗함'을 강조하는 것도 '외부 여자'와 '외부 오랑캐' 간의 관련성을
설명해준다.

여인이 불결함과 오염시키는 능력을 지녔다고 하는 이유는 '오랑캐'의
뿌리를 가지고 올 수 있기 때문만이 아니라 그녀들의 성적 매력도 그 지역
을 오염시킬 수 있기 때문인데, 함부로 성관계를 가져서 그 지역을 '오랑
캐화'한다는 것이다. 이 역시 마을 민중들 사이에서 독약고양이가 항상 젊
고 아름다운 여인이고, 늙어가면서 그 독성도 약해지는 것으로 그려지는

이유를 설명한다. 아래 흑호구의 한 노인이 말한 것처럼 말이다.

예전에는 여자가 듣고 기분 상할까 봐 입 밖에 내기가 어려웠지만 사실 사
람들은 그녀가 독약고양이라는 사실을 모두 알고 있었다네. 여전히 아름다웠
으나 늙고 나니 약해지고 난폭함도 줄어들었지. 스물 몇 살, 서른쯤이 가장
사납다네. 지금도 어떤 이들은 그녀들을 기피하지만, 증거가 없으니 말도 꺼
내지 못하지. 밤길 걷는 것을 무서워하는 사람들도 여전히 많다네.

앞서 내가 언급한 바 있는 내용처럼 '남녀유별 중시', '난잡한 성관계'는
사람들이 주관적으로 만들어낸 '이마'와 '오랑캐'를 구분하는 기준이다.
독약고양이 이야기에서 남녀 독약고양이가 함께 술을 마시고, 잔치를 벌
이고, 인육을 먹는 배경이 자주 등장한다. 대다수 마을 주민들은 상류지역
'오랑캐'들도 남녀가 함께 어울려 술을 마시고 잔치를 벌이지만 '이마' 여
성은 남성과 술을 마셔도 안 되고, 과장무鍋庄舞를 출 때도 남녀가 따로 추
어야 한다. 많은 촌락 민중들도 가장 야만적인 소흑수 사람은 '오랑캐'로
과거 사람고기를 먹었다고 말한다. 이것들 모두는 독약고양이가 사람들의
'오랑캐'에 대한 공포와 혐오를 반영한다는 사실을 알 수 있다.
사람들은 '오염된' 또는 '유해한'이란 표현으로 자신들이 외부 집단에
대해 가지는 공포와 적대심을 드러낸다. 이는 외부 집단 또는 '외부 민족'
은 어쩌면 독성에 오염되었을지도 모르는 이웃부터 먼 곳의 '오랑캐'까지
포함한다. 따라서 그들은 가까운 가족 또는 이웃 마을의 여성이 '오랑캐'
의 혈통을 가졌을지도 모른다고 걱정하고, '모친이나 조모가 오랑캐일 것'
이라 여겨 이웃에게 욕을 퍼붓기도 하였다.

마을 사람들은 종종 필자인 나에게 윗마을이나 상류지역에 가게 되면 "그들의 물과 음식에는 독이 있다"는 이유로 그 지역의 물이나 음식을 먹지 말라고 경고했다. 심지어 같은 마을 내에서도 사람들은 어느 집 또는 어느 지역의 물이 '강하다'면서 마시게 되면 배가 더부룩하다고 뒷소리를 하였다. 요컨대 여성들에게 보통 '불결'의 이미지를 씌우는 장본인은 주로 남성 위주의 '동족' 의식과 혈통 및 도덕적 정결을 강조하고 정결과 불결로 자기 집단과 타 집단의 가족, 마을과 '이마'를 구분 짓는 의식이다.

여성은 '가장 가까운 외부인'이므로, 그들은 마을 내 집단과 외부 집단의 구분 및 정결과 불결 간의 구분을 무너뜨리기 때문에 불결하고 위험하며 유해하다고 여겨진다. 따라서 마을에서 실제 독약고양이로 지목되거나 입에 오르내리는 여자는 한두 명뿐임에도 불구하고, 여성들 전체가 집단 내 독약고양이로 늘 언급된다. 어쨌든 이런 이야기를 하는 사람들은 보통 마음속 깊은 곳에 가까운 가족, 이웃 마을, 이웃 골짜기, 더 나아가 저 먼 곳의 '오랑캐'까지 포함한 외부 민족과 세계에 대한 공포와 적대심을 품고 있다.

일부 소수의 여인들을 '다른 부류異類'로 지목하거나 험담하는 것은 그녀들을 마을 전체 여성 및 그 은유인 '속죄양'으로 삼아 마을의 모든 여성이 '독물毒物'로 취급되는 것을 피하기 위함이다. 그러나 마을의 이데올로기하에서 일반 부녀들도 독약고양이를 험담하고 저주하는 데 동참한다. 그녀들은 사실상 자신 역시 독약고양이 중 하나이며, 독약고양이를 저주하는 데 동참함으로써 마을 내에서 자신의 주변적 지위가 더 확고해진다는 사실을 알지 못한다. 어쨌건 독약고양이를 저주하고 '타자他者'로 지목하여 마을 집단의 정체성일반 부녀 포함을 강화할 수 있다. 이것이 어쩌면 사람들이 독약고양이를 싫어하고 혐오하면서도 마을에 독약고양이가 없으면 안 된다고 생각하는 이유를 설명할 수 있을 것이다.

## 독이 없으면 마을이 되지 않는다

앞서 흑호구 그 강족이 말한 독약고양이 이야기 중에 독약고양이의 대가 끊어질 것을 염려한 천신이 죄를 뉘우친 독약고양이의 독성을 완전히 제거하지 못하도록 하였다는 부분이 나오는데, 독약고양이 설화 중에는 이와 비슷한 일화가 보편적으로 존재한다. 독약고양이를 믿는 마을 주민들도 "독 없이는 마을도 없다"고 여긴다. 다시 말해 마을에 독약고양이가 없어도 좋지 않다는 것이다. 왜 그런가? 그 이유에 대해선 그들은 이렇다 할 답을 내놓지 못하거나 다른 의견이 있다. 일례로 아래 북천 청편지역 한 노인이 말하는 것처럼 말이다.

우리는 독 없이는 마을도 없다고 말한다네. 마을마다 독약고양이가 있지. 독약고양이가 없으면 마을의 물도 속을 썩여서 마실 수가 없다네. 독약고양이를 두려워하지만 또 그게 없어도 좋지 않다네.

독약고양이가 개과천선한 이야기를 마친 뒤 위에서 언급된 흑호구 노인은 이렇게 설명하였다.

귀신의 일종인 역신瘟神을 다스릴 수 있는 것은 독약고양이 뿐이라네. 일종의 마귀가 사람을 해하지. 독약고양이가 없어지면 사람을 해치는 역신과 마귀 모두 창궐하게 되지. 그래서 독약고양이가 없어도 안 되기 때문에 여덟 강에서 독약고양이를 씻긴 후엔 더 씻기지 않았다네. 옛날에는 독약고양이가 많았다던데 여덟 번 씻긴 뒤로 지금은 많이 적어졌지만, 여전히 있기는 있다네. 독약고양이도 일종의 독이므로, 독이 없으면 마을도 없고, 독으로써 독을 다스려야 하며, 독으로써 또 다른 독을 물리쳐야 한다네.

일부 마을의 주민들 관점으로 보아 독약고양이가 없으면 안 된다는 생각은 더 심각한 마귀와 독, 전염병에 대한 두려움에서 비롯된 것이다. 만약 사람들의 독약고양이에 대한 두려움이 그들의 가까운 이웃이나 이웃 마을에 대한 적대심에서 비롯한 것이라면, 독약고양이보다 더 강력한 독이나 전염병은 분명 더 먼 곳의, 더 야만적이고 불결한 집단에 대한 두려움일 것이다. '서로 욕하는' 정체성의 배경에는 '독 없이는 마을도 없다'는 신념이 뒷받침하고 있다.

이러한 고립된 마을에서 외부 마을 출신, 특히 상류지역의 다소 낙후된 마을의 여자와 혼인 관계를 맺는 이유는 마을의 안전을 보장받을 수 있을 거라는 기대 때문이다. 다시 말해, 자기 마을과 더 상류지역 마을 사람들과의 관계를 통해 상류지역 '오랑캐'의 침입을 막을 수 있을 거라고 기대하는 것이다. 독약고양이가 상징하는 '외부인' 또는 '외부 세계'는 익숙하면서도 독성이 약하여 통제 가능하고 대응할 수 있다. 이런 '독'을 받아들임으로써 더욱 심각하고 통제 불가능한 전염병과 마귀를 피하거나 막을 수 있는 것이다. 또 한편으로는 독약고양이의 존재와 일상에서 '외부인'에 대한 험담을 통해 마을 주민들독약고양이가 아닌 여성도 포함 간의 단결도 강화할 수 있다. 이렇게 사람들이 상상하고 만들어낸 '내우內憂'는 공감대를 형성하고 있는 여러 범주의 집단 속에 존재한다.

이 두 차원의 의미에서 보면, "독 없이는 마을도 없다"가 곧 "내우외환이 없는 국가는 망하기 쉽다"는 의미를 내포하고 있는 게 된다. 단지 마을 주민들을 단결시키기 위한 '내우'와 '외환'은 꼭 '오랑캐'의 야만성과 불결함처럼 주관적인 상상도 아니고, 객관적인 사실도 아니다. '자기 마을' 또는 '본국'의 정체성으로 인해 한 집단이 신화와 '역사'를 이용해 자기 집단과 외부 집단을 구분 짓고, 집단 내 핵심 무리와 주변 무리를 구분 짓는다. 이렇게 신화 또는 '역사'로 뚜렷해진 구분은 마을 집단이 만들어내는 문화와 그들이 '외부인' 및 집단 내 '독약고양이'에 가하는 적대 행위에 영향을 끼친다. 그래서 집단 간 구분을 드러내는 문화적 표현과 적대 행위가 객관적인 사회현실과 역사적 사실이 된다. 일례로 오늘날 국제 정치에서 몇몇 정치 인물이 항상 국민과 국가가 직면한 '내우'와 '외환'을 상기시키는데, 대개 이런 내우와 외환은 집단적 상상이다. 그러나 적대심이 각종 문화의 표현과 집단행동을 통해 상호작용에 영향을 미치면서 내우외환도 점차 현실이 된다. 이를 통해 국가는 그 주체의 구성원들을 단결시킬 수 있을 것이다. 이것이 곧 '내우외환이 없는 국가는 망하기 쉽다'와 '독 없이는 마을도 없다'가 내포한 의의다.

강족의 '독약고양이' 사례는 외부 세계의 다양한 '타 집단'에 대한 적대심이 종종 집단 내 또는 주변에 꽤 가까운 '타인'에게까지 뻗친다는 것을 설명한다. 반대로, 집단 내 또는 주변의 가깝거나 비슷한 '타인'에 대한 의심도 종종 외부의 관련 '타 집단'에 대한 '이질감'과 적의를 키운다. 이처럼 주요 집단 내 또는 주변 약자인 '타자'는 집단 구성원이 외부의 강한 세

력인 '타자'로 인해 초래되는 압박과 공포를 해소하는 데 쓰이는 '속죄양'
이 되기가 매우 쉽다. '내부 독약고양이'와 '외부 독약고양이'의 상생은 인
류 사회의 정체성을 강화하는 보편적인 현상이며, 여러 민족과 집단 간 갈
등 및 충돌의 주요 원인 가운데 하나이기도 하다. 이 현상은 세계 여러 민
족 집단들의 갈등 사례를 통해 입증할 수 있다.[31] 이는 인류사회의 심각한
불행이자, 우리가 깊이 생각해봐야 할 부분이라고 할 수 있다.


## 경험, 역사와 신화

일반적인 인식에 따르면 이번 장에서 언급한 '독약고양이' 구술 자료가
'신화'에 속하는 것처럼 보인다. 그 외에는 마을에서 과거 발생하였던 '역
사'이거나 혹은 누군가 직접 겪은 사건의 '경험'이다. 오늘날 강족은 보통
한어를 구사하는데, 신화, 역사와 경험에 대한 개념 구분이 우리한족와 다
르지 않다. 그들은 신화 전설을 보통 '조條'[32]라고 하는데, '조'는 사천지역

---

31  르네 지라드(Renè Girard)는 인도의 회교도와 파키스탄의 인두교도를 예로 들어서 그
들이 내부의 소수이기 때문에 '속죄양'이 되는 것을 설명하였다. 관련 내용은 Renè
Girard, op. cit., pp.17~18을 보라. 그런데 내가 강족을 연구하면서 제기한 '독약고양
이 이론'에서 보면, 인도의 회교도가 '내부 독약고양이'가 된 것은 '외부 독약고양이,
즉 주변의 광대한 회교세계의 인도인에 대한 위협 때문이다. 마찬가지로, 파키스탄인이
소수 힌두교도(내부 독약고양이)에 대해 두려워하는 것도 강한 이웃인 인도(외부 독약
고양이)의 위협이 있기 때문이다. 동시에 파키스탄인과 인도인 사이의 적대의식은 더욱
일상생활 중에 내부 '이교도'들과의 모순과 적의가 촉매가 되는 것에 영향을 받기 때문이
다. 인도네시아인들이 인도네시아 화교들에 대하여, 스리랑카인들이 타밀인들에 대하
여, 이라크인들이 쿠웨이트인들에 대한 것들처럼 세계의 많은 지역의 집단과 민족 관계
에는 유사한 예들이 많다.
32  [역자주] 條는 중국어 발음으로 "티아오"라고 발음되는데, 아마도 사천 지방 강족어로는
신화나 전설을 "티아오"라고 부르거나 이와 유사한 음으로 발음할 것이다.

방언에서 자유롭게 하는 이야기를 가리키며, 그 진위는 중요하지 않다. '역사'는 과거에 실제로 발생했던 일이라고 그들은 여긴다. 만약 누군가 사실을 의심하면 그들은 "그것은 조가 아니다"라고 열심히 반박한다. 개인 '경험'에 대해선 그들은 직접 몸으로 겪은 일이라고 더욱 명확히 설명한다. '신화', '역사'와 '경험'은 각각의 특성이 있으나 또 완전히 뚜렷하게 분리되어 있지는 않아서, 구술 중에 이 세 가지가 서로 뒤얽히고 영향을 미치기도 한다.

아래는 필자가 '독약고양이' 관련 일부 구술 자료를 빌려 '신화', '역사' 또는 '경험'으로 분류될 수 있는 서사narratives적 특징들을 설명하고, 이것들이 어떻게 형성되고 서로 영향을 미치는지, 나아가 어떻게 개인과 사회, 정서와 구조를 연결하는 중간 다리가 되었는지를 탐구하겠다. 첫 번째 종류로 분류되는 독약고양이 이야기를 우리는 '신화'라고 부르겠다. 신화는 일종의 학술 용어로서 그 정의에 대해선 의견이 많이 엇갈린다. 나는 반드시 '신화'가 '역사'와 '경험'과 같은 기타 사회기억 범주와의 상호관계 배경 속에 있어야지만 그 함의를 제대로 이해할 수 있다고 본다.

사람들은 이 '신화'에 속하는 이야기를 할 때 이것이 이른바 '조'라는 신화 전설에 불과하다는 사실을 분명히 알고 있다. 누구도 이것을 실제로 발생하였던 일로 생각하지 않는다. 독약고양이가 부엌 찬장을 타고 날거나, 주머니 속에서 동물 털을 꺼내 그 동물로 변신하거나, 함께 모여 연회를 즐기며 인육을 먹고, 독약고양이 왕은 인간 손톱으로 만든 옷을 입고 머리에는 꿩 깃털을 꼽고, 독약고양이가 강의 아홉 군데에서 독을 씻어낸다는 등의 이야기 말이다.

이야기를 전달하는 사람은 그가 들었던 이야기 줄거리와 당시 머릿속에 그려진 허구적 이미지를 회상하고, 거기에 자신의 상상력을 더해서 묘사한다. 독약고양이 모임, 절단된 사지, 어머니가 냄비 위에서 동물로 변하는 법을 딸에게 가르쳐 주는 것 등, 이야기 속 여러 장면과 이미지는 이야기의 핵심 이미지가 된다.

이런 이야기들의 서사에서는 확실히 정해진 시간과 장소가 없다. 시간과 공간 없이 서사의 핵심 이미지가 이야기 줄거리의 기억과 전파를 통제한다. 이야기에서 전달자는 수시로 자신의 의견을 더하고, 자신을 사건이 발생하였을 당시의 목격자로 삼아 세부 내용을 상세히 묘사한다. 또는 자신을 당사자로 정해 일인칭 시점으로 이야기 속 인물이 되어 말한다. 그들은 그저 옛날이야기를 하는 것일 뿐이니 이러한 허구와 살을 덧붙일 수 있다. 이런 종류의 이야기가 많지는 않으나 그 전파력은 상당하다. 한편 동물로 변신하는 독약고양이가 이러한 이야기 속 주인공이다.

두 번째 종류의 독약고양이 이야기는 마을 주민들이 믿는 '과거 발생한 적이 있는 일'이다. 이것을 마을 주민들의 마음 속 '역사', 일종의 말로 전파된 본토 역사라고 칭할 수 있다. 이 종류의 이야기는 통상 '우리 마을에 아무개가' 또는 '어느 마을의 아무개'로 시작한다. 그리고 그 사람이 이상하거나 불행한 일을 겪는 내용이 이어진다. 아래 흑수 쌍류색雙溜索 사람이 한 이야기처럼 말이다.

독약고양이 전설이 있어요. 우리는 그것을 '독화살'이라고 부릅니다. 그들이 자리를 만들면 여자아이들은 고양이 같은 것으로 변합니다. 희이希爾라는 재봉사가 있었는데, 어느 날 저녁 온갖 소리가 다 났습니다. 후에 또 어떤 사람의 소리가 들렸는데 누구인지 다 알 수 있을 정도였죠. 나중에 그가 문을 열었더니 독약고양이가 "오늘 반드시 그를 먹을 것이다"라고 하고는 그를 길가로 끌어내었습니다. 나중에 다른 집에 있던 사람이 해결해주러 나오자, 독약고양이는 그제야 그를 놓아주었습니다. 그 이후 그 집은 그 자리에 버려지게 되었죠.

이런 '역사'로서의 서사에는 특정 인물과 사건, 또는 특정 장소와 시간이 있기도 한다. 사람들이 이것을 사실이라고 믿는다는 점이 가장 중요하다. 현지 사회기억들 중에 실제 인물어느 마을의 아무개 또는 어떤 이름을 가진 사람이거나, 시간 순서대로 흐르는 성격대로 시간상의 어느 시점, 또는 과거 유물인 실제로 존재했던 것들 모두 사건의 진실성을 강조하는 데 쓰인다. 위의 사례처럼 사람들의 경험 중에 익숙한 지명西爾과 직업재봉사은 이야기 속 인물을 특별하게 만들어 듣는 사람도 이 인물이 실제로 존재한 것처럼 느끼게 되고, 사건 역시 실제로 발생하였던 것으로 믿게 된다.

마지막으로 지금도 존재하는 폐가는 전체 사건의 진실성을 한층 더 강조한다. '역사'로서의 이야기의 사회적 기능은 사람들이 믿는 '실존했던 과거'를 통해 그 지역 본토의 지식을 합리화하는 것이다. 이야기 속 특정 인물, 장소 또는 사물이 전체 서사의 '진실성'을 나타내는 핵심이다. 반대로 사건 자체가 진실인지는 증명할 수 없다. 따라서 '과거 실제로 발생한 적이 있는 일'로 삼는다면, 구연자口演者는 특정 인물, 장소 또는 사물로 사회의 기억을 지탱하고 전달하여야 한다. 이야기에서 방관자와 당사자의 입장은 적거나 아예 서술 중에는 없는데, 이러한 주관적인 견해가 서사의 객관성과 진실성을 파괴할 수 있기 때문이다. 이 '역사' 속 주인공 역시 주로 동물로 변신하는 독약고양이이다.

세 번째 서사의 종류는 구연자 개인의 경험과 기억이다. 예시로 아래는 북천 소파 사람의 개인 경험 및 기억인데, 그는 이렇게 말한다.

옛날 독약고양이 전설은 우리 유 씨 가문에도 있었습니다. 제가 일고여덟 살 때 늘 막내아우를 업고서 놀았는데, 한 할머니가 아우 손을 잡고 놀아주셨습니다. 그런데 돌아와서 상황이 나빠졌습니다. 당시에 급경풍急驚風이라 하였는데, 지금으로 치면 폐렴이었죠. 막내아우는 결국 죽었고, 사람들은 그 할머니가 그를 해쳤다고 말하였습니다. 듣기로는 그녀의 대나무 통 안에는 털이란 털은 다 있어 그녀가 무엇이든 만지면 잡은 그 털의 동물로 바로 변할 수 있었고, 원한이 있거나 가장 가까운 이를 해친다고 하였습니다.

무현 적불소의 한 중년도 나에게 그의 경험을 들려주었다.

저에게 숙모 한 분이 계셨는데, 그 숙모 사위가 일손을 도우러 간 적이 있습니다. 그가 저녁에 돌아오는 길에 소 한 마리와 마주쳤고, 엎치락뒤치락 싸우다 소가 넘어지면서 구덩이에 빠지게 되었습니다. 그가 돌아온 후 삼촌들이 달려가 보았지만, 소는 보이지 않았고 바닥에 싸운 흔적만 남아 있었습니다. 그후 숙모는 병에 걸려 성도成都로 가서 치료를 받았지만 낫지 않았고, 결국 세상을 떠나셨습니다. 내 여동생도 덩달아 병에 걸렸는데, 복부가 팽창하여 고통에 울부짖었죠. 저의 어머니가 딸이 배가 부풀었는데 원인이 무엇이고, 방법을 알려줄 수 없겠냐며 독약고양이를 찾아간 뒤에야 여동생의 병이 나았습니다.

위 두 사람이 진술한 과거 경험이 실제로 모두 독약고양이와 연관이 있는지는 설명하기 어렵다. 사실상 이것은 사회에서 전해지는 '신화'와 모두가 믿는 '역사적 사실'로, 바깥 세계를 경험하기 위해 일종의 문화적 심리구조를 제공하는 것이다. 야간에 들리는 이상한 소리, 가축의 이상 행동, 또는 사람들이 질병에 걸리거나 사망하는 등, 모두 문화적 심리구조에서 해석된다. 이른바 '경험'은 사실 문화를 통해 얻어지는 것이자 문화로 포장된 개인의 바깥 세계에 대한 인상과 기억이다.[33] 그것들은 일종의 개인의 기억으로서, 여러 각종 공적 장소에서 서술되면서 사회기억의 일부분이 되었고, 본토 및 독약고양이와 관련된 문화적 심리구조를 한층 더 강화하였다. 이 문화적 심리구조란 영국의 심리학자 바틀렛F. C. Bartlett이 말한 '심리구도schema'이다.[34]

'구분'과 '정체성'은 이 '심리 구도'의 핵심이다. 이야기 중에서 인물, 시간, 장소 및 사건병들거나 사망하는 것은 어쩌면 모두 사실이고, 사람들이 사건과 독약고양이 간의 관계만 구성또는 꾸며낸 것일지도 모른다. 이야기에서 구연자는 참여자의 관점에서 묘사하는데, 구연자 본인의 존재가 이야기의 진실성과 설득력의 근간이다. 현재 "여자가 동물로 변신하여 사람을 해칠 수 있다"는 말은 믿을 게 못 된다고 생각하는 사람이 많기 때문에 자기 경험을 이야기할 때 대부분 "손톱에서 독을 뿜는 늙은 여자"라고 말한다.

역사학자와 인류학자는 신화, 역사, 개인적 경험 및 기억에 대해 많은 흥미를 느낀다. 역사학자는 구전 '신화'에서 어떤 역사적 사실 또는 사회

---

33 F. C. Bartlett, *Remembering : A Study in Experimental and Social Psychology*, Cambridge : Cambridge University Press, 1932. 바틀렛 등 학자들이 집단기억에 대한 연구와 집단기억 및 인류 사회 공감과 관련된 관계에 관해서는 졸저, 『華夏邊緣－歷史記憶與族群認同』, 台北 : 允晨文化公司, 1997, 85~91쪽을 참고하기 바란다.
34 Bartlett, Ibid., pp.199~200.

현실의 잔재[35]를 탐색하거나, 개인이 구술한 기억 중에서 근대 역사 및 사회[36]를 구성하곤 한다. 인류학자 또는 문화 연구학자도 신화에 역사적 진실이 존재하는지, 또는 신화가 과거 실제 사건에서 만들어진 것은 아닌지 탐구한다.[37] 이와 더불어 역사적 사실이 신화를 통해 역사 발전에 영향을 미치는 구조를 형성하는지, 또는 문화구조가 신화 및 역사적 사실을 만들어내는지를 토론하기도 한다.[38] 또는 서양의 영향을 받은 역사경험이 어떻게 토착사회에서 신화, 역사 등 또 다른 사회의식 패턴 및 문학 장르로 재현되는지도 연구한다.[39] 이런 연구와 토론에서 학자들은 무엇이 신화고, 무엇이 역사이며, 무엇이 개인적 경험인지 탐구하고 정의한다.

그러나 우리는 또 다른 관점에서 이 문제들을 생각해볼 수 있다. 신화, '역사'와 개인경험과 기억은 모두 말과 문학으로 전달된 사회기억이다. 그

---

35 Joseph Miller ed., *The African Past Speaks*, Hamden, CT : Archon, 1980; Roy Willis, *A State in the Making:Myth, History and Social Transformation in Pre-colonial Ufipa*, Bloomington : Indiana University Press, 1981; Paul Irwin, *Liptako Speaks:History from Oral Tradition in Africa*, Princeton : Princeton University Press, 1981.

36 Paul Thompson, *The Voice of the Past : Oral History*, second edition, Oxford : Oxford University Press, 1988.

37 Renè Girard, "Generative Scapegoating" and "Discussion", in Robert G. Hamerton-Kelly ed., *Violent Origins*, Stanford : Stanford University Press, 1987, pp.73~105·106~148; Renato Rosalso, "Anthropological Commentary", in *Violent Origins*, Stanford : Stanford Univerisity Press, 1987.

38 Marshall D. Sahlins, *Historical Metaphors and Mythical Realities*, Ann Arbor : The University of Michigan Press, 1981; Gananath Obeyesekere, *The Apotheosis of Captain Cook : European Mythmaking in the Pacific*, Princeton : Princeton University Press, 1992.

39 Jonathan D. Hill, "Introduction : Myth and History", in Jonathan D. Hill ed., *Rethinking History and Myth : Indigenous South American Perspectives on the Past*, Chicago : University of Illinois Press, 1988; Terence Turner, "Ethno-ethnohistory : Myth and History in Native South American Representations of Contact with Western Society", in Jonathan D. Hill ed., *Rethinking History and Myth : Indigenous South American Perspectives on the Past*, pp.235~281.

것들은 어떤 사회 상황에서 전해진 '텍스트'로, 한 사회 안에서 동적으로 존재하며, 언어, 문자 기호의 함의 및 그 특정한 서사 구조를 통해 사람들의 개인 경험 형성에 영향을 미치고, 관련 사회 상황과 그 사회 상황 속 사람들의 집단행동을 강화하여 사회 현실과 역사 사실을 만든다.

이처럼 새로운 사회 현실과 역사 사실은 새로운 역사기억과 개인 경험을 만들어 내고, 사회화된 글과 설명을 통해 신화, 역사 서사 속 언어, 문자, 기호의 사회 문화적, 상징적 의의에도 영향을 미친다. 예를 들어 관련 독약고양이 서사 속 가까운 가족, 마을 간 충돌과 대립, 혼인으로 인한 부권과 구외숙부권 간 충돌, 외부 '오랑캐' 세계에 대한 적대심과 혐오 및 역병과 예기치 못한 죽음에 대한 공포 등등은 모두 이러한 신화와 역사, 개인 경험의 기억을 만들어내는 '텍스트text'의 '맥락context'이다.

전염병과 예기치 못한 죽음이 초래한 사회혼란 속에서 외부 마을에서 시집온 소수의 여성은 이질화되고 속죄양이 되어 모든 질병과 죽음의 죄를 뒤집어쓴 채 결국 살해되거나 친정으로 쫓겨난다. 이런 신화와 '역사', 개인 경험을 이야기할 때, '텍스트'는 '고양이', '소', '여자', '인육 섭취' 등 단어의 본토 사회문화 속 상징적 함의와 줄거리 속 이미지 및 장면의 상징적 의의 등 각종 서사 패턴을 통해 언어를 더욱 심오한 문화적 기호로 바꾸어 사람들의 역사기억 형성과 개인의 외부 사물에 대한 경험에 영향을 미친다.

사람들은 이렇게 전염병과 사망 사건뿐만 아니라 여러 외부 적대 세력에 대한 공포도 해소하려고 한다. 이때 '텍스트' 서사 속 관련 '맥락'도 더욱 강화된다. '맥락'은 개인의 경험 구성과 그 사회 상황 속 사람들의 집단행동에 영향을 미친다. 가까운 가족, 이웃 마을, 이웃 골짜기 사람들과의 마찰, 가까운 마을끼리 연합하여 상류지역 '오랑캐'의 침범에 대항하거나 그들의 죄를 벌하는 사건 등이 그 예이다.

많은 강족 친구들은 자기들이 어렸을 적에 독약고양이 설화에 시달렸던 경험을 나에게 이야기해준 바 있다. 아주 어렸을 때부터 그들은 난롯가 앞에서 독약고양이 이야기 등 여러 이야기를 들었는데, 이 시간이 마을의 일상생활에서 꽤 중요한 부분을 차지하였다. '독약고양이' 때문에 아이들은 화장실에 갈 엄두를 못 내었고, 자라고 나서는 밤길을 걷는 것을 두려워하였다. 그러나 필자처럼 마을 밖 외부인의 입장에서 봤을 때 사실 그렇게 무서운 이야기들이 아니다. 따라서 나는 두려움이 전부 이야기 줄거리에서 비롯되었다기보다는 이야기 내용과 현지 사회 상황이 함께 결합되어 영향을 미쳤다고 믿는다.

'텍스트'의 의의는 '텍스트'와 '맥락'의 상호 해석에 있으며, 텍스트는 맥락에서 탄생하고text in context, 맥락 역시 텍스트 속에서 나타난다context in texts. 만약 텍스트를 일종의 '표현representation'으로 본다면, 맥락은 사회 '현실reality'로, 이는 바로 부르디외P. Bourdieu가 언급한 '현실의 표상representation of reality'과 '표상의 현실reality of representation'과 같다.[40]

사람들이 이런 '맥락' 속에서 자라면서 끊임없이 사회와 문화로부터 여러 신분을 부여받게 되고, 나아가 각종 사회 구분을 인지하게 된다. 그들은 점차 여러 차원의 '우리'와 '그들'을 분별하는 법을 배우고, 그들은 다른 류異類로, 불결하고, 위험하며, 유해하다고 인식한다. 그래서 여자, 동물, 질병, 불결함은 언어에서 점차 깊은 문화적 함의를 부여받게 되었다. 성인

---

40 Pierre Bourdieu, op. cit., pp.482~484.

남자 입장에서 보면, 외부 세계에 대한 적대심과 공포, 부권과 구권 간 충돌, 순결 강조로 야기된 성 억압 모두 마을 구성원들의 역병과 예기치 못한 죽음이 초래한 혼란에 투영되었고, 외부 마을에서 온 소수의 여성들은 속죄양이 되었다.

이런 문화적 심리구조 안에서 개인이 사방에서 발생하는 기이한 현상과 불행한 사건을 겪게 되면, 바로 이런 심리구조 속에서 이를 합리화하면서 개인의 경험과 기억이 된다. 일부 '인상 깊은' 예시, 다시 말해 희극화 된 줄거리가 내부 사회문화 구조또는 신화 형식에 부합하는 예시에서는 사람, 사물, 시간, 장소가 특화되고 널리 퍼지면서 모두가 믿는 '역사'가 되었다. 개인의 '경험'이나 마을에서 전해지는 '역사', 또는 독약고양이와 관련된 '신화'를 이야기할 때, 각종 사회적 긴장을 해소하고 마을 또는 가족 간 공감대를 높이며, 나아가 여러 차원의 사회적 구분을 한층 더 강화한다. 사람들은 성장하면서 이야기의 청자에서 점차 화자가 되어가고, '맥락'도 이로써 계속 다음 세대로 전해진다.


## "지금은 독약고양이가 많이 적어졌다"

반세기 이래 민강 상류지역과 북천지역에서 사회, 정치적으로 큰 변화가 생기면서 '독약고양이' 서사가 뒷받침하고 있던 '맥락'도 크게 바뀌었다. 민족 식별과 분류를 통해 '이마'가 강족이 된 후, 과거 가까이 인근에 있던 '오랑캐'와 '한인漢人'들도 모두 강족이었다는 사실을 알게 되었고, "원래 모두가 하나의 민족이었다"라고 하면서 이웃 마을과 골짜기 간에 존재하였던 적대심과 갈등도 다소 완화되었다. 옛날 비교적 먼 관계였던 '오랑캐'나 '박과자'도 오늘날의 '티베트족'이 되었다. 그들은 새로운 역사 지식을 통해 티베트족도 옛날 강족의 후예라는 사실을 받아들였고, 더 이상 '티베트족'을 두려워할 필요가 없다고 여기게 되었다.

국가권력에 의한 질서하에서 모든 민족 집단에 대한 차별이 금지되었고, 새로운 자원 배분 및 공유체계 아래서 각 골짜기와 마을 간의 심각한 무장 폭력 충돌도 더 이상 일어나지 않게 되었다. 이 모든 것이 그들에게는 새로운 경험이었다. 주 정부가 축제를 열 때마다 강족과 티베트족은 함께 소수민족의 정서를 보여주었다. 사회 치안 면에서는 외부에서 장사할 때 가끔 좀도둑을 만나는 경우를 제외하고는 기본적으로 안전해졌다.

게다가 교통이 발달하면서 외부와의 접촉이 많아져 고립되어 있던 '이마'도 외부 세계에 대한 두려움이 변화하였다. 일과 교육의 기회가 많아지면서 여성의 사회적 지위도 개선되었다. 과거 폐쇄적인 혼인 방식도 높은 산, 깊은 골짜기의 마을을 제외하고는 대부분 모두 상당한 변화가 있었다. 질병 측면에서는 오늘날 보건의료 지식이 전파되면서 전염병과 더욱 흔히 볼 수 있는 '복부 팽창'은 페스트, 결핵, 열병 등등이라는 것을 사람들이 알게 되고, 끓이지 않은 물은 마시지 않고, 환자와의 접촉을 피하고, 파리, 모기를 박멸하는 등의 방법으로 예방할 수 있다는 것도 알게 되었다. 이러한 사회적 상황의 변화는 '독약고양이'의 다양한 설화에 영향을 주었다. 간단히 말하자면, 사람들이 이전에는 독약고양이가 많았으나 지금은 줄었다고 생각하거나, 또는 이전에는 독약고양이가 매우 사나웠는데 지금은 별로 그렇지 않다고 느끼게 되었다.

민족, 역사, 과학 관련 새로운 지식이 때로는 개인에게 기존의 사회문화

구조를 강화하기 위해 사용되기도 하지만, 대다수 사람들은 이를 통해 개인의 경험과 기억을 재창조하기도 한다. 사람들은 '신화'에 대해 크게 논쟁하지 않는다. 진실이 아니라는 것을 알기 때문에 이야기에 언제든 '양념'을 보태거나 새로운 해석을 덧붙일 수 있기 때문이다. 반대로 공통의 '경험적 기억'과 '역사'를 논쟁하고 토론하는 과정에서 '과거의 진실성'은 세대, 지식, 권세의 위계적 관계 속에 휘말린다. 이 과정에서 '역사'는 새롭게 해석되고, '신화' 역시 인간, 사물, 사건 등 단어의 문화적 의미가 수정되면서 새로운 의미를 갖게 된다. 혹은 신화를 지탱하던 사회적 상황이 사라지면서 점차 전파력을 잃어가기도 한다.

그러나 새로운 지식을 얻었다고 '독약고양이'를 속죄양으로 삼아 사회적 긴장을 풀 필요가 없게 된 것은 아니다. 새로운 '이성'은 독약고양이 설화에 반영된 '자민족중심주의ethnocentrism'에서 아직 완전히 깨어나지 못하였다. 다만, 사람들은 또 다른 정체성 규범에서 새로운 속죄양을 찾고 있을 뿐이다. 한 강족 지식인은 나에게 "**독약고양이 대부분이 여자인 것은 민족 내부의 분열임을 가리킨다**"라고 말한 바 있다. 이 말은 하나의 민족인 이상 내부의 개별 구성원이나 하위 집단을 이렇게 차별해서는 안 된다는 뜻이다.

그런데 '서로 욕하는' 상황은 여전히 존재한다. 강족은 흑수인과 티베트족은 더럽고 성관계가 문란하다고 생각하고 있고, 가융이나 흑수 티베트족은 초원의 티베트족이 더럽고 성이 문란하다고 보지만, 한족은 이 자치주에 속한 소수민족은 모두 더러우며, 도덕 및 인륜을 대수롭지 않게 여긴다고 생각한다. 이처럼 원래 마을의 정체성 구조에 뿌리를 두었던 유해하고 오염되었으며, 불결하고 야만적이라는 '독약고양이' 개념은 새로운 민족 분류 체계에 포함되었다. 동시에 이들 마을 주민들은 자신들이 강족이라고 주장하지만, 각 가족, 마을 간 자원 공유와 분배 관계는 변하지 않았으며, 가족, 마을, 인근 골짜기 간에 아직도 작은 충돌이 끊이지 않고 있는 것도 독약고양이가 많이 줄었다고는 하지만 아직도 완전히 뿌리 뽑히지 않았다고 생각하는 이유를 설명한다.

독약고양이는 강족뿐만 아니라 이른바 '문명 세계'에서도 근절된 바 없다. 더욱 일반적인 의미에서 보면 '독약고양이 이야기'는 민강 상류지역의 마을뿐만 아니라 토착민, 현대 도시인을 막론하고 전 세계 모든 사람 사이에 널리 퍼져 있다. 그렇기 때문에 많은 사회에서 여성과 취약계층, 소외된 사람들이 종종 유독하고 오염되었으며 잠재적인 배신자 또는 파괴자로 취급된다. 사회가 혼란스러울 때 그들은 늘 속죄양이 된다. 이 역시 그만큼 인간은 집단 각자가 만든 '마을' 속에서 살아가는 듯하다는 점을 설명해준다.

고립<sub>구분과 변계</sub>으로 인해 우리는 외부 세계를 두려워하게 되고, 내부 경계에 있는 독약고양이<sub>내우</sub> 또는 외부의 독약고양이<sub>외환</sub>를 함께 만들거나 상상해내서 자신을 고립시킨다. 외부의 독약고양이가 한 집단을 위협하거나 공포를 조성할 때, 내부 또는 인근의 독약고양이는 속죄양이 된다. 내부 독약고양이 간의 지속적이고 상시적인 적대 관계는 외부의 적에 대한 적대심과 적대 행위에 투영되기도 한다.

이러한 '구분'과 적대 행위로 인해 피구분자와 적대 대상 집단이 '구분' 개념을 알게 되고, 또 이에 상응하는 행위를 일으키게 된다. 따라서 각기 구분을 강조하는 문화적 심리 속에서 내우와 외환도 객관적 현실이자 역사적 사실이 되었다. 따라서 '독 없이는 마을도 없다'라는 일반적인 사회적 함의는 바로 한 사회 집단이 경계를 유지함으로써 응집하고, 경계의 형성과 그 본질 및 변화는 언제나 역사적 상상과 역사적 사실 사이에서 흔들린다는 것이다.

역사 편

## 이끄는 말

나는 제3장에서 민강岷工 상류에 있는 촌락 집단 내 각 층위 족군族群의 정체성과 구분에 관해 소개하고 분석하였다. 정체성 구분 개념들은 현재 지역, 세대, 성별이 다른 강족 민중이 그에 대해 인지하는 것에 따라 각기 다르지만, '민족화'가 이 지역의 정체성과 구분체계에 아주 큰 영향을 미쳤음은 분명하다. 이른바 '민족화'란 나는 근대 '민족' 개념 아래의 민족 분류와 식별 및 그로 인해 생겨난 민족 자각 과정을 말한다. '민족화' 되는 과정에서 현재 이 지역 민중은 보편적으로 자신이 '강족'임을 알고 있고, 그 외에 또 어떤 지역 사람들이 '강족'이며, 어떤 사람들이 '한족' 또는 '티베트족'인지를 대략 알고 있기도 한다. 과거 모호하고 상대적이었던 '적부赤部', '이마爾瑪'와 '이爾'의 개념은 지금처럼 각각 그들 민족 지식 중의 '티베트족', '강족', '한족'으로 대체되었다.

그뿐만 아니라 현재 시골 민중들은 자주 자조적으로 과거에는 지식 부족으로 모두가 다 강족임을 알지 못하였기 때문에 "서로 상대를 욕하였다 一截罵一截"라고 말한다. 여기서 말하는 '지식'이란 주로 강족과 강족 정체성을 창조해낸 지식이며, 일종의 '민족역사지식'과 '민족문화지식'이다. 아래의 역사 편에서 나는 이들 민족 역사 지식들을 소개함과 동시에 이 '역사'가 만들어진 역사적 과정을 설명하고자 한다. 아울러 나는 본토 관점의 '역사' 및 이 양자의 합류점 — 민족화 아래 본토 관점의 '역사'도 소개하려 한다. 끝으로 나는 각종 '역사'와 역사 중에서 오늘날 '한족과 티베트족의 사이'라고 하는 이 족군 특징의 유래를 설명하고자 한다.

최근 10년 이래 많은 사회과학과 인문과학 연구에서 '역사'와 집단 정체성 사이의 관계가 모두 상당히 주목받고 있다. 집단의 본질 연구에서 '역사', 사회기억이나 집단 간 일종의 공통된 기원의 상상은 자주 집단의 정체성을 결집하는 근본적인 정감의 원천으로 인식되고 있다.[1] '민족주의 nationalism' 연구에서 학자들도 '역사' 건립과 '민족nation'의식 간의 관계에 주목하고 있다.[2]

나 역시 과거의 저작에서 사회역사기억의 형성과 변천을 통하여 집단 정체성의 근본성과 도구성의 본질을 설명한 적이 있다. 나는 집단 정체성의 근본성이란 가상의 동포 형제라는 동일한 기원의 감정에서 만들어진 집단 구성원들 간의 근본적인 감정이며, 집단 정체성의 도구성은 이런 '동일 기원'의 기억이 항상 사람들 사이의 논쟁과 조작 중에 놓임으로 인해 '기원' 역시 수식, 변화, 망각됨으로써 환경의 변화에 적응하는 데 있다고 생각한다.[3] 이는 수많은 집단 혹은 민족 정체성을 강화하는 사회적 회고 활동들 중에 사람들이 왜 자주 '공통의 기원'을 거슬러 올라가 탐색하고, 창조하며, 논쟁하는지를 설명한다. 이러한 각도에서 '역사'를 보면, 사실상 민강 상류 촌락사회에 대한 나의 앞선 소개에서 이미 다루었던 '역사' 문제, 즉 각 촌락 집단이나 촌락 내 모든 가족들을 결집시키는 '형제조상

---

1  Elizabeth Tonkin, Maryon McDonald and Malcolm Chapman ed., *History and Ethnicity*, London : Routledge, 1989; Harold R. Isaacs, *Idols of the Tribe : Group Identity and Political Change*, Cambridge, Mass. : Harvard University Press, 1989, pp.115~143.

2  Eric Hobsbawm and Terence Ranger ed., *The Invention of Tradition*, Cambridge : Cambridge University Press, 1983, pp.12~13; Anthony D. Smith, *The Ethnic Origins of Nations*, New York : Basil Blackwell, 1987, pp.174~200; Prasenjit Duara, *Rescuing History from the Nation:Questioning Narratives of Modern China*, Chicago : The University of Chicago Press, 1995, pp.17~50.

3  王明珂, 「過去的結構—關於族群本質與認同變遷的探討」『新史學』 5-3, 1994, 125~126쪽; 王明珂, 『華夏邊緣—歷史記憶與族群認同』, 52~60쪽.

이야기'가 바로 '동포 형제'를 통해 근본적 정감의 '역사'를 강화한다.

사람은 누구나 다 각종 정체성과 구분체계(예컨대 계급, 집단, 민족) 속에서 생활하고 있어서 우리는 관련된 정확한 '역사'에 익숙하고, '역사 사실'이 어떻게 논쟁이 되며, 반복적으로 새로 쓰이는지도 항상 경험하고 있다. 어찌되었든 이 모두가 우리에게 익숙한 '역사'이다. 하지만 인류의 각종 사회 정체성과 관련된 '역사' 연구 혹은 '역사'를 통한 인류사회의 정체성에 대한 탐색과 토론 모두에서 '역사'는 일종의 선택되거나, 상상되는 허구의 사회기억으로 이해되고 있다.

'역사'를 대하는 이러한 태도는 근래 문화사나 사회사의 종속집단 저층 연구subaltern studies와 사회기억 연구가 지향하는 구술역사 연구 및 역사인류학에서 자주 보인다. 학자들의 연구는 사람들이 어떻게 '현재' 속에서 '과거'를 건립하는가 하는 것뿐만 아니라 '과거'가 어떻게 '현재'를 구성하는가 하는 것도 탐색하고 있다.[4] 후자의 연구에서 '과거'는 단지 역사사건들과 인물들만이 아니라, 더 중요한 것은 이 역사사건들과 인물들을 만든 사회기억 그리고 사회기억의 보급으로 인해 새로 만들어진 각 시대 사회 계층 집단의 역사경험, 역사심성心性이거나 역사문화 구조이다.[5]

---

4    M. Bloch, "The Past and the Present in the Present", *Man* Vol 12, 1997, pp.278~292; Joanne Rappaport, *The Politics of Memory : Native Historical Interpretation in the Colombian Andes*, Cambridge : Cambridge University Press, 1990.

5    구술기억을 결합한 텍스트와 그 보급에 관한 연구는 Stuart H. Blackburn, *Singing of Birth and Death : Texts in Performance*, Philadelphia : University of Pennsylvania Press, 1988; Dwight Fletcher Reynolds, *Heroic Poets, Poetic Heroes : The Ethnography of Performance in an Arabic Oral Epic Tradition*, Ithaca : Cornell University Press, 1995을 참조. 역사심성 관련 장르(文類)와 텍스트 서사 및 역사기억의 과장, 보급, 의존이 만들어낸 사회(역사)의 변천에 관하여서는 王明珂, 「歷史事實・歷史記憶與歷史心性」, 『歷史研究』 5, 2001, 136~147쪽; 王明珂, 「論攀附-近代炎黃子孫國族建構的古代基礎」, 『歷史語言研究所集刊』, 73-3, 2002, 583~624쪽을 참조.

이러한 연구 추세는 자연스레 학자들에게 '역사'라는 용어에 대한 학문적 정의를 상당히 확대하게 하였고, 역사 본질에 관한 수많은 논쟁을 불러일으키기도 하였다. 예컨대 '역사'와 '신화 전설' 사이의 경계는 도대체 어디에 있는가? 어떤 한 문화에서 '역사'로 인정되는 서사가 다른 문화에서는 '신화'에 해당하는 것은 아닌가?[6] 서로 다른 문화와 사회구조 아래에서 사람들이 서로 다른 역사심성 혹은 역사의식을 가짐으로써 서로 다른 '역사'기억과 서사 방식이 만들어지는 것은 아닌가? 이 때문에 문화사학자가 1,100년 전의 고대사회 집단의 역사심성을 탐구하고,[7] 사회인류학자는 수백, 수천 킬로미터 떨어진 여러 이질적인 문화집단의 역사와 시간의식을 탐구하며,[8] 일부 구술역사학자들도 주류 역사가 만들어낸 사회변방 집단들 사이에서 구술기억을 채집하여 그 특유의 역사심성과 서사 양식을 분석하지만[9], 그 목적은 모두 '역사'의 본질 및 사회역사기억과 인류사회 사이의 관계를 탐구하는 데 있다.

---

6  이와 관련된 토론은 Jonathan D. Hill ed., *Rethinking History and Myth : Indigenous South American Perspectives on the Past*, Chicago : University of Illinois Press, 1988; Joanne Rappaport, *The Politics of Memory : Native Historical Interpretation in the Colombian Andes*를 참조.

7  예컨대 프랑스 역사학자 Jacques Le Goff의 중세 유럽사회의 심성 및 그 변천에 관한 역사 연구가 있다. 그가 쓴 *Time, Work, & Culture in the Middle Ages*, trans. by Arthur Goldhammer, Chicago : The University of Chicago Press, 1980을 참조.

8  예를 들면 Renato Rosalso, *Iloggot Headhunting 1883~1974 : A Study in Society and History*, Stanford : Stanford University Press, 1980; Marshall Sahlins, *Islands of History*, Chicago : The University of Chicago, 1985; Janet Hoskins, *The Play of Time : Kodi Perspectives on Calendars, History, and Exchange*, Berkeley : University of California Press, 1993 등이 있다.

9  Popular Memory Group, "Popular Memory : Theory, Politics, Method", in Richard Johnson et al ed., *Making History*, Minneapolis : University of Minnesota Press, 1982; Paul Thompson, *The Voice of the Past*, second edition, New York : Oxford University Press, 1988.

그러면 왜 이런 '변방적' 사례들을 선택하는 것인가? 그 주된 이유는 이들 변방의 시간고대, 변방의 문화공간토착과 변방의 사회약자 집단들 중에서 일부 기존의 역사심성과 전범 역사에 어긋나는 '다른 사례異例'들이 비교적 쉽게 발견되기에, 자신의 역사심성과 전범 역사에 대한 반성을 통해 '역사'의 본질 및 그 사회적 의의를 체험하고 살필 수 있기 때문이다. 이런 점에서 강족의 예는 그들이 역사적으로 한인에게 오래된 민족의 하나로 인식되고, 공간적으로 청장靑藏고원변방의 고산과 깊은 계곡에서 생활하며, 사회적으로 중국내 소수민족 중의 소수민족이라는 점에서 특수한 의의를 지닌다. 더욱 중요한 것은 그들이 한漢과 티베트 양대 문화체계 사이에 처해 있다는, 다시 말해 그들이 한족의 변방이자 동시에 티베트의 변방에 속한다는 점이다.

이 때문에 '강족 역사'에 대한 탐색은 다중의 의의가 있다. 먼저 '강족'이 근대 중국민족의 건립 과정에서 역사적 상상을 통해 만들어진 '민족'이라는 점이다. 근대 민족주의nationalism가 19세기 말 중국에 전해지면서 '민족'이나 '국가단위 민족nation' 개념 및 이와 관련된 새로운 학술적 도구가 함께 들어왔다. 이러한 새로운 민족 개념과 신학술하에서 청말 중국의 지식인들은 역사 연구와 기록을 통해 중화민족이라는 하나의 국가단위의 민족 개념을 건립하였고, 동시에 역사 연구와 기록을 통해 전통 중국의 사예四裔 집단을 중화민족 안에 집어넣음으로써 중국 영토 내의 개별 소수민족으로 만들었다.

아래 제5장에서 나는 이러한 전범적 '강족사' 및 이 '역사'의 건립 과정을 소개할 것이다. 오늘날의 강족은 바로 이러한 '역사'를 거쳐 그 민족의 생명을 갖게 되었다. 근래 서양 학계의 많은 국가단위 민족주의 연구자들과 근현대사 연구자들은 근대 국가단위 민족주의하에서 '민족 전통'이 창조되는 과정을 설명하거나, 국가단위 민족주의 풍조하에서 많은 '민족'이 어떻게 상상되고 창조되었는지 해석하고 있다.[10] 이런 차원에서 나는 그들의 관점에 동의하며, 강족의 사례 또한 이들 '근대주의자들modernists'의 관점을 지지해주고 있다.

그러나 또 다른 차원에서 보면, 청말 이래의 '강족'과 '강족 역사'의 건립은 2,000여 년 이래 '화하'가 그 서쪽 집단들의 변방을 부단히 상상하고 건립하는 과정의 마지막 단계일 뿐이며, 어쩌면 아직 마지막 단계가 아닐 수도 있다. 나는 일찍이 나의 박사논문에서 이런 '화하변방 관점'의 역사, 즉 '강족'은 결코 대대로 중국 서쪽 영토에 거주하던 어떤 '민족'이 아니라 대대로 화하의 마음속에 존재하던 화하의 서쪽 지방변방 이민족에 대한 '개념'이라고 가장 먼저 제기하였다. 상대부터 한대까지 화하 정체성이 서쪽으로 확장됨에 따라 원래 강으로 불리던 서쪽 지방의 족군들이 '기억을 잃음'으로 인해 화하의 후예가 되었고, 더 서쪽 지방에 있던 집단이 화하에 의해 강으로 불리게 되었다. 이처럼 화하의 강인 개념도 끊임없이 서쪽으로 옮겨갔다. 한대에 이르러 청장고원 동쪽 언저리에 좁고 긴 강인 지대가 형성되었으니, 이것이 바로 한나라와 진晉나라 시기 화하 서쪽 지방 족군의 변방이었다.[11]

---

10  Benedict Anderson, *Imagined Communities*, rev. edition, London : Verso, 19
    91; Eric Hobsbawm · Terence Ranger ed., *The Invention of Tradition*, Cambridge
    : Cambridge University Press, 1983; Pamela Crossley, "Thinking about
    Ethnicity in Early Modern China", *Late Imperial China* 11-1, 1990, pp.1~35.
11  Ming-ke Wang, "The Ch'iang of Ancient China through the Han Dynasty :
    Ecological Frontiers and Ethnic Boundaries", Ph.D. diss., Cambridge MA
    : Harvard University, 1992.

이 책에서 나는 위의 연구에 뒤이어 수, 당 시기 및 그 이후 '강인 지대'의 많은 무리들이 어떻게 한인에게 새롭게 '번蕃' 혹은 '이夷'로 분류되고, 그로 인해 '강인 지대'가 당대 이후 점차 축소되어 갔는지를 설명할 것이다. 20세기 전반에 와서 바로 이러한 역사와 역사기억의 기초 위에 '번'은 티베트족으로, '이夷'는 이족彝族으로 분류되었고, 사천 아파주阿壩州의 동남쪽과 북천北川의 일부 집단만 강족으로 인정되었다.

제6장에서 나는 이 오랜 역사 과정을 설명할 것이다. 이런 차원에서 말하면 상술한 민족주의 연구자 혹은 근현대사 연구자들의 '민족'이나 '전통'에 대한 이해는 분명히 부족한 바가 있는데, 그들 모두 오늘날의 '민족'과 '전통' 형성에 근대 이전의 역사와 역사기억이라는 배경이 있었음을 무시하였던 것이다.

마지막으로, 강족이란 근대 중국 국가민족 역사 상상의 결과물만이 아니고, 2,000년 이래 '화하변방'의 변천 역사의 결과물만도 아니며, 그들도 자신이 선택하고 창조하며 윤색한 '역사'에 의해 만들어졌다는 점이다. 그들은 그 본토의 '역사심성'을 가지고 있는데, 제7장에서 나는 이런 본토 '역사'로부터 일종의 '또 다른 류의 역사'另類歷史인 형제조상 이야기를 탐색해볼 것이다.

이 '또 다른 류의 역사'를 통해 우리는 중국 전통의 '영웅조상'의 역사심성도 이해할 수 있을 것이다. 민족 개념과 한문漢文으로 전해진 역사 지식을 접한 후, '형제조상 이야기'와 '영웅조상의 역사'라는 두 가지 역사심성이 변화하여 서로 융합되는 가운데 강족 지식인은 자신의 '역사'를 선택하고 창조함으로써 강족의 정체성을 건립하였는데, 제8장에서 이 과정을 설명할 것이다.

# 제5장

# 강족사羌族史

전범典範과 해체의 전범

자고이래 중국인은 '강羌'에 대한 풍부한 역사기억을 지니고 있었다. 근대 학자들은 상商나라[1] 갑골문, 선진시대 사료, 『후한서後漢書』「서강전西羌傳」 그리고 비교적 늦게 나왔지만 내용은 더 풍부한 정부와 민간公私의 기록에 근거하여 상대商代에서 근대까지 끊임없이 이어져 온 '강족 역사'를 수립하였다. 이러한 '역사'는 '강족'의 기원, 분포와 이주 및 더욱 중요한 것인 그들과 중화민족 내 각 민족들과의 관계를 설명하고 있다. 이러한 '강족사'가 바로 내가 민족주의 관점하의 '전범 역사master history'라고 부르는 것이다.

이 장에서 나는 이러한 '역사'가 청 말부터 민국 시기까지 민족주의의

---

1  [역자주] 과거 한 시기 상(商)나라는 중국의 각종 문헌에 따라 은(殷)이라는 명칭이 나타나서 중국사학계에서는 은(殷)나라라고 부르기도 하였다. 그러나 그 뒤 연구 결과 은은 상왕조의 마지막 수도일 뿐이며, "은(殷)"이라는 명칭은 상 왕조가 멸망한 뒤 주(周)에서 상의 주민들을 낮게 호칭하던 것에서 비롯된 것이었음이 밝혀졌다. 따라서 상나라의 정확한 국가 명칭은 상(商)이다.

영향을 받은 중국 지식인들의 집단 창작물임을 설명할 것이다. 그러나 이들 '강족사'를 창작한 중국 지식인들은 일부 새로운 서구 사조의 외양을 수용한 것을 제외하면 그들 자체가 또한 중국 역사의 산물이며, 역사기억의 담지자 겸 해석자이다. 아래에서 나는 먼저 전범적 강족 역사와 그 의의를 소개하고, 이어서 근대 민족주의의 발전이라는 배경에서 이 '전범적 강족 역사'가 형성되는 과정을 설명하겠다. 이 역시 일종의 '근현대'라는 틀의 해체 작업이다.

## 전범典範의 강족사羌族史

중국사 연구 중에서 '강족사'는 아주 인기 있는 주제가 아니어서 이를 주제로 한 전문 서적은 그다지 많지 않다. 그러나 근대 이래 중국 사학에서 '강'의 문제는 수많은 갑골 금문학, 경적經籍 훈고訓詁, 신화와 역사 연구에 연관되어 있다. 이 때문에 '강'과 관련된 지엽적 연구는 광범하고, 보편적으로 중국 고대사 연구와 긴밀히 연결되어 있다. 세부적인 면에서 일부 논쟁들이 있기는 하지만 100년 이래 많은 공통된 인식이 중국 역사학 내에서 점차 형성되어 현재 일부 '강족 역사'의 저본藍本으로 응축되었다. 나는 그것을 '전범적' 강족사라 부르는데, 그 이유는 이러한 관점들 및 배후의 학술적 논리 기초가 이미 거의 학계의 공통된 인식이 되었기 때문이고, 다른 한편으로 이러한 '강족사'의 다이제스트 판이 이미 각종 매개체를 통하여 하나의 역사가 되었거나 민족의 상식이 되었기 때문이다.

이러한 전범적 '강족사'에 따르면, 강족의 기원은 최소 상대에까지 거슬러 올라갈 수 있다. 갑골문에는 '강羌'이 나오는데 그들은 상나라 사람들의 서쪽 적敵이었다. 복사卜辭에 관한 지리학적 연구에 의하면, '강'은 대략 하남성河南省 서쪽과 산서성山西省 남쪽 혹은 섬서성陝西省 동부에 퍼져 있었다고 한다.[2] 상나라 복사 중에는 상나라 또는 그 속국과 강 사이의 전쟁 기록이 자주 나온다. 복사는 또 포로가 된 강인羌人이 상나라 사람들에게 조상 제사의 희생물로 사용되거나 상나라 사람의 노예가 되었다고 기록하고 있다.[3]

'강羌'과 '강姜'이 문자가 유사해서 상나라 때의 강인은 중국 고대사에 나오는 '강 씨 성姜姓'이라는 종족과 관련이 있는 것으로도 여겨졌다.[4] '신화학'에 기초한 고대 화하華夏 연구에서 이 족군은 전설 속의 강 씨 성姜姓 '대악大嶽' 혹은 염제炎帝 신농神農씨 신에서 기원한 것으로 여겨지며, 또한 서주西周에서 춘추전국시대까지 신申, 여呂, 제齊, 허許 등 강 씨 성을 가진 나라의 통치 가족이었다고 간주된다.[5]

이처럼 강 씨 성 혹은 강인은 '신농 집단' 또는 '강염姜炎 집단'이라 불리는 고대 족군의 하나이며, 그들 문화의 특징은 양羊과 관련된 일종의 악신嶽神 신앙이라고 인식되었다. 학자들은 또 강인의 이주에 따라 강인의 악신 신앙도 사방四方으로 퍼졌고, 이것이 바로 중국의 사방 '오악五嶽'설의 유래라고 생각하였다.[6] '강염 집단'이 서쪽에서 동쪽으로 이주하여 '황제黃帝

---

2 　陳夢家, 『殷虛卜辭綜述』, 北京 : 科學出版社, 1988, 281쪽; 李學勤, 『殷代地理簡論』, 北京 : 科學出版社, 1959, 77~80쪽; 白川靜, 『羌族考』, 甲骨金文學論叢第九冊, 1958, 45쪽; 島邦男, 『殷虛卜辭研究』, 溫天河・李壽林譯, 台北 : 鼎文書局, 1975, 404쪽・423쪽.

3 　顧頡剛, 「從古籍中探索我國的西部民族－羌族」, 『科學戰線』 1, 1980, 118~120쪽.

4 　章炳麟, 「檢論, 序種姓」; 傅斯年, 「姜原」, 『國立中央研究院歷史語言所集刊』 2-1, 1930, 130~135쪽.

5 　森安太郎, 王孝廉 譯, 『中國古代神話研究』, 台北 : 地平線出版社, 1979, 149~174쪽; 白川靜, 『羌族考』 第4~6章; 印順法師, 『中國古代民族神話與文化之研究』, 台北 : 華岡出版公司, 1975.

집단'과 접촉하고 전쟁을 벌인 결과 두 민족들이 융합되었다는 것이 초기 '화하' 형성 역사를 연구하는 많은 학자들의 보편적인 관점이었다.

반면, 일부 학자는 중국 고대 전적典籍인『국어國語』에 나오는 황제와 염제가 형제라는 기록에 근거하여, 염제와 황제를 동일 족군으로 보고 '염제' 집단이 '풍언風偃'과 '묘만苗蠻' 집단과 상대되는 것으로 보기도 하였다.[7] 그 밖에 중국 역사상 최초의 왕조인 하夏의 시조 대우大禹가 "서강西羌에서 태어났다"라는 기록이 있어서, 이 기록과 다른 증거를 가지고 하 민족이 강인이라고 주장하는 일부 학자도 있다.[8]

주周나라 사람과 강 씨 성의 족군이나 강인과의 관계는 근대 이래 중국 고대사 연구에서 중요한 주제였다. 중국 고문헌의 기록에 따르면, 희 씨 성姬姓의 주나라 사람의 조상이 '강원姜嫄'이고, 주나라가 상나라를 멸하는 전쟁에 강 씨 성 부족 혹은 강이 참여하였으며,[9] 서주 때 주나라 왕이 자주 강성 부족의 여자를 아내로 맞이하였다고 되어 있다. 이 때문에 학자들은 모두 '강' 혹은 '강 씨 성 부족'이 주나라 사람의 서쪽 지방 맹방이라고 여겼다. 혹자는 희姬가 강 씨 성에서 나온 부족이거나 양자가 원래 하나의 커다란 부족 중 2개의 지족支族이라고 하였다.[10]

주나라가 상나라를 멸한 후 공을 세운 '강 씨 성 부족'은 동쪽에 분봉分封

---

6  顧頡剛, 「四嶽與五嶽」, 『史林雜識初編』, 北京 : 中華書局, 1962; 白川靜, 「羌之嶽神崇拜」, 『羌族考』第4章.

7  徐旭生, 「我國古代部族三集團考」, 『中國古史的傳說時代』, 北京 : 科學出版社, 1962.

8  徐中舒, 「夏商之際夏民族的遷徙」, 李紹明·程賢敏 編, 『西南民族研究論文選』, 成都 : 四川大學出版社, 1991, 68~75쪽.

9  중국 민속 전설 중에서 무왕이 걸을 정벌하는 일을 강태공이 도와주는 것은 이 역사를 기록하는 민간판본이었다.

10  傅斯年, 「姜原」; 錢穆, 「周初地理考」, 『燕京學報』10, 1931, 1~54쪽.

되어 동쪽으로 이주하였는데, 이것이 바로 서주와 춘추시대의 신, 여, 제, 허 4국이었다. 위수渭水 유역에 남은 강 씨 성 부족은 주로 '서신西申'의 나라에 속하였는데, 나중에 견융犬戎과 결탁해 변란을 일으켜 주나라 왕실을 동천東遷하게 함으로써 서주의 역사를 끝냈다.

'견융의 재앙戎禍'은 서주 정권을 멸망시켰을 뿐만 아니라 춘추전국 시기까지 계속되었다. 전국시대 문헌 중에 '강융씨姜戎氏'와 '강성지융姜姓之戎'이라는 말이 나오고, 강성의 신후申侯가 견융과 결탁해 서주를 멸망시켰다는 기록이 있어 강씨 성 부족과 강인은 다시 광대한 '융인戎人'의 일부로 여겨지게 되었다. 다시 말해 강 혹은 '강씨 성' 부족 중 동쪽으로 이주하여 점차 문명화한 지족은 화하의 일부가 되었으나, 서쪽과 북쪽 지방의 미개한 지역에 남아 있던 종족의 무리들은 '강' 혹은 '융'이 된 것이다.[11]

전국시대 서쪽 지방의 '융' 혹은 '강인'에는 하나의 문화적 특징이 있었다. 전국시대부터 한漢나라 초에 나온 중국 사적에 따르면, 이들은 사후에 '화장火葬'을 하였다고 되어 있다. 『후한서』의 기록에 의하면, 전국시대 화하와 진秦나라가 융을 몰아낸 결과 일부 융인이 서쪽으로 달아나서 나중에 한나라 때 감숙甘肅과 청해青海의 황하黃河 상류 및 황수湟水 유역의 '서강西羌'이 되었다고 한다.

그러나 오늘날 대부분 학자들은 한나라 때 하황河湟에 살던 서강은 광대한 강족과 융족의 가장 서쪽에 있던 한 갈래이며, 그들은 지금까지도 그곳에 살고 있다고 생각한다. 예컨대 고힐강顧頡剛은 비교적 멀리 살고 있던 융인은 산과 강山川에 가로막혀 화하와의 관계가 극히 적었기 때문에 자신들

---

11  顧頡剛, 「從古籍中探索我國的西部民族－羌族」, 120~125쪽.

의 원래 문화와 종족을 보존할 수 있었는데, 이들이 바로 진한秦漢시대의 하황 강인이라고 하였다.[12] 또 염광영冉光榮 등의 학자들은 진한시대의 하황 강족 중 일부는 여전히 원시 수렵경제 단계에 머물러 있어 강인 중 가장 후진적인 무리였다고 하였다.[13]

중국 역사전적의 기록들과 학자들의 연구에 따르면, 하황 강인은 진나라의 군사적 압박을 받아 대규모의 원거리 이주를 계속하였다고 한다. 서쪽을 향하여 발전해가던 발강發羌과 당모唐旄는 사지하곡賜支河曲 서쪽으로 수천 리를 나가서 나중에 티베트족 조상의 일부가 되었고, 서북으로 신강新疆 천산天山산맥 남쪽 기슭으로 이주한 일부는 '야강婼羌'이 되었으며, 더 많은 대량의 강인들은 서남으로 이주하여 민강 상류의 강인이 되었다고 한다.[14] 감숙 동부와 청해 동부의 하황 강인들은 한나라 때 엄청난 '강난羌亂'을 일으켰다. 한대의 중국은 토벌과 이민, 둔병屯兵 등 여러 수단으로 강인을 상대하였다.

하지만 일부 항복한 강인 부락을 내지의 군현으로 이주시킴으로써 '강화羌禍'를 위수 유역의 각 군현에까지 번지게 하였다. 강인과의 전쟁에 군사비가 너무 많이 소모되었고, 서쪽의 여러 군郡들도 전쟁으로 인해 피폐해졌으니, 이것이 한 제국 쇠망의 중요한 원인 중 하나가 되었다. 학자들은 한나라부터 남북조 시기까지 중국이 계속 강인을 중국 내부로 이주시켰기 때문에 많은 동란을 불러일으켰지만, 이 때문에 민족들 간의 융합도 이루어졌다고 본다. 한화漢化의 정도가 높았던 남안南安의 강인 요姚 씨는 남

---

12  위의 책, 131쪽.
13  冉光榮 외, 『羌族史』, 成都 : 四川人民出版社, 1984, 47쪽.
14  위의 책; 顧頡剛, 앞의 책.

북조 시기 중국식 왕조인 '후진後秦'을 건립하기도 하였다.

학자들의 연구에 따르면, 당대에 서쪽 지방에서 굴기한 '토번吐蕃'은 그 이름이 '발강'[15]에서 유래되었다고 한다. 토번이 병탄한 소비蘇毗, 양동羊同 및 당항黨項, 백란白蘭, 백구白狗 사람들의 무리들도 중국 고문헌 중에 모두 '강인'으로 기록되어 있다. 티베트불교를 받아들이고 전파한 토번은 그 때 문에 오늘날 티베트족의 직접 조상으로 여겨지며, 강인 역시 티베트족 형 성의 중요한 성분이라고 인식되고 있다.[16]

서기 9세기 말 토번이 쇠퇴하고 혼란에 빠져들었을 때 당항의 강이 일 어나서 서하西夏 왕국을 건립하였다. 서하는 당, 송의 제도를 모방하여 세 워진 왕국으로 13세기 몽골에게 멸망되었다. 당, 송 이래 섬서陝西 위수 유 역의 강인은 점차 중국에 융합되었고, 감숙과 청해 하황지역과 사천 서북 의 강인 역시 한족, 몽골족, 티베트족으로 각각 융합되었다. 그리하여 명, 청 시기에 이르면 민강 상류와 그 부근 북천지역에만 강羌, 강번羌番 혹은 '강민羌民'이 존재하게 되었다.[17] 민강 상류인 문천汶川과 리현理縣 일대의 '강민'은 20세기 전반기 이래 학자들의 조사와 연구 결과 마침내 '강족'으 로 식별되게 되었다.

이상, '강족 역사'의 수립은 대량의 중국문헌들에 기초한 것일 뿐만 아 니라 학자들이 고고학과 언어학 연구의 지원을 받은 결과이기도 하다. 예 컨대 감숙과 청해 하황지역의 제가齊家문화, 잡약半約문화, 사와沙洼문화, 화 소구火燒溝 유형, 낙목홍諾木洪문화, 신점辛店문화와 안국安國유형문화 그리고

---

15 姚薇元, 「藏族考源」, 『邊政公論』 3-1, 1944.
16 安應民, 『吐蕃史』, 銀川 : 寧夏人民出版社, 1989, 1~21쪽.
17 冉光榮 외, 앞의 책, 191~204쪽.

신강의 전국 시기 화장묘火葬墓는 모두 강인 문화가 남긴 것으로 인정되고 있다. 이 고고 문화유물들의 지리적 분포와 존재 시기가 전술한 역사상의 강인 활동 시기 및 공간과 서로 부합할 뿐만 아니라 부장된 소와 양의 뼈와 소량의 화장 유물이 그 주된 증거가 되었다.[18]

고고학자들도 이 고고학적 증거들이 서주 시기 위수 유역의 강 씨 성 종족과 강의 관계를 증명할 수 있다고 공언하고 있다. 이 방면에서 가장 유명한 것은 추형鄒衡의 관련 연구이다. 그는 주나라 이전 관중關中[19]지역의 문화 중에 존재하였던 두 종류의 력鬲인 분당력分襠鬲과 연당력聯襠鬲을 가지고 문헌에 나오는 희 씨 성 종족姬姓族과 강 씨 성 종족을 실증하였다. 연당력은 산서山西지역의 광사光社문화에서 나왔고, 분당력은 감숙지역의 신점문화와 사와문화에서 나왔는데, 전자는 희 씨 성의 황제 종족을 대표하고, 후자는 강 씨 성의 염제 종족을 대표한다고 하였다. 강 씨 성 종족은 서쪽에서 동쪽으로 이주하였고, 희성 종족은 동쪽에서 서쪽으로 이주하였는데, 두 종류의 고고 문화가 위수 중류 일대에서 뒤섞인 것으로 보았다.[20]

허탁운許倬雲과 캐더린 린두프Katheryn M. Linduff 역시 주나라 이전 원래 산서山西와 섬서陝西 북방 고지대에서 활동하던 부족들이 광사문화와 초원草原

---

18　夏鼐, 「臨洮寺窪山發掘記」, 『中國考古學報』 4, 1949, 95~96쪽; 文物編輯委員會, 『文物考古工作三十年』, 北京 : 文物出版社, 1979, 143쪽.

19　[역자주] 중국 서북부지역의 섬서성 중부에 위치하고 있으며, 동관령(東潼關), 서산관西散關(大震關), 남무관(南武關=藍關), 북소관(北蕭關) 등 소위 "四關"내에 있는 지역을 가리키는 지명이다. 관중지역에는 서안(西安), 보계(寶鷄), 함양(咸陽), 위남(渭南), 동천(銅川), 양릉(楊陵) 등의 주요 도시가 있고, 총면적은 2,015제곱킬로미터이다. 이 지역은 전국시대에 운하가 건설된 후 풍부한 물산과 자본이 모이는 "보물 같은 땅"이라고 평가되고 있다. 관중의 위하(渭河)가 통과하는 진령(秦岭)산맥에 기대어 있고, 사방에 자연 지형 장벽이 있어 방어하기는 쉽고 적이 공격하기는 어려워서 전국시대 때부터 "4개의 요새가 있는 나라(四塞之國)"라는 말이 있을 정도로 군사적, 경제적 요충지이다.

20　鄒衡, 「論先周文化」, 『夏商周考古學論文集』, 北京 : 文物出版社, 1980, 297~356쪽.

거주민의 문화를 흡수하였다고 보았다. 이들은 고공단부古公亶父[21] 시절 때 다시 경수涇水 상류로 이주하여 기산岐山에 정주하며 강 씨 성과 결맹結盟하였는데, 이 시기 강족羌族문화 유물은 사와문화와 안국문화 속에서 찾을 수 있다고 하였다.[22]

1980년대 섬서陝西 부풍현扶風縣 류가劉家에서 신점문화 고분이 발굴됨으로써 학자들은 고고학적으로 강羌과 강姜의 관계를 증명하는 것에 더욱 믿음을 갖게 되었다. 신점문화와 역사 기록들 중 서강西羌의 지리적 분포가 일부 중첩되고, 류가문화 묘지에서 보편적으로 보이는 돌石頭을 부장하는 습속이 문헌들 중에 나오는 강인의 백석白石 숭배 기록과 일치하며, 또 죽은 사람의 머리 부분에서 나온 쌍련소동포雙聯小銅泡가 머리핀이라면 문헌에 기록된 강인의 산발 습속을 반영한 것이라고 여겨서 발굴자들은 이를 강융姜戎, 강 씨 성 강족 장묘라고 불렀다.[23]

언어학 방면에서는 20세기 전반기 이래 민족주의의 영향을 받은 언어학 연구가 중화민족의 구성을 언어학의 틀에 맞춰 만들었다. 강어羌語는 이 틀 속에서 중국어와 티베트어의 한장어계漢藏語系 중의 티베트어와 미얀마어의 장면어족藏緬語族 아래 강어지羌語支[24] 언어의 일부가 되었다.[25] 한 장어계 → 장면어족 → 강어지 → 강어라는 이러한 큰 데서 작은 데로 층층이

---

21  [역자주] 주(周)나라의 태왕(太王), 문왕(文王)의 조부(祖父)를 가리킨다.
22  Cho-yun Hsu · Katheryn M. Linduff, *Western Chou Civilization*, New Haven : Yale University Press, 1988, pp.33~67.
23  陝西周原考古隊, 「扶風劉家羌戎墓葬發掘簡報」, 『文物』 7, 1984, 16~29쪽.
24  [역자주] 강어지(羌語支)는 티베트미얀마어족의 한 갈래로 가융어(嘉絨語), 강어(羌語) 등의 언어가 이에 속한다.
25  聞宥, 「川西羌語的初步分析」, 『華西大學中國文化研究所集刊』 Studia Serica 2, 1941, 58~90쪽; 孫宏開, 「川西民族走廊地區的語言」, 『西南民族研究』, 成都 : 四川民族出版社, 1983; 「試論'邛籠'文化與羌語支語言」, 『民族研究』 2, 1986, 53~61쪽.

이어지는 언어의 내포된 포괄적 구성은 민족학자들이 말하는 중화민족→ 티베트족과 일부 서남西南 민족→ 저강계氐羌系 민족→ 강족이라는 넓은 데서 좁은 데로 층층이 이어지는 민족 구성과 서로 호응한다.

서구의 저명한 중국 고대사학자인 풀리브랜크E. G. Pulleyblank 역시 강 씨성 부족과 희 씨성 주나라 사람周人들 모두 강羌의 일부인 융戎의 일부라고 인정하였다. 그는 『좌전左傳』에 나오는 강융 군장의 말姜戎君長之語이 융과 화하사이의 '언어불통'을 일컬으며, 동한東漢 때 기록된 사천 서부의 어떤 강 부락羌部의 「백랑가白狼歌」가 일종의 장면어Tibeto-Burman라는 점에 근거하여 강이 장면어 민족이라고 여겼다.[26]

20세기 초 이래 중국과 서양 학자들은 민강 유역에 들어가 민족조사 연구를 하였다. 1950년대 민족 식별의 필요에 맞춰 더욱 큰 대규모의 민족조사가 여기서도 전개되었다. 1970년대 이후 서남지역에서 발굴된 고고유물인 석관장石棺葬문화와 대석묘大石墓는 고대 사천 변경의 '민족 통로'의 민족 이동에 대한 학자들의 흥미를 더욱 불러일으켰다. 많은 학자들이 이 새로운 민족들과 언어 및 고고학 자료를 종합하여 고대 강인이나 저강이 티베트 변경 경계의 민족 통로를 따라 남쪽으로 이동하여 후대의 이족彝族, 백족白族, 합니哈尼, 납서納西, 율속傈僳, 납호拉祜, 기낙基諾, 보미普米, 경파景頗, 독룡獨龍, 노怒, 아창阿昌, 토가土家, 티베트족 및 강족 등의 '장면어계 민족'이 되었다고 생각하였다.[27]

---

26  E. G. Pulleyblank, "The Chinese and their Neighbors in Prehistoric and Early Historic Times" in David N. Keightley ed., *The Origins of Chinese Civilization*, Berkeley : University of California Press, 1983, pp.419~421.

27  李紹明, 「論岷江上游石棺葬的分期與族屬」, 『李紹明民族學文選』, 1986, 738~756쪽; 孫宏開, 「川西民族走廊地區的語言」; 饒宗頤, 「西南文化」, 『中央研究院歷史語言所集刊』 46-1, 1974, 180~182쪽.

1980년대 이후 강족사를 연구하는 학자들도 강족 본토 자료를 이용하여 강족의 역사를 설명하였다. 문천과 리현 부근의 강족들 사이에 전해져 내려온 '아파백구阿爸白苟와 강과羌戈의 대전大戰'이라는 전설 내용은 강인이 서북에서 이곳으로 이주하여 토착 과기戈基인과 싸웠던 과정을 말하고 있다. 역사학자들은 이 신화 전설이 민강 상류의 강이 청해로부터 이주하거나 더 큰 범위의 저강계 민족이 남쪽으로 이주한 역사에 남아 있는 본토의 증거라고 본다.[28]

## 근대 국가민족주의 아래에서의 민족과 중화민족

우리는 이상에서 설명한 '전범적 강족 역사'를 어떻게 보아야 할 것인가? 이 '전범적 역사'의 형성은 일본의 시라카와 시즈카白川靜, 미국의 풀리블랜크E. G. Pulleyblank, 중국 근현대 사학의 양대 거두인 부사년傅斯年과 고힐강 등 일부 중국과 외국의 저명 학자와 관련이 있고, 고고학, 언어학, 민족학과 신화분석 등 일부 새로운 지식과도 관련이 있다. 그렇다면 이들 학문의 엄격한 학술 논리 및 상술한 학자 개인의 재능과 학식이 이 '강족 역사'의 진실성을 완전히 신뢰하게 할 수 있는 것인가? 나는 결코 이전 사람들의 연구를 완전히 의심하거나 부정하지 않는다.

이상의 많은 연구는 오늘날까지도 여전히 경전經典이며, 많은 고대 역사 사실들을 규명하고 있다. 내가 의심하는 바는 주로 이 사실들이 순차적으

---

28  林向, 「羌戈大戰的歷史分析」, 『四川大學學報叢刊』 20 1983, 8~16; 冉光榮 외, 앞의 책, 207~210쪽.

로 흐르는 시간성一線性에 맞춰 하나의 역사로 차례로 꿸 수 있느냐 하는 점 그리고 한 '민족'이 이 역사 중에서 3,000년이나 길게 이어질 수 있느냐 하는 점이다. '민족 본질ethnicity'에 대한 인류학적 깊은 인식 및 근대 '민족주의'와 관련된 '민족 역사'에 대한 역사학적 이해를 바탕으로 우리는 이 '강족사'의 진실성 및 그 건립 과정과 의의를 다시 생각해볼 수 있을 것이다.

### 전범적 민족사 중의 주체  민족

전범적 '강족 역사'를 검토하기 전에 먼저 주목해야 할 것은 이 역사의 '주체', 즉 이 역사의 시간 속에서 연속되어 온 '민족'이 도대체 무엇이냐는 점이다. 왜 우리는 광대한 토지 위에 흩어져 3,000여 년을 이어 내려온 집단을 하나의 '민족'인 '강족'이라고 생각하는가? 여기서 나는 너무 많은 족군 이론ethnicity theory 관련 검토를 다루길 원하지 않는다. 나는 일찍이 강족과 화하를 사례로 족군 이론을 통해 무엇이 하나의 '민족'인지를 검토한 적이 있다.[29] 이 책의 첫 번째 부분인 강족의 사회와 정체성에 관한 서술과 분석에서도 '민족'혹은 족군과 '역사'에 대한 나의 견해를 밝힌 바 있다. 아래에서 나는 이를 기초로 모범이 되는 전범적 '강족사'를 검토해 보고자 한다.

많은 중국 역사학자들이 광대한 시공時空 중에 걸쳐 있는 수많은 먼 변경지대의 집단을 모두 강족이라고 믿는 주된 이유는 중국 사료상에 이 집단들이 모두 '강'이라 기록되어 있기 때문이다. 이것은 할 일을 하지 않고 편

---

29    王明珂, 『華夏邊緣－歷史記憶與群族認同』, 台北:允晨文化出版公司, 1997.

안함을 탐한 최악의 결론이다. 많은 중국 문헌들의 원문에 나오는 '강', '강융', '강북羌甚', '저강'은 모두 화하 혹은 한인들이 이민족에 대해 낮춰 부르는 폄칭泛稱이었다. '강'으로 불린 이 집단들의 자아自我 칭호는 중국 역 사상 기록이 매우 적거나 강인 각 부락의 이름으로 인식되었다.

그러나 많은 현대 인류학의 족군 연구는 모두 '공동의 자아 칭호'가 족 군의 정체성을 구성함에 있어 매우 중요하다고 지적하고 있다.[30] 이뿐만 아니라 앞서 과거 민강 상류 촌락 중의 '이마爾瑪' 정체성에 대한 나의 소개 를 통해 소위 '공동의 자아 칭호'가 상당히 주관적으로 인정하는 것이며, 미세한 차별은 모두 주관적으로 "그들은 이마가 아니다"라고 사람들이 여 기는 데 있음을 알 수 있다.

'강족역사'에서 '강'이라 불린 집단은 단지 화하 쪽에서 자기들을 '강' 이라 부른다는 걸 알았을 뿐이며, 족군 생활 중 '강'이 일종의 정체성이 되 어 구분 짓는 사회 현실 상황이 되고 나서야 그들 사이에 '강'이라고 하는 족군의 정체성이 나타나게 된 게 분명하다. 동한 때 농서隴西지역의 '동강東 羌'과 남북조시대에서 당대까지 관중지역의 일부 강촌羌村 중의 '강인', 그 리고 현재의 '강족' 등등이 바로 그러하다.

근대 민강 상류의 촌락 주민들은 40~50년 이전에 '강'이라는 칭호를 아예 들어본 적이 없었고, 당연히 이에 기반한 공동의 '강족 정체성'이란 것도 없었다. 그렇다면 우리는 왜 교통이 더욱 곤란하였던 시대, 한인의 역사기억 전파가 더욱 제한되었던 시대에 이처럼 광대한 시공 중의 사람 들이 그들 모두가 '강'이라고 여겼다고 믿어야 하는가?

---

30  Michael Moerman, "Ethnic Identification in a Complex Civilization : Who are the Lue?", *American Anthropologist* 67, 1965, pp.1215~1218.

비교적 진지한 학자들은 '민족'이 하나의 공통된 체질, 언어, 경제생업, 종교 신앙과 문화 특징 등을 가진 집단이라는 점을 고려하여 이것으로 역사상의 '강족'을 생각해보고자 하였다. 이 때문에 그들은 문헌과 고고 및 민족학 자료에서 이 '강족'이 광대한 시공 중에서 존재하였고 연속되어 왔음을 증명하고자 노력하였다. 일부 고고 유물 중 화장火葬의 흔적과 민강 상류 촌락에 사는 집단의 화장 풍속은 문헌 중에 나오는 '강인 화장'을 반영한 것으로 여겨졌다. 오늘날 민강 상류 촌락 주민의 '백석白石' 숭배로 인하여 일부 흰 돌이 부장된 분묘는 옛 '강인'의 유물로 여겨졌다.

오늘날 강족 사이에는 한어로 '단공端公'이라 불리는 일종의 제사祭司가 있다. 어떤 학자는 이것이 강인의 '귀주鬼主'이고 또한 중국 고대사 문헌 중의 '귀방鬼方'을 '서강西羌'과 같은 것으로 봄으로써 商, 周시대의 귀방과 한대의 '서강'을 오늘날의 '강족'과 함께 연계시키고 있다.[31] 언어상으로 오늘날의 강족과 티베트족이 모두 '티베트 미얀마어족'에 속하기 때문에 한나라 때 사천 서쪽 일대에 살던 '백랑강白狼羌'이 남긴 '백랑가'도 티베트미얀마어에 속한다고 여겨지며, 춘추시대의 '강융씨姜戎氏' 역시 음과 화하의 '언어불통'을 언급하였기 때문에, 이 모두가 '강'이 하나의 공통된 언어 특징을 가진 집단임을 증명한다고 보았다.[32]

경제적 생업과 종교 신앙상 중국의 오래된 전적들 중에 강은 "서융西戎의 목양인牧羊人이다"라는 기록이 있고, 강이란 글자는 양羊과 인人으로 구성되었으며, 강 씨 성과 관련 있는 '대악大岳' 역시 양신羊神 신앙과 관련이 있다

---

31  饒宗頤, 「西南文化」, 188~189쪽.
32  E. G. Pulleyblank, "The Chinese and their Neighbors in Prehistoric and Early Historic Times", pp.419~421.

고 여겨진다. 게다가 몇몇 감숙, 청해, 티베트지역 고고 유물 중 양의 뼈羊骨 및 오늘날 강족이 입는 '양피 겉옷羊皮襖'과 단공이라 불리는 남자 무당이 사용하는 '양피 북羊皮鼓' 등이 모두 경제와 종교생활에서 양과 밀접한 관계가 있는 '강'족의 존재와 그 역사의 연속성을 인증하는 데 이용되고 있다.

이와 같은 민족 역사의 수립 과정에 서로 다른 시간과 공간의 강인을 연결한 것이 바로 '민족 이동'이다. '민족집단설民族集團說' 중에 서욱생徐旭生은 섬서陝西에 살던 화하 집단의 염제 씨족 중 일부가 서주西周 이전에 이미 위수渭水[33]와 황하를 따라 동쪽의 하남河南과 산동山東 등지로 이주하였다고 보았다.[34] 몽문통蒙文通은 원래 주나라의 서북지역에 있던 강융姜戎의 여러 나라들이 서주 멸망 후 점차 남쪽 혹은 동쪽으로 이주하였는데, 이는 전체 서융 동천 조류의 일부분이라고 생각하였다.[35]

시라카와 시즈카는 춘추전국시대의 강혹은융이 열국列國의 압박을 피하고자 섬서陝西와 감숙의 산지山地로 이주하였으며, 나중에 또 진秦나라의 압박을 받아 서쪽으로 농산隴山을 넘어 황하 상류와 황수潢水 유역으로 진입하였는데, 이것이 바로 한나라 때의 서강이라고 하였다.[36]

고힐강은 원래 서쪽 지방 산악지대에 살던 강융의 일부가 아주 일찍 동쪽으로 이주하여 3,000~4,000년에 걸쳐 점차 한漢문화에 동화되었고, 원, 명시대 이후 그 일부가 서남 지방으로 이주하여 티베트족이 되었다고 하

---

33   [역자주] 위하(渭河)라고도 불리는 위수는 총 길이 818킬로미터, 총 면적 13만 4,766제곱킬로미터로 황하의 가장 큰 지류이다. 이 강은 감숙성 정서시 위원현 조서산(定西市渭源縣鳥鼠山)에서 발원하여 감숙성의 천수(天水), 섬서성의 서안(西安) 등의 관중 평야로 흐르다가 위남(渭南)시 동관(潼關)현에서 황하와 합류한다.

34   徐旭生,「我國古代部族三集團考」.

35   蒙文通,『周秦少數民族研究』, 上海 : 龍門聯合書局, 1958, 15쪽.

36   白川靜,『羌族考』, 132~133쪽.

였다.[37] 염광영 등의 학자들도 유사한 견해를 갖고 있는데, 즉 연이어 동천한 강인은 한족들 안에 융화되었고, 서남 방면으로 옮겨간 강인은 오늘날의 강족과 많은 서남 소수민족으로 발전하였다고 보았다.[38] 사실, 이 증거들과 해석들은 모두 광대한지역에서 오랫동안 이어져 온 강족의 존재를 충분히 증명하지 못하고 있다. '공통의 강족문화'와 이 '민족'의 역사 연속성과의 관계에 관하여서는 내가 본서 제9장에서 논의하겠다.

공통된 체질, 언어, 경제 생업, 종교 신앙과 문화 특징으로 '강족'의 범주를 확정하고 기원을 추적하는 민족 연구의 가장 근본적인 착오는 원래 '민족'혹은 족군이라는 것이 객관적인 문화, 언어, 체질적 특징으로 확정할 수 있는 집단이 아니라는 점이다.[39] 근 20~30년 이래 인류사회의 족군 정체성에 관한 많은 연구는 모두 족군 구성원들 간의 상호 정체성과 이로 인해 생겨난 기본 감정 및 이러한 정체성과 감정이 만들어내는 자원의 경쟁과 공동 사용 배경이 족군 형성과 유지에 매우 중요하다는 점을 지적하고 있다.

이러한 공통의 이익과 기본 감정이 외부로부터의 자극을 받았을 때, 비로소 같은 민족 혹은 족군에 속한 사람들이 공동의 행동을 취할 수 있게 된다. 이 때문에 우리는 과거 한때 유행하였던 소위 '민족집단설' ― 일부 신화 전설 및 지역적 고고 문화의 특징이 만들어낸 방대한 '강염姜炎민족', '묘만苗蠻민족' 등등 ― 의 오류도 발견할 수가 있다. 오늘날 민강 상류 촌락 주민들이 '강족'이 되기 이전 '서로 욕하기―截罵―截'식의 정체성 체계 역시 3대

---

37  顧頡剛, 「從古籍中探索我國的西部民族―羌族」, 117~152쪽.
38  冉光榮 외, 앞의 책.
39  족군 이론(族群理論) 중에서 족군에 관한 부분은 王明珂의 「華夏邊緣」 제1·2장을 참조하라.

三代 이전에 이 방대한 '민족'들이 존재할 수 있었겠는가를 생각하게 한다.

그러면 이처럼 많은 학문들과 관련이 되며, 영향이 깊고 큰 '민족'의 상상은 도대체 어떻게 만들어진 것인가? 많은 선배 학자들은 어떤 사상과 사회 배경하에서 이 '민족' 및 관련 '역사'를 수립하였던 것인가? 아래에서 나는 근대 중국의 '강족사'를 쓰는 사람들이 어떻게 자신의 정체성 변화로 인해 '역사'를 새롭게 씀으로써 이 정체성 주체중국 국가민족의 변방소수민족을 구축하였는지를 설명하고자 한다.

### 주체의 변천 국가민족주의하의 '중화민족'

19세기 후반 서양의 '민족주의', 그것과 관련된 '민족nation' 개념과 사회적 다윈주의social Darwinism가 구미 열강 세력을 따라 중국에 들어왔다. 중국에서 서양 열강의 중국에서의 세력 확장을 근심하고, '우리민족我族'이 '적자생존'하에서 타인의 지배를 받는 흑인종과 홍인종[40]의 전철을 밟을까 매우 두려워한 중국 지식인들은 '민족주의' 개념과 민주개혁 사상을 결합하여 '우리민족'이 단결하여 자립 자강할 것을 극력 호소하였다. 이 '우리민족'은 우선 혁명파 인사들의 마음속에서 전통적인 '중국' 개념에서 사방의 오랑캐들에게 포위된 '한족'을 가리켰다.

만주족을 비교적 능히 포용할 수 있었던 입헌파 지식인[41]들의 마음속에

---

40　[역자주] 아메리카 인디언 등을 말한다.
41　[역자주] 청조 말기 만주족의 청정부가 제국주의 세력의 중국침입에 제대로 대응하지 못하여 국민들이 도탄에 빠지고 국권이 침탈당한 내우외환에 무능함을 보이자 청조를 무너뜨려 민주공화제의 새 국가를 세워야 한다는 중국국민당 손문(孫文) 위주의 혁명파에 반대하여 청조의 황제는 그대로 존속시키되 정체만 입헌군주제 국가로 개혁을 하여야 한다고 주장한 일군의 학자나 정치인들을 말한다. "책임제 의회정부"의 수립, "사법독립"의 보장을 부르짖은 개량주의적 정견을 가진 양계초(梁啓超)가 중심인물이었다.

서 우리민족은 만주족과 몽골족 등등의 민족을 포함하는 것이었다. 나중에 구미 열강이 티베트, 몽골, 동북과 서남 변경지역에서 적극적으로 그들의 이익을 도모하려는 상황에서 '중국인'핵심과 '사방의 오랑캐四裔蠻夷'변방들을 결합하여 '중화민족'이 된 우리 집단我群의 상상은 점차 청나라 말기와 중화민국 초년 많은 중국 지식인들의 마음속에 국가민족의 청사진이 되었다. 이 국가민족의 건립은 주로 이런 거대한 민족을 건립한 '공통의 조상기억'과 새롭게 구성한 '화하변방'에 힘입어 완성되었다. '강족사'는 바로 이러한 '공통의 조상기억'의 일부이고, 소수민족이 된 '강족' 역시 새로운 '화하변방'의 하나이다.

민족주의와 족군의 본질을 연구하는 학자는 일종의 공통된 기원의 기억이 되는 '역사'가 오늘날 '국가민족' 혹은 '민족'을 구성하는 데에 작용하는 중요한 역할을 항상 언급한다.[42] 마찬가지로 중국 민족주의의 성장 과정에서도 '역사'는 민족 정체성을 구성하는 주요 동력이었다. 미국 역사학자 두아라Prasenjit Duara는 일찍이 그의 저서에서 청말 지식인들이 어떻게 '계몽역사Enlightenment History'를 빌려 '중화민족'을 구성하였으며, '역사'가 지금 이 민족의 '현대성'을 설명하는 한편, 다른 쪽에선 민족의 단결과 응집을 강조하였는지를 설명하고 있다.[43]

집단을 응집시키는 모든 '역사' 중에 집단 공통의 기원을 해석하는 '역

---

42  Anthony D. Smith, *The Ethnic Origins of Nations*, New York : Basil Blackwell, 1987; Richard H. Thompson, *Theories of Ethnicity : A Critical Appraisal*, New York : Greenwood Press, 1989; Eugene E. Roosens, *Creating Ethnicity : The Process of Ethnogenesis*, London : Sage Publications, 1989; Elizabeth Tonkin, Maryon McDonald · Malcoim Chapman ed., *History and Ethnicity*.

43  Prasenjit Duara, *Rescuing History from the Nation : Questioning Narratives of Modern China*, Chicago : The University of Chicago Press, 1995, pp.27~30.

사'가 가장 중요하다. '공통의 기원'은 조상이나 기원한 지역이나 하나의 시원이 된 사건을 막론하고 모두 집단을 응집시킬 수 있다. 중국에서 하나의 공통된 시조를 찾아 세우는 일은 청나라 말기와 중화민국 초기에 "국가민족을 만드는" 운동 중 하나의 중요한 작업이었다. 근대 사학자 심송교沈松橋는 한 논문에서 과거 황통皇統을 상징하던 황제黃帝가 양계초梁啓超, 장태염章太炎 등과 같은 청말 지식인들이 집단적으로 구축함에 따라 중화민족의 공동 시조가 되었다고 지적하였다.

이 집단적 상상 과정 중에 발생한 두 가지 논쟁의 주제는 주의를 기울일 만하다. 하나는 만주족과 몽골족과 같은 일부 변경지역 민족이 황제의 자손이냐는 것이다. 다른 하나는 만약 황제가 모든 한인과 만주족, 몽골족 등 비한족의 공통된 조상이라면, 황제의 직계인 한족이 다른 방계보다 우월하냐는 것이다.[44] 이 논쟁들은 국가민족혹은 민족의 구성 과정 중에 발생하는 보편적인 현상들, 즉 함께 하나의 '기원'을 기념함으로써 집단 구성원들 간의 기본적인 정감을 강화하고 국가민족 집단의 변경을 수식하고 확인한 후에 집단 내부의 차상위 집단을 계서화階序化한다는 점을 선명하게 설명하고 있다.

1911년 중화민국이 수립되었다. 청말 이래의 국가민족 만들기 운동을 거치면서 건국 지도자들은 이 새로운 국가가 '중화민족'이 건립한 민족국가임을 굳게 믿었다. 민족주의의 영향과 서양 열강의 동아시아에 대한 병탄과 잠식의 위협 아래 중국의 지식인들과 정치지도자들은 '중화민족'을 한족, 만주족, 몽골족뿐만 아니라 남방과 서남지역의 비한족 각 족군도 포

---

44  沈松橋, 「我以我血薦軒轅－黃帝神話與晚淸的國族建構」, 『台灣社會硏究季刊』 28, 1997, 1~77쪽.

함하는 국가민족으로 만들었다.

민족주의하에서 전통 '중국'과 그 변방인 '사예四裔'가 하나로 합쳐졌지만, '사방 오랑캐'를 '중국인'에 끼워 넣는 한인의 전통적인 화하 족군 중심주의는 여전히 변하지 않았다. 그래서 새로운 '중화민족' 정체성과 전통적 화이華夷 구분의 개념하에서 지식인들에게 더욱 중요한 작업은 바로 핵심인 '한족'과 상응하는 변방 '소수민족'을 구성하여 '중화민족'이라는 개념을 더욱 구체화하여 원래 이적화하夷狄華夏였던 '중화민족' 구성원들이 일체감을 느끼게 하는 것이었다. 잠시도 지체할 수 없는 이 임무는 주로 '역사'를 새로 구성함으로써 완성되었다.

중국 근대사학을 개척한 공로가 있는 양계초는 일찍이 『중국역사연구법中國歷史研究法』에서 역사 연구의 주된 목적을 다음과 같이 제시하였다.[45]

첫째, 중국민족의 성립과 발전의 자취를 설명하여서 중국 민족이 보존되고 성대해질 수 있었던 까닭을 탐구하며 쇠락할 징조의 유무를 살핀다. 둘째, 역사상 중국 영토 내에서 활동한 민족이 얼마나 되며, 우리민족과 다른 민족이 어울리고 충돌한 자취가 어떠하며, 그 결과가 어떠한지를 설명한다. 셋째, 중국민족이 만든 문화가 무엇을 기본으로 하며, 세계의 다른 지역 문화와 서로 주고받은 영향이 어떠하였는지를 설명한다. 넷째, 중국민족이 인류 전체에서 차지하는 위치와 그 특징, 그리고 장래 인류를 위하여 마땅히 져야 할 책임을 설명한다.

---

45　梁啓超, 『中國歷史研究法』, 上海 : 上海商務印書館, 1924.

이를 보면 양계초가 마음속에 생각하는 역사 연구는 한마디로 오늘날 학자들 마음속에 있는 '민족사'이다. 우리는 양계초가 청 말에서 민국 초기까지 '중화민족'을 세운 핵심 인물임을 알고 있는데, 이는 국가민족이 형성되는 과정에서 '역사'가 미치는 중요성을 설명하고 민족주의하의 근대 역사 연구의 중요한 특질을 나타낸다.

중화민국의 수립에서부터 1949년에 이르기까지 국민정부의 정계와 학계 지도자들은 대부분 단지 만주족, 몽골족, 회족回族, 티베트족, 묘족苗族[46] 같은 5개 소수민족에만 주의를 기울였다. 사천, 운남, 귀주貴州 등지의 비한족 집단은 무시되거나 뭉뚱그려서 전부 '묘족' 안에 포함되었다. 서남지역의 많은 비한족 집단은 생활 습속이 한인과 서로 비슷하고, 또 한족과 밀접한 역사적 연원이 있다고 여겨지거나 스스로 생각하였기에 당시 중국의 국가민족정책은 그들이 한화漢化되도록 장려하였다.[47]

1949년 10월 중국공산당이 중국에 새로운 정권을 수립하였다. 중화민국과 마찬가지로 새로운 중화인민공화국 정부도 그 주권이 모든 소수민족 지역에 미친다고 선언하였고, 여러 소수민족을 포괄하는 '중화민족'의 일체성을 강조하였다. 전자인 중화민국과의 차이는 신중국 정권이 민족문제에 대해 더욱 적극적인 정책을 취하였다는 점이다. 먼저 신정부는 민족 평등을 보장한다고 선포하고 민족 간 차별을 없애는데 진력함과 동시에 점진적으로 민족자치를 추진하였다. 이어서 민족조사와 식별 작업을 대규모

---

46  [역자주] 과거 한족 사람들은 묘족(苗族)에 대해선 폄칭으로 "묘만(苗蠻)"이라고 불렀고, 사천의 한족 사람들은 그 지역에 거주한 티베트족에 대해 무시하고 낮춰 부르는 이름으로 "장만자(藏蠻子)"라고 불렀다.

47  Colin Mackerras, *China's Minorities : Integration and Modernization in the Twentieth Century*, Hong Kong : Oxford University Press, 1994, pp.59~60.

로 시행하였는데, 1979년까지 총 55개 소수민족이 식별되어 국가의 승인을 받았다. 민강 상류 및 인근 지역의 '강민羌民'은 바로 이런 과정을 거쳐 '강족'이 되었다.

한 가지 중시할 만한 문제가 있다. 그것은 어떻게 인구가 얼마 되지도 않고 그 '민족문화'도 한족과 티베트족문화가 뒤섞여 있는 이 집단이 '강족'으로 식별될 수 있었느냐는 점이다. 그들 중 일부는 일찍이 '오랑캐' 혹은 '번蕃'으로 여겨졌는데, 어떻게 해서 '티베트족'으로 편입되지 않았는가? 그들 중 더욱 큰 일부는 일찍이 상당히 '한화'되어 중국의 일반 호적에 편성되었는데도 어떻게 해서 '한족'으로 식별되지 않았는가? 이 문제에 관하여서는 반드시 청나라 말에서 중화민국 시기 한인 지식인들이 국가민족 '역사'를 구축하는 데서부터 이야기를 시작해야 한다.


## 전범典範 강족사羌族史의 형성과정

청나라 말기와 민국 초기 지식인들이 중국민족과 종족을 크게 논할 때, 주로 역사 문헌을 통해 누가 우리민족이고, 누가 우리민족이 아님을 탐구하였다. 그들도 피부색, 체질, 언어 등의 문제를 언급하였지만, 당시는 중국에 체질인류학, 언어학, 고고학이 막 싹트던 초창기 시대여서 학자들이 '과학'의 시각에서 진지하게 민족분류 문제를 사고하기가 매우 어려웠다. 이것이 바로 그들의 검토가 대부분 역사 문헌에 한정될 수밖에 없었던 하나의 원인이었다.

지금부터 나는 전범적 강족사의 형성이 대략 전후 두 개의 단계로 나누어짐을 설명할 것이다. 전자는 역사상의 '강' 혹은 '저강'을 주체로 하는 '강족사' 연구이고, 후자는 오늘날의 '강족'을 주체로 하여 그 역사를 거슬러 올라가는 강족사 연구이다. 이 전후 두 단계의 연구는 대략 1950년대를 경계선으로 한다. 이에 상응하는 중국의 민족정책으로 말하자면 전자는 '오족공화五族共和' 혹은 중화민족의 융합과 서로 호응하고, 후자는 소수민족 식별, 분류 및 민족 자치정책과 서로 맞물린다.

### 강, 저강을 주체로 하는 '강족사'

명, 청 이래 중국의 변경 묘사는 이미 일종의 '유사類似 민족지民族誌'의 서사 전통을 갖고 있었으나, 청말 민국 초기의 변경 집단에 대한 전통 유학자들 절대 다수의 인식은 여전히 역사상의 '사방 오랑캐四方蠻夷'의 단계에 머물러 있었다. 청말 민국 초기의 대유학자 장태염은 바로 이 개념에 기반을 두고 중국변방의 여러 족군들을 네 가지로 분류하였다.

장태염은 「서종성序種姓」이란 유명한 글에서 고비사막 남북의 유목민 집단을 개의 종족, 즉 '견종犬種'의 적狄, 동북의 여러 비한족 족군을 표범의 종족, 즉 '표종豹種'의 맥貊, 남방 구월甌越의 동쪽 및 전滇, 교지交趾[48]의 남쪽 각 족군을 뱀의 종족, 즉 '사종蛇種'의 민蠻이라 불렀다. 오직 서쪽 지방의 "하황河湟 사이에서 소와 양을 치고 그 젖과 치즈를 먹는" 무리에 대하여서만 '목양인牧羊人', 즉 강이라고 불렀다.[49] 분명 그는 북방, 남방, 동북의 비한족 족군을 '사람이 아닌' 개와 벌레 같은 무리로 간주한 데 반해 강족만

---

48 [역자주] 교지(交趾)는 원래 고대 북쪽의 중원 사람들이 고서에서 '남만' 민족의 풍습을 묘사한 말인데, 후에 남만인이 사는 지역을 가리키는 데 사용되었다.

49 章炳麟, 『檢論』, 序種姓, 1~2쪽.

을 '사람'으로 보았다. 그는 또 이들 북방, 남방, 동북의 종족들이 "그 교화됨이 모두 느리고 그 성품이 모두 거칠기" 때문에 "화하란 명칭을 부여할수 없지만" 서쪽 지방의 강은 예외라고 보았다. 이 견해는 각 민족지民族誌의 지식을 기반으로 한 것이 아니라 전통 중국의 문사文史 지식과 기억에바탕을 둔 것이었다.

장태염의 마음속에 존재하는 화하와 이민족의 구분, 그리고 이 구분 가운데 '강'의 특수한 지위는 그의 '중하中夏50의 종족' 개념으로 나타났다.문학과 사학이라는 문사의 전적典籍들과 기억들을 바탕으로 그는 '중하의족'이 바로 황제와 신농씨의 후예라고 여겼다. 그는 이 일족 사람들이 서쪽 지방의 '인도와 대하大夏와 서역西域의 36국 사이'에서 시작되었다고 하였다. 이 광대한 서쪽 지방 집단의 북쪽변방에 '강'이 있고, 남쪽변방에는모髳, 즉 묘髳가 있으니 '중하의 종족'은 "서역과 강, 모가 합쳐진 것"이라는말이다.

장태염이 증거로 제시한 내용을 통해 중국문헌기억 속의 대우大禹가 서강西羌에서 일어났고, 신농씨가 성이 강姜이며 문자상으로 강羌과 강姜이 서로 닮았다는 것들이 '강'을 '중하의 종족'으로 본 이유였음을 알 수 있다.그는 강羌이 바로 강姜이며, 강 씨 성의 신농씨가 서역, 청해, 농서隴西지역을 통솔하였다고 여겼다. 이 때문에 그는 또 "위장衛藏51과 서역 36국이 모

---

50 [역자주] 華夏의 다른 말로 고대 사방 오랑캐와 자신들을 구별하는 용어의 하나였다.
51 [역자주] 중국어로 wèi cáng으로 읽히고, 티베트어로는 Ü-Tsang으로 읽히는 위장은衛지역과 藏지역을 합친 전체 지역을 말한다. 위는 전장(前藏)이라고도 하는데 동쪽의단달랍산(怛達拉山)에서 서쪽의 강파랍산(崗巴拉山)까지의 지역을 가리키고, 대략 오늘날의 라사시, 나곡(那曲)시, 아리(阿里)지역, 산남(山南)시와 임지(林芝)시 서부를말한다. 장은 후장(後藏)이라고도 칭해진다. 위장은 고대 토번(吐蕃)시대 때부터 존재한뒤로 오늘날까지 티베트의 중심지역이 되어 있는데, 전체적으로는 티베트의 동반부지역

두 이치에 맞는 성품을 가졌기에 신농씨와 황제가 멀리할 수 없었고 그 종족도 서로 비슷하였다"라고 말하였다.

이를 통해 장태염이 '위장과 서역' 여러 지역의 집단을 화하 속에 포함시킨 것은 이들 변경 집단이 '강'과 밀접한 관계가 있다고 인식하였기 때문이었음을 알 수 있다. 위장과 서역을 포함하는 장태염의 '중하' 국족 개념에서 우리는 회강回疆과 티베트민족이 중화민족에 포함되는 사상적 연원의 초기 모습을 볼 수 있다.

여하튼 장태염은 한편으로 역사상 '강'과 관련 있는 족군 모두를 화하의 일부로 간주하였지만, 다른 한편으로는 오늘날의 '강' 혹은 서역 및 위장의 민족과 화하는 "종족이 서로 비슷하다"는 것뿐이어서 ─ 그는 이를 애荻와 호藋, 귤橘과 지枳의 관계와 같다고 비유하였다 ─ 같은 종족이지만 여전히 차이가 있다고 생각하였다.[52]

1905년, 젊은 혁명파 인물 류사배劉師培는 『중국민족지中國民族志』를 저술하였다. 이 저서의 서문에서 류사배는 이 책을 통해 "중화 종족들을 각성시키기를" 기대한다고 말하였다. 많은 혁명당 지식인과 마찬가지로 그 당시 그의 마음속 중화종족은 단지 '한족'이었다. 이 책에서 그는 동주東周 시기의 외환은 서로 다른 네 종류의 이민족에게서 왔는데, 그중 하나가 바로 '저강氐羌 종족'이라고 지적하였다. 이 종족은 원래 서쪽 지방의 '견융犬戎'이었는데, 동쪽으로 이주한 후 하남과 산서山西 일대에 분포하였던 여융驪戎, 강융姜戎, 이락지융伊洛之戎 등이 되었다고 하였다.

류사배는 또 더 큰 범위에서 저강 종족을 티베트족의 한 갈래로 보아 유

---

이다.

52  章炳麟, 『檢論』, 序種姓. 1~9쪽.

명한 염방冉駹과 백마저白馬氐를 포함한 티베트족이 서한 때 청해와 하서河西 등지로 널리 퍼졌다고 하였다. 이 때문에 그는 동한 때 있었던 저강의 중국 침입도 티베트족의 동침東侵으로 간주하였다. 여하튼 그 역시 주나라의 융적과 한나라의 저강 모두 나중에 "풍속과 형정刑政이 마침내 한족과 서로 섞여" 한족 안에 혼합되었다고 지적하였다.[53]

주목할 것은 '위장'을 화하와 같은 종족으로 간주한 장태염이나 한족과 티베트족의 다름을 강조한 류사배를 불문하고 그들이 구성한 '강' 혹은 '저강' 종족은 모두 '화하'혹은 한족와 서쪽 지방의 회강, 청해, 강장康藏, 즉 서강과 티베트 각지 족군들을 연결하는 중간 교량이었다는 점이다. 이처럼 광대한 화하 서부변방에 살았던 모호한 위치는 나중에 '강' 혹은 '저강'이 '중국민족사' 중에서 접착제와 유사한 기능을 발휘할 수 있게 하였다.

중화민국 수립 후 '중국민족' 혹은 '중국변경민족'과 관련된 역사 연구는 우후죽순처럼 더욱 활발해졌다. 중국 역사문헌들 중에 흔히 보이는 강, 강인, 저강 등은 자연히 학자들의 연구 흥미를 많이 불러일으켰다. 앞에서 언급하였듯이 갑골문 중의 강羌, 강족羌族과 강 씨 성姜姓 족의 관계, 강 씨 성 염제와 고대 여러 '민족집단설', 강족과 티베트족의 관계 등이 모두 당시 학자들이 연구하고 탐색하고자 한 대상이 되었다.

오늘날 학자들은 아마도 이 연구들을 인기 없는 '민족사'의 범주에 넣겠지만, 앞에서 인용한 양계초가 제시하였던 '역사 연구의 목적'이라는 점에서 본다면 이 '민족사'는 20세기 전반기 중국에서 오히려 역사 연구의 주요 동력이었다.

---

53  劉師培, 『中國民族志』.

가지가 채워지자 나무도 형체를 갖게 되었다. 1930~1940년대에 이르러 중화민족의 역사적 구조가 처음으로 규모를 갖추게 되었다. 이때 '중국 민족사'라는 이름의 수많은 종합적 저작들이 출현하게 된다. '강' 혹은 '저 강'에 관한 자질구레한 연구도 이때 비교적 완전한 체계——관련된 하나의 민족이 수천 년 이어지는 '역사'로 응결되게 된다. 이 '역사' 역시 더 큰 범위의 '중국민족사'의 일부분이었다.

이 '중국 민족사'라는 이름의 저작들 중에서 '강' 혹은 '저강'은 모두 고대 중요한 민족이나 족군을 대표하였고, 수천 년의 역사 과정 중에 옛 화하와 서로 싸우는 한편 끊임없이 화하에 융합되었기에 그 후대가 현재 한족과 티베트족, 그리고 많은 서남 민족 사이에 널리 퍼지게 되었다고 보았다. 예컨대 왕동령王桐齡은 저, 강과 융이 모두 티베트민족의 한 갈래인데, 융은 주나라와 진나라 때 한족에게 동화되었고 저, 강도 위진남북조 때 한인 혈통 속에 들어오게 되었다고 봤다.[54]

또 임혜상林惠祥은 '저강계'가 티베트족의 근원 중 하나로 춘추시대의 서융이며, 그들 가운데 화하족과 섞여 살았던 이들은 모두 화하에 동화되었다고 생각하였다. 이 민족은 한나라 때의 강, 송나라 때의 서하, 명나라 때의 서번西番 제위諸衛, 청나라 때의 탕구트족唐古特族이며, 그 외 일부는 저강이 되어 회족回族과 서북지역에서 섞여 살았고, 일부는 서남이西南夷가 되어 나라족羅羅族, 미얀마족緬甸族 및 북탄족棘撣族[55]과 서로 가까워졌다고 하

---

54  王桐齡, 『中國民族史』, 台北 : 華世出版社, 1977, 96쪽.
55  [역자주] 중국 고대 소수민족의 이름으로서 북(棘)족과 탄(撣)족을 가리킨다. 북족은 사천성, 운남성, 귀주성 일대에 살았었다. 탄족은 운남성, 베트남, 태국 등지에 거주하는 종족인데, '태족(傣族)'의 옛날 명칭이다. 탄족은 미얀마의 샨(撣邦)주에도 거주한다고 한다.

였다.[56] 마찬가지로 두 저자 모두 강 혹은 저강을 한족, 티베트족과 연결하거나, 한족, 티베트족 및 서남, 서북의 비한족 여러 족군들과 연결하고 있다.

이와 같은 역사를 정립하면서 강羌, 강羌 혹은 저강 민족의 공통 종족의 원류族源를 강 씨 성의 염제神農로 소급하는 것이 더욱 중요해졌다. 중국 역사 전설 가운데 염제는 두 개의 신분을 갖고 있다. 일부 문헌에서는 염제가 황제와 싸워 패하였다[57]라고 되어 있음에 반해, 다른 일부 문헌에서는 염제가 황제의 형제였던 것으로 되어 있다.[58] 앞에서 이미 언급하였듯이 황제는 청나라 말 국가단위의 민족을 구축하는 과정에서 중화민족特히 한족의 공통 조상으로 받들어졌다.

그 후 많은 민족사의 서사에서 황제에게 패배한 '형제', 즉 염제는 많은 비한족 족군들, 특히 저강과 관련된 족군들의 공통 조상이 되었다. 그리하여 '염황 자손'은 한족과 비한족 모두를 포괄하는 중화민족의 대명사가 되었다. 전술한 염제와 황제의 이중 관계로 인하여 '염황 자손' 역시 이중의 역사적 은유를 갖게 되었는데, 한편으로 각 민족들 간의 '형제 민족' 관계를 강조하면서도 다른 한편으로는 누가 정복자이고, 누가 피정복자의 후예인지를 구분하였다.

강 혹은 저강이 역사학자들의 광범위한 주목을 받았지만, 그 당시 한족 지식인의 마음속에 이 민족은 단지 오늘날의 한족과 티베트족이나 서남 민족과 관련된 하나의 역사 집단이란 개념일 뿐이었다. 동시대를 살던 어

---

56　林惠祥, 『中國民族史』, 上海 : 商務印書館, 1936, 13~14쪽.
57　『史記』 1-1, 「五帝本紀」 ; 『帝王世紀』.
58　『國語』 10, 「晉語4」.

떤 이들이 '강족'인지 아니면 '저강'인지를 진지하게 생각하는 사람은 매우 적었다. 심지어 학자들은 '강족'이라는 이 명칭조차 거의 사용하지 않았다. 설령 '강족'을 언급할 때도 도대체 그 당시 어디에 사는 비한족 민족인지에 대한 견해가 학자마다 달랐다. 예컨대 임혜상은 강족이 당시 청해의 탕구트족Tanguts이라 여겼고,[59] 여사면呂思勉은 당시 강족이 주로 청해와 강장康藏, 사천 서북부 및 운남 유서維西와 중전中甸 일대에 살고 있다고 하였다.[60] 더욱 놀라운 것은 당시 사천 서북부에 살던 '강羌'에 대한 문헌 검토를 하면서도 학자들의 흥미는 여전히 역사문제에 있었다는 점이다. 1930, 1940년대의 '대우大禹'에 관한 연구가 바로 그런 사례이다.

중국이 대일 전쟁을 치르는 동안 많은 역사학자들이 국민정부를 따라 사천으로 이주하였다. 이때 이곳에서 대우와 서강西羌의 관계가 연구의 초점이 되었다. "우가 석뉴에서 태어났다禹生於石紐" "대우가 서강에서 흥하였다大禹興於西羌" 및 "하夏 민족은 사천에서 기원하였다"는 등의 설들이 갑자기 등장하여 흥하였다.[61]

대다수 학자들은 대우가 출생한 '석뉴' 혹은 '문산군汶山郡'이 북천이나 민강 상류의 문천汶川에 있으며, 문헌에서 당시 이들 지역 산지에서 거주하는 토착민을 모두 '강' 혹은 '강민'이라 부르고 있음을 알았지만, 소수의 학자들은 이 때문에 대우와 강민의 관계를 깊이 연구하였다. 이는 대우와 강인의 관계에 대한 논의가 한때 유행하였지만, 대우와 당시 사천 서북부 '강민'과의 관련이 아니라 화하의 '기원' 문제에 중점을 두었기 때문이다.

59  林惠祥, 『中國民族史』, 142쪽.
60  呂思勉, 『中國民族史』, 上海 : 世界書局, 1934; 北京 : 東方出版社, 1996, 4·286~287쪽.
61  陳志良, 「禹與四川的關系」, 『說文月刊』 3-9, 1943, 33~42쪽; 羅香林, 「夏民族發祥於岷江流域說」, 『說文月刊』 3-9, 1943, 43~63쪽.

일본과의 전쟁에서 패퇴를 거듭하던 좌절 속에서 중국 지식인들은 "화하가 사천에서 기원하였다"라는 역사적 상상을 빌어 이곳에서 민족의 부흥도 기대할 수 있다고 은근히 암시하였다.

이러한 예는 이 당시 '강' 혹은 '저강'이 단지 하나의 역사적 집단 개념이었을 뿐 이들을 민강 상류의 토착 '강민'과 연결하려는 학자는 매우 적었음을 말하여준다. 심지어 절대다수의 중국 지식인들은 '강민'의 존재조차 알지 못하였다. 일찍이 민강 상류의 '강민' 지역에 들어가 언어 조사를 하였던 학자 문유聞宥는 아래와 같이 개탄한 바 있다.

> 우리는 지금까지 직접 사천 서부에 가보지 않아서 판도 내에 아직도 강인이 있는지 알지 못한다. 일찍이 선진先秦 문헌상에 나오는 한 민족이 수천 년에 걸쳐 무수한 이주와 혼합을 거쳤음에도 끝내 사라지지 않았지만, 세상에서 이를 알아주는 사람이 전혀 없으니 이는 참으로 학술계의 불행한 일이다.[62]

이 말은 당시 지식인의 '역사지식' 중에 벌써 "수천 년에 걸친" 강족이 존재하였지만, 상대적으로 강에 대한 그들의 '민족 지식'은 여전히 일천하였음을 보여준다. 1940년대에 전범적인 민족 분류와 역사지식이 아직 완성되지 못하였음을 증명하는 또 다른 사례가 있다. 당시 서남연합대학西南聯合大學의 진학성秦學聖은 서양 학자를 따라 민강 상류로 조사하러 가면서 당연히 민강 상류에 사는 '묘족'에 대하여 조사할 것으로 생각하였다.[63] 하

---

62 聞宥, 「川西羌語的初步分析」, 『華西大學中國文化研究所集刊』, Studia Serica 2, 1941, 60쪽.

63 David Crockett Graham, *The Customs and Religions of the Ch'iang*, City of Washington : Smithsonian Institution, 1958, iii를 보라. 중국 고대 문헌 중에 순임금이 "삼묘를

지만 이런 관념은 현재 민족 식별이 확정된 후 묘족 거주지와는 매우 동떨어진 것이었다.

이상의 설명은 민국 초인 1920, 1930년대의 민족사 건립 과정에서 학자들이 전혀 이미 존재하던 '강족'의 역사를 찾아서 거슬러 올라가지 않았음을 보여준다. 그 대신 '강'과 관련된 많은 중국 역사문헌기억들 중에서 역사상의 '강족'을 건립하고자 하였다. 이 역시 '강민'에 대한 현지조사의 대부분이 처음에 왜 서양학자 또는 선교사에 의해 진행되었는지를 설명한다.

## 강족을 주체로 하는 강족사

대략 1910~1920년 사이 영국 국적의 선교사 토랜서Thomas Torrance는 민강 상류지역에서 선교하면서 이 지역 '강민'에 대해 연구한 바 있다. 그는 강민문화의 특색을 기록하고 묘사하였을 뿐만 아니라 하대夏代의 대우부터 청대에까지 이어지는 강민의 역사도 탐색하여 중건하고자 시도하였다.[64] 그가 수립한 역사 대부분은 같은 시대 중국 역사학자들의 연구에서 인용한 내용이었지만, 강 혹은 저강에 관한 중국 역사학자들의 연구가 '한족'과 '소수민족'의 관계를 설명하기 위한 것임에 반해 토랜서는 한 개별 민족의 역사를 수립하기 위한 것이었다는 점에서 차이가 있다.

토랜서는 강민의 종교를 일종의 '일신교'로 보았기 때문에 한 걸음 더 나아가 이 민족의 역사를 동쪽으로 이주한 이스라엘인에게까지 거슬러 올

---

삼위로 옮겼다(遷三苗於三危)"라는 기록이 있지만, 많은 학자들은 '삼위'가 청해(青海) 남부에서 사천 서북부 일대에 있다고 믿었다. 이것이 바로 진학성(秦學聖)이 민강 상류에 가서 묘족의 근원을 탐색하려 하였던 기초가 되었음이 분명하다.

64 Rev. Thomas Torrance, *The History, Customs and Religion of the Ch'iang*, Shanghai : Shanghai Mercury, Ltd., 1920, pp.4~14.

라갔다.[65] 그의 이러한 결론은 서양문명 중심주의 및 진화론과 전파론의 영향을 깊이 받은 당시의 민족학ethnology으로부터 온 것이 분명하다.

진화론의 사고 패턴하에서 그는 '일신교'를 인류 종교 진화와 진보의 극치의 단계로 보았다. 또 서양문명 중심주의하에서 그는 분명히 이 문명의 변방 집단이 이처럼 진보된 종교를 가진 것은 이들이 '서양문명인'에서 떨어져 나온 후예이기 때문이라고 생각하였다.[66] 사실 그 시대에는 토랜서뿐만 아니라 다른 서양학자혹은 선교사들도 중국 서남 변경의 많은 종족 무리들을 '인도유럽 인종', '이스라엘 인종'이라거나 혹은 서쪽으로 이주한 기타 서아시아 종족으로 간주하였다.[67]

1925년부터 1948년까지 또 다른 서양학자 데이비드 그레이엄David Crockett Graham도 여러 차례 민강 상류지역에 들어가서 조사를 하였다. 그는 강족문화에 관한 자세한 고찰 외에 강민의 역사를 찾아서 거슬러 올라가기도 하였다. 그는 중국 역사학자의 저작을 참고하여 오랫동안 이어져 내려온 강민의 역사를 수립하였다. 다만 그가 "강민은 동쪽으로 이주한 이스라엘인의 후예"라는 토랜서의 주장을 반박하였다는 점에 차이가 있다. 그는 강민의 종교가 결코 일신교가 아니라고 지적하였다. 한 걸음 더 나아

---

65 Rev. Thomas Torrance, *China's First Missionaries : Ancient Israelites*, London : Thynne & Co. Ltd., 1937.

66 "잃어버리고 흩어진 조상의 후예를 찾는다"라는 말은 문명 수준과 권력 관계가 대등하지 않는 인류사회가 접촉하는 과정에서 우세 집단이 열세 집단을 자신들의 분파로 생각하면서 만들어낸 일종의 역사 건립과 상상을 가리킨다. 이 주제에 관한 검토는 졸저, 『華夏邊緣』, 제9장 「邊緣人群華夏化歷程」을 참조하라.

67 泰羅(Griffith Taylar), 『人種地理學』, 台北 : 中華書局, 1960; P. H. Stevenson, "The Chinese-Tibetan Borderland and Its People", *China Journal* 6, pp.4~6; T. Cook, "The Independent Lolo of Southwest Szechwan", *Journal of the West China Border Research Society* 8, pp. 70~81.

가 그는 당시 일부 강민이 스스로 '옛 이스라엘인의 후예'라고 부르는 것은 토랜서의 영향을 받은 결과라고 지적하였다.[68]

토랜서와 그레이엄의 '강민'에 대한 주된 흥미는 그들의 역사에 있지 않았다. 그들과 1930년대와 1940년대 중국의 강민 조사자들의 주요 연구 목적은 모두 문화와 체질 및 언어로서 하나의 전범적인 현재의 '강민'을 찾아서 세우는 데 있었다. 이 부분에 관하여서는 이 책 후반부에 있는 '문화 편'에서 설명할 것이다. 어찌 되었든 그들이 거둔 조사의 성과는 후일 민족 식별 작업에 구체적인 재료를 일부 제공하였고, 역사학자들의 주목도 불러일으켰다. 이는 역사학자들이 이미 문헌을 통해 점차 하나의 '중화민족' 형성의 청사진을 만들었기 때문에 이 청사진에서 '강' 혹은 '저강'이 매우 중요한 역할을 하였다. 이는 강과 저강이 한족과 티베트족 및 많은 서북, 서남의 비한족 족군들과 모두 관련이 있어서 '강족사'가 중화민족 판도 내 많은 민족들 간에 접착제가 될 수 있었기 때문이다.

사천 서부에 사는 '강민'의 인구는 많지는 않지만, 그들은 역사상 광대한 강과 저강 민족의 후예들 중에 있고, 이때 여전히 '강'의 족군으로 불리었다. 그들은 하나의 살아있는 역사 증명 서류와 같았다. 많은 근대 중국 지식인들에게는 당시 강족의 존재가 관련 '역사'의 진실성을 증명하는 것이기도 하였다. 이로 인해 1950년대 민족의 식별과 분류 과정에서 '강족'은 하나의 소수민족이 되었다.

그뿐만 아니라 역사 문헌과 민족지 자료와 언어학 분류의 도움을 받아서 이 민족은 역사상 다른 민족에 동화된 '강'을 배제한 청나라 말에서 민

---

68  Graham, *The Customs and Religion of the Ch'iang*, pp.98~101.

국 초년 민강 상류에서 여전히 '강족'이라 불리던 족군만을 가리키는 대략적인 범위를 갖게 되었다. '강민'이 어떻게 '강족'이 되었는지는 뒤에서 더 깊이 있는 검토를 하겠다.

하나의 구체적인 집단이 강족으로 식별되고 민족자치와 관련 민족정책이 잇달아 시행된 후, 강족 역사 연구는 새로운 단계로 접어들었다. 1970년대에서 1980년대에 고힐강, 마장수馬長壽, 임내강任乃强 같은 많은 저명한 선배 학자들이 모두 '강족사' 연구에 뛰어들었다. '민족' 개념 및 이와 관련된 역사 관점하에서 강족은 역사상 끊임없이 이주하면서 다른 민족에 융합되거나 새로운 민족을 형성하였다고 묘사되었다.

이처럼 형성된 '강족사'는 상대商代에서부터 지금까지의 '강'을 '중국사' 혹은 '중국 민족사' 안에 포함시켰을 뿐만 아니라, 중국 서부, 서북, 서남의 많은 소수민족들을— 그들과 강 혹은 저강과의 관계를 근거로— 한족과 연결시켰다. 예를 들어 마장수는 그의 저서 『저와 강氏與羌』 서론에서 진롱秦隴지역에 살던 강은 한족과 점차 융합되었고, 하황지역에 살던 강은 티베트족과 점차 융합되었으며, 민강 상류에 살던 강인은 지금까지 면면히 이어져 강족이 되었다고 적었다.[69] 이 때문에 그는 다음과 같이 말하였다.

특히 강족은 자고이래 지금의 하남河南에서부터 곧장 서쪽으로 향해 지금의 신강新疆 남부의 파미르고원에 이르렀고, 남쪽으로는 곧장 사천 서부와 남부에 도착하였는데 이 모든 곳에 그들이 활동한 흔적이 있다. 그들은 중원지역뿐만 아니라 북방의 몽고蒙古초원, 서남의 청장靑藏고원, 서부의 천산天山 이남

---

69 馬長壽, 『氏與羌』, 上海 : 人民出版社, 1984, 1쪽.

등 지역의 각 민족과 모두 밀접한 관계를 맺었다.

강족사의 중요성에 대해선 임내강의 저서 『강족원류탐색羌族源流探索』의
서문에 더욱 명료한 설명이 있다.

길고 긴 역사 속에서 강족은 많은 지파로 분화하였다. 그중 일부는 한족과
융합되었고, 일부는 티베트미얀마어족의 일부 민족으로 발전하였다. 역사상
출현하였거나 현재 우리나라 서북, 서남에 여전히 존재하는 각 소수민족들은
그 근원을 거슬러 올라가면 대부분 강족과 관련이 있다. 이 때문에 강족의 형
성과 발전을 연구하는 것은 우리나라 민족사 연구 및 민족 식별과 민족 단결
사업을 강화하는 데 극히 중요하다.

이때 '강족'이 하나의 소수민족을 가리키는 구체적인 칭호가 됨으로써
이 단계의 강족사 서사에는 모두 어느 정도 현재 사천 서북부의 강족을 언
급하고 있다. 자신만의 소수민족문화 특색을 갖고 있다고 인정된 이 민족
은 역사상 '강족'의 살아있는 화석 같은 증거로 여겨졌다. 강족의 현실적
존재는 '역사'에 힘입어 합리적인 해석을 할 수 있었고, '역사' 또한 강족
의 존재로 인해 사람들의 신뢰를 받았다. 이 때문에 청말 민국 이래 이와
상관된 모호한 역사 집단 개념, 예컨대 '저강 종족', '티베트족', '저강족
계' 등등이 많이 '강족'으로 대체되었다. 그럼에도 위에서 언급한 고힐강,
마장수, 임내강 등 선배 학자들이 쓴 강족사는 여전히 이전 단계의 역사
연구 전통을 계승하여 '역사상'의 강족 및 중화민족 내 각 민족과의 관계
를 강조하였고 오늘날의 강족에 관한 서술은 매우 적었다.

한편, 1980년대 민강 상류 강족의 본토 역사 신화, 강과대전羌戈大戰[70] 이야기도 일부 학자들의 주목을 받았다.[71] 리현과 문천 일대에서 유행한 이 이야기는 어떤 족군이 서북에서 어떻게 남쪽으로 이주하였고, 민강 상류에 도착해 이 지역 토착민인 과기인戈基人들과 전쟁을 벌였으며, 승리한 후 '이미爾瑪'가 되어 여러 지역으로 흩어져 각기 촌락과 산채를 세우는 과정을 서술하고 있다. 학자들은 이 민간 전설이 북방의 강인이 남쪽으로 이주한 역사적 사실을 반영하고 있다고 보았다. 리현과 문천 일대에서 출토된 석관장石棺葬에 대해 이 지역 사람들은 '과기인'의 묘라고 여기고 있다.

석관장 중 감숙과 청해甘靑의 문화적 요소에 대해 학자들은 강인이 파도 치듯 남쪽으로 이주한 고고학 증거라고 해석하고 있다. 이 지역의 전설과 고고학 자료 및 역사 문헌을 한데 뒤섞은 이러한 강족사 서사들 중 가장 대표성을 띠고 있는 것으로는 염광영冉光榮, 주석은周錫銀, 이소명李紹明 등이 지은 『강족사』를 들 수 있다.[72] 이는 전범적 강족사의 극치이며, 전범적 강족사 서사의 완성 혹은 종결이라고도 말할 수 있다. 이 책이 출판된 후 더 이상 이처럼 완전하고 전면적인 '강족사'는 나오지 않고 있다.

이 『강족사』의 본문 앞에는 무문茂汶강족자치현 강족의 가옥 취락, 생산 활동, 문화의 특색과 역사 고적 등을 보여주는 여러 장의 사진이 실려 있다. 책의 내용은 상편과 하편으로 나누어져 있다. 상편에서는 염제, 대우, 상주商周 시기의 강인부터 당唐, 송宋 시기의 강인까지 다루고 있으며, 마지

---

70 [역자주] 羌戈大戰은 강족들 사이에서 전해져 내려오는 민간 역사시(歷史詩) 중에서 가장 잘 알려진 이야기인데 주로 강족의 조상들이 겪은 고난 및 고통과 각종 전쟁(魔兵戰, 與戈人戰)이 기록돼 있다.
71 林向, 「羌戈大戰的歷史分析」, 『四川大學學報叢刊』 20, 1983, 8~16쪽.
72 冉光榮 외, 앞의 책.

막은 강족과 티베트미얀마어족 각 민족과의 관계로 귀결하고 있다.

하편에서는 민강 상류의 강족을 소개하면서 석관장과 강과대전 전설로 서북 강인의 남쪽 이주를 인증한 다음, 宋송, 명明 이래 이 지역의 정치, 경제 상황을 검토하고 있다. 마지막 2개 장章은 주로 책 집필 당시 강족의 습속, 종교와 문예, 과학기술을 소개하고 있다. 책 뒤에는 강어羌語의 방언 분류 및 인구수와 분포가 첨부되어 있다. 따라서 책 전체의 구조상 상편은 청말 민국 이래 역사학자들과 이 책 저자들이 수행한 정밀한 연구의 결집이고, 하편은 강족사를 서술하였던 이전 사람들이 완전히 무시한 '본토 역사'라고 말할 수 있다.

'역사'가 드러내는 족군의 본질ethnicity로서 말하면, 상편은 중화민족 체계 속의 강족을 표현하였고, 하편은 본토 특질 가운데 존재하는 강족을 표현하고 있다. 이 모두가 저자들이 이 책을 '오늘날 강족'의 역사로 삼았음을 보여준다. 이 '역사' 중에서 강족과 기타 각 민족의 관계는 오늘날 중화민족 중의 '강족'을 만들었고, 현재 중화민족 중의 '강족'의 존재 역시 이러한 강족사의 집필과 완성을 촉성시켰다. 다시 말해, 오늘날 강족의 존재와 그 족군의 본질은 전범적 강족사의 완성과 상호 인과관계를 가지면서 상생相生 상성相成한다고 하겠다.

염광영, 주석은, 이소명이 『강족사』 「후기後記」에서 말한 아래와 같은 내용 역시 이러한 '역사'와 '민족'의 일부 특징을 설명해주고 있다.

이 책 원고에 대한 의견을 구한 결과 국내의 민족, 역사, 고고, 언어 연구자들이 많은 귀중한 의견을 보내주었다. 더욱이 사천 무문강족자치현의 현 정부는 간부 군중을 조직하여 토론케 함으로써 강족 인민 각계 대표, 특히 옛

홍군紅軍 전사戰士 하옥룡何玉龍, 소성蘇星, 마복수馬福壽 및 아파阿壩티베트족자치주 정치협상위원회의 부주석 왕태창王泰昌 등 동지의 열정적인 관심과 긍정을 받았다.

이 간단한 문장 중에 청말 민국 이래 하나의 '민족'이 형성되는 세 가지 측면 혹은 세 가지 중요한 '정황'이 드러나 있다. 첫째, 민족, 고고, 언어 등 새로운 학문 방법과 새로운 역사 기술하에 '민족'이 그 객관적인 전범적 특징을 갖게 되었다. 둘째, 전범적 학문 지식이 민족 상식으로 전환되어 각종 정치, 사회 기제의 전파를 통해 민중들이 받아들이게 됨으로써 '민족'이 토착 관점native's point of view과 주관적 정체성 위에 건립될 수 있었다. 셋째, 이른바 토착 관점이란 언제나 모든 토착 관점이 아니라 토착 집단 내 일부 인사가 결정한 '토착 관점'이라는 것이다.

초기의 류사배와 장태염에서부터 당대의 고힐강, 마장수, 이소명 등에 이르기까지 이 역사학자들이 강족 역사를 연구하고 저술할 때 반드시 '강족'을 수립하고자 하는 의도가 있었던 것은 아니었다. 그러나 학술 전승과 시대 배경하에서 그들의 강족 역사에 대한 연구와 저술이 주류 사회에서 가장 설득력이 있고 권위를 갖춘 것으로 인식됨으로써 학술적 전범이 되었고, 이 전범적 강족사 지식이 결국 '강족'을 마침내 만들어내었다. 그리하여 '강족'은 국가민족의 구조 속에서 인정받고 그 성원의 정체성 위에 건립된 민족의 하나가 되었고, 이로써 전범적 강족사 연구와 저술 또한 종결되었다. '강족사 연구'는 단지 한 가지 사례에 불과하다. 이러한 사례는 청말 민초에 한때 '신 사학'의 주요 내용을 대표하였던 '민족사' 연구가 중화민족 내 각 민족이 형성된 후 역사 연구의 주류로부터 소리 없이 퇴출된 이유를 설명한다.

하지만 이 모든 화하 혹은 중국변방을 재구축하는 일은 장기적인 역사과정의 일부분일 뿐이었다. 그런 점에서 류사배, 장태염, 고힐강 등은 이역사 과정의 창조물이라고 말할 수 있다. 이 때문에 그들은 새로운 시대분위기하에서 아무런 선택의 여지도 없이 중국변방을 다시 만드는 작업에뛰어든 것이었다. 다음 장에서는 이 화하변방 건립의 오랜 역사에 대해 설명하겠다.

# 제6장

# 강족사羌族史의 재구축

화하華夏변방의 관점

전범적 강족사는 일종의 '역사'로, 민족주의의 영향을 받은 시대적 산물이다. 오늘날처럼 각종 포스트모더니즘 사조의 계시를 받아 우리는 이런 '역사'의 건립 성격을 파악하였기 때문에 이런 '역사'를 해체할 수 있게 되었다. 그러나 이는 결코 전범적 역사의 연구와 서사가 잘못되었다고 말하는 것이 아니다. 지금 각종 과거 '역사'와 신화를 해체하는 학자들이 선배 학자들에 비해 고명高明하지 못한 때도 있다.

현대의 많은 역사 연구와 민족문화 연구는 모두 학자들이 자주 하나의 오류에서 벗어난 후 다시 또 다른 오류에 빠진다는 것을 증명하고 있다. 이는 그들이 타자나 옛 사람의 연구와 서사를 해체하면서 집단 정체성이 인류의 인지에 미치는 영향을 인식하지 못함으로써 한편으로 기존 국가민족 정체성하의 '역사'를 해체하면서 다른 한편으로는 새로운 국가민족 정체성혹은 다른 주체 정체성하에서 또 다른 '역사'를 수립하였기 때문이다.

더욱이 근대 민족주의 연구자들이 가지고 있는 일종의 보편적인 견해는 지금 당대의 각 '민족'혹은 국가민족이 온전히 근현대의 산물로서 근현대의 역사 수립과 문화 창조 과정에서 만들어진 것으로 본다는 것이다. 이 견해는 인류가 구석기시대 이래로 군집생활을 하였던 동물이고, 적어도 신석기시대 말기부터는 각종 문화 부호(와 관련 기억)를 사용해 '집단 정체성'을 강화하였다는 점을 무시한 견해이다. 문자로 역사를 기록함으로써 같은 혈연 집단의 응집 및 그 영역의 자원을 합리화하는 것은 세계 여러 고대 문명 중에서도 낯설지 않은 일이다.

근대 '강족사'의 연구와 서사에서 만약 서사의 주체화가 '중국민족'의 핵심 족군이 되었을 때 새로운 '중국민족'의 개념으로 강족을 새롭게 정립하고 정의하였다면, '강족사'의 주요 정립자와 피정립자인 한족과 강족 모두 온전히 근대의 산물인가? 혹은 지금의 중국민족과 강족을 만든 '역사'는 정립된 역사적 상상일 뿐 진정한 역사가 아닌가? 나는 그렇다고 보지 않는다. 나 역시 역사 연구가 근대에 형성된 '역사'를 해체하는 것만으로 만족할 수 있다고 생각하지 않는다.

따라서 우리는 한 걸음 더 나아가 만약 '전범적 강족사' 중의 강족이 역사상 하나의 연속체가 아니라면 도대체 무엇이 역사 속에서 연속되는 것인지, 혹은 어떠한 역사가 지금의 강족과 '전범적 강족사'를 만들었는지 탐구할 수 있어야 한다. 이번 장에서는 '화하변방의 관점'에서 '강족'의 역사를 설명할 것이다. 이 역사는 '강족'과 '중국 민족' 형성의 역사 과정 및 그 본질이라고 해석할 수 있는데, 나도 이러한 역사를 통해 역사 연속성의 문제를 검토해보려고 한다.

'변방 관점'에서 화하의 형성과 변천을 탐색하는 접근법에 관해서는 내가 이전에 쓴 『화하변방―역사기억과 족군 정체성』이라는 저서에서 상세히 검토한 바 있다. 이를 간략하게 정리하면 이 새로운 연구 방향은 다음과 같은 특징을 지닌다.

먼저, '족군'민족 포함에 대한 이해와 경계 지음에서 족군 구성원이 믿거나 논쟁하는 '우리민족의 변방'누가 우리와 다른 민족인지을 통해 한 족군의 본질을 인식할 것을 강조하였다. 그 다음 자원경쟁과 분배체계 중에서 형성되고 변천하는 족군변방 및 이러한 변천에 부합해 조성된 역사기억의 정립과 재정립 과정, 자원분배와 경쟁 그리고 역사정립에 영향을 미치는 집단 내외의 권력관계에 중점을 두었다. 이 때문에 역사 문헌상에서는 그 사회기억의 본질을 강조함으로써 이러한 기억을 남긴 사회상황을 탐색하였다. 고고와 민족지 자료상에서는 인류의 자원경쟁과 분배체계 및 그 생태환경의 배경, 이와 관련된 집단 정체성과 구분, 정체성과 구분체계하의 문화표상과 보급에 주목하였다. 연구 방법상으로는 다른 사례異例의 분석anomaly analysis을 통해 한 사회의 다원적 본질, 모호한 변방, 권력관계와 역사 변천을 이해할 것을 강조하였다.

이러한 관점을 바탕으로 이 장에서 나는 하나의 '강족사'를 새롭게 검토하고 수립할 것이다. 이는 사실상 '강'의 역사이며, 화하 서쪽 지방 이민족 개념의 관념 역사이기도 하다. 나는 '강'을 하나의 화하변방으로 삼아 화하에게 '서쪽 지방의 어떤 민족'이 어떻게 '화하'의 성장 과정 중 부단히 서쪽으로 이동하였는지, 그리고 이 화하변방이 근대 이후 오랑캐에서 소수민족으로 변하는 과정을 설명하고자 한다. 이러한 '강'의 역사는 사실상 화하 서부 족군변방의 변천사이며, 내가 말하는 '화하변방 관점'의 역사이기도 하다〈그림 11〉을 참조.

〈그림 11〉 전범적 역사에 나오는 강족의 이주 분포

## 상商에서 한漢대에 이르는 화하華夏의 강인羌人개념 변천

『화하변방』 저서에서 나는 상대부터 한대에 이르는 화하의 '강인' 개념 변화를 설명한 적이 있다. 여기서 먼저 이 역사 과정을 간략히 서술하면 다음과 같다.

일종의 집단에 대한 칭호로서 '강'이란 글자는 가장 먼저 상대의 갑골문 기원전 약 13세기에 나타난다. 갑골 자료에서 우리는 상나라 사람이 서쪽의 어떤 구역을 강방羌方이라 불렀고, 그곳에 사는 사람을 '강'이라 불렀음을 알 수 있다. 그 지리적 위치는 대략 하남河南 서부, 산서山西 남부, 섬서陝西 동부 일대이다. 그들은 상나라 사람의 눈에 적대적인 서쪽 집단이자 '인간이 아닌非人' 이민족으로 보여졌다. 기원전 11세기 위수 유역에서 일어난 주나라 사람들이 서쪽 각 부족의 역량과 결합하여 함께 상나라를 멸하였다. 이를 전후하여 주나라 사람들과 그 동맹들이 점차 동방화東方化하면서 상나라 사람의 많은 문화 전통을 계승하였다.

서주 때에는 '강'이라 불린 이민족은 전혀 없었고, 상과 주문화의 영향을 비교적 적게 받은 서쪽 지방의 여러 부족들을 '융戎'이라 불렀는데, 대략 보계寶雞 부근 및 그 이서와 이북지역이었다. 춘추전국시대 농산隴山 이동의 '융인'은 대부분 진秦나라 사람들에 의해 정복되었다. 또한 이 시기 동쪽 지방 여러 나라의 '화하 정체성'이 점차 형성되면서 '융적戎狄'이 '화하'에 상대되는 주된 이민족이 되었다. 진나라 사람이 화하화華夏化되면서 그들 통치하에 있던 '융적'도 점차 화하의 일부가 되었다.

이처럼 화하 서쪽 지방의 족군변방은 계속해서 서쪽으로 이동하였다. 전국시대 말기에 이르면 '저강氐羌'이란 용어가 당시 일부 사상가의 저작들 가운데 등장하는데, 서쪽 지방으로부터 전해들은 이민족의 하나를 가리켰다. 문헌에는 그들이 '화장火葬'을 한다든가, 혹은 그들에게는 "군주가 없다無君"라고 적혀 있지만, 사실은 모두 이들 서쪽 지방 사람들의 이질성을 강조한 것이었고, 이 이민족들은 지리적으로 '진나라의 서쪽'에 분포해 있었다. 하지만 '저강'은 유독 신화와 전설로 은유하길 좋아하였던 전국시대 사상가들의 서쪽 지방 이민족에 대한 상상에 불과한 것 같은데, 고금의 인사人事를 기록한 『국어國語』, 『좌전左傳』, 『전국책戰國策』 등의 역사 문헌들에는 '저강'에 관한 기록이 전혀 나오지 않는다.

전국시대 이후 중국은 진 제국과 한 제국 시기로 들어갔다. 정치적 통일은 영토와 족군 정체성의 확장을 가져왔다. 개간하여 농사짓기에 적합한 서쪽 지방으로 중국의 정치적 통제, 중국식 농업과 문화적 가치가 모두 이동하였다. 서쪽 지방 집단에 대한 인식이 갈수록 깊어짐에 따라 '융'은 서쪽 지방의 모든 비화하 집단을 묘사하고 서술하기에 더 이상 적절한 용어가 아니게 되었다. 이러한 배경에서 원래 모호하고 신화神話 투의 서쪽 지방 이민족 개념이었던 '저강'이 '저'와 '강'으로 나누어져, 진, 한시대 사람들이 농서 일대 서쪽 지방의 두 이민족 집단을 구분하여 부르는 호칭이 되었다. 농서 부근은 진나라와 한나라 초기에 '강중羌中'으로 불리기도 하였다.

서한 초부터 동한 시기까지 화하의 마음속 서쪽 지방 이민족인 '강인'과 지명으로서 '강중羌中'의 개념은 계속 서쪽으로 이동하였다. 한나라 초에 '강중'은 대략 농서와 임도臨洮 부근, 즉 도하洮河와 백룡강白龍江의 사이였다. 이로부터 강과 관련된 이민족 집단과 지리 개념은 세 방향으로 펼쳐지며 확장된다. 서북 방향으로는 서한 무제 때 중국의 영향력이 감숙의 하서주랑河西走廊에까지 미치면서 '강중'이란 지리 개념도 서북쪽으로 옮겨져 이 새로운 서부 변경을 지칭하게 되었다. 그리하여 당시 주천酒泉과 장액張掖 사이에 '강곡수羌谷水'와 '강곡羌谷' 등의 지명도 생겼고, 이 지역의 토착민도 '강인'으로 불리게 되었다.

동한 시기 중국인들의 마음속에 자리한 '강인'의 개념은 더욱 서북쪽으로 이동하여 천산남로天山南路에까지 이르렀다. 서쪽으로는 서한 소제昭帝와 선제宣帝 시기기원전 73~49년 한인 세력이 하황河湟 : 황하 상류와 그 지류인 황수(湟水) 유역으로 더 진입함으로써 '강'이란 지리 집단 개념도 하황지역으로 확대되었다. 한나라 정부가 황수 계곡에 군대를 주둔시키고 이민을 적극적으로 추진함에 따라 하황 토착민과 한인 사이에 격렬한 충돌이 발생하였다. 하황 토착민들과의 전쟁으로 말미암아 중국인은 이곳 '강인'들에 대해 더 많은 묘사를 하였고 이해를 하게 되었다. 이로 인해 '하황 강인'은 동한과 위진 魏晉 시기 중국인의 마음속에 전형적인 '강인'이 되었다.

끝으로 서남 방향으로는 진과 서한 전기 중국인이 농서와 임도에서 서남쪽으로 발전하여 감에 따라 '강저도剛氐道', '전저도湔氐道', '전저도甸氐道' 등의 지명이 화하에 의해 감숙 남부와 사천 북부의 새로운 변경을 부르는 데 사용되었다. '저강'과의 관련으로 인해 이곳의 일부 집단도 '강'으로 불리었다.

이상에서 설명한 '강' 혹은 '저강'이라는 지리 집단 개념의 변천은 화하 형성 과정 중에 화하 서쪽 지방의 족군 지리변방의 변화를 보여준다〈그림 12〉를 참조. 상나라 사람들의 우리민족 정체성 중 서쪽 지방의 이민족은 주로 섬서, 산서, 하남의 접경지역에 있었다. 서주 시기 사람의 우리민족 개념에서 이 서부 족군의 변방은 대략 서쪽으로 섬서 보계 서쪽의 멀지 않은 곳까지 밀려들어갔다. 전국에서 진 제국에 이르는 시기에는 진나라 사람의 화하화로 인해 이 변방은 다시 서쪽의 농서와 임도 일대로 이동하게 되었다. 서한 무제와 그 이후 한때 하서河西 땅이 중국에 편입됨에 따라 '강'의 개념이 서북쪽으로 옮겨져 역사학자들이 말하는 하서와 천산남로의 강족이 만들어졌다.[1]

어찌 되었든 동한과 하황 강인들 간의 길고 긴 피비린내 나는 전쟁은 하황 토착민을 중국인의 마음속에 전형적인 강인으로 만들었다. 이러한 개

---

1  顧頡剛, 「從古籍中探索我國的西部民族－羌族」, 136~137쪽.

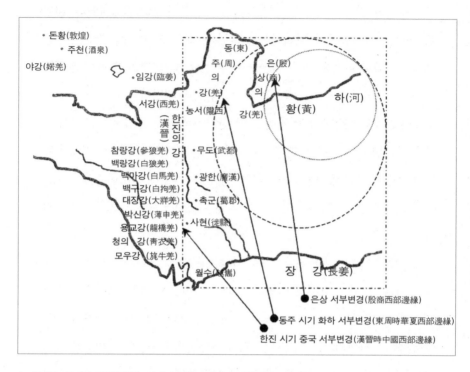

〈그림 12〉 상에서 한진(漢晉) 시기까지 화하변방의 변천

넘은 나중에 『후한서』「서강전」이 만들어짐으로써 더욱 강화되었다. 따라

서 중국 역사 문헌 중 상대에서 한대에 이르는 '강'의 역사는 결코 '이민

족'만 역사가 아니라 '화하' 자신의 역사 혹은 '화하변방'의 변천사였다.[2]

앞서 언급한 이 역사 과정 중의 상나라, 주나라, 진나라 사람들과 화하

라는 집단의 족군 본질에 관해 약간의 설명을 할 필요가 있다. 과거 나 자

신을 포함한 학자들은 자주 이를 민족으로 간주하거나 아예 상민족, 주민

족, 화하족 등으로 표기하고는 아무런 설명을 하지 않았는데, 이것은 적어

---

2    王明珂, 『華夏邊緣』, 第八章, 227~253쪽.

도 모두 너무나 간략한 것이다. 만약 '민족'이 서로 같은 주관적 '정체성'을 가진, 서로 공통의 '기원'을 가졌다고 믿는 하나의 집단이라면, 상나라, 주나라, 진나라 사람들과 한대의 화하 '민족'은 단지 개별 정치, 경제 체제 중 사회의 상층계급을 가리키는 것에 불과하다. 『사기』의 「세가」나 「본기」에 적힌 각국 역사를 읽기만 해도 그것이 일부 상층 지도자 가족의 '역사'일 뿐임을 바로 알 수가 있다. 황제나 전욱顓頊 등 성왕聖王에 대한 기억으로 응집한 것은 전국시대 이래의 제왕과 귀족, 그리고 한, 진 시기의 문벌 세족일 뿐이었다. 한, 진 이후 가족 족보의 기억과 기록을 통해 비로소 갈수록 많은 사회 중 하층 '백성'들이 염황의 자손이 되었다.[3]

정리하자면, 고대의 화하와 오늘날의 중국인은 모두 하나의 연속적인 역사 발전과 변천 과정 중에 있지만, 발전 단계가 다름으로 말미암아 고대의 '주나라 사람', '화하'는 현재적 의미의 '강족' 혹은 '중국 민족'과 차이가 있다는 말이다.


## 화하華夏변방 강인羌人지대의 형성  동한東漢 말에서 위진魏晉까지

한나라시대 중국의 서남 촉군蜀郡에 대한 개발과 이민 및 촉蜀 땅의 화하화는 동한과 위, 진 시기 화하蜀人을 포함 마음속의 강인을 지칭하는 범위를 하황에서 점차 남쪽 산악지역으로 연장해서 진, 한 시기 '저'로 불린 집단이나 그 서쪽 청장청해티베트고원의 동쪽 언저리 각지의 집단을 포함하게 되

---

3    王明珂, 「論攀附-近代炎黃子孫國族建構的古代基礎」, 『中央研究院歷史語言所集刊』 73 -3, 2002, 583~624쪽.

었다. 이 지역들은 바로 촉 땅의 서쪽변방이었다. 반대로, 하서에서 서쪽으로 이주하거나 흘러들어간 강인들은 관념상 주류의 위치를 잃게 되어서 그 뒤 이 지역에 사는 집단을 강으로 부르는 중국인은 거의 없게 되었다.

어찌 되었든 후한과 위·진 시기25~220·221~419년에 중국인들에게 '강'이라 불린 집단은 청장고원의 동부변방에 광범위하게 분포하였고, 일부 소수는 북부변방에 분포하기도 하였다. 이 띠 모양帶狀의 지역에는 천산남로 부근, 청해 동북부하황 및 감숙 남부, 사천 서부, 운남 북부 등지가 포함된다. 특정한 부락 명칭 혹은 지명은 때때로 서로 다른 계통의 '강'을 구분할 때 사용되었다. 그리하여 북쪽에서 남쪽으로 하나의 좁고 긴 '강인 지대'가 형성되었다〈그림 12〉를 참조.

이 지대의 최북단인 천산남로에는 야강婼羌이 있었다. 청해 동부의 하황 지구에는 각기 다른 '종족부락種落'인 서강西羌이 있었고, 그 동부의 도하 유역과 농서 사이에도 많은 강인들이 살고 있었다. 그 남쪽인 감숙 남부의 무도武都 부근, 즉 백룡강 상류 일대에도 백랑강白狼羌과 삼랑강參狼羌이 있었다.

다시 남쪽으로 내려가 한나라 때 광한군廣漢郡의 서쪽, 대략 지금의 문현文縣과 평무平武 일대에는 백마강白馬羌이 있었다. 더 남쪽으로 내려가 한나라 때 촉군의 서쪽지역에 백구강白狗羌, 대장이종강大䍧夷種羌, 용교用橋 등 여섯 종의 강족 및 박신薄申 등 여덟 종의 강족이 있었고, 이 부락들은 대략 모두 성도成都 평원의 서쪽 민강 상류와 대소大小 금천金川 일대에 산재해 있었다.

거기서 더 남쪽으로 내려가 심려군沈黎郡의 서쪽, 대략 오늘날 사천 서남부의 야안雅安과 천전天全 일대에 청의강靑衣羌이 있었다. 강인지역의 최남단인 월수군越巂郡 부근에 모우강旄牛羌이 있었는데, 그 위치는 대략 사천의 한원漢源과 서창西昌 일대 혹은 운남 북부변방에까지 미쳤던 것으로 보인다.

이 지대의 남쪽은 바로 한, 위, 진 시기 중국인들이 '남중南中'이라 불렀던 곳으로, 그 지역 토착민은 대부분 '이夷'로 불리었다. 이로 인해 접경지대에 사는 '모우강'은 '모우이旄牛夷'로도 불리는데, 어쩌면 위, 진 시기 중국인들이 '모우강'과 '모우이'를 서로 다른 집단으로 보았을 수도 있다.

한편, 이들 '강인 지대' 내의 특정 족군을 한과 위, 진 시기의 중국인들이 다른 족칭族稱으로 불렀던 적도 있다. 예컨대 천산남로에는 강 외에도 '호胡' 혹은 '강호羌胡'가 있었고, 감숙 남부와 사천 북부에는 '저氐'로 불리는 일부 집단이 있었으며, 사천 남부와 운남 북부에는 더 넓은 이민족 칭호인 '이夷' 혹은 '북僰'이 존재하였다.

어찌 되었든 '강'과 '강호'라는 집단 칭호는 나중에 점차 천산남로에서 사라지게 된다. 이 이민족들에 대한 화하의 칭호는 특정 지역의 집단, 예컨대 감숙 남부와 사천 북부의 저와 강, 혹은 사천과 운남 사이의 강과 이, 강과 북과 관련되면 전혀 통일되지 않는 듯하다. 예를 들면 백마강은 백마저白馬氐로 불릴 때도 있고, 대장과 모우 등의 강은 대장이大牂夷나 모우이로 불릴 때도 있었다. 당시의 문헌에서는 '저강氐羌', '파저巴氐', '강이羌夷' 혹은 '강북羌僰' 따위로 뒤섞어 부르기도 하였다.

이러한 사례들은 모두 '강'이 서쪽 지방의 이민족을 부르는 광범위한 칭호였음을 보여준다. 그뿐만 아니라 다른 족칭 개념—그 북쪽 지방에 있는 호, 서북과 서쪽 지방에 있는 저, 남쪽에 있는 이夷와 일부 중첩되지만—그럼으로써 '강인지대'의 대략적인 범위가 더욱 드러나게 된다.

상대에서부터 동한 때까지 '화하변방'이었던 '강인' 개념은 하남 서부豫西와 산서 남부晉南에서 점차 서쪽으로 이동하면서 그 경유하던 곳의 집단은 모두 화하가 되었고, 한, 위, 진 시기에 그것은 마침내 청장고원 동쪽 언저리까지 옮겨가게 되었다. 만약 우리가 한대의 하황강, 삼랑강, 백마강, 대장이종, 용교, 박신 등 강과 모우강을 북쪽부터 남쪽까지 하나의 선으로 연결하면, 이 선은 바로 한나라 때 '강'의 이민족 개념으로 구분한 화하 서쪽 지방 족군변방이 된다. 동한과 위, 진 시기에 만들어진 이 서부의 '화하 변방'은 한인의 서부 족군변방이기도 하였다. 오늘날 한족 분포지역의 서쪽 언저리도 대략 이들 '강인지대'와 맞아떨어진다. 이는 '화하 정체성'의 확장이 동한과 위진 시기에 그 서쪽변방에 도달하였음을 보여준다.

그 후 이 변방 지대에서의 '한화漢化'는 여전히 일부 지역에서 진행되었다. 하지만 토번과 티베트불교가 동쪽으로 진출하면서 이와 관련된 문화와 족군의 정체성도 서쪽에서 동으로 전해졌다. 그리하여 청장고원의 동쪽 언저리는 일종의 모호한 화하변방이 되거나 한과 티베트의 변방이 되었다. 이 지대에서 누가 화하이고 비화하인지, 누가 '파파播巴, Bod pa'[4]이고 한漢인지, 혹은 어느 것이 정확한 역사인지 하는 문제들은 모두 사람들 사이에서 자주 논쟁이 벌어지고 있다.


## 강인羌人지대의 축소　　한화漢化, 번화番化와 이화夷化

남북조에서 수, 당 시기420~907년에 탕창宕昌, 등지鄧至, 당항黨項, 토욕혼吐谷渾 등등 비교적 규모를 갖춘 몇몇 정치체제가 중국 서쪽 영토의 '강인 지대'에 등장하였다. 중국 문헌에는 크고 작은 이 정치 집단 아래의 부락 민중이

---

4　'파파(播巴)'란 위장(衛藏) 지역 내 각 족군의 최대 범주의 공동 자칭(自稱) 명사를 가리킨다.

주로 '강인' 혹은 '제강諸羌'이었다고 적혀 있다. 탕창과 등지는 대략 감숙 남부의 임도에서 사천 북부의 송반松潘과 북천北川에 이르는 사이에 있었다.

토욕혼은 세력이 강하였을 때, 동부는 오늘날 난주蘭州 이남에서 송반에 이르는 지역을, 서쪽으로는 황하 상류와 청해 호수 부근을 통치하였다. 당항은 탕창과 등지가 망한 후에 흥기하였는데, 토욕혼 이남에 위치하면서 탕창의 옛 땅과 민강 상류를 영유하고 있었다. 그 남쪽은 서산팔국西山八國으로 불린 여러 강족 부락이었는데, 대략 오늘날의 강족 지구 및 크고 작은 금천과 흑수 등지가 바로 여기에 해당한다〈그림 13〉을 참조.

『후한서』「서강전」에는 이 일대의 여러 강족 부락들이 중앙 집권 정권을 탄생시키기 어려운, '군주가 없는' 집단이라는 의미의 "무상장일無相長一" 문구가 적혀 있다. 그런데 어떻게 남북조 시기에 이르러 이 부락들 중에서 앞선 '정권'들이 출현하였을까? 중국 문헌에 따르면, 사실 당항과 탕창 등은 서로 통제할 수 없는 여러 부족으로 형성되어 있었다. 북위 또는 남조의 책봉을 받은 당항과 탕창의 지도자는 사실상 여러 부락 지도자 중 한두 명에 불과하였을 뿐만 아니라 그중에서 '한화'의 영향을 비교적 많이 받은 부족의 수령이었다.

이들에 비해 정권이 더욱 중앙집권화 되고 사회가 더욱 위계화된 토욕혼에서는 중국의 영향을 받은 이런 특징이 더욱 분명히 드러난다. 즉 북조 시기 다른 5호胡 정권과 유사하게 그 사회의 상층 인물들 모두가 상당한 정도로 중국의 제도와 문물 및 풍속을 받아들이고 있었다. 토욕혼 정권은 중원 왕조에 대해 스스로 번속藩屬이라 칭하였을 뿐만 아니라, 정치제도 면에서도 중국 관제를 일부 받아들이고 있었다.[5] 게다가 중국 문헌의 기록에 따르면, 토욕혼의 남자 복식服飾은 화하와 거의 같았다.

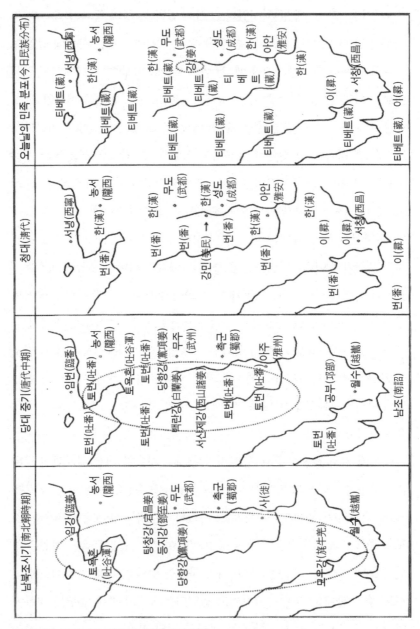

<그림 13> 한대 이후 강인 개념의 축소와 재현

7세기 때 원래 '강인 지대'의 서쪽에 있던 토번이 흥기하여 중국의 당나라에 필적할 만한 왕국을 건립하였다. 토번 왕국이 동쪽으로 급속히 확장됨으로써 청장고원 동쪽 언저리를 따라 당나라와 격렬한 충돌이 발생하게 되었다. 그런데 이 중국과 토번 사이의 지대인 청해 동부, 감숙 남부에서 운남 북쪽 경계 및 강장康藏, 서강과 티베트 동부에 이르는 땅 역시 상술한 강인 지대였다. 7세기 중엽에서 8세기까지 토번 왕국은 이 강인 지대에 있던 양동羊同, 탕창, 등지, 당항 등 각 부락 연맹과 국가 및 인근 중국 변경의 주현州縣들을 거의 다 정복하였다.

전쟁 중 강인은 토번의 선봉이 되어 당나라와 대적하기도 하고, 당나라 군대의 지휘를 받고 토번을 공격하기도 하였지만, 어찌 되었든 그들 모두 전쟁의 피해자였다. 수많은 위남渭南, 도洮, 민岷지역의 당항 강인들은 당나라 중국의 보호를 받고자 하였다. 중국은 그들을 부족 단위로 섬서陝西 위수 북안 각지에 안치하였다. 9세기가 되면 토번 왕국은 점차 쇠퇴해지다 마침내 붕괴되고 만다. 원래 이 왕국에 신하로서 복속하고 있던 당항의 여러 강족 부락은 탁발씨족拓拔氏族의 영도하에 11세기 초 서하西夏, 1038~1227년를 건국하였다. 이 정권은 정치 구조나 사회문화 각 방면에서 모두 토번과 중국으로부터 이중의 영향을 받았다.

토번 왕국은 9세기에 쇠망하였지만, 그 영향력은 여전히 강인 지대에 지속해서 존재하였다. 그 주된 원인은 송, 원, 명, 청 시기 이 지대의 대다수 지역이 각 지방 부락 추장들의 손에 장악되어 있었기 때문이다. 이 지

---

5　예컨대 『新唐書』에 토욕혼에는 "장리(長吏), 사마(司馬), 장군(將軍), 복야(僕射), 상서(尙書), 낭중(郞中)의 관직이 있으니, 대개 중국의 제도를 쫓아 설치한 것이다"라고 적혀 있다. 『신당서』, 212 / 146 「西域上」을 참조.

방의 추장들은 대부분 자신이 과거 토번의 귀족 혹은 장군의 후예라고 자칭하였는데, 이는 진실일 수도 있고 허구의 기억일 수도 있다. 이 보다 더 중요한 것은 후에 티베트불교라 불렸던 토번의 불교가 원, 명 시기 광범위하게 이 지대에 깊이 들어와 전파됨으로써 이 광대한 지역에 일정 정도의 문화적 공통성을 조성하였고, 이로 인해 이 불교문화를 받아들인 토착 우두머리들도 근거 없이 토번을 자기의 조상으로 삼으려 하였을 수 있다.

어찌 되었든 광범한 '토번화'가 만든 문화현상은 송대960~1279년 이래, 특히 명, 청 시기 중국인이 강인 지대의 집단을 '번'이라 범칭汎稱하게 만들었다. 이 칭호는 두 가지 의미를 지닌다. 하나는 토번의 유민이고, 다른 하나는 '오랑캐'이다. 이를 통해 중국인에게 토번화 된 이민족은 바로 더욱 '야만화蠻化'된 이민족이었음을 알 수 있다. 이는 한인에게만 그러하였던 것이 아니라 강인 지대 동쪽 경계의 비교적 한화된 집단에게도 마찬가지였는데, 그곳 주민들은 경제와 사회생활에서 한인과의 관계가 밀접하였기 때문에 토번의 변경 침범과 약탈은 온전히 야만적인 폭거로 보았다. 토번이 가져다 준 전쟁의 피해와 그에 따른 이 지역 민중혹은 변방의 한인과 한인들의 공통된 수난受難기억은 그들의 한화를 가속화하는 중요한 요소가 되었음이 분명하다. 전쟁 중의 이주와 이산은 전자[6]의 '오랑캐' 신분을 자신과 한인이 함께 잊어버리는 데 더욱 도움이 되었다.

토번 왕국의 흥기와 동쪽으로의 확장 그리고 그로 인해 중국과 인접한 강인 지대에서 발생한 충돌 및 그들이 이 지역 집단에 가져다준 정치와 문화적 영향은 이 지대 이민족에 대한 중국인의 개념을 철저히 변화시켰다

---

6    [역자주] 이 지역의 민중을 말한다.

고 할 수 있다. 대략 청장고원 동쪽 언저리가 여전히 한족과 비한족의 경계라고 말할 수 있지만, 이때부터 중국인들 가운데 이 지대의 이민족을 '강'이라 부르는 경우는 아주 적었고, 대부분 '번'이라 부르기 시작하였다.

이러한 변화는 지명에서도 나타났는데, 당나라 때 청해 서녕西寧 부근의 '임번성臨番城'은 바로 한나라 때의 '임강성臨羌城'에서 멀지 않은 곳에 자리 잡고 있었다. '강'과 '번'은 모두 이민족을 가리키지만, 중세 중국인들의 심중에는 서로 다른 의미를 지니고 있었다. 이는 주로 양자의 배후에 있던 역사의 기억이 달랐기 때문이다. 중국인에게 '강'은 하나의 모호한 한족과 비한족 족군의 변경을 대표하였다. 삼묘三苗, 강성姜姓, 대우大禹, 신농神農 같은 너무나 많은 역사기억이 '강'과 중국인들을 하나로 연결할 수 있었다.

이와 반대로 '번'은 엄격하게 구분된 한족과 비한족 족군의 변경을 대표하였는데, 당나라시대 중국과 토번 간 오랜 전쟁 중의 좌절이 중국인들의 마음속에 자리 잡은 '번'의 이질성을 강화하였다. 갈수록 많은 서쪽 지방의 '토번화'된 집단이 중국인들에게 '번' 혹은 '서번西番'으로 불리면서, 과거 '강'이라는 이민족 개념으로 구분되었던 화하 서쪽 지방 족군의 변경, 즉 일종의 모호한 화하변방은 점차 '번'이라는 더욱 엄격한 이민족 개념으로 대체되었다.

'번화' 외에 다른 두 가지 상황도 당나라 이후 '강인 지대'를 갈수록 위축되게 하였다. 하나는 이 지대 일부 집단의 완전한 '한화'이고, 다른 하나는 이 지역 남부 집단의 '이화夷化'였다. '한화'는 주로 이 지대 동북단과 동부변방인 과거 탕창강, 당항강과 서하가 통치하던 일부 지역, 즉 감숙 남부, 사천 북부와 청해 동부 일대에서 발생하였다.[7]

일찍이 한대의 중국은 이미 도하 유역과 하황 지구에 둔병하고 이민을 보냈으며, 아울러 일부 '강인' 부락을 내지로 옮겼다. 동한 때 '강의 난羌亂' 시기에도 많은 '강인'들이 관중關中 지구로 이주하였다. 관중으로 이주한 '강인'은 당, 송 시기 동안 완전히 한인 사회에 섞여버렸다. 전쟁 중의 인구 유동 역시 임도, 농서, 천수, 무도 일대의 '강인'과 '한인' 간에 혈통과 문화상 상당한 정도의 혼합이 이루어지게 하였다. 서하 통치하의 민중들 중에는 바로 이와 같은 '한인' 혹은 '강인'들이 허다하였다. 한문화漢文化를 적절히 뒤섞은 서하 왕국의 본토화 정책의 영향을 받아 원래 강으로 여겨졌던 많은 부락민들이 '서하화'함으로 인해 더 많은 한문화적 특색을 지니게 되었다.

서하가 쇠망한 후, 오늘날의 난주, 임도, 민현岷縣, 무도, 문현, 평무, 북천으로 이어지는 선의 서쪽 각 부락 집단들은 여전히 중국인들이 '강', '저' 혹은 '번'이라 불렀다.[8] 원, 명, 청 시기의 문헌들 중에는 그들이 "난을 일으켰다作亂"라는 기록이 종종 보인다. 명나라 정부는 이곳에 민주위岷州衛와 도주위洮州衛[9]를 설치하여 강인들을 진압하였다. 이 선의 동쪽지역, 즉 원래 저, 강, 한이 뒤섞여 살던 감숙 남부와 사천 북부 지구는 송대 이후 한인이 사는 주현이 되었다. 명나라 조정은 이곳에 공창부鞏昌府라는 '부府'[10]를 설치하였는데, 이는 이 지역에 거주하는 집단들이 이때 이미 중국에 편호編戶되었음을 보여준다.

소위 '한화'란 결코 단순히 "한인이 되었다"라는 사실만을 지칭하는 것이 아니라 한인의 습속을 받아들여 보급하거나 강조한 끝에 마침내 자기

---

7    冉光榮等, 『羌族史』, 179~190쪽.
8    위의 책, 173쪽.
9    [역자주] 명대에 중앙정부가 주요 요충지에 설치한 군영(軍營)의 이름인데 주둔군의 수가 '소(所)'보다 많았다.
10   [역자주] 중앙정부에서 지방에 설치한 공무 처리 관아의 총칭이다.

조상이 한인이었다고 선언하는 과정을 가리킨다. 하지만 화하변방에서는 조상과 자신이 한인이라고 선언한다고 해서 반드시 이로 인해 한인으로 인정받는 것은 아니었다. 이곳에서 '한화'는 동쪽에서 서쪽으로 점차 나아가는 하나의 문화현상이었다. 게다가 중화민국 시기에 이르기까지 한족과 비한족 사이에는 명확한 변경이 없었으니 아래에서 이 점에 대해 좀 더 자세히 설명하겠다.

'강인 지대'의 중부에서 '한화'가 완전하게 이루어진 곳은 사천 서부의 천전天全과 아강雅江 일대대략 지금의 아안(雅安)지구에 해당함였다. 이곳과 그 서쪽에 있는 강정康定 사이에 거주하던 비한족 족군은 한대부터 위, 진, 남북조 시기까지 중국인이 '청의강靑衣羌'이라 불렀는데, 넓은 의미로 '모우강旄牛羌' 중 일부이기도 하였다.

기원전 1세기, 중국은 심려군沈黎郡에 2개의 도위都尉[11]를 두었는데, 청의도위는 한인을 다스렸고, 모우도위는 강인을 다스렸다. 이를 통해 당시 아강과 천전 일대의 주민들 가운데 적어도 일부가 이미 중국에 편호된 백성이었음을 알 수 있다. 당대에 이곳은 전쟁 중일 때나 평화롭게 무역할 때나 모두 중국이 토번과 왕래하던 주요 통로였다. 많은 중국의 군인과 민간인, 상인들이 이곳에 와서 장사하고 정주하게 되면서 이 일대의 주민과 한인은 더 많은 접촉을 하게 되었다.

이러한 접촉들 중에 한족과 비한족 집단은 기본적으로 서로 평화롭게 공존하였다. 당나라시대 중국은 이곳에 아주雅州 여산군盧山郡과 여주黎州 홍원군洪源郡을 설치하고, 또 이 두 주에 각각 20여 개의 기미주羈縻州를 두어

---

11　[역자주] 중국 고대 관직명으로서 정삼위(正三位)에서 종사위(從四位)까지의 무관이었다.

비한족 우두머리에게 도독都督, 자사刺史 등의 관직을 주고 세습할 수 있게 하였다. 당나라 측천무후則天武后 때 중국은 무력으로 '아주 생강生羌'을 토벌하여 그 길을 통해 토번을 습격하고자 계획하였다. 진자앙陳子昻이 "아주의 변강邊羌은 하루도 도적질을 하지 않은 적이 없었다"는 이유로 이 계획에 반대하였다. 이 때문에 그는 그들을 침범하여 북쪽 지방 '서산지역에 거주하는 모든 강족'西山諸羌의 반란을 초래시킬 필요가 없다고 인식하였다.

이렇게 상호 간에 평화 관계가 유지된 데에는 부분적으로 그곳의 위치가 무역의 주요 통로여서 한족과 비한족이 모두 그 이익을 얻을 수 있었기 때문으로 보아야 할 것이다. 이러한 밀접한 왕래 관계는 많은 이 지역 부족들의 상층 인물들을 점차 한화시키기도 하였다. 예컨대 『신당서』의 기록에 따르면, 당시 공래邛崍 부근에 있던 '삼왕만三王蠻'은 "작도이筰都夷와 백마저白馬氐의 후예로 양楊, 유劉, 학郝 3성姓이 대대로 군장이 되고 왕으로 봉해져 삼왕 부락이라고 불렸다"[12]라고 기록돼 있다. 이를 통해 당시 이 지역의 일부 비한족 토착 우두머리들이 이미 중국식 성을 가지고 있었음을 알 수 있다.

송대의 중국은 월수越嶲 남쪽과 대도하大渡河 서쪽 땅의 경영을 포기함으로써 아주와 여주지역을 더욱 효과적으로 지배할 수 있었고, 아울러 이 지역 내 비교적 '한화'된 민중이 남쪽과 서쪽 지방의 오랑캐와 자신들이 다르다고 스스로 느끼게 할 수도 있었다. 송대의 문헌 기록에 따르면, 이 당시 여주 부근에 여전히 '청강青羌'과 '미강彌羌'이 살고 있었는데, 그들은 때때로 중국의 변경 마을을 약탈하거나 중국과 차마茶馬를 교역하였다고 한

---

12  『新唐書』, 222 / 147, 「南蠻」下.

다.[13] 더 먼 곳의 이민족, 즉 아주와 여주 남쪽과 서쪽의 비한족 족군은 대부분 송대 중국인에게 '만蠻' 혹은 '번番'으로 불렸다.

원, 명 시기 중국은 직접 통치하기 어려운 주문碉門, 어통魚通, 여黎, 이雅, 장하長河, 서녕西寧 등지에 '안무사사安撫使司'를 설치하여 이 지역 토착 우두머리를 안무사로 삼아서 그 지역과 인민을 간접적으로 통제하였는데, 이것이 바로 오랑캐로 오랑캐를 다스리는以夷治夷 토사土司제도이다. 나중에는 명칭을 바꿔 '천전육번초토사天全六番招討使'를 두기도 하였다. 명나라 때 이 일대의 토사는 모두 중국식 성을 가지고 있었는데, 예컨대 천전 고 씨高氏는 오랫동안 '천전육번초토사'의 관직을 물려받았다.

청나라 옹정 시기에 이르러 천전육번초토사는 "탐욕스럽고 잔인하며 법을 어겨서貪殘不法" 개토귀류改土歸流 되었다. 당시의 중국 문헌에서는 "오랑캐가 점차 황제의 명성과 위엄에 교화되어서聲教 의관과 문물이 내지와 흡사하다"라고 적고 있다. 이에 따라 '한족'이 거주하는 땅이 점차 서쪽으로 확장되어 강정康定 지구에 육박하게 되었다.[14]

강인 지대의 '오랑캐화夷化'란 이 지대의 일부 토착 족군이 중국인의 눈에 더 이상 '강羌'이 아니라 '이夷' 혹은 미개한 오랑캐, 즉 '만이蠻夷'로 비추어진 것을 말한다. 이러한 현상은 주로 이 지대의 남쪽 끝, 즉 앞서 말한 아주와 여주 등지의 남방, 오늘날의 대소량산大小凉山 지구 및 여강麗江 일대에서 발생하였다.

앞에서 내가 언급한 바 있듯이 한대 '강인 지대'가 형성된 이후 이 지대

---

13 『宋史』, 496 / 255, 「蠻夷」四.
14 Thomas Torrance, *The History, Customs and Religion of the Ch'iang*, Shanghai : Shanghai Mercury Press, 1920, pp.5~12; 冉光榮等, 앞의 책, 100~101쪽.

의 최남단에 사는 사람들은 '모우강'으로 불리었는데, 그 위치는 대략 사천 남부의 아주와 여주 이남, 량산 지구에서 서창 일대에 이르는 지역 및 운남 서북부변방이다. '모우강'도 모우오랑캐, 즉 '모우이'로도 불리는데, 이는 일찍이 한나라 때 중국인이 서남변방의 이민족을 '서남이'라 총칭하였기 때문이다. 당나라 문헌들 중에 이 서남지역 주민들은 대부분 '만'이라 불렀으나, 면녕冕寧에서 서창西昌 일대에 이르는 수주嶲州는 이때도 여전히 '강주羌州'로 인식되었다.[15]

당, 송 시기 남조南詔, 738~902와 대리大理, 937~1252 왕국은 운남지역에서 잇달아 흥기함에 따라서 중국은 점차 옛날 월수 혹은 수주에 대한 통제를 상실하였다. 남조가 북쪽으로 발전하여 오늘날의 서창 지구를 점거하였을 때, 남방의 '오만烏蠻'과 '백만白蠻'을 대거 서창 이북에서 한원漢源에 이르는 중간 지대로 이주시킴으로써 이곳의 통치를 편하게 하였다.[16] 남조와 대리 등 정권의 출현 그리고 중국과 이 두 남방 국가들과의 접촉은 중국인들에게 서남 본토인本土人에 대해 더 많이 이해하게 만들었다.

송대에 와서 '오랑캐'와 '강'은 중국인들이 생각하는 서남과 서부의 양대 이민족 범주가 되었고, 양대 범주의 교차점이 바로 민강 상류 일대였다. 『송사』「만이열전」에는 "염방冉駹은 지금의 무주茂州蠻과 문산이汶山夷의 땅에 있었다. 백마씨白馬氏는 한나라 때의 무도군武都郡, 지금의 계주階州, 문주汶州에 사는데 강의 무리라 볼 수 있다"라고 되어 있다. 이것과 『송사』의 다른 관련 기록들을 통해, 이 당시 정부 역사편찬자의 관념 중에 '서남만이'는 북쪽으로 민강 상류의 무주茂州와 위주威州 등지의 비한족 주민도 포

---

15 『新唐書』, 43 / 33, 「地理」七下.
16 『明史』, 311 / 199, 「四川土司」一.

함되었다. 또 그들 관념 중의 '강'은 청해 동부, 감숙 남부, 사천 북부 일대의 비한족 주민들을 지칭하였는데, 이 이민족들 범주의 최남단은 무주와 위주 등지의 산간 주민들까지 포함되어 있었다.

명, 청 시기에 오면 사천 남부와 운남지역의 '이민족'을 묘사한 정부 문서와 개인의 기록이 점차 풍부해진다. 이는 서남 족군의 변방에 대한 중국인들의 관심과 묘사의 역사가 새로운 단계로 진입하였음을 의미한다. 새로운 이민족들 지역과 이민족 서사에서 중국인은 매우 많은 서남 족군을 '이', '만', '찬僰' 혹은 '북僰'이라 부르고 있다. 강인 지대의 남단은 원래 '모우강'이 차지하고 있던 비한족 족군의 땅이었는데, 명, 청 시기에 오면 중국인에게 더 이상 그들이 '강'이라 불리지 않고 '만' 혹은 '이'라 불리게 된다. 그 보다 조금 더 북쪽인 아안과 천전일대의 주민들도 '강'이라 불리지 않게 되었고, 그들 대부분은 이미 한족화漢民되어서 토사의 통치를 받는 소수의 일부만 중국 기록에 '번' 혹은 '만', '이'로 적혀 있다. 더 북쪽인 민강 상류의 무주와 위주의 산간 지대 민중은 때에 따라 '만', '이'로, 혹은 '강'으로 불리기도 하였다. 명, 청 시기 중국인들의 인식 속에 민강 상류에 사는 여러 집단의 '이질성異類性'은 '오랑캐'와 '강'의 중간 정도였는데, 이 또한 이 중국 문헌 기록자들의 의식 중 '서남만이'의 북방변방이 어디인지를 보여준다.

강족 지대 남단의 비한족 족군이 '강'에서 '이' 또는 '오랑캐'로 변한 것 역시 중국인들의 눈에 그들의 이질성이 점차 증가하였음을 보여준다. 이 것은 '중국의 서남 소수민족'이란 근대 지리 집단 개념이 형성되는 과정 중 하나의 중요한 단계적 변화이다. 이와 함께 주목할 것은 명, 청 시기 중국 사대부가 서남 변경을 묘사한 저술 중의 주된 대상이 한원아안 지구 남쪽 가장자리 이남의 비한족 집단과 지리이고, 아안 지구와 민강 상류의 이민족을 포함한 한원 이북의 이민족 문화에 관한 서술은 매우 적다는 점이다. 이것은 어쩌면 이 당시 아안 지구와 민강 상류의 토착문화가 이미 중국의 이민족지역을 여행하는 사람들에게 '이질성'이 떨어져서 서술할 흥미를 잃은 것이라고도 볼 수 있다.

화하의 눈에 강인 지대가 줄어드는 과정은 대략 당나라 때 시작되어 명, 청 시기에 완성되었다. 『명사』「서역전」에 "서번西蕃, 즉 서강西羌은 종족이 가장 많아서 섬서陝西에서 사천을 거쳐 운남 서남 변경 밖까지 모두 그들의 터전이었다. 그 중 하河, 황湟, 도洮, 민岷 사이에 흩어져 있는 자들은 더욱 중국의 우환이 되고 있다"라고 한 데서 당시 일부 학자들이 이 시기의 '서번'이 과거의 '서강'임을 여전히 기억하고 있었다는 것을 알 수 있다. 강인 지대가 위축된 후 청대 사람의 눈에 마지막 강인은 민강 상류와 북천 사이에서만 존재하였음을 보여주고 있는데, 예컨대 장수張澍가 쓴 『촉전蜀典』에 다음과 같은 기록이 나온다.

> 『한서』「서강전西羌傳」에 보면 서강은 삼묘三苗의 강성姜姓에서 나온 별종別種이라고 하였고, 또 강은 무익원검無弋爰劍의 자손 즉 무도武都, 참랑參狼, 광한廣漢, 백마白馬, 문산汶山, 염방冉駹, 파중판순巴中板盾이 각자 종족을 이루었다고도 적혀 있는데, 지금의 송반, 무주 일대의 여러 오랑캐들이 그 후손들이다.

이 기록에서 장수의 눈에 당시 "송반과 무주 일대의 여러 오랑캐"만이 한대 서강의 유민으로 여겨졌음을 알 수 있다. 이는 또 강인 지대의 대다수 비한족 집단이 중국인에게 '번蕃', '이夷'와 '한漢'의 후예로 인식됨으로써, 명, 청 시기에 오면 민강 상류의 무문茂汶에서 송반 및 사천 북서부지역 일부 촌락 집단만이[17] '강'으로 불려졌다는 것을 설명하여준다. 더 엄격히 말해서 특히 청대에는 아주 극소수의 중국인들만이 여전히 민강 상류에 강인이 존재한다는 걸 '알고 있었다'.

## 강인羌人지대 최후의 '강인羌人'

14세기에서 19세기까지 소수의 사례에서는 청장고원 동쪽변방의 비한족 집단을 '강융羌戎'과 '제강諸羌'이라 총칭泛稱하고 있지만, 일반적으로 한인들이 가장 보편적으로 이 지대 이민족을 부르는 호칭은 '번番'과 '만蠻', '이夷'였다. '번'은 이 지대 북부와 서부의 무리들을 가리키고, '만'과 '이'는 주로 이 지대 동부의 아안지역 이남의 무리들을 가리켰다. 민강 상류지역은 '번'과 '만', '이'의 중간 지대라 말할 수 있다.

앞 절에서 나는 이미 강인 지대 대다수 지역의 무리들이 어떻게 중국인의 마음속에 있던 '강'이라는 범주에서 점차 이탈하게 되었는지 설명하였다. 명, 청 시기에 오면 '번', '만', '이'로 총칭하던 모든 무리들 중에 민강 상류와 북천지역의 토착민들만이 여전히 중국인에게 '강', '강인', '강민'으로 항상 불리게 되었다. 아래에서 나는 민강 상류와 북천지역의 토착민이 어떻게 해서 일부 중국인들의 마음속에 마지막 '강인'이 되었는지 좀 더 자세히 설명하려고 한다.

---

17 북천의 청편(青片)지역은 명청시대 무주부(茂州府)와 송반부(松潘府)에 속하거나 첩계영(疊溪營)의 관할하에 있었다.

## 민강 상류지역

먼저 민강 상류의 문천에서 송반에 이르는 지역을 살펴보기로 하자. 한나라 때 사마천司馬遷이 지은 『사기』「서남이열전」에서는 이곳을 '염방'의 땅이라 불렀고, 염방 땅의 토착민으로 '육이六夷, 칠강七羌, 구저九氐'가 있다고 기록되어 있다. 서한 초기에는 중국 문헌들에 나오는 '강'의 개념이 아직 상당히 모호하였지만, 주로 농서나 그 보다 더 서쪽에 있던 무리들을 지칭하는 게 확실하다고 알려져 있다. 따라서 '강'은 주로 염방의 북방에 사는 집단을 가리켰다. '저'는 서한 때 주로 농서 남쪽과 감숙 남쪽, 사천 북쪽의 무도, 문현文縣, 평무平武, 즉 염방의 동방과 동북방 일대에 사는 본토 집단을 가리켰다. 이 범주 내의 집단은 한, 진 시기 사람들에게 '강'과 유사하게 인식되었지만, 강인에 비해 더욱 중국화 되어 있었다. 서한 때의 '이'는 한대 '서남이' 중의 주요 집단이 전演과 야랑夜郞 등이었기 때문에 '이'의 절대 다수는 염방의 남방에 거주하였다.

이상과 같이 '염방' 땅의 족군 분포의 특색을 볼 수 있는데, 서한 때 중국 관찰자들의 눈에 이 지역은 중국인들의 이민족 분류 체계상 세 종류의 무리들이 혼재하여 살던 지대에 속하였다. 이 때문에 사마천이 이 지역 토착민으로 '육이, 칠강, 구저'가 있다고 한 것이었다. 그렇다고 사마천이 어떤 엄격한 족군 구분 표준에 근거해서 이 지역 집단을 3종 22부류로 구분하였다고는 생각되지 않지만, 적어도 이들 저, 강, 이의 중간 지대에 족군의 "종류가 아주 많았다"라는 점을 드러낸 것이라 하겠다. 비교적 늦게 출판된 『화양국지華陽國志』에도 문산군汶山郡에 "육이六夷, 강호羌胡, 강로羌虜, 백란동구종白蘭峒九種의 융戎"이 있다고 적혀 있는데, 마찬가지로 이 지역에 아주 많은 종류의 무리들이 있음을 말한 것이었다.

당나라 시기가 되면 변경 사정에 대해 잘 아는 중국인들의 마음속에 이미 '강인 지대'라는 인식이 자리 잡게 됨에 따라 문천에서 송반 일대의 토착 주민들은 '강'으로 불리게 된다. 송주松州와 무주도 모두 '강주羌州'로 분류되었다. 당시 문헌에 나오는 '서산제강西山諸羌'은 주로 이 일대의 토착 집단, 특히 그중에서도 가린哥鄰, 백구白狗, 포조逋祖, 남수南水에 거주하던 강족을 가리켰다.[18]

이러한 모든 강족 부락들은 당나라와 토번 사이에 끼어 살고 있어서 토번의 세력이 강할 때는 토번을 따르고, 토번이 약해지면 당나라를 따랐다. 중국 문헌『구당서』에는 이 '서산팔국西山八國'이 기록되어 있고 그 지도자를 '국왕'이라 부르고 있지만, 이 일대에 결코 8개의 '나라國'만 있었던 건 아니었고, 이 '나라'들이 중앙화 되고 계층화된 '국가'임을 나타낸 것도 아니었다. 같은 시기에 나온 다른 문헌들을 보면 이곳에는 수많은 강족 부락이 더 있었다.『수서隋書』에는 그들이 "깊은 산속의 험한 골짜기에 함께 사는데 대군장大君長이 없다"라고 적혀 있다. 따라서 이른바 서산팔국이란 단지 그들 중 비교적 규모가 크거나 중국과 직접 왕래가 있던 부락이었을 것이다.

북송 때 민강 상류의 비한족 집단은 '만' 혹은 '이'로 불리었고,『송시宋史』열전에는 '오랑캐'류에 들어가 있다. 이렇게 된 주된 이유는 중국과 서하가 오랫동안 전쟁을 치르면서 대치를 한 데다 서하 세력이 거의 한대의 하황과 농서의 강인지역에까지 미침에 따라, 당시의 중국인이 서하의 통제를 받는 송, 하 전쟁 구역 중의 하주河州, 도주洮州, 민주岷州, 계주階州, 문주

---

18    冉光榮等,『羌族史』, 174~179쪽.

文州 등대략 지금의 감숙 남부와 사천 북부)의 비한족 집단만을 '강' 또는 '강족'으로 지칭하게 되었기 때문이다. 또한 이로 인해『송사』에서 무주와 문천의 비한족 집단을 만, 이라고 부르면서도 그곳에서 멀지 않은 계주와 문주의 토착민들을 '강'이라 부르게 된 것이다.[19]

하지만『송사』편찬자는 역사를 회고하면서 무무茂, 문汶, 계계階, 문文 등지를 포함하는 서남 지구 전부를 '옛 강이羌夷의 땅'이라고 불렀다. 이를 보면 확실히 당시 사람들의 인식 속 '옛 강이'의 범위는 그 당시 '강인'의 분포지역에 비해 더 넓었다는 것이 분명하다. 송대 말의 호삼성胡三省도『자치통감資治通鑑』에 주석을 달면서 "백구국白狗國은 당나라 때까지 존재하였으니 생강生羌[20]인 듯하다"라고 하였는데, 변경 사정에 익숙한 송대의 중국인들이 민강 상류의 이민족을 만 혹은 이라고 부르며 북방의 강과 구별하였지만, 그들의 역사기억 속에 이 지역의 이민족이 과거 '강'이었다는 것을 여전히 인식하고 있었다.

원대에 민강 상류의 무주, 위주威州, 통화通化는 모두 '선정원宣政院' 관할 아래에 들어갔다. 원나라의 선정원은 "불교 승려 및 토번의 구역을 통제하고 예속시켜 다스리는", 즉 토번 및 '토번화'된 집단을 관리하는 기구였다. 소위 '토번화'된 무리란 주로 티베트불교문화의 영향을 받은 사람들을 가리킨다. 앞에서 언급하였듯이 송, 원 이래 청장고원 동쪽 변경의 여러 부족 집단의 통치자들은 항상 자신들을 토번 왕족 혹은 장군의 후예라고 주장하였다. 티베트불교를 믿는 몽골 통치하에서 이러한 자기 뿌리에 대한 선언은 상당히 보편적일 수밖에 없었다고 이해할 수 있다.

---

19 『宋史』, 496 / 255, 「蠻夷」四.
20 [역자주] 교화되지 않은 강족을 말한다.

어찌 되었든 원나라 정부가 무주, 위주, 통화를 '선정원' 관할로 귀속시켰다는 것은 당대 이후 서쪽 지방에서 점차 이곳으로 침투해 온 토번문화에 대한 당권자의 인식이 강화됨에 따라 행정구획 상에 반영되었음을 의미한다. 하지만 이는 결코 1,000여 년 이어져 내려온 한문화의 영향이 곧바로 사라졌다는 게 아니고, 그것들이 새로운 문화의 시야에서 소홀히 취급되었다는 것이다. 이 때문에 원나라 몽골 정권이 멸망한 후, 새로운 명나라의 중국정부가 이곳에서 마주한 것은 한, 토번 및 본토 문화가 혼합된 일군의 무리들이었다.

명대 중국인들의 눈에 문화와 정체성에서 민강 상류 집단이 복잡하고 불명확해 보였음은 그 지역 비한족 족군에 대한 당시 중국 문헌의 호칭에서 드러난다. 앞서 말한 대로 당시 중국인들은 원래 '강인 지대'의 대다수 지역의 이민족을 모두 '번' 혹은 '서번'이라 불렀는데, 민강 상류의 토착민도 예외는 아니었다. 예컨대 『명사明史』에는 "흑호오채黑虎五砦(寨)의 번이 반란을 일으켰다", "오도烏都와 발합鵓鴿의 여러 번들도 반란을 일으켰다"라고 기록되어 있다.[21] 반란을 진압한 장군 중 한 명인 주환朱紈은 일찍이 『무변기사茂邊記事』라는 시문詩文을 썼는데, 글의 서사 부분에서 오늘날 무현茂縣의 심구深溝, 천구淺溝, 혼수구渾水溝 각 마을의 민중을 '번'이라 부르고 있다.

하지만 시詩 가운데 "산릉山陵에서 (전쟁이 끝나) 말을 돌리며 강족을 평정하였음을 노래하네山椒歸馬賦平羌", "예물을 올리며 강의 추장이 여러 차례 맹약을 구걸하네委質羌酋累乞盟" 같은 문구들을 보면, 작자의 역사기억 속에 여전히 이 지역이 '강'과 관련이 있음을 잊지 않고 있다는 점을 분명히 보여

21    『明史』, 311/199, 「四川土司傳」.

준다.[22] 『명사』「사천토사전四川土司傳」 중에는 백석白石, 나타고羅打鼓의 여러 채 생生'번'과 흑수의 생'번'이 난을 일으켰다고 한 곳도 있고, 송주松州의 '강', 송반松潘의 '강민'이 난을 일으켰다고 한 데도 있으며, 심지어 토착민을 '번강番羌'이라고 한 곳도 있다.[23] 『명실록明實錄』 중에는 같은 지역의 토착민을 '강'이라 부르기도 하고 '번'이라 부르기도 한 예가 더욱 많다.

어찌 되었든 이 당시 변경 사정에 익숙한 중국인의 눈에 '강민'과 '번' 사이에 하나의 모호한 구분이 있었으니, 관현灌縣에서 송반 사이의 도시와 읍 가까이 거주하며 비교적 한화되고 호적에 편입된 주민들은 보통 '강민'으로 불리었고, 첩계疊溪, 송반, 흑수 등지의 한화 정도가 낮고 자주 분란을 일으키는 촌락 집단은 '생번' 혹은 '번강'으로 불리었던 것 같다.[24]

명나라에서 청나라에 이르기까지 중국의 정치력이 이 지역에서 견고하게 발전함에 따라 민강 상류로 들어오는 중국 이민도 갈수록 많아졌다. 그들은 도시에 모여 살던 지방정부의 문무 관원이거나 상인과 장인 또는 산속 깊이 들어가 황무지를 개척한 난민難民들이었다. 그들은 문서, 문물, 건축, 구술 등 각종 매개를 통해 이 지역에 수많은 중국문화와 역사기억을 가져왔다. 명나라 선덕宣德 연간 무주 성안에 처음으로 학교를 세웠다. 나중에 불타서 옮겨졌지만, 정부에서 세운 이 학교는 청대까지 줄곧 존속하였다.

도시에 거주하는 한인 자제를 가르치는 것 외에 관학官學의 더 중요한 의의는 지성선사至聖先師인 공자의 제사를 지내는 소위 "학필유묘學必有廟"에 있었다. 학교와 공자묘孔廟는 중국 예의교화禮義敎化의 지표였다. 관학이 있으

---

22  朱紈, 『茂邊記事』, 上海 : 上海書店, 1994.
23  『明史』, 311 / 199, 「四川土司傳」.
24  『明實錄』, 1382.6; 1389.3; 1433.10; 1436.6; 1439.7.

면 자연히 생원生員의 합격 정원도 있었다. 처음에 학교의 생원은 모두 한인이었으나 옹정雍正 8년1730년 '강민'에게도 응시하여 입학할 수 있도록 허용하였다.

한인의 이민 외에 청대 이 지역에 '한민漢民'이 갈수록 많아진 이유는 원래 '강민'이었던 사람들이 '한민'으로 변하였기 때문이었다. 예컨대 명대에 무주에는 4개의 한민 마을, 즉 '한민리漢民里'만 있었으나 청대 도광道光 연간에는 9개의 '한민리'로 확대된다. 이 '한민리'들이 어떻게 생겨났는지는 지방지에 일부 기록이 남아 있다. 예컨대 '신민리新民里'는 건륭乾隆 연간에 설치되었는데, 기록에 따르면 당시 무주영茂州營에 속한 '답화踏花' 등 18개 마을의 주민들이 "세금 납부와 요역 부담을 간청"하여 그들을 '신민리'로 편입하였다고 되어 있다.[25] 도광 연간 무주의 대성大姓, 소성小姓, 대흑수大黑水, 소흑수小黑水, 송평松坪 등지의 총 58개 마을이 중국에 귀속內屬하길 요구하는 유사한 일이 다시 일어났다. 그 일을 주도한 중국 관리가 조정에 올린 보고서에는 다음과 같이 적혀 있다.

각 마을의 오랑캐夷民들이 둘러앉아 무릎을 꿇고 다 함께 자신들이 오랫동안 천조天朝의 명성과 위엄 있는 교화를 흠모해 왔음을 호소하였습니다. 또 언어와 의복이 모두 한민과 똑같고 책을 읽고 글을 아는 사람도 많다고 하면서, 이로써 한마음으로 향화嚮化하여 성세盛世의 양민良民이 되길 바란다고 말하였습니다.

---

25 『茂州志』15, 「里甲」.

'귀속'하겠다는 것이 정말로 촌채 민중의 요구인지, 아니면 이 모든 게 중국 지방 관리가 세운 '변공邊功'[26]일 뿐인지는 판단할 수 없다. 어찌 되었든 이 58개 마을들은 무주 관할하의 한민 이갑里甲에 편입되어 "새로 편입된 호구의 고시考試 등에 관한 일은 모두 한민과 동일하게 적용하였다". 이것이 바로 『무주지茂州志』에 "새로 편성된 4개 리의 촌락寨落"이 기록되게 된 유래이다.

그렇다면 관방 호적상 승인한 이 '한민'들이 곧바로 한인이 될 수 있었는가? 이 문제에 대하여서는 분명한 답을 할 방법이 없다. 왜냐하면 근대 민강 상류 집단의 역사민족지歷史民族誌에 관한 연구와 이해는 우리의 전통적 '한인' 인식 및 한족과 비한족의 구분에 대한 판에 박힌 인상을 뒤흔들어 놓았고, 심지어 각종 족군 이론 중의 '족군'에 대한 인지認知마저 도전하기에 족하기 때문이다. 먼저 시나 읍 혹은 관에서 만든 국도官道에 가까운 일부 촌락 주민들의 언어와 복식, 종교신앙 등이 모두 "다 한민과 같다"라는 점은 적어도 각종 사회적 기억을 되살릴 수 있는 청말 민초 시기까지는 전혀 의심의 여지가 없다.

또한 이 촌락들 중의 많은 가족들은 모두가 자신들의 조상이 호남과 광동의 '호광湖廣' 혹은 사천 서부 평원에서 온 한인이라고 스스로 말하였다. 청대 이후 기근을 피해 이 촌락으로 이주한 한인들이 분명 적지 않았고, 그들이 이 촌락들에 주입한 것은 한인의 혈통만이 아니라 그들이 빌려온 한인 가족의 기원에 관한 기억이 더욱 중요하였다. 이 때문에 이 지역의 많은 가족의 기원에 관한 '역사 사실'은 영원한 미스터리이다. 다만, 객관

---

26  [역자주] 국경, 변경지역에서 외적의 침입을 물리치거나 반란 혹은 토비 등의 반국가적 세력들의 난을 평정하는 공을 말한다.

적 문화 특징과 주관적 정체성 및 본토 역사에 대한 기억에서 설령 그들 모두가 '한인'이었다 할지라도 시와 읍에 사는 주민들의 눈에 촌락의 주민은 여전히 '오랑캐'였다.

그렇다면 시와 읍, 국도에서 비교적 멀리 떨어진 촌락 집단은 또 어떤 상황이었을까? 제3장에서 서술한 바와 같이 청대 이후 이곳에 형성된 족군 체계는 스스로 '이마爾瑪'라고 부르는 일군의 사람들이 상류 촌락 집단에게는 '한인'으로 비추어지고, 하류 촌락 집단에게는 '오랑캐'로 여겨짐으로써 이처럼 '서로 욕하는' 족군 적대와 차별이 형성되었다. 그리고 이들 촌락의 일부는 '한민리'에 속하였고 일부는 '강민리羌民里'에 속하였다. 또 촌락 주민들은 언어와 복식, 종교와 신앙, 생활과 명절 풍습 등 모든 방면에서 한문화와 티베트문화의 영향을 받은 정도가 달랐다. 이와 같다면 도대체 무엇이 '한인'이며, 한족과 비한족의 경계선은 어디에 있는지에 대해 깊이 생각해볼 필요가 있다.

한족과 비한족 간의 경계선이 모호할 뿐만 아니라 비한족으로 인식되는 '강민'과 '번민' 사이에도 분명한 경계선이 없었다. 예컨대 오늘날 리현과 송반의 일부 촌락은 강족 촌락으로 식별되지만, 청 말 민초 시기에 이 지방들에는 '강민'이 없었던 듯하다. 청말에 편찬된 『직예이번청지直隸理番廳志』에 따르면, 잡곡뇌하雜谷腦河 유역인 리현 일대의 '한민'은 국도 연변의 한 선에만 거주하였고, 나머지 지역의 민중은 모두 '번'으로 불리었다. 이른바 전번前番, 후번後番, 신번新番, 구번舊番이라 부른 것은 단지 그들의 지리적 위치와 중국에 복속한 시기에 따른 구분에 불과하였다. 뿐만 아니리 편찬자인 한인의 관점에는 이번理番의 잡곡雜谷과 사마梭磨 등의 번에 비해 위주와 무주의 비한족 집단이 '숙번熟番'이었다.[27]

그 외『송반현지松潘縣志』의 편찬자도 이 책에서 '서번西番'과 '박과猼猓'로 구분한 당시 송반 72개 토사의 족속族屬에 '강민'의 종류가 있음을 보지 못하였다.[28] 청 말부터 편찬되어 민국 13년1924에 완성된 이 현지는 이 시기 송반지역 사정에 정통한 사람의 관점을 대표한다고 할 수 있음에도 송반 경내에 '강민'이 존재함을 그들이 전혀 의식하지 못하였던 것 같다. 따라서 '강민'은 사람들에게 비교적 잘 알려진 무주와 위주의 한 집단 개념이었음이 분명하다. 특히, 중요한 것은 무주의 일부 마을이 '강민리'로 구별되어 있고, 지방지에도 그렇게 기록되어 있지만, 다른 지역에서는 전혀 이러한 사례가 없다는 점이다. 결국 '강민리'란 문헌기억과 일부 실제로 존재하는 '사람'일종의 신체기억이 하나로 결합한 것이었다. 이러한 복합적 사회기억이 나중에 하나의 민족으로 '강족'이 소수민족 내에 포함될 수 있었던 관건이었다.

### 북천지역

한, 진 시기 강인 지대였던 북천지역은 당시 '염방冉駹'의 일부였고 행정상으로는 문산군汶山郡에 속하였으며, 광유현廣柔縣이 그 중심이었다.『화양국지』에는 광유에 지명이 석뉴石紐라는 곳이 있는데, 대우大禹가 태어난 곳이라는 이런 기록이 있다. 즉 "오랑캐夷人가 그 땅 사방 100리를 경영함으로 인하여 감히 살거나 방목하지 못하였다. 죄를 짓은 뒤 그 들판으로 달아나면 감히 추격할 수 없었으니 대우의 신禹神이 있다고들 말한다". 이것

---

27 『直隸理番廳志』, 卷四, 邊防夷俗.
28 마을(채)의 이름 및 지리적 위치를 추적한 결과, 적어도 '대성운창채(大姓雲昌寨) 토사'와 '갑죽사채(玾竹寺寨) 토사'에 속한 수많은 촌락 민중과 그 후손들이 현재 사용하는 말이 '강어(羌語)'이며 '강족'으로 식별되기도 함을 인정할 수 있다.

은 그 지역 토착민에 관한 가장 이른 기록이다. 그러나 이들 '이', 즉 '오랑캐'라 불리는 이 토착민들도 한인들과 마찬가지로 '대우'를 신봉하였던 것 같다.

서기 6세기 남제南齊가 이곳에 북부도위北部都尉를 설치하였다. 양梁 무제 때에는 또 북부도위를 북부군北部郡으로 바꾸었다. 7세기 당나라 정부는 또 북천현北川縣의 땅을 나누어 석천현石泉縣을 두었는데, 두 현 모두 무주에 속하였고 나중에 북천이 석천으로 병합되었다. 7세기 후반 토번이 대거 동쪽으로 침략東侵해옴에 따라 북천지역도 토번의 세력하에 들어갔다. 8세기 내내 북천은 당과 토번 사이의 밀고 당기는 전쟁 중에 놓였다. 9세기 초에 이르러서야 중국은 비로소 북천을 다시 장악할 수 있었다.

이 기간에 북천 북부인 백초하白草河 유역과 서부 청편하靑片河 유역의 촌락 집단은 혈통, 문화, 종족 기원의 기억에 있어 토번의 속부屬部와 상당한 정도로 혼합되고 빌려온 것이 있게 되었다. 이 결과는 송, 명 시기 이 지역의 행정구획과 족군 관계에도 반영되었다. 11세기 때 북송 정부는 석천현을 금주錦州로 귀속시켜 익주로益州路에 속하게 하였고, 백초하와 청편하 유역은 위무군사威茂軍使와 송주의 관할에 속하게 하였다. 이러한 행정 구분은 당시 석천현의 대부분 지역 사람들이 이미 한인으로 편호되었으며, 백초하와 청편하 유역의 토착민은 여전히 '번강番羌'으로 여겨졌음을 암시한다.

명대에 백초하 유역의 주민은 '백초번'이라 불리었고, 간혹 강 혹은 번강으로도 불리었다. 이처럼 번과 강이 구분되지 않았던 원인들 중 일부는 당시 그 지역 사람들 대부분이 티베트불교를 믿고 있었고 자신들의 조상이 토번의 귀족이었다고 항상 스스로 말하였기 때문이다. 명조 역사서인 『명사』에는 이런 기록들이 있다. 즉 "동로東路의 생강生羌 중 백초가 가장 세력이 강한데, 송반의 황모달黃毛韃과 서로 왕래하면서 여기저기 출몰하며 끊임없이 노략질하였다고 한다".

또한 "송松, 무茂, 첩계疊溪가 관할하는 백초파白草壩 등 촌락에 거주하던 번강이 500여 명을 모아 용주龍州의 경계를 넘어서 약탈을 하였다. 백초번은 토번 쩬뽀贊普[29]의 후예로 상하上下 총 18개 마을로 구성되어 있다. 부곡部曲이 본디 강한데다 지형의 험준함을 믿고 왕왕 노략질함으로써 지역의 근심이 되었다".[30] 당시에는 청편하 유역의 촌락 민중도 '백초번'에 포함되어 있었다. 청편하 상류에서 서번西翻 방향으로 산등성이를 넘으면 무현 동로의 각 골짜기와 왕래하기가 편리하였고, 청편하 상류에서 서북쪽으로 가면 무현의 양류구楊柳溝와 송반의 소성구小姓溝 등지와 왕래할 수 있었다. 이 때문에 명대의 청편, 백초의 '강번'은 항상 무현, 송반 등지의 '강번'과 서로 소식을 주고받으며 뒷배가 되어 주었다.

15세기 내내 명나라 통치하의 중국에서 북천지역은 늘 불안정하였다. 중국 문헌의 기록에 따르면 백초, 청편의 '강번'은 수시로 반란을 일으켰다. 이 시기 대량의 중국 이민자들이 북천지역으로 들어가고, 중국의 군위軍衛와 성보城堡가 청편하, 백초하, 도파하都壩河와 전강湔江 중상류 일대에 깊숙이 설치되었던 것이 "변강이 반란을 일으킨" 진정한 원인이 되었을 것임이 틀림없다.

16세기 전반, 중국정부는 장수 하경何卿을 석천에 파견하여 변경 일을 관장하게 하였는데, 이것이 북천지역을 변화시키는 하나의 역사적 전환점

---

29 [역자주] 중국의 티베트 관련 저서에서 티베트의 최고 통치자인 왕들의 이름에 거의 예외 없이 보이는 "贊普"(축약이 아닌 온전한 명칭은 "聖神贊普"임)는 중국인들이 고대 티베트왕을 부르는 표기로서 티베트어 "tsenpo"(쩬뽀)의 중국어 음역이다. 쩬뽀는 고대 티베트에서 왕의 권위를 높여주기 위해 붙인 칭호다.
30 『明史』, 311 / 199, 「四川土司傳」.

이 되었다. 하경은 수단이 강경한 군사 인재였는데, 부임 후 강력하게 해당 지역 '강번'의 반란을 진압하였다. 특히 1547년에 벌어진 주마령走馬嶺 전투는 언급할 만하다. 이때 봉기하여 반란을 일으킨 '강번'은 상당히 조직적이어서 총병總兵, 장군將軍 등의 칭호를 갖추고 있었는데, 당시 '백초 강번'이 한문화의 영향을 상당히 받았음을 알 수 있다. 어찌 되었든 각 촌락의 연합군은 주마령백초하 상류의 소파향(小壩鄕) 일대에서 완전히 섬멸되었다. 하경의 부대는 다시 승세를 타고 추격하여 40여 개의 촌락들을 격파하고 4,800여 개의 보루碉房[31]를 파괴하였다.

이 전역戰役[32] 이후 약간의 소규모 도적질이나 약탈 외에 현지의 '강번'이 반란을 일으키는 일은 매우 적어졌다. 반대로 '강번'이 어떻게 한인으로 변하였는지에 관한 기록이 중국 문헌에 매우 많이 나타난다.

먼저, 정복된 후 수많은 토착민이 중국 호적에 편입되길 요구하며 매년 중국정부에 "사냥물을 바쳐 세금으로 인정받고자 하였다輸獵認糧". 도광道光 시대에 나온 『북천현지北川縣志』에는 "하 도독都督과 왕 순무巡撫 휘하 관군의 타격을 받고 큰 상처를 입은 후 청편과 백초 보루는 모두 텅 비었고, 주민 모두가 토지를 경작하고 있는 모습만이 눈에 들어왔다"라고 되어 있다.

오늘날 청편하와 백초하에서 쉽게 볼 수 있는 것들 역시 중국식 마을이지 돌을 쌓아서 지은 촌락이 아니다. '마을'의 외관은 일종의 시각이 매개된 사회기억이다. 따라서 촌락 외관의 변화도 주민의 한화를 가속화하였

---

31  [역자주] 보루(碉房)란 3~4층 높이로 벽돌이나 콘크리트로 지은 집을 말하는데, 모양이 보루와 같이 보인다고 하여 붙여진 명칭이다.

32  [역자주] 전역은 전투에 비해 병력, 전장 공간, 전투기간, 기동범위 면에서 규모가 크고, 전투보다는 작전이 더 다양하고 독립적이며, 전쟁 목적을 달성하기 위한 하나의 수단으로서 전쟁 전반에 직접적으로 영향을 미칠 정도로 중요한 일련의 전투들을 말한다.

다. 나중에 갈수록 많은 '강번'이 중국식 성姓을 갖게 되고 자식들에게 글을 가르칠 선생을 초빙하는 풍조가 성행하면서 백성들이 '대우왕大禹王'과 '백마장군白馬將軍' 하경에게 제사를 지내는 일도 보편화되었다. 이러한 것들이 모두 백초하와 청편하 유역의 비한족 토착문화와 정체성을 점차 사라지게 만들었다. 이러한 '문화'의 변천 및 그것과 북천 사람의 족군 정체성 사이의 관계는 이 책 제9장에서 상세히 설명할 것이다.

『민국북천현지民國北川縣志』에 실린 한 희극적인 옛날이야기典故는 백초하 유역 주민의 정체성 변천을 구체적으로 보여준다. 그 기록에 의하면, 도광 연간1821~1850년 백초파의 번민 유劉 아무개가 어려서부터 책 읽기를 좋아하여 과거를 통해 관리가 되길 기대하였다.

그런데 응시하던 날 시험관이 그가 번민이라는 이유로 시험을 치지 못하게 하였다. 이에 유 아무개는 자신이 줄곧 한인지역 경계漢界 내에서 살았으니 경계비境界碑를 조사해보면 될 것이라고 말하였고, 시험관은 다음날 가서 경계를 확인하겠다고 답하였다. 이에 이 유 씨 성의 백초 번민은 밤새 원래 백초하 중류의 대어구大魚口에 있던 경계비를 등에 지고 상류에 있던 송반과의 교차 지점인 나나那納, 즉 垭口33로 옮겼다. 그 결과 경계 확인 후 유 아무개는 응시 자격을 얻게 되었다고 한다.34 이 「유자원이비劉自元移碑」 이야기는 민국 시기 북천 지방의 문헌에 '다시 기록重述'됨으로써 한인의 관점에서 북천의 '강번'이 얼마나 한인문화를 흠모하고 따라가고자 하였는지를 은유하고 있다. 반면, 비한족 토착민의 관점에서 보면, 번민 혹은

---

33  [역자주] 아구(垭口)는 산구(山口)와 통하는 단어인데, 垭는 중국어에선 지명(地名)에 많이 쓰인다. 이 문장에선 두 산 사이나 준령 사이의 통행할 수 있는 낮은 곳이나 산등성이 낮은 곳에서 고개를 넘는 통로를 가리키는 의미로 쓰였다.

34  楊鈞衡等修, 『民國北川懸志』, 成都 : 巴蜀書社, 1992, 524~525쪽.

'오랑캐'로 여겨진 자가 어떻게 족군의 경계를 이용하거나 갖고 놀면서 '범위가 정해진範定' 남보다 불리한 사회적 신분에서 벗어나고자 하였는지를 나타낸다.

위 이야기는 또 한족과 비한족의 족군 변계의 근대적 변천을 은유하고 있다. 이 이야기를 기술하여 전하여준 사람은 바로 제3장에서 언급한 '서로 욕하는' 족군 관계에 있던 북천의 백초하와 청편하 유역 주민들이었다. 20세기 전반 그들은 스스로 '한인'이라고 말하였지만, 하류의 촌락 및 시와 읍내 사람들은 여전히 그들을 '오랑캐'라고 불렀다. 따라서 이 이야기 중에는 다중多重 정체성의 주체 은유 및 '족군 변계의 변천' 은유가 숨어 있다.[35]

정리하자면, 20세기 전반 멀리 청편하의 최상류에 있던 상오채上五寨 등지의 주민들만이 지리적으로 외지고 무현, 송반의 촌락 주민들과 왕래가 비교적 잦음으로 인해 마을의 건축, 복식, 풍속 면에서 본토지역 고유의 특색을 아직 약간 가지고 있었다. 그리고 정체성이라는 점에서도 '오랑캐'의 신분을 벗어날 수 없었다. 하지만 한화의 영향이 여전히 이곳까지 깊이 침투하였는데, 20세기 중반이 되면 소수의 나이 든 사람들만 겨우 완전하지 못한 지역 고유의 언어를 약간 말할 수 있다.[36]

---

35 반대로 오늘날 강족 지식인들이 이 이야기들을 다시 기록하는 것은 이 기억을 빌어 북천 사람들이 원래 '소수민족'이었음을 증명하고자 함이다.

36 상오채(上五寨) 등지에 남아 있는 이 약간의 '강변' 뿌리는 나중에 북천의 강족 정체성 '회복'에 있어 매우 중요한 역할을 하게 된다. 상세한 과정은 뒤에서 설명하겠다.

## 민국民國 시기 민족조사자가 발견한 강민羌民

청 말부터 중화민국 초기 시기까지 민강 상류지역 '강족'과 '티베트족' 사이의 경계선은 줄곧 매우 명확하였던 것은 아니었다. 대신 모호한 상태에서 점점 분명해지는 과정이 있었다. 이 또한 바로 내가 말한 '민족화 과정'이다. 이 과정에서 중국의 변경 정부 관리, 서양학자와 선교사, 서양의 새로운 학술 연구에 종사하는 중국학자 등 외부에서 온 여러 부류의 사람들과 도시에 사는 이 지역 지식인들은 새로운 '민족'과 '문화' 개념을 가지고 촌락 주민들을 깊이 관찰하고 묘사하였다. 그들은 이를 통해 이 지역 촌락 주민에 대한 분류와 명명命名 및 그 역사와 문화를 포함한 새로운 지식을 얻었다. 이 새로운 지식들은 문헌과 구술 등 사회기억을 매개로 일종의 민족 상식이 되어 민강 상류 집단에 대한 중국정부의 식별과 분류에 영향을 미쳤고, 이 지역 사람의 자아 정체성에도 영향을 미쳤다.

이 당시 '한인'과 이 지역 지식인이 정도의 차이는 있지만 이미 서양문화특히 민족주의의 세례를 받음으로 말미암아 이러한 강족화, 티베트화, 한족화의 과정은 또 하나의 세계화의 과정이었다. 이 절에서는 청 말부터 민국 20~30년[37] 사이에 강민이 강족이 되고 강족, 한족, 티베트족의 구분이 점차 분명해지는 과정을 설명할 것이다.

앞서 언급한 몇 부의 지방지들 중 일부 내용은 청말 민초 시기 중국 변

---

37　[역자주] '民國'은 1911년에 수립된 중화민국의 준말로서 대만 중화민국의 연호이기도 하다. 중화민국이 존속되고 있는 대만에서는 서력을 사용하지 않고 민국을 사용하는데, 중화민국 1년은 신해혁명이 발발한 그 이듬해인 1912년이다. 대만에서는 통상 "民國 1年"이라는 식으로 표현한다. 민국 몇 년은 서력에 11년을 더하면 된다. 즉 민국 20년은 1931년이 되는 것이다.

경의 정부 관리와 지방 사신士紳[38]들의 민강 상류 집단에 대한 인식을 대표한다. 서번의 종류, 박과獋猓의 종류, 강민 등의 칭호를 통해 그들이 과거 어떤 정사正史 편찬자나 이역異域 여행기 저자보다 이 지역의 비한족 집단을 더욱 깊이 이해하고 있음을 알 수 있다. 하지만 이 지역 한인들의 생활 경험에 기초한 이러한 이해는 여전히 수많은 편견을 벗어나지 못하고 있다. 예컨대 이 지역 사람들만이 소흑수 족군을 '박과자獋猓子'라고 부르고, 이 지역 사람들만이 '박과자'의 흉악 잔인한 야만스러움을 알고 있으며, 이 지역 사람들만이 '박과자'의 흉악 잔인한 야만스러움 때문에 그들을 '우리 민족'으로 인정하길 원하는 다른 족군이 없음을 알고 있었으니 이것이 바로 당시 '박과자'가 하나의 특별한 '종류'로 인정되었던 이유이다.

어찌 되었든 중국의 지방지 편찬은 먼저 나온 책을 이어받는 전통이 있어서 나중에 나온 모든 지방지는 늘 이전 사람이 편찬한 책 또는 남겨놓은 자료의 기초 위에 이루어졌다. 무주, 문천, 송반, 리현 등지의 지방지도 예외는 아니었다. 이 지방지들에 표현된 족군 분류 관념은 1920~1930년대 민족조사자의 눈에 이미 낙후된 것이었다.

앞 절에서 나는 1915년 전후 강민지역에서 선교와 함께 민속조사를 한 토랜서를 언급한 적이 있다. 그는 본인의 서양 '민속학' 지식에다 중국 역사문헌, 한인과 토착민의 구술 그리고 그가 다년간 이 지역에서 행한 관찰에 근거하여 해당 지역 집단에 대한 인식과 관련된 족군 분류 개념을 갖게 되었다. 1920년에 출판한 강족 관련 책에서 그는 사천 서부의 민족으로

---

38  [역자주] 중국사에서 紳士는 '士紳'이라고도 불리는데, 옛날 전통시대에 세력 있는 지방의 지주나 퇴직한 관료로서 유력인사, 명사를 가리킨다. 과거 중국에 온 서양인들이 이 말을 영어 'gentleman'으로 번역하였지만 서양에서 말하는 '젠틀맨'의 '신사'와는 의미가 전부 일치하는 건 아니다.

강羌, 나리玀玀, 융戎, 파라자婆羅子, 서번西番이 있다고 하였고, 1937년에 출판한 또 다른 저서에서는 융을 가융嘉絨으로 바꾸어 흑수와 와사瓦寺 등의 민족에 집어넣었다. 이를 통해 그 당시 학자들의 '민족' 분류에 대한 견해가 아주 혼란스러웠을 뿐만 아니라 오늘날과도 상당히 달랐음을 알 수 있다.

토랜서의 기술에 따르면, 당시 강족은 주로 문천, 리번理番, 위주, 무주, 첩계, 송반 일대에 거주하였고, 용안부龍安府에 사는 극히 일부 외에 감숙 남부와 사천 북부에 강족인지 조사해 보아야 할 사람들의 일부가 분포되어 있다고 하였다.[39] 아울러 그는 무도武都의 강인은 이미 한화되었고, 사천과 운남 접경인 월수越嶲지역의 강인들도 아주 쇠미衰微해졌다고 하였다.[40] 이를 통해 그가 생각한 '강민'은 주로 중국 역사상에 나오는 '강'의 개념에 뿌리를 두고 있음을 알 수 있다.

토랜서는 또 본인이 직접 행한 관찰에 근거해 '강민'이 다른 민족과 다른 점을 구별하고 있다. 예컨대 '융인嘉絨'을 주체로 하는 이번理番 오둔五屯에 있는 '구자둔九子屯'을 강민이라 지적하고 있다.[41] 이러한 인지는 그가 해당 지역의 언어와 복식 및 기타 문화적 표징表徵들에 대해 어느 정도 이해하고 있었음을 보여준다.

하지만 이들 각 지역 집단의 문화적 구분이 분명 존재하였지만, 더 중요한 것은 언어, 체질, 문화로서 경계 짓는 '민족' 개념을 그가 가지고 있었다는 점이다. 이러한 '민족' 개념은 그에게 '강민'과 '융' 혹은 '한인' 간의 차이를 찾고 연구하며 강조하게끔 하였다.[42] 어찌 되었든 토랜서와 그의

---

39  Thomas Torrance, op. cit., 1920, p.15.
40  Thomas Torrance, *China's First Missionaries : Ancient Israelites*, London : Thynne & Co. Ltd, 1937, p.20.
41  Thomas Torrance, op. cit., 1920, p.13.

강민 조수助手의 선교 그리고 민족에 대한 조사활동으로 수많은 한인 지식인들이 이 지역에 '강족'이 존재하고, 어느 것들이 '강족문화'인지를 알게 하였을 뿐만 아니라, 수많은 토착민들에게 자신이 '강족'임을 알게 하였다. 이로 인해 객관적 문화와 주관적 정체성 모두에서 '강족'이란 범주가 점차 구체화 되어 갔다.

민국 17년1928년 국민혁명군 제28군이 민강 상류에 들어와 주둔하면서 황무지를 개간하여 농장을 일굼屯殖과 더불어 '둔식독판서屯殖督辦署'를 설치하였다. 그들은 채 완성되지 못한 「송, 리, 무, 무, 문松理懋茂汶 – 오현삼둔 정황조사五縣三屯 情況調查」라는 이름의 자료를 남겼다.[43] 이 자료를 보면 '둔식독판서'는 군사, 민정民政과 경제 개발의 임무를 동시에 가진 기관이었다. 군대나 군대의 위탁을 받은 이 조사자들은 분명 어떤 면에서 '지방지' 편찬자보다 토착 사회를 더욱 깊이 이해할 수가 있었다.

게다가 자료 수집과 서술 체제에서 그들은 종전의 지방지를 그대로 따를 필요도 전혀 없었다. 이로 인해 이 자료는 간략하긴 하여도 해당 지역 권력 구조와 관련된 각 토사 간의 역사적 은원과 혼인 관계 같은 이 지역 사회에 관한 약간의 심층적인 정보를 남기고 있다. 더욱 중요한 것은 이

---

42  예컨대 그는 토착민이 그들의 언어가 '융인'(Rong)과 '티베트인'(Tibetan)의 언어와 다르다고 주장한다고 말하였다(Ibid., p.15). 하지만 나의 현지 조사에 따르면, 나이든 세대의 '이마(爾瑪)'들은 과거 단지 그들의 언어가 '적부(赤部)' 혹은 '식별(識別)'과 다르다고 여겼다. 그들에게 있어서 강족, 융인 혹은 티베트인의 개념은 전혀 없었고, '적부'와 '식별'은 주로 오늘날 가융의 티베트족, 흑수의 티베트족과 초목지역의 티베트족을 가리켰지만, 자주 오늘날 '강족'의 조상도 포함하기도 하였다. 이 책 제3장 '이마 정체성'과 관련된 설명을 참고하라.

43  이 책에서 인용한 수기(手筆) 원고본 「松·理·懋·茂·汶 – 五縣三屯情況調查」는 문천현지(汶川縣志) 사무실에 소장되어 있다. 수정을 거친 또 다른 판본은 張雪崖, 「松理懋茂汶屯殖區現況」, 『開發西北』 2-4, 1934, 19~39쪽에 수록되어 있다.

자료들 중에 드러난 민족분류의 개념 및 이러한 민족분류 개념과 오늘날 민족 구분 사이의 '차이'가 '민족화' 과정을 탐색하는 관건이 된다는 점이다.

조사 자료 중의 '호구戶口' 절節에는 둔구屯區에 거주하는 '민족'으로 한족, 회족回族, 강인, 오랑캐夷人, 귀화오랑캐歸流夷人, 박과자와 서번이 적혀 있다. 흥미로운 것은 같은 절에 실린 '각 민족 인구비교도各民族衆寡比較圖'에서는 토착 한인, 객가적客籍의 한인, 회인回人,[44] 귀화오랑캐, 강인, 박과자를 서번으로 분류하고 있다는 점이다. 게다가 바로 뒤에 있는 '민정 차이 일람표民情異同一覽表'에서 이상 각 '종족'의 성정性情 및 직업에 대해 모두 기술하고 있다.

이러한 민족 분류는 오늘날 우리에게 익숙한 민강 상류의 민족분류, 즉 한족, 강족, 티베트족, 회족과 상당한 차이가 있다. 그렇다면 도대체 '토착 한인'과 '귀화오랑캐' 혹은 '강인' 등이 가리키는 게 오늘날 어떤 사람들의 조상인가? 우리는 자료에 기재된 각 종족의 민정, 직업, 풍속 그리고 그 분포구역 등의 정보를 통해 그 관계를 좀 더 깊이 살펴볼 수가 있다.

이러한 분석을 탐색하기 전에 한 가지 짚고 넘어가야 할 것이 있다. 자료 중의 '민정 차이 일람표'에서 토착 한인은 "질박質樸하지만 게으르며 대부분 농업에 종사하는" 반면, 객가족 출신의 한인은 "성정이 한결같지 않고 대부분 상업을 운영하며 간간이 수공업에 종사한다"라는 식으로 오늘날의 민족 지식에서 보면 매우 불가사의하게 주관적인 '민정' 및 쉽게 바

---

44 [역자주] 회족 사람을 뜻한다. 참고로 회족은 중국 내에 약 1,137만 7,914명(『중국통계연감』, 2021)이 대만성을 제외한 31개 성, 자치구, 중앙정부 직속 지방자치단체에 분포되어 있다. 寧夏(영하)회족 자치구가 주요 주거 지역이며, 감숙, 신강, 청해, 운남성에도 많이 살고 있다.

뛸 수 있는 '직업'을 가지고 각 민족을 묘사하고 있다는 점이다.

하지만 당시는 각종 '객관적 학술'이 만든 민족 언어, 체질, 문화 등의 분류 자료를 아직 얻을 수 없던 때였기 때문에 편찬자가 이 지역 한인의 관점을 취하여 각 '민족'을 묘사한 것은 충분히 이해되는 일이라 생각할 수 있다. 내가 현장 방문 인터뷰 중에 얻은 인식도 이상의 각 '민족'에 관한 묘사가 과거 존재하였거나 지금도 이 지역 한족과 강족 중에 여전히 유행하는 일종의 '이민족'에 대한 판에 박힌 인상이라고 설명하고 있다. 우리는 이 점 그리고 관련 정보에서 이 조사 자료와 오늘날 민족 분류 간의 같은 점과 다른 점을 비교하고 대조할 수 있다.

먼저, 한인은 토착 한인과 객가적의 한인 두 종류로 나누어져 있다. 이 자료에는 객가적 한인이 "안악安岳, 면죽綿竹, 관현灌縣, 북천北川, 안현安縣 등지에 많이 살았고", "대부분 상업을 운영하며 간간이 수공업을 업으로 삼는다"라고 적혀 있다. 이들은 외지에서 이주해온 한인들임이 그다지 의문이 없다. 이른바 "그 사람들 대부분이 둔병屯兵의 후예"라는 '토착 한인'은 리현 '구자둔'에 있는 촌락 주민들을 가리키는데, 그들의 후예는 오늘날 리현의 강족이다. 자료에 보면 토착 한인은 "소박하지만 게으르며 대부분 농업에 종사한다"라고 되어 있는 것 외에 원문에는 "순수하고 인정이 많고 渾厚", "깨끗한 것을 좋아하는 성품性喜潔"이라는 표현도 있었지만, 나중에 편찬자가 삭제하였다.

오늘날에는 면지綿篪 이남에만 한인 농촌 마을이 있고, 면지와 그 이북의 문천, 무현의 농민들은 모두 강족 또는 티베트족이다. 게다가 제4장에서 내가 언급한 바 있듯이 성실, 질박, 청결은 모두 오늘날 수많은 강족이 스스로 잘 이뤄지고 있다고 자랑하고 드러내 보이는 본질적인 특징이다.

다음으로, 조사 자료에 강인은 "성격이 좋은 편이고 대부분 농업과 목축에 종사하며", "무현 서로茂縣西路와 송반동로松潘東路에 많이 거주한다"라고 적혀 있다. "성격이 좋은 편"이라는 것은 당연히 자료 편찬자의 관점에서 하였던 말이고, 그들의 성정 본질은 비교적 사나운剽悍 서번, 박과자와 질박한 토착 한인, 귀순 이인의 중간 정도였다. 이 자료들로부터 이것이 가리키는, 특히 민강 서안西岸의 각 골짜기무현 서로와 송반 국도 연변송반동로에 거주하는 과거 토사土司의 통제 밖에 있던 촌락 집단이 오늘날 일부 강족의 조상임을 알 수 있다. 반면, 과거 토사의 통제를 받았던 촌락 민중은 대부분 '귀순 이인'인 것으로 인식되었다. "무현 서로와 송반동로에 많이 거주한다"라는 말 역시 오늘날 문천과 리현의 대다수 강족의 조상이 과거에 '토착 한인'으로 간주되었기 때문에 이 자료에서 '강인' 속에 포함되지 않았음을 보여준다.

"성격이 성실하고 소박하며 대부분 농업과 목축에 종사하는" '귀순오랑캐'는 "송반동로와 무현에 많이" 분포해 있다. 다시 말해서 그들은 강인과 마찬가지로 농업과 목축에 종사하였지만, 한인의 눈에는 그들의 성정이 강인에 비해 더 선량해 보였던 듯하다. 하지만 조사 자료에 오랑캐를 뜻하는 '이인'이 자신들이 써오는 소위 번문番文과 번어番語를 사용한다고 언급된 데서 '이인'이란 칭호도 한인 조사자가 '번인', 즉 오늘날 티베트족과 그들의 관계가 비교적 가깝다고 여겨서 붙인 것이다.

민강 상류의 여러 토사는 항상 자신들이 과거 토번 명문가의 후예라고 말하였고, '가융 티베트어'도 토사 간의 공동어였으므로 개토귀류 이후 그 백성子民들을 '귀순오랑캐'라고 불렀을 수 있다. 사실, 각 토사의 백성들이 반드시 가융어를 사용하는 토착민은 아니었다. 예컨대 와사瓦寺 토사의 속민屬民만 하더라도 '토박이土民'와 '강민'의 구분이 있었다. 게다가 오늘날 무현에는 가융어를 말하는 촌락이 전혀 없다. 따라서 이른바 '귀순 이인'들 중 적어도 무현의 이 일부가 아마도 오늘날 강족의 조상, 그러니까 과거 장녕長寧과 정주靜州 등 토사의 속민이었을 것이다.

마지막으로, "노략질을 자랑스럽게 여기는" 박과자는 소흑수 일대의 촌채 주민을, 서번은 농사를 위주로 하는 가융티베트족속번이라 부르기도 함과 유목을 하는 초지 티베트족생번이라 부르기도 함을 아울러 가리키고, "사납고 지기 싫어하며 직업이 일정치 않은" 회인回人은 바로 오늘날의 회족이라는 것은 모두 별 의문의 여지가 없다. 이 자료의 '풍속' 절 중에는 각 족군의 특색에 대한 간단한 묘사도 있다.

> 한인은 대부분 내지에서 이주해왔기 때문에 예의와 관습에서도 내지와 큰 차이가 없다. 각지에서 이주해온 회인 역시 여전히 그 종교신앙을 유지하고 있으며, 대부분 근검하고 소박渾樸하다. 이인의 풍속은 내지와 아주 다르며 한문과 한어를 익힌 자가 적어서 대부분 번문즉 티베트어을 사용하고 언어도 번어, 즉 탕구트어를 사용한다. 하지만 지역에 따라 각기 토착어土흡가 있어서 서번어, 아융어鴉絨話 등으로 구별되며 박과자의 언어도 하나의 별종이다.

여기서 주목할 것은 편찬자가 '강인'과 '귀순오랑캐'의 언어 및 문화에 대해 아무런 소개를 하지 않았다는 점이다. 이는 분명 당시 '강인'과 '귀순오랑캐'의 한화가 아주 많이 진행되어 조사자가 그 민족의 특색을 묘사하기 어려웠기 때문일 것이다. 뒤에 나오는 '강족문화'와 관련된 편編에서 나는 20세기 전반 민족조사자가 '강문화'를 찾는 과정에서 겪은 곤혹스러움과 좌절에 관해 설명하겠다.

1920년대 말기, 중화민국 중앙연구원 역사어언연구소의 여광명黎光明 등은 송반, 문천 일대에서 민속조사를 행하였다. 그들은 조사보고서에서 해당 지역의 민족으로 토박이土民, 강민, 박과자, 서번과 잡곡민족雜谷民族이 있다고 언급하였다. 강민에 관한 보고서에는 "문천 경내에 그 사람들이 있을 뿐만 아니라 무현, 리판, 석천, 안현 각지에도 그들의 사람이 적지 않다" 라고 적혀 있다. 그들은 또 서번과 토박이 모두 '티베트민족의 한 갈래'로, 그 언어는 '티베트말의 방언'이지만, 토박이들의 대부분은 이미 완전히 한화되었다고 밝혔다.

흑수의 박과자에 관한 보고서에는 "그들의 언어와 습관을 연구한 결과 결코 그들과 서번, 잡곡민족, 강민이 같은 종족이라고 감히 단정할 수가 없었다"라고 적혀 있다. 더욱 중요한 것은 그들이 "서번 등의 민족들도 결코 박과자가 그들과 같은 종족이라 인정하길 원치 않는" 것에 주목하였다는 점이다. 잡곡인에 관한 보고서의 서술은 상대적으로 적고 단지 "이들이 과연 문천의 강민과 같은 종족인지, 아니면 토박이와 같은 종족인지 우리가 감히 단정할 수 없어 그들을 하나의 독립된 민족으로 보고 잡곡민족이란 이름을 일단 부여하였다"라는 부분만 있다.

지금까지 언급한 것처럼 여광명 등의 학자들이 민강 상류의 각 민족들에 대해 행한 서술을 통해 '언어' 때문에 '티베트민족'의 일부로 구분된 족군이 있었으며, 또 '언어' 때문에 '박과자'는 서번, 잡곡민족, 강민과 다른 특수한 종족으로 인식되었다는 것을 알 수가 있다. 사실, 그 시기 아직 이 지역의 토착 언어를 연구하고 분류한 사람이 없었기 때문에 이른바 '언어' 라고 하는 것은 여광명 등 학자들의 주관적인 인지에 불과할 뿐이었다. 어찌 되었든 그들의 민족분류 개념 중에는 오늘날 리현 강족의 조상 대부분이 '강민'에서 배제되어 있었다.

1930년에서 1940년대 일부 학자들과 단체들이 민강 상류지역에 들어가서 각종 학술 현지 조사를 진행하였다. 그중 미국 학자 그레이엄은 이 지역 집단들에 대한 비교적 심도 있는 민족학 연구를 행하였다. 그의 저서에 따르면, 당시 강민은 오늘날 무현 첩계에서 문천 색교索橋까지 주로 민강 유역과 잡곡뇌하 유역에 분포한 것으로 되어 있다.

이러한 '강민'의 분포 범위는 오늘날 강족 분포와 서로 비교하였을 때, 무현 첩계 이북지역과 송반 동남의 촌락 집단이 전혀 포함되지 않았고, 북천지역의 강족도 포함되지 않은 것이다. 게다가 그레이엄은 흑수하 유역 촌채의 무리들도 강민으로 보지 않았던 것 같다. 사실 그레이엄은 비록 '강'을 하나의 민족으로 인정하였지만, 그는 언어와 문화상에서 강민이 받은 한인의 아주 강한 영향을 주목하였기 때문에 강민을 한인에게 점차 흡수되는 민족이라고 보았다. 혹은 그러한 이유로 그가 마음속에 품고 있던 '강민'은 주로 민강과 잡곡뇌하 유역의 비교적 한화된 무리에 불과하였을 수도 있다.

그레이엄은 그의 저서에서 강민 연구의 어려운 점을 다음과 같이 토로한 바 있다.

이들은 과묵한데다 일부 허구의 일이나 질문자가 좋아할 답을 제공하길 즐긴다. 그뿐만 아니라 각지의 강민들 간에도 언어, 풍속, 습관에 아주 큰 차이가 있다. 이 모두가 연구 작업을 매우 곤란하게 만들었다.

그레이엄은 조사를 진행하면서 탄식하였는데, 그 이유는 아마도 조사 당시 일부 강민이 그에게 강민은 "이스라엘인의 후예"라고 말한 것 때문일 것이다. 그는 이것이 토랜서의 가르침을 받은 이 지역 사람들이 토랜서를 존중한 나머지 그의 뜻에 거슬리지 않으려고 한 결과라고 보았다. 그가 탄식한 또 다른 이유는 각 지역 강민들 간의 언어, 풍속, 습관에 상당한 차이가 있음을 발견하였는데, 이것이 "하나의 민족은 마땅히 공동의 언어, 문화, 역사를 가져야 한다"라는 민족학의 상식과 배치되었기 때문이다.

특히 그레이엄은 역사가 이 민족을 만들었다고 보았지만 토착민 본인들은 이 역사를 반드시 아는 게 아니었다. 이 '민족' 개념은 이와 관련된 '역사' 개념과 더불어 당시 많은 학자들이 가지고 있던 공통된 믿음이었다. 서양에서 기원하여 19세기 말 중국에 들어온 민족주의 및 이와 관련된 '민족' 개념은 이 시기 중국과 서양의 지식인들 사이에 이미 하나의 상식이 되어 있었다. 따라서 이 시기 학자들이 노력하였던 공통의 목표는 바로 하나의 민족이 가진 전형적인 체질, 언어, 문화를 찾아내는 것이었다. 만약 그중에 혼잡과 뒤섞이고 헛갈리는 등의 각종 곤란함이 있음을 발견하면, 문화 차용假借, borrow과 문화 변용涵化, acculturation 등으로 그러한 현상을 해석함으로써 한 민족 고유의 체질, 언어, 문화 특색을 환원시키고자 하였다.

1930~1940년대 이 지역에서 민족 현지조사를 진행한 중국의 학술단체 혹은 개별 학자로는 중화민국 교육부가 위탁 파견한 '대학생 하계 변강봉사단大學生暑期邊疆服務團'과 언어학자 문유聞宥, 민족학자 호감민胡鑑民 등이 있었다. '강민' 문화의 혼잡성에 곤혹스럽기는 '대학생 여름방학 변강봉사단' 조사 단원들도 마찬가지였다. 이 때문에 그들은 언어의 범주와 민족의 범주는 같다는 개념을 가지고 "언어를 제외하고는 강인을 변별할 기준이 되

는 다른 방도가 거의 없다"고 생각하였다. 그들은 분명히 약간의 초보적인 언어 조사도 진행하였다. 그 결과 그들은 속으로 생각하기로는 문천, 리현, 무문 등지의 '강민'만이 아니라 흑수하 상류 마와麻窩 일대의 촌락 집단오늘날에는 티베트족으로 분류도 강족으로 보아야 한다고 생각하였다.[45]

호감민이 생각한 강민의 분포 범위는 단지 리번, 무현, 문천 일대였을 뿐이다. 당시 그는 '강민'문화를 강인, 한인, 융인문화의 종합체라고 보았다. 당시 강민문화가 가진 혼잡성은 이 민족이 일찍이 장기간에 걸친 이주 과정을 거쳤음을 설명하는 것이라고 그는 보았다. 그는 체질학, 언어학, 문화인류학 연구의 중요성을 언급하였지만, 이들을 가지고 '강족' 범위의 경계는 나누지 않았고, 이 학문들로 '강민'과 '티베트민족' 간의 관계를 설명하였다. 그는 언어학자인 문유가 이미 강어는 티베트어의 한 갈래라는 것임을 증명하였다고 지적하였지만 자신은 역사상 저강氐羌 민족의 이주와 그 경제 방식에다 '문화인류학'의 '문화구文化區' 관점을 대입하여 강민을 '대大 티베트문화구' 내에 집어넣었다.[46]

강족 언어에 대한 정식 조사를 벌인 것은 중국학자 문유가 처음이었다. 1941년 그는 문천과 리현 일대를 조사하였는데, 그의 보고서에는 마와麻窩와 노화蘆花 사람들도 포함되어 있다. 나중에 발표된 논문에서 그는 "오늘날 한어티베트어족漢藏語族, Sino-Tibetan에 관한 연구가 아직은 극히 유치하기" 때문에 이 어족 중의 각 계系와 각 지호 간의 관계를 이해하고 싶다고 적었다. 그는 '강어'의 중요성에 주목하여 "오직 사천과 감숙의 접경지대에만 티베트미얀마어계藏緬語系의 한 갈래인 강어가 따로 있는데, 살아있는

45  教育部蒙藏教育司, 『川西調査記』, 教育部蒙藏教育司出版, 1943.
46  胡鑑民, 「羌民的經濟活動形式」, 『民族學研究集刊』 4, 1944, 43~44쪽.

언어일 뿐만 아니라 아주 오래된 특징을 약간 보존하고 있다"고 하였다.[47] 사실, 그의 민족 역사와 지리 지식은 이미 어느 정도 '강어'의 범주에 대한 청사진을 그려놓고 있었다. 아무튼 그는 『석천현지石泉縣志』의 「여지지輿地志」에 첨부된 '번역番譯'은 강어이며, 흑수 노화 등지에서 사용되고 있는 언어를 강어로 보아야 한다고 주장함으로써 '강족의 변방'을 찾는 것에 상당히 중요한 발견을 하였다.[48] 문유가 실시한 강족 언어의 조사는 그가 생각하였던 민강 상류의 강인 취락 범위에까지는 미치지 못하였지만, 어찌 되었든 그 조사로 '강족'의 존재와 그 분포 범위는 점차 소위 객관적이고 과학적인 근거를 가지게 되었다.

20세기 전반, 중국과 서양 학자들의 연구와 서술들을 통하여 이때가 되면 '강민'이나 '강족'을 하나의 '민족' 범주로 보는 것에는 이미 조금도 의심의 여지가 없게 되었다. 남은 과제는 더욱 정밀한 언어, 문화 조사와 분류를 거쳐 강족의 경계를 확정하는 일뿐이었다. 이 부분에 관하여서 나는 본서 '문화 편'에서 설명하기로 하겠다.


## 화하華夏변방의 본질 및 그 변천

본 장에서의 논의를 종합하여 이 화하변방의 역사를 간략히 정리하면 다음과 같다. 화하가 점차 형성되는 과정에서 화하의 마음속 '강'이라는

---

47  聞宥, 「川西羌語的初步分析」, 『華西大學中國文化研究所集刊』 2, 1941, 58쪽.
48  비록 흑수 노화(蘆花) 이동(以東) 지역에 거주하는 집단이 '티베트족'이라는 게 나중에 밝혀졌지만, 그 언어는 언어학상으로 여전히 '강어'로 여겨지고 있다.

이민족 개념은 갈수록 많아져간 서쪽지역의 족군이 화하에 융합됨에 따라 계속 서쪽으로 이동하여 마지막에는 결국 청장고원의 동쪽변방에까지 이르렀다. 이것이 한, 진 시기 한인 혹은 화하의 서쪽지역 족군변방이었다. 당나라시대 때 토번 왕국이 흥기하여 동쪽 지방을 침범하고 그 종교와 문화의 영향이 지속됨으로써, 한인이 '번' 또는 '만'이라 부르는 서쪽지역 이민족은 갈수록 많아졌고, 화하의 마음속 '강인 지대'는 점점 줄어들었다.

명, 청 시기 '번'과 '오랑캐'는 한족과 비한족을 더욱 확실하게 구분하는 족군의 변계가 되었고, 일찍이 먼저 '강'을 대표로 한 모호하였던 화하의 변방은 민강 상류와 북천 사이에만 존재하게 되었다. 청말 이래 화하 혹은 한족과 그 변방의 사예四裔를 포함하는 중국 국가민족중화민족 구축의 청사진 속에서 민강 상류의 '강민'과 기타 옛 강인 지대의 여러 비한족 족군은 국가민족 변방의 소수민족이 되었다.

끝으로 근대 이래의 역사, 체질, 언어, 문화에 관한 조사 연구의 결과, '강족'은 마침내 하나의 구체적인 내용을 갖춘 변방 민족의 범주에 들어가게 되었다. 우리민족我族의 역사문화에 대한 이 지역 지식인들의 학습과 탐색 및 현창과 보급 과정에서 강족 또한 주관적 정체성에 토대를 둔 민족의 생명을 얻게 되었다.

이상은 화하변방이란 관점에서 내가 재건한 '강의 역사'이다. 이것은 과연 어떤 역사인가? 그것의 주체는 누구인가? 그것은 앞 장에서 분석하고 해체한 민족주의하의 '강족사'와 어떻게 다른가? 이러한 역사를 통해 우리는 오늘날 소수민족이 된 강족 및 한족과 중화민족에 대해 어떤 새로운 이해를 하게 되었는가? 분명한 것은 이 역사의 주체가 시공간 중에 이주하며 후손을 낳아 대를 이어간 '비한족 민족'이 아니라 화하의 마음속 서쪽

지역 이민족에 대한 개념이었다. 이 이민족 개념의 강羌은 화하와 그 서쪽 지역변방 집단의 왕래와 상호 작용에 따라 변화하였다. 그러므로 이 역사 속에서 지속된 것도 핵심과 변방 집단 간의 동태動態 관계였다. 이 역사 속에서 화하와 그 '변방'은 홀로 단독으로 존재한 적이 없었다. 이러한 '화하변방'의 역사는 강족 형성 과정의 역사이고, 수많은 화하와 티베트족이 형성되는 과정의 역사이기도 하였다. 따라서 이 '화하변방'의 역사를 통해 우리는 또 강족, 티베트족, 한족漢하의 족군 본질ethnicity에 대하여 역사 인류학에 기반을 둔 새로운 이해를 할 수 있다.

화하변방의 추이와 변천은 화하의 변방 집단 역사와 문화에 대한 글쓰기書寫 및 그에 상응하는 정치, 경제적 행위로 체현되고 달성되었다. 강인의 문화와 역사에 관한 글쓰기와 재글쓰기는 '강인'들이 그것을 읽음으로써 이 변방 집단들의 자기 정체성에도 영향을 미쳤다. 춘추전국 시기 화하가 형성된 이래로 화하는 변경 족군의 역사와 문화 및 당시의 화이華夷 관계에 관하여 끊임없이 써내려 왔다. 이런 관점에서 본다면, 오늘날의 '전범적 강족사'와 '강족문화'는 이러한 글쓰기 전통의 가장 새로운 단계이자 하나의 새로운 화하 변경인 강족을 만드는 것이다.

이처럼 변방 관점의 '강의 역사'는 "강족은 중국 역사의 유구한 소수민족 중 하나"라고 설명하는 전범적 강족사와는 분명히 다르다. 하지만 이는 결코 역사 속에 '강족'이 존재하지 않았다고 말하는 게 아니다. 무수한 중국인의 마음속 '강인'은 수천 년 동안 중국 서쪽 변경 안팎에서 생존하고 분투해왔다. 그들은 중국과 토번, 서하, 남조 간의 전쟁 와중에 있는 힘을 다해 버티며 저항하였다. 생존을 위해 그들은 여러 버전版本의 '역사'를 받아들이거나 선택하고 구축하였으며, 이로 인해 그들 중 일부는 한인 이민의 후예가 되었고, 일부는 토번 귀족의 후손이 되기도 하였다.

결국, 한족과 티베트족토번의 정치, 문화적 확장과 압박을 받아 민강 상류와 북천 서북 구석의 한화가 상당히 깊어졌음에도 여전히 오랑캐로 비춰 진 '강민'만이 한족과 '번족' 사이에 마지막으로 모호한 변방이 되었다. 근대 중국 민족주의가 발전함에 따라 소수민족의 하나가 된 강족의 존재와 '강족사'의 구축은 화하변방의 하나의 새로운 기획이었다고 말할 수 있다. 이 새로운 변방 기획 중 과거 '강인 지대'라 불렸던 화하변방은 여전히 티베트족, 이족彝族, 강족과 한족 간의 경계선이었다. 그러나 이 경계선상에서 '강족' 및 '전범적 강족사'는 하나의 문門이어서, 이 문을 통과하면 한족과 티베트족, 이족 등이 중화민족 내에 연결될 수가 있었다.

과거 '강인 지대'에 대한 오늘날의 민족 식별과 분류는 기본적으로 한인들의 마음속에 존재하는 강, 번, 이彝라는 구분 개념을 그대로 따르고 있다. 이 지대에서 과거 '번'이라 불렸던 사람의 후예는 대부분 '티베트족'으로 분류되어 460만 티베트족 가운데 가장 동쪽 가장자리에 사는 일부가 되었다. 과거 이 지대의 남단 끝에서 '이彝'라고 불렸던 집단의 후예는 오늘날 '이족彝族'으로 식별되어 660만 이족 가운데 가장 북쪽 가장자리에 사는 일부가 되었다. 그리고 '강민'은 겨우 인구 약 20만 명에다 다른 지역에서는 보이지 않는 강족이 되었다. 강족의 인구는 적지만 앞서 언급한 '전범적 강족사'의 설명에 따르면, 한족, 티베트족, 이족 및 중국 영토 내 많은 소수민족소위 저강계 민족이 모두 강족의 요소를 지니고 있기에 그들은 모두 중화민족의 형제 민족이라고 한다.

그리하여 강족은 한족, 티베트족, 이족과 광대한 '서남 저강계 민족' 사이를 이어주는 접착제가 되었다. 강족도 이 점에 대해 상당히 스스로 긍지를 느끼며, "우리 강족은 티베트족과 이족의 조상"이라거나 "강족은 한족보다 더 오래된 화하족"이라고 항상 말한다. '전범적 강족사'는 비록 민족 단결의 기능을 발휘하였지만, 다른 한편으로 이 '역사'는 민족들 간의 전쟁, 정복, 구축驅逐, 이주에 관한 글쓰기를 빌어 오늘날 국가민족 구조 중의 핵심과 변방의 구분을 합리화하고 있다.

어찌 되었든 강족은 분명 중요한 민족이다. 중요한 것은 '강'이라는 이 민족 이름이 품고 있는 역사의 기억과 이 기억이 품고 있는 역사의 과정이다. '강인 지대'의 형성과 변천의 역사기억을 통하여 우리는 화하와 서쪽 지역 이민족 사이에 일찍이 이동하는 모호한 족군의 변계가 있었음을 알 수 있다. 화하 변경 관점의 역사에서 보면, 변경에서 전쟁이 있었고, 원한이 있는 것은 모두 부정할 수 없는 사실이지만, 화하 변경이 지리적으로 이동함에 따라 관련된 문화 상징과 집단 정체성도 모두 그때그때 변화하였기 때문에 수천 년 이래 이 핵심과 변방은 줄곧 조정되며 공존을 도모하였다고 말할 수 있을 것이다. 한족과 소수민족의 구분, 그리고 중화민족의 정체성은 최근 100년 이래의 새로운 시도일 뿐이다. '강족' 및 그 관련 역사기억이 이러한 점을 증명해주고 있다.

그렇지만 민강 상류의 마을 집단이 결코 화하의 변방만이 아니었다는 점도 무시할 수 없다. 당대 이래 또 다른 핵심인 토번과 그 불교문화가 일찍이 그 변방을 서쪽에서 동쪽으로 이동하였고, 명, 청 시기에도 일부 민강 상류 집단을 그 변방으로 변하게 하였다. 나아가 근대 서양의 기독교 문명국가가 동양에서 세력을 확장하면서, 또한 이들 강민을 또 다른 변방, 즉 이스라엘인의 후예라는 기독교문명 집단의 변방으로 변하게 하였다.

한족, 티베트족, 서양기독교 문명 세계라는 세 가지 문화와 정치의 핵심은 각자 주류彊勢의 '역사' 논술로서 '강민'을 그들의 변방으로 편입시키고 자 서로 경쟁하였다. 그리하여 20세기 전반 강민들 중 일부는 토번의 후예라고, 일부는 이스라엘인의 후예라고, 일부는 한인 또는 강인의 후예라고 스스로 일컬었다. 이로 인해 강족은 새로운 화하변방이 되었지만, 하나의 변방 논술이 다른 둘의 변방 논술을 덮어버리는 과정을 거쳐야만 하였다.

어찌 되었든 화하의 역사 논술에 비해 서양 기독교문화와 티베트불교문화의 핵심 역사 논술은 상당히 빈약하였다. 이것 또한 민강 상류의 '강민'이 오늘날 티베트족이 되지 않고 하나의 독립된 동아시아 이스라엘 민족이 되지 않은 이유이다.[49]

이 장에서 내가 서술한 것은 화하변방 관점에서 본 '강의 역사'였다. 사실 이 역사 중에는 아직 언급하지 않은 중요한 요소가 또 있다. 이 요소는 바로 역사상 '강인'의 자기 정체성과 본토 역사에 대한 기억이다. 이 장에서 청대 이래 북천 강인의 정체성 변화를 간단히 서술한 것을 제외하고는 이에 대해 나는 더 이상 많은 설명은 하지 않았다. 그 주된 이유는 중국 역사상 '강인'의 본토 정체성과 그 본토 역사에 대한 기억 자료가 부족하기 때문이었다. 그러함에도 최근 100년 동안 나온 지방 문헌들과 학자들의 현장 취재 및 오늘날 강족 사람들의 기억을 통하여 우리는 최소한 20세기 전반 이래 민강 상류와 북천 촌채 거주민들의 자기 정체성과 역사기억 및 그 변천 과정을 재건할 수 있었다.

이 과정에서 그들은 외부인이 부여한 역사기억을 피동적으로 받아들이

---

49  이는 결코 모든 서양학자 또는 선교사들이 '강민'을 서양인의 후예로 변신시키고자 하거나, 한족 학자들이 모두 '강민'과 한족 간의 친밀한 관계를 강조하였다고 말하는 것은 아니다. 적어도 그레이엄은 강민을 이스라엘의 후예로 보는 토랜서의 주장을 반박하였고, 호감민은 경제 생태의 관점에서 강민이 티베트민족문화 범위 내에 있다고 보았다.

지만은 않았다. 그들은 자신의 역사기억을 지니고 있을 뿐만 아니라 외부에서 온 역사기억을 수집하고 빌어서 꾸미기도 하였다. 과거 화하의 이민족 역사와 문화에 대한 글쓰기는 화하 사이에서만 유전됨으로써 오랑캐의 이민족 본질을 강조하였다. 근대 민족주의의 영향을 받아 오늘날의 '강족사'는 한족만 읽기 위해 쓰인 게 아니라 강족과 다른 소수민족도 읽도록 만든 것이다. 국가의 교육과 각종 대중 매체민족학자를 포함한들이 민족 지식을 각 촌락 안으로 유입시켰다. 강족은 각종 핵심 집단이 구성한 '강족사'를 읽고, 그 속에서 자기 민족의 생명과 정체성을 얻은 다음 그들도 자신의 '역사'를 쓰기 시작하였다. 이 과정에서 집단 간에 신화, 역사, 문화와 연관된 수많은 논쟁과 수정 그리고 정립이 이루어졌다.

# 제7장

# 원초根基적 본토 역사

형제조상 이야기

중국의 역사 문헌들 중에 이민족 본토 관점의 역사를 기록한 자료는 극히 적다. 이러한 소수의 '토착 역사' 또한 역시 항상 한문화의 역사 이성하에서 기록자나 서사자의 중역重譯, 수식 그리고 왜곡을 거쳐 간혹 '신화 전설'로 분류되어 소홀히 취급되었다. 그렇다고 이러한 '진실하지 않은 역사' 혹은 '신화 전설'이 전혀 연구할 가치가 없는 것은 아니다. 우리는 어떤 족군이 공언하는 공동의 기원에 대해 역사적 사실들historical facts을 알려고 해야 할 뿐만 아니라 '과거'에 대한 사람들의 기억역사기억과 서술, 즉 역사 서사narrative와 장르genre로부터도 이러한 기억과 서술을 만든 사회와 역사적 현실social and historical reality을 이해하려고 생각해야 한다.

'토착문화'를 진지하게 생각하고 탐색하는 학자도 외부의 영향을 전혀 받지 않은 토착 사회를 상정하고 찾아서 정립하려는 일종의 학술적 상상 속에 자주 빠지기도 한다. 전국시대에 만들어진 책 『좌전左傳』에는 화하가 '융'이라 여긴 이민족 지도자가 한 말을 서술한 기사가 있다. 이 '강융씨姜

戎氏'는 이렇게 말하였다. 진秦나라 혜공惠公이 말하기를 우리 융인들은 '사악四嶽'[1]의 후예라고 하였다. 만약 이 기록이 확실하다면 이것은 당시 진나라 사람 혹은 화하가 융인의 종족 기원을 정립한 바 있고, 아울러 이 기억이 그들과 왕래가 밀접한 융인에게 전파되었음을 보여준다.

여기서 우리는 한 가지 문제를 생각해볼 수가 있다. 도대체 무엇이 '본토 역사'인가? 외부에서 들어온 역사 지식들을 받아들여 그것을 녹여서 융합시킨融會 다음 토착민이 믿게 된 역사도 본토 역사로 볼 수가 있는 것인가? 이에 대해 나는 절대적으로 변하지 않거나 순수한 '토착'은 결코 없으며, 변하지 않고 단일하며 외부 세계의 영향을 전혀 받지 않은 '본토 역사'도 존재하지 않는다고 본다. 즉 외부 세계와 접촉하면서 '본토 역사'는 변이變易와 다양성을 갖게 되며, 또 그로 인해 족군의 본질이 끊임없이 변화하고 족군 내 하부 집단들 사이의 구조적 특질도 끊임없이 변하게 된다.

한, 진 시기 화하가 "강羌"이라 불렀던 황하 상류지역 토착민들의 본토 역사는 『후한서』 「서강전」에 기록되어 있다. 이 '전설'에 따르면 강인하황서강의 문명을 처음으로 개창한 조상의 이름은 '무익원검無弋爰劍'[2]으로 진秦나라에서 도망쳐온 융인의 노예였다. 그는 이곳에 도착한 후 약간의 신기한 행적神跡으로 토착민의 믿음을 얻어 코가 베인 형벌을 받은 한 토착민 여자와 결혼을 하였고 그때부터 강인에게 밭에 씨를 뿌리고 수렵하는 법

---

1    [역자주] 중국 역사상의 사대 명산을 말하는데, 동악(東嶽), 태산(泰山), 서악 화산(華山), 남악 형산(衡山), 북악 항산(恒山)이다. 5악도 많이 거론되는데, 여기에다 중악(中嶽)인 숭산(嵩山)을 더 보태면 5악이 된다.
2    [역자주] 전국시대 초기 청해(靑海) 석지하수(錫支河首)에서 태어나서 진(秦)에게 노예로 끌려갔다가 황하와 황수(黃水) 사이를 오가던 중에 강족(湟中羌人)의 우두머리가 된 인물로 청해 역사의 초기 개척자로 평가되고 있다. 원검(爰劍), 원검(袁劍)이라고도 한다.

을 가르쳤다고 한다.

이 "전설"은 아마도 당시 어느 한 하황 강인 부락의 본토 역사에 기반을 두고 그기에 한인의 역사적 상상력을 일부 첨가함으로써 "진나라 사람이 융을 내쫓다秦人驅戎"라는 중국의 역사기억과 연결되고 화하의 마음속에 자리한 '화이 전설化夷傳說' 중 하나가 된 것 같다.[3]

화하가 만들어 낸 유사한 화이의 전설에는 은나라 왕자 '기자箕子'가 조선朝鮮에 가서 동이東夷를 교화시켰고, 주나라 왕자 '태백太伯'이 오吳나라에 가서 형만荊蠻을 교화시켰다는 내용도 있다.[4] 그런데 「서강전」의 서사에는 하황의 서강 통치 가족의 조상과 그들을 교화한 자가 중국의 변방융인에서 온 한 노예였다고 적혀 있는데, 이 또한 화하가 중국 왕자의 후예라고 여긴 남만과 동이에 비해 서강을 야만시하고 비하함이 훨씬 심하였다는 것을 보여준다.

「서강전」에는 또 강인이 '삼묘三苗'의 후예이자 강성姜姓의 한 지류 씨족호族으로, 순임금이 '사흉四凶'을 쫓아낼 때 이 일족 사람들이 멀리 황하 상류 지역으로 쫓겨났다고 적혀 있다. 이 역사 서술은 황하 상류 강인의 유래를 설명하고 있다. 삼묘는 중국 고대 전설 속의 극악무도한 집단으로 사흉의

---

3  소위 '화이 전설'이란 일종의 역사기억과 서사를 가리키는 것이다. 이 기억과 서술에서는 다른 땅(異域)으로 이주한 어떤 사람이 그곳에서 토착민에게 신이나 왕으로 받아들이게 된다. 혹은 토착민이 이러한 '역사'를 받아들인 후, "어떤 외지에서 온 한 사람이 이 지역에서 신이나 왕으로 받들어져 이 지역 문명을 처음으로 만들었다"라고 믿게 된 것이다. 王明珂, 『華夏邊緣』, 255~287쪽을 참고하라.
4  『後漢書』에는 주 무왕(武王)이 상(商)의 왕자 기자를 조선에 봉(封)하자, 기자가 토착민에게 농사와 양잠(養蠶)을 가르치고 아울러 예의와 법률로서 토착민을 교화하고 구속하였다는 기록이 있다. 『사기』에는 춘추시대 동남지역에 위치한 오나라 왕실의 시조는 주나라 왕자 태백인데, 그는 왕위를 양보하기 위해 위수(渭水) 유역에서 장강 하류의 오나라로 달아나 이곳 토착민인 형만을 교화시켰다는 등등의 내용이 적혀 있다. 『후한서』, 85 / 75, 「東夷列傳」; 『사기』, 31/1, 「吳太伯世家」를 참고하라.

하나였다. 강姜 씨 성의 시조인 염제炎帝는 황제 손에 패한 고대의 제왕이다. 변방 이민족의 종족 원류를 역사기억 속 일부 흉악한 인물 또는 실패자에게로 거슬러 올라가는 것, 이 역시 화하 역사 서사의 전통 중에 하나다.

우리는 이러한 역사기억을 받아들인 역사상 '강'으로 불린 집단이 얼마나 되는지 정확히 알지 못한다. 하지만 적어도 위, 진 시기 관중으로 이주한 수많은 강인 추장豪酋의 가족들은 자신들을 '염제의 후예'가 아닌 '황제의 후예'라고 자칭하였다. 예컨대 남안南安 적정赤亭의 강인 요익중姚弋仲은 유우씨有虞氏의 먼 후손苗裔이라고 하였다.[5] 겸이鉗耳 가족은 자신들의 조상이 "주나라 왕자인 진晉의 후손으로 서융으로 피신하여 대대로 군장君長을 지냈다"라고 주장하였다.[6]

관중의 또 다른 강인 중의 거성鉅姓[7]인 당성黨姓 가족 역시 자신들이 하후씨夏后氏의 후손이라고 자칭하였다.[8] 대우大禹의 후손이든, 고양씨高陽氏의 후손이든, 하후씨의 후손이든, 유우씨의 후손이든, 아니면 주나라 왕자의 후손이든 간에 중국 문헌에 온축되어 있는 사회기억들은 모두 황제 유웅씨有熊氏의 후예였다.

이러한 사례들은 강인의 세가대족世家大族이 모두 화하 역사의 일부를 빌어서 의도적으로 일부 화하의 역사를 무시하고 본토 역사기억을 잊어버림으로써 자신들을 황제의 후예로 변신시켰다는 것을 보여준다. 그리하여 그들은 화하의 일원이 되었고, 앞 장에서 언급한 화하변방의 이동과 변천도 일어나게 되었다.

---

5    『晉書』, 116 / 16, 「姚仲弋」.
6    馬長壽, 『碑銘所見前秦至隋初的關中部族』, 北京 : 中華書局, 1985, 82쪽.
7    [역자주] 인구가 많은 성씨의 가문을 가리킨다.
8    吳世鑑, 『晉書構注』, 116 / 16, 『元和姓纂』에서 재인용.

이어지는 문제는 화하가 '강인'이라고 부른 집단이 '강인'이란 호칭을 받아들여 스스로 '강인'이라 부르거나 화하조상 기원을 빌어 스스로 '한인'이라 부르기 이전에 그들의 본토 정체성이 어떤 체계를 갖고 있었는가 하는 의문이다. 그리고 어떠한 '본토 역사'가 이러한 본토 정체성 체계를 지지하였는지, 어떠한 새로운 '본토 역사'가 '강인'이라는 새로운 본토 정체성 체계를 합리화하였는가 하는 문제다.

고대 역사에 대한 강인 자체의 기억이 부족함으로 인하여 앞서 인용한 한, 진 시기 관중지역의 강인 세족의 사례들을 제외하고 위의 물음에 답할 이 방면의 자료를 찾기는 매우 어렵다. 바로 이 때문에 근대 이래 '강인 지대의 마지막 강인', 즉 민강 상류와 북천지역 촌락 집단의 본토 역사의 기억과 정체성 및 그 변화는 연구에서 매우 중요한 의미를 갖게 되었다. 그것들은 하나의 실제 사례를 제공하여 화하가 '강인'이라고 본 사람들이 '강인'이 되기 전의 역사기억과 정체성 체제 그리고 '강인'이 어떻게 외래 지식을 받아들이고 선택하여 절충함으로써 새로운 역사기억과 정체성을 만들었는지, 또한 이들 신, 구 역사의 기억이 은유하는 족군 본질 및 그 변천을 이해하게 한다. 이러한 '본토 역사' 역시 우리로 하여금 "과연 무엇이 '역사'인가?"라는 더욱 중요한 문제를 생각하게끔 만든다.

먼저, 후자의 문제에 관해 약간의 설명을 하자면 다음과 같다. 중국인처럼 유구한 문자 역사 서사의 전통을 가진 집단에게는 그 역사 서사의 전통이 스스로 자랑할 만한 문화 자산이었다. 중국인이 일종의 역사심성과 이로 인해 생긴 역사 개념을 갖게 됨으로써 일부 '과거'는 사실이며 중요하다고 믿었다. 또 이러한 역사심성과 역사 개념에 근거하여 수많은 문명이 낙후된 집단에게는 '역사'가 없다고 여겼고, '과거'에 대한 그들의 기억과 서술은 사실이 아닌 '신화와 전설'이라고 보았다.

하지만 우리가 한대 이래 중국의 '정사'와 근대 '민족사' 서사를 살펴본다면, 이러한 역사가 정립되는 과정에서 '과거'는 선택되고, 수식되며, 망각된 흔적이었음을 알 수 있다. 따라서 사실로서의 '과거'는 수시로 언제든 만들어지지만, 인류사회의 '역사'에 대한 기억과 서술은 도리어 특수한 사회적 의의를 정립하는 것이라고 말할 수 있다.

이러한 사회적 의의는 주로 한 집단의 본질과 그 내부 구분을 표현하거나문화사, 한 집단의 단결을 응집하고 그 아래 집단을 서열화하거나민족사, 집단이 존재하는 주위의 세계를 해석하고 자연계 속 인간의 지위를 합리화하는자연사 데에 있었다. 그렇다면 우리가 신화와 전설로 여기는 수많은 '과거'에 대한 서술도 일부 사회 집단에게는 같은 기능을 가진다고 볼 수 있다. 그러므로 '본토 역사', 특히 글로 기록하는 행위의 서사 전통이 없는 사회 집단의 본토 기억을 논할 때, 우리는 '역사'에 대한 정의를 더욱 넓게 내려야 할 것이다.


## 원초적根基 역사

앞에서 2개 장에 걸친 설명을 통해 우리는 전범적 '강족사'와 '중국사' 모두 일부 응축된 족군의 집단기억으로 볼 수 있다는 것을 알았다. '역사', 특히 중국인에게 '황제'와 같은 집단의 '공동 기원'과 관련된 역사는 족군 감정을 강화하는데 특수한 마력을 지니고 있다.[9] 같은 족군이나 민족의 사람들은 서로를 '동포同胞' 또는 영어로 형제자매brothers and sisters라고 부르는데, 이는 인간사회의 족군 혹은 민족이 같은 어머니에서 태어난 일종의 가장 작고, 가장 가까운 친족 집단을 모방한 사회 결합체임을 보여준다. 따라서 '공동 기원'의 역사기억은 사람들의 공동 혈연의 시초로 거슬러 올라감으로써 족군 구성원들의 원초적 정서적 연계primordial attachments를 모방하고 환기하기도 한다. 그것 역시 인류 '역사'의 원시적 형태型式 중 하나로 '원초적 역사primordial history'라고 부를 수 있는데, 이것은 인류사회에 보편적으로 존재하는 역사기억의 형식이다.

이 책의 사회 편에서 나는 민강 상류와 북천 촌락 집단이 강족이 되기 이전의 족군 정체성 체계, 즉 가정, 가족과 촌락 혹은 골짜기 집단을 주체로 하는 '이마' 정체성을 소개한 바 있다. 이 장에서 내가 설명하고자 하는 것은 바로 이 족군 정체성 체계를 지지하는 '본토 역사'인데, 그것은 '사람들의 공동 기원'으로 족군을 응집시키는 일종의 원초적 역사이기도 하다. 이러한 원초적 역사는 주로 '형제조상 이야기'라는 일종의 서사敍事 형식으로 표현된다.

## 마을 속 형제조상 이야기

본서 제3장에서 강족의 마을 구조 및 관련 정체성, 구분을 소개할 때 나는 이 지역에서 개별 가족과 촌락 그리고 각 골짜기에 거주하는 무리들을 응집시키는 '과거'는 늘 몇몇 '형제조상 이야기'라고 언급한 바 있다. 형제

---

9    王明珂, 「起源的魔力及相關探討」, 『語言暨語言學』 2-1, 2001, 261~267쪽.

조상 이야기의 기본 형식은 옛날에 형제 몇 명이 이곳에 와서, (…중략…) 그들이 바로 가족과 마을 및 골짜기 내 몇몇 무리 집단의 조상이 되었다는 식이다. 이러한 서사에는 과거 형제들 중 한 명인 공동의 조상이 한 집단을 응집시켰고, 이런 몇 개의 집단들이 또 서로의 조상을 '형제'간이라고 믿음으로써 혈연관계로 응집하기도 하였다고 되어 있다. 아래에서 나는 일부 각 지역 사례들을 들어 이러한 '형제조상 이야기'들과 그들 사이 언술의 표현 차이를 소개하고, 이 모델模式과 표현 차이의 배후에 존재하는 사회적 맥락context을 분석하고 설명하려 한다.

### 북천 소파향小壩鄕

오늘날의 모든 강족들 가운데 북천 강족의 한화가 가장 많이 진행되었다. 심지어 그들이 자랑하는 '가족사'에서 과연 '강족'을 어떻게 정의해야 할지 다시 생각할 수가 있다. 북천의 청편하와 백초하 유역에서 가장 유행하는 조상의 근원에 관한 화법은 외지에서 온 형제 몇 명이 나중에 그 지역의 몇몇 한족 성漢姓을 가진 가족으로 나누어졌다는 것이다. 예컨대 백초하 소파향 내외구內外溝에 사는 한 중년은 다음과 같이 말하고 있다.

1. 우리의 원적原籍은 정통 소수민족지역인 백양白羊으로, 그곳에서 이주해왔습니다……. 동 씨董氏와 왕 씨王氏 사람들은 모두 같은 조상으로부터 이어져 내려왔습니다……. 안골짜기인 내구內溝 사람의 1 / 3은 백양에서 왔죠. 위 골짜기上溝에는 원래 사람이 없었는데, 강족이 농사짓기砍地를 좋아하여 풀을 불태워 황무지를 개척하였습니다. 연기가 나는 것을 보고 친척들이 모두 왔어요. 사람이 많아지면서 멧돼지나 원숭이가 양식을 먹어 치우는 것

도 두려워하지 않게 되었지요. 그 나머지는 모두 기근을 피해 외지에서 온 자들입니다. 나는 원래 다섯 형제가 송반의 모아개毛兒蓋 쪽에서 넘어와서 각각 자기 영역地盤을 차지하였다고 들었는데, 기억이 확실치는 않아요.

백양은 북천의 북쪽에 있으며 현재 이 지역의 족군은 티베트족으로 식별되고 있다. 송반의 모아개 역시 현재 티베트족지역이다. 자기 가족이 백양에서 왔다거나 이 지역 사람이 모아개에서 기원하였다거나 하는 걸 막론하고 모두 자기 가족의 '소수민족' 본질을 강조한 것이다. 위의 구술에서는 자기 가족이 '정통 소수민족지역'에서 왔음을 강조하고 있는데, 이는 최근 몇 년간 북천 강족 지식인들의 강렬한 강족 정체성을 보여준다. 소파향의 내외구에는 총 다섯 마을이 있다. 이 중년은 '송반 모아개에서 넘어온 5형제'가 바로 이 다섯 마을의 시조인지에 대해서는 전혀 설명하지 않았다. 반대로 그는 동 씨와 왕 씨를 제외한 이 지역의 나머지 가족 모두 기근을 피해 외지에서 온 자들이라고 여겼다. 외지에서 기근을 피해 온 사람들은 사천 서부의 한인을 가리킨다.

명, 청대 이래 한인들의 이주 붐과 그에 따른 한화의 깊은 영향으로 말미암아 북천 산간 지대의 수많은 한족 성씨 가족들은 모두 자기들 조상이 "호광전사천湖廣塡四川"[10] 때 이곳에 왔다고 밝히고 있다. 예컨대 또 다른 한 소파향 삼수림杉樹林 사람이 진술한 가족 역사는 아래와 같다.

2. 소파향은 우리의 기억 속에 남아 있습니다. 특히 우리 유劉가 집안이 소파

---

10  [역자주] 호남과 광동 사람들로 사천을 채운다는 뜻이다.

향에 가장 일찍 이주하였는데, 나의 선조 말씀에 따르면, "호광전사천"때 왔다고……. 당시 장張, 유劉, 왕王 씨 3성씨 사람들이 소파에 도착하였고, 올 때는 삼형제였습니다. 당시 함찰첨喊察僉의 할아버지가 "너는 거기에 앉아라"라고 말씀하셨어요. 당시 삼형제는 통혼할 수 없었기에 성을 바꾸었습니다. 유, 왕, 용龍은 용 씨로 고침으로써 세 갈래 골짜기가 되었어요. 그 중 한 골짜기가 바로 삼수림으로 유가 집안이 살았고, 또 다른 하나가 내외구인데, 당시에는 용 씨 집안이 살았다고 합니다. 그 다음 골짜기가 비교적 논란이 많은 현재의 왕가 집안이죠. 그러므로 이 세 골짜기에서는 지금도 유 씨, 왕 씨, 용 씨가 통혼하지 않으니, 삼형제가 이주한 게…….

소파향의 삼수림은 내외구 골짜기의 입구에 있다. 그래서 한편으로 이 지역 주민과 내외구 각 마을 민중 간의 왕래가 밀접하고, 다른 한편으로 외부와의 접촉과 연락이 편함으로 인해 이 지역 주민은 상류의 내외구 마을 주민보다 한인의 특질과 한족조상 기원의 기억을 더 많이 가지고 있다. 자기 가족이 "호광전사천" 때 왔다고 말하는 것은 청편하와 백초하 전 지역에서 아주 보편적으로 알려져 있는 가족사의 기억이다. 이 중년이 진술한 '삼형제'의 '후예'는 소파향의 모든 주요 지역을 아우르는 내외구와 삼수림 등지에 널리 퍼져 있다. 그가 논란이 있다고 언급한 '형제조상'은 현재 모두가 왕 씨 집안의 조상이라 여기고 있다고 하였다.

이러한 진술은 이 지역의 과거 '역사' 혹은 가족기억이 자주 사람들 사이에서 논란이 되고 있음을 보여준다. '왕 씨 집안'은 해당 지역에서는 큰 성大姓이었다. 따라서 왕 씨 집안을 이 민족 기원의 기억 속에 포함하면, 이 '삼형제 후손'의 범위를 내외구로부터 더 넓은 지역으로 확대할 수가 있다. 다음은 내외구의 한 왕 씨 중년이 자기 가족의 근원을 진술한 내용인데, 마찬가지로 '형제조상 이야기'의 하나이다.

3. 우리는 호남과 광동湖廣의 광효감廣孝感 출신으로 다섯 형제가 건너왔는데, 모두 왕 씨였습니다. 주로 선평漩坪, 김봉金鳳, 백니白泥, 소파에 자리를 잡았죠. 이 다섯 형제들 중 2명은 소파에 도착하였고, 1명은 단결상채團結上寨라는 마을에, 1명은 이곳에 자리 잡았습니다. 우리 선조는 의술에 종사하여서 우리 집에는 아직 약왕보살藥王菩薩을 버리지 않고 있어요. 5대가 지났으니, 이는 5대 이전의 일이었죠. 그들 모두 호광에서 건너온 것은 아니었는데, 우리 일가족만이 7월 14일에 칠월반七月半[11]을 지내기 때문입니다. 그들도 호남과 광동에서 건너왔다고 말하지만, 그들과 우리가 지내는 칠월반은 같지 않아요.

이 내외구 사람들은 앞에 인용한 사례 1의 내외구 사람들과 같은 마을 주민이다. 이 진술자가 속한 '왕 씨 집안'은 바로 앞의 사례 1에서 내외구 사람이 말한 '왕 씨 집안'이고, 사례 2의 삼수림 사람이 말한 유, 왕, 용 '삼형제' 중의 '왕 씨 집안'이기도 하다. 하지만 사례 3의 이 왕 씨 집안 사람은 자기 가족의 조상이 송반의 백양 혹은 모아개에서 온 다섯 형제의 하나이거나 호남, 광동에서 온 유, 용, 왕 삼형제 중 하나로 전혀 생각하지 않고, 호광의 광효감에서 온 '다섯 형제'의 줄맞춤 하나라고 말한다. 이 다섯 형제는 이곳에 온 후 2명은 소파에, 다른 3명은 선평, 김봉, 백니 등의 인

---

11  [역자주] 음력 7월 15일 백중날인 중원절(中元節)을 말한다.

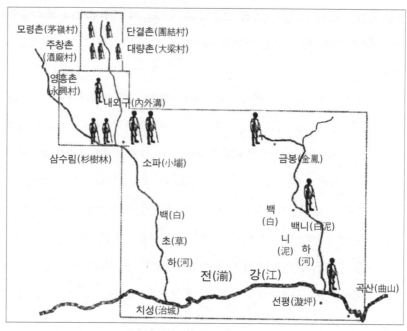

모령촌(茅嶺村)　단결촌(團結村)
주창촌
(酒廠村)　대량촌(大梁村)
영흥촌
(永興村)
내외구(內外溝)
삼수림(杉樹林)　소파(小壩)　금봉(金鳳)
백(白)
백(白)　백니(白泥)
초(草)　니
하(河)　(泥)　하
(河)
전(湔)　강(江)
곡산(曲山)
치성(治城)　선평(漩坪)

〈그림 14〉 북천 소파 내외구의 형제조상 공간 분포

근 향진(鄕鎭)[12]으로 흩어졌다고 하였다〈그림 14〉를 볼 것.

이 조상 기원의 기억은 내외구에 사는 두 왕 씨 가족의 일체성을 강조하는 한편, 내외구 왕 씨 가족과 인근 향진의 왕 씨 가족의 뿌리도 같음을 강조하고 있다. 이와 함께 앞의 소파향의 두 사람이 말한 왕 씨 가족의 조상기원을 받아들이지 않는 것은 그가 내외구 혹은 소파의 몇몇 주요 가족의조상이 같다고 여기지 않는다는 점을 보여준다.

이상 3개 '가족사'의 진술은 몇 가지 흥미롭고 깊이 생각할만한 현상을보여준다. 첫째, 3명의 소파향 사람들 모두 자기 가족의 역사를 진술하면

---

12　[역자주] 향과 진을 합쳐 부르는 명칭인 鄕鎭은 현 중국에서 현 아래 행정 단위인데, 굳이한국과 비교하면 각기 읍과 면에 해당된다고 할 수 있다.

서 몇 가지 '형제조상'을 가문의 기원으로 삼았다는 점이다. 이처럼 그들은 자기 가족의 근원을 설명하는 것에 그치지 않고, 자기 가족과 형제조상 관계에 있는 인근 가족의 시원도 설명하고 있다.

둘째, 3개의 사례 모두 '왕 씨 집안'의 근원을 다루고 있지만, 논법이 서로 다르다는 점이다. 해당 지역에서 이러한 '역사'가 크게 나뉘어 갈라지고分岐 다원화됨으로써 가족마다, 마을마다 사람들의 논법이 같지 않고 같은 마을 사람들도 늘 논법이 달랐다는 점을 보여준다.

셋째, '가족사'가 이곳에서는 개인의 '정체성' 혹은 당시 그 개인이 강조하고자 한 '정체성'과 관련이 있다는 점이다. 사례 1의 내외구 사람은 내외구의 몇몇 주요 가족의 조상은 형제 사이라고 강조하였고, 사례 2의 삼수림 사람은 소파향의 몇몇 주요 가족들 간의 혈연관계를 강조하고 있다. 이 두 사례들은 모두 '혈연 정체성'과 '지연 정체성'을 하나로 결합하였고, 친근한 지연 관계가 있는 몇몇 가족들은 조상의 형제 관계를 빌어 '한집안 사람'이 될 수 있었다.

그러나 사례 3의 왕 씨 집안 사람이 말한 가족사 중에서 강조한 것은 '혈연 정체성'이었다. 왕 씨 집안 사람은 이 지역의 다른 성을 가진 가족과 조상이 다르며, 이 지역 혹은 먼 지방의 왕 씨 가족만이 조상이 같다고 여겼다. 그렇다면 우리는 이 지역 가족들의 기억이 왜 이처럼 나뉘어 갈라지고 다원화되었는지도 이해할 수가 있다.

끝으로, 이상 몇 가지의 '형제조상 이야기'들 중에서 이 가족혹은 이 지역 사람들은 '호광'에서 왔다거나, 송반의 백양과 모아개 등 '정통 소수민족지역'에서 왔다고 말하였다. 나뉘어 갈라지고 다원화된 이 기억은 북천 강족 정체성의 특질을 나타내기도 한다. 그들은 한편으로 이 지역 사람들의 한화와 가족의 부계조상 기원이 한인임을 자랑으로 여김으로써, 주류 사회의 '오랑캐' 혹은 '소수민족'에 대한 부정적인 이미지에서 벗어나고자 하였다.

다른 한편, 강족 정체성을 쟁취하고자 노력하는 상황과 아울러 토착문화가 다 사라짐으로써 발생한 문화와 정체성 위기감 아래에서 그들은 또한 반드시 자신의 소수민족 '근원'을 강조해야만 하였다. 나뉘어 갈라지고 다원화된 이러한 기억은 북천지역이 겪은 역사 과정을 드러내기도 하는데, 이것이 바로 앞 장에서 내가 제기한 화하변방 관점의 '강의 역사'이다. 이 역사 과정을 거치면서 청대 이래 이 지역의 백초와 청편 주민은 줄곧 한족과 비한족 사이를 배회하였다.

### 무현茂縣 영화구永和溝

북천 청편향에서 서쪽으로 토지령土地嶺이라는 산등성마루를 넘으면 바로 민강 유역의 무현과 영화永和향이다. 이 향의 소재인 영화구永和溝는 동에서 서로 민강에 유입되는 한 지류이고, 향 정부가 있는 영화촌은 하파와 가까운 마을이다. 이 마을은 현재 4개의 조組, 채寨를 포함하고 있는데, 그중 2조는 다시 윗마을上寨과 아랫마을下寨, 이 지역 이름으로는 각각 '와달(瓦達)'과 '알로(嘎勞)'라고할로 나뉜다. 이 영화촌의 각 마을에도 형제 이야기가 전해져 내려오고 있다. 2조 아랫마을의 한 노인은 아래와 같이 말하였다.

4. 우리는 이주해왔어. 고향은 도기渡基이고. 그곳 땅은 아주 단단하고, 보통의 어린아이娃兒는 말하지 못하는 놈이였어요. 한 전설에 따르면, 아이를 업고 이 산마루 여기에 이르렀을 때, 까마귀가 우는 것을 듣고 그것을 배

위 바로 말할 수 있게 되었다고 해. 이주해왔을 때는 우리 이 조組의 사람들 밖에 없었어. 그곳에 도착하자 까마귀가 울었고 어린아이가 바로 말을 하였다네. 이쪽의 몇몇 조는 거의 모두가 그곳에서 온 사람들일세. 여기에는 원래 사람이 없었는데, 이렇게 뿌리를 내렸어. 도기는 높은 산이고 두 형제 중 형은 도기에 남고 동생이 이곳으로 왔어요. 지금은 또 일부 사람들이 이주해 돌아 가버렸죠. 원래 그곳에는 이미 사람이 살지 않았다네. 과박垮博: 1조과 이곳2조 아랫마을 사람들은 그곳으로부터 왔지.

'과박'의 한 노부인도 나에게 비슷한 '역사'를 말해주었다.

5. 우리 1조도 도기에서 건너왔다고 말할 수 있어요. 우리도 김개기金個基라는 산마루에 도착하였을 때, 어린아이가 까마귀가 우는 소리를 듣고 바로 흉내를 냈고, 개가 짖는 소리를 듣고 바로 따라서 하였다고 합니다……. 그들은 상채가 형이고 소의 머리牛腦殼라는군요. 일대一隊가 얻은 것은 무엇이었을까요? 3조는 소의 꼬리尾巴를 얻었고, 도재주道材主가 얻은 것은 소의 가죽皮子이었죠. 그들은 현재 너희들은 소꼬랑지牛尾巴라고 3조를 욕하고 있어요. 도재주는 하파夏巴라고 욕을 먹는데, 하파는 바로 소의 가죽을 말하죠. 윗마을과 아랫마을은 모두 2조이고, 우리는 소의 뇌를 얻었어요.

위의 2조 아랫마을 노인사례4은 1조와 2조 사람들이 같은 뿌리에서 나왔고, 그들과 도기의 사람은 '두 형제'의 후손이라고 생각한다. 하지만 현재 촌민들의 견해는 대체로 '과박' 노부인사례5이 말한 '삼형제 이야기'와 비슷하다. '삼형제'가 이곳에 와서 소머리를 얻은 자는 2조 윗마을로 갔고,

소 몸통을 얻은 자는 1조로, 소꼬리를 얻은 자는 4조늑와, 勒窩 또는 3조감목약, 甘木若으로 갔으며, 1조와 2조의 아랫마을 사람은 2조 윗마을에서 분리되어 이주하였다고 하였다. 혹은 소가죽을 얻은 자는 '도재주'로 갔다고 하는데, 도재주는 영화에서 가장 가까운 또 다른 마을이다.

이 최초의 '삼형제'가 과연 누구의 조상인지에 대해 80여 세의 1조 노인은 다른 기억이 있다. 그는 이 '삼형제'가 각각 현지인들이 '하파삼촌河壩三村'이라 부르는 1조와 2조 윗마을과 아랫마을에 도착하였으며, 1조는 소꼬리, 2조 윗마을은 소머리를 얻었다고 하였다. 그의 말은 2조 아랫마을 노인사례 4의 진술과 약간 다르지만, 둘 다 1조와 2조 주민들 사이의 밀접한 혈연관계를 강조한 것이다. 이 두 노인을 제외하고, 내가 방문한 여타 촌민들은 4개 조 사람 모두가 '삼형제'의 후손이라고 믿었다.

이러한 조상 기원에 대한 기억의 차이는 세대가 다른 촌민들 간의 '우리 민족' 개념 차이 때문일 수 있다. 과거 1조와 2조 촌민하파삼촌이 상당히 고립된 '족군'이었을 때, '형제조상 이야기'는 이 2개 조, 3개 마을 집단들 간의 혈연관계를 강조하는 데 사용되었다. 하지만 최근 수십 년 이래 영화구의 각 촌락 집단들 간의 충돌이 줄어들고 4개 조 '마을'을 묶는 행정구획이 하파삼촌 민중의 정체성 범위를 확장함에 따라 촌민들은 곧바로 '삼형제조상'을 영화촌 4개 조 민중의 공동조상으로 확대하게 된다. 그리고 1조와 2조 사람들은 그들 중 한 형제의 후손으로 여겨지게 되었다. 이처럼 정체성의 권역이 확대되었음에도 1조와 2조 사람들은 여전히 서로 기원을 같이하는 특별히 긴밀한 관계임을 공언하고 있다.

마찬가지로, '형제조상 이야기'로 집단의 공동조상 기원과 집단들 간의 혈연 구분을 설명한다는 점에서는 같지만, 영화와 앞의 북천 소파향의 형제조상 이야기에는 몇 가지 중요한 차이가 있다. 먼저, 소파향의 형제조상 이야기는 몇몇 '가족'의 기원을 설명하는 것임에 반하여, 영화의 형제조상 이야기는 몇몇 '촌락 집단'의 기원을 말하고 있다. 또 다음으로, 소파의 형제조상 이야기는 이 지역의 '일부' 가족의 기원만을 설명할 뿐, 이 지역 가족 '모두'의 공동 기원에 대해서는 해명하지 않고 이 지역 각 가족이 이곳에 온 시기에 차이가 있다고 여겼다. 이에 반해 영화의 형제조상 이야기는 '1조와 2조 사람'의 기원 또는 영화촌의 4개 조 촌민의 기원을 막론하고 모두 이 지역의 본지 사람 '모두'의 공동 기원에 대해 해명하고 있다.

이러한 '차이'는 두 지역의 서로 다른 사회상황과 역사 맥락을 보여준다. 이 상황과 맥락이란 주로 그들과 한인 또는 한문화 사이의 관계이다. 두 지역 촌락 집단이 한문화의 영향을 받은 정도의 차이가 있고, 또한 그로 인해 그들 간의 족군 정체성에도 차이가 생기게 되었다. 본서 제3장에서 말한 바와 같이 과거 그들은 모두 '한인'으로부터 '오랑캐'로 불리었지만, 북천의 백초와 청편의 산촌山村 주민들은 항상 자기 가족이 '호광'에서 이주해 온 한인이라고 스스로 말하였고, 무현 영화의 촌락 주민들은 '막아莫兒, 漢人'[13]의 정체성을 견지함으로써 그들 마음속의 교활한 '한인'과 야만적인 '오랑캐'를 구별하였다.

이상, 두 지역의 '형제조상 이야기'의 서사敍事 차이는 '한화'라고 하는 문화와 사회적 과정 중의 중요한 변화, 즉 혈연과 지연이 긴밀히 결합한 족군촌락 정체성으로 표현되어 혈연과 지연이 점차 분리되는 족군성으로 구분되는 가족의 정체성으로 전환하게 된다. 그리하여 이 지역 사람 모두의 근원을 해

---

13  [역자주] 현지 말로 한인을 칭하는 단어의 중국어 표기다. 저자의 요청으로 이 저서의 원문 중 '막아(莫兒)' 뒤에 없던 '한인(漢人)'이라는 단어를 첨가하였다.

명하는 '역사'가 이 지역 사람 일부의 근원을 해명하는 '역사'로 전환된 것이었다. 이 주제에 관해서는 이 장의 뒷부분에서 다시 설명하고자 한다.

마지막으로, 형제조상 모두가 외지에서 왔지만, 소파 사람들의 형제조상이 온 곳이 한인의 뿌리族源를 은유하는 '호광'이든지, 아니면 소수민족의 의미를 지닌 '송반'이든지를 막론하고 항상 그 '민족'의 귀속 개념을 드러내고 있다. 반면, 영화의 '형제조상 이야기'에는 사람들이 생활환경이 비교적 나쁜 지방에서 왔다고만 하였지, '민족' 지향의 개념은 전혀 보이지 않는다. 이러한 차이는 북천의 청편과 백초 마을의 주민들에게 '민족 정체성'이 오늘날에도 민감하고 매우 중요한 문제가 되고 있다는 상황을 반영한다.

### 송반松潘 소성구小姓溝

앞에서 나는 여러 번 소성구를 언급하였다. 이곳의 강족은 한문화의 영향을 다른 지역 강족에 비해 훨씬 적게 받았다. 그들은 종교신앙, 생활 습속, 주거 형식 및 복식에서 모두 부근에 사는 열무熱務 티베트족과 서로 비슷하다. 내가 취재한 소구小溝와 애기구埃期溝는 소성구 중에서도 큰 산의 가장 깊은 곳에 있는 강족 산골짜기이다. 해당 지역 마을 주민의 한화 정도도 소성구의 다른 마을 집단에 비해 낮았다. 이곳 촌민들은 외지에서 공부하는 소수의 젊은이를 제외하고 대부분 한족식 성漢姓을 갖고 있지 않다. 이 마을은 현재 배기背基：1조, 북합北哈：2조, 결시潔沙：3조 3개 조로 구성되어 있고, 2조는 다시 북합과 양일梁嘎 2개의 작은 마을小寨로 나뉘어져 있다. 이곳에는 몇 가지 서로 다른 '형제조상 이야기'가 전해지고 있다. 아래는 2조에 속한 한 중년의 진술인데, 가장 보편적으로 전해지는 기억 버전이라고 할 수 있다.

6. 아주 옛날 아무도 없던 시절 삼형제가 있었는데, 큰형은 절름발이였습니다. 형제는 이곳으로 왔고, 막내는 일대一帶에 도착하였죠. 큰형이 "나는 이곳에 살련다. 이곳은 햇볕을 쬘 수가 있으니까"라고 말하였어요. 그래서 3대三帶가 햇볕을 가장 빨리 쬘 수 있었어요. 막내가 약간 걱정을 하자, 둘째 형이 "그래 네가 죽으면 우리 2대二帶에 묻어줄게"라고 말하였습니다. 그리하여 1대의 사람이 죽으면 모두 이곳으로 메고 와서 묻었습니다.

이 이야기에서 둘째와 셋째의 관계가 유달리 친밀하여 같은 쪽에 살았을 뿐만 아니라 죽어서도 함께 매장하고 있다. 현재 3조는 산의 양지 편샛벽에 햇볕을 쬘 수 있는에 있고, 1조와 2조 마을은 산의 음지 편에 자리 잡고 있다. 이 형제 이야기가 보여주는 족군의 정체성과 구분체계는 3개 조의 보살菩薩 경배 습속에서도 나타나고 있다. 내가 제3장에서 소개하였듯이 3개 조는 모두 각각의 산신山神 보살이 있는데, 2조 아랫마을북합은 또 1조와 함께 '홀포고노忽布姑嚕'와 '흡백격렬恰伯格烈' 두 보살을 경배하고 있다. 또 3개 조는 다 함께 '격일낭조格日囊措'라는 산신을 경배하고 있는데, 이는 각 촌락에서 모두 조망할 수 있는 큰 산을 대표로 하는 산신이다.

촌민의 말에 따르면, 1조와 2조는 같은 보살을 경배하기 때문에 자주 연합해서 3조 사람들과 싸웠다고 한다. 더욱 주의할 것은 앞서 설명한 무현의 영화, 북천의 소파나 다른 지역에서 '형제조상 이야기'가 일부 노인의 기억 속에만 보존되어 있음에 반해, 애기구에서는 10여 세의 어린아이들도 모두 이 삼형제 이야기를 알고 있다는 점이다.

애기구에는 한 노인이 진술한 아래의 '7형제 이야기'와 같은 몇몇 다른 '형제조상 이야기'도 전해지고 있다.〈그림 15〉를 볼 것

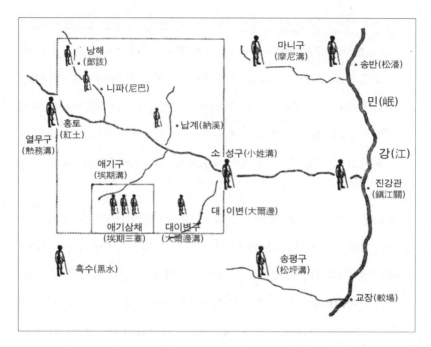

〈그림 15〉 송반 소성구 애기촌의 형제조상 공간 분포

7. 고두高頭에서 온 7형제. 그 7형제의 일부는 대이변大爾邊, 일부는 주이변朱爾邊, 납계納溪, 낭해郎孩, 니파尼巴에 안착하는 그런 식으로 나누어졌어. 그들은 이 어느啥子 왕조朝代 때 흩어져 이곳으로 도망쳐왔다네. 원래 이곳에는 사람이 없었고, 사람이 없었는데, 이번에 7형제가 이곳에 도착하였지. 3형제만 왔고 나머지 4형제는 납기納欺에 1명, 대이변에 (1명이) 안착하였고, 니파 그곳에도 한 무더기가 안착하는 그런 식으로 나누어졌어. 나머지 한 형제는 내가 기억이 나지 않아.

납계, 낭해, 니파는 모두 열무허熱務河 북안의 여러 골짜기 내에 줄맞춤있는데, 남안의 애기구와 정면으로 마주 보고 있다. 현재 이곳 촌채의 집단들은 모두 '티베트족'으로 식별되고 있다. 대이변과 주이변은 애기구 우측 인근의 커다란 골짜기에 있는 주요한 두 마을이다. 현재 이 지역 주민의 민족 성분은 애기구 주민과 같이 모두 강족이다. 따라서 이 '7형제 이야기' 는 조상의 형제 관계로서 이 몇 개의 인근 산골짜기 촌채에 사는 티베트족 과 강족 주민들 간의 밀접한 혈연관계를 설명한 것이다.

그 외에 나는 '9형제 이야기'도 들었는데, 위의 '7형제 이야기'보다 이 지역 사람들은 이 형제조상 이야기를 비교적 보편적으로 알고 있었다. 애 기구 1조의 한 노인이 나에게 이 이야기를 해주었다. 그는 먼저 위에서 말 한 '삼형제' 이야기를 언급한 다음, 이 삼형제가 아홉 형제의 일부라는 것 을 기억해 내었다.

> 8. 1조 사람들은 옛날 삼형제의 후손이여. 옛날에 이곳에는 사람이 없었는데, 삼형제가 낮은 곳에서부터 올라와서 월미자月眉子라는 작은 언덕 위에 자리 를 잡았어. 다시 한두 달이 지났다네. 그것은 삼형제가 아니라 바로 9형제 였고, 9형제가 그 땅을 차지하였지. 삼형제는 이 골짜기에 모여 살았어. 그 외 두 형제는 저쪽 골짜기, 즉 대이변에 모여 살았다네. 또 두 형제는 대하 정구大河正溝, 즉 열무구熱務區에 모여 살았지. 9형제는 황소黃巢였는데, 진秦나 라 때에도 황소였는지, 진나라가 800만 명을 죽였는지 모르겠지만, 황소 는 800만 명을 죽였어. 그는 더 이상 숨을 곳이 없자 이곳으로 왔네. 한 집 안의 아홉 형제가 이곳에 도착한 게 바로 진시황 때였어.

대하정구 혹은 열무구는 애기구 좌측 인근 열무 티베트족의 각 골짜기 에 있는 마을들을 가리킨다. 따라서 이 '9형제조상 이야기'는 더 큰 범위

집단의 조상 형제 관계를 설명한다. 이 노인은 사실상 9형제 중 삼형제는 애기, 두 형제는 대이변, 두 형제는 열무에 도착하였다고 7형제의 거처만 언급하고 있다. '대이변에 도착한 두 형제'는 대이변 골짜기 안의 2개의 큰 마을인 대이변과 주이변을 가리킨다.[14] 이 9형제 이야기는 애기 주민이 3형제 이야기로 응집한 족군 정체성을 확대하였다. 이 '족군'이 포함하는 집단의 범위가 현재의 티베트족과 강족의 변경을 허물어 버렸다는 점은 상당히 주의할 만하다. 많은 이 지역 사람들은 이전에 이곳에서는 언어상의 차이는 있었지만, 소위 강족과 티베트족의 구분은 전혀 없었다고 말한다.

앞에서 내가 언급한 바 있듯이 과거에는 각 가족, 마을, 촌채, 골짜기 등의 집단 구분 외에 이 지역 사회는 주로 '우牛 마을'과 '양羊 마을'로 구분되었다. 애기의 일부 노인들은 확실히 열무에서 시집온 여자이거나 남의 집에 들어와 데릴사위가 된 남자들이다. 이 '9형제조상 이야기'는 과거 이곳의 '강족과 티베트족 구분'이 상당히 모호하였음을 설명하기도 한다. 아무튼 위의 이 '9형제조상 이야기'는 사례 7의 '7형제조상 이야기'와 마찬가지로 기술하여 전해지는 구술傳述이 전혀 보편적이지 않다. 어쩌면 이러한 것들이 모두 민족 분류 이후 점차 사라져 가는 사회역사의 기억인지 모르겠다.

나는 일찍이 또 다른 하나의 '7형제조상 이야기'를 한 소성구 노인의 입에서 나오는 것을 들은 적이 있다.

---

14  무현 태평우미파(太平牛尾巴) 촌락의 일부 노인들은 대이변(大爾邊), 주이변(朱爾邊)과 소이변(小爾邊), 즉 소위 '이변삼채(爾邊三寨)'는 우미파 촌락에서 이주해 나온 3형제가 세운 것이라고 말한다.

9. 7형제는 흑수에 1명, 송평구松坪溝에 1명, 홍토紅土에 1명, 소성에 1명, 모우구旄牛溝에 1명, 송반에 1명, 진강관鎭江關에 1명이 있었어. 5명은 가까이에 살았고, 2명은 이주해 나갔는데 1명은 흑수, 1명은 무현에 살았어.

이 '7형제'가 다다른 지역은 현재의 민족과 언어 분류 지식에서 보면, 홍토인열무 티베트족, 소성구인티베트족, 강족, 송평구인강족, 진강관인한화된 강족, 티베트족과 한족, 회족, 송반인주로 한족, 티베트족, 회족, 모우구인티베트족과 흑수인'강어'를 말하는 티베트족이다. 이 형제 이야기의 기억에서 소성구의 모든 촌락 주민들은 그중 한 형제의 후손이었기 때문에 '소성구인'의 정체성은 강화될 수 있었다.

한편, 더욱 중요한 것은 이 '7형제조상 이야기'가 소성구를 핵심으로 무현, 흑수, 송반 3현縣에 걸친 많은 촌락, 도시와 읍의 티베트족과 강족을 포함하는 집단 정체성회족과 한족은 포함하지 않음을 강조하고 있다는 점이다. 이 무리 집단의 범위는 바로 소성구인이 늘 접촉할 수 있는, 그들과 함께 공동으로 '설보정雪寶頂'의 산신 보살에게 제사를 지내는 집단이었다. 애기구에서는 전혀 이 이야기가 전해지지 않았다. 이 이야기를 한 노인은 원래 애기구 출신인데, 나중에 대하大河, 소성구의 가장자리에 있는 작은 거리街市로 이주해와서 살았다. 따라서 그가 들은 이야기나 식견이 애기구의 고향 사람들에 비해 넓었을 터이고, 이는 분명 그가 이 '7형제조상 이야기'를 알게 되거나 창조해낼 수 있었던 것과 어느 정도 관련이 있다.

소성구 애기촌 주민의 '형제조상 이야기'에서 조상이 형제 관계인 각 '족군'은 한 마을의 주민예컨대 애기 1조을 가리키거나, 같은 골짜기의 주민예컨대 대이변을 가리키거나, 한 커다란 지역의 티베트족과 강족 민중예컨대 진강관을 가리키거나를 막론하고 가리키는 것은 모두 한 지역의 '모든 사람'이었다. 또 다른 각도에서 보면, 많은 사람들이 이러한 이야기를 진술할 때 모두 이 '형제'들이 오기 전 이 지역에 원래 사람이 없었다는 점을 강조하고 있는데, 이러한 서사는 자연히 '형제조상 이야기'를 이곳 본지인 '전부'의 근원을 해명하는 역사로 만들었다. 이러한 '형제조상 이야기'의 또 다른 의미는 바로 지연 관계가 가까운 집단이 비교적 친근한 혈연관계도 있다는 관념을 이 지역 사람들이 가지고 있다는 점이다.

### 리현理縣 잡곡뇌하 유역

잡곡뇌하 유역의 리현 현성縣城 안에는 강족과 티베트족이 섞여 살고 있다. 강족의 촌채는 현성 동쪽 감보甘堡 아래에 흩어져 있고, 상류로 가면 모두 가융티베트족인 사토인四土人의 촌락이다. 이 지역 강족은 항상 '오둔五屯의 사람'이라고 스스로 칭하면서, 이를 통해 가융티베트족과의 긴밀한 관계를 강조한다.[15] 이 지역 강족은 복식과 종교 신앙에서도 모두 가융티베트족의 영향을 어느 정도 받았다.

다른 한편, 잡곡뇌하를 따라 나 있는 큰 도로는 티베트로 들어가거나 사천 북부 초지로 진입하는 통로인데, 옛날부터 중국정부가 군대를 주둔시켜 지켰고, 나중에는 많은 한인들이 이곳에 와서 장사를 하기도 하였다. 이 때문에 이곳의 강족과 티베트족은 모두 한족 성漢姓을 가지고 있고 한어 사천어와 한족의 문화 풍습도 매우 널리 퍼져 있었다. 하지만 하파 인근의 촌채 거주민을 제외하고는 일반적으로 자기 가족이 "호광전사천" 때 왔다고 말하는 사람은 매우 적다. 이곳 촌채 중에도 '형제조상 이야기'는 일상

---

15  리현 잡곡뇌하 유역의 강족과 관련해서는 이 책 제1장과 제2장의 관련 설명을 참고하라.

적으로 있었다. 아래는 증두채增頭寨의 한 아주머니婦女의 진술이다.

10. 나의 시대 추鄒 씨네는 삼형제가 증두에 도착한 후 약 12대가 지나서 세 집으로 나누어졌습니다. 사당祠堂 한 곳과 족보宗簿가 하나 있어서 누가 어디서 왔고, 어디로 갔는지가 적혀 있어요. 나중에 몇 명의 어린 조반파造反派[16] 아이들이 그것을 망가뜨려 버렸습니다. 예전의 묘비는 보기가 좋았는데, 돌사자가 있고 글자도 새겨져 있어 누가 어디서 왔고 어디로 갔는지 전부 적혀 있었죠……. 추 씨네 삼형제 중 누가 철갑鐵甲으로 분가하였고, 누가 철회鐵盔로 분가하였는지 알 수 없습니다. 은인銀人 쪽의 뿌리는 아무도 없고, 회갑盔甲 쪽 지파는 사람이 많아요.

비교적 한화된 이 지역은 북천의 상황과 마찬가지로 '형제조상 이야기' 중의 각 '족군'이 개별 '가족' 혹은 '가족의 지계支系'가 되었으니, 이 '역사'는 이 지역 일부 가족들의 근원을 설명할 뿐이고, 이 지역 모든 사람의 근원은 아니다.

촌락의 각 성씨별 가족 '형제조상 이야기' 외에도 이 지역에는 또 다른 하나의 형제 이야기가 전해져 오고 있다. 아래는 설성薛城 부근 촌채의 한 중년 남자가 한 말이다.

11. 백합합白哈哈, 백희희白義義, 백랑랑白郎郎은 삼형제로 황하 상류의 하서주랑河

---

16 [역자주] 1960년대 중국에서 '문화대혁명'이 일어났을 때 모택동(毛澤東)의 노선에 반대한 중국 국가주석 유소기(劉少奇), 등소평(鄧小平) 등이 중심이 된 이른바 주자파(走資派)를 타도하고자 한 군중 조직 또는 그 조직에 참가한 사람들을 말한다.

西走廊에서 태어난 옛 강족 귀족이었어요. 하지만 사방에 아주 많은 사람들이 굶고 있다는 말을 듣고, 그들은 가산을 판 재물을 가지고 집을 떠나 길을 따라가며 구제하다 마침내 백공사白空寺에 정착하게 되었습니다. 백공사는 천팽산天彭山 꼭대기에 있었죠. 삼형제 중 1명은 백공사, 다른 1명은 철림사鐵林寺, 막내 백랑랑은 천원사天元寺에 자리를 잡았어요. 자손이 없던 그들은 보살이 되었고, 후손이 없었습니다.

그는 이 3명의 보살 형제에게 후손이 없다고 기억하였지만, 그들의 형제 관계는 여전히 그들의 각지 촌채 신도들을 하나로 연결하고 있었다. 그런데 촌채 내 사람들 대부분은 '백공노조白空老祖'만 알지 이 3형제 이야기는 알지 못하였다. 이 기억은 근년에 이 지역 본지의 지식인이 편찬 간행한 『리현문사자료理縣文史資料』를 통해 널리 전해지게 된 듯하다. 이 책에는 다음과 같은 기록이 있다.

민간에 전해지는 바에 따르면, 강채羌寨의 오래된 절古廟인 백공사는 통화通化 서산촌西山村 천분산天盆山 꼭대기의 백공사사, 도평桃坪 증두채의 철림사, 우산촌牛山村의 천원사를 말하는데, 이 세 절寺의 보살은 인간 세상에 강생한 천선성수天仙星宿로 황하 상류의 하서주랑 비단길에 있는 수초가 무성한 초원의 옛 강족 귀족 집안에서 태어났다(이 지역은 청해, 티베트, 운남, 사천과 접경하고 있다.) 이 삼형제 중 첫째는 백희희, 둘째는 백합합, 셋째는 백랑랑이라 이름 지었다. 그들은 자라서 성인이 된 후 늘 착한 일을 하며 자비를 베풀 뜻을 품었다. (…중략…) 그들은 길을 나누어 각자 집안의 진주, 보옥, 금은, 산호를 가지고 몇 사람을 고용하여 소와 양을 몰며 유목하는 식으로 길을 따라가면서 연도에 재난을 입고 고통스러워하는 민중들을 구제함으로써 청해, 감숙, 티베트, 운남 그리고 민강 상류 등지의 민중들로부터 매우 존경을 받았다.

이 문헌은 일부 리현 지식인의 집단기억으로 볼 수 있다. 우리가 주목할 만한 것은 먼저 이 역시 '형제조상 이야기'로서 몇몇 '기원'들 간의 혈연관계를 드러내고 있다는 점이다. 그러나 '기원'이 응집하는 바는 각지의 '신도'이지 혈연관계가 있는 각 '족군'이 아니다. 다음으로 앞의 소성구 혹은 영화구의 '형제조상 이야기' 중에서 그 형제들의 시조는 모두 이름과 사적이 없는데, 리현 이야기 중의 '삼형제'는 성과 이름이 있고 신성한 사적을 가진 인물이라는 점이다.

마지막으로, 이 삼형제가 황하 상류의 "청해, 티베트, 운남, 사천과 접경하고 있는" 지방 출신이라는 점이다. 사실, 우리는 이처럼 4개 성이 접하는 지역이 없음을 알고 있다. 하지만 이러한 지리 공간에 대한 상상은 내가 앞 장에서 말한 '강인 지대', 즉 전범적 강족사에 나오는 '저강계 민족'의 분포지역과 정확히 부합한다.

과거, 이 지역의 저명한 큰 사찰大廟인 백공사는 '백공노조' 및 옥황상제, 천둥신雷神, 보현보살과 각 촌채의 신들을 받들었다. 그래서 백공사는 이 지역의 가융티베트족, '이마'강족, 한인이 함께 참배하는 사원이었다. 리현 동부의 통화, 도평 일대도 한족, 가융티베트족과 '이마' 문화가 만나는 지점이었다. 이 지역의 티베트족과 강족 지식인이 '삼형제 이야기'를 선양宣揚하는 데는 이를 빌어 리현 동부의 여러 티베트족과 강족 촌채 집단의 일체성을 강조하는 한편, 이 서사를 통해 '리현의 강족과 티베트족'을 광대한 '저강계 민족'의 핵심 지위에 놓으려는 의도가 있음이 분명하다.

### 리현 포계구蒲溪溝

리현 포계구의 각 촌채 집단은 예전에 잡곡뇌하지역에서 가장 차별 대우를 받았다. 강河의 맞은편 각 촌채들 중에 스스로 '이마'라고 부르는 강족 사람들은 이곳 사람을 '이마니爾瑪尼, rmani', 현대 중국어로 말하면 '흑강족黑羌族'이라 불렀다. 산의 남쪽 면에 사는 강족은 자신들의 땅이 비교적 비옥한데다 과거 토사土司에게 징발되어 전투에 투입된 '오둔五屯'의 하나였다. 그래서 그들은 '전투 때 단지 이불만 짊어질 수 있었던 이마니'를 매우 허투루 보았다.

과거 그들은 '오둔'에 속하였던 사토인과 혼인하는 일이 있어도 이곳 사람들과는 혼인하기를 원하지 않았다. 그들은 포계구인들 중 많은 이들이 외부에서 온 한인이라고 여겼다. 그런데 포계구인들도 항상 자신들이 '호광전사천' 때 왔다거나 숭경주崇慶州에서 왔다고 하면서, 또 자주 스스로 '몇 명의 형제'가 이곳에 왔다고 말하곤 하였다. 다음은 휴계 마을休溪寨에 사는 왕 씨 성의 한 중년의 가족사에 관한 기억이다.

12. 우리 왕 씨 가문은 '호광전사천' 때 이곳에 왔습니다. 먼저 사천 관현灌縣의 석언장石堰場으로 이주하였는데, 관현에 있는 그 석언장은 호광에 있을 때 알지 못하였죠. 5형제가 이곳에 와서 다섯 형제를 낳아서 다섯 큰집大房으로 나누어졌는데, 우리는 가문의 족보家譜도 가지고 있어요. 호광에 있을 때의 사정은 난 잘 알지 못하지만, 가문족보에 기록이 있습니다……. 이 몇 개의 마을이 형성되었어요. 원래 창槍은 없었고 화살을 사용하였다는데, 화살이 날아간 그곳에 터전을 잡았으며, 형제 몇 명이 분가할 때도 화살이 날아간 곳에 각각 살았다고 합니다. 이 삼형제가 어디에서 왔는지는 알지

못하지만, 1명은 포계의 대한채大寒寨, 1명은 하파河壩의 노아채老鴉寨, 또 색이色爾에 정착한 형제도 있었고, 이 3명이 가장 일찍 온 자들이죠. 전해지는 이야긴 이러하답니다.

이 중년이 말한 '오형제조상 이야기'는 휴계 왕 씨 집안의 큰집 유래를 해석하고 있다. 그런데 그의 아버지가 진술한 내용은 이것과 약간 차이가 있는데, 호북湖北 마성麻城의 효감孝感에서 온 삼형제 중 1명이 관현의 석언장으로 이주한 후에 그의 후손인 5형제가 포계의 휴계 마을에 도착하였다고 한다. 나는 이 왕 씨 집안의 가문족보를 베낀 적이 있는데, 이는 호북 마성 효감에서 이주하여 대대로 사천성 중부의 자양資陽과 간동簡東에 살았다고 알려진 왕 씨 가문의 족보이다. 하지만 그 안에서 이 5형제 혹은 3형제의 흔적을 찾을 수 없었고 휴계 왕 씨 집안과의 어떤 관련도 찾을 수가 없었다.

이 중년인이 말한 '삼형제조상 이야기'는 포계구의 가장 이른 3개 마을의 근원을 해석하고 있다. 현재 이 지역 사람들은 모두 포계 다섯 마을이 가장 이른 포계, 노아, 색이 세 마을에서 분리되어 나온 것이기 때문에 이 '삼형제조상 이야기'도 포계 각 마을의 공동 근원을 설명하고 있다고 생각하고 있다. 하지만 가족의 시원을 이야기할 때, 촌채의 거의 모든 사람들이 이구동성으로 그들의 조상은 외지에서 온 한인이라고 말하였다. 이 지점에서 사람들은 지역 공간촌채의 기원을 '족군'가족의 기원과 분리하려는 듯하였다.

## 원초적 역사의 내재적 구조

위에서 설명한 이러한 '형제조상 이야기'는 민강 상류와 북천 강족 촌락 내에 광범위하게 퍼져 있다. 그것들은 약간의 '역사'나 '전설' 등과 같은 다른 형식의 서사와 더불어 '과거'에 대한 사람들의 집단기억을 구성하였다. 현재 '형제조상 이야기'는 각 지역 강족 사회에서 '역사'와 상대적으로 다른 중요성을 갖고 있다. 일부지역에서는 그것이 귀에 익어 자세하게 말할 수 있고 굳게 믿는 '과거'이지만, '역사'는 전혀 중요하지 않은 데 반해, 다른 일부지역에서는 '역사'가 가장 진실한 과거이고 이들 '형제조상 이야기'는 소수의 중년, 노년 사람들만 기억하는 과거의 전설일 뿐이다.

진지하게 '사실史實'을 탐색하는 역사학자라면, 앞에서 인용하였던 강족 촌채 거주민들이 진술한 그러한 '과거'가 일찍이 발생한 '사실史實'이라고 인식하지 않을 것이다. 이 이야기들에서 '과거'는 일군의 사람혹은 개인의 족군 정체성과 구분 범위에 따라 분명 바뀌었다. 나는 역사기억과 족군 정체성이라는 관점에서 이를 일종의 '원초적 역사'로 보는데, 그것은 또한 우리가 믿는 '역사'와 유사한 기능을 가진 일종의 사회사 기억이기도 하다. '원초적 역사'는 공동의 혈연 전승 관계로서 한 집단족군 혹은 민족을 응집시킨다. 『사기』에서는 하夏나라의 시조를 '기棄', 상商나라의 시조를 '설契', 주周나라의 시조를 '후직后稷'에까지 소급하고 있고, 『성경』에는 '아브라함'을 시조로 하는 여러 서아시아 족군의 역사가 적혀 있다.

이처럼 족군의 기원을 거슬러 올라가 한 사람의 영웅적 조상에 이르는 여러 역사 서사들은 모두 일종의 '원초적 역사'이다. 하지만 대다수 사람들은 이 영웅들을 조상의 시원으로 삼는 '역사'의 진실성에 대해 의심을 하지 않는다. 왜 그런가? 이는 주로 '역사심성'이 믿을 만한 역사 서사가 어떤 것인지를 우리가 구분하고 판단하는 데 영향을 미쳤기 때문이라고 나는 생각한다. 지금부터 나는 '원초적 역사'의 내적 요소와 구조로서 영웅 성왕聖王의 조상을 기점으로 삼든, 아니면 몇 형제의 조상을 시원으로 하는 '과거' 서사이든 모두가 일종의 '원초적 역사'라는 것을 설명하겠다. 그리고 나서 '영웅조상의 역사'와 '형제조상 이야기'의 내적 차이를 두고 이 두 종류의 원초적 역사가 서로 다른 사회상황과 '역사심성'의 영향을 받은 산물임을 설명하겠다.

19세기 영국의 변호사 헨리 메인Henry S. Maine은 『고대 법률Ancient Law』이라는 책을 썼다. 이 책에서 다루는 주제는 사회 속의 친족 혈연과 영역 주권 및 이 둘의 연속된 전승傳承이다.[17] 사회의 법률은 한 사회의 통합과 연속을 유지시킨다. 이 때문에 헨리 메인은 법률을 통해 인류사회는 혈연, 지연과 그 연속 관계하에 응집된 집단이라는 가장 간결하고 강력한 정의를 내렸다. 사실 인간들도 '원초적 역사'를 통해 이러한 인류사회를 구성, 유지, 연속시켜 왔다. 집단群體의 기원을 거슬러 올라가는 '원초적 역사' 속에서 우리는 헨리 메인이 언급한 세 가지 기본 요소, 즉 혈연과 공간의 영역 자원 및 이 둘의 '시간' 속 연속과 변화를 발견할 수 있다. 이것이 바로 '원초적 역사' 서사의 주요 구성 원소이다.

'과거'조상의 혈연, 지연 관계의 쉼 없는 변천流轉은 '현재' 이 집단이 어떻게 같은 족군 혹은 민족이 되었는지, 어떻게 그들이 함께 이러한 공간 영역 및 그 자원을 소유하였는지혹은 소유한다고 공언하였는지, 그리고 어떻게 그들

---

[17]　Henry S. Maine, *Ancient Law : Its Connection with the Early History of Society and its Relation to Modern Ideas*, USA : Dorset Press, 1986.

중 일부가 다른 일부보다 이들 자원을 소유하고 사용할 권력이 더 갖게 되었는지 설명해준다. 이를 기준으로 세계 모든 국가와 민족의 역사를 조사해보면, 그들 대부분이 이러한 원초적 역사의 서사 모델에서 벗어나지 않는다는 점을 발견할 수 있다.

다시 '형제조상 이야기'를 살펴보자. 그 서사들 중에는 공동의 기원과 혈연 연계몇 형제가 시작함가 있고, 공간 영역 및 그 구분형제가 이곳에 와서 각지로 분기함이 있으며, 혈연과 지연 영역의 연속과 전승그들의 후손이 바로 현재 각지를 차지하고 있는 집단임이 있는데, 우리가 왜 그것을 일종의 '원초적 역사'라고 여기지 않아야 하는가? 사실상 '형제조상 이야기'와 거의 대다수 문자 문명의 '원초적 역사'는 단지 '형제조상 이야기'에 계량화된 시간, 영웅과 사건이 없으며, 한 사람의 영웅 성왕이 아니라 몇 명의 형제가 '기원'이라는 데 차이가 있을 뿐이다. 그러므로 그것들도 '원초적 역사'의 한 형식이라고 말할 수 있다.

'형제조상 이야기'가 일종의 원초적 역사임을 인식하였을 때, 사람들이 보편적으로 신뢰하는 '영웅조상의 역사' 역시 원초적 역사의 한 형식일 뿐이라는 것을 비로소 깨달을 수 있다. 더 나아가 '형제조상 이야기' 배후의 사회적 상황과 '영웅조상의 역사'가 토대를 두었던 사회적 상황 간의 차이 및 '한화'의 영향으로 '형제조상 이야기' 서사에 생긴 변화가 반영하는 새로운 상황을 분석할 수가 있다. '원초적 역사' 중 몇 가지 기본적인 요소는 여전히 우리의 분석 대상이다.

### 혈연 형제 관계 중의 '족군' 은유

먼저, '형제조상 이야기' 중에 혈연의 시작은 '몇 명의 형제'이지 그들의 '아버지'가 아니다. 이러한 우리종족의 혈연 은유는 자연히 '여성'을 배제하거나 여성을 남성 중심 사회의 부속물로 여긴다. 이 점은 '형제조상 이 야기'와 대다수 '영웅조상의 역사' 간에 전혀 차이가 없다. 다음으로, '몇 명의 형제 시조' 역시 사실상 여기에 두 종류의 혈연관계가 있음을 나타낸 다. 하나는 개별 형제 시조 및 그 후손들의 부자 직계 혈연 연계lineal attach-ments이고, 다른 하나는 형제 시조 간의 평행 혈연 연계parallel attachments이 다. '영웅조상의 역사'에서 주로 강조하는 것은 부자간의 직계 혈연 연계 인데, 설령 이 '직계 적통嫡傳' 중에 다른 형제가 존재하더라도 이 역시 '방 계旁支' 연계collateral attachments이지 일종의 평행 내지 대등한 결합 관계는 아니다.

'형제조상 이야기'에서 이러한 혈연의 은유는 해당지역 촌채사회의 일 부 특징과 관련이 있다. 여성은 이 남성 위주의 사회에서 '주변인'본서 제4장 을 참고할 것이 되었는데, 이 역시 대다수 인류사회의 특징이다. 이것 외에 마 을寨의 각 가족, 한 골짜기의 각 촌채, 혹은 지역의 각 골짜기 무리들은 기 본적으로 모두 일종의 평등한 지위에서 지역의 자원을 분배받거나 경쟁하 였다. 이러한 상황은 '형제조상 이야기' 중 세 가지 '형제' 사회관계에 관 한 은유에도 반영되어 있다. 이 세 가지 형제 관계의 은유는 '단결'과 '구 분' 그리고 '대항'이었다.

우선, 형제 관계는 사람과 사람 사이, 집단과 집단 사이의 단결과 협력 을 표시한다. 동포, 형제나 형제자매는 원초적인 정감과 연계된 가장 기본 적인 '족군'이다. 강족 촌채의 현실 생활 속에서 관계가 가장 밀접한 것은 바로 그들의 가장家長과 형제 관계에 있는 몇 개의 가정이었다. 그들은 왕 래가 빈번하였고, 평소에도 서로 도왔다. 만약 그러지 않으면 촌채 내에서 바로 여러 사람의 비난과 비판의 대상이 되었다.

일부 지역에서는 촌채 내 '성이 다른 가문'과의 결합이 유행하기도 하였다. 2개 혹은 3개 가족이 한 덩어리로 결합하여 결혼과 장례 습속에 있어 같은 한 가족 내에서 따라야만 하는 원칙을 준수하였다. 취재 중에 나는 촌채 민중이 성이 다른 가문을 언급할 때 "우리의 감정은 형제와 똑같다"라고 말하는 걸 자주 들었다. 성이 다른 가문과 결합한 이유가 마을을 강하게 하고 모두가 단결함으로써 타인으로부터 업신여김을 받지 않기 위한 것임을 민중들은 아주 분명하게 알고 있었다. 그렇기에 그들이 원래 서로 다른 뿌리혈연를 가진 집단이라는 점도 아주 분명히 알았다.

더욱 보편적인 사례는 몇 명의 형제가 이곳에 와서 발전하여 성이 다른 몇몇 가족의 조상이 되었다고 말하는 경우이다. 사람들은 '성이 다른' 이 가족들이 사실상 같은 뿌리에서 나온 '가문'이라고 여겼다. 자원 관계에서 조상이 형제 관계인 몇 개의 가정, 가족과 촌채는 이 지역의 자원을 공동으로 지키고 몫을 나누어 가진다.

다음으로 형제 관계도 사람과 사람 사이, 집단과 집단 사이의 구분, 즉 "친형제라도 계산은 분명히 한다"라는 점을 보여준다. 형제가 결혼한 후 분가하는 것은 해당지역에서 보편적인 가정 발전의 원칙이었다. 위에서 인용한 모든 이야기들 중에서 형제들은 모두 각자 서로 다른 곳에 가서 자리를 잡고 있는데, 이것이 오늘날 여러 집단으로 나누어지게 된 '근원'이었다. 현실 생활 속에서 형제조상기억으로 서로 연결되는 몇몇 가족 혹은 마을도 '어느 한 형제의 후손', 즉 큰형의 후손 혹은 둘째의 후손이라는 식으로 서로를 나누었다.

이러한 구분은 항상 약간의 물질 혹은 문화 부호로 강화하기도 하였다. 예컨대 누구는 '소머리를 얻은 형제의 후손'이고, 누구는 '소꼬리를 얻은 형제의 후손'앞서 인용한 사례 5의 진술으로 나누었다. 또는 누구의 조상은 철갑 땅을 분배받았고, 누구의 조상은 철회 땅을 분배받았다앞서 인용한 사례 10의 진술고 말하기도 하였다. 단결과 협력 중에서도 이렇게 서로 구분되는 인간관계는 해당지역의 자원을 분배하고 배당받는 경제적 생태生態와 깊은 관련이 있었다. 가정과 가족마다 자신의 토지를 가지고 있었고, 촌채와 골짜기마다 역시 모두 각자의 목장과 삼림 농장을 가지고 있었다.

셋째, 서로를 구분하는 과정에서 형제 관계 역시 사람과 사람 사이, 집단과 집단 사이의 적대 관계를 품게 되었다. 이러한 형제 사이혹은 그것이 투영된 친근한 집단 사이의 적대 관계는 세계 여러 문화 속에서 모두 나타나는 상당히 보편적인 것이다. 신화와 성경을 연구하는 학자는 성경 속의 카인Cain과 아벨Abel, 야곱Jacob과 에서Esau 같은 여러 그룹의 적대적 형제를 지적하였고, 아울러 그것이 은유하는 친근한 인류 집단들 간의 적대를 지적하기도 하였다.[18]

중국의 신화 혹은 옛 고대역사 전설 중에도 순舜과 상象, 황제黃帝와 염제炎帝 같은 사례가 적지 않다. 강족 민간에서도 나쁜 형이 분가 후 동생을 어떻게 업신여기고 모멸하는지에 관한 이야기가 일부 전해지고 있다. 진술자 대부분이 자기 형제 사이의 감정이 얼마나 좋은지를 강조하였지만, 그들 역시 종종 다른 사람 혹은 이전 사람의 일부 형제간 다툼鬩牆에 관해 심심풀이로 말하곤 하였다. 다음은 무현 영화구 감목약촌甘木若村의 한 중년이 한 말이다.

---

18  René Girard, trans. by Patrick Gregory, *Violence and Sacred*, Baltimore : The Johns Hopkins University Press, 1977, pp.61~63.

우리 백白 씨 집안은 이렇게 나누어졌습니다. 4형제가 있었는데, 큰형은 저쪽에, 둘째도 저쪽에, 셋째도 그곳에 갔고, 막내도 그곳에 갔다고 모두 그렇게 말합니다. 이 4형제는 원래 모두 한 집안 사람들이었지만, 그들의 자손 대에 이르러 나누어지게⋯⋯. 4형제는 그 당시 매우 강하였는데, 나중에 몰락沒落하게 되었죠. 백 씨네 조상이 남긴 것은 단 한 집뿐이었습니다. 4형제가 분가할 때 공평하지 못해서 칼로 가운데 기둥을 베었다고 합니다.

분가 후 형제들 사이에는 항상 약간의 분쟁이 있었기 때문에 적대적 '형제' 은유는 종종 더 큰 범위 집단 간의 적대 관계에도 사용되곤 하였다. 예컨대 한 소흑수의 노인이 과거 해당지역 '소머리와 양머리' 간의 적대 관계를 설명하면서, "이는 분가할 때 있었던 일로, 그들이 우리를 못살게 굴어서 우리가 그들을 못살게 군 것이었다. (⋯중략⋯) 우리 형제들이 분가할 때도 마찬가지였다"라고 말하였다. 무현 삼롱구三龍溝의 한 노인은 오늘날 흑수하黑水河를 사이에 둔 '양부락'과 '소부락'이 두 적대 형제의 후손들이라 알고 있었다.[19]

그렇다면 '같은 뿌리'를 가지고 또한 평소 밀접하게 왕래하던 '형제'들이 해당지역혹은 세계의 다른 집단 사회에서 왜 항상 사람과 사람 사이, 집단과 집단 사이의 적대적 정서와 행위를 암시하게 되었는가? 프랑스 학자 르네 지라드René Girard는 모방 욕망mimetic desire과 괴이한 대역monstrous double 등 심리적 요소로서 이러한 적대적 형제 관계가 은유하는 인류사회의 적의敵意와 폭력의 근원을 해석하고 있다.[20] 그의 해석에 따르면, 모방 욕망은 반

---

19  소부락과 양부락에 관한 진술 자료와 분석은 이 책 제3장을 참고하라.
20  René Girard, op. cit., pp.143~168.

드시 정말 필요로 하는 욕망이 아니라, 어느 한쪽이 필요로 하는 욕망 때문에 다른 한쪽에서 상대의 욕망을 모방하게 되고, 모방하는 과정에서 상대방은 자신의 괴이한 대역이 된다는 것이다.

강족지역의 '형제'에게 똑같은 욕망은 오히려 매우 현실적이었다. 그들 모두 아버지로부터 토지와 집을 얻어서 자신의 가정을 세우길 희망하였다. 그러나 자원이 부족한 이 지역에서 분가 후 형제들이 얻을 수 있는 토지는 항상 모자라서 형제 중 몇 명은 따로 활로를 찾든지 다른 가족 혹은 마을에 가서 '데릴사위'가 되든지, 아니면 외지로 나가 황무지를 개척하거나 삯일을 해야만 하였다. 따라서 분가와 재산 분배 시 발생한 분쟁이나 그 후의 개인적 실패와 좌절은 모두 쉽게 형제간의 적의를 초래하였다. 이러한 '형제'들간의 적의는 조상이 형제 관계라고 얘기하는 인근 촌락 사이에서도 자주 보인다. 목초지와 삼림을 다투거나 산신제祭山會[21]나 혹은 사찰 행사廟會에서 각자 세력을 드러내기 위해서 또는 혼인으로 인한 분쟁 때문에 인근 촌채 사이에는 항상 일반적 긴장과 적대가 존재하였다.

어찌 되었든, 위에서 말한 협력, 구분, 적대 관계에 있는 개인이나 집단은 개별적으로 대등하거나 평등한 단위였다. 즉 서사 중에 '아버지'나 '적자嫡子'가 없고 '형제 관계'에서도 원줄기主幹와 갈래分支의 구별이 없는 데서 알 수가 있다. 한 마을을 구성하는 것은 형제 분가 후 세운 개별 가정들이었다. 산제사나 사찰제사 혹은 장례 의식에는 모든 가정에서 반드시 대표가 참가해야 하였다.

---

21 [역자주] 제산회는 강년절(羌年節)과 함께 강족이 1년에 봄, 가을 두 차례 가장 성대하게 지내는 민족명절로서 전산회(轉山會)라고도 부르는데, 한국어로는 '산신제'로 번역하여도 큰 무리가 없기 때문에 이하 본문에서는 '산신제'로 번역한다.

더 큰 범위의 집단 관계에서도 이와 같았다. 인근 마을들 간에 경쟁과 과시가 있었고 마을의 규모에 크고 작음은 있었지만, 서로 간의 관계는 대등하였다. 비록 큰 마을이 인근의 약하고 작은 마을을 업신여기고 모멸할 수는 있지만, 1950년대 이전에도 어떤 마을이 다른 마을을 장악하거나 통치한 일은 없었다. 따라서 "우리는 형제나 마찬가지다" 혹은 "우리는 형제가 분가한 거나 마찬가지다"라고 사람들이 말할 때, 집단들 간의 단결을 지칭하든, 적대를 지칭하든 모두 개별 집단 단위의 대등한 관계를 나타낸 것이었다.

이러한 평등 또는 대등한 특징은 촌채 내 일종의 공동 의사결정이라는 전통에서도 보인다. 마을 혹은 몇 개 마을 사이에는 항상 '의사평議事坪'으로 불리는 작은 평지平地가 있었다. 과거 촌채에 큰일이 있으면 항상 마을 내의 각 가정과 가족의 대표들이 이곳에 모여 함께 상의하여 해결하였다고 한다.

이상에서 소개한 바를 통해 우리는 일종의 '역사'로서 이러한 '형제조상 이야기'가 갖는 특수한 환경과 사회적 의의를 이해할 수 있다. 이 '형제조상 이야기'들은 일종의 '원초적 역사'이며, 형제간의 혈연관계 기억으로서 경제사회 관계에서 대등하고 생계生計면에서 협력하면서도 경쟁하는 일부 집단을 응집하였다. 현실 생활 속 형제간의 우애는 마을과 마을, 촌과 촌의 집단들 간의 감정과 협력 관계로 확대되었다.

동시에 분가 후 형제들이 각기 세운 독립된 가정들 간의 대립과 경쟁은 '형제조상 이야기'에 의해 하나로 연결되는 마을과 마을, 골짜기와 골짜기 집단들 간의 긴장 적대 관계로 현실 생활에 투사되기도 하였다. 마을, 촌, 골짜기 간 집단 단위의 독립 평등egalitarian 특징 및 그들 간에 여러 층으로 분화된 협력과 대립 관계segmentary opposition and cooperation는 해당지역 사회가 강조하는 '몇 형제'의 기억같은 조상기억이 아님과 일치하고 있다.

## 지연  형제조상 이야기 중의 '영역' 은유

지역이나 공간 관계에서 서로 다른 지역의 형제조상 이야기는 각각 특색을 갖고 있으며, 서로 다른 사회상황과 이러한 상황을 만든 역사 경험을 드러내고 있다. 기본적으로 모든 형제조상 이야기는 다들 외지에서 사람이 왔다고 말한다. 이 외지들 가운데 가장 자주 듣는 지명은 아파주阿壩州의 무문茂汶, 양류구楊柳溝, 송반草地와 黑水 포함 등이고, 아파주 외부로는 사천성 숭경崇慶, 안악安岳, 관현灌縣 등이 있으며, 지역을 더 넓히면 호광호북, 麻城의 孝感, 감숙, 청해, 사천, 황하 유역 등이 있다.

이상 열거한 지명은 그와 관련된 역사기억과 결합함으로써 모두 이 지역 집단의 공간적 기원의 정체성을 대표한다. 예를 들면, 황하 유역은 '염제의 후손'으로서의 강족 기원을 대표한다. 청해 혹은 감숙은 항상 '역사상 서북의 한 강대하고 호전적인 강족' 혹은 '유목하는 강족' 등의 기억과 하나로 연결된다. 호광 혹은 사천, 관현, 숭경은 자기 가족의 한인 혹은 사천인 뿌리를 대표한다. 초지나 흑수는 자기 족군이 거칠고 용맹한 티베트족과 기원이 같음을 대표한다. 무현, 백양白羊, 양류구, 합죽사呷竹寺 등은 그 기원이 '순수한 이 지역 강족'이라는 것을 나타낸다.

어찌 되었든 위의 지명들은 모두 한인의 지리, 행정과 민족 공간 개념에서 나온 것이며, 관련된 역사기억 역시 한인의 역사기억과 관계가 있다. 송반의 소성구 애기촌 같이 극히 일부 지역의 이야기 중에서만 '형제'조상의 공간 기원을 '분명치 않은 곳'이라 말하고 있다. 주목할 만한 것은 또 이들이 한화의 정도가 가장 낮은 강족지역이라는 점이다.

형제조상 이야기를 보면, 모든 형제가 이곳에 도착한 후 다시 서로 다른 공간에 각각 자리를 잡는다고 되어 있다. 그런데 여기에도 두 가지 서로 다른 서사 모델이 있다. 첫 번째 유형은 형제조상들이 한 곳에 도착해 분가한 후 서로 다른 공간을 각각 점거하였고, 이 몇 개의 공간 영역으로 구성되는 전체 공간을 현재 이들 '형제조상의 후손'이 각각 점거하고 있다. 이 '형제조상의 후손'들이 현재 이 공간에서 모든 영역의 자원을 배분받고, 분배하며, 경쟁하고 있다. 그러므로 이 '형제조상 이야기'하에서 오늘날 각 '족군' 간 혈연의 친소親疏, 공간의 원근遠近은 자원의 분배, 경쟁관계의 긴장, 이완緊弛과 더불어 모두 같은 논리 내에서 정비례한다. 혈연관계가 가까운 집단일수록 거주하는 곳도 더 가깝고, 그 자원 배분과 경쟁관계 역시 더욱 긴장된다.

이러한 이야기를 진술한 전범적인 지역은 송반 소성구 애기촌이었다. 앞서 인용한 진술사례 6~9에서 3형제든, 7형제든, 9형제 이야기든 간에 과거부터 현재까지 '우리 종족'은 모두 하나의 전체 공간 안에 있었다. 이러한 이야기 속에서 한인의 지리와 역사 개념은 상당히 모호하거나 전혀 보이지 않는다.[22]

두 번째 유형의 공간 서사에서는 이야기 중의 '형제조상'이 각각 서로 다른 공간에 자리를 잡고 있지만, 이 몇 개 영역 혹은 그 전체 공간을 현재 '형제조상의 후손'들이 전혀 모두 점거하고 있지 않다. 이 유형의 형제조상 이야기가 유행하는 대표적인 곳은 리현과 북천 등 비교적 '한화'가 된

---

22  구술 자료 사례 8과 같이 이 노인에게 '황소(黃巢)'나 '진나라(秦朝)'는 가리키는 시대가 모호할 뿐만 아니라 왕조 이름과 사람 이름의 구분도 명확하지 않다.

지역이다. 그곳의 '족군' 단위는 거의 모두 한족 성을 가진 '가족'이다. 이 유형의 '형제조상 이야기'는 항상 이 지역에 거주하는 '모든' 가족들의 근원에 대해서는 전혀 해명하지 않고, '일부' 가족들의 기원만을 해명하고 있다. 이 때문에 이 지역 개별 집단가족들 사이의 혈연적 친소와 공간적 원근은 자원 경쟁관계의 긴장, 이완과 논리상으로 일치하지 않는다. 이런 지역에서는 사실 여러 종류의 '형제조상 이야기'가 이 지역 개별 가족 혹은 몇몇 가족의 유래 및 그 외부 세계와의 혈통血源 연계를 나누어 설명하고 있다.

따라서 이 지역에서는 이 이야기들 중의 공간과 혈연그리고 시간에 대한 진술을 통해 누가 먼저 왔고, 누가 나중에 왔는지를 구별하고 있다. 아울러 그들이 외부 세계 집단과 다르다는, 즉 그들의 뿌리가 '화하', '한인', '강족' 혹은 '소수민족'이라는 '동포 혈연'의 연계를 구별하고 있다. 다시 말해, 그의 조상이 '황하 유역' 또는 '숭경주'에서 왔다거나 조상의 형제들이 '호광' 또는 '송반'에 있다고 어떤 가족이 공언한다면, 그가 배분받고자 하는 것은 이들 지명이 대표하는 공간의 자원이 아니라 이 지명이 은유하는 '족군 신분' 자원이었다. 당연하지만 이런 유형의 형제조상 이야기에서 한인의 역사기억과 지리 개념은 없어선 안 되었다.

## 형제조상 이야기 중의 '시간' 은유

역사란 '시간' 속에서 연속되고 변화하는 자연이나 인문 현상들이다. 이는 일종의 '역사 시간'으로, 개인의 생명출생에서 사망까지의 과정과 자연의 시간하루 한해의 자연 순환에 상대되는 하나의 사회 시간 개념인데, 대부분 개인 경험을 초월한 사회 집단과 우주 세계의 시작, 발전, 연속상에 나타난다. 형제조상 이야기 중에서 우리는 흥미로운 '역사 시간' 개념들을 발견할 수 있다.

먼저, 사람들이 진술하는 형제조상 이야기 중에서 역사 시간은 '과거'와 '당대'라는 두 단계로 구성된다. "몇 명의 형제가 이곳에 도착하여 각각 몇 개의 마을을 세운" 일은 '아주 먼 과거'에 일어났고, 그런 후에 "그들 후손들은 바로 현재 몇 개 촌락의 주민이 되었다". 이렇게 되면 '과거'와 '당대'는 비록 연속되지만, 그 중간의 시간은 텅 비게 된다. 이와 같은 역사 시간 개념은 송반의 애기구 같이 한화의 정도가 낮은 강족지역에서 유행하였다. 이러한 이야기 중에서 '과거'는 '현재'를 낳고, '과거'는 '현재'를 해명하고 있다. 그 속에서 시간은 계량할 수 없는 비선적非線性이다. 따라서 서로 다른 '형제조상 이야기'로서 다른 범주의 이 지역 '족군'의 유래를 설명할 수 있지만, 그들의 발생에는 시간의 전후라는 논리 관계가 필요하지 않다.

일찍이 한문화를 접촉한 지역, 특히 '한족 성을 가진 가족'의 정체성이 유행하는 대부분 지역에서 형제조상 이야기는 중국역사의 순서에 따라 이어지는 시간순서線性의 틀 안에 놓이게 된다. 예컨대 형제조상이 이주해왔을 때는 "호광전사천시대"이거나, "과거 청해가 사방으로 흩어졌던 시기"이거나, "하경何卿이 번란番亂을 평정한 시대"였거나 명대 혹은 청대였다. 이 '역사 시간'은 한인의 역사기억 속 시간과 한 곳에 결합하는 하나의 계량화된 시계열적 시간이다.

의미가 있는 이 '과거'들을 택하여 '현재'를 해명하는 이러한 형제조상 이야기는 오늘날 본인이 속한 마을과 골짜기, 그리고 본인 가족의 집단 정체성을 설명하고 강화하는 한편, 이것이 시계열적 시간이고 뒤돌아볼 수 없는 역사이므로 "호광전사천", "과거 청해가 사방으로 흩어졌던", "하경이 변란을 평정하였던", 그 하나의 출발점 역시 "산 위에서 사는 사람" 혹은 소수민족으로서의 돌이킬 수 없는 역사적 운명을 설명하기도 하였다.

관련된 '중국 역사' 기억이 민강 상류 촌락에 보급되기 이전에는 첫 번째 유형의 '형제조상 이야기'가 아마도 가장 유행하던 보편적 사회기억이었을 것이다. 왜냐하면 이것이 본토의 토착 언어 중의 '시간'과 '과거' 개념과 서로 일치하기 때문이다. 본토 언어 중 상당히 많은 어휘들이 한 개인의 라이프타임이나 하루나 한해 같은 자연순환과 개인의 일과 시간을 묘사하는 데에 사용되고 있다.

하지만 개인의 삶과 가족의 삶2대 혹은 3대을 넘어서면 시간이른바 역사 시간 개념은 매우 모호해지고 어휘도 빈약해진다. 이를테면 이렇다. 무현 흑호구黑虎溝 사람들이 gaitonpu라고 표현하는 아주 옛날은 대략 '과거'로 번역할 수 있다. 만약에 더 옛날을 강조해야 할 때는 gaitonpu gaitonpu, 즉 '과거의 과거'라고 한다. 송반 소성구에서 zege는 '종전從前'이란 의미인데, 만약 아주 옛날 옛적의 일을 말해야 할 때는 zege zege, 즉 '종전의 종전에'라고 한다.

기억이 미치는 '과거'에 대해 이 지역 사람들은 항상 중국공산당의 "홍군紅軍이 경계를 넘은 시대" 혹은 "큰물이 차오르던 시대"로 표현하는데, 첩계疊溪의 지진과 해자海子의 붕괴는 1933년에 발생하였고, 홍군이 경계를 넘은 것은 1935년이었다. 따라서 일반적으로는 1930년대 전후나 국민당 통치 시대를 가리키기도 한다.

그 이전의 시대는 모두 gaitonpu 혹은 zege의 시대에 속하는 듯하다. 홍군이 경계를 넘고 큰물이 차오르던 시대 이후 일어난 일은 자신의 기억이 미치거나 아버지, 할아버지 세대가 구술한 '과거'였다. gaitonpu 혹은

zege 시기에 발생한 일은 가상과 진실 사이에 있는 일들(모든 신화 전설을 포함)이거나 과거 구조적으로 중복해서 발생한 일(예컨대 형제 분가, 촌채들 간의 전쟁, 식인 동물 등)이었다. 따라서 gaitonpu 혹은 zege로 표현된 역사 시간은 동질의 계량할 수 없는 역사 시간이었다. 만약 절대적인 시계열적 역사 시간을 표현하고자 하면, 한어와 한인 역사기억 중의 시간 개념을 사용하는 수밖에 없다.


## '형제조상 이야기' 속의 역사심성心性

이상의 분석을 통해 '형제조상 이야기'가 원초적 역사의 모든 필수 요소인 혈연, 지연, 시간연속성을 가지고 있음을 이해할 수 있다. 형제조상 이야기는 이 요소들을 하나로 엮어서 특수한 사회적 의의와 힘을 만들어냄으로써 모종의 사회 정체성과 구분체계를 강화하였다. 이 때문에 나는 '형제조상 이야기'나 '영웅조상의 역사'나 모두 원초적 역사이며, 그들이 서로 다른 역사심성하의 산물이라고 생각한다.

중국 한대의 위대한 역사학자 사마천은 『사기』를 집필할 때 민간에서 구전되는 일부 이야기는 "그 문장의 품이 높지 않고 점잖지 않아서 벼슬아치나 학식이 있는 사람은 말하길 어려워한다"라고 언급하였다. 2,000여 년 이래 중국인들은 문자로 기록된 '역사'는 과거에 일어난 사실이라고 줄곧 믿어왔다. 상대적으로 전통적인 많은 서양 역사학자들도 낙후된 민족들은 역사가 없다고 생각하였다. 만약 우리가 문자로 기록되고 보존된 '역사'만을 역사로 간주하거나 자신의 문화가 정의한 '역사'만을 역사라고 한다면, 당연히 위와 같은 견해를 가질 수 있다.

그러나 오늘날 많은 역사학자들은 '역사'에 대해 더욱 넓은 견해를 가지고 있다. '진실한 과거'는 시공간 속의 수많은 크고 작은 사람, 일, 사물의 총합이지만, 사람들이 기록하거나 항상 회고하는 '역사'는 선택되어 재조합되거나 심지어 창조된 '과거'이다. 게다가 사회기억이란 관점에서 보면, 사람들은 여러 종류의 서로 다른 기억 매개를 통해 기억하거나 '역사'를 회고하는데, 문자는 이 수많은 사회기억 도구들 중의 하나일 뿐이다. 따라서 문자가 없는 집단에서도 자신의 '역사'를 전하고 보존하는 방식이 있고, 자연히 자기 관점의 '역사'도 가지고 있다. 단지 '역사심성'이 같지 않아서 우리가 그것을 일종의 '역사'라고 여기지 않을 수 있다.

여기서 내가 말하는 '역사심성'이란 서양 학자들의 이른바 '역사성his-toricity'과 '역사적 사유방식historical mentality'에 가깝지만, 완전히 같지는 않다. 나는 역사심성이 집단들 중에 유행하는 개인이나 집단의 기억으로 '과거'를 정립하는 심리구도 모델을 가리킨다고 생각한다. 그것은 특정한 인류의 생태와 사회문화 환경 속에서 생겨난다. 역사심성을 통하여 한 무리의 사람은 그 특유의 방식으로 무엇이 중요한 과거역사 정립인지를 집단으로 상상하고, 역사심성과 역사 정립을 통하여 한 무리의 사람은 그들에게 역사적 의의가 있는 행동창조된 역사 사실을 집단 실천하거나 디자인하게 된다. 역사심성하의 역사 정립과 역사 사실은 여러 집단의 정체성과 구분을 강화하거나 변화시킴으로써동시에 역사심성을 변화시키기도 함 한 무리의 사람이 해당 지역의 생태와 사회환경 및 그 변화에 적응할 수 있도록 한다.

내가 강족지역에서 수집한 형제조상 이야기를 통해 '형제조상 이야기'가 이 지역에서 마치 일종의 '역사' 정립 모델이 되어 새로운 '형제조상 이야기'를 끊임없이 만들어내고 있음을 알 수 있었다. 이로써 우리는 자신의

'역사심성' 그리고 중국 문자 문명권에서 생활하는 우리나 '문명 세계'에 사는 사람들이 항상 '영웅조상의 이야기' 모델로 '역사'를 정립하였음을 되돌아볼 수가 있다. 사마천이 세운 장르genre를 전통적으로 '기전체紀傳體'라 불렀던 것도 이 장르가 '영웅조상'을 전기의 주체로 삼는 역사 글쓰기書寫였기 때문이다.

아래에서 나는 송반 애기구의 형제조상 이야기를 사례로 '역사'와 '역사심성' 및 사회상황의 착종 관계를 설명하고자 한다. 이 '역사심성'의 특징, 어쩌면 화하의 '역사심성'의 특징을 부각하기 위해 고대 화하의 마음속 전범적 '강족사'의 하나인 한나라, 진나라의 교체기에 완성된 『후한서』「서강전」을 가지고 그것과 대조하고 비교할 것이다.

### 애기구 '형제조상 이야기'와 '서강전西羌傳'의 서사 비교

애기구의 '형제조상 이야기'에는 오늘날 한 촌채 집단의 모든 사람들이 한 '형제조상'의 핏줄이고, 한 골짜기 내 여러 인근 촌채 집단의 조상은 함께 왔던 몇 명의 형제라고 되어 있다. 이러한 혈연과 그러한 구분은 지금까지 줄곧 이어지고 있다. 이야기 중의 내부 집단은 혈연 상의 원줄기와 갈래의 구분이 없고, 이 '역사' 중에 전쟁, 정복, 찬탈, 이주 등의 사건이 없었기 때문에 오늘날 이 집단 내에 혈연상 먼저 온 자와 늦게 온 자, 정복자와 피정복자의 구분도 없다. 역사 시간은 단지 '아주 먼 과거'와 '근현대'만으로 구성되어 있다. '아주 먼 과거'는 상대적으로 좋거나 나쁨이 없는 질량 없는 시간이고, 계량할 수 없는 연대年代이며, 시계열적 역사 시간왕조교체이 없고, 연속 순환하는 역사 시간흥망성쇠도 없다. 계량화와 선형이 없는 역사 시간이기 때문에 서로 다른 범주의 집단 정체성을 해명하는 몇 개의 형제조상 이야기는 병존할 수가 있고, 모순되지도 않는다.

「서강전」에서 작자는 다음과 같이 적고 있다. 먼저, 서강은 고대 사흉四 凶의 하나인 '삼묘三苗'에서 나온 강 씨 성姜姓 종족의 다른 가지別호로서 그 나라는 원래 남악南嶽에 있었는데, 순임금이 '사흉'을 내쫓아 유배시킬 때 황하 상류의 땅河首 '하관河關 서남'으로 쫓겨났다. 진秦나라 사람의 노예였 던 융인戎人 강무과원검羌無戈爰劍이란 자가 진나라의 추격을 피해 하황의 서 강 땅으로 달아났고, 그곳에서 여러 신기한 행적들로 그 지역 강인들의 수 령으로 받들어졌으며, 그의 후예는 많은 하황 강족 부락들의 족장 가문이 되었다. 나중에 진나라의 군사적 압박을 받고서 원검의 자손들은 사방으 로 흩어졌는데, 그중 '앙卬'이란 손자가 무리를 이끌고 서남쪽으로 이주하 였고, 그의 후예들은 많은 서남 강족 부락들의 족장 가문이 되었다고 하였 다. 그러므로 「서강전」 중에는 사실상 세 가지 '영웅조상의 역사'를 포함 하고 있는 셈이다. 첫째는 삼묘와 그 후예모든 강인의 역사이고, 둘째는 무과 원검과 그 후예모든 강인 족장의 가문의 역사이며, 셋째는 앙과 그 후예서남 강인 족장 의 가문의 역사이다.

「서강전」의 역사 서사敍事 중에서 '서강'의 혈연 기점은 '영웅조상'인 '삼 묘', '무과원검' 혹은 '앙'이었다. 이는 송반 애기구의 '형제조상 이야기'에 서 이름 없는 형제 시조에서 '역사'가 시작된 것과 다르다. 다음으로 「서강 전」 중 영웅조상의 역사에서 일반 서강 민중은 비교적 이른 '삼묘'의 혈통 이고, 서강의 여러 족장 가족은 나중에 하황으로 들어온 융인 '무과원검' 의 혈통이며, 하황 남쪽의 백마강白馬羌과 광한강廣漢羌, 西南夷의 강은 무과원검 의 손자인 '앙'의 혈통으로 원검 후예의 갈래分호였다.

이처럼 시차를 두고 구성된 이러한 '역사'들은 서강의 내부를 원시 토착민삼묘의 후손과 외부에서 온 개화인무과원겸의 후예으로 나눔으로써 피통치자삼묘의 후손와 통치자무과원겸의 후예를, 강인지역 마을들 간의 원줄기하황의 강인와 갈래서남의 강인를 구분하기도 하였다. 먼저 온 자와 나중에 온 자, 그리고 원줄기와 가지가 있어서 '영웅조상의 역사'에는 반드시 계량화한 시계열적 시간이 존재하였다. 이 또한 송반 애기구의 '형제조상 이야기'와 다르다. 형제조상으로 시작된 '역사'에서 집단 혈연은 원줄기와 갈래, 계급의 구별이 없으며 정복자와 피정복자의 구분도 없었다.

지리 공간의 기원과 연속 선상에서 「서강전」 중의 (삼묘가 거주하던) '남악'과 융인이 거주하던 중원 북방은 공간의 기점이었다. 그 뒤의 서사에서 강인혹은 융인이 격파되거나 외지 정벌에 나서는 등의 이유로 지리 공간은 끊임없이 변화하다 마지막에는 마침내 한나라, 진나라 시기에 강인이 거주하였던 청장고원의 동쪽 가장자리에 이르게 된다. 이로 인해 '역사'는 '서강'이 어떻게 해서 화하 서쪽 지방 공간의 변방에 거주하게 되었는지를 합리화하고, 아울러 서남의 여러 강족 마을들이 공간과 혈연 상에서 모두 하황 강족의 '갈래'가 되게 함으로써 또 그들을 모든 서쪽 지방 강인의 변방이 되도록 하였다.

이에 반해 송반 애기구의 '형제조상 이야기'에서 공간의 기원은 늘 "몇 명의 형제가 이곳에 왔다"라고만 할 뿐, 그들이 어디서 왔는지는 분명치가 않다. 외부에서 온 공간 '기점'이 없기에 자연히 외지로부터 이 지역까지 오는 '이주 과정遷徙'이 없다. 어쩌면 공간의 기점이 바로 이 지역이었을 수도 있다. 이곳에 오자마자 형제들이 각자 한 지역을 차지하고, 그 후로 이주나 침략, 정복 없이 이러한 지리 공간 및 그 구분이 지금까지 줄곧 이어졌기 때문에 지리상의 중심과 변방도 있을 수 없었다. 좋고예컨대 산 남쪽, 나

뻠산 북쪽의 구별은 있었지만, 중심과 주변부라는 공간 구별은 없었다.

마지막으로, 형식면에서 「서강전」과 애기구의 '형제조상 이야기'라는 두 역사 서사의 가장 뚜렷한 차이는 번잡함과 간략함의 다름에 있다. '영웅조상의 역사'에는 지연과 공간상의 변화, 혈연상의 융합과 변화가 있으므로 이들 모두 서사로서 사건, 지리, 인물에 대한 기억을 계량화된 시계열적 역사 시간 안에 배치해야 한다.

반면, '형제조상 이야기'는 지연과 혈연관계가 처음부터 끝까지 변하지 않으므로 그 안에 사건, 인물, 지리에 관한 내용도 매우 적다. '형제조상 이야기'는 일종의 간략화된 원초적 역사로 사람들이 (문자 같은) 번잡한 기억술 없이도 이러한 '역사'를 습득할 수 있기 때문에 정치나 사회 패권을 가진 일부 사람들이 기억과 '역사' 해명을 독점하기 어렵다는 사실에 더 중요한 의의가 있다. 뒤집어 말해서 평등, 자주의 이 사회에서 어쩌면 사람들은 복잡한 '과거'를 기억해야 할 필요가 없고, 문자로서 '역사'를 가지고 놀 필요도 없었다.

## '형제조상 이야기'의 사회 생태적 의의

이상의 분석과 비교에 근거하여 형제조상 이야기는 유행하는 일종의 '평등 자주egalitarian' 사회의 '역사'라 말할 수 있다. 이 사회에서 역사기억이 강화하는 것은 작은 범위의, 내부가 비교적 평등한 집단 간의 정체성과 구분이지, 광활한 면적과 많은 인구의, 내부가 계서화階序化된 집단 간의 정체성과 구분이 아니었다.

이러한 '역사'는 해당지역의 특수한 인류 생태와 사회환경이 만들어낸 것이지만, 그것이 해당지역의 특수한 인류 생태와 사회상황을 유지토록하기도 한다. 이것이 바로 본서 제2장과 제3장에서 소개한 이 지역의 자원 배분과 경쟁관계, 그리고 관련된 정체성과 구분체계이기도 하다. 이야기 자체의 '형제조상 관계'는 인근 사회 집단마을, 촌채, 골짜기 내의 집단 간의 정체성과 구분을 드러내고 강화하였다.

한 골짜기 안에서 이러한 몇 개의 촌채 집단이 각자 골짜기 안의 자원을 나누고 함께 보호하였다. 주변부로 소외된 여성을 제외하면 이것은 기본적으로 하나의 평등한 사회이며, 어떠한 사회 계서화와 권력 집중화도 필요하지 않거나 해로운 것이었다. 어떤 마을들이 완전히 제거되거나 새로운 마을이 오래된 마을로부터 분리되어 나오는 것처럼 사회구조에 중대한 변화가 발생하였을 때, 이러한 역사심성하의 '과거'는 아주 쉽게 잊히게 되고 원래의 형제조상 이야기는 수정되게 된다. 오늘날 몇몇 마을 역시 동시에 도착한 몇 명의 형제조상으로부터 이어져 내려왔다는 것으로 마을과 마을 간의 응집과 대등관계를 유지하고 있다.

'입과 귀로 전해지는 것'은 이 역사심성하의 중요한 사회기억의 전달 방식이다. 한 사회 집단 중에 항상 서로 다른 판본의 형제조상 이야기가 전해지고 있는데, 서로 다른 판본은 범위가 서로 다른 집단의 정체성을 전하고 있다. 사회기억이란 관점에서 보면, 문자 역사기억도 기억상실과 허구가 있지만, 구술 역사의 기억과는 여전히 상당한 차이가 있다. 구술은 특수한 문자 글쓰기書寫 지식이 필요 없기에 보편적이고, 보편적이기에 권력이 쉽게 장악하거나 규범화할 수 없어서 항상 다원적이다. 그것이 다원적이고 보편적이기에 '현재'로 하여금 끊임없이 새로운 형제조상 이야기를 더욱 쉽게 합리화시킬 수 있다. 이러한 '역사'와 역사기억의 매개는 해당 지역의 특수한 사회와 자연환경의 산물로 해당 지역의 전통적 집단 정체성과 자원 분배, 배당 체계를 가장 잘 유지하고 조절할 수 있다.

'형제조상 이야기'로 대표되는 원초적 역사는 일상생활에서 사람들이 자주 서로 접촉하는, 개인이나 집단들 간의 경제와 사회 지위가 대략 평등한, 부계 상속 혹은 남성 위주의 인류사회 집단예컨대 한 작은 골짜기 내 각 촌락 집단 내에서 가장 먼저 유행하였다. 사소한 부분에서 논쟁이 있지만, 이는 한 집단 내 모든 사람이 귀에 익어 자세히 말할 수 있는 '대중 역사'였다.

'형제조상 이야기' 중의 '형제'는 이러한 역사심성하에서 사람들이 '안으로 향한inward' 각 집단들 간의 협력, 배당, 경쟁으로서 생존 자원 문제를 해결하려는 경향을 은유하고 있다. 그에 반해 '영웅조상의 역사' 중 '영웅'은 자원 관계에서 일종의 '밖으로 향한outward' 역사 은유여서, 자원이 부족하면 '영웅'의 외부 개척과 정복에 기대어 해결할 수 있음을 은유하고 있다.

인류사회가 서로 다른 형식과 정도로 복잡화, 중앙화centralization, 계층화stratification로 발전하게 됨에 따라 '형제조상 이야기'는 점점 다른 역사심성하의 '역사'로 대체되거나 억압을 받았다. 먼저, 사회가 중앙화된 이후, 이 형제들이 아니라 형제들의 아버지인 한 영웅 성왕이 역사의 시원이 되었다. 역사가 개별 영웅 성왕과 그 자손의 흥망순환 역사를 반복하거나, 오랜 세월 이어지는 영웅 성왕과 그 자손의 만세일계의 역사시계열적 역사든지를 막론하고 그 '시원'은 모두 한 명의 영웅 성왕이었다.

동시에 사회가 정치, 경제, 종교로 인해 분업화, 계층화된 이후 역사에 기록되는 것은 더 이상 해당 집단 내 모든 사람들의 '공통된 과거'가 아니라 황실, 귀족, 권문세가 혹은 종교나 상업 지도자와 같은 일부 사람들의 과거였다. 정치, 종교, 상업 활동 중의 역사 '인물'과 '사건'은 지역, 족군,

사회의 계층화를 강화하거나 다투는 부호가 되었다. 특히, 영웅의 정복 과정과 식민의 공간기억, 이와 관련된 영웅조상의 혈연기억은 선형, 계량화, 가치화의 시간 안에서 조직됨으로써 오늘날 각 집단의 자원 체계 내 핵심과 주변의 지위를 구분하고 강화하였다.

어찌 되었든, 오늘날 거의 모든 강족들의 촌채에서 '형제조상 이야기'는 "노인들만 말하는" 이야기라고 인식되고 있다. 게다가 북천지역에서 유행하던 '형제조상 이야기'가 가장 보편적인 하나의 형식이 되고 있다. 북천의 형제조상 이야기 중에는 상당한 수의 '형제조상'이 이름과 성을 가지고 있고, 개인화의 특징은 그들에게 이미 '영웅조상'의 초기 형태를 갖추게 하였다. 그들은 호광, 하남이나 숭경주 등 어떤 특정한 지리 공간에서 왔기에, 이 역사 중에는 기근을 피하거나 개척을 위해 다른 곳으로 떠나거나 강제로 이주하게 된 공간 이동도 있었다. 이 요소들은 모두 송반 애기구의 '형제조상 이야기'에 보이지 않는 것들이다. 더욱 중요한 것은 송반 애기구의 '형제조상 이야기'는 여러 차원의 족군 공동 기원을 해석할 수 있지만, 이것 외의 다른 '역사'는 없다는 점이다.

그런데 북천의 '형제조상 이야기'는 '가족'이라는 이 한 족군의 유래를 해석할 뿐, '가족사'는 주류 역사중국사의 일부와 갈래에 불과하였다. '가족사'로서의 형제조상 이야기 중에서 이 지역 가족의 혈연은 먼 지방의 해당 가족 집단과 하나로 연결되었다. 이러한 외재적 혈연관계는 이 지역 개별 가족의 혈연에 대한 우열의 차등을 부여하였다. 또 역사 시간이란 개념에서 개별 가족이 이 지역에 온 시간에 선후가 있기 때문에 이 지역에는 오래된 가족과 새로운 이민의 구별도 있었다. 이 때문에 개별 집단 간의 혈연 거리와 공간 거리 및 자원배당과 경쟁관계의 거리, 이 3자 간의 관계가 점차 이탈하게 되었다.

　다른 역사로서의 '형제조상 이야기'가 우리에게 시사하는 바는 또 있다. 그것은 포스트모더니즘 역사학자들이 말하듯 '역사'는 한 종류의 목소리만이 아니라 여러 종류의 판본들과 여러 종류의 목소리들이 복잡하게 뒤섞여 이루어졌다는 점이다. 이뿐만 아니라 '형제조상 이야기'가 우리에게 주는 더 큰 시사는 이 여러 종류의 '역사'들이 각기 그 특수한 구조적 주기성韻律을 가지고 있다는 점이다. 이러한 구조적 주기성이 바로 내가 말하는 '역사심성'이다.

　역사 서사는 일종의 '과거'에 대한 사람들의 기억을 '재현representation' 하는 것이고, 이 '재현'은 특정한 '역사심성'의 영향을 받아서 정립되며, 특정한 사회적 상황social context에서 그 서사의 디테일을 얻는다고 말할 수 있다. '역사심성'이 사람 마음속 깊이 들어간 구조적 역량은 역사기억과 서사를 통해 관련 사회적 상황과 사회 현실social reality을 반영하고 강화하거나 수식한다. 여기서 내가 말하는 사회적 상황이나 사회 현실은 주로 인류의 사회 정체성과 구분체계를 가리킨다. 내적, 외적 힘의 영향으로 사회 정체성과 구분체계에 변화가 발생하였을 때 사람들은 그 '역사심성'하에서 '역사'를 창조하고, 수정하거나, 서사 부호 변경을 통해 그 '역사심성'을 근본적으로 변화시킴으로써 새로운 '역사'를 창조하기도 하거나 받아들이기도 한다. 근대 이래로 이러한 현상들이 모두 강족 촌락 민중들 사이에서 발생하였다.

　끝으로, 반드시 설명해야 할 게 있다. '형제조상 이야기'라는 형태의 역사기억, 서사와 심성이 강족에게만 있는 것이 아니라 이러한 '역사'는 수많은 중국 서남 소수민족들 사이에서 일찍이 유행하였거나 아직도 존재한다는 점이다. 예컨대 1930년대에 민족조사를 하였던 화기운華企雲은 경파족景頗族의 전설을 다음과 같이 기록하고 있다.

강심파江心坡의 토착민土人은 종족이 매우 많다……. 혹자는 저들이 치우蚩尤의 자손이라고 말한다…. 나이 든 한 토착민이 "우리 야인野人은 파이擺夷, 한인과 같은 종족인데 야인이 큰형이고, 파이가 둘째이고, 한인이 셋째이다. 아버지가 어린 아들을 몹시 귀여워하고 아끼는 바람에 큰형을 산야山野로 내쫓아서 살게 하였고, 둘째 파이는 농사를 지어 셋째에게 공급하게 하였다. 게다가 큰형인 야인이 난을 일으킬까 두려워서 다시 둘째 파이에게 변계邊界에 살면서 야인을 막고 셋째를 지키도록 하였다"라고 말하였다.[23]

또 1940년대에 서남지역에서 현지 조사를 하였던 장학본莊學本도 이족夷族彝族 문서 안에 있는 이족조상의 유래 이야기를 다음과 같이 기록하고 있다.

상고시대 교모喬姆 집안에 삼형제가 있었는데…… (홍수가 휩쓸고 간 뒤, 셋째 교모인 석기石奇만 혼자 살아남았다. 교모 석기의 세 아들은 원래 말을 하지 못하였는데, 죽통이 불 속에서 타면서 폭발 소리를 내자 세 벙어리가 겁을 먹고 놀라서……) 첫째는 Atzige羅語,[24] 둘째는 Magedu番語, 막내는 '열득흔熱得很'이라 불렸다. 이때부터 그들은 세 가지 서로 다른 언어를 사용하였고, 이夷, Nohsu, 번番, 한漢 세 종족의 조상이 되었다.[25]

---

23  華企雲, 『中國邊疆』 新亞細亞叢書邊疆研究之二, 上海:新亞細亞月刊社, 1932, 332쪽.
24  [역자주] 이족(彝族)의 말인데, 라(羅), 라라(羅羅, 玀玀)어라고도 불린다.
25  莊學本, 『夷族調査報告』, 國立北京大學中國民族學會民俗叢書專號2, 民族篇26西康省政府印行, 1941, 152~155쪽.

일부 묘족들에게도 묘족, 한족, 이족彛族을 3형제로 하는 조상의 기원 이
야기가 있다. 율속족僳僳族에게도 율속족, 한족, 이족이 3형제조상에서부터
나왔다는 설이 있다.[26] 내가 이 지역들에서 조사 연구를 하지는 못하였지
만, 위에서 든 사례는 학자들이 일부 서남 족군들을 분류하여 '역사'를 부
여하고 '민족화'를 시도하던 초기대략 1930~1940년대 그들이 '형제조상 이야
기'로서 그들 마음속의 새로운 족군관계를 합리화시키려 하였음을 설명해
준다. 이는 어쩌면 그들 역시 '형제조상 이야기'의 역사심성을 갖고 있었
기 때문에 새로운 '역사'로서 각 족군들 간의 구분과 대등함을 강조하였던
것인지도 모른다. 한인 하층 민간사회에서 구술로 전승되는 가족사기억
중에도 '형제조상 이야기'가 절대로 적지 않다. 따라서 민강 상류의 '형제
조상 이야기'가 일종의 본토 '역사'임에는 틀림없지만, 강족 특유의 해당
지역의 본토 '역사'는 아니었다. 더욱이 다음 장에서 내가 설명하듯이 강
족 정체성을 강화하고 응집하는 '역사'는 주로 외부에서 온 '영웅조상의
역사'이지 '형제조상 이야기'가 아니었다.

---

26  李海鷹等, 『四川省苗族・傈僳族・傣族・白族・滿族社會歷史調査』, 成都 : 四川省社會科
    學院, 1985, 179~181쪽.

# 제8장

# 강족羌族의 정체성과 영웅조상의 역사

본서 앞부분에서 나는 과거 민강 상류와 북천지역의 '서로 욕하는' 족군의 정체성 체계를 언급한 바 있다. 또 나 역시 이 좁은 자신의 촌채와 골짜기의 정체성 내에서 촌채 집단의 공동 기원 기억을 응집하고 구분하는 것은 항상 '형제조상 이야기'들이었음을 설명하였다. 이는 일종의 해당지역의 본토 역사이다. 이번 장에서 나는 이 지역 사람들이 '강족' 정체성하에서 믿거나 정립한 본 민족의 '과거'라는 또 다른 본토 역사를 소개하고자 한다. 말하자면, 이러한 역사기억의 배경은 촌채와 골짜기를 초월하는 '강족'의 정체성일 뿐만 아니라 이러한 역사기억은 적든 많든 모두 '영웅조상'과 일정 정도 관계가 있다는 것이다.

'강족'의 개념은 이 지역에서 형성되는 과정 중에 있다. 내가 현지 조사와 취재를 할 때 거의 모든 촌락 주민들은 1960년대 이전에 '강족'이란 호칭을 들은 적이 없거나, 누가 '강족'인지 전혀 분명히 알지 못하였다고 말하였다. 사실, 20세기 전반에는 강민을 연구하는 중국과 외국 학자조차도 강민 혹은 강족의 범위에 대한 인지가 일치하지 않았다. 어찌 되었든, 민강 상류에 들어온 서양 선교사와 민족조사자 및 중화민국 국민정부의 지방 군정 관원들이 모두 약간의 새로운 민족 지식을 가져다주었다.

각 문화의 핵심티베트, 서양과 중국으로부터 온 정보들이 민강상류지역의 각 토사土司, 두인頭人,[1] 단공端公,[2] 라마喇嘛들 사이에 널리 퍼짐으로써 그들은 점차 자신이 하나의 '민족', 즉 강민, 강족 혹은 서번, 티베트족임을 알게 되었다. 동시에 그들은 염제와 삼묘의 자손, 이스라엘인의 후예, 혹은 토번 왕족의 후손이라는 자기 민족의 역사 일부를 전달받기도 하였다.

이러한 본토의 '강민' 또는 '강족' 정체성, 혹은 '차借', '열熱', '이마爾瑪' 등 스스로 붙인 족명族名으로 표현된 일종의 우리민족이라는 정체성은 맨 처음 이 지역 민중들의 소수에게만 널리 전해졌다. 그들은 외래 지식을 접할 기회가 비교적 많은 일부 '본토 지식인'들이었다. 사회주의 중국이 건립되기 이전, 이 '본토 지식인'들은 주로 한문을 읽을 수 있는 토착민 출신 관리土官, 촌채의 장로와 두령, 단공, 그리고 이 지역 기독교 지도자들이었다. 그들은 모두 '외부 세계'와 '과거'에 관한 풍부한 지식을 가지고 있어 촌채 거주민들의 존경을 받았기 때문에, 또 지식이 있어 권력을 장악하였기에 자신의 지식과 해석을 널리 보급하고 전달할 수 있었다. 더욱 중요한 것은 외부 세계와의 접촉으로 말미암아 그들 마음속 '우리민족'의 범위가 이미 자기 촌채나 자기 골짜기 집단에 한정되지 않았다는 점이다.

---

1 [역자주] 옛날 중국 내 여러 소수민족들 중에서 일부에서 사용한 수령, 추장을 뜻한다.
2 [역자주] 신한(神漢)이라고도 불리는 단공은 옛날 전통시대 중국에서 미신 활동에 종사하면서 귀신을 쫓거나 신을 부르는 등 무속 일을 맡아 보던 사람을 가리키는데 모두 남성이었다고 한다. 당대에는 대단(台端)이라고도 불렸고, 송대에는 공무를 보는 공인을 단공(端公)이라고 불렀다.

# 20세기 전반기 강족羌族 정체성의 맹아

오늘날 강족이 분포하는 민강 상류지역은 20세기 전반 명의상 해당지역 토사의 관할을 여전히 받고 있는 소수의 촌채들을 제외하고 거의 모든 촌채들이 중국 지방정부의 직접 통치하에 있었다. 토사, 토사土舍[3] 및 그 후예들은 당시 집안의 가세家世로 인해 촌채 민중들의 존중을 받았지만, 이미 실질적인 권위는 없었다. 오히려 촌채 내 일부 집안 형편이 넉넉하거나 외부 세계와 관계가 좋으며, 공부하여 글을 읽을 수 있는 촌민이 자연히 이 지역의 우두머리가 되었다. 이 우두머리들은 중국정부와 군대 대표를 자주 만나고 먼 곳으로 나갈 기회가 비교적 많았기 때문에 외부 세계의 사물에 대한 이해가 풍부하였다.

다른 한편, 그들도 이 지역 주민들 중 '강민'이라는 족칭族稱을 들었거나 알고 있는 소수의 사람들이었다. 하지만 우리는 20세기 전반 이 지역 토사나 우두머리들 중에 각 골짜기와 마을의 '강민'을 하나로 응집하려 행동하거나 말이나 글로 발표한 자가 있는지 알지 못한다. 민강 상류의 각 골짜기와 마을의 거주민들은 근대에 와서 여러 차례 크고 작은 규모로 결집하여 중국의 거점인 송반성松潘城과 첩계영疊溪營을 공격하거나 "아편 재배를 근절하고 아편 거래를 금지하기 위한 공무"를 집행하려는 국민정부 군정 세력과 전투를 하였다. 이러한 집단행동은 '대조大朝, 즉 중국'와 상대되는 우리민족의 정체성을 어느 정도 강화할 수 있었다.

---

3   [역자주] 토사(土舍)는 土司에 속한 관리로서, 土司 가문에서 무시할 수 없는 지위였는데 그것은 초기의 土司와 마찬가지로 토목(土目)에서 전환되어 왔다가, 후에 또 다른 등급으로 전환되었다.

하지만 이러한 각 골짜기와 마을들 간의 짧은 군사적 결합은 이 지역에 존재하는 '서로 욕하는' 족군 관계를 단번에 변화시키기 어려웠고, 이 때문에 하나가 된 '우리민족' 정체성을 정립하기도 어려웠다. 이 지역 우두머리들과 토사들이 '강민' 혹은 '강족' 정체성을 추진하는 데 공헌이 적었던 또 다른 원인은 그들 중 상당수가 원래 자기 조상이 한인이라고 여겼기 때문이다. 어찌 되었든 당시 토사와 지방 우두머리들이 남긴 '우리민족의식'과 관련된 문자나 구전기억을 찾기가 매우 어렵다. 이 방면의 사회기억은 구술이나 기록書寫 형태의 '단공 경문經文' 중에 일부만 보존되어 있다.

단공은 사람들을 위해 악마를 쫓고驅邪 병을 물리치는去病 촌락 내 무당이자 본토 '역사'혹은 신화를 전하고 해석하는 사람이어서 지방의 우두머리 인물이라고도 할 수 있다. 태평보복太平保福[4]을 펴는 것, 달군 쟁기鏵頭[5]를 타는 것이나, 달군 가마솥紅鍋[6]을 밟고 지나가는 등 그들이 펴는 법술法術은 모두 사천 서부의 도교 도사들이 자주 사용하는 법술이다. 그들이 읊는 주문咒語에는 설산주雪山咒, 화수주化水咒 등이 있었는데, 역시 한인들이 믿는 도교의 것이다. 이 때문에 단공을 양성하는 훈련 중 매우 중요한 과정 중 하나가 한자를 익히고 한문 문서를 읽는 것이었다.

'단공'은 한족과 본토의 종교문화가 혼합된 산물이라 말할 수 있는데, '단공문화'가 가장 유행한 곳도 이 지역에서 비교적 한화된 곳이었다. 그들의 경문은 보통 상단경上壇經, 중단경中壇經, 하단경下壇經으로 나뉘었다. 현재

---

4　[역자주] 저자 왕가명 선생의 수정 요청에 따라 본문에 원래 있던 太平包袱을 태평보복 (太平保福)으로 바꾸었다. 이것은 일종의 병마나 악운을 쫓아내고 복을 기원하는 의식을 말한다.
5　[역자주] 무당이 굿을 할 때 맨발로 빨갛게 달군 쟁기 위를 밟고 지나가는 행위를 말한다.
6　[역자주] 무당이 맨발로 빨갛게 달군 가마솥 위를 밟고 지나가는 행위를 말한다.

알려진 단공 경문은 모두 1980년대에 유일하게 생존해 있던 몇몇 나이 든 단공들의 구술을 다른 사람이 기록하고 번역해서 만들어진 것이다. 경문들 중에는 수많은 천지개벽, 인류 형성, 이 지역 사람의 유래 등과 관련된 서사 및 신을 부르고請神, 악마를 쫓는 한 세트의 법어와 주문이 있었다. 과거 법력法力이 신통해 존경받는 단공은 자주 각지로 초대되어 가서 굿을 하여 어려움을 해결하였다. 1950년대 이전 단공은 수많은 촌채 거주민들이 '과거'와 '외부 세계'를 인지하는 주요한 매개 중 하나였다고 말할 수 있다.

'외부 세계'에 대한 단공의 지식 중에 상당히 중요한 일부는 바로 주변의 여러 마을신寨神들과 산신山神들에 관한 인식이었다. 그들은 굿을 할 때 늘 반드시 경문을 낭독하고 부근 각 마을, 각 골짜기, 각 지역의 마을신들이나 산신들을 모두 초대하여 제사를 받도록 하였다. 단공 외에 촌채의 연장자도 제사를 주재할 때 항상 '개담사開罈詞'[7]를 읽지만, 그들이 부르는 신의 범위는 보통 자신의 마을과 골짜기를 둘러싼 부근에 한정되었다. 상대적으로 말해 단공이 초대하는 신의 범위는 훨씬 넓었다.

이 초대받은 천지의 신령들인 신명神明의 분포 범위는 그들이 비교적 친근하거나 왕래가 잦다고 여기는 집단이라고 할 수 있으며, '다른 지방他方'의 신명을 초대하였다는 것은 한편 해당 지방 집단의 자원과 세력 범위를 알고 존중한다는 뜻을 나타낸다. 우리는 문천현汶川縣 안문향雁門鄕 단공의 구술 경문인 「식息」과 「멸篾」을 통해서, 초대받은 각지의 마을신들과 산신들이 북으로는 무현茂縣의 봉의鳳儀 : 지금의 무현 현성 부근까지, 남으로는 문천 면지棉箎의 민강 본류主道에 이르는 사이에 주로 분포하였음을 알 수 있다〈그림 16〉참고할 것.

---

7    [역자주] 제사시 술단지를 열고 신을 청할 때 읽는 말로서 축문 같은 글이다.

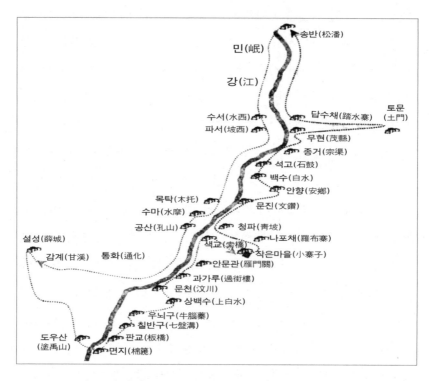

송반(松潘)

민(岷)

강(江)

수서(水西)
파서(坡西)
답수채(踏水寨)
토문(土門)
무현(茂縣)
종거(宗渠)
석고(石鼓)
백수(白水)
안향(安鄉)
목탁(木托)
수마(水摩)
문진(文鑽)
공산(孔山)
청파(靑坡)
나포채(羅布寨)
설성(薛城)
색교(索橋)
작은마을(小寨子)
감계(甘溪)
통화(通化)
안문관(雁門關)
과가루(過街樓)
문천(汶川)
상백수(上白水)
우뇌구(牛腦寨)
칠반구(七盤溝)
도우산(塗禹山)
판교(板橋)
면지(棉籬)

〈그림 16〉경문 '식(息)'중 단공이 초대한 신의 공간적 범위

이외에 몇몇 소소한 천신들과 땅을 다스리는 신령인 지기神祇, 즉 지신들이 북쪽의 송반, 서쪽의 리현 설성薛城과 통화通化, 그리고 무현 동쪽의 토문土門에 흩어져 있었다.[8] 이 초대받은 여러 신들이 분포한 핵심지역무현 봉의에서 문천 면지까지은 사실상 오늘날 비교적 한화된 강족이 분포하는 바로 그 지역이다. 초대받은 여러 신이 분포하는 지역의 외곽 가장자리인 송반, 통화, 면지는 대체로 오늘날 강족이 분포하는 북, 서, 남쪽의 끝이기도 하다. 이 신을 초대하는 공간 범위는 이 단공들이 익숙하게 여기는 세계의 범위 혹은

---

8　四川省編輯組,『羌族社會歷史調査』, 四川省社會科學院出版社, 1986, 145~150쪽.

'우리민족'의 분포 범위를 나타낸다.

주목할 만한 것은 북쪽의 송반, 서쪽의 통화와 설성, 그리고 남방의 면지 모두 이 지역에서 오래된 중국 주둔군의 요새가 있던 주요 소재지라는 점이다. 송반과 설성의 서쪽과 북쪽은 모두 소위 '생번生番'의 땅이고 면지 이남은 '한족의 땅漢地'이었다. 이 때문에 '식息'과 '멸蔑'9 중에서 단공들이 이 지방까지만 신들을 초대한 것 역시 단공에게 비교적 익숙하고 모종의 질서 속에 있다고 여겨지는 이 집단의 특징을 드러낸 것이다. 그중 한인문화와 정치권력으로 유지되는 정치문화 질서가 이 지역 집단의 특징들 중 하나임은 의심의 여지가 없다.

하지만, 다른 한편으로 그들은 '한인'도 아니었다. 따라서 그들에게 완전한 한인지역으로 여겨지거나예컨대 동쪽에 있는 북천과 면지 이남 한화의 영향이 비교적 적은 지역으로 여겨지는 집단예컨대 흑수하 유역의 각 촌락 집단 모두 이 집단 범위에서 배제됐다.

또 다른 경문 「필격뉴必格紐」에서 안문雁門의 단공은 천신天神인 목비木比가 '강인'을 도와서 과인戈人을 격파한 후 '강인'이 각지로 이주하여 안거安居하는 과정을 먼저 노래하고 있다. 천신에게 감사하기 위해 '낙선 마을의 우두머리樂善寨首'가 남쪽으로 가서 돼지를 사와서 신에게 바쳤다고 경문에서 찬양하고 있다. 경문에는 그가 민강을 따라 내려가 안문, 위주威州, 면지, 낭자령娘子嶺, 즉 映秀, 관현, 비현郫縣, 성도 등지를 거쳤는데, 이 지방의 '마을 우두머리'들 모두가 대신 돼지를 사겠다고 그에게 요청하였는데〈그림 17〉을 참고, 결국 그는 성도의 마을 주인寨主 '진미기珍美基'로부터 돼지를 구입하였

---

9   [역자주] 息과 蔑은 모두 단공이 강어로 읊는 경문이름의 중국어 음사다.

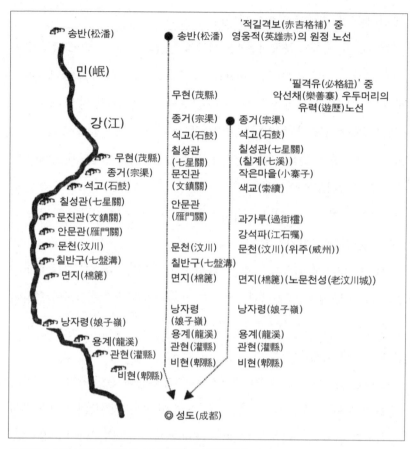

〈그림 17〉 단공 경문 중의 영웅 원정(征程)과 유력(遊歷) 노선도

다고 적혀 있다.[10]

경문에 나오는 '마을 우두머리' 또는 '마을 주인'은 사실 각지의 지반신 地盤神이었다. 지금 우리는 이 중에서 그 본토의 마을신이 얼마나 되는지, 안문 단공이 단지 상상하여 창조해낸 것이 얼마나 되는지 이미 알기가 어렵게 되었다. 그러나 최소한 각 지방의 초대받은 천신과 지신 또는 연도에

10  四川省編輯組, 『羌族社會歷史調查』, 155~156쪽.

있던 '마을 우두머리'의 지리 분포는, 지식을 가진 이 단공들이 자신과 비교적 친근하다고 여기는 집단의 범위를 대표하거나, 그들이 지리적 원근과 친소 관계가 서로 다르다고 여기는 겹겹의 외부 세계를 대표하였다.

이러한 지리적 원근에 따른 친소 관계가 있는 집단이 민강이 흐르는 물줄기를 따라 분포한 것은 명백하였는데, 이것이 바로 겹겹의 한화 정도가 서로 다른 집단이었다. 경문 '필격뉴'에 언급된 '염방부冉駹府'와 '문산군汶山郡'은 이 경문을 창작한 단공이 약간의 한문 고적古籍 지식을 가지고 있었음을 보여준다.[11] "성도로 가서 돼지를 사서 신에게 바쳤다"라는 것은 이 단공들이 문화와 족군 정체성에서 '우리민족'과 남방 혹은 한족문화 세계와의 관계에도 특별히 주의하였다는 점을 은유한다.

문천의 용계구龍溪溝는 민강 서안의 잡곡뇌하 유역에 속하는데, 흑수하 유역의 삼룡구와는 큰 산 하나만 사이에 두고 있다. 용계구 단공이 부른 '아보제이阿補齊雅' 경문에서 초대한 여러 지반신들과 마을신들은 용계구 23개 마을의 범위 안에만 있었다. 그 외 그들이 철鐵의 신을 초대하려 부르는 '고파미아苦巴米亞' 경문에 나오는 철을 운반하고 분배하는 노선과 범위는 민강을 따라 송반을 거쳐 성도에 이른 다음, 방향을 돌려 용계구와 삼룡구 각 촌락으로 운송하는 것이었다. '철'은 이곳에서 일종의 외래 문명을 대표하였고, 철을 분배하는 지역과 집단 범위는 바로 이 지역에서 이 문명을 함께 나눈 지역 집단의 범위였다. 이 '문명'은 성도, 비현, 관현으로 이어지는 길을 따라 전해져서 앞서 말한 문천현 안문의 단공이 신을 초

---

11  이 두 단어 모두 『사기』「西南夷列傳」과 『華陽國志』 등과 같은 중국 고적에 나온다. 이 번역어는 경문을 낭독한 단공 원정기(袁正祺)가 사용한 것이다. 四川省編輯組, 『羌族社會歷史調査』, 146쪽을 참고하라.

대하는 범위와 서로 비슷한 지역 집단으로 분산되었는데, 용계구 촌락 주민들이 인근 흑수하의 삼룡구도 이 지역 집단 내에 포함하였을 뿐이다. 마찬가지로 북천은 이 철의 운송과 분배 범위 내에 있지 않았다. 삼룡구 위쪽 흑수하 유역의 각 촌락도 이 '문명'을 함께 나누는 구역 집단 내에 있지 않았다.

이상에서 본 단공의 경문은 모두 '우리민족'의 본질에 대한 상상들을 드러내고 있다. 이러한 상상은 일종의 우리민족의 변방 소재를 탐색하고 정립하는 일이었다. 이 '우리민족'의 서쪽, 북쪽, 동쪽변방은 의문의 여지가 없는데, 그들이 서쪽의 흑수하 유역과 북쪽의 송반 이북 및 동쪽의 북천지역을 '서번', '오랑캐'가 아니면 '한인'이 사는 곳으로 여겼음을 알 수 있다. 따라서 '우리민족'의 변방에 대한 탐색은 민강 하천을 따라 남쪽으로 내려가는 지역에 집중되었다. 관현은 성도 평원에서 산악지대로 들어가는 입구에 있는 도시와 농촌인데, 본서 제2장에서 소개하였듯이 옛날부터 지금까지 민강 상류 산악지대 주민들과 매우 밀접한 관계에 있었다. 산속에 사는 사람들은 항상 계절에 따라 성도 평원으로 가서 일용직 노동을 하며 돈을 벌었다. 관현 일대의 민간 신앙과 전설은 민강 상류지역에서도 유행하였다. 앞서 인용한 단공 경문을 통해서도 토착민들에게 '성도'는 한인이 사는 곳임에 반해 '관현'은 대개 한족과 비한족의 변방으로 여겨졌음을 알 수 있다.

앞에서 이미 말하였다시피 이상 각 지역의 단공 경문들을 채집한 시기는 모두 대략 1980년대였다. 당시 그 단공들의 나이가 벌써 70세가 넘었을 뿐만 아니라 굿을 하고 경문을 낭독하지 않은 지 아주 오래되었기 때문에 그에 대한 기억에 일부 누락이 있었을 것이다. 또한 그 속에서 우리는

채록자나 편역자가 주관적으로 문장을 지우고 하여 정리한 꾸민 흔적들도 발견할 수가 있다.[12]

어찌 되었든, 20세기 전반에 남겨진 한편의 현지기억을 통하여 당시 일부 이 지역 사람들이 '자기 족군本族'의 세력 범위가 일찍이 관현에까지 미쳤다고 생각하였음을 분명히 알 수가 있다. 이 본토 기억은 1940년대 그레이엄이 취재하고 기록한, 오늘날 문천현 현청 소재지에서 멀지 않은 극고채克枯寨라는 마을의 어떤 주민이 한 다음과 같은 진술에 보인다.

> 아주 오래전, 지나支那, TzuLa와 과랍戈拉, GuLa 두 민족이 있었다. 그들 사이에 전쟁이 일어나 과랍이 패하였습니다(과랍은 강이고, 지나는 한인의 옛 이름인데, 일본인은 지금까지도 여전히 그들을 이렇게 부르죠.)[13] 강은 이곳에 도착하기 전, 1년 수개월에 걸친 먼 노정을 걸어서 이주하여 왔어요. 도중에 그들은 소가죽으로 만든 둥근 배로 강을 건넜습니다. 그중 배 한 척에 물이 들어와 경서經書도 젖어버렸죠. 경서를 햇빛에 말릴 때, 양羊이 와서 그것들을 먹어버렸습니다. 이로 인해 오늘날 강인은 문자가 없고, 경서의 내용은 대대로 구전되어 내려올 수밖에 없었습니다. 강인이 중국 서부에 도착하였을 때 중국은 마침 융戎과 전쟁을 하고 있었어요. 융이 패하여 잡곡뇌雜谷腦까지 퇴각하였습니다. 중국 역시 관현으로 물러나 휴식을 취함으로써 관현과 잡곡뇌 사이가 텅 비었고, 이에 강인이 이곳을 점거하였습니다. 그 당시 강인은 면양綿羊과 산양山羊

---

12  예를 들어 『羌族故事集』 편자의 말에 따르면, 이 책에 기록된 『戈拉智拿』라는 경문은 서로 다른 모든 판본의 이문(異文)을 개괄하여 작성된 것이라고 한다. 四川省阿壩藏族羌族自治州文化局編, 『羌族故事集』, 馬爾康 : 阿壩藏族羌族自治州文化局, 1989, 26~28쪽을 참고하라.
13  괄호 안의 내용은 이에 대한 그레이엄의 해설이다.

을 키웠고 보리도 심었지만, 옥수수는 없었어요. 건륭 때 와사瓦寺 부락이 티베트 와사공장瓦寺廠으로부터 와서 중국을 도와 강족을 공격하길 12년이나 하였습니다. 위관危關에서 벌어진 큰 전투에서 한 사람이 산꼭대기에서 강가로 떨어졌는데, 아무도 이를 보지 못하였어요. 강인은 결국 패하였고, 와사가 이로 인하여 현 주둔지를 상으로 받아서 강족과 한인 사이에 있게 되었습니다.[14]

위 인용문에 나오는 '강인'원문은 Ch'iang으로 되어 있음은 1940년대 진술한 사람이 사용한 단어인지, 아니면 그레이엄이 모방해서 쓴 번역어인지 우리는 알 수가 없다. 어찌 되었든, 이 현지인은 전쟁에서 패하여 민강 상류로 이주해 온 '과랍'이 관현과 잡곡뇌 사이에 분포하였다고 생각하였다. 와사 부락이 온 이후에야 이 일족 사람들은 오늘날 문천과 잡곡뇌지금의 리현 현청 소재지 부근 사이로 물러나서 살았다. 이는 대략 리현과 문천 강족이 분포하고 있는 범위이다. 북쪽의 무현, 송반, 서쪽의 흑수하천 유역, 그리고 동쪽의 북천 등지의 마을 주민들은 모두 이 안에 포함되지 않는다.

주목해야 할 것은 이야기 중에서 과거 '과랍'이 일찍이 관현에까지 분포하였었다고 표현한 점이다. '필격뉴'와 '아보제아' 중에 신을 초대하거나 철을 구매하던 지역이 모두 비현과 성도에까지 이르고 있지만, 이 지역 사람에게 비현과 성도는 한인이 거주하는 곳으로 여겨졌고, 어떤 이들은 한인의 황제가 성도에 있다고 생각하기도 하였다. 관현은 당시 본토의 우리 민족 상상 중 우리민족의 변방이 되었다.

---

14  Graham, *The Customs and Religions of the Ch'iang*, City of Washington : Smithsonian Institution, 1985, pp.7~8. 영어로 된 원문의 이 단락 인용문은 이 책의 저자인 내가 번역한 것이다.

## 영웅 원정기征程記

우리민족 상상은 반드시 '역사'를 통해서 완성된다. 20세기 전반, 민강 상류 촌채의 지식인들이 어떻게 하나의 '역사'를 정립하여 '관현' 및 여타 지방을 우리민족의 영역이라고 설명하였을까? '형제조상 이야기'의 역사 심성하에서, 그들은 하나의 새로운 '역사'를 창조하여 관현 및 여타 지역들을 모두 '형제조상'이 분가하여 사업을 이룬 곳으로 만들었을 수도 있다. 이 보다 조금 늦은 1980년대 강족 지식인들은 정말로 이와 같은 역사를 정립하였는데, 뒤에 가서 설명할 것이다. 여기서 우리의 시선을 더욱 끄는 것은 20세기 전반 이 지역 지식인들과 단공이 일종의 '영웅 원정' 이야기나 역사를 가지고서 이 '우리민족'의 범위를 설명하려 시도하였었다는 점이다.

앞에서 언급한 경문 '필격뉴', 즉 '낙산 마을 우두머리'가 남쪽으로 성도에 가서 돼지를 구입한 이 경문 중에 이미 '영웅 여행遊歷'의 의미가 있었다. 20세기 전반 널리 퍼져 있던 민간 이야기와 단공의 경문 중에는 '영웅 원정'을 설명하는 서사들이 더 많았다. 이 서사들 중에서 관현은 이 지역 사람들이 일찍이 공격하였던 곳이다. 아주 넓은 지역에 퍼져있던 단공 경문인 '적길격뉴赤吉格補'는 송반의 고아 적길赤吉이 강족 병사들을 이끌고 관현과 성도를 공격하였다고 설명한다.[15]

위 경문에는 적길이 병사들을 이끌고 송반에서 내려가 종거宗渠, 석고石鼓, 남흥南興, 목탁木托, 문천, 면지, 낭자관娘子關, 관현 등지를 지나면서 각지의 모든 '마을 우두머리'와 접촉하였고, 그들에게 출병하게 된 사유를 설

---

15  四川省編輯組,『羌族社會歷史調査』, 150~155쪽; 北川縣政協文史委·北川縣政府民宗委
編, 李明整理,〈遲〉,『羌族民間長詩選』, 北川 : 北川縣政府, 1994, 137~162쪽.

명하였기 때문에 저지를 받지 않았다고 되어 있다. 이 노선이 바로 단공이 초대한 각 지역 마을신들이 있던 노선이었다. 경문에는 영웅이 '관현'육곡다, 六谷多을 지나던 상황을 "순식간에 육곡다에 도착하였다. 서문西門은 원래 만蠻의 성城이 있던 곳인데, 군대가 마을에 이르자 마을 우두머리가 놀라서 적길에게 어디로 가는지, 무슨 연고로 군대를 동원해 이곳에 왔는지 급히 물었다. 적길이 인내심을 가지고 군대가 이곳에 온 것은 다름이 아니라 복수하러 천서파川西壩로 가는 길이다고 말하였다"라고 묘사되어 있다.[16]

그런 다음 적길은 천서파의 '비현'국열비아가, 國涅比亞街으로 가서 바로 해당 지역 마을 주인과 싸우기 시작하였다. 이 경문에는 '관현'에서 적길이 출병 사유를 설명함으로써 상류의 다른 지방과 마찬가지로 통과할 수 있었다고 되어 있다. 게다가 경문에는 관현의 "서문은 본래 만의 성이 있던 곳"이라고 적혀 있다. 이러한 것들이 모두 이 영웅 원정 역사에서 관현이 '우리민족' 분포의 변방이었음을 보여주고 있다. 삼룡구에 널리 퍼져 있는 '노육지路育支' 영웅 이야기에서도 이 영웅이 일찍이 관현을 공격한 후에 우미파牛尾巴와 삼룡구 일대로 되돌아왔다고 되어 있다.

단공의 경문 중 학자들에게 가장 널리 알려진 내용은 아마도 보통 '강과대전羌戈大戰'이라 불리는 이야기일 것이다. 이 이야기는 서로 다른 수많은 판본들이 있다. 각 판본마다 '영웅 원정기' 혹은 '형제 이야기'의 흔적이 많거나 적은 차이가 있다. 한 『강족고사집』에 문천의 단공이 노래 부른 '과랍지나戈拉智拿'가 수록되어 있는데, 바로 '강과대전'의 이야기이다.[17] 그

---

16   四川省編輯組, 위의 책, 151쪽.
17   四川省阿壩藏族羌族自治州文化局 編, 「羌族立地根源」, 『羌族故事集』, 出版地不詳, 19
     89, 26~27쪽.

첫 단락에 다음과 같이 적혀 있다.

전설에 따르면, 목비탑木比塔에게 세 아들이 있었는데, 큰아들은 흑라산黑羅山 소 목장에서 신우神牛를 방목하였고, 둘째 아들은 황후파黃猴坡 말 목장에서 신마神馬를 방목하였으며, 셋째 아들은 문천에서 신양神羊을 방목하였다고 한다. 어느 한 해, 마귀 군대魔兵와 과기인戈基人 무리가 연합하여 강인을 함께 공격해 왔다. 몇 년을 싸웠는지 모르지만, 강인의 군대가 패배하였다. 그 해 목저주木姐珠와 두안주斗安珠가 목비탑으로부터 지황씨地皇氏로 봉해져 문산汶山 일대에 파견되어 양을 방목하게 되었다. 목저주와 두안주는 아홉 자식을 낳았다. 큰 아들은 구構, 둘째 아들은 어瑤, 셋째 아들은 소당燒當, 넷째 딸은 지돈, 다섯째 아들은 격남格南, 여섯째 아들은 흑양黑羊, 일곱 째 아들은 백양白羊, 여덟 째 아들은 길흐, 아홉째 아들은 상당尙當이라 불렀다. 아홉 자식도 인황人皇으로 봉해져서, 아홉 형제는 계속 마귀 부대와 과기인들과 싸웠다.

사실, 단공이 부른 가사 중에서 이 '우리민족'은 '강'이라 불리지 않았고, 각 지방 사투리口音에 따라 '차借', '열熱' 혹은 '지나智拿'로 불리었다. 위 인용문 중의 '강인'은 노래 부르는 사람이 그것을 중국어로 번역한 용어이다. '지황', '인황' 등 신화 속의 인명과 '문산' 등 옛 지명이 나오는 것을 보면, 이 경문을 부른 단공이 한문 전적의 영향을 상당히 받았음을 알 수가 있다. 경문 중의 아홉 형제는 이 문헌 기록에 의하면 바로 '강인'의 조상이었다.

경문에는 또 '강인'이 어떻게 천신天神의 도움을 받아서 과기인을 물리쳤는지 설명되어 있다. 전쟁이 끝난 후, 천신 목비탑은 '강인' 중 공이 있는 전시戰士들에게 각지로 가서 마을을 세워 정착하고 농사에 힘쓰게 하였으니 경문은 아래와 같이 노래 부르고 있다.

그는 또 전공이 있는 병사들에게 각지에 터를 잡고 농사를 지으라고 일렀다. 고양평강高羊坪羌, 악석파강惡石壩羌, 석조루강石碉樓羌, 유곡강維谷羌, 용파왕구강龍壩王溝羌, 왕평사파강龍坪沙壩羌, 삼계십팔강三溪十八羌, 대소이성강大小二姓羌, 흑호강黑虎羌, 송기강松機羌, 북로송평구강北路松坪溝羌, 태평석태강太平石台羌, 구구강溝口羌, 동로파저강東路壩底羌, 백서안문강白石雁門羌, 남로필립오애채강南路畢立五崖寨羌, 나산두족강羅山斗簇羌, 천나복강川蘿卜羌, 모타수마강牟坨水磨羌, 공산강孔山羌, 구고육리강九枯六里羌, 복주목상강卜周木上羌, 대문혈격강大門歇格羌, 우라이산강牛羅二山羌, 서산도평강西山桃坪羌, 포계감보강蒲溪甘普羌, 간계통화강干溪通化羌, 이령강二嶺羌, 영강강嶺崗羌, 백석강白石羌, 산강山羌, 황화강黃花羌, 우뇌강牛腦羌. 이로부터 강인들은 정착하여 농사를 지었다.

위의 이 '강'들의 범위는 먼저 흑수하 상류에서 쭉 따라 내려오면서 헤아리면, 오늘날 흑수현 동부의 일부 흑수 티베트족, 적불소赤不蘇에서 사파沙壩에 이르는 강족, 송평구와 흑호구 등지의 강족을 포함하는데, 모두 민강이 흐르는 서쪽에 거주하는 촌채 집단이다. 다음은 북쪽의 무현 태평에서 내려와 곧장 문천에 이르는 민강하천 본류 가에 사는 강족 촌채들이다. 마지막으로, 구고육리강에서 간계통화강까지는 모두 잡곡뇌하 유역의 촌락 집단을 가리킨다.

이 범위를 놓고 보면, 승리한 이 '우리민족'은 오늘날 '강어'를 말하는 거의 모든 지역을 포함하고 있다. 단 현재 '강어를 말하는 흑수 티베트족'

의 일부는 포함되지만, 북천지역의 촌락 집단은 포함되지 않았다. 이 '우리민족'의 범위는 또한 1950년대 초 민족조사를 통해 알게 된 '강족'의 범위와 대체로 유사하다. 서남민족학원西南民族學院에서 조사하여 얻은 이 '강족'의 범위를 현재의 강족 범위와 비교하면, 북천의 강족은 빠진 데 반해 흑수현 동부의 촌락 집단들은 포함되어 있다.

위 경문에서 언급된 '고양평강'[18]은 1940~1950년대 흑수 최대의 토사 우두머리인 고양평高羊平이 통제하였던 여러 골짜기의 무리들을 가리키는 게 분명하다. 이 또한 이 서사가 기본적으로 1950년대 전후의 사회기억을 연장하거나 보존한 것임을 증명한다. 어찌 되었든, 이 판본의 이야기에 나오는 '영웅'은 마귀 군대와 싸운 '아홉 형제' 혹은 천신이지만, '영웅 원정'의 서사는 전혀 뚜렷하지 않다.

여기서 '강과대전'을 다룬 또 다른 판본, 즉 강족 지식인 나세택羅世澤이 안문雁門에서 수집한 단공 가사唱詞를 중역轉譯해서 만든 판본 내용을 다시 살펴보기로 하자. 이 역시 현재 학자 및 강족 지식인들에게 가장 널리 알려진 판본이다. 이 가사에는 다음과 같이 적혀 있다.

먼저 강족은 원래 '민산岷山 초원'에 살았는데, 훗날 마귀 군대가 북쪽에서 내려옴으로 인해 "강족 형제 아홉 갈래 사람들이 마귀 군대에 패하여 살기 위해 각자 달아났다". 큰형인 아파백구阿巴白溝가 무리를 이끌고 보내산補梁山, 原註에는 청해와 사천 사이에 있는 산이라고 되어 있음에 도착한 다음, 남쪽으로 열지熱滋 초원원주에는 송반 부근이라고 되어 있음으로 내려와서 정착하였다. 훗날 '일보파日補壩' 원주에는 무문(茂汶) 경내에 있다고 되어 있음의 과기인과 전쟁이 일어났다. 나

18  [역자주] 원래는 高羊平羌인데 본서의 인용문에는 高羊坪羌으로 되어 있다.

중에 천신의 도움으로 과기인을 무찌르고 나서 아파백구는 그의 아홉 아들들을 여러 지역에 나누어 파견하여 각각 마을을 세우게 하였다. 이 '아홉 형제' 및 그들이 나누어 거주한 지역은 다음과 같다.

> 큰아들 합파기合巴基는 격류格溜, 무문현에 진주進駐하여 대초원을 넓혔고, 둘째 아들 세사기洗査基는 열자熱玆, 송반현에 진주하여 산에 꽃과 과일을 심었다. 셋째 아들 초문기楚門基는 과사夸渣, 문천현에 진주하여 산천을 아름답게 만들었고, 넷째 아들 초립기楚立基는 파세波洗, 리현 설성에 진주하여 적의 침범을 방어하였다. 다섯째 아들 목록기木勒基는 자피玆巴, 흑수현에 진주하여 초산草山을 개척하였고, 여섯째 아들 격일기格日基는 객소喀蘇, 면지에 주둔하여 백성을 안정시켰다. 일곱째 아들 고의기固依基는 위니尾尼, 낭자령에 진주하여 초원을 개간하였고, 여덟째 아들 와칙기婑則基는 라화羅和, 관현에 진주하여 변방의 관문을 지켰다. 아홉째 아들 이국기爾國基는 거달트達, 북천에 진주하여 과인戈人을 방어하였다.

위 인용문의 강어 지명 뒤의 괄호 안에 적은 것은 나세택의 주석에 근거하여 저자가 집어넣은 현재 해당지역의 이름이다. 앞서 인용한 판본의 "강인 중 공이 있는 전사들에게 각지로 가서 마을을 세우게"한 범위와 비교하면, 이 강족 '아홉 형제'의 분포지역은 훨씬 광활하였다〈그림 18〉을 참고할 것. 앞 인용문의 각 골짜기와 마을도 여기서는 오늘날 행정단위에 대응하는 지명으로 바뀌어 있다. 게다가 앞서 말하였듯이 다른 판본 중에서는 이 '우리민족'을 번역자가 '강'이라고 쓰기도 하였지만, '이마'로 기록한 적은 전혀 없었다. 그런데 나세택의 번역문 중에는 '이마' 또는 '이마인의 자손들'과 같은 민족 감정에 호소하는 구절이 여러 곳에서 보이는 등, 곳곳에

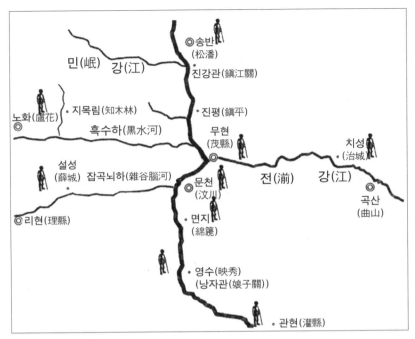

〈그림 18〉 '강과대전(羌戈大戰)' 이야기 중의 전후(戰後) 강족 9형제 분포

서 이 판본이 '이마' 혹은 강족 정체성과 관련된 산물임을 나타내주고 있다. 나세택 본인도 강족이기에 이 판본은 1980년대 한 강족 지식인의 자기 민족 정체성을 드러낸 것이었다.

이상, 나세택 판본 중의 '이마' 아홉 형제가 나누어 진주한 범위는 중요한 약간의 정보도 드러내고 있다. 그것은 오늘날 강족이 분포한 5개 현송반, 무현, 문천, 리현, 북천을 정확히 포함하는 것 외에 흑수, 영수映秀, 관현, 면지 등지도 포함하고 있다. 이 가운데 면지는 문천의 옛 현정부 소재지이다. 흑수는 해당 지역 주요 족군들의 언어가 언어학 분류상 '강어'로 인정됨으로 인하여 이러한 언어학 상식이 보급된 이후 강족 지식인 대부분은 흑수인을 틀림없는 강족이라고 생각하였다. 낭자관영수과 관현은 오늘날 강족 지식인들의 '역사 지식'에서 보면 과거 분명한 강족 분포지역이었다.

이러한 '역사 지식'의 연원 중 하나가 바로 단공이 부른 가사를 통하여 정립된 지식이었는데, 말하자면 가사에서 자주 언급된 낭자관과 관현의 '마을'과 '마을 우두머리' 및 과거 강족이 이들 지방까지 공략하였었다는 등의 기억이다. 따라서 나세택이 말한 강족 '아홉 형제'가 마을을 세운 범위는 바로 1980년대 이래 강족 지식인들이 그 민족, 언어, 역사 지식을 모아 정립한 '강족'의 범위이다.

또한 이 때문에 이 '강과대전'과 그 안에 나오는 '아홉 형제 이야기'는 오늘날 강족 지식인들 사이에서 가장 유행하는 판본이다. 1980년대 이래 수많은 강족 사람들이 모두 관구이랑신灌口二郞神을 강족이라고 생각하였기 때문에 진나라 때 도강언都江堰을 건설한 그의 아버지 이빙李冰 역시 자연히 강족이 되었다. 이러한 것들 모두가 그들에게 관현을 옛 강인의 땅으로 여기게 하였다. 도교의 전설 가운데 관현에 있었다는 '삭라귀국爍羅鬼國'을 근래 강족 지식인들이 강인의 '삭라고국爍羅古國'이었다고 생각하여 이를 위해 연구회를 조직하기도 하였다.[19]

더 중요한 것은 나세택 판본의 '강과대전' 이야기가 '영웅조상 역사'와 '형제조상 이야기'의 혼합물이라 말할 수 있다는 점이다. 이야기 중에 가장 먼저 '민산초원岷山草原'에서 도망쳐 나온 것은 '형제 아홉 갈래'이고, 마지막에 승리하여 각지로 분산하여 거주한 것도 '아홉 형제'이다. 다른 점은 이야기 중에 영웅 '아파백구阿巴白構'가 등장함으로써 외지外地 공간의 기

---

19  근래 많은 강족 지식인들이 '삭라고국(爍羅古國)' 관련 담론을 즐기고 연구한다. 그들은 강인이 세운 이 옛 나라가 바로 관현에 있었다고 생각한다. 周發賢·王長益, 「爍羅古國' 初解」, 『西羌文化』, 創刊號, 1996, 26~28쪽을 참고. 이 잡지는 四川省阿壩州羌學學會가 출판 발행한 강족 지식인의 본토 목소리를 대표하는 간행물이다.

원이 생기고, 곧 이은 이주와 전쟁 과정을 거쳐 마지막에 그 '아홉 형제'의 한 영웅 아버지가 되었다는 것이다. 이것들은 모두 '영웅조상 역사'에는 있지만, '형제조상 이야기'에는 없는 요소이다.

이상의 자료와 관련 논의에 근거하면, '강족'의 우리민족의식이 본토에서 만들어지는 과정이 어렴풋이 보이는 듯하다. 20세기 전반, 이 '우리민족'은 본래 '차', '열' 혹은 '지나'로 불리었다. 그리고 이러한 우리민족의식을 정립한 '지식인'은 주로 단공이었으니 어쩌면 단공이 수많은 본토 지식인의 대변자였는지도 모른다. 이 우리민족의식을 지지하는 '역사'는 "각 방의 신령들을 초대하는" 경문에서 발전한 일종의 '영웅 원정기征歷記' 서사였다. '영웅 원정기'를 통하여 그들은 우리민족의 내용과 변방을 해석하거나 탐색하였다. 각 마을과 골짜기 및 지역을 뛰어넘는 이 '우리민족'의 범위는 서로 다른 단공 경문마다 전혀 일치하지 않지만, 이 '우리민족'이 '한인'이 아니고, 더더욱 '오랑캐' 혹은 '서번'이 아님은 아주 분명하였다.

근대 초기 '본토 지식인'인 이 단공들혹은 우두머리를 포함을 1980년대 이후 본토 지식 권력을 장악한 '강족 지식인'과 비교하면 한문화의 경향이 더 많았던 것 같다. 이 때문에 그들의 경문에서 신을 초대하는 방향이 남쪽으로 내려가고, 영웅의 여행 또는 원정도 남쪽으로 향하고 있어 '관현'은 바로 우리민족과 한족의 분계선이었다.

이 본토 '우리민족' 개념의 정립과 병행된 것은 서양과 중국학자들의 '강족'에 대한 민족조사였다. 이 민족조사는 1950년대 이후 더욱 적극적으로 진행됨으로써 민족 식별을 위한 길을 텄다. 1980년대 많은 북천인들이 '강족'이 된 후, '강족'의 지리적 분포 범위는 대체로 확립되었다. 이 범위를 단공 경문에 보이는 '우리민족' 범위와 비교하였을 때, 가장 뚜렷한 차이는 북천 서부와 북부 각 향鄕의 촌락 및 흑수하 유역 와발량자瓦鉢樑子 아래의 각 골짜기가 포함되었다는 점이다. 하지만 면지 이남의 민강 연안 지역은 전혀 포함되지 않았고, 당연히 관현도 이 범주 훨씬 밖에 있었다. 과거 저 단공들에게 '우리민족'의 핵심은 문천, 무현, 리현 등 민강 연변의 비교적 한화된 촌락지역이었고, 이 지역은 단공문화가 가장 발달하였던 곳이기도 하였다.

하지만 1980년대 이래 '강족 지식인'들의 인식 속에 가장 순정한 강족 은 도리어 흑수하 유역의 깊은 골짜기에 사는 강족이었다. 이 지역들은 프롤레타리아계급혁명 후 상황이 바뀌어 가까스로 살아남은 많은 '강족 지식인'의 고향이기도 하였다. 이러한 발전은 나세택 판본의 '강과대전' 텍스트의 내재적 상황, 즉 새로운 본토 지식인들이 가져온 '형제조상 이야기'의 역사심성이 '단공문화' 중의 우리민족 사상을 계승함과 동시에 한인들이 부여한 언어학, 민족학, 역사학 지식을 받아들였다는 것을 설명하는지도 모른다.

이와 같은 혼합된 지식에다 강렬한 '강족' 정체성이 더해져 그들은 하나의 영웅조상과 형제조상 이야기를 혼합한 서사를 만들어내었다. 이 서사 중에서 그들은 자기 민족이 "전쟁에 패하여 북방에서 남으로 이주한" 민족이며, 패전 영웅의 후예임을 인정하는 한편, 역사, 언어, 민족 지식과 상상으로 만들어낸 '아홉 형제 이야기'로서 확대된 우리민족 상상의 집단을 정립한 것이었다.

### 본토 지식인

앞에서 살펴본 검토를 통하여 이 지역에서 '우리민족' 정체성을 정립한

자가 주로 '지식인'들이었음을 알 수 있었다. 사실 민강 상류에서만 이런 것이 아니라 세계의 다른 지역에서도 마찬가지이다. 본토 지식인이란 말 그대로 해당 지역에서 비교적 학문을 갖춘 사람을 가리킨다. 따라서 그 안에 두 가지 요소가 포함되어야 하는데, 첫째는 '지식'이요 둘째는 집단들이 받아들이는 '지식 권력'이다.

위 두 가지는 또 항상 밀접한 관계가 있다. 해당 지역 사람들 중에서 어떤 이가 다른 이보다 더 풍부한 지식을 가졌다면, 그 지식은 대부분 '외지'에서 온 것이다. 외래 지식은 이 사회, 문화적 변방지역에서 그 '진실' 여부를 떠나 모두 강력한 정치와 문화적 권위를 동반한다. 본토 지식인들은 이러한 지식을 접하고 장악하였기에, 이를 빌어 해당 족군 내에서 자신의 권위를 세울 수 있었다. 근대 초기의 '단공'도 많은 외래의 한인 종교문화 지식을 장악하였기에 그에 따라 본토 지식 권력을 갖게 된 것이었다.

민국 이래 새로운 지식과 새로운 정치, 문화권력이 민강 상류지역으로 들어왔다. 이 새로운 지식에는 민족주의하의 '민족' 개념 및 관련된 언어, 체질, 역사, 민족 지식이 포함되어 있었다. 새로운 정치, 문화권력에는 전통 중국의 왕조 정권이 바뀌어 수립된 '중화민국' 및 그 지방정부와 변방 군邊防軍 세력 외에도 영국, 프랑스, 미국, 일본 등 식민 강권 국가들이 가져다준 경제, 정치, 문화 패권도 포함되어 있었다.

20세기 전반, 중국과 외국의 많은 민족조사자들은 모두 이러한 새로운 지식과 함께 그들이 의지하는 정치와 문화의 우세한 권력을 끼고, 그들이 '강민' 혹은 '강족'이라 여기는 지역으로 들어왔다. 그들의 '강민' 혹은 '강족' 개념 및 관련 역사와 민족지民族誌 지식은 그들의 현지 진술인, 조수, 번역과 협조를 제공한 장로長老들 모두에게 일정한 영향을 미쳤다. 앞에서 언급한 영국인 선교사 토랜서T. Torrance처럼 '강민'의 민족기원族源, 역사, 문화에 대한 그의 견해와 '강민', 한인, 가융인 사이의 민족 구분은 모두 그의 선교활동 및 그의 영향을 받은 '강족 지식인'을 통해 일부 '강민'들에게 전파되었다.

문천 목상채木上寨의 구평산苟平山은 바로 이러한 강족 지식인 중 1명이다. 그는 토랜서의 조수 겸 좋은 친구로 일찍이 한문 교육을 받았고, 본인 자신이 '단공'이기도 하였다. 그는 1편의 공개 편지를 써서 기독교를 선양하였는데, 겨우 구해서 본 영문 번역문에 의하면 그 제목이 '대차 강족 동포에게 고하는 편지 — 어린 양을 바치게獻羊子 된 경위始末' 정도가 될 듯하다. 이 문서 첫머리의 한 단락에 다음과 같이 적혀 있다.[20]


각 지역 촌락의 강족 동포 친구 여러분, 우리는 중국인과 티베트족 사이에 살고 있습니다. 서쪽으로는 융인과 이웃하고, 동쪽으로는 중국 영토와 접하고 있습니다. 우리는 융인과 소통하고자 하나 언어상에 곤란함이 있습니다. 우리는 티베트 문서를 읽을 수 없고 라마교도 믿지 않습니다. 우리와 중국인 사이에는 왕래가 매우 많음에도 늘 약간의 곤란들이 있습니다……. 현재 미국 성경교회聖經敎會의 미스터 토랜서 씨가 문천, 리번, 무주를 두루 다니다가 각 촌락의 어린 양을 바치는 습속이 『성경』의 '출애굽기'에 적힌 것과 비슷함을 발견하였습니다…….


이 글을 통해 그가 토랜서나 한인 지식인들에게서 '강족' 혹은 강민이라는

---

20　나는 이 문서의 중국어 원문을 본적이 없지만, 그레이엄의 저서에 이를 영문으로 번역한 것이 인용되어 있다. 아래는 내가 그레이엄의 영문 번역을 다시 중문으로 중역한 것이다.

민족 개념을 얻었다는 것을 볼 수 있다. 더욱이 이 민족은 중국인혹은 한족과 융인혹은 티베트족이라는 다른 두 민족과 범주가 달랐다. 이 문서는 리현과 문천 일대, 당연하지만 주로 토랜서가 '강민'이라 불렀던 사람들 사이에 널리 퍼졌던 것 같다. 내가 현지 조사를 하던 기간1995~2002년에도 예전에 어떤 사람이 '강족 동포에게 고하는 편지'를 써서 강족의 단결을 고취하였다는 말을 들었다고 한 강족 지식인들이 있었다. 하지만, 사실 이것이 기독교를 선양하고, 강족이 이스라엘인의 후예임을 공언하는 문서임을 아는 사람은 없었다. 리현 포계구의 한 노인만이 어릴 때 "강족이 유대인의 후손이다"라는 견해를 들은 적이 있다고 하였다.

> 강족이 유대인이라고 말한 사람이 있었지! 공부깨나 한 자가 뽐내려고 한 말이야. 강족이 꽃을 위에 수놓은 운운혜雲雲鞋를 신고 물결처럼 생긴 허리띠를 맨다고 해서 강족이 외국에서 왔다고 말하였어. 이는 무현, 문천 일대의 사람들이 하였던 말인데, 아무런 근거가 없는 것이었어.

현재 이 '유대인 민족 기원'은 매우 황당한 견해로 여겨지고 있음이 분명하다.

중국공산당이 건국한 이후 새로운 중국정부는 여러 가지 소수민족 정책을 적극적으로 추진하였는데, 그 기초가 된 것이 민족 식별과 분류이다. 민족의 식별과 분류의 기초가 민족사와 민족지에 대한 연구성과이다. 역사와 민족지 지식이 국가교육을 통해 촌락 군중들에게 깊이 주입되고, 이로써 민족을 식별하고 구분하는 배경하에 족군 체계도 강화되었다. 이로부터 이 지역 본지 사람들의 역사와 문화는 한인들의 관심을 받았을 뿐만 아니라 본토 지식인들도 관심을 가지게 되었다.

1980년대 초부터 중국정부는 소수민족지역의 지방 자치를 비교적 적극적으로 추진하였다. 이때 공산당 건국 이래 양성된 많은 강족 지식인들이 새로운 세대의 본토 지식인이 되어 자신의 민족 일에 참여하게 되었다. 1949년 공산혁명 후 1950년대에 중국공산당이 외진 시골의 가난한 가정의 어린이를 특별히 발탁하여 양성한 정책의 영향을 받아서 수많은 현지의 지식인들은 모두 외지고 편벽한 이곳 산간 마을 출신이었다. 민족 정체성의 영향을 받은 그들은 자기 민족의 역사를 배우고 연구하는 데 열중하였다. 이 강족 지식인들이 아는 '강족사'는 주로 본서 제5장에서 언급하였던 '전범적 강족사'였고, 이 역사에 대한 지식의 다과多寡와 깊고 옅음深淺은 개개인의 교육 정도와 사회 배경의 차이에 따라 달랐다. 그렇지만 그들은 사회 주류를 대표하는 학자들이 쓴 '강족사'만을 학습한 것이 아니라 단공경문과 지방 전설 같은 이 지역 본토 기억에서도 전범적 역사와 연결되는 궤적을 찾았다. 그들은 서로 토론, 반박하고 이야기하면서 문자로 자기 민족 역사에 대한 견해를 밝히었다.

촌락 민중들 중에 특히 노인 세대의 '전범적 강족사'에 대한 인지는 매우 부족하였다. 그러나 중년과 노년의 촌락 민중들 사이에는 항상 다른 '과거'들이 널리 퍼져 있었다. 이 '과거'들에는 늘 중국의 역사나 전설에 나오는 인물 그리고 그와 관련된 시간, 공간과 사건이 언급되면서 '전범적 강족사' 중의 축소된 단편적 내용들이 뒤섞여 있었다. 이 '과거'들은 넓은 관점에서 보면, '역사기억'들이라고도 말할 수 있다. 그것들이 신화, 전설이든, 아니면 역사이든 부인할 수 없는 것은 그것들이 '과거'로서 '이들 산속 사람' 혹은 '강족'의 본질 및 오늘날 강족의 상태와 지위를 해석하는

'역사'와 같은 기능을 지니고 있다는 점이다.

게다가 우리는 강족 지식인이 알고 있는 '강족사'와 촌 민중들의 '과거'에 대한 기억을 분명하게 구분할 수가 없다. 어찌 되었든 당대의 강족 지식인들 거의 모두가 촌 출신이고, 예전에 들었던 신화, 전설이 자기 민족에 대한 그들의 견해에 영향을 미침으로 인하여 그들의 역사 정립에도 영향을 미쳤다. 이들 역사나 신화적인 '과거'로부터 그들은 '우리민족 형상'을 정립하였다.

아래 몇 개의 절에서 나는 내가 직접 취재하여 얻은 강족의 구술기억자료를 가지고 이 지역 군중의 마음속에 존재하는 우리민족 형상을 설명하고자 한다. 각종 역사 논술을 통해 표명된 이 우리민족의 이미지들은 주로 우둔한 오랑캐, 한족의 구원자와 수호자, 가장 오래된 화하, 패배한 강족 등이다. 그중 어느 역사 논술이든지 간에 대부분 한인 사회의 역사기억들 중 '영웅조상'과 서로 관련이 있다. 그 외에 나는 또 한인 사회의 역사기억들과 관련이 비교적 적은 이 지역의 '신화'와 '전설'들을 소개하고, 아울러 그것들이 강족 정체성이 본토에서 정립하게 되는 면에서 갖는 의의를 검토하고자 한다.

## 정직한 오랑캐蠻子 주창周倉과 맹획孟獲의 자손

지식인이라 불리는 사람들을 포함한 강족의 민간에서 가장 보편적인 자아 형상은 "우리는 비교적 정직하다"거나 "상당히 어리석어서 쉽게 속는다"라는 것이다. 그들은 단지 "우리민족이 비교적 어리석어서 쉽게 속는다"라고 생각할 뿐만 아니라, 한족과 비교하면 모든 '민족'소수민족을 지칭이다 이와 같다고 생각한다. 촌채 민중들의 마음속에 이러한 자기 민족의 열세劣勢적 이미지가 꽤 보편적으로 존재함으로 인하여, 이와 관련된 '역사 이야기'나 전설도 촌채 내에서 제법 유행하고 있다.

리현과 무현 등의 지역, 특히 무현 안문 일대에서는 "주창이 바위를 메어다 안문을 막았다周倉揹石塞雁門"라는 이야기가 널리 떠돌아다니고 있다. 안문관雁門關 부근에는 거대한 암석 하나가 있는데, 그 위에 손도장처럼 생긴 무늬紋路가 있다. 일설에 의하면, 그 당시 "주창이 바위를 메어다 안문을 막을" 때 남긴 흔적이라고 한다. 다음은 문천 용계龍溪 사람의 구술이다.

서쪽 정벌 시에 한 경계지역의 입구關口에 이르렀을 때 주창이 안문을 막았습니다. 주창은 원래 안문관을 막아서 한인들이 들어오지 못하게 할 생각이었어요. 아주 힘이 센 그가 만약 안문을 막아버리면 통과할 수 없어서 한인들이 와서 강족의 경제 재산을 착취하기 어려워지죠. 안문은 아주 큰 구멍인데, 바위로 구멍을 막기만 하면 전혀 지나갈 수가 없었습니다. 그래서 주창은 외부 사람들이 강족 인민을 너무 심하게 착취하는 것을 보고, 구멍을 막아 한인들이 넘어오지 못하게 하려고 생각하였죠. 그리하여 주창은 그곳의 커다란 바위를 마치 집 한 채만하게 평평하게 만들었습니다. 그 바위가 지금도 그곳에 있는데, 손으로 움켜쥐고 등에 메었던 자리의 흔적이 아직 남아 있어요. 그가 바위를 등에 메려고 하였을 때, 통치계급이 이를 알게 되었습니다. 주창은 사람들이 알지 못하게 저녁에 안문을 막으려고 하였죠. 통치계급이 알아차리고 즉시 닭이 우는 소리를 내었습니다. 주창이 이 닭 울음소리를 듣고 오늘 막기는 글렀다고 생각하고 선뜻 바위를 내려놓았어요.

그가 말한 '통치계급'은 바로 '한인'을 가리키는 것이다. 많은 사람들은 주창을 속인 사람이 관우關羽 혹은 관음觀音이라고 말하지만, 이 지역 사람들에게는 두 사람 모두 한인이므로 그리 큰 차이는 없었다. 리현 포계구의 한 강족이 나에게 다음과 같이 말하였다.

바위를 메고 안문을 막은 주창은 삼국시대의 주창이 아니지만, 어디 출신인지는 알지 못합니다. 관음은 조금 총명한 데 반해 주창은 기력만 세고 약간 어리석었죠. 주창이 바위를 메고 해가 뜨기 전에 올라가겠다고 내기를 하였어요. 관음보살이 닭 울음소리를 배워서 울자 주창이 바로 바위를 내려놓았습니다.

리현 설성의 한 촌민도 이렇게 말하였다.

주창은 강족인데 용문龍門을 막았다는 소릴 들었습니다. 그는 한인과 다투었는데 한인은 문자를 행하였고, 주창은 완력을 행사하였죠. 그는 바위로 안문을 막으려 하면서 너의 문자는 흉악하지만, 나는 바위로 안문을 막아버릴 수 있어, 그래도 너는 흉악한가? 이것은 땅의 경계를 다툰다는 의미이고, 강족의 명예로운 지위를 다투는 일입니다.

북로北路 강족과 흑수 티베트족의 전설에서 주창은 관음보살과 내기를 하다가 속은 신이 되었다. 흑수 유고維古의 한 티베트족 사람은 다음과 같이 말하였다.

흑수라는 이 우리민족은 아주 많습니다. 유고인은 전국 어디든 다 있죠. 사천의 모든 지역에도 흑수인이 많이 살고 있습니다. 주창이 있었고 관음보살이 있었어요. 사천 지방은 이전에 사람이 살지 않았는데, 주창은 민족의 보살이고 관음은 전국의 보살이었습니다. 사천인은 그가 관리하였습니다. 주창은 남자이고 관음은 여자이죠. 주창은 아주 정직하였어요. 주창이 내가 뛰어나다고 말하자, 관음은 그녀가 뛰어나다고 말하였습니다. 원래 관음보살이 뛰어났습니다. 두 사람이 세력 범위를 나누었는데, 관음보살이 송곳 하나와 망치 하나를 가지고 밤낮으로 가서 바위 위에 글자를 새겼어요. 주창은 들판에서 풀로 매듭打耬을 만들어 표시로 삼았죠. 관음이 우리 저쪽에 가서 내 것인지 너의 것인지 보자고 말하였습니다. 결국 불을 붙여 주창의 풀매듭이 모두 불에 타버렸습니다. 땅도 모두 관음의 것이 되어 버렸습니다. 그래서 민족이 산 위로 올라가게 되었고, 관음은 사천에 도착하게 되었습니다. 이 이야기는 과거 모든 사람들이 이야기한 것인데, 그 사실 여부는 책에 기록되어 있으니 당신들이 펴보면 될 것입니다. 이제는 그런 이야기를 하는 사람을 아예 찾을 수가 없어요.

흑수 지본림知本林의 한 노인도 나에게 다음과 같이 말한 바 있다.

주창은 서쪽 나라의 왕자王子로 청해, 서강西康을 모두 그가 통치하였습니다. 그는 원래 제갈량諸葛亮과 같은 시대 사람이었지. 그는 제갈량과 현縣 하나하나를 걸고 내기를 하였어요. 관현을 걸고 북데기麥草를 강 건너편까지 던지는 사람이 그것을 차지하기로 하였습니다. 주창은 약간 우둔해서 마른 북데기를 던졌는데 강물 속에 빠져버렸어요. 제갈량은 침을 북데기에 묻혀서 축축하게 한 다음 강 건너편까지 던졌고요. 그리하여 제갈량이 관현을 가져갔습니다. 또 관현 위에 있는 현 하나를 걸고 내기하였습니다. 말파리馬蠅子를 잡기로 하였는데, 제갈량은 손가락으로 눌러서 말파리를 죽였지만, 주창은 주먹으로 쳤으나 말파리를 맞추지 못하여 또 졌어요. 그래서 제갈량이 다시 한 현을 가져갔습니다. 또 한 절벽 아래에서 화살을 쏘아서 절벽 위까지 날아가면 이기고 그렇지 못하면 지는 내기를 하였습니다. 제갈량은 사람을 보내서 자신의 화살을 절벽 위에 꽂고 주창의 화살을 숨기는 바람에 또 져버렸어요. 이렇게 하여 문천 아래쪽 땅을 다 가져가버렸습니다. 주창은 안문을 막아서 아래쪽 사람들이 올라오지 못하게 하려고 하였습니다. (그가 커다란) 바위를 메고 가서 안문을 막으려 할 때, 닭이 울자 바로 바위를 내려놓았고 결국 안문도 막히지 않게 되었죠. 티베트족 말로 왕자라 부른 듯하니, 격살이왕格薩爾王은 서번西番 민족으로 바로 한족이 말하는 주창이죠.

이 소흑수 티베트족의 마음속에 주창은 자기 민족의 신이었다. 이 '자기 민족'은 자연히 과거에 '서번'으로 불리던 티베트족을 가리킨다. 그는 또 주창을 이 지역 전설 중의 '격살이왕'이라고 말하고 있다. '격살이왕전格薩爾王傳'은 청해에서 사천 변경을 거쳐 운남에 이르는 광대한 비한족 족군들 사이에 널리 퍼져있는 영웅의 사방四方 정벌을 묘사한 역사시史詩 이야기이다.

오늘날 이 이야기가 널리 퍼져있는 지역의 각 족군은 대부분 '티베트족'으로 구분되고 식별되고 있기에 이것 역시 '티베트족 서사시'로 여겨진다. 주창이 바위를 메고 안문을 막으려 하였다든가, 그가 관음보살과 내기하였다는 이야기 모두에서 주창은 힘만 세고 머리가 나쁜 아주 정직한 인물로 등장한다. 이로 인해 그가 실패하였고, 그 후예들도 오늘날 비교적 열세한 지위에 놓이게 하였다.

반대로, 한족의 대표이거나 수호신관을 혹은 관우은 총명하고 지식이 있으며 또 교활한 사람이었기에 그 후예들이 현재 비교적 좋은 본거지를 차지하였다. 사람들은 이런 '과거'들을 가지고 오늘날의 족군 상태를 해석함과 동시에 현재 강족지역에 왜 그렇게 많은 한인이 사는지를 설명하고 있다.

민간의 이야기든, 관련된 그림이든 모두 다 주창을 추악한 얼굴에 단단한 근육질의 덩치 크고 힘만 세서 쓸모없는 사람夯漢으로 묘사하고 있다. 이 역시 비교적 한화된 강족지역 민중이 인지하고 있는 주창의 모습이다. 이 때문에 이런 인물을 자기 민족의 조상으로 받아들인 것도 한족의 소수민족에 대한 틀에 박힌 혹은 희화화된 '오랑캐'의 이미지를 받아들인 것이었다. 상대적으로, 한화의 정도가 비교적 낮은 흑수지역의 많은 촌락 민중들에게 주창은 격살이왕이었는데, 희화화된 '오랑캐'가 결코 아닐 뿐만 아니라 용맹하고 싸움을 잘하는 우리민족의 영웅이었다.

중국 민간의 삼국시대 전설 중의 맹획孟獲은 강족조상으로 간주되는 또 다른 인물이다. 맹획과 관련된 전설 중에도 그가 주창과 마찬가지로 한인에게 속았기 때문에 그의 후예인 강족이 산 위에서 살게 되었다는 내용이 있다. 아래는 무현 삼용三龍에 사는 한 주민의 말이다.

맹획은 강족의 우두머리였습니다. 일곱 번 잡고 일곱 번 놓아준七擒七放 후, 제갈량이 그와 만나주려 하지 않자 그는 스스로 부끄러워하였습니다. 제갈량은 일찌감치 화살 4개를 준비하여 한데 모으고선 "당신이 나에게 화살 하나의 땅만 양보하면 좋겠다"고 말하였죠. 그때 그는 성도에 있었어요. 결국 이 하나의 화살은 가짜였는데, 리현으로 가져가 타검로打劍爐 절벽 꼭대기에다 꽂

있습니다. 이렇게 되어 모두 중국大朝에 귀속되었습니다. 맹획이 이를 보고 내가 어찌 이렇게 양보할 수 있느냐고 하자 제갈량이 "당신은 고관高官을 얼마든지 맡을 수 있다고 말하였죠. 그는 이 말을 "고산高山 위는 당신이 얼마든지 가서 살 수 있다"라고 알아듣는 바람에 집을 모두 다 고산 위에다 지었어요. 그리하여 관현은 중국의 땅으로 변해버렸고, 타전로打箭爐21 위는 강족의 땅이 되었지요. 이전에 티베트족과 강족은 원래 한패였습니다.

중국의 민속과 전설 속에 나타나는 맹획의 형상 역시 흉악한 얼굴에 단단한 근육질의 '오랑캐'였다. 한인에게 속아 넘어간 이런 식의 '역사 이야기'나 '신화'는 강족들 사이에 매우 많이 있고 보편적이다. 이는 '한인'에 대한 그들의 오래된 인식을 보여주고 있다. 하지만 우리는 그것을 단순히 '한족'이 '비한족 토착민'을 업신여기고 모욕한 결과로만 볼 수 없다.

앞에서 내가 설명하였듯이 과거 촌채 거주민들의 마음속에 존재하는 '한인', 그 향담화鄉談話로 '이爾'이라 부르는 것은 하류에 있는 촌채 또는 도시와 읍에 사는 집단을 가리킨다. 이 때문에 그들을 차별하던 '한인'들 자신도 하류 촌채 집단의 차별을 받았다. 이 한인들에게 속아 넘어간 이야기들은 과거 그들의 고립된 촌락 정체성을 드러낸 것이었다면, 오늘날 한족과 소수민족을 구분하는 개념 속에서는 또 소수민족의 현실 상황, 즉 변방 산간 지대에 거주하는 일부 집단을 설명하는 데 이용되고 있는 것이다.

---

21 [역자주] 본서의 인용문에는 이렇게 되어 있는데, 윗부분에 나온 '타검로'와 동일한 것일 가능성이 있어 보인다.

## 한족漢族의 구원자　이빙李氷과 번리화樊梨花의 후손

강족 사람들이 주창을 조상 혹은 신으로 간주하는 데는 사실 또 다른 의의가 있었다. 중국의 민속 이야기들 중에서 주창은 관우와 주종관계로 영원히 관우의 칼을 손으로 받쳐 들고 그의 곁에 서 있는 지극히 충성스러운 사람이다. 이러한 모습은 "우리는 한인의 충실한 조력자이다"라고 여기는 수많은 강족 인민들의 자아 이미지와 부합된다. 문천 용계龍溪의 한 강족은 다음과 같이 말하였다.

주창은 삼국시대의 동한 말기 사람입니다. 그 시기 위주威州 안문관에 구멍이 하나 있었어요. 주창 이 사람은 힘세고 용감하나 지혜나 계략이 없었는데, 관운장과 함께 지냈습니다. 일설에 의하면, 그는 이 지역 서경西京 사람이라고 합니다. 삼국시대 제갈공명과 유비가 서쪽을 정벌할 때, 주창 이 사람은 온후하고 정직하며 힘 또한 셌습니다. 유비가 서촉西蜀을 정벌할 때, 즉 우리의 서북지역 출정시에 힘이 아주 센 이 사람을 발견하였죠. 문무文武가 모두 뛰어난 관운장이 바로 그를 거두어서 조금 돌봐주었습니다. 주창은 관운장이 말하는 대로 복종하고 행동하였어요.

강족의 이러한 우리민족 이미지는 다른 '영웅조상'을 통해서도 나타나는데, 이들 '영웅조상'과 관련된 '역사' 역시 모두 한족의 역사기억 중에서 나온 것이었다. 이들 한인의 수호자이거나 구원자였던 강족조상으로는 바로 전설 속의 대우大禹, 진나라 때의 이빙, 민간 이야기에 나오는 당나라 때 여장군 번리화樊梨花 등등이 있다.

대우와 이빙은 모두 치수治水로 유명한 영웅이다. 현재 강족은 보통 대우와 이빙이 강족의 조상이라고 생각하기 때문에 강족을 한족의 구원자로 본다. 특히 문천 일대의 강족 지식인들은 현지의 '대우문화'를 자랑스럽게 여기고 있는데, '치수'가 바로 그들이 자랑스럽게 내세우는 우禹문화 중 하나이다. 그렇게 여기게 된 이유는 옛날부터 민강 상류의 산간 지대 주민은 돌을 쌓아 집을 짓고 담을 세우는 일에 뛰어나서 과거 항상 사천의 서쪽 평원에 가서 일을 하였는데, 항상 우물을 파고 제방을 세우는 것이 그들이 맡은 일이었기 때문이다. 따라서 현재 강족 지식인들은 '치수'가 대우와 이빙으로부터 물려받은 자기 민족문화의 하나라고 생각한다. 예컨대 한 문천 강족 지식인은 나에게 이 지역의 관개灌溉문화를 소개한 후에 다음과 같이 말하였다.

대우가 죽은 후에도 대우의 치수水문화는 여전히 전해져 강족은 줄곧 민강의 물길을 소통시켰습니다. 1933년 첩계疊溪에 호수海子가 생기자 위, 리, 무 세 현의 강민이 제1기 물길 소통 공정을 완성하기도 하였어요. 이빙도 강족이라 그리고 강인의 수리 기술을 이용하여 도강언都江堰을 수리하였다고 들었죠.

번리화의 이야기는 송반과 진강관鎭江關에서 무현 태평太平과 교장較場에 이르는 지역에 널리 퍼져 있다. 과거 이 일대의 양류강楊柳羌, 우미파강牛尾巴羌, 대성소성강大姓小姓羌 등등은 모두 "난을 일으키길 좋아하는" 것으로 이름난 '번강番羌'이었다. 명, 청 시기 중국은 이곳에 수많은 군사 보루를 세워서 문천과 송반 사이의 민강 간선 교통이 원활하도록 유지하였다. 이로 인하여 큰길 연변은 한화가 비교적 많이 진행된 강족지역이 되었다. 골짜기

깊숙이 있는 강채羌寨에서만 여전히 그 지역 말인 '향담화'가 유행할 뿐, 나머지 지방의 '강족'은 모두 한어漢話를 말하였다. 진강관과 교장 일대의 강족은 번리화가 고대 강족의 우두머리이고, 이곳의 강족 사람들은 번리화의 후손이라고 말한다. 그들은 진강관이 바로 판강관樊江關 또는 한강관寒江關이고, 교장은 번리화가 그 당시 군사를 훈련하고 열병하던 곳이라고 말한다. 이 지역 현지에 솟아오른 흙마루土岭가 하나 있는데, 이 지역 사람들은 '장군을 지명하던 단點將台'이라 부르며 번리화가 장군으로 임명된 곳으로 여기고 있다.

이러한 기억은 한인의 통속 연의소설 『설정산 정서薛丁山征西』에서 가져온 게 분명하다. 『설정산 정서』의 주된 내용은 이러하였다. 당나라 때 서번 합미국哈迷國이 반란을 일으키자, 설인귀薛仁貴가 이끄는 당나라 군대가 '한강관'까지 진격하였으나 번병番兵에게 저지당하였다. 나중에 한강관을 지키던 장수의 딸 번리화가 설인귀의 아들 설정산을 사랑하게 되어 그와 결혼하길 원한다고 밝혔지만, 설정산은 여러 번 후회하고 약혼을 파기하였다. 하지만 마지막 순간 군사 상황이 긴급해지자 황제가 파견한 대신의 조정으로 두 사람은 이전의 나쁜 감정을 다 풀고 서로 사랑하는 부부가 되었다. 그리하여 무예가 뛰어난 번리화의 도움으로 당나라 군대는 마침내 서번을 격파하였다.

이국의 토착 여인이 문명의 중심에서 온 남자를 사랑하는 이 이야기 주제는 족군 관계에서 하나의 전범적인 유형을 대표하는데, 세계 각지의 '중심'과 '변방' 문화가 접촉하는 과정에서 늘 나타난다. 미국에서 이것은 바로 민속 전설과 영화 〈포카혼타스Poccahontas〉, 그리고 영화 〈수지 웡의 세계〉[22]의 기본 모델이며, 중국에서도 〈한족 남자랑 결혼하고 싶어願嫁漢家郎〉

라는 민속 가요에 표현되어 있다. 하지만 같은 유형의 이야기라도 강족이 자신을 이해하는 과정에서는 도리어 다른 의미를 지니게 된다. 그들은 이 이야기를 가지고 "강족이 한족의 구원자이다"라는 자아 이미지를 설명하고 강화할 뿐만 아니라 '난을 평정한 자'와 '반란자'로서 강족번리화의 후손과 티베트족서번의 후예 간의 족군 경계선을 구분하고 있다.

진강관 일대는 강족이 분포하는 북쪽 경계로, 이곳의 강족 마을들은 늘 티베트족 마을과 서로 뒤섞여 있었다. 진평鎭平과 교장 일대의 촌채들은 과거 서쪽의 송평구인과 흑수인의 위협을 더 자주 받았다. 최근 몇 년간 여러 경로를 통하여 부근의 강족 촌채 군중은 '티베트 독립'에 관한 정보들을 어느 정도 알고 있었다. 이러한 족군 환경 속에서 강족은 티베트족과의 경계선을 분명히 할 필요가 있었다고 하겠다.

진강관과 교장 일대의 강족만 이와 같은 것이 아니라 강족주로 남자를 가리킴 모두가 자기 민족이 역사상에서 줄곧 한족의 구원자 혹은 지지자였다고 생각한다고 말할 수 있다. 이 때문에 위에서 언급한 대우, 이빙, 번리화 등 고대 인물들과 사적 외에도 그들은 근대 강족 인민이 어떻게 티베트와 흑수 토벌을 도왔으며, 광동에 군대를 보내 영국, 프랑스 연합군과 싸웠던 일들을 항상 이야기한다. 문천 강봉羌鋒의 한 강족 지식인은 나에게 다음과 같이 더욱 분명하게 말하였다.

강족은 티베트족과 달리 독립 왕국이 되길 원하지 않았으며, 언제나 중앙 정부를 아주 옹호하였습니다. 강족은 한인을 도모하지 않았습니다. 황제를

---

22  [역자주] The World of Suzie Wong을 말한다.

옹호하고 분열을 일으키지 않았죠. 국가가 위기 시에 강족은 바로 나섰습니다. 현재 해남도에는 강족 마을寨子 하나가 남아 있어요. 나의 어림짐작에 만주족의 청나라 시기 영국에 항거합니까, 아니면 정성공입니까? 강족 병사를 동원하여 네덜란드인을 공격하게 하였습니다. 우리들 사이에는 네덜란드인을 치러 갔다고 널리 전해지고 있죠. 어쩌다 잘못돼서 이 강족 병사들이 해남도에 정착하게 되었습니다. 나중에 나는 또 강족이 네팔과도 싸웠다는 이야기를 들었어요. 국가가 통일하는 데에 강족은 공헌한 바 있었습니다.

근대 이래 중국의 민족주의 교육과 민족 단결 지식은 이러한 자기 민족 이미지를 만든 배경 중 하나였다. 하지만 "강족은 한인을 도모하지 않았습니다"를 액면 그대로 해석하는 것은 사려 깊지 못한 실수에 빠질 수도 있다. 앞서 내가 설명하였듯이 '강'은 옛날부터 화하의 서쪽 '변방' 중 하나로서 모호하고, 이동하는 변방이었다.

근대에 '강'이라 불린 집단이 이 모호한 족군 변계에 남아있을 수 있었던 까닭은 바로 역사상 그들이 토번, 서하西夏, 남조南詔와 같은 그런 왕조를 세운 적이 없었기 때문이다. 뒤집어 말하면 토번, 서하, 남조 등의 왕국을 세운 '강'은 나중에 모두 화하가 생각하는 '강'의 범주에서 제거되었을 것이다. 문자가 없었기 때문에 그들은 문자 정치를 운용하여 이 사회기억들을 전파함으로써 더 큰 범위의 집단이 함께 기억하고 그것을 계속 전해지게 할 수도 없었다. 또한 이 때문에 강족 지식인들은 아주 자연스럽게 중국 역사기억 중에서 "강족은 한인을 도모하지 않았다"라는 자아 이미지를 얻은 것이었다.

## 낡고 오래된 화하華夏 대우大禹의 자손

강족 지식인들에게 대우는 단순히 한족에 공헌한 강족의 조상일 뿐만 아니라 더 많고, 더 중요한 의의를 지니고 있다. 그들은 중국 최초의 왕조 하나라를 세운 대우가 강족이므로 강족은 중국인 혹은 중화민족의 중심 민족이 틀림없으며, 어쩌면 가장 오래된 화하일 수도 있다고 생각한다. 또 이 때문에 오늘날 강족 정체성 중에서 '대우'는 강족 지식인들에게 집단적으로 회고되는 게 가장 많고 아주 많은 논쟁을 불러일으키기도 하고 있다.

먼저, 우리는 한인의 역사기억들 중에서 '대우'와 '강' 사이의 관계를 되돌아보아야만 한다. 전국시대에서 한대까지 일부 화하 지식인들 사이에 "우는 서쪽 오랑캐 사람이다禹西夷之人"거나 "우는 서강에서 태어났다禹生於西羌"라는 견해가 있었다. 전국시대 사상가들은 이 사회역사기억을 하나의 극단적인 예로 삼아서 성인聖人이 성스러운 까닭은 그 공적에 있는 것이지 그가 어디서 태어났거나 출생한 사회적 배경에 있지 않다고 설명하였다. "우는 서강에서 태어났다"라는 게 역사적 사실인지 아닌지는 그들에게 전혀 중요하지 않았다.

하지만 한, 진 시기 촉蜀에 살았던 화하 지식인들에게 이것은 매우 중요한 일이었다. 향토 정체성에 기초하여 그들은 진지하게 대우가 촉에서 태어난 '서강'이라는 점을 하나의 '역사 사실'로 정립하기 시작하였다. 진晉 나라 때 상거常璩가 지은 『화양국지華陽國志』에는 "우는 서강에서 태어났다"는 것에 대하여 더욱 상세한 묘사가 되어 있다.

이 책에 따르면, 문산군汶山郡 광유廣柔지역에 '석뉴石紐'라 부르는 곳이 있는데, "오랑캐夷人가 그 땅 사방 100리를 경영함으로 인하여 감히 살거나 방목하지 못하였다. 죄를 짓은 뒤 그 들판으로 달아나면 감히 추격할 수 없었으니 대우의 신馬神을 두려워하였기 때문이라고 한다"[23]라고 적혀 있다. 『화양국지』보다 나중에 나온 문헌에서 이곳은 우의 어머니가 대우를 낳은 '과아평剁兒坪'이 되었다. 우리는 진나라 때 촉 땅의 '오랑캐'가 대우에게 정말로 제사를 지냈는지는 정확히 알 수 없다. 하지만 20세기 전반 비교적 한화된 북천지역에서 '오랑캐'로 불린 촌채 집단 모두가 스스로 '한인'이라 칭하였기 때문에 최소한 그들만은 우왕의 묘에 제사를 지냈을 것이다.

진나라시대 이후 대우가 문산군 광유혹은 석뉴에서 출생하였다는 이 역사기억은 화하의 서쪽변방에 있던 새로운 화하, 촉인蜀人에 의해 끊임없이 강조되었는데, 그들은 해당 지역에 있는 우의 사당禹廟과 대우의 유적지에 함께 제사를 지내고 이들을 지방지 중에 기록하기도 하였다. 주의할 만한 것은 그들이 결코 대우가 해당지역 '오랑캐'의 조상이라는 점을 강조하지 않았고, "대우가 여기서 태어났다"라는 것을 빌어 이 지역이 화하변방 혹은 '오랑캐의 나라蠻夷之邦'라는 특징을 씻어버리려 하였다는 점이다. 다시 말해 근대 이전 "우는 서강에서 흥기하였다禹興西羌"라는 화하의 공간기억은 변방지역 한인들이 '화하 정체성'을 공언하는 부호符號였고, '야만인'으로 여겨지던 집단이 자신의 비한족조상의 뿌리를 잊어버리는 부호이기도 하였다.

이러한 역사기억의 배경하에서 금세기 초 오늘날의 북천, 문천, 무현, 리현 등과 같은 한대 '문산군'에 포함될 수 있는 모든 곳에 '과아평'과 '석

---

23  『華陽國志』「蜀志」, 顧廣圻校注에서 인용한 劉昭, 『續漢書·郡國志』注.
    [역자주] 이 책 제6장에 나오는 같은 인용문에서는 마지막 부분 "云畏禹神"이 "云謂禹神"으로 적혀 있다.

뉴' 혹은 대우 출생지 등의 고적이 생겨났다. 그런데 대우 이야기가 널리 퍼져 있고 대우 유적이 소재하는 지역은 모두 해당지역에서 한화의 정도가 비교적 깊은 지역이고, 오랫동안 중국의 정치 군사적 식민 중심이었던 여러 옛 현성 부근이기도 하였다. 예컨대 문천지역의 '우적禹跡'은 옛 현성 면지 부근에 있고, 리현의 '석뉴'는 청대의 현정부 소재지縣治였던 통회通化 부근에 있으며, 북천의 '우혈구禹穴溝'는 청대 옛 현성 치성治城 부근이고, 무현의 우향촌禹鄕村은 옛 현성 봉의鳳儀 부근에 있다. 이 옛날 현성들은 전통시대에 한인들이 이 변방들에서 교화를 시행하던 중심이기도 하였다. 이들 모두 '대우의 유적지'가 해당 지역 한인들의 식민 교화 활동과 밀접한 관계를 맺고 있음을 설명해준다.

'강족'이 민족 식별과 관련 역사 정립 과정에서 그 민족 생명을 얻고, 이미 한화되어 한인이라 말하던 각지의 많은 무리들이 '강족'으로 식별되거나 식별되길 요구한 후에도 그들은 여전히 자신이 "대우의 자손"이라고 공언하였다. 다만 이때 그들의 마음속에 '대우의 자손'이라는 것의 함의는 이미 '강족'이라는 것으로 변해 있었다. 북천 소파小壩의 한 촌민은 다음과 같이 말하였다.

대우가 누구인지, 나는 솔직히 말해서 몇 년 전까지만 해도 우린 전혀 알지 못하였고 우리구禹里溝가 있다는 것만 알았어요. 이는 진작부터 알고 있었죠. 대우가 치수하였다는 것도 아주 일찍부터 알고 있었습니다. 현재 선전을 통하여 대우가 강족조상이라는 것이 비교적 분명해졌죠. 하지만 우리와 문천 사이에는 여전히 논란이 있습니다.

위에서 말한 역사기억과 족군 배경 외에 강족이라는 역사기억이 만들어진 더 중요한 연유는 '강족'이 대우의 후손으로 여겨짐으로 인하여, 한족과 밀접하고 오랜 역사적 혈연관계가 있는 민족이라고 스스로 여기게 된 때문이기도 하다. '대우의 자손'은 이러한 자기 민족 역사 형상에 가장 부합하였다. 무현 흑호구黑虎溝 사람이 한 다음 진술은 이러한 견해를 드러내고 있다.

> 하나라 우왕은 바로 하 왕조 발전의 뿌리인데, 역시 강족이었던 것 같네요. 역사에서 대우는 물을 다스린 것으로 나옵니다. 당시 홍수가 하늘에 닿을 정도로 역사상 보기 드문 수해가 일어났어요.[24] 폭우가 내려 물이 넘쳐났지만, 물이 빠질 길이 없었는데 결국 하 우왕이 물길을 통하게 하였죠. 13년 동안 일곱 번 집 앞을 지났으나 들어가지 않았습니다. 그래서 우리 강족 인민은 국가 건설에 공헌한 바 있다고 말하는 것입니다.

대우가 강족의 조상이라는 것에 대해서는 각지의 강족 지식인들이 모두 동의하지만, 대우가 도대체 어디서 출생하였는지를 둘러싸고는 아주 많은 논쟁이 벌어지고 있다. 앞서 말하였듯이 "우가 문산군에서 태어났다"라는 기억은 모든 서쪽 화하변방의 한인 거점마다 "대우가 이곳에서 태어났다"라는 사회기억을 갖게 하였다. 그리하여 이 지방의 주민들 대부분이 강족이 된 이후, 도대체 대우가 어디서 태어났는가 하는 것을 두고 모두 논쟁하기 시작하였다. 아래에 인용한 몇 가지 구술들은 각 지역 강족 지식인들

---

24　[역자주] 이 내용은 중국에서 고대로부터 내려오는 전래동화를 가리키는 듯하다.

의 서로 다른 목소리를 나타내는 것이다. 먼저 리현 포계구蒲溪溝 사람의 이야기이다.

대우를 언급할 때면 강족 사람 모두가 자부심을 느낍니다. 통화의 석뉴산石紐山 그곳은 문산채汶山寨라고도 부르는데, 일부 사람들은 대우가 통화 사람이라고 말합니다. 문천 사람들은 대우가 문천인이라 말하고, 북천 사람들은 그가 북천인이라고 말하고 있죠.

리현 통화의 한 강족 지식인은 리현의 통화, 북천, 무현 모두 "현지의 땅이 대우의 고향인"[25] 증거가 있다고 지적하였다. 그는 이렇게 말하였다.

통화의 산 위에 있는 돌비석에 (대우의 고향이라고)역자주 쓰여 있어서 리현도 다투고 있습니다. 북천은 현재 물증이 비교적 많은 듯한데, 대우기념관은 80여만 위앤을 들여 만든 것입니다. 무현에도 있는데, 정거장에서 내려서 조금만 가면 바로 우향촌禹鄕村이고 거기에도 우혈禹穴이 있죠.

오늘날 이 논쟁에서 비교적 우위에 있는 곳이 북천임은 확실하다. 이 때문에 사천성 정부가 예산을 투입하여 건설한 '대우기념관'이 바로 북천의 치성에 세워졌다. 사실 '대우의 고향' 다툼은 사천 서북의 강족지역에서만 있는 게 아니었는데, 북천 소파향 출신의 강족 지식인은 나에게 산서성山西省에 있는 그 석천현石泉縣도 '대우의 고향'이란 명목을 다투고 있다고 알려주었다.

---

25  [역자주] 원서에 '고리(故理)'로 되어 있는데, 고리(故里)의 오기가 분명해서 바로잡아 번역하였다.

이 석천현도 약간 논쟁이 있습니다. 산서성에 있는 그 석천현은 우왕이 산서 석천현에서 출생하였다고 말합니다. 우리 쪽에 있는 이 우혈구禹穴溝는 우가 이곳에서 출생하였음을 증명합니다. 이태백도 이곳에 '우혈'이란 글자를 남겼고, 그래서 북천이 논쟁에서 승리하였죠. 정부에서도 약간의 우대를 해 주었어요. 이전에 강유江油는 용안부龍安府였습니다. 문무 수재를 선발할 때 북천은 2명을 더 뽑았는데, 그건 성인이 태어난 곳을 우대한 것이었죠. 하지만 문천은 지금도 여전히 다투고 있습니다.

이 북천 지식인의 말에서 '대우의 고향'이 이 지역 사람들에게 자부심 가득한 향토 정체성을 가져다주었을 뿐만 아니라 실질적인 이익도 가져왔음을 알 수 있다. 문천에 거주하는 한 강족은 이를 몹시 못마땅하게 생각하였지만, 그 역시 '대우의 고향'이 됨으로써 그것에 뒤따라오는 좋은 점에 대해선 잘 알고 있었다. 그는 이렇게 말하였다.

북천은 현재 순전히 허풍을 떨고 있습니다. 그곳에는 이미 강족이 없고요, 강족 말도 없으며, 강족 마을도 없어요. 현재 그들이 허풍을 떠는 바람에 면양전구綿陽專區에서 그들에게 돈을 줄 수 있습니다. 대우는 그들이 거론하기 시작하였지만, 사실 (우리) 이쪽의 우문화와 같은 흔적은 아예 찾을 수가 없어요. 우리 이쪽에는 대우의 흔적 외에도 단공이 춤추었던 발자국이 남아 있는데, 중앙 무도舞蹈 전문가의 감정에 따르면 우가 춤춘 자국이라고 합니다. 북천에도 이런 건 없어요.

위에서 인용한 구술기억으로부터 각 지역 강족들이 '대우'를 얼마나 중시하는지를 짐작할 수 있고, '대우 출생지'에 대한 그들 사이의 논쟁도 볼수가 있다. 강족이 대우의 자손이라면, '대우 출생지'의 강족은 자연히 대우의 직계가 된다. 이 때문에 이 논쟁은 곧 "누가 이 민족의 핵심인가"라는 논쟁과도 관련이 있다. 오늘날 '대우의 고향'과 관련된 논쟁은 주로 문천과 북천 두 지역 강족 지식인들 사이에 벌어지고 있다. 그런데 이 두 지역은 모든 강족지역들 중에서 민중의 한화 정도가 가장 심한 지역이다. 반대로, 대우의 전설은 과거 '생번'이 살던 지역이라 여겨지던 무현 첩계疊溪 이북의 우미파牛尾巴 강족, 이서의 소성구, 송평구 등지강족, 혹은 삼룡三龍 이서의 적불소赤不蘇 강족 및 다흑수, 소흑수지역티베트족 같은 곳에서는 거의 완전히 보이지 않는다.

북천과 문천 강족 지식인들의 '대우 고향' 논쟁은 우리가 굳게 믿고 있는 '역사'의 형성 과정과 그 정치적 배경을 보여주고 있기도 한다. 최근 몇년 사이, 북천현은 적극적으로 '대우연구회'를 조직하고 전국적인 '대우학술연구토론회'를 개최하여 학자들을 초대하여 '대우의 고향' 및 관련 지리고적古跡을 감정하고 있다. 한 북천 지식인은 다음과 같이 말하였다.

이곳의 대우 유적으로는 세아지洗兒池, 과아평剮兒坪, 채약정採藥亭이 있습니다. 과아평 그 산 위에는 한 사람이 앉았던 엉덩이 흔적도 있는데, 이것은 우의 어머니가 대우를 낳았던 곳이죠. 거기서 내려오다 만나는 세아지는 아이를 씻었던 곳으로 폭포 아래에 있는데, 바위가 1년 내내 붉어서 물도 붉게 보여요. 부근의 산 위에 있는 채약정은 대우가 어릴 때 어머니를 따라 약을 캐다 쉬었던 곳입니다. 망숭산望崇山은 곤鯀이 치수 때문에 오랫동안 돌아오지 않자 우의 어머니가 매일 올라가 남편이 돌아오길 바라보았던 곳입니다. 이 문제와 관련하여 하얼빈哈爾濱 의과대학의 사<sub>縮</sub> 교수도 왔었죠. 그는 대우의 142대 후손으로 이곳에서 학술 발표도 하였어요. 그 외 대우가 죽은 절강성浙江省에 서도 그들과 같은 전문가들이 이곳에 와서 현지 조사하고는 역시 대우가 이 곳에서 출생하였다고 말하였습니다. 우의 어머니가 대우를 낳을 때 정말로 이렇게 큰 엉덩이 자국을 남길 수 있는지에 대하여, 사 교수는 보통 고대 위 인들의 사적은 모두 약간의 신화적인 색채를 띤다고 말하였어요. 그래서 모 두가 이렇게 인정하게 되었습니다. 대우에 관하여 (말하면) 대우는 최초의 강 족이었습니다. 역사서에는 줄곧 이곳이 신우神禹의 고향이며, 북천 사람들이 바로 신우의 후손이라고 기록되어 있습니다. 전국적인 대우연구토론회가 매 년 한 차례씩 북천에서 개최되고 있어요. 1991년 개최된 제1회 대우연구토 론회에는 전국의 학술계에서 참석하였습니다. 현재는 모두가 인정하고 있어 서 논쟁할 게 없어요. 그대우는 이곳에서 태어나 중원에서 치수를 하였고, 소 흥紹興이라는 곳에서 사망하였습니다. 그 본인은 고대의 강족이었습니다.

무릇 이러한 것들이 북천이 '대우의 고향'이라는 정통의 지위를 얻게 하 였다. 그런데 북천이 이 일을 적극적으로 진행할 수 있었던 까닭은 한편으 로 북천이 경제적으로 비교적 부유한 면양구綿陽區에 속할 뿐만 아니라 면 양의 유일한 소수민족 집거集居지역이어서 비교적 많은 경제적 원조를 받 을 수 있었기 때문이다. 다른 한편, 북천지역의 한화가 일찍이 그리고 철 저히 이루어졌기 때문에 북천 강족 지식인들이 다른 지역 강족 지식인들 보다 고대 한문 전적자료의 운용과 해석을 장악할 능력이 더욱 많았다는 것을 의미한다. 한 북천 강족 지식인의 구술을 옮기면 다음과 같다.

옛날부터 지금까지 역대의 문인 명사들 모두 대우가 석천, 즉 사천성 석천현 구룡산九龍山 아래 석뉴의 우혈구에서 태어났다고 인정하고 있습니다. 현재 그 안에는 여전히 많은 유적지들이 남아 있어요. 청나라 건륭乾隆 연간 석천 현령 강병장姜炳章은 「우혈고禹穴考」라는 글에서 "석뉴의 꾸불꾸불한 길 푸른 하늘에 닿고石紐盤盤摩靑天, 과아평 위의 붉은 바위 선명하구나剚兒坪上血石鮮. 옛날부터 신우가 이곳에서 태어났다고 전해지니古傳神禹降生此, 지금도 시냇물에서 붉은 연기가 피어나네至今溪水生紅煙"라고 적었습니다. 이는 저 우혈구에 대한 진실한 모습입니다. 그 이전에는 바로 명대의 문인 양승암楊升庵, 양신楊愼이 쓴 신도구新都區에 있는 '우왕묘기禹王廟記'이죠. 송대에는 석천의 대부大夫 계유공計有功이 쓴 '우묘기禹廟記'가 있어요. 그 외 당대의 대시인 이백이 손으로 쓴 '우혈禹穴' 두 글자가 있습니다. 이 이전에는 안진경顔眞卿이 전각篆刻으로 새긴 '우혈'이 있어요.

이 같은 구술 중에 각종 한문자료들을 자유자재로 구사하는 능력을 지닌 지식인은 북천 이외의 강족들에서는 거의 볼 수가 없다. 흥미로운 것은 청대 석천 현령 강병장이 탁월한 글재주로 대우를 칭송한 몇 편의 시문을 남긴 목적이 "꽃비를 내려 오랑캐의 습속을 씻어내길 바라던願將花雨洗蠻風",[26] 즉 화하의 성덕이 시작된 지역으로 묘사함으로써 북천을 문명 교화의 지역으로 만들고자 한 데 있었다는 점이다. 오늘날 그가 남긴 시문은 "대우가 강족의 조상이다" 하는 것을 강화하는 중요한 사회기억의 하나가 되고 있다.

---

26  "꽃비를 내려 오랑캐의 습속을 씻어내길 바라다"는 강병장(姜炳章)이 지은 「白草歌」에 나오는 구절이다. 그중 '꽃비'는 부처의 말씀으로, "모든 하늘이 꽃비를 내려 찬탄하였다(諸天雨花讚嘆)"에서 따온 용어로 문명교화를 빗대어 말한 것이다. 해당 글은 도광(道光), 『石泉縣志』 卷10, 「藝文」에 수록되어 있다.

북천 강족들, 특히 북천 신구新舊 현성인 곡산曲山과 치성의 강족은 '대우'를 근거로 그들의 강족 정체성을 강조하는 데 특별히 열중하고 있다. 오늘날 강족들이 주로 민강 유역에 분포하고 있음에 반해, 유독 북천 강족만 전강湔江 유역에 거주하고 있다. 이러한 족군 분포의 지리적 변방 위치에다 지나친 한화로 야기된 본토 언어와 문화의 완전 상실이 더해져서 북천 강족은 시시각각 자신들이 자기 민족의 '중심'에서 멀어지고 있음을 느끼고 있었다. 이로 인해 '대우의 고향 논쟁'은 관광 자원과 문화 건설 경비를 쟁취하기 위해서만이 아니라, 자기 족군 내의 중심 지위를 쟁취하려는데 더욱 중요한 의미가 있었다.

북천이 이 '과거'와 관련된 전쟁에서 승리할 수 있던 까닭 그리고 대우의 고향과 관련된 '역사'를 창조하는 과정은 매우 명백하였다. 대량의 경제적, 행정적 자원들을 활용하고 학회를 조직하여 전국적인 대우학술연구 토론회를 개최하여 북천이 대우의 고향임을 지지하는 학술회의 논문집 및 각종 대우 관련 사료와 비디오테이프를 출판하고, 대우기념관을 건설하는 등등이 있다.

나는 이런 이유로 북천 사람들을 절대 지탄하지 않는다. 사실, 근현대의 수많은 '역사' 정립 과정 및 그 배후의 정치적 요인들을 주의해서 살펴본다면, 이것이 결코 북천 강족만의 독단적 행동이 아니라 민족주의 혹은 모종의 본토 정체성으로 인한 인류사회의 보편적인 현상임을 바로 알 수 있기 때문이다.

# 과거 아주 강대하였다가 패한 강족羌族

강족 지식인이나 촌락 민중을 불문하고 가장 보편적인 강족의 역사기억은 바로 강족이 원래 아주 강대한 민족이었으나 패배한 후 사방으로 흩어져 그중 일부가 이 산속으로 쫓겨 왔다는 것이다. 다음은 북천 소파향에 거주하는 한 주민의 견해이다.

> 나는 약간의 자료를 본 후 1991년 무문茂汶에 출장을 가서 그들에게 강족은 도대체 어디서 왔냐고 물었습니다. 그들은 강족이 청해에서 왔다고 말하였어요. 유목을 하고 전쟁을 하면서 강족 사람들은 잘 싸웠습니다. 공격, 공격, 또 공격, 마치 쿠빌라이나 칭기스칸처럼 공격만 하고 진지를 공고히 하지 않은 바람에 공략하였던 곳을 모두 다른 사람이 차지해 돌아갈 수가 없었습니다. (그리하여) 강족은 땅 대부분을 잃어버렸어요. (결국) 회족, 이족, 티베트족, 강족 등 모든 소수민족들은 높은 산 위의 고원 지대에서 살게 되었고, 한족은 비교적 좋은 땅에 살게 되었죠.

위의 기억은 문자자료 및 이 지역 사람들의 입에서 입으로 전해지는 이야기에서 얻은 것임이 분명하다. 무현 적불소 출신의 한 강족 지식인도 그가 학교에서 배운 유사한 역사기억을 다음과 같이 말하고 있다.

> 이전에 서남민족학원西南民院의 그 선생님이 강족의 내력에 대하여 강의를 하셨어요. 티베트족도 많고 한족은 더 많은데, 왜 군이 강족 이야기를 하시려 하는지 우린 의문이 들었죠. 그 선생님은 강족이 이전에는 아주 강하고 싸움

을 잘하였다고 말씀하셨습니다. 전쟁에서 패한 후 일부는 티베트족지역으로 가고, 일부는 서남의 이족지역으로 갔는데, 모두 강족이 유랑하다 그곳에 도착하고 나서 족별族別을 바꾸었으며, 또 다른 일부가 아파주의 무현, 리현으로 흘러 들어와서 현재의 강족이 되었다고 말씀하셨어요. 수업이 끝난 뒤, 강족 사람이 그렇게 조금밖에 안되는데도 우리가 강족에서 나왔다고 하니 이족의 동급생이 이를 수긍하지 못하였고, 티베트족 동급생도 마찬가지였다. 우리는 선생님을 찾아가서 물었습니다. 그랬더니 선생님은 책에 바로 그렇게 적혀 있다고 말씀하셨어요.

이 역사기억은 분명한 전범적 강족사의 '보급판'이다. 위의 구술자료에서 학교교육 및 강족 지식인들 간의 대화를 통하여 이러한 역사기억이 끊임없이 전파되고 확대되었음을 알 수가 있다. 하지만 이 역사기억을 전파하고 널리 보급한 더 주요한 집단은 수많은 강족 민중들이었다. 수여授予되고 고지告知된 역사기억이 아니어서 이 지역 민중이면 무조건 받아들일 수 있었다. 그들은 자기 민족에 관한 수많은 과거를 들었지만, 특히 이 '역사'에 대하여 흥미진진하게 말하였다.

민족 식별과 구분 이후 알게 된, 인구 20만 명에 지나지 않는 강족이 인구 500~600만 명에서 12억에 달하는 티베트족, 이족, 한족 사이에 끼여 있다는 사실 때문에 민족 지식이 보급된 후 왜 우리민족은 산 위에서 살게 되었는가? 왜 우리민족은 사람이 이것 밖에 안 되고, 게다가 각각 산골짜기 안에 흩어져 살고 있는가라는 문제가 많은 '강족'들을 늘 곤혹스럽게 하였다.

한족 학자들이 한인의 역사기억으로부터 정립한 '강족사'는 이 지역 사람들에게 이 문제에 대한 해답을 줄 수 있었다. 그중에서 모든 인물과 역사 사실의 지엽적인 것들은 다 중요하지 않고, 중요한 역사기억은 단지 "강족이 과거에는 강대한 민족이었다"라는 것이어서 이를 빌어 그들은 자기 민족의 자신감을 강화할 수 있었다. 그뿐만 아니라 "전쟁에서 패하여 흩어진離散 강족"이라는 설명은 오늘날 강족이 여러 산과 골짜기에 분산되어 거주하는 현실을 해명할 수가 있다.

더욱 중요한 것은 "전쟁에서 패하여 흩어진 강족"이라는 이 기억이 그들에게 티베트족, 이족 그리고 다른 많은 서남 민족들 모두가 강인의 후예라고 생각하게끔 하였을 뿐만 아니라, 더욱 넓은 세계 속에서 기대하던 자랑할 만한 강족 동포를 찾고 상상하게끔 하였다는 점이다. 문천 용계 출신의 한 강족 지식인은 아래 이야기 중에서 이와 같은 민족적 자긍심을 드러낸 바 있다.

중국 역사에서 강족의 지위잖아요. 염황炎黃 이후 형성된 화하 민족에서 강족은 중요한 부분입니다. 수많은 부락이 만들어진 후 세력 범위를 다투었죠. 한편 통일된 언어와 문자가 없었기 때문에 단결시킬 수 없어서 전란 중에 다른 민족의 불만을 불러일으켰고. 그래서 그들이 연합해서 강족과 전쟁을 벌였어요. 아주 오랜 세월 7, 8세대에 걸쳐 싸웠었죠. 싸우다 여기저기로 분산되었는데, 운남, 귀주, 베트남越南, 미얀마緬甸, 캄보디아柬普寨에도 모두 강족이 살고 있다고들 하더군요.

오늘날 이런 광범위한 강족의 상상 속에서 그들은 국외로 달아났다고 전해지는 '강족'에 대해 자주 이야기하는데, 이들 상상 속의 '강족'은 미얀마, 필리핀, 유럽 혹은 대만 등지에서 살고 있다. 사실 일부 촌락의 민중은 모든 '산 위에 사는 사람'을 '이마'로 간주하고 있다. 이 때문에 그들이 책과 신문, 잡지에서 세계 각지의 산악지대 토착민을 소개하는 글을 볼 때면, 바로 그 사람들이 모두 '이마', 즉 강족이라고 생각한다.

그밖에 최근 몇 년간 그들이 가장 자주 이야기하는 "국외로 달아난 강족"은 바로 일본인이다. 거의 모든 강족 향鄕, 산속 깊숙이 있는 모든 촌락에서 이러한 사회기억을 찾을 수 있다. 예컨대 북천 청편靑片의 한 강족 민중은 다음과 같이 말하고 있다.

일본인도 북천 이곳에 와서 연구한 적이 있어요……. 일본인은 그들의 조상이 강족일 가능성이 크다고 여기기 때문에 강족에 대해 흥미가 있는 거죠. 그들은 그들과 이족彝族이 특히 가깝다고 말하는데, 이족의 조상을 거슬러 올라가 보면 바로 강족이거든요.

무현 적불소의 한 강족도 일본인이 적불소에 와서 연구하였던 일과 함께 일본인과 강족 간의 관계를 언급하면서 다음과 같이 말하고 있다.

우리는 최근에도 일본과 강족의 관계에 대하여 들은 적이 있어요. 그들은 일본의 어떤 지방 사람들이 우리 적불소 사람과 똑같은 말을 한다고 하였죠. 게다가 일본인이 우리의 이곳에 와서 조사하면서 그들의 조상을 찾기도 하였다니까요. 현재 학술계에서는 일본인이 서남 민족의 한 갈래라고 단정하고 있고, 이족은 일본인이 그들의 후손이라고 여기고 있습니다. 현재 아주 많은 사람들이 모두 우리의 말이 일본말과 똑같다고 이야기하고 있어요.

리현 포계구의 한 민중은 일본어와 강어가 매우 유사하다고 생각하였다. 그 역시 일본 학자가 포계구에 와서 강족 연구를 한 일을 다음과 같이 언급하였다.

첫 몇 년 동안 일본인도 와서 연구하고, 오로지 이 일을 연구하였다고. 일본의 그 여자, 단공 늙은이가 그 일본 여자와 대화를 나누었어요. 아주 많은 말들이 모두 서로 너무 닮아서 완전히 같더구먼요. 그단공-역자주가 "불집게火鉗를 일본에서는 뭐라고 하는데 우리는 뭐라고 말하잖아"라며 나에게 자랑해 댔지요. 일본이 어떤 물건들에 대해 일컫는 방식喊法은 우리와 아주 닮았습니다. 일본인도 여러 차례 연구하러 왔어요. 우리한테는 '아득화阿得華'라는 말도 있는데, 노인네들만 말할 수 있지요. '아득화'는 오래된 강어로 일본어로는 득농得攏이라 읽고, 현재 강어에서는 불농不攏이라 읽어요.

심지어 송반 소성구의 한 강족 민중은 '강족 자치현自治縣'이 설치된 까닭도 강족의 후예인 일본인이 뿌리를 찾기 위해 촉성시킨 것이라고 여겼다. 그는 나에게 다음과 같이 말하였다.

옛날 옛적에 강족은 정말로 최고로 나빴어. 사람을 보면 보이는 대로 때리고 죽였습니다. 모든 나라, 세계의 모든 나라가 강족을 보기만 하면 때리고 죽여 버렸어요. (그리고) 강족 문자를 보면 바로 강물 속으로 던져버렸기 때문에 지금 우리에게 문자가 없는 겁니다. 일본인은 멀리 달아났어요. 현재 일본인들이 말하는 발음은 우리 강족과 비슷해요. 일본인이 와서 "현재 중국에 아직 강족이 남아 있나? 강족의 자손이 끊어진 게 아닌가?"라고 묻더군요. 강족은 자손이 끊어지지 않았습니다. 그래서 4년 전 무문茂汶에 자치현이 세워지고 모든 나라에서 와서 회의에 참석하여 강족을 기념하여 줬어요.

위에서 언급된 청편, 포계구, 적불소, 소성구는 모두 오늘날 가장 편벽한 강족지역이다. 이 역시 이러한 사회기억은 아무리 멀어도 닿지 못할 곳이 없다는 걸 보여준다. 언어, 역사, 문화 어느 면에서든 강족과 일본인이 민족적 근원이나 문화적으로 밀접한 관계가 있음을 설명할만한 증거는 전혀 없다. 위의 진술로부터 이러한 역사기억이 만들어지게 된 요소 중 일부는 아마도 이 지역 사람들이 일본 연구자나 방문객들과 접촉하면서 이와 같은 정보를 얻어 해독하거나 잘못 읽은 데 있는 것으로 보인다.

그러나 더 중요한 것은 1980년대 이래 모종의 사회상황이 강족 민족에게 이 정보를 기꺼이 받아들이도록 하였다는 점이다. 이 사회상황이란 바로 개혁개방 이후 중국의 각 지역省區과 기관들이 모두 애써 일본 자본과 중·일 합작을 유치하여 각종 경제와 문화 자원을 개발하고자 한 것을 말한다. 경제적, 문화적 성격을 띤 각종 일본 방문단들이 늘 중국의 매체들과 당국의 귀빈이 되었다.

그 밖에 자본주의적 경향의 중국 소비시장에서 일본산 제품이 현대 과학기술 신화의 화신이 되었는데, 각종 가전제품에 대한 의존이 갈수록 높아지고, 전력을 다해 현대화를 추구하던 강족 민족도 이 영향을 크게 받았다. 이러한 사회상황 속에서 자연스럽게 강족 민족도 아주 기꺼이 이와 같은 '달아나 흩어진 강족'을 찾아 나서게 된 것이었다.[27]

---

27  이러한 사회 역사기억은 강족들 사이에만 퍼져 있는 것이 아니다. 많은 중국 서남지역의
　　민족들에 대해 현지 조사를 진행한 연구자는 나에게 "일본인과 같은 뿌리"라는 주장이

나는 예전에 "태백이 오로 달아난太伯奔吳" 것과 관련된 1편의 논저에서 족군중심주의ethnocentrism와 대등하지 않은 족군문화들 간의 상호관계 및 현실 이익이란 고려하에 춘추시대의 화하가 어떻게 "잃어버린 조상의 후예를 되찾는" 과정을 거쳐 강남江南의 구오句吳 사람들을 받아들였고, 구오의 지도자 가족이 어떻게 "잊어버린 조상을 되찾는" 과정을 거쳐 그 토착의 정체성을 변화시켰는지를 설명한 적이 있다.[28] 강족의 사례에서 그들이 "흩어진 강족의 후예를 찾고자" 노력하는 것 역시 모종의 족군중심주의의 심리 상태라는 점에서는 마찬가지이다. 하지만 이것은 일종의 우세 족군이 세력을 확장하려는 성격의 우리민족 역사 상상이 결코 아니다.

반대로, 이것은 일종의 산중에 사는 소수민족이 자신의 고립과 적은 인구에 대해 느끼는 불안과 자괴감을 드러낸 것이며, "세계 곳곳에 모두 우리 강족이 있다"라고 함으로써 자기만족을 기대하는 것이기도 하다.[29]

---

여(畲)·묘(苗)·요(傜)·이(彝)·경파족(景頗)·납서족(納西) 등의 민족들 사이에도 널리 퍼져 있다고 말하였다.

28  王明珂, 『華夏邊緣』, 255~287쪽.

29  다른 한편으로 20세기 이래 일부 일본학자들이 만주, 몽골, 신강, 동남아 및 중국 서남지역 곳곳에서 '뿌리 찾기'를 하였는데, 이런 흩어진 조상의 후예를 찾는 학술탐구는 일종의 일본문화 심리의 근원을 반영하기도 하지만, 섬나라의 폐쇄된 공간에서 벗어나고자 하는 현실적 욕망하에서 '확장하려는 성격의 우리민족 상상'인 것 같다. 이러한 문화 심리의 근원은 그 언어학, 체질학, 고고학, 민족학과 역사학의 정립에 많든 적든 영향을 미쳐서 '대동아공영권' 개념을 조장하였고, 근대 일본 군국주의에게 정치 군사적 확장을 하도록 만들었다. 이 때문에 오늘날 중국의 여, 묘, 요, 이, 강 등 서남 소수민족 사이에 보편적으로 널리 퍼져 있는 "우리와 일본인은 같은 뿌리이다"라는 기억은 중국, 일본과 이 지역 지식인들이 함께 되돌아볼 현상이며, 심리학, 정치학, 역사학과 인류학적으로 깊이 연구 검토할 만한 문제이기도 하다.

# 강족羌族들에게 전해지는 두 가지 신화와 전설

이상, 살펴본 강족의 구술기억들에는 모두 중국 역사 혹은 야사 중의 인물과 사건들이 얼마간 뒤섞여 있고, 수많은 중국의 시간과 지명도 끼여 있다. 이 기억들의 주축主軸은 모두 강족과 한족의 본질 혹은 양자 간의 관계를 설명하는 데 있다. 강족들 중에는 약간의 다른 '과거'들이 보편적으로 퍼져 있는데, 그것들은 한문화와의 관계가 깊지 않거나 아예 관계가 없다. 이 지역에서 그것들은 완전히 '신화 전설'로 여겨지고 있는데, 이 지역의 한어漢話로는 '조條' 혹은 '각자殼子'라 불리며, 이들을 설명하는 것은 '파조擺條' 혹은 '취각자吹殼子'[30]라고 한다. 아래에서 나는 이 신화 전설 두 가지를 소개하고자 한다.

## 복희伏羲의 남매仔妹가 사람 모습人煙을 만들다

첫 번째는 "두 남매가 결혼하였다"거나 "복희의 남매가 사람 모습을 만들었다"라는 이야기이다. 다음은 송반 소성구의 한 강족 노인이 해준 이야기이다.

'동파협일東巴協日'이라는 보살이 있었는데, 그가 인간 세상을 관장하였어. 우리는 그의 지구상에 살고 있지. 복희의 남매가 사람 모습을 만들었는데, 이렇게 해서 인간이 생기게 되었어. 이 이야기에 관하여서는 한족은 한족이 말하는 게 있고, (우리) 민족은 우리민족이 말하는 게 있어. 민족은 복희의 남매

---

30 [역자주] 허풍을 떨다는 의미가 있다.

가 사람 모습을 만들었다고 말하지. 철이 녹슬자 호수가 땅 밑에서 떠올랐어. 두 남매는 농사를 지었는데, 누나姐姐는 까마귀 소리를 알아들을 수 있었지. 까마귀 한 마리가 "빨리 소를 죽여서 소가죽 주머니 안에 들어가"라고 소릴 질렀어. 까마귀가 "동작을 빨리 해야 해"라고 말하였어. 얼마 지나지 않아 홍수가 하늘까지 차올랐고 소가죽 주머니는 물 위를 여기저기 떠다니다 높은 산 위에 닿았지. 땅 위에는 한 사람도 없었어. 그날 저녁에는 아홉 개의 달이 떠서 갈 수가 없었고, 다음 날은 아홉 개의 태양이 뜨면서 물이 줄어들었지. 산 위에 있던 두 남매가 주위를 둘러보았지만, 사람은 아무도 없었어. 누나가 아이디어를 내어 "우리 둘만 남았으니 손 맷돌을 남자는 좌측에 놓고 여자는 우측에 놓아서 만약 살아서 인간이 되면, 너는 너의 것을 내려놓고 나는 나의 것을 내려놓은 다음 단단해지면 우린 바로 인간의 씨씨種가 되겠지만, 만약 그렇게 되지 않으면 할 수 없지"라고 말하였어. 그런데 나중에 단단해지면서 핏덩어리 하나를 낳았지. 이번에는 오빠가 (그것을) 잘라서 곳곳에다 던졌어. 그러자 다음날 곳곳마다 사람 모습이 나타났지.

북천 청편향의 한 노인도 이 두 남매가 결혼하여 "인간을 만든造人" 이야기를 다음과 같이 나에게 해주었다.

우리는 인간을 만든 이야기에 관하여 일찍이 두 남매가 살았는데 결혼하여 부부가 되었다고 그렇게 말해. 두 사람은 손 맷돌을 산 위에서 놓아 내려 보내어 하나로 합쳐지면 결합하기로 협의하였어. 나중에 그들은 핏덩어리 하나를 낳지. 그것을 잘게 잘라서 곳곳에다 뿌리자 곳곳에서 모두 인간이 생겨났어. 하늘에서 한 여자가 세상에 내려왔는데, 우리는 '모저母姐'라 부르고, 무현에서는 '목저주주木姐珠'라고 불러. 이 이야기는 내가 어릴 때 들은 거야. 그녀는 사람도 아니고 원숭이도 아닌 어떤 자와 함께 결합하였어. (그렇게 해서) 이곳에 인간이 있게 되었지.

인류의 기원 혹은 이 지역 각 골짜기 집단의 기원에 대하여 무현 영화구永和溝의 한 노인도 다음과 같이 말하였다.

사람은 어떻게 왔는가? 그들은 복희의 남매가 사람의 모습을 만들었다고 말해. 상당히 기술적으로 만들어진 거야. 인간은 말을 하기도 하고, 욕하고 싸우기打捶도 하니 잘 만들었지. 두부를 가는 손 맷돌을 산 위로 메고 가서 아래로 굴러 떨어지게 하였어. 만약 두 개의 맷돌이 합쳐지면 결혼할 수 있었지. 나중에 정말로 하나로 합쳐져서 결혼하여 고깃덩어리 하나를 낳았어. 그들은 칼로 그것을 잘라서 높은 산 위로 올라가 골짜기마다 이곳에 한 덩어리, 저곳에 한 덩어리씩 던졌어. 다음날 이곳에서도 연기가 피어오르고, 저곳에서도 연기가 피어올랐지. 이는 내가 들은 이야기로 사람의 기원은 이렇게 시작되었다고 해.

나는 '인간을 만든' 이 이야기의 중점이 공동의 기원으로서 한 집단을 응집시키는 데 있는 것이 아니라, 각지에 흩어져 사는 촌락 집단이 왜 생기게 되었는지를 해석하는 데 있다고 생각한다. 이 이야기는 상당히 널리 퍼져 있다. 상당히 한화된 북천에서 티베트화가 심한 송반까지 모든 강족 지역에 널리 퍼져 있고 내용도 대동소이하다. 그러나 흑수지역에 이르면 이 전설을 아는 사람은 많지 않다. 가융티베트족과 초지티베트족 사이에서도 이런 종류의 이야기가 유행하지 않는 듯하다.

　나는 아직 전면적인 조사를 하지 못하였지만, 내가 본 자료 및 일부 소수민족과 현지 조사자의 견해에 따르면, 이 이야기는 수많은 중국 서남 민족들 사이에 광범위하게 퍼져 있다고 한다.[31] 오늘날 중국의 민족 분류체계에서 강족은 '서남 민족' 중 가장 서북변방에 사는 일군의 사람들인데, 이 전설도 여기까지만 퍼져 있는 것 같다. 어쩌면 "복희 남매가 사람 모습을 만들었다"는 전설은 비교적 한화된 중국 서남 각 족군들의 공통된 기억 중 하나라고 말할 수도 있을 것이다.

### 목저주木姐珠와 두안주斗安珠

　두 번째 이야기는 '목저주와 두안주'이다. 천상의 한 선녀가 지상의 한 원숭이와 어떻게 결혼하게 되었으며, 인류를 위해 오곡과 가축을 가져다주었는지 설명하고 있는 이야기이다. 다음은 문천 면지의 한 강족이 진술한 내용이다.

　인간의 기원에 관한 가장 빠른 기록은 주로 단공의 가사, 그중에서도 목저木姐와 관련된 한 단락 가사 안에 있습니다. 이 가사는 바로 약속을 지키고還願, 제사를 지내고, 태평 보자기를 두드릴 때마다 노래해야 하는 단락이지요. 그 내용은 다음과 같습니다. "천상의 선녀가 인간 세상에 내려와 삼베麻布를 씻었는데이전에 신선은 우리 강족과 마찬가지로 삼베옷을 입었다, 원숭이 한 마리가 곁에 숨어서 이를 지켜보고 있었다. 그녀가 손목에 끼고 있던 금은 고리籭籭를 벗어서 옆에

---

31　비교적 남쪽 지방의 각 족군들 사이에 퍼져있는 이야기 대부분에서는 두 남매가 '조롱박' 안에 숨어서 대홍수를 피하였다고 되어 있다.

다 두었다. 원숭이가 장신구를 버드나무 꼭대기에다 걸어놓았기 때문에 선녀가 옷을 다 씻고 나서 장신구를 찾을 수가 없었다. 나중에 물 안에 있는 것을 발견하고 손으로 건져 올리려 하였지만, 보이기는 하는데 건질 수가 없었다. 원숭이가 한쪽에 숨어서 '난 장신구가 어디 있는지 아는데'라고 웃으며 말하였다. 선녀가 장신구를 잃어버리고 돌아가면 벌을 받을까 두려워 '네가 좀 가져다주겠니'라고 부탁하였다. 원숭이가 '좋아, 하지만 조건이 있어. 첫째 당신이 나를 천상에 데리고 가서 놀게 해줄 것. 둘째 당신이 나에게 시집을 것'이라고 하였다. 선녀가 승낙하였다……." 이것이 가장 중요한 가사이지요. 그들이 낳은 아이가 바로 강족이고요.

(단공) 경문에 따르면, 이 사람원숭이獼猴는 여러 시련試鍊들을 통과한 후 천신天神 목비탑木比塔의 어린 딸인 이 선녀와 마침내 결혼하였고, 그 후 두 사람은 속세로 내려와 자녀를 낳아 키우면서 작물과 가축도 데려온 것으로 되어 있다. 목비탑은 수많은 촌락 주민들의 관념 속에서 이를테면 옥황상제였다. 그 속세의 원숭이가 바로 '손오공'이라 말하는 사람이 있지만, 반은 인간이고 반은 원숭이라고 말하는 사람, 그냥 평범한 인간일 뿐이라고 말하는 사람도 있다. 이 이야기가 원래 얼마나 널리 퍼져 있었는지는 전혀 명확하지 않다. 현재 리현, 문천 일대의 촌락들에서는 많은 촌민들이 이 이야기를 알고 있다.

반면, 무현 서로西路, 민강 서안의 각 지류 각 골짜기의 촌락 민중은 대부분 이 이야기를 들은 적이 없었다고 한다. 송반 일대 촌락들 중의 강족들도 이 이야기를 들은 적이 없다. 1980년대 이래 강족문화에 관한 현지의 연구붐이 일면서 '목저주와 두안주' 이야기가 채집되고 번역되어 각종 『강족 민간고사집羌族民間故事集』과『강족문학羌族文學』등의 출판물에 한문으로 실리게 되었다. 그래서 각 현성에 사는 강족 지식인들이 거꾸로 한문 서적과 자기들끼리 이야기를 주고받으면서 모두 이 이야기에 대하여 상세하게 알게 되었다. 강족 지식인들에게 이 이야기는 '강족'의 유래 및 이 지역 농목農牧 자원오곡과 가축의 유래를 설명해준다는 점에서 가장 중요시 되었다.

무현과 송반 등지의 강족들이 '목저주와 두안주' 이야기를 들은 적은 거의 없지만, "원숭이가 변해서 인간이 되었다"라는 것은 촌락 민중들 사이에 존재하는 보편적인 인식이다. 인간은 원숭이와 한 선녀가 낳은 것이라고 말하는 사람도 있다. 이것이 현대 '인류 진화'에 관한 지식이 만들어 낸 인상이라고 인정하긴 매우 어렵다. 왜냐하면 서쪽과 북쪽으로 갈수록, 예컨대 흑수티베트족과 열무熱務티베트족 사이에서는 이러한 견해가 보편적인 데 반하여, 한문과 중국의 국가 교육이 전파한 현대 지식은 도리어 동쪽에서 서쪽으로 갈수록 줄어들기 때문이다.

우리는 중국 문헌『북사北史』에서 당항강黨項羌, 탕창宕昌, 백랑白狼 등을 원숭이 종족彌猴種이라 불렀음을 알고 있다. 티베트족 문서인『티베트왕통기西藏王統記』와『현자희연賢者喜宴』등의 책에도 (그들의) 조상이 원숭이와 암마녀岩魔女 사이에서 태어났다는 전설이 적혀 있다. 오늘날에 이르기까지 티베트 지식인들은 티베트족의 기원에 관한 논쟁에서 여전히 '원숭이 종족'설을 가지고 한인 학자들이 주장하는 '강족설'에 대항하고 있다. "원숭이가 변해서 인간이 되었다"라는 이 설은 서쪽으로 갈수록 더욱 유행하고, 앞서 말하였듯이 강족지역의 '티베트문화' 요소는 동쪽에서 서쪽로 갈수록 점점 증가하기 때문에 나는 강족의 '목저주와 두안주' 이야기가 서쪽 티베트 지역에서 전해진 일종의 '우리민족 기원 전설'을 대표하며, "원숭이가 인간을 낳았다"라는 이 전설이 유포된 동쪽변방이기도 하다고 생각한다.

어찌 되었든, 현대 강족 정체성 가운데 '목저주와 두안주' 이야기의 중심축은 결코 "원숭이가 사람으로 변하였다"는 게 아니고 강족의 천신 '목비탑'이다. 이 '천신'은 앞서 말한 바와 같이 수많은 촌락 백성들에게 언제나 '옥황상제'였다.

그러나 1910~1920년 영국 선교사 토랜서가 이 지역 사람에게 '목비탑'은 바로 성경 중의 '하느님'이고, 이스라엘인혹은 유대인의 후예 중 한 갈래가 바로 강민의 조상이라고 말하면서 '하느님' 신앙을 동양으로 가져왔다.[32] 오늘날 강족 지식인들에게 '목비탑'은 이미 완벽하게 모든 강족의 신이지만, 동남부 촌락 민중들은 여전히 일반적으로 이것이 바로 '옥황상제'라고 여기고 있으며, 서북부의 송반 소성구, 무현 우미파 등지의 촌락 민중들은 이에 대해 전혀 알지를 못한다. 당연히 '목비탑'이 기독교의 하느님이라고 생각하는 사람은 일찍부터 없어졌다.

"복희의 남매가 사람 모습을 만들었다"라는 것과 '목저주와 두안주' 이 두 전설은 '인류 기원' 신화의 한 부분이다. "복희의 남매가 인간의 모습을 만들었다" 중에서 "남매가 결혼하여 인간을 만들었다"라는 주제는 (중국의) 서남지역에 널리 퍼져 있는데, 민강 상류는 그 분포지역의 북쪽 경계이다. '목저주와 두안주' 중의 "원숭이가 사람으로 변하였다"라는 주제는 청장고원 및 그 변방지역에 널리 퍼져 있는데, 민강 상류는 그 동쪽 경계이다.

또 이 두 전설 중에 복희와 옥황상제 등 한인의 고대 성인과 신의 개념이 들어있는데, 이것이 한문화 서쪽변방의 산물이기도 하다는 것을 보여

---

32   이 책 제5장과 제9장을 참고하라. 강민의 역사와 문화에 대한 토랜서의 견해는 이 두 장에서 상세히 소개하였다.

준다. 따라서 이 지역에 퍼져 있는 "복희의 남매가 인간의 모습을 만들었다"는 것과 '목저주와 두안주' 두 이야기로부터 민강 상류 촌락 집단의 문화적 혼잡성과 다중 변방의 지리적 위치를 볼 수가 있다. 즉 그들은 티베트문화권의 변방, 한인문화권의 변방 및 여러 문화가 뒤섞인 서남 토착문화의 변방에 살고 있었다.

## 강족羌族의 정체성 및 그 본토역사의 기억

이번 장에서 나는 먼저 강족의 정체성이 형성된 과정을 설명하고자 하였다. 이와 관련하여 이곳 본토의 강족 정체성이 언제부터 나타나기 시작하였는지 말하기는 매우 어렵다. 이는 하나의 과정이다. 그 과정 중에 갈수록 많은 사람들이 자기 족군이 '강족'이라 불린다는 것과 오늘날 강족의 범위를 알게 되었고, 그리하여 갈수록 많은 사람들이 자신을 강족으로 등록하고자 하였다. 이 과정은 더 이른 연원이 있을 수도 있지만, 주요한 변화는 대략 20세기 초부터 1980년대까지 일어났다.

위에서 인용한 구술 기록은 모두 내가 1995~2002년 사이에 수집한 것들인데, 강족 정체성 형성 이후의 사회기억이 표현되어 있다. 그런데 일부 노인들은 자신이 어릴 때 '강족'이란 명칭은 들어보지 못하였지만, "우리 이 민족"은 알고 있었다고 말한다. 우리는 아래에 인용한 무현 삼용구의 한 노인이 말하는 것을 자세히 음미해 볼 만하다.

대우大禹, 우리 집 꼭대기 움푹 파진 곳 위에 있는 백석白石이 바로 대우에게 제사 지내는 것이야. 이전에 그 돌 위에는 생선 꼬리 형상이 새겨져 있었어. 그러면 강족이 곤경에 빠졌다는데 그곳이 어디였던가? 멸망되려고 하였을 그때 천신이 빙산氷山 하나를 (지상에) 내려 보내어 大朝중국를 격리하였지. 백석들을 무너뜨려서 대조를 격리하였지. 백석산白石山을 무너뜨려 버렸어. 대우에게 제사 지내는 일은 백석과 바로 이렇게……. 이는 노인네가 이야기한 것인데 중국말漢語로 말한 것이야. 저 노인들의 이야기에는 하나의 질서가 있는데, 대우가 무문현 석고石鼓와 남흥南興이라는 이곳에서 태어났다고 해. 이전에 강족은 관현의 가장자리에 도달하려 하였으므로 관현 이상은 바로 강족의 고향이야. 그때는 강족이라는 걸 몰랐어. 강족은 해방 후에야 비로소 강족이니, 티베트족이니라고 말하였던 것이었어. 대우는 '일맥日麥'[33]의 능인能人이라고 말들을 해.

  이 구술기억은 주창이 바위를 메고 안문을 막은 일과 대우, 천신, 백석 그리고 '영웅 정벌 전설' 등의 주제를 혼합한 것이라 말할 수 있다. 그것 역시 '강족'이란 우리민족 칭호가 아직 만들어지기 전에 이미 촌락과 골짜기 내의 '이마' 정체성을 초월하는 '대이마大爾瑪' 개념이 나타났음을 보여준다(보통 '이마'라 부르는 것을 삼용三龍의 토착어로는 '일맥'이라 함). '강과 대전 이야기'를 하는 많은 노인들은 모두 과인戈人[34]을 물리친 '차借', '열熱' 혹은 '지나智拿'가 승리 후에 바로 '이마'가 되었다고 말한다.

---

33  [역자주] 강족이 자칭 자신들을 '日麥', '麥', '爾瑪', '瑪' 등등(각지마다 발음이 다름)으로 부르는 강어의 한자어 음사 중의 한 가지이다.
34  [역자주] 고대 강족 역사에서 전설적인 강족 부족의 이름인데, "과기인(戈基人)"이라고도 불린다. 현 사천성의 아파(阿壩), 감자(甘孜)지역 티베트인들은 그들을 티베트인이라고 부른다.

이 삼용구 노인이 말하는 '대이마' 역사의식 중에 대우는 이미 본 민족의 위대한 조상이 되었고, 관현은 본 민족이 가장 강대하였을 때의 지리적 최대 영역이었다. 이것들이 바로 이번 장에서 분석한 단공 경문에 보이는 민강 상류 '강민' 지역의 초기 '우리민족' 의식이고, 지리 공간과 문화적으로 '한족漢'에 기울어진 우리민족의식이었다. 이를 통해서도 나세택 판본의『강과대전』및 그 민족 지리 주석注釋, 그리고 "강족은 대우의 자손이다"는 등의 사회기억이 결코 1980년대 강족 정체성하에서 나온 우리민족 상상만이 아니라는 점을 볼 수 있다. 단공의 가사 및 이 삼용[35] 노인의 구술 기억에서 우리는 이러한 우리민족 상상이 20세기 전반이나 그 이전에 이미 형성되고 있었음을 알 수 있다.

1980년대 이래 강족 지식인들이 역사와 문화 논술을 통해 정립하고자 한 강족의 본질은 두 가지 노선을 통해 진행된 것 같다. 하나는 대우의 자손과 대우문화의 '오래된 화하'를 강조함으로써 정립한 강족이고, 다른 하나는 천신 목비탑, 산신 제사, 백석흰돌 숭배, '목저주와 두안주' 등 비한족 본토 특색의 '소수민족'을 강조함으로써 정립한 강족이다. 앞 노선에 적극적이었던 지식인들은 주로 비교적 한화된 지역이나 시와 읍의 나이 든 퇴직 공무원과 교직원公教職工들이었다. 뒤 노선에 열중하였던 추진자는 주로 촌락에서 온 중년의 현직 민족 간부이거나 교사들이었다. 앞 노선은 내가 이번 장의 처음에 언급하였던 20세기 전반 이 지역이 '관현'을 우리민족 공간의 변방으로 삼고, '차' 혹은 '열'로서 족군을 자칭하였던 우리민족 상상의 연장이다. 이를 추진하였던 사람은 퇴직한 공무원들과 교직원 간부

---

35  [역자주] 본서의 원문에는 삼용으로 되어 있지만, 저자가 삼용구에서 '구'를 빠뜨린 것으로 보인다.

들인데, 역시 과거 '단공'과 마찬가지로 한문 고적을 읽을 수 있는 능력을 갖춘 자들이었다.

사실, 한문 고적 지식은 그들이 자기 민족 정체성을 정립하는 주요한 소재素材였다. 뒤 노선은 1980년대 이래 국가의 소수민족 자치행정의 공간에서 스스로 자기 민족을 '이마'라 칭하면서 한족과 다른 소수민족의 역사문화 정립을 강조하였다. 이 때문에 보기에 따라 그들은 20세기 전반 이래 '소수민족화'의 강족 정립을 이어나갔다고 할 수 있다. 이 두 노선, 즉 '오래된 화하'와 '소수민족'은 병행하고 겹치기도 하였지만 서로 배척하지는 않았다. 이 두 부류의 강족 지식인들은 확연하게 구분되지 않을 뿐만 아니라 한 사람이 늘 이 두 부류의 특징을 다 갖고 있었다.

이 두 노선의 본토 역사문화가 정립됨으로써 오늘날 강족 및 그 족군의 본질이 만들어졌다. 한족과 티베트족의 변방에 살기는 하지만, 그들은 각종 문화 핵심으로부터 전해진 '역사'를 소극적으로 받아들이기만 한 것이 아니라 이 외래 지식들을 선택하고 손질함으로써 자신의 고유한 기억들과 서로 결합하기도 하였다.

이상, 강족 사회의 역사기억 중에 드러난 어리석은 오랑캐, 한족의 구원자 혹은 수호자, 가장 오래된 화하대우의자손, 과거 아주 강대하였으나 나중에 패배한 강족 등의 자기 민족에 대한 역사적 모습은 변방 소수민족으로서의 수많은 무력감과 비굴함 및 기대와 긍지를 나타내고 있다. 이를 빌어서 그들은 변방에 사는 소외자인 자기 모습을 받아들임과 동시에 자부할 만한 우리민족의 이미지들을 만들었다. 그들은 자신을 소수민족으로 정립하였고 동시에 이 '소수'가 '다수'의 일부인데다 다수보다 더 오래되었음을 강조하였다. 이러한 현상은 강족에게만 보이는 것이 아니고 이족, 납서

족 등 중국의 서남 민족들 중에서도 보인다.[36]

강족은 본토 역사의 창조자일 뿐만 아니라 역사의 창조물이기도 하다. 본서 제6장에서 나는 이 화하변방의 역사를 설명한 바 있다. 이 역사 중에서 '강인'은 줄곧 화하와 그 서쪽변방 무리들 간에 변화하는 관계의 산물이었다. 따라서 화하의 주체가 근현대 '한민족'이 되었을 때, 새로운 화하변방의 '강족' 또한 그에 따라 탄생하였다. 역사상의 '강'은 한족과 비한족 사이 혹은 한족과 티베트족 사이의 모호한 화하변방이었다. 이 역사 중에 창조된 강족, 특히 그들 '지식인'들은 이로 인해 다원적인 역사와 문화를 정립할 역량도 가지고 있었다.

전범적 역사에 익숙한 많은 독자, '역사'와 '신화 전설'의 구분을 배워 아는 독자들은 이 장에서 언급한 강족의 '본토 역사'가 단지 일부 지방의 전설과 신화일 뿐 그 안에 역사적 사실인 요소는 아주 적다고 여길지도 모른다. 확실히 그렇다.

하지만 강족 정체성하의 '본토 역사'의 허구성은 다른 국가나 민족 정체성하의 '전범적 역사' 속에서도 보인다. 이 강족의 '본토 역사' 정립 과정 중에 언급된 내외 무리들의 권력관계도 오늘날 우리가 비교적 "학술적이라고 하는" 역사 정립 중에서 보는 바와 똑같다. 따라서 어느 것이 비교적 진실한지, 어느 것이 비교적 '학술적'인지를 가리기보다는 인류의 여러 사회 정체성의 본질, 정체성과 사회관계 간의 관계, 특히 사회기억 중 무리

---

36  예컨대 이족 출신 류요한(劉堯漢) 등 이족문화에 관한 연구는 강족의 대우(大禹)문화 연구와 서로 비교되는데, '오래된 화하' 혹은 '화하보다 더 오래된' 우리민족 정립 노선을 대표한다. 우리도 일부 이족 지식인이 또 다른 노선인 이족의 '비한족 소수민족문화'를 찾아 정립하고 강조하는 것도 볼 수가 있다. 이 역시 중국 서남 소수민족들의 보편적 특징 중 하나임을 증명하지만, 여기서 '한족'과 '비한족'을 확실히 구분하기는 어렵다.

의 정체성과 가장 밀접한 '역사', 즉 '과거'에 대한 사람들의 기억과 서사를 진지하게 사고하는 편이 나을 것이다.

'역사'에 대하여 광의적으로 넓게 이해한다면, '역사'가 어떻게 한 사회 특유의 '역사심성'의 영향을 받아서 정립되는지, 그리고 역사와 사회 현실이 어떻게 인간의 역사심성과 역사기억을 강화하거나 변화시키는지 이해하는 데 도움이 될 수 있을 것이다.

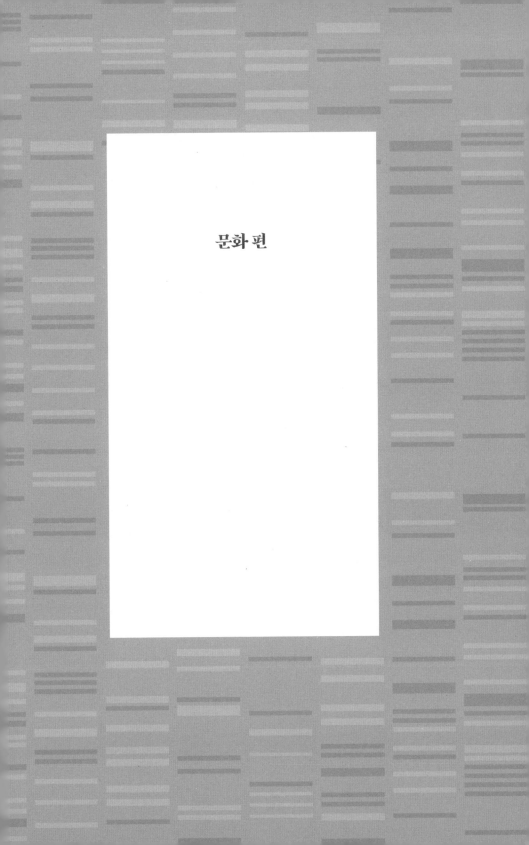

문화 편

　강족문화 역시 역사학자, 고고학자와 민족학자들이 흥미를 느끼는 주제이다. 역사학자와 고고학자는 문헌과 유물로 고대 강족문화의 면모들을 탐색한다. 민족학자는 필드워크에서 당대 강족문화를 관찰하고 기술한다. 일부 학자들은 역사와 考古과거 탐구, 민족학자료를 종합하여 강족문화의 역사적 연속성을 설명함으로써 이 민족의 실체가 역사에서 존재하였다는 것을 증명한다. 이 사이에서 '문화'는 많은 학자들에게 여러 가지 다중적 의의가 있다. '문화'는 많은 인간들의 사회발전 단계에서 나타난다. 이것은 진화론演化論의 관점이다. '문화'는 많은 인간들의 이주遷徙나 또는 사람이 만든 공간에서 모종의 정신 혹은 물질의 전파를 나타낸다. 이것은 전파론의 관점이다. '문화'는 또한 인류사회의 내부 질서를 나타낸다. 이것은 구조기능주의 관점이다.

　국가민족주의의 영향 아래 이와 같은 다른 관점의 논술을 통해 근대의 학자들은 강족문화와 관련된 연구를 수행하면서 사회발전 면에서 화하華夏문화보다 열등하고, 역사상 계속 패배해서 이주한, 오늘날도 여전히 '민족문화 전통'에 의해 그 사회적 특수성이 유지되고 있는 강족을 구축해 내었다. 다른 측면에서 '민족문화 전통'은 학자의 탐색과 논쟁의 대상이기도 할뿐만 아니라 현재 강족特히 지식인들이 신뢰하고 자부심을 갖고 있으며, 부단히 그들에게 꾸며지고 새로 창조되어지는 문화의 부호이기도 하다.

　위에서 기술한 '학술적'인, 외래자 및 본토의 문화 구축은 근래 20여 년 사이에 새로운 세대의 학자들에게 중요시되었다. 포스트모더니즘 학술 조류의 영향을 받아서 '민족문화 전통'은 새로운 구축과 발명이라고 인식되어지고 있다. 학자들은 세계의 많은 사례들에서 많은 '전통'들이 정말로 낡고 오래된 것이 아니라 근대 국가민족주의 아래에서 사람들에 의해 집체적으로 구축되어 국가민족을 결집시키는 '혁신적인 발명invention'임을 발견하였다.

이러한 논술은 '상상의 국가민족 집단' 논술과 일체양면의 것이다. 당대 국가민족 또는 국가민족하의 민족은 근대 민족주의자들의 집단적 상상의 산물이다. 또한 이 집단적 상상과 그 성원의 정체성 응집을 강화시키는 것은 바로 공동의 '전통문화'와 '역사'이다. 이 방면의 연구는 오랫동안 '국가민족주의'와 민족감정에서 비롯된 '역사'와 '문화' 연구로 하여금 새로운 면모를 갖게 하였고, 더욱 학자들이 역사와 문화에 대해 새로운 견해를 갖게 하였다.

그렇지만 이 국가민족혹은 민족 형성의 '상상창조론' 역시 부족한 데가 있다. 역사 방면에서 이것은 일종의 '근대주의'인데, 근대의 변천을 강조하고 오랜 역사상 '근대'의의를 소홀히 하며, 이로 인해 역사의 연속성을 소홀히 하고 있다. 문화적 방면에서 '전통창조론'은 사람들이 보통 칭하는 '전통문화'의 근대적 창조의 구조를 분석하고 드러내는 것을 중시하지만, 근대 문화 수립은 오랜 과정의 문화 과정의 일부분임을 소홀히 한다. 그래서 역시 이 문화文化수립 과정을 추동하는 역사와 사회의 상황을 소홀히 한다.

본서 역사 편에서 나는 역사상 '강羌'의 연속과 변천 및 관련 역사기억과 역사사실을 설명하였다. '문화 편'의 일부에서는 나는 역사 또는 '역사'와 유관한 강족문화 문제를 검토 연구할 것이다. 나는 '역사'와 '문화'는 모두 역사와 사회 실상reality의 표현representation이라고 인식하고 있다. 이 책에서 이러한 역사와 사회의 실상은 바로 역사상 연속과 변천의 화하변방이고, 그리고 그것이 품고 있는 각 계층의 족군, 계급, 성별과 지역의 주민관계이다.

먼저, 제9장에서 나는 중국 문헌과 고고학에서 보이는 고대 '강인羌人'의 문화적 면모, 그리고 20세기 전반기 민족학자들이 기술한 민강 상류의 강민羌民문화를 설명하겠다. 우리는 고대 강인의 문화적 면모를 반드시 '재건'할 수 있는 건 아니지만 '강문화'에 대한 학자들의 기술과 탐색에서 '기술자記述者'들예를 들어 범화(范曄), 강병장(姜炳章), 토랜서, 호감민(胡鑑民) 등이 '타자'를 기술할 시의 특수한 홍미와 편견 등을 분석할 수 있고, 이러한 기술자들 자신의 족군과 문화적 정체성을 이해할 수 있다. 우리는 기술자와 피기술자 간의 경제, 정치와 문화 권력의 차이에서 사람기술자들이 타자피기술자의 '문화'에 대한 폄훼, 오염화 및 자기문화에 대한 과시가 어떻게 타자의 문화 모방과 추종을 불러일으킬 수 있는지도 관찰할 수 있다. 이러한 문화과정은 일찍이 '강'으로 표현된 화하변방의 변천을 일으켰으며, 또한 근대적인 화하변방의 재건을 일으키기도 하였다.

근대 화하변방에 재구축된 강족문화는 문화권력의 핵심인 '기록자'의 '타자'에 대한 문화서술로만 경계가 설정된 것이 아니라, 더욱 현지인 자신들의 문화 구축을 통해서도 완성된 것이다. 제10장에서 나는 당대 강족 전통문화의 현지 수립배경과 과정을 소개할 것이다. 이 소개에는 하나의 '민족'이 어떻게 그들 자신의 문화 구축에 영향을 미쳤는가 하는 문제뿐만 아니라 '민족'이 어떻게 각 계층의 족군들, 계급, 시와 읍, 지역주민들 간의 구분 그리고 이러한 구분을 조성하고 강화하는 비대등한 권력관계 아래에서 '우리민족문화'에 대한 사람들의 과시, 선택, 논쟁과 경계획정에도 영향을 미쳤는가 하는 점도 포함된다.

'강'문화에 대한 고대 화하의 기술이든, 혹은 '강'으로 불리어진 사람들의 문화적 표징이든, 또는 당대 강족의 문화구축이든, '문화'는 모두 약간 객관적이면서 구조적이거나 역사의 시간 중 면면히 이어져오면서 변하지 않는 생활습속만이 아니다. 그것들은 문자, 구술, 신체, 각종 물상의 '현시'를 통하여 사람들에게 실행, 관찰 관람, 비평, 모방, 과시 혹은 수식되어져서 각종 사회적 정체성과 구분이 강화되거나 또는 변화되어진다. 각종 사회적 정체성과 구분의 이해利害를 결정함에 떠돌고 있는 개인도 이로 인해 그 문화의 표징과 현시를 자주 바꾸기도 하고, 또 문화 표징을 바꾸는 것은 자신과 타자에게 의의를 가진다.

이 모든 과정들은 문화, 족군, 지리적, 사회적 거리가 먼 집단들 간에 자주 발생하는 게 아니고 비교적 친근하거나 늘 접촉하는 집단들 사이에서 발생하는 것이다. 인간 집단들 사이에 존재하는 상대에 대한 문화의 무시, 과시와 추종은 이 지역들에서 모호한 화하의 변방을 형성하였다. 여기서 누가 '한漢'이고, 누가 '오랑캐' 또는 '소수민족'인가? 그리고 무엇이 '한문화漢文化'이고 또는 '토착문화'인가하는 점은 모두 모호하고 항상 논란이 되는 것이다. 작은 지역 간, 친근한 무리들 사이에서 일어나는 이러한 미세한 문화 과정은 내가 칭하는 화하변방을 변천시켰다. 그래서 당대 강족문화가 형성된 근대의 과정은 길고도 먼 역사 과정의 일부분일 뿐이고, 이러한 길고 먼 역사 과정 중에서 연속된 것은 다차원의 핵심과 주변부 인간 집단의 관계이다.

# 제9장

# 고대 강인古羌人문화

사실, 서사 및 현시展演

필드워크 연구에서 사회인류학자가 자신이 연구한 인간의 집단사회를 어떻게 관찰하고 해독하는가 하는 것도 그 학자가 '문화'의 이해에 대해 어떤 태도를 갖고 있는지를 설명하여 준다. 즉, 고대 인간 집단사회를 연구하는 역사학자로서는 역사문헌과 고고학자료를 어떻게 읽고, 인류사회 '문화'에 대한 학자의 견해를 어떻게 표현하는가 하는 것과 같은 것이다. 그래서 이 장에서 강족과 관련된 몇 가지 고고 및 문헌자료들을 분석하기 전에 나는 먼저 스스로 '과거'의 소재를 탐구하는 서적들을 어떻게 대할 것인가 하는 점을 설명할 것이고, 동시에 '민족문화'에 대한 나의 견해를 밝히겠다.

중국의 문헌들 중에는 '사방 오랑캐四方蠻夷'의 기이하고 특이한 풍속에 대해 기술해놓은 것이 아주 많다. 우리는 이 문헌기록들을 세 개의 다른 각도에서 읽고, 분석할 수 있다.

우선, 사실act인데, 그것들은 비화하非華夏 피묘사자의 객관적인 생활 습

속과 문화적 특징을 반영한다. 다음은 서사narratives인데, 그것들은 화하華
夏의 묘사자가 자신의 문화와 정체성의 특성 때문에 생기는 다른 문화에
대한 주관적 서술과 편견을 반영한다. 그 다음은 '전시와 연출展演, perform-
ance'[1]이다. 이러한 서사진실인지 어떤지는 차치하고는 개인이나 사회에 특별히 보
여지고 연출되어지는 것으로서, 화하나 비화하에 의해서 읽혀지고 논평이
되어서 하나의 동태적인 사회기록이 된다. 그래서 문화의 오염화이민족문화에
대하여와 과시우리문화에 대하여 그리고 모방약자가 우세자에 대하여 등 현시하는 행위
를 통하여 화하화 되는 과정非화하가 화하가 되는 과정이 진행된다.

문헌에 대한 읽기와 분석의 이 세 가지 각도도 문화인류학 연구의 몇 가
지 다른 취지들, 즉 문화의 기술記述이 반영하는 토착인류학자 포함 관점 및 그
사회적 의의와 권력관계하의 문화의 현창과 관련 문화과정을 반영한다.

고고학적 유물 방면에서 마찬가지로 우선 그것들은 아마도 고대 어떤
인간집단의 객관적 생활 습속과 문화적 표징을 반영할 것이다. 이 '사실'
측면에서 우리는 고고학적으로 남겨진 유물들에 의해 당시 사람들의 물질
문화와 생활 습속을 이해할 수 있다. 혹은 새로운 세대의 고고학자는 '남
겨진 유물'을 모종의 문화적 정체성과 행위과정 아래의 잔유물residues 혹
은 의도적으로 남긴 유물로 본다. 그렇기 때문에 고고학적으로 남겨진 유
물로 알 수 있는 것은 옛날 사람들의 행위과정과 그 주관적인 문화의 편애
이다.

다음으로, '서사' 측면에서 고대 '민족문화' 관련 고고학적 유물과 그에
대한 해석은 당대 고고학자가 어떤 역사기억과 문화적 정체성하에서 힘

---

1  [역자주] 역자는 이미 앞에서 展演이라는 이 단어에 대하여 문맥에 따라 다양하게 번역할
    것이라고 하였는데, 여러 가지로 번역될 단어들은 머리말의 각주 22를 참고할 것.

들여 설계하고, 발굴하고, 구축하는 것이다. 이렇게 '민족문화'의 고고학적 발견과 해석 중에서 '과거의 사실' 이외에도 우리들은 고고학자 개인과 그가 소속된 사회의 문화적 정체성을 분석할 수 있다.

마지막으로, '전시와 연출' 층면에서 고고학적 유물은 발굴되어 해석 및 전시되고, 그것들은 사회적 정체성과 구분 체계에서 같지 않은 사회 인간 집단들에게 보여지며, 또한 각종 새로운 해석과 논쟁이 있을 수 있다. 그리고 우리는 이것으로 사람들이 어떻게 물物과 그와 관련된 과거를 통해 우리 무리혹은 타 무리의 본질을 구축하고, 각종 핵심과 변방을 구분하는지 이해할 수 있다.


## 사회기억 속 고대 강인古羌人문화

전범이 되는 강족사 연구에서 학자는 '강족'을 역사에서 면면히 내려온 한 민족의 실체로 본다. 그래서 어떠한 '문화특징', 특히 고금을 이어주는 문화특징은 예컨대 화장, 흰 돌白石숭배, 공룡邛籠, 石碉樓,[2] 양 기르기 그리고 양과 관련된 종교 신앙 등등이 모두 전형적인 강족문화로 인식되고 있다. 학자들은 역사상 이어져 내려오고 있는 이러한 문화적 특징은 한 민족이 역사적으로 이어져 내려오고 있는 민족의 특징을 보여주고 있다고 인식한다. 그 공간적 분포와 변천 역시 한 민족의 공간 분포 및 그 이동과 변천을 대표한다.

---

2    [역자주] "邛籠"은 강어말 "오루(俄鲁)"의 음역인데, 토치카(碉樓)를 뜻하고, 碉樓는 방어(防禦)를 겸한 망루를 가리킨다.

문자 구성 면에서 이야기하면, 의심의 여지없이 '강羌'이라는 이 글자는 '양羊'과 '인人'의 두 부분으로 구성되어 있다. 동한東漢시대 허신許愼의 『설문해자說文解字』에서 "강羌은 서융양종西戎羊種"이라고 불리고 있다. 허신과 같은 동시대의 응소應劭가 저술한 『풍속통의風俗通義』에서도 이렇게 칭한다. "羌은 본래 서융의 비천한 자인데, 주로 양을 기른다고 해서 羌이라는 글자는 양羊과 사람人에서 비롯되었기 때문에 그렇게 명명되었다". 우리는 상나라시대에 '羌'이라는 이 글자는 서쪽의 산서晉, 섬서陝, 하남豫지역에 걸쳐 있는 사람들을 지칭하는데 사용되었다고 알고 있다. 전국시대 사상가도 '저강氐羌'을 농서隴西지역[3] 사람 또는 이보다 더 서쪽지역 사람들을 칭하였다.

그래서 한대의 학자들이 서쪽의 '양을 치는 사람牧羊人'으로 '강羌'을 이해한 것은 단지 상나라시대 이래 이어져 온 서쪽 이민족 개념이었을 뿐이다. 경제생태와 종교 신앙 혹은 종족 기원의 전설상 양과 관련된 서쪽 지방 사람들은 동쪽 상나라시대 사람들 눈에는 다른 유의 사람들로 보였을 것이고, 그래서 이 '羌'이라는 글자를 만들어 그들을 칭하였을 것이다. 그런데 이것이 모든 서쪽의 양치는 이들을 표시하는 것은 아니지만, 혹은 그 신앙, 종족기원의 전설과 양과 관련된 사람들은 모두 동일민족이다. 어찌 되었든, '강羌'은 상나라시대 사람들과 그 이후 화하가 다른 인간의 무리들에 대하여 사용한 칭호였다.

고고학적 자료에서 보면, 제가齊家문화[4] 이후 청해靑海 동부와 인근 섬서,

---

3  [역자주] 감숙성(甘肅省) 동남부의 서쪽지역을 말한다.
4  [역자주] 1923년 감숙성(甘肅省) 제가평(齊家坪)에서 발굴된 청동기시대의 문화를 가리킨다.

감숙 일대에 양치는 목양에 의존하는 경제방식이 신속히 전파되었다. 기원전 1,700년에서부터 기원전 600년까지의 신점辛店문화,[5] 카약卡約문화[6]의 유물들 중에는 대량의 양뼈들이 돼지뼈들을 대체하고 있는데, 이런 종류의 인류 경제생태상의 변화를 나타내 보이고 있다. 한대 하황河湟지역 서강西羌인들의 목양업은 그들이 행한 유목경제의 한 부분이었다. 중국 문헌들에는 이와 관련된 사항들이 많이 기록되어 있다. 많은 학자들은 사와寺洼문화,[7] 신점문화, 카약문화, 화소구火燒溝[8] 유형의 문화가 남긴 유물들, 심지어 이 보다 더 이른 제가유물들은 모두 고대 강인羌人의 유물로 간주하고 있다.

그러나 주의해야 할 것은 한대 하황 서강西羌의 유물은 고고학상 거의 아무 것도 없다는 사실이다. 우리는 유목경제에서 인류가 행하는 활동은 항상 지표에 적고 얕은 흔적으로 남아 있다는 것을 알고 있다. 이것은 한대 하황 서강의 유물이 어째서 발견되지 않는가 하는 점으로 해석할 수 있다. 동시에 이것은 한대 서강의 유목경제가 농기구 및 거주지가 있는 제가, 신점, 사와문화의 선주민 경제생활과 상당한 차이가 있다는 것도 설명해준다.

---

5　[역자주] 스웨덴 고고학자가 1924년 감숙성 내 도하(洮河)의 동쪽 편 임도현(臨洮縣) 신점(辛店)에서 최초로 발굴한 고문화 유적지를 말한다.

6　[역자주] 카약은 "잡요(卡窯)"라고도 불리는데, 카약문화는 서북의 청해성 황중현(湟中縣) 잡약(卡約)촌에서 최초로 발굴된 청동기시대 유물들과 감숙성 내 황하강 상류 연안 및 그 지류인 황수(湟水) 유역 청해호(靑海湖) 주위에서 출토된 청동기시대 유물들이 대표가 되는 이 지역문화를 가리킨다.

7　[역자주] 사와문화란 중국 서북지역의 청동기시대 문화를 총칭하는 것인데, 이 지역에서 청동기 유물이 최초로 발견된 곳이 감숙성 임도의 사와라는 지역이었기 때문이다. 유물의 주된 분포지는 난주(蘭州) 이동의 감숙성 경내, 섬서성 천수(千水), 경수(涇水) 유역이다.

8　[역자주] 1976년 감숙성 옥문(玉門)시 청천(淸泉)향 경내 312번 국도변에서 후기 신석기시대 유물들이 출토되었는데, 저자는 화소구를 이 지역 '화소구문화유적지'를 가리키는 명칭으로 사용하였다. 화소구문화유적지는 감숙성 6대 고문화유적지 중의 하나다.

경제생활 측면에서 보면, 신점 및 사와의 선주민들과 한대 서강인들 사이에는 연속성이 부족할 뿐만 아니라 반대로 신점, 사와문화의 종식과 한대 서강 고고학상의 공백이 기원전 약 600년 전후 감숙과 청해지역 옛날 사람들의 경제생활에서 중대한 변천이 있었음을 나타내주고 있다. 농기구, 돼지뼈와 거주지는 모두 드물게 보는 카약문화이며, 그 주민의 경제생산 방식은 아마도 한대의 서강과 유사할 것이다. 카약문화는 고분만 남아있는데, 말하자면 이 장묘습속에 변화가 있었다면 카약문화의 후예들이 남긴 문화적 유물은 고고학상 아주 쉽게 사라졌을 것이다.

학자들은 당대 강족의 양 키우는 목축업과 양이 그들의 일상생활 중에서 차지하는 중요성을 강조함으로써 강족은 고대 '서융 목양인'의 후예임을 설명한다. 현재 민강 상류의 강족은 보편적으로 양을 키우지만, 그러나 일반적으로 양은 그들의 경제생업 중에 그다지 중요하지 않다. 그들은 유목민 무리들이 아니었다. 그들의 주요 경제 생산방식은 농업이었다. 가정의 주된 인력과 가장 좋은 토지 자원은 모두 농업에 사용되었다. 농한기에 청장년 남자들이 외지로 나가 일하거나 약초를 채취하는 것도 경제의 원천 중 하나였다. 목축업의 경우, 고산에다 말과 야크들을 방목하는 것이 바로 한 가정의 목축업수입의 주요 원천이었다. 양을 기르느냐, 혹은 양을 얼마나 기르느냐 하는 것은 한 가정 중에서 남아도는 인력, 특히 어린아이와 노인이 있느냐 없느냐에 달려 있다상세한 내용은 본서 제2장을 참고할 것.

어떤 학자들은 '양'과 관련 있는 종교 신앙을 가지고 옛날과 오늘날 강족의 민족적 연속성을 강조한다.[9] 이 설은 주나라시대 강족의 한 갈래인

---

9    白川靜, 『羌族考』, 甲骨金文學論叢九集, 昭和33年.

강 씨 성의 민족이 '큰 산大嶽'을 숭배하였다고 인식하는데, 이것은 일종의 양의 신을 믿는 '양신신앙羊神信仰'이다. 오늘날 강족이 믿는 종교 중에는 양과 관련된 많은 도구들과 활동들, 예를 들면 무당인 단공이 만들고 사용하는 '양가죽 북'이나 양을 죽여서 제물로 바치는 등의 습속이 있다. 그런데 강족에게 양은 산신이나 천신에게 기원하는 제물이지만, '양' 자체는 그 지역 현지 문화에서 아무런 신성함을 표시하는 상징은 없다.

총괄적으로 말하면, 양은 각종 인류의 경제생태에 보편적으로 존재하고 있고, 각종 종교활동과 일상생활에도 보편적으로 사용된다. 만약 '상징'羊이 부합하는 '상황'이든, 단지 '표징' 간의 유사성으로만 한 문화적 인간집단의 범위와 그 역사의 연속성을 설명하는 것은 타당하지 않다. 만약 '표징'즉羊이 의거하는 '상황'을 논하지 않고, '표징'들 사이의 유사성만을 가지고 한 문화 인간집단의 범위와 그 역사적 연속성을 설명하면 타당하지 않다.

화장 습속에 대하여 일찍이 전국시대 중국인들은 서쪽 지방 사람들이 화장을 하는가 하는 문제에 주의를 기울이게 되었다. 『여씨춘추呂氏春秋』와 『순자荀子』에는 서쪽 지방에 '저강'이 있다고 기록하고 있다. 그 기록에 의하면, 이 사람들은 포로가 될 때 자기들이 포로가 되는 것은 우려하지 않고 죽어서 화장이 되지 못할까봐 걱정하였다. 『열자列子』에서는 화장을 행하는 이 무리의 사람들을 진나라의 서쪽에 있는 의거儀渠국[10] 사람이라고 부르고 있다.

이상과 같이 이러한 '저강' 혹은 '의거'는 전국시대의 지리와 이민족 개

---

10  [역자주] 중국 감숙성 일대에 존재한 바 있는 고대 상나라시대 때의 국가인데, '의거지융(儀渠之戎)'으로도 불리고 있다.

념으로 말하면, 대략 농서隴西에서 도하洮河 유역이거나 아니면 영하寧夏 고원固原 일대[11]였다. 고고학에서 학자들도 사와문화의 유물에서 화장습속이 있었다는 것을 발견하였고, 이 발견은 "사와문화와 저강민족의 관계를 증강시킨다"고 인식하였다.[12]

그러나 화장은 사와문화 원주민의 유일한 장례습속은 아니었고, 다른 한편으로 강인이 남긴 청해 동부지역의 신점문화와 사와문화에는 모두 화장습속이 발견되지 않은 것으로 여겨졌다. 매장을 행하고, 부모의 상에는 슬픔을 다하며, 제사를 지낼 때는 공경을 다하는 것을 숭상한 화하에서는 직계 친속이나 배우자의 시신을 태우는 것은 인륜을 크게 거역하는 일이었다. 그들의 눈에 이 역시 '오랑캐'의 야만성으로 각인되었다. 그렇기 때문에 만약 한족이 아닌 어떤 토착민들에게 화장의 습속이 보편화되어 있었다면 화하는 이 '이질문화'에 대해 기술하는 것을 소홀히 할 수 없었을 것이다.

한대 하황지역에서 활약한 서강에 대하여 『후한서後漢書』, 「서강전西羌傳」에는 그들의 사회와 습속에 관한 많은 기록들이 있지만, '화장'은 언급된 게 없다. 위진남북조시대, 농서에서 도하에 이르는 지역 일대의 탕창宕昌 강족에게 화장하는 습속이 있었는지는 상당히 의심스럽다. 중국 문헌에는 탕창 강족의 습속을 기술한 건 있어도 '화장'은 언급되어 있지 않다. 『구당서舊唐書, 당항전党項傳』에 당항이 "죽으면 바로 시신을 태우는데, 화장이라고 한다"라는 기록이 있다. 훗날 다시 수정한 『신당서新唐書』에는 당항의 문

---

11 [역자주] 영하회족(寧夏回族) 자치구 남부에 위치한 고원(固原)시와 고원 현이 있는 지역을 말한다.
12 夏鼐, 「臨洮寺洼山發掘記」, 『中國考古學報』 4, 1949, 71~133쪽.

화습속에 대하여 그 이전 서적들을 답습하여 기술되어 있지만, 이 문장은 삭제되었다. 이는 아마도 『신당서』 저자들이 이 인식을 기반으로 수정을 가한 것이었을 수 있다. 어찌 되었든 이른바 '당항 강족党項羌'은 실제 당항 의 이 정치세력의 영향 속에 있는 많은 족군 부락들을 포함하였다. 광대한 이 사람들의 지방 족군들과 각 사회계층에게는 모두 매장, 화장, 수장과 천장天葬[13]을 포함한 다른 장례방식이 있었을 것이다.[14]

민강 상류지역에서는 한漢나라 진晉나라시대 토착민들이 화장을 행하였 다는 기록이 있다. 『후한서後漢書』, 「남만서남이열전南蠻西南夷列傳」에는 당시 존재한 오랑캐인 염방이冉駹夷를 다음과 같이 기술하고 있다. "귀부인, 당모 족党母族은 죽으면 그 시신을 태운다". 반세기 전이나, 그보다 더 이른 시기 민강 상류의 '강민'과 북천의 '청편, 백초번' 사람들 역시 보편적으로 화장 을 행하였다. 모든 촌락에는 촌락 마다 화장 무덤이 있었다. 비교적 한화 가 많이 진행된 지역에서도 한족 성씨 가족들은 각기 별도의 가족 화장 무 덤이 있었다.[15] 우리는 이 강족 화장 습속이 전국시대 저강 민족의 화장과 직접적인 연관이 있는 것이라고 단정하기는 어렵다. 적어도, 학자들은 보 편적으로 춘추전국시대 남쪽으로 이동한 옛 강인들의 유물을 대표하는 것 이 바로 민강 상류의 '석관石棺장례문화'이고, 이 지역의 고문화 주민집단 은 주로 석관에다 장례를 지냈다고 알고 있다.

남쪽으로 이동한 '저강 계통 민족'의 하나로 생각되는 '가량 오랑캐嘉良

---

13  [역자주] 천장은 조장(鳥葬)이라고도 불리는데, 사람이 사망하면 시신을 땅에 묻지 않고 새들이 뜯어 먹도록 독수리들이 많이 모여드는 들판에 버리는 장례습속을 말한다. 주로 티베트 민족이 선호한 장례의 한 방식인데, 그들은 망자의 시체를 뜯어먹은 독수리를 통해 죽은 이가 하늘에서 다시 태어난다고 믿었다.

14  湯開建, 「党項風俗述略」, 『西北民族研究』, 試刊號, 1986, 285~287쪽.

15  道光, 『茂州志』 1, 風俗; 道光, 『石泉縣志』 2, 風俗.

夷' 역시 오늘날 강족 인근의 가융티베트족구 명칭 서번(西番)의 전신이다. 『수서隋書』는 그러한 장례 습속 기술에 대해 가량 오랑캐가 사회의 상류층에서 유행한 것은 땅에 묻는 매장이었다고 밝히고 있다. 어찌 되었든, 근대 민강 상류와 북천 마을 민중의 화장 습속은 직접적으로 한진시대 동일지역인 '염방'의 구습으로부터 전해져 내려왔을 것이며, 또한 당대唐代 이래 점차 동쪽으로 진출하였던 토번과 그 불교문화의 영향을 받았을 것이다. 티베트에서 전해진 티베트불교藏傳佛教를 신봉하고 오늘날 강족과 이웃해 있거나 또는 복잡하게 뒤섞여 살고 있는 가융티베트족은 근대 이후 화장과 천장 혹은 수장을 하였는데, 화장은 여러 가지 장례들 중에 가장 널리 행해지던 보편적인 것이었다. 근대 강족의 화장 습속은 아마도 이것과 관련이 있을 것이다.

강족의 '흰 돌 숭배白石崇尚' 방면에 관해서인데, 근대 이전 중국 문헌들에는 강인에게 이런 종교 습속이 있었다는 언급은 없다. 학자들은 이것을 일종의 강족문화 전통으로 보고 있는데, 근현대 강족이 각종 신들을 상징하는 의미로 가옥의 지붕 위에 흰 돌을 올려놓았다는 것과 그리고 전해져 내려오는 '강과대전羌戈大戰 이야기'에서도 역시 강족이 흰 돌로 적을 패퇴시켰다는 내용이 나오기 때문이다. 여기에 기초해서 그와 관련된 문화의 특징이 고고학적으로 남겨진 유물에서 학자들에게 발견되었다. 민강 상류의 석관장례 유습에서 학자들은 당시 사람들에게 묘지에다 흰 돌을 놓아두는 습속이 있었다는 것을 발견하였다. 이 습속은 더욱이 임조사와 문화 고분들 중에 '자갈돌礫石'로 거슬러 올라가진다.[16] 그래서 흰 돌, 즉 '백석 숭배'

---

16　沈仲常, 「從考古資料看羌族的白石崇拜遺俗」, 『考古與文物』 6, 1982, 59~61쪽; 李·冉·周, 『羌族史』, 206쪽.

는 강족문화에서 하나의 전통을 이루고 있고, 강족이 남쪽으로 이동南遷하였다는 '역사 사실'을 증명하고 있다.

이러한 연구들과 논술들에서 학자들이 늘 소홀히 하는 게 있다. 먼저 첫째, 현재의 당대 집 옥상 위에 흰 돌을 놓아두는 습속의 종족과 강족은 완전히 중첩되지 않는다는 사실이다. 일부 가융티베트족과 흑수티베트족들도 이 습속을 갖고 있었지만, 강족에게는 이 습속이 없었다. 그 다음으로 둘째, 사와문화와 석관장례문화에는 모두 일부 고분에서만 '백석' 혹은 '자갈돌'이 있었다. 셋째, 당대의 강족은 각종 신을 대표하는 흰 돌을 사람 사는 집의 담장 위에나 지붕 위에 올려놓았는데, 이것은 고대 사와문화와 석관장례를 치르는 종족이 묘지에 돌을 놓는 것과는 같지 않다. 게다가 더군다나 우리는 앞서 언급한 고고학적 고분들의 유산들 중에 돌이 이러한 장례습속을 행하는 사람들에게 어떤 의의가 있는 것인지 알 수 없다.

아무튼, 서주에서 근대에 이르기까지 신강, 청해, 감숙, 사천 등지에서 화장이 출현한 적이 있다 하더라도, 양과 관련된 경제와 종교활동, 백석 또는 자갈돌과 관련된 종교나 장묘 습속은 문헌, 고고학적 유물과 구술기억에 나타나고 있다. 그렇지만 이러한 것들은 화하나 한인들에게 '강'의 인간집단에게 이미 존재하였던 문화와 습속이었다고 설명할 뿐, 우리는 객관적인 문화현상으로 역사상 '강족'의 존재와 연속을 증명할 수 없다.

더군다나 시간과 공간상에 분포된 이러한 객관적인 문화현상은 통상 단절되고 분열된다. 즉 전체적인 지역이나 어떠한 시대에도 '강인'은 모두 이러한 습속을 갖고 있지는 않았다. 만약 중국의 문헌기록들에 '강인'의 문화습속에 대하여 어느 정도 보편적으로 나와 있다면, 문헌에 반영되어 있는 것은 일종의 생태적인 혹은 문화생태적 인간집단의 문화적 공통성 혹은 그 연속성이다. 예를 들면, 전체 청장고원과 그 동쪽 경계지구의 인류 경제생태에서 '양을 기르는 것'은 중요하기 때문에 이로 인해 양과 관련된 많은 종교 습속이 생겨났다는 것이다.

또 다른 예로, 중국 문헌에서는 흔히 강인의 각 부족들을 통합할 수 없거나 각 부족들을 통일시킬 군왕을 탄생시키지 못하였다고 하였다.[17] 이것은 특정한 환경과 경제 생태하에서 청장고원 동쪽변방의 각 농업 및 유목민 무리들의 '분산식 사회구조segmentary structure'를 나타낸다. 이것은 역사상 화하에 의해 '강'으로 불리는 서쪽지역 인간들 무리의 정치와 사회문화의 공통적인 특질 가운데 하나다. 그러나 이 '공통성'은 그들의 통일적이고 연속적인 자기민족의 정체성을 증명하기에는 부족하다.

민강 상류의 고산과 깊은 계곡지역에 관하여 일찍이 서기 5세기의 『후한서』「남만서남이열전」에서 저자는 그 지역 현지 '염방이'의 생활과 문화 습속이 다음과 같은 요점이 있다고 기술하였다. 민족 집단부락은 대단히 많고, 사회 상층인사들은 한문에 통하였고, 토착인들은 겨울이면 촉蜀[18]지역에 가서 일을 하였으며, 장례에 화장을 하였으며, 살고 있는 섬돌石砌로 지은 가옥에는 석조 누각邛籠이 있었고, 보리를 심었으며, 야크, 말과 양을 길렀고, 약재 등등을 생산하였다. 이것들은 모두 근현대 강족과 큰 차이가 없다. 이 문헌은 하나의 역사적 사실을 증명하는 것일까? 즉 최소한 민강 상류의 '염방이'로부터 오늘날 현지의 강족에 이르기까지 이것은 역사상

---

17  『後唐書』「서강전(西羌傳)」처럼 '특별한 우두머리가 없다(無相長一)'로 언급되어 있다.
    『신당서』「당항전」에 당항의 각 부족들 간에 '서로 통일할 수 없다(不能相統)'고 언급되어 있다. 혹은 『수서』에 「국전(國傳)」이 붙어 있는데, 여기에 현지인 무리를 '대군장이 없는(無大君長)' 것으로 말하고 있다.
18  [역자주] 지금의 사천성 성도(成都) 일대를 가리킨다.

연속하는 민족일까?

나는 이 고대 문헌들과 근현대 민족지자료들이 보여주는 '역사사실'과 '역사의 연속성'을 알고 있다. 이것들은 인간 집단의 경제생태와 사회구조에서 한漢과 비한非漢의 상관관계의 연속이었다. 이러한 역사의 연속성은 복잡한 근대의 과정을 거친 후에야 비로소 오늘날 주관적 정체성 상의 강족을 형성시켰다.


## 옛 화하古華夏의 강문화羌文化 서술

우리는 다른 문화에 대한 한인의 관찰, 기술과 현시라는 또 다른 각도에서 '강인' 사회와 문화에 대한 한인의 문헌 기록들을 볼 수 있다. 나는 '강'이라는 이민족 개념으로 대표적인 화하 서방 족군들의 변방을 설명한 바 있는데, 그들은 동한위진東漢魏晉 시기까지 서쪽으로 확장해가서 화하의 생태변방에 도달하였다. 이것 역시 왜 청장고원의 동쪽변방인 무리들이 모두 당시 한인들에게 '강'으로 불리어졌는지 해석해준다. 이 각도에서 보면, 이 사람들이 '강'이 된 것은 두 가지 이유가 있었다. 한 측면은 그들이 특수한 환경생태 중에 생존하여 경제적, 사회적 특성을 갖고 있었기 때문이고, 다른 측면은 한인들이 이런 특질을 관찰하여 특별히 이러한 특질들을 기술하였는데, 이러한 '다른 류異類'의 무리들을 '강'으로 귀납시키고, 화하의 민족변방임을 강조하였기 때문이다.

변방 이민족의 이질성을 묘사하는 것도 '변방'이라고 새겨 자아를 묘사하는 것이었다. 서쪽의 '강인'문화에 대한 가장 이른 화하의 묘사는 『후한서後

漢書』「서양전西羊傳」에 보인다. 이것은 후한부터 위진시대에 이러한 '서방 이민족西方異族'에 대한 중국인의 관점을 대표할 수 있다. 이 문헌은 당시 강인을 대표하는 하황의 강河湟之羌에 대한 것으로 아래와 같이 기술되어 있다.

거주지는 수초水草에 의지한다. 땅에서 오곡이 적게 나서 목축을 주된 업으로 한다. 씨족의 습속은 정해진 바 없다. 혹은 아버지 이름과 어머니 성을 종족의 이름種號으로 하고, 12세 후 서로 혼인을 한다. 아버지가 사망하면 아들이 계모를 아내로 맞았고父沒則妻後母, 형이 사망하면 형수를 아내로 삼았다.[19] 그래서 나라에는 홀아비가 없었으며, 종족이 다양하다種類繁熾. 우두머리인 군장君長을 세우지 않아 1인자가 없지만, 세력이 강하면 종족을 분리해서 추장이 되고, 약하면 남에게 빌붙는다. 더욱이 서로 다툴 때에는 힘이 있어 이긴 자가 우두머리가 된다. 살인은 사형에 처해지고, 다른 금지령은 없다……. 짐승처럼 추위와 고통을 참을 수 있다.[20]

"거주지가 변한다", "목축이 주업", "씨족이 정해진 바 없다", "우두머리를 세우지 않는다", "처후모리수妻後母釐嫂",[21] "힘으로 우두머리가 된다" 등등과 같은 이러한 강인문화에 대한 묘사 역시 한인들의 자기민족我民族변방

---

19  [역자주] 형제 중 하나가 사망하면 남겨진 처는 나머지 살아있는 형제에게 재가하는 '형사취수제(兄死娶嫂制)', 혹은 '형제역연혼(兄弟逆緣婚, levirate)'이라는 것을 말하는데, 중국에선 이를 '전방제(轉房制)'라고 부르기로 한다. 중국의 형사취수제는 고대 부계사회 초기 주로 흉노족, 거란족 등 북방의 유목민족들에게 있던 일종의 결혼제도였다. 이것이 오늘날까지도 유습으로 남아 있는 것이다.
20  『後漢書』, 87 / 77, 「西羌傳」.
21  [역자주] 고대 흉노족의 결혼습속인데, 혼인한 남자가 죽으면 남은 그의 형제가 그의 미망인을 데려갈 수 있거나 데려와야 하고, 그의 아들들은 자신의 생물학적 어머니가 아닌 다른 어머니와 결혼할 수 있는 것을 말한다.

에 관한 기록과 주조鑄造다. 한인들은 이를 두고 자신들은 한 곳에 정주하여 농업에 종사하고, 가족관계와 친족 윤리를 중시하며, 군신과 장유의 질서가 있고, 행동거지가 예법에 맞다고 말한다. 자기민족문화중심주의 아래 '이민족과 다른 문화異族과 異類文化'에 대해 문자로 남긴 이런 류의 묘사는 문자, 구술, 이미지圖像와 행위 등의 '현시'를 통해 화하나 한인의 문화 정체성을 강화하였다. 반대로, 강족의 토착민으로 불리는 경우는 강인들이 한인들과 접촉하면서 자신들이 '오랑캐' 신분으로 더럽혀진 사실을 인식하게 되는데, 이와 같이 자주 그들은 한인의 '혈연'종족 기원의 역사과 '문화'를 따르고 모방하게 되었다.

여기서 '연출展演'에 대해 진일보한 해석을 하여야 한다. 문화 현시는 반드시 문자를 통해서만 이루어지는 건 아니고, 화하가 '이족'에게 부여한 더러워진 이미지도 일상 대화, 이미지 그리고 '오랑캐'에 대한 신체행위를 통하여서도 연출된다. 오염시키고 경시하는 말 한마디, 오랑캐의 모습을 흉악하게 그린 그림 한 점, '오랑캐'를 무시하는 행동거지가 모두 많은 화하에게는 모두 그들 마음속에서 오랑캐라고 각인된 인상을 묘사하는 문화의 연출인 것이다.

이뿐만 아니다. 이문화의 연출 역시 이족 신체에 대한 화하의 관찰, 묘사와 해석을 거치고, 오랑캐의 신체를 통해서 표현된다. 예를 들어 화하 관찰자에게 남루한 복장에 검은 얼굴의 토착민, 혹은 몇 가지의 본토 언어로 이야기를 나누는 토착민들 같은 그러한 모습 역시 '타자'의 신체를 통한 일종의 문화 연출로, 그들의 마음속에 '오랑캐'로 각인된 인상을 강화시킨다. '오랑캐'에게, 특히 한인들과 자주 접촉해서 사회, 정치 환경의 열세에 처한 '오랑캐'[22]는 한인들이 행하는 문화현시의 영향을 받아서 모욕을 당하지 않도록 자신의 문화풍습을 드러내는 것을 피하고 한인들의 문화 현시를 모방하고 학습한다는 것이다. 결국 나중엔 그들은 '오랑캐'를 경멸하는 한인이 되거나 아니면 여타 한인들의 눈에 '숙번熟番'[23]으로 비치게 된다.

이민족문화에 대한 한인들의 경멸적 묘사 그리고 자신의 한문화 과시는 문화 현시 효과를 통해 비한족 토착민들에게 한문화를 학습하고 모방하게 하여 종국에는 한인이 되게 하였다. 이러한 문화과정에서 동한東漢시대 이래 관중으로 들어온 강인은 위진수당魏晉隋唐시대에 이르러 기본적으로 종교신앙과 일상생활에서 이미 일반 북방의 한인들과 다르지 않았다.[24]

정치 사회적 상층에 거주하던 강인은 이 문화와 족군 정체성의 변천에서 중요한 역할을 하였다. 섬서 남안南安 강인의 우두머리는 후진後秦의 요씨 성姚姓의 가족을 형성하였는데, 중국문헌이 전하는 바에 의하면, '어떤 우虞 씨의 묘족 후예', 즉 순임금舜帝의 후대라고 되어 있다. 문화의 현창에서 요장姚萇이 재위에 있었을 때, 태학을 세우고, 선현의 후예들과 나이 많고 덕 있는 백성을 예우하였다. 그의 아들 요흥姚興은 더욱 유학을 장려하고, 불법을 제창하고 효도를 숭상하는 방식으로 한족문화를 추종하고 자랑스러워하였다. 이러한 문화 현창을 거쳐 요 씨 가족은 자신들의 융적戎狄

---

22  여기서는 특별히 한진(漢晉) 시기 중국 섬(서), 감(숙) 변경지역의 강인, 혹은 중국 관중 (關中)지역으로 강제 이주되어진 강인을 지칭한다. 이 강인들은 한인들과 접촉이 많았고, 이로 인해 비교적 자신들의 열세한 사회지위를 인식하였다. 그들의 지도자는 그 부족의 대표로서 수시로 한인과 접촉을 하였기 때문에 특히 부락집단의 문화와 사회의 열등함을 쉽게 받아들였다.

23  [역자주] 熟番은 청대 문헌에 나오는 말로 대만에 거주하는 고산족(高山族)의 일부를 부르던 명칭이다. 그러나 이 구문의 맥락에서는 '숙번'이 중국 한인들이 소수민족으로 야만시하는 명칭으로 사용된 것이다.

24  馬長壽, 『碑銘所見前秦至隋初的關中部族』, 北京 : 中華書局, 1985, 69~88쪽.

신분을 씻어 없애기를 바랐다.

남북조 후기와 수당 시기에 이르러 중국문헌에 기술된 '강인문화'는 주로 도하洮河의 동쪽, 위수渭水의 남쪽 탕창宕昌과 당항党項 등지의 강인을 대상으로 하였다. 이 시기 탕창 '강인'의 문화와 생활습속은 중국문헌 『북사北史』에 기재된 바에 따르면 아래와 같다.

속민들은 모두 토착적이고 거주할 집이 있다. 그 집은 야크 꼬리와 양털로 짠 것으로 덮여 있다. 나라에는 법령이 없고 또 부역도 없다. 오직 전쟁시에만 서로 떼 지어 모여든다. 그렇지 않으면 각자가 생산에 종사하면서 서로 왕래가 없다. 모든 옷은 털로 만든 겉옷이고, 야크, 양을 사육하여 식용으로 한다. 부자, 백부와 숙부, 형제가 전사하면 계모, 친구의 모친世叔母과 형수, 제수 등을 아내라 삼았다. 속민들은 문자가 없었지만 화초와 수목이 시들어 떨어질 때 세시풍습을 기록한다. 3년에 한번 서로 모여서 소와 양을 잡아서 하늘에 제사를 지낸다.[25]

『北史』에 나와 있는 당항 강인의 생활습속 관련 기술이 이와 유사한데, 단지 그 지역의 현지 사람들 중에 나이 80세 넘은 사망자에 대해서는 친척들이 슬퍼하고 울지 않았으며, 나이가 어려서 죽어야 친척들이 그를 위해 슬퍼하고 울었다는 사실만 첨가하였을 뿐이다. 『신당서』의 관련 기록도 대체로 이와 같다. 『북사』와 『신당서』에 기록된 '강인'보다 조금 이르게 『후한서』에 보이는 강인은 사실상 다른 지역의 비한인 집단이다. 전자는

---

25  『北史』, 96 / 84, 「党項傳」.

감숙 남쪽甘南의 도하에서 백룡강白龍江 일대에 살고 있었고, 후자는 청해 하황 일대에 살고 있었다. 그러나 한인들이 기록한 토착풍속, 예를 들면 국가에 법령이 없고, 부친 사망으로 남겨진 계모는 아내로 삼고, 형이 죽으면 형수를 아내로 삼고, 모두가 병립하여 어느 누구도 다른 마을을 통치할 수 없는 것 등등은 여전히 변하지 않은 것이다.

송, 원 이래로 '강'이라고 불리는 이 이민족 칭호가 지칭하는 인간집단의 범위는 점차 축소되고 모호해졌다. 그래서 청해 동부 그리고 감숙 남부의 '강'문화에 대한 한인의 묘사도 상대적으로 감소되었거나 혹은 완전히 없어졌다. 나는 이미 본서 역사 편에서 이것은 한인이 보는 타민족의 '티베트화번화(番化)' 또는 '한화'의 결과라고 설명한 바 있다. 근대 이전의 명, 청 시기 북천 지구와 민강 상류에만 일부 토착민이 있었을 뿐이었는데, 그들이 중국문헌에서 '강'이라고 불리었다. 그들은 동시에 '번番' 또는 '민蠻'으로도 기록되어 있다. 20세기 초에 이르러 북천의 '강족'들 역시 대부분 '한인'이 되었거나 자기 스스로 '한인'이라고 하였다.


## 문화의 과시와 모방  북천北川 강인羌人의 예

풍부한 지방사료들을 기초로 우리는 명, 청 시기 북천 '강인'의 한화과정과 이 과정 중 '타민족문화'에 대한 한인의 기술과 연출에 대해서 비교적 분명하게 이해할 수 있다. 북천 청편하와 백초하 유역의 강인은 16세기에 사납기로 이름난 토착민족이었고, 중국문헌은 '청편 강', '백초 강'이 사방에서 나와 약탈한 사실을 여러 번 기록하고 있다. 가정嘉靖 26년1547년에 중국 총병總兵 하경何卿과 장시철張時徹 등이 군대를 이끌고 백초와 청편을 정벌하였다. 중국 군대는 정벌에 나서자 바로 보루를 부수고 마을을 파괴하였고, 또한 주마령走馬嶺에서 벌어진 싸움에서 백초 강인들의 주력을 철저하게 소멸시켰다. 전쟁과정에서 청편, 백초 각 촌락은 큰 피해를 입었다. 그때부터 그들은 명대 중국의 통치에 반대할 의지를 잃었다.[26]

이 지역 비한족 민족들의 문화습속에 관하여 청대 도광道光시대의『석천현지石泉縣志』에 여러 백초 주민들의 '번속番俗'이 기록되어 있다. 예를 들면, 입석에 작은 깃발을 꽂아서 집의 가신으로 삼았다든가, 철제 삼발을 사용하는 것, 그리고 당시는 이미 폐기된 화장 등등이 있는데, 이러한 것들은 모두 민강 상류 '강족'의 습속과 비슷하다. 이 현지에도 현지 민중의 '한화'가 기록되어 있다. "최근 한어로 통하는 자가 거의 반이다. 백초지역의 번민들은 날로 화풍華風에 물들었고, 스승을 초빙하여 공부하여 간간이 책을 읽고 글자를 읽을 줄 아는 사람이 있다."

어찌 되었든, 이때청대 도광 연간, 백초하 유역의 사람들은 현지 편찬자에게 '번'으로 불려 지게 되었다. 도광『석천현지』에는 당시 백초하 동쪽에 번민이 1647호 있었고, 강의 서쪽에 1,577호가 있고, 남녀 모두 1만 8,384명이 있다고 기록되어 있다. 1932년, 신편 중화민국『북천현지北川縣志』에는 청편, 백초'번민'과 '번속'에 대한 기술은 없었다. 그런데다 가경嘉慶 17년 인구통계 중 이곳 현지의 북천에는 양곡업자承糧戶가 9만 4,398명이 있었고, 또 하동, 하서, 청편 등지에도 '번민'이 1만 9,522명이 있었다고 언급되어 있다. 그러나 선통宣統 년간에 농가糧戶를 언급할 때는 모두 합쳐서

---

26  명대 북천 강인과 중국 간의 전쟁과정은 본서 제6장을 참조할 것.

총 5만 8,462명이 있다고 하였고, 청편, 백초지역과 기타지역을 구분하지 않았다. 이걸 보면 청말과 중화민국 초기에는 청편, 백초지역의 한과 비한의 구분이 점차 모호해졌다고 볼 수 있다.

이 '한화'과정을 조성한 요인은 다양하다. 우리는 '문화'라는 각도에서 이 문제의 핵심에 들어가 볼 수 있다. 오늘날 중국과 서방의 많은 학자들은 모두 '한화'개념 중의 한문화漢文化중심주의를 비판하고, 이 단어는 사용하길 원하지 않는다. 과거 많은 연구들이 족군문화현상을 너무 단순화하였으며, 또한 객관적인 문화변천으로만 '한화'문제를 논술하고 있는 게 확실하다. 그래서 문화와 정체성의 편견은 이러한 현상에 대해 관찰하고 이해하려는 학자들에게 영향을 미쳤다.

그런데 '한화'라는 이 용어를 쓰는 것을 반대하는 학자들 역시 '한화'와 관련된 문화, 역사 그리고 정체성 문제를 깊이 있게 연구하지 못하였다. 이와 같이 결코 관련 문화와 정체성 현상을 이해하는 데 도움이 되지 않는다고 나는 생각한다. 내가 말하는 '문화각도'란 이 '문화'가 객관적인 문화의 특징을 가리키지는 않으며, 또 전혀 주관적 수립과 인지의 문화를 가리키지도 않는다. 오히려 '문화각도'는 현시 중에 선전되고, 감상되며, 논쟁이 되고, 수식과 모방이 되는 문화를 의미한다. 이러한 문화과정 중에서 모든 본지인과 외래자는 모두 문화현창에 참여한다. 그러나 사회권력과 기억매개의 장악 및 운영으로 인하여 가장 영향력이 있는 문화의 현창은 '지식인'을 통하여 이뤄진다. 화하의 변경에서 이런 지식인은 지방에 파견되어 주재하는 중국의 '부모관父母官'[27]을 포함하며, 또 본토사회의 지도자

---

27  [역자주] 과거 전통시대에 지부(知府), 지현(知縣) 등 직접 백성을 다스리는 지방 장관에 대하여 존칭으로 부르던 이름이다. 현대에 이르러 시민의식의 제고로 민중들이 부모관이

들을 포함하기도 한다.

중국이 북천에 파견하여 그 지역에 주재하면서 가장 풍부한 사회적 기억을 남긴 지방관리는 청나라 건륭乾隆시대의 강병장姜炳章이었다. 강병장과 기타 북천 현령의 눈에는 북천 강인의 본토문화는 비루하거나 혹은 인륜을 위반하고 있기 때문에 그들은 현지 민중을 이러한 야만의 누습에서 벗어나게 하려고 노력하였다. 예를 들어 강병장은 현지인들에게 화장 습속을 버리도록 권고한 바 있다. 도광 시기 북천 지방관도 명령을 하달하여 산천의 신에게 기도하는 것, 소를 희생시켜 병을 치료하는 습속을 금지시켰다. 한문화가 아닌 토착문화에 대한 강병장의 무시 그리고 언어와 문자를 통해 만들어진 이러한 연출과 과시는 그가 남긴 '백초가白草歌'에 남아 있다. 이 문장에서 그는 자신이 지방을 방문한 상황을 아래와 같이 묘사하였다.

어린아이가 말하는 게 듣기 어려웠지만 해석하니 다음과 같았다. 동쪽의 이웃 마을에서는 부친상에 부친의 유골을 태우고, 서쪽의 이웃 마을에서는 소를 잡아 괴질을 치료하고 있고, 남쪽의 이웃 마을에서는 아이를 노비로 삼고, 북쪽의 이웃 마을에서는 부채 때문에 딸이 집을 떠난다. 문명 교화로 이런 야만적인 풍속을 없애기를 희망한다. 어수선하게 노인들은 모두 머리를 끄떡이고, 부끄러워 이마에 땀이 난다. 언젠가 이곳도 기자箕子 교화하의 조선처럼 될 수 있었으면 한다.[28]

---

라는 말에 반감을 갖게 되고 오히려 백성들이야 말로 관원이 부모처럼 모셔야 한다는 의식이 퍼져 있다.

28  道光, 『石泉縣志』10, 「藝文志」. 이 단락의 대의는 이렇다. "토착민들이 재잘거리는 말은 아주 알아듣기 어렵다. 통역자가 와서 나에게 통역을 해주고서야 어떤 이는 죽은 부친의

이 시문은 한 변강 관원의 한인 사대부가 '우리 종족이 아닌 종족非我族類'의 언어와 문화를 경시하고 혐오하는 것과, 한漢문화에 대한 그의 자부심과 과시를 나타낸 것인데, 그 사대부가 이 성취에서 '기자箕子가 조선을 교화시킨 것'과 같은 공적을 희망한 것을 표현한 것이기도 하다. 각 방면의 기록들을 보면, 강병장은 문장과 정사政事 모두에 뛰어난 학자 관원이면서도 백성을 아끼는 훌륭한 지방관이기도 하였지만, 그러나 그는 분명히 자신의 문화적 편견에서 벗어날 수 없었다. 한문화로 토착민을 교화하는 것, '꽃비로 야만풍을 씻어내기를 원하는 것'은 그를 포함한 역사상 수많은 중국 변강 관리들의 공통된 사명이었다. 그리고 대등하지 않은 정치, 경제, 사회관계에서 그들은 다른 문화에 대한 서사는 유동적이고 현시된 사회기억이 되었다. 그래서 수많은 비한족 토착민들에게 차차 자신의 문화를 부끄럽게 여기게 만들었다.

한문화가 만드는 문화에 대한 강병장의 자랑은 주로 그가 현지 '대우大禹' 역사문화기억에 대하여 표창한 것에 표현되어 있다. 그는 현지의 '우왕조禹王廟'를 새로 보수하였고, '신우고리방神禹故里坊'을 세웠으며, 또 '중건하우왕묘기重建夏禹王廟記', '우혈거禹穴考', '석뉴가石紐歌' 등의 문장을 작성하여 대우大禹의 공을 선양하였고, 백천의 옛날 명칭인 석천石泉이 성인인 대우가 태어난 곳임을 강조하였다. 그리고 그는 대우에 관한 기억으로 '성스러움이 흥하는 지역聖興之域'을 자랑으로 여기는 '북천 사람들의 정체성'을 강조

---

사체를 태우고, 어떤 이는 소를 잡아 병을 치료하고, 어떤 이는 아들딸을 팔아버린다는 것을 알게 되었다……. 나는 이것을 괴로워하고 걱정하였다. 문명교화로 이런 야만 풍속이 없어지기를 희망한다. 나이 드신 분들은 내 말을 듣고 모두 부끄러워하며 이마에 땀을 흘렸으며, 분분하게 고개를 끄떡이며 찬동하였다. 사람의 종류는 다르지만 인성은 같은 것이다. 어느 날 이곳도 기자(箕子)가 조선을 교화한 것처럼 변할 수 있을 것이다."

하였다. 그 뒤 이러한 강 씨의 시문은 모두 역대 석천 및 북천 지방지에 수록되어 전해져 내려오고 있다.

한편, 주의를 기울일 만한 것은 강병장이 '석뉴가'와 앞서 말한 '백초가'에서 모두 언급하고 있는데, 그는 백초 마을에서 글 읽고 글쓰기 하는 학인들을 기쁘게 발견하였으며, 이 학인들에게 친히 한두 가지 지적하거나 가르쳤다는 점이다. 사실관계 측면에서 우리는 청 건륭 년간에 북천 백초하 유역에서 스승을 모셔 한문 경전을 가르치는 분위기가 어느 정도 흥성했는지 분명하지 않고, 더욱이 우리들은 대우가 정말 북천에서 태어난 것인지 여부를 알 수 없다. 그러나 서사 측면에서 이것은 한 사람의 한인사대부 마음에 '신우의 고향神禹故里' 및 '성현의 책을 읽는 것讀聖賢書', '글을 공부하면 과거에 응시하는 것讀書應考'이 본지가 문명교화지역으로서의 중요한 상징임을 말하여준다.[29] 마지막으로 이러한 문화가치관은 현창 측면에서 각종 문화적 매개강 씨의 시문을 포함의 현시와 과시, 모방과 시범을 통해 어떤 사회 현실을 형성시키거나 영향을 미칠 수 있는데, 20세기 상반기 현지인들은 보편적으로 자신을 한인이라고 하였고, 한문책을 읽었으며, 북천이 대우의 고향이란 것을 영광스럽게 생각하게 되었다.

이러한 한인들의 비한족 토착인들에 대한 멸시, 한문화에 대한 과시도 토착 강인이 성姓을 얻는 유래와 관련된 문헌에 표현되어 있다. 이 기록이 가장 이른 것은 명대『만력무공록萬曆武功錄』에서 볼 수 있고, 후대에서는 청

---

29  청나라시대 본지인들의 관념에서 과거시험에 응시하기 위해 독서를 하는 것은 한(漢)과 오랑캐의 족군 여부를 구분 짓는 지표가 되었다. 이러한 문화 가치관은 관련된 오랑캐와 한족을 구분하는 개념으로, 『民國北川縣志』 중에, 즉 나이 들고 덕이 있는 사람(故老)이 남긴 '유자원이비(劉自元移碑)'에 언급되어 있다. 이 이야기와 은유에 대해서는 본서 제6장을 참고할 것.
   [역자주] 여기서 劉自元은 사람 이름이고 이비(移碑)는 비석을 옮긴다는 뜻이다.

대의 관련된 각 문헌들, 특히 지방지에서 볼 수 있다. 이 이야기의 큰 뜻은 원래 현지 토착민은 한족 성씨가 없었고, 모자를 쓰는 습속도 없었다는 것이다. 중국 지방관 이무원李茂元이 각 가문의 대표를 소집하였는데, 사전에 많은 한족 성씨를 약간의 모자들 위에다 써서 이 모자들을 하나하나씩 이러한 강인 대표에게 하사하였다고 한다. 강인들은 이로 인해 한족 성씨를 갖게 되었다. 도광『석천현지』는 이에 대하여 기록이 있는데 아래와 같다.

모자를 쓰지 않는 풍속, 한인 관리 무원茂元은 성명을 모자에 적었다. 그날에 이르러 군영의 문을 열고 각종 악기구리 징, 나팔, 북로 군악을 연주하며, 온 번인들에게 줄을 서서 진군하라고 명령하였다. 강인은 북과 피리소리를 듣고 한관漢冠과 붉은 기둥, 색깔 있는 깃발을 보고 모두 크게 기뻐하였다. 모두 노래를 부르고 춤추었다. 무원이 한관을 꺼내 강인에게 씌워주었다. 모든 강인들은 무릎을 꿇고 서로 머리를 보았고, 이리 뛰고 저리 뛰면서 머리를 만지며 무릎을 꿇고 감사하였다.[30]

이 희극적인 이야기가 사실인지 아닌지는 결코 중요하지 않다. 설령 '모든 번'이 이로 인해 한족 성씨를 얻었다고 하더라도 그들이 조금도 의심할 바 없는 한인이 될 수는 없다. 비한인 토착민들이나 그 후손들이 자신을 한인이라고 하는 것은 이 이야기 중에서 드러나는 '상황', 즉 현지의 한인과 '오랑캐' 간의 사회적 계서의 차이 그리고 이러한 차이에서 생성되는 문화의 과시와 모방이다. 이 이야기의 서사에서 한인은 토착민에 대해 자

---

30   道光, 『石泉縣志』5, 武備之三.

신의 문화를 나타내고 과시하였다. (토착민에 대해서 한인관료가 엄숙한 용모와 장중한 태도로 위엄과 권위를 과시하였듯이) 그리고 한문화에 대한 토착민의 모방과 추종은 문자 사이에도 생생하게 나타난다. 이것이 바로 왜 그런지를 설명하고 있다. 청말 민국 시기, 현지 한족 성씨 가문들은 모두 그들이 외부에서 온 한인 이민의 후예라고 믿었다. 자신들의 조상이 위에서 언급한 이야기처럼 성을 하사받은 '오랑캐'였다는 것을 인정하고자 하는 이는 아무도 없다.

다른 또 하나의 문화현시도 역사기억의 현시인데, 북천인들을 위한 '백마장군白馬將軍' 제사이다. 하경何卿은 백초 강족의 난을 평정한 후 현지 한인들이 숭배하는 영웅이 되었다. 주마령走馬嶺 일전 이후, 하경은 오랜 동안 주재하였던 천서川西 방어 임무에서 전출되었다. 명대 가정嘉靖 17년1538년, 하경의 부하들과 현지 한인 사신士紳들은 난을 평정한 하경의 공에 감사하기 위해 파저보壩底堡 부근에 '하공생사何公生祠'를 건립하고 모두 아침저녁으로 참배하였다. 이후 북천 각 지역에 계속해서 '하공사何公祠'들이 세워졌고, 또한 '주마묘走馬廟' 혹은 '백마장군묘'로 불리어졌다. 다시 말하면, 하경이 주마장군 혹은 백마장군이 된 것이다. 도광『석천현지』에는 군사를 기록한 문서에 하경의 공적이 상세하게 기록되었을 뿐만 아니라『예문지藝文志』에는 더욱 그의 공적을 노래하는 시문 여러 편이 보존되어 있으며, 하경 본인의 상주문도 있다. 이것은 문자를 통한 하나의 과시이다.

더욱 중요한 것은 장군을 신성화, 민속화하고, 민간 제사를 통해 문화적으로 과시하는 것이다. 주마장군 혹은 백마장군에게 제를 지내는 것은 북천에 일종의 특수한 민속문화 신앙이 되었으며, 이 신앙은 심지어 백초하 유역의 과거 '강번'이 있었던 지역에 널리 유행되었다. 민국 시기까지 백초하 주마령에 있는 '주마묘'에서는 계속 하경상을 받들어 모셨다.[31] 하경에게 제사를 올리는 것도 한인 정체성을 밝히는 한 방식이다. 이 시기 백초하 일대 하경이 강변의 큰 재난 중에 주민들을 구하였다고 감동한 촌민들은 당연히 스스로 '한인'의 촌민이라고 칭하였다.

지방지에 강병장 등이 남긴 시문, 번민문화에 대한 묘사, 한과 번의 관계에 대한 기사, 그리고 하경의 공적과 관련된 기록은 모두 부단히 반복적으로 기술된 사회기억이 되었으며, 한 걸음 더 나아가 본지의 비한족 족군들과 그 문화가 변방화 되도록 만들었다. 각종 매개와 접촉을 통해 이러한 사회기억을 하고 있는 북천 '번민'은 점차 한인문화를 학습하였고 추종하게 되었다.

도광시대에 이르러선 도광『석천현지』에 의하면, "이에 200년간 왕화王化에 순종하였지만, 점차 화풍華風에 물들어 이미 그 낡은 누습은 크게 바뀌었다. 관리들과 백성들은 수시로 교화되었고 혼인상례는 한족 사람과 일체가 되었다". 국민정부 시기에는 본서 제3장에서 서술한 바 있듯이 강의 하류 사람들에게 '오랑캐'라고 불리어졌지만, 거의 모든 북천의 산간 촌락 사람들은 모두 스스로 '한인'이라고 칭하였다.

---

31 1980년대에 강족 정체성이 대두되었다. 많은 백초하 유역의 자칭 한인 민중들은 모두 족속을 바꾸어 스스로 '강족'이라고 불렀다. 이 시기 이곳의 강족 촌민들 간에는 논쟁이 있었는데, 주마묘를 받들어 모시는 제사의 대상은 하경인가? 아니면 강족 봉기의 영웅인가?라는 것이었다. 어떤 사람들은 '주마장군'은 하경이 도륙한 강족의 두령이고, '백마장군'은 하경이라고 알고 있다. 이곳의 '주마묘' 제사는 자연히 '주마'여야지 '백마'가 아니다.

# 근대 강羌문화의 탐색과 글쓰기

나는 본서 역사 편에서 한진 시기의 '강인 지대羌人帶'가 어떻게 해서 중국과 토번의 2개 정치세력의 압박에서 점차 위축되었는지 이미 설명한 바 있다. '강인지대'에 있던 각지 인간집단들이 '토번화' 혹은 '한화'가 되어서 청 말 민국 시기에 이르러 마침내 오로지 민강 상류 부분의 비한족 토착민들만 중국인들에게 '강민'이라고 불리게 되었다. 당시의 강민문화에서 우리는 이러한 역사과정의 흔적 — 한과 토번 사이의 모호한 문화적 변방 — 을 볼 수 있다. '토번화'나 '한화'는 토번의 정치적, 군사적 확장 그리고 티베트에서 전해진 장전藏傳불교의 전파, 혹은 중국의 정치적, 군사적 확장과 문화의 영향이 조성한 객관적 풍속, 문화의 변천만을 가리키는 것은 아니다. 이것은 이러한 객관적인 풍속, 문화의 변천이 '한인'과 '비한족 토착민'의 마음속에 형성된 족군 이미지意象의 구분을 가리키는 것이다. 이 역시 왜 당시 '강민'이 민강 상류지역에 존재하였는가 하는 점을 해석해준다. 한인의 마음속에 이 집단들은 '서번'이나 '티베트족'이 된 것도 아니었지만 '한인' 같지도 않았다.[32]

'역사 편'에서 나 역시 청말 중국지식인들이 어떻게 해서 옛 기억에 기초하여 한족을 포함하기도 하고 또 전통적인 화하변방까지 포함한 중국 국적의 민족을 구축하였는지 설명하였다. 그렇기 때문에 민국 초기에 이러한 국가민족들의 변방지역들에는 과연 어떤 '민족'들이 있었는가 하는 것을 탐구하였고, 이러한 민족들과 한족 간의 긴밀한 관계를 정리하는 것

---

32   본서 제6장, 「강인지대의 축소-한화(漢化), 번화(番化)와 이화(夷化)」의 1절을 참고할 것.

이 당시 중국 지식인들의 늦출 수 없는 사명이었다. 이때 강족사의 연구는 이미 한족, 티베트족, 이彝족 그리고 많은 서남 민족들 사이의 민족기원 관계의 교량을 이해하는 것이라고 설명하였다. 그래서 민강 상류의 '강족' 문화를 탐색하는 것은 특별한 의의를 지닌다. 그것은 '소수민족'을 식별하는데 도움이 될 뿐만 아니라 이 민족의 '살아 있는 화석들'을 통해 한과 광대한 서쪽, 서남 지역 소수민족들의 응결된 '역사'를 실증할 수도 있다.

이러한 종류의 학술 연구는 오늘날에서 보면 다소 모두 '우리민족 상상我族想像'하에 세워진 국가민족의 함의를 지니고 있다. 그런데 이 시대에 새로운 학술을 통한 우리민족 상상과 수립은 중국 지식인들이 잘 아는 분야가 아니었다. 마찬가지로, 민족주의 혹은 서방문명 중심주의에 기반을 두고 있는 일종의 우리집단상상我群想像, 그리고 세계 각 '원시민족primitive peoples' 연구에 대한 흥취 역시 많은 서구의 학자들과 탐험자들에게 중국변방의 고산 산림지역에 사는 '원시민족'을 탐방하도록 한 바 있다. 때로 그들도 이러한 '고귀한 야만인'[33]과 서방의 인종 및 문명 사이의 관련성을 상상하거나 형성시켰다. 그래서 20세기 상반기 중국 서남지역에 깊이 들어가서 탐방하고, 각 족군들을 묘사한 것은 중국의 민족학자들에 그치지 않고, 적지 않은 수의 서구 민족학자들, 선교사들과 탐험가들도 있었다.

과거 강인문화에 대한 화하의 간단한 기술과 비교하면 20세기 상반기 학자들의 강민문화에 대한 기록과 연구는 풍부할 만큼 많다. 주요 원인은

---

33 "고귀한 야만인(noble savages)"이라는 말은 당대 서구 학자가 '원시종족'에 대하여 민족학자, 탐험가들의 얕은 상상을 형용하는데 사용한 것이다. 그들의 '원시'는 당대 사람들이 이미 상실한 '순수함'을 대표한다고 상상하였다. 여기에서 내가 이 단어를 사용한 것은 당시 일부 서구 학자들이 동방의 어떤 '원시인 무리'를 하느님의 신도라고 하고, 그들을 고대에 이주해온 '고대 이스라엘 후예'라고 인식하는 것을 지적한 것이다. 사실상, 일부 구미의 인사들과 집단에서 이러한 상상은 지금까지 이어져 오고 있다.

민족주의와 '민족'개념 그리고 관련된 새로운 학술이 점차 보급되는 시대였기 때문이었다. '민족'은 공동의 혈통, 언어와 문화를 함께하는 일군의 무리로 여겨졌기 때문에 그래서 '민족'에 대한 중국과 서구 학자들의 연구는 통상 이러한 '특징'들에서 착수되었다. 각종 문화적 특징 중에서 그들이 가장 주목하는 것은 토착민의 복식, 음식과 언어였다.

이와 같이 민족문화의 특징을 사고하는 것은 아마도 근대 민족주의 산물이 아닐 뿐만 아니라 더욱 기본적이고 보편적인 인류사회의 집단분류의 법칙, 즉 사람들이 늘 '신체'와 '언어'로서 개인의 사회적 존재와 특성 및 우리집단과 타집단 간의 정체성과 구분을 체험, 관찰, 강조하는 데서 왔을 것이다. 사람들의 정체성과 구분에 관계되는 '몸'은 우리들의 생물적 체질, 외관피부, 두발 등만을 가리키는 게 아니다.

족군의 정체성 구분은 항상 체질, 외관이 차이가 없는 집단들 사이에 존재하기 때문에 인류는 늘 '문화'로 우리 민족 혹은 이민족의 '몸'을 꾸미고 상상한다. 이 문화의 인지, 실천과 상상속의 '몸'은 '외재된 몸外在體'을 포함한다. 예를 들면, 꾸미는 몸의 외관문신, 착치(鑿齒)[34] 등의 습속과 연장된 몸의 특질복식과 몸동작, 언어 등등 및 '내재된 몸內在體'[35]은 역시 음식물과 여타 요소들로 만들어진 몸의 특질이다. '외재된 몸'은 일종의 문화인지와 실천의 산물이다. '내재된 몸'은 특별히 '음식'에서 형성되는 몸인데, 인지와 실천 외에는 항상 일종의 상상일 뿐이다. 중국 고문헌『예기禮記』에 중국을 둘러싼 사방의 사람들과 중국인들 간의 구분이 기술되어 있다.

---

34  [역자주] 鑿齒는 고대 소수민족들 중에 같은 민족구성원들의 치아를 인위적으로 훼손하고 변화시키는 사회 습속을 가리킨다.
35  [역자주] 여기에 나오는 "내재적 신체"는 내적 신체로서 일반적으로 말하는 몸을 가리키고, "외재적 신체"는 외적 신체로서 문화적 인식과 실천의 산물인 몸을 가리킨다.

중국 융이오방戎夷五方의 민[36]들은 모두 제각기 개개인의 성격이 있어 바꿀 수 없다. 동쪽에 사는 사람들을 이夷라고 하고 (그들은) 머리를 풀어헤치고 문신도 하고, 화식을 하지 않는 자들이다. 남쪽 사람들은 만蠻이라고 하고 이마에 꽃무늬 문신을 하며雕題交趾[37] 화식을 하지 않는 자들이다. 서쪽 사람들은 융戎이라고 하는데, 머리를 풀어헤치고 가죽옷을 입고 알곡을 먹지 않는 자들이다. 북쪽 사람들은 적狄이라고 하는데, 털옷을 입고, 굴에서 살며, 알곡을 먹지 않는 자들이다.[38]

이 기록은 『예기』의 저자가 중국인과 '이융만적夷戎蠻狄'의 구분이 두발과 복식, 문신 등이 만드는 '외적 신체', 그리고 음식물로 만들어지는 '내적 신체'상에 표현되어 있다고 인식하고 있음을 보여주고 있다. 또한 『주서周書』의 기록처럼 변경지역에 파견되어 주재한 중국관원 류번劉璠과 그의 처가 현지 강인의 습속에 순응하였고, 저자도 "보리를 먹고, 가죽옷을 입는다"고 묘사함으로써 그들이 따랐던 이민족의 습관을 묘사하였다.[39]

언어는 인류의 사회적 정체성과 구분 체계에서 중요한 역할을 한다. 이것은 언어의 두 가지 기능인 소통communication과 은폐concealment로 설명할 수 있다. 한 측면에서 언어는 사람과 사람 간 소통의 도구이다. 동일한 민족 집단의 사람들이 항상 왕래하고 소통하는 것은 상호 생각을 소통할 수

---

36  [역자주] 즉 중국의 소수민족들과 모든 백성들을 말한다.
37  [역자주] 이마에 꽃무늬 문신을 한다는 뜻인 조제(雕題)는 고대 남방 소수민족의 습속이었다. 교지(交趾)는 본래 고대 북방의 중원 사람들이 고서에서 "남만"민족의 풍속을 묘사한 말이었지만, 후에 남만인이 사는 지역을 가리키는 의미로 사용되었다. 본 인용문은 전자로 해석이 된다.
38  『禮記』, 13, 「王制篇」.
39  『周書』, 42 / 34, 「劉璠傳」.

있는 공동언어를 이 집단속에 계속 존재하도록 하고, 이로 인해 우리 집단의 정체성을 강화시킨다.

다른 한 측면에서 언어도 일종의 구분과 은폐의 도구이다. 자주 내왕하고 소통하지 않거나 쌍방이 의도적으로 왕래를 회피하려는 의사가 있는 족군은 특별히 피차간에 생각을 감추고 소통을 저해하는 언어를 발전시키는데, 이로 인해서 피차 정체성의 구분을 형성하고 유지하게 만든다. 혹은 언어의 소통과 은폐라는 두 가지 의의에서 대화자가 가장 좁은 범위의 공통언어로 피차 간 친근한 일체감을 강조하고 굳게 하는 것이다.[40]

두 종류의 언어는 과연 '소통 가능한 것'인가 아니면 '상호 폐쇄하고, 소통을 어렵게 하는 것'인가 하는 문제는 언어의 객관적 구조가 같거나 다른 영향을 받았기 때문만이 아니라, 항상 사람들의 주관적 정체성의 영향을 받는다. 그래서 인류는 보편적으로 이러한 객관과 주관의 '언어'의 같고 다름을 가지고 '우리 무리'와 '타 무리'를 인지하고 구분한다.

1920년에서 1940년대, 소수의 학자들이 민강 상류로 들어가서 '강민' 문화의 탐색을 시도하였다. 그들의 조사와 기술 중 현지 복식, 음식습관과 언어는 중요한 문화 항목이다. 그러나 그들이 남긴 자료는 당시 이러한 강민문화의 탐색작업이 거의 좌절과 모호함, 논쟁과 상상으로 충만하였음을 보여준다.

---

40  예를 들어 대만에서는 일본식 교육을 받은 60세 이상의 노인들이 같이 있게 되면 그들은 일본어로 대화한다. 그 의의는 이 언어가 그들 간의 소통 수단이 되었으며, 따라서 피차간의 친밀성을 강조함으로써 이 집단을 최소한의 정체성으로 결속시킬 수 있다. 여기서 '은폐'와 비배척성은 그 자리에 없는 외부인을 배척하는 것이다. 예를 들어 일본어를 모르는 대만 중년 인사가 그 자리에 있다면, 그는 원활한 소통을 위해 북건어인 민남어(閩南語)나 표준어(國語)로 말할 것이고, 새롭게 이 "같은 언어를 말하는" 사람들 집단의 범위를 경계 짓는다.

1920년대 초, 영국 선교사 토랜서T. Torrance는 민강 중, 상류의 '강민'지역에서 선교를 하였다. 그는 그의 교민들을 깊이 사랑하였으며, 그들의 문화습속 및 그 연원에 대해서도 깊은 흥미를 느꼈다. 제5장에서 나는 '강민'의 종교를 일종의 '일신교'로 보기 때문에 그는 이 민족을 옛 이스라엘의 후예라고 여겼다고 언급한 바 있다. '강민'의 각종 문화적 특징들로 그에 의하여 이러한 관점이 증명되었다. 즉 오늘날의 '강민문화'는 그에겐 일종의 고대 전통의 연속이기 때문에 이 점을 가지고 그는 강민이 '옛 이스라엘인의 후예'라고 증명하였다.

토랜서는 강민 복장에 대하여 서술하면서 특별히 현지인이 입은 흰색의 긴 소매 옷을 강조하였다. 그는 대부분의 강민은 '여전히' 흰색 삼베옷을 입고 있다고 언급하였고, 과거에는 '일찍이 전부가 그랬을 것'이라고 추측하였다.[41] 그는 흰색과 청결을 숭상하고, 흰색을 선善으로 여기는 것은 모두 이스라엘인의 습속이라고 생각하였다. 그러므로 옷은 순백을 숭상하는 강민도 이스라엘인의 후예일 것이라는 주장이었다. 또 당시 강민이 보편적으로 입던 양털 직물, 양모직 외투에 대해 그는 "고대 직물공예의 일종으로서 카페트, 야크가죽 모자, 요대와 성긴 양모직의 허리띠를 만들었는데, 이 양모직으로 만든 허리띠는 다리를 묶고 옷을 만드는데 사용되었다"[42]라고 하였다. 분명하게 그는 이것을 고대 서아시아 복식전통의 잔재라고 보았다. 또 예컨대 토랜서는 어떤 지역들의 강민 부녀들이 은귀고리를 단 머리장식, 귀장식을 들었고, 그리고 팔레스타인지역 라말라Ramalla

---

41  Thomas Torrance, *China's First Missionaries : Ancient Israelite*, London : Thynne & Co. LTD, p.39, 1937.

42  아마도 티베트산 모직품을 말하는 것 같다.

h[43] 부녀들의 머리 위에도 은장식을 하는 습속을 제시하였다.[44]

음식물 측면에선 그는 강민이 귀리, 보리와 옥수수로 만든 구운 떡을 먹고, 그리고 '잡주咂酒'[45]를 마신다고 하였다. 그는 『성경』의 기록을 인용하여 고대 유태인들도 이런 떡을 먹었고, 이와 비슷한 '시큼한 술酸酒'을 마셨다고 설명하였다. 언어 측면에서 그는 당시 강민의 언어와 유태인 언어가 어떤 관련이 있는지 증명할 수 없었지만, 강민은 "이미 그들의 언어를 잊어버렸고, 원래의 말아서 만든 종이책을 상실하였고, 그들은 현재 한어와 그리고 티베트어, 가융어와 같은 어원인 이중 언어를 말하고 있다".[46]

토랜서가 말하는 "강민문화와 그 원래 있던 언어"는 사실 그 자신의 선택적인 관찰에 근거하고 그 위에 약간의 역사적 상상을 더하여 만들어진 것임이 분명하다. 그는 과거 표본이 되는 강민문화와 언어는 이스라엘 원래지역의 전형적인 언어와 문화에서 나온 것이라고 생각하였다. 현재 보이는 것은 이 전형적인 문화가 변천한 후 남은 나머지 것이다. 이 같은 상상과 구축은 그 저작 중에 서사의 단어narratives를 통해 강렬하게 드러나거나 전개되었다.[47]

내가 본서에서 여러 차례 언급한 미국학자 그레이엄D. C. Graham은 대략 1925~1948년간, 역시 민강 상류지역에 들어가서 민속학, 고고학과 생물표본을 수집하였다. 그는 당시 강민의 복식에 대해 더욱 상세하게 묘사하였다.

---

43 [역자주] 라말라는 요르단강 서안의 자치도시이다.
44 Torrance, op.cit., pp.36~40.
45 [역자주] 중국의 묘족, 토가족(土家族) 등의 소수민족들이 만들어 먹는 전통주를 말한다.
46 Torrance, op.cit., p.17.
47 앞에서 인용하였듯이 그가 강민은 '아직도' 흰색 삼베옷을 입고, 그들이 '현재' 말하는 게 이중 언어라는 것은 모두 서사(narrative) 수법을 사용하여 그것의 과거에 대한 상상을 만들고 강화하였다.

강민은 일반적으로 물들이지 않은 삼베옷을 입으며, 흰색 혹은 흰색에 가까운 색깔이었다. 왜냐하면 그것은 자연의 색깔이기 때문이다……. 남녀는 모두 다리를 감아 묶었다……. 남녀 모두 두건을 쓰고 있었다……. 짙은 양털의 비교적 따뜻한 의복은 추운 날에 입는다. 제3종은 통상 소매가 없으며, 동물 가죽으로 만들었는데 털이 가죽옷 위에 남아 있었다. 어떤 강민들은 한인에게서 구입한 면옷을 입고 있었다……. 어떤 지역들에서는 머리부터 허리까지 내려오는 가장 좋은 삼베에 남색 포가 있었는데, 이 간단한 남색 포 위에, 흰색의 간단한 별들, 꽃송이 및 기하무늬 도안이 수놓아져 있다. 남자와 여자 모두 옷 띠를 맨다. 일반적으로 모두 흰색 삼베이다. 그러나 문천汶川과 이번理藩에는 채색이 정교한 도안의 허리띠가 있다. 증거가 말해주듯이, 문천의 강민은 와사瓦寺에서 이런 종류의 허리띠를 도입하였고, 그리고 이번의 강민은 인근의 가륭嘉絨에서 도입하였다. 왜냐하면 기타 지역의 강민들은 모두 이런 띠를 만들지 않거나 패용하지 않는다. 그러나 와사나 가륭에서는 보편적으로 띠를 패용하였다……. 강민 부녀는 가끔 한인의 꽃무늬 자수를 배워서 그녀들의 옷소매 혹은 앞치마 위에 수를 놓았다.[48]

강민의 복식에 대한 그레이엄의 묘사로 볼 때 그는 강민에게 원재료와 색을 배합하여 균질의 소박함을 그 특색으로 하는 복식문화가 있다고 믿었다. 이 점에서 그는 토랜서의 소견과 대략 같다. 다른 점은 그가 이러한 문화는 본토의 것이며, 중동에서 전래된 것이 아니라고 인식한 것이다. 그

---

48 David C. Graham, *The Customs and Religion of the Ch'iang*, City of Washington : The Smithsonian Institution, 1958, pp.20~21. 앞에서 인용한 문서중의 '와사(瓦寺)' 는 문천 부근 와사토사(瓦寺土司)의 속민(屬民)이다.

들의 견해가 크게 다른 것은 토랜서가 순수한 이스라엘문화의 동방 전래 및 존재를 주장하여 각지 강민들 간의 문화차이를 무시하고자 한 뜻이 있었다는 점이다.

반면, 그레이엄은 이 문화가 지역에 따라 상당한 차이가 있다는 사실에 주의하였다. 예컨대 원래 질박한 강민 복식이 특정지역에서는 각종 '가공' 자수와 꽃모양이 있는 허리띠이 있었다는 것이다. 그는 이러한 문화의 차이를 한족과 가릉티베트족 두 방면의 문화적 영향에 의한 것으로 귀결시켰다. 음식 측면에서 그는 강민이 일상적으로 먹는 음식물은 재배, 채집, 수렵에서 얻는다면서 그 '원시성'을 강조하였다. 다른 사항으로, 그는 또 젓가락 사용과 일부 강민들이 쇠고기를 먹지 않는 습속은 강민의 한화라고 강조하였다.

강민의 언어에서도 마찬가지로 그레이엄은 각기 다른 지역의 강족 언어에 큰 구별이 있다고 지적하였다. 그는 강민은 그가 접촉한 바 있는 족군族群 : ethnic groups들 중에 언어차이가 가장 큰 집단 중의 하나라고 언급하였다. 그는 강민 언어의 큰 차이를 경험하였지만, 그는 이것이 '일종의 언어'라고 생각하였다. 그는 당시 중국 언어학자 문유聞宥[49]의 의견을 받아들여서 강어는 옛날 티베트미얀마어藏緬語의 한 종류이고, 그래서 강민은 황인종의 티베트미얀마어 민족의 하나라고 보았다.[50] 그 역시 한화의 영향으로 인해 많은 지방의 강어들이 사라지고 있는 중이라고 언급하였다.

일찍이 1928년에 막 설립된 중앙연구원 역사언어연구소 소장직을 맡은 여광명黎光明은 그의 친구 왕원휘王元輝와 함께 민강 상류지역에서 민속에

---

49  [역자주] 문유는 화서연합대학(華西聯合大學) 교수였고, 본서 뒤쪽에서도 문재유(聞在宥)라는 교수 이름이 나오는데, 이 두 사람은 동일인물이다. 문유가 성명이고, 재유는 그의 자(字)다.

50  David C. Graham, op. cit., p.9.

대하여 고찰하였다. 그들은 강민의 풍속습관에 대해 다음과 같이 종합적으로 묘사하였다.

> 강민과 토착민도 상호 동화한 흔적을 많이 간직하고 있다. 많은 풍속과 습관들은 강족과 토착민이 공통된 게 있는데 과연 누가 누구에게 동화되었는지 알 수 없다. 의, 식, 주 세 가지를 대략 보면 강민과 토착민은 모두 차이가 크지 않다.

말하자면 그들은 강민과 토착민티베트지역에서 와사지역으로 이주해 온 속민을 구분할 수 있는 '객관적 문화 특징'은 찾을 수 없었다. 심지어 현재 '강족'문화의 표식으로 알려진 두건을 묶는 습속에 대하여 여광명 등은 보고서에서 특별히 다음과 같이 지적하였다. "천으로 머리에 둘러 모자를 대신하는 것은 천서 한인들의 습속이고 강민이나 토착민의 특별한 습속은 아니다."[51] 그들이 보기에는 강민, 토착민과 한인은 최소한 복식문화에서는 차이가 크지 않았다. 1930년대 일찍이 천강 변강지역에 와서 여행을 한 장학본莊學本도 비슷한 생각을 가지고 있었다. 그는 이렇게 기록하였다. "이 지역의 한족, 강족과 산 바깥 지역의 천인川人[52]들은 똑같이 깨끗한 흰 두건을 두르고 있었다."그는 한 걸음 더 나아가 이렇게 해석하였다. "이것은 공명孔明[53]의 죽음을 기념할 때 입는 상복이다."[54] 토랜서에게 근동의 특색이 있는 것으로 인식된 강민의 양

---

51  黎光明・王元輝, 『猼猓子・汶川的土民・汶川的羌民』, 川康民俗調查之四, 臺北 : 中央研究院歷史言語研究所藏, 未出版, 1929, 44쪽.
52  [역자주] 사천지역 사람을 일컫는다.
53  [역자주] 제갈공명을 말한다.
54  莊學本, 『羌戎考察記』, 37쪽.

모직 외투는 사실상 당시 강민들에게만 있는 게 아니기도 하였다. 1940년대 초 편집 출판된 『문천현지』에는 이렇게 기록되어 있다. "그 지역에서 생산되는 양털로, 많은 사람들이 털을 옷으로 직조하였다. 그래서 많이 양털로 옷을 짰는데, 3족이 모두 같고, 단지 강족과 토착민에게만 비교적 보편적이었을 뿐이다."[55] 여기서 언급한 3족은 한족, 강족, 그리고 와사토사 속민이었다.

1940년대 초, '대학생 하계 변강 복무단'이라는 명칭의 고찰대도 천서 지역에서 조사를 하였다. 앞서 언급한 미국학자 그레이엄이 부단장이었다. 이 팀의 활동성과는 나중에 『천서조사기川西調査記』라는 책으로 나왔다. 마찬가지로, 조사자들도 강인의 복식이 소박하고 별반 특색이 없다고 하였다. 이 책은 다음과 같이 언급하고 있다.

강인의 복식은 남녀를 불문하고 특별한 형식이라고 할 만한 게 없다. 그래서 복식 면에서 보면 그가 강인인지 알 길이 없다. 그러나 그 옷의 재료는 스스로 재배하고 스스로 직조한 호마포를 많이 사용하였다. 일을 할 때와 식을 올릴 때가 아닐 시에는 모두 복장은 삼베옷이었고, 방문객이 있을 때나 성대한 전례典禮를 올릴 때만 목화솜옷이나 비단옷을 입었다. 남자 셔츠는 길었으며, 여자 블라우스는 비교적 짧았는데, 겨우 무릎까지 닿았다. 남녀의 허리에는 희속대喜束帶[56]가 있는데, 리번리理番縣지역에는 삼베띠가 많고, 문천에는 모직의 꽃무늬 띠가 많다. 이것은 문천 와사토사의 습속에서 배운 것이다. 와사토사는 명대에 이주해 온 티베트인들이었다. 옷 장식의 소박함은 오락의

---

55 祝世德 等修, 『汶川縣志』, 臺北 : 成文出版社影印出版, 1944, 304쪽.
56 [역자주] 옷에 달린 끈 또는 끈 형태로 된 장식이나 부속품을 하나로 묶은 리본, 벨트나 밴드를 가리킨다.

부족과 더불어 풀리지 않는 심리의 상징이다. 강인 여자들의 의복은 면포와 비단옷을 제외하고 반인치半寸 넓이의 남색 테를 두르는 것 외에 특별한 장식은 없고, 색채는 모두 보통 어두운 색에 속한다. 삼베 바지는 순백이고 역시 단에 테두리를 대지 않았다. 남자 의복의 간소함은 더 말할 나위 없다. 남녀는 더욱 면 없는 산양 가죽으로 만든 조끼와 갈색 양털로 된 긴 조끼를 가지고 있어 추위를 막고 비를 막아준다……. 여자는 노인과 어린이 할 것 없이 모두 귀고리를 했는데, 형식은 내지內地와 같고, 커다란 은귀고리를 하는 사람들도 있는데, 이것은 티베트인 풍을 많이 받아들인 것이다.[57]

이상 강인 복식에 대한 조사자들의 묘사는 그들 마음속의 '강인문화'가 아주 모호하다는 것임을 나타내고 있다. 그들은 이 가운데 어떤 요소가 '티베트인'의 영향을 받은 것이고, 어떤 요소가 '내지한인'의 영향을 받은 것인지 분별할 수 있지만, 강인의 복식에 대해서 '간소'하고 "특별한 형식이라고 할 만한 게 없다"라고 기술하였다. 강민의 음악 가무에 대해서 그들은 "그 고유한 음악은 단지 산가山歌[58]이고, 독특한 풍격을 갖춘 곡조는 아주 적으며, 융인의 서번으로부터 전래된 게 아니라 내지로부터 전래되었다"라고 기술하였다. 강인의 언어에 대해서는 조사자들도 그들의 언어가 복잡하고 갈래가 다기하며, 많은 외래어들이 들어가 있는데, 그들은 어떨 때는 차이가 큰데 심지어 다른 계통의 언어라고 해도 된다고 언급하였다.[59]

일찍이 민강 상류로 들어가 조사를 한 중국학자들 중 호감민은 아마도

---

57  教育部蒙藏教育司, 『川西調査記』, 教育部榮藏教育司出版, 1943, 23쪽.
58  [역자주] 남방(南方)의 농촌 혹은 산촌에서 유행하던 노래로 주민들이 산이나 들에서 일할 때 부른다.
59  教育部蒙藏教育司, 앞의 책, 25쪽.

가장 '학술성'을 갖춘 조사자였을 것이다. 그는 강민의 '고유한' 혹은 '전통적' 문화를 발굴하고자 노력하였다. 복식 분야에서 그는 양털과 삼베를 원소재로 만든 의복은 강민의 전통공예라고 생각하였다. 비교적 정교하게 꽃모양 수를 놓은 신발과 천으로 짠 꽃띠에 대해서 그는 이것이 한문화 혹은 티베트문화의 영향을 받은 산물이라는 것에 대해서 회의적이었다.

음식 분야에서 그는 '만두 만드는 방법'은 강민의 전통방법이라고 인식하였고, 아울러 "만두를 불에 굽는 것은 당연히 원시적 방법"이며, 대나무 껍질 바구니에다 만두를 찌는 것은 토착민들이 한화된 결과라는 것을 지적하였다.[60]

분명히, 호감민의 마음속에는 아주 분명한 '민족문화 진화관'이 있었고, 강민은 이 진화의 계서상 비교적 밑에 있었던 민족이었다. 그래서 모든 질박하고, 원시적인 문화의 요소들은 모두 강민의 전통이 되었다. 이 견해는 강민의 음주 습속에 대한 그의 시각에도 나타나 있다. 강민은 "진화가 일천한 민족演淺民族들과 마찬가지로 술을 좋아하는 버릇이 아주 심하였다"라고 그는 말하였다. 진화가 일천한 민족이란, 말 그대로 변화 발전에 일천한 민족이다. 어찌 되었든, 호감민으로서는 강인문화를 탐색하던 중에 많은 좌절을 겪었다. 그는 "현재 강민이 소유하고 있는 많은 공예품들과 발명한 것들 중에서 어느 것이 강인의 고유문화이고, 어느 것이 한화 혹은 번화, 가룽화에서 온 것인지를 구분하는 것은 이미 아주 쉽지 않다"[61]는 것을 인정하였다.

20세기 전반기 강민의 문화 중 특히 복식에 관하여 우리들은 별도로 일종의 사료를 갖고 있는데, 앞서 기술한 토랜서, 그레이엄 및 여광명 등이

---

60   胡鑑民, 「羌民的經濟活動形式」, 『民族史研究集刊』 4, 1944, 39~40쪽.
61   위의 글, 39쪽.

모두 그들의 저작에 당시 강민의 사진들을 남겼다. 얼마 뒤, 중앙연구원 역사언어연구소의 예일부芮逸夫 등이 강민지역으로 들어가 조사 기간에 역시 몇 장의 사진영상 자료들을 남겼다.

이상 강민문화에 대한 중국과 서양학자들의 서술을 근거로 하고, 당시 사진들을 참조하면서 화보를 참고할 것, 20세기 상반기 강민의 복장은 확실히 대단히 소박하고, 또 동쪽 한문화에서 서쪽 가륭문화에 이르는 지역의 다원적이고 과도기적 변화를 나타내고 있다. 강인문화, 언어현상은 대략 같다고 하더라도,[62] 학자들이 본 바 어느 것이 '강인의 언어, 문화'인지에 대하여선 다른 관점이 있다. 토랜서는 강민문화에 대하여 충분히 믿음이 가는 기술을 하고 있다. 왜냐하면 그는 '강민'은 특수한 종족race이고 동쪽으로 이동해 온 이스라엘의 후예라고 믿었기 때문이다. 또한 그는 강민들이 원래 근동에서 전래된 언어와 문화를 갖고 있었지만, 역사 변천과정에서 잃어버렸다고 생각하였다.

그레이엄은 강민문화를 묘사하는 것 외에 그 문화 중에서 무엇이 한문화 및 가륭문화의 영향을 받은 산물인지 분별하려는 시도를 하였다. 어찌 되었든, 그는 강민을 하나의 족군ethnic group으로 인식하였다. 다시 말하

---

62 이곳은 필드워크지역의 선택문제에 관계된다. 즉, 20세기 전반기 조사자들은 어떤 지역 인간 집단을 선택해서 조사하여야 '강민'과 '강인'의 문화를 나타낼 수 있을까? 토랜서와 그레이엄의 조사는 모두 주로 오늘날의 문천, 리현 부근, 특히 용계구와 잡곡뇌하 연선 각 부락들의 '강민'에 집중되었다. 『천서조사기』의 조사자들은 무현과 흑수하 연선의 모든지역들을 지나갔지만, 그들이 보고한 주요 내용 역시 잡곡뇌하 연선의 촌락들, 문천 나복채(蘿蔔寨, 羅卜寨) 등지의 '강인'들이었다. 이 외에 1940년대 호감민이 강민의 경제와 공예에 관하여 기술할 때, 우연히 무현의 동쪽 길과 서쪽 길의 마을들을 언급하였지만, 상세한 기술은 모두 잡곡뇌하를 연하는 각 마을에 집중되었다. 분명히 금세기 전반기 학자들이 기술한 전형적인 '강인' 혹은 '강민'은 모두 잡곡뇌하 유역 및 문천 부근의 각 촌락 주민들이었다. 이는 토착민의 복식에 대한 그들의 기술이 기본적으로 유사한 이유 들 중의 하나일 것이다.

면, 토랜서는 '민족의 이동'으로 '종족'의 기원을 설명하려 하였고, 그레이엄은 '전통문화'로 한 '족군'의 원형을 묘사하려 하였던 것이다.

당시 한인학자들 역시 전통적이거나 전형적인 '강민문화'를 찾기를 바라고 있었지만, 그들은 문화상의 '강민'에 대해선 오히려 아주 곤혹을 느꼈다. 『천서조사기』의 저자들은 '강인'의 문화현상이 모두 내지의 한인들과 엇비슷하고, 설령 차이가 있다고 해도 그것은 지엽적인 것에 불과하다고 인식하였다. 강인문화의 범위를 가르는 것이 곤란하다는 것을 체득한 후, 그들이 내린 결론은 **"강인의 판별은 언어에서 오는 것 외에 기준이 될 만한 다른 방법이 거의 없다"**는 것이었다.[63] 강민의 혼합된 문화의 특성에 곤혹스러워 한 호감민 역시 '강어'의 언어분류에 따라 '강족문화'의 분류 속성에 대한 자신의 믿음을 얻었다. 그는 다음과 같이 언급하였다.

오늘날에 이르러 체질, 언어와 문화는 이미 인류학상 중요한 3대 연구 분야가 되었다. 중국 서남민족들 중에 저강민족과 티베트민족의 체질 방면의 관계에 대해서 아직 어떤 탐구를 시도한 바 있었다는 소리는 듣지 못하였다. 언어학 방면에서는 벌써 전문가들이 강어는 확실히 티베트어의 한 지류라고 증명하였다(화서대학華西大學 문재유聞在宥 교수가 수년 전 국립 사천대학四川大學에서 교편을 잡고 있었을 때 바로 시작한 것이 비교 연구였다). 학술상의 이러한 수확은 민족문화 연구자들에게 아주 큰 도움을 줄 수 있었다. 왜냐하면 문화영역의 관점에서 관찰하여 보면 현재의 강족문화도 티베트문화구에 편입되어 언어학상의 수확과 서로 발명되기 때문이다.

---

63   教育部蒙藏教育司, 『川西調査記』, 25쪽.

분명히 언어학자들은 종래 민족문화 연구자들의 소망을 떠맡지 않았다. 강어가 한어티베트어족 중의 티베트미얀마어 계통Tibet-Burman의 일부임을 밝힌 문유의 강어 연구성과는 민족연구자들에게 널리 인용되고 있다. 많은 학자들에게 이 민족 언어의 지식은 강족의 범위를 설정하는 과학적인 방법을 제공하였을 뿐만 아니라 '한어티베트어 계통'에서 '티베트미얀마어족'에 이르고 '강어 지류'에 이르기까지 넓은 것에서 좁은 것에 이르는 계서는 관계를 포함하고 있는데, 강족과 좀 더 큰 범위의 민족 간 관계, 즉 '강어'를 말하는 강족은 '강어 지류' 언어를 사용하는 '저강 계통 민족'의 일부라는 것을 암시하고 있다. '저강계 민족'은 또한 '티베트미얀마어'의 일부이고, '티베트미얀마어'는 '한어티베트어계'의 중화민족 아래에 있는 일부이다.


## 근대 강민羌民문화 탐색  종교 신앙

20세기 상반기의 강민 또는 강족 연구에서 종교 신앙은 중요한 주제였다. 이 연구에 대한 흥미는 부분적으로 두 종류의 동기에서 유발되었다.

첫째는 선교사 신분의 서방연구자들이 원래부터 인류의 '종교'에 대해 대단히 흥미를 갖고 있었다. 그들은 현지의 '원시종교'를 탐색하고 기술하여 이러한 '비이성적'인 종교들과 인류의 종교 신앙의 변화 발전상의 위계를 비교하거나 그 기원을 거슬러 올라가는 시도를 하였다.

둘째는 변방을 탐색하는 각종 문화중심주의의 영향을 받아서 변방의 소수민족 혹은 '원시토착민'이 정치문화가 우세한 입장의 학자들에게 낙오

된, 변화 발전의 정도가 비교적 얕은 족군—문화가 낙후되었음을 말해주는 중요한 흔적의 하나—로 상상되었다는 것은 그 일상생활이 '여전히' 종교적 힘의 지배를 깊게 받았다는 점이다. 많은 한인들과 서방 학자들은 이로 인해 이러한 '원시민족'의 종교에 특별히 관심을 기울였다. 또 이 때문에 토랜서, 그레이엄과 호감민 등의 강민 관련 저작에서 토착종교가 모두 기술의 중점이었으며, '종교' 역시 이 저작들의 서명이나 글의 제목에 모두 표시되어 있다.

토랜서가 주의하였거나 그가 기술한 '강민종교'는 거의 모두 성경 기록 또는 서아시아지역에서 여전히 볼 수 있는 종교습속들과 서로 관련이 있다. 그는 이 '야만의 황량한' 땅에서 토착신앙 유일의 최고 하늘 신天神은 목비색木比色 또는 아파색阿爸色[64]이라고 믿었다. 또한 그는 이것이 야훼 하느님에 대한 신앙이라고 생각하였다. 그는 또 강민은 고산에서 많이 살기 때문에 최고인 이 하느님 아버지는 '산신山神'이라는 이름도 갖고 있다고 칭하였다.

이러한 시각을 지지하기 위하여 그는 종교문화상의 증거들을 들었다. 예를 들면, 강민은 흰색을 숭배한다는 것이다. 그는 종교와 도덕상의 깨끗함을 표상하는 흰색이 고대 유태인의 신앙습속과 같다고 생각하였다. 또 그는 다른 예를 들었는데, 강민은 우상을 숭배하지 않는 것이 십계명을 준수하는 유태인과 같고, 단지 흰 종이와 흰 돌로만 신을 표시한다고 언급하였다. 또 다른 예로, 강민이 고산에서 행하는 제사의례, 관련 '신의 나무神樹林' 신앙, 산상에 돌로 쌓은 '제단'이 모두 그에게는 고대 유대교의 전통과

---

64 [역자주] 목비색과 아파색 등은 토착민들이 믿는 신들의 이름을 저자가 중국어로 음역한 것이다.

관련이 있거나 혹은『성경』에 기록된 유대인 풍습과 관계를 맺을 수 있는 본토의 풍습으로 보였다.

그는 또 하느님은 조금도 하자가 없는 반면, 인간은 죄를 짓는 존재라는 것을 강민이 믿는다고 생각하였다. 사람이 하느님한테 가까이 가려면 반드시 먼저 죄를 씻어야 한다. 그래서 하느님이 죄지은 사자使者를 인간세계에 보내 인간들이 죄 씻는 것을 도와주고 있다. 토랜서는 자신의 저서에서 강민의 무당인 '단공' 그리고 그들이 산에 제사를 지내고 양을 죽이는 '환원還願'65 활동을 주재하는 것을 묘사하는데 심혈을 기울였다. 바꾸어 말하면, '단공'은 그가 말하는 죄 씻어주는 사자이기도 하고, '환원'은 죄를 씻고 속죄하는 습속이다.66

앞 장에서 나는 당시 현지 토랜서의 친한 친구 겸 선교 조수와 문천 목상채의 구평산木上寨 苟平山을 언급한 바 있다. 그는 기독교 신앙을 받아들인 후 토랜서가 "강민은 원래 하느님의 자손이고, 이스라엘인의 후예"라는 설을 선교하는 일을 도왔다. 그가 쓴 「대大강족 동포에게 고하는 글-양을 바치는 일의 시말」에서 그는 토랜서의『구약성서』해석을 듣고 이 책을 읽은 후 홀연히 크게 깨달았는데, 원래 강민이 천신에게 양을 바치는 것과 고대 이스라엘인의 제사는 같은 곳에서 나온 것이라고 하였다.67

10여 년 후인 약 1930~1940년대에 그레이엄이 민강 상류에서 고찰하였을 때 그는 많은 강민들이 스스로 '이스라엘인의 후예'라고 자칭하고 그

---

65  [역자주] 신불(神佛)에게 발원한 것이 이루어져 감사의 예참(禮參)을 하는 것을 말하는데, '환향원(還香願)'이라고도 불린다.
66  Torrance, op. cit., pp.78~94.
67  이 서한의 중문판은 이미 볼 수 없다. 그러나 그레이엄은 이것을 영문으로 번역해서 그 책에 실었다. 본문에서 인용한 것은 그레이엄의 책 가운데 영문판을 번역한 것이다. David C. Graham, op. cit., pp.98~100을 참고할 것.

들이 믿는 천신은 바로 '야훼 하느님'이라고 말하는 것을 발견하였다. 그레이엄은 강족과 관련된 그의 저서에서 이런 논리를 반박하였는데, 강민은 다신 신앙자들이고 이스라엘 후예설은 토랜서와 그 강민 조수가 오도한 것을 받아들인 탓이라고 지적하였다.

강민의 종교에 대하여 그레이엄은 명백하게 강민은 결코 일신교 신도가 아니라고 지적하였는데, 그 자신들이 믿는 신 외에도 강민은 인근 여타 민족들의 신을 믿었다. 그는 현지의 천신인 '목파사木巴舍, Mu-bya-sei'는 기독교 영향을 비교적 깊게 받은 몇 개의 촌락들에선 '아파제阿爸齊'라고 불렀다라고 지적하였다. 이것은 강민이 토랜서 등 선교사의 '하느님 아버지天父'를 받아들인 결과임을 암시하고 있다. 그도 강민들이 한인 도교의 영향을 받았기 때문에 더욱 보편적으로 '목파사' 등을 '옥황玉皇'과 동일하게 여기는 것에 주목하였다. 그레이엄 자신은 '목파사'의 의미가 '하늘'에 해당된다고 생각하였다. '하늘'은 고대 주나라 사람들의 신이고, 역사상 강족姜씨성의 민족도 또한 주나라 사람들의 친한 친구였다.[68] 분명히 이 번역에서 그레이엄은 당대 강민을 상商나라와 주周나라의 강, 혹은 강 씨 성 민족의 후예라고 보았다. 그리고 그에게는 '하늘'에 대한 강민의 신앙이 이 민족의 역사적 연속성을 증명하는 것이었다.

'강민이 일신교 신도'라는 토랜서의 주장을 반박하기 위하여 그레이엄은 강민의 가정들 중 대부분이 다섯 종류의 주신主神에게 제사를 지낸다고 지적하였다. 이러한 받드는 신들과 각 신의 이름은 각 지역이 모두 같지 않았다. 한편, 강민들 가정에서 보통 제사 올리고 있는 12개의 등급이 작

---

**68** Ibid., pp.45~46.

은 신들도 마찬가지로 각 지역별로 달랐다. 각 가정에서 제사지내는 신 외에 매 촌락과 지역에는 모두 현지의 신이 있었다.

그렇기 때문에 그는 이론상으로 강민은 지명과 촌락 이름이 있는 만큼 신들이 있다고 생각하였다. 당연히 그 역시 흰 돌白石이 유일한 천신을 대표한다고는 생각하지 않았다. 그는 많은 지방에서 흰 돌이 지방의 각종 신기神祇[69]들의 대표가 되었다고 지적하였다. 심지어 문천의 극고라는 마을, 즉 극고채克枯寨에서는 일부 사람들에게 흰 돌은 곡식의 신으로 인식되었으며, 다른 어떤 사람들에게는 창힐신倉頡神으로 인식되었다. 또 그는 천주川主, 옥황玉皇, 관성인關聖人, 관음觀音, 무창武昌, 해산梅山, 토지土地 등등 같이 한인들이 믿는 신들이 강민에게 자기 신으로 인지되었다고 언급하였다. 그는 특별히 포계구에서 강민 제관 '단공'이 홍색과 흰색 두 종류의 옷으로 나눠 입은 것을 언급하였다. 홍색 옷을 입은 단공은 손오공과 사오정沙和尚에게 마귀를 쫓아내고 병을 없애며 재난을 소멸시키는 원을 이루게 해달라고 절하였고, 흰색 옷을 입은 단공은 서천西天의 석가모니 부처님佛祖에게 아들을 내려주고, 비를 내리게 해달라고 절하였으며, 산에 제사지내며 오곡 풍년을 빌었다라고 하였다.[70]

따라서 토랜서가 말한 "하느님이 보내 죄를 사하는 사도"는 강민 종교의 핵심인물인 단공인데, 단공도 마치 한족문화와 티베트족문화의 영향을 깊게 받아서 그 '본토'의 특성이 결핍되어 있는 것 같다. 어쩌면, 이른바 '강민종교'와 '강민'은 같은데, 단지 한족과 티베트족의 양대 문화 체계 사

---

69  [역자주] 천신지기(天神地祇)의 준말인데, '神'은 천신(天神)을 말하고, '祇'는 지신(地神)을 말하는데, 천지신명(天地神明)이라고도 한다.
70  David C. Graham, op. cit., pp.46~53.

이에서 모호하고 잡다하게 혼재된 변방인 것이다. 그레이엄은 그의 저서에서 이번番,현재 理縣의 백공사白空寺를 언급한 바 있다. 그는 이 사원에서 삼존三尊 '백석신白石神, 3개의 큰 백석이 대표'을 제사지내는데, 이 사원을 지키는 것은 세 명의 한인 도사이며, 예전에 제사를 지냈던 사람은 강민, 한인 그리고 기타 족군 사람이었다고 기술하였다.[71] 이것 역시 이른바 '강족종교'의 다원적인 혼잡성을 나타내주고 있다.

일찍이 강민종교를 주목한 중국학자로는 호감민이 있었다. 그는, 강족문화는 물질생활과 사회제도 면에서 한화가 된 게 비교적 깊고, 인근의 '서번'과 '가륭' 사람들 역시 번화番化 혹은 가륭화된 상황이 있다고 인식하였다. 그래서 그는 특별히 강족의 종교 신앙을 중요시하였다. 그는 "강족의 무술巫術, 의식儀式, 역사, 전설, 민족신화와 가무 등등 보존되고 있는 모든 문화는 아직도 무당巫使과 나이든 장로長老의 지도 아래 열렬히 한 번에 하나씩 공연되고 있다"[72]고 언급하였다. 이 때문에 그는 이것을 강족문화 중에 가장 귀한 보배의 일부라고 보았다.

강족의 종교에 관하여, 우선 그는 '강족'은 귀신을 믿는 민족인데, "그 신앙은 아직 영기靈氣의 숭배와 물신숭배拜物의 단계에 있다"고 생각하였다. 그래서 그는 강족이 믿는 신앙이 일신교라는 설을 반박하였다. 다음으로, 그는 백석숭배는 강족의 전설, 즉 강인들이 외지에서 이전해 들어와서 현지의 갈인葛人＝戈基人[73]들과 전쟁을 벌였다는 이야기에 기원을 두고 있는 것이라

---

71  Ibid., p.50.
72  胡鑑民, 「羌族的信仰與習爲」, 『邊疆研究論叢』, 1941; 李昭明, 程賢敏 編, 『西南民族研究論文選』, 成都 : 四川大學出版社, 1991, 194쪽에서 재인용.
73  [역자주] 원래 몽골인종의 남아시아종족에 속하는 민족인데, 티베트미얀마어족의 한 갈래인 갈어를 사용하고 다신교를 믿으면서 주로 베트남과 중국의 국경 일대(Lai Châu, 萊州省孟得縣)에 거주하고 있다.

고 밝혔다. 그는 강족이 믿는 신앙은 백석 자체는 아니고, 천지, 삼림, 불의 신火神 등등이라고 생각하였다. 강족은 사실상 많은 신들을 믿고, 지붕 위에 여러 개의 백석으로 대표되는 신을 모시며, 실내에도 대략 12분의 신을 모시고 있다고 그는 언급하였다. 그는 예를 들어 설명하면서 이러한 신들은 각 지방마다 다르다고 하였다. 이 크고 작은 신명들 중에는 다소 한인의 불도佛道나 관우, 강태공姜子牙, 토지, 조왕신,[74] 재물신 따위 민간신앙 중의 신들이 섞여 있다. 한화는 더욱 깊어 집안에 천지군친사天地君親師의 신위만 있을 뿐이다.

동시에 호감민은 각 지방의 강족들이 모두 그곳 현지의 지방신을 갖고 있고, 매 촌락에도 그곳 현지의 지방신을 갖고 있다는 사실에 주목하였다.[75] 호감민이 묘사한 강족의 종교 신앙은 한편으로 강족 종교가 일신교가 아니라는 점을 분명하게 보여주고 있으며, 다른 한편으로는 각지의 제신諸神 신앙에 상당한 차이가 있음을 보여준다. 여기에서 그의 견해는 그레이엄과 같다.

호감민은 또 강족에게 무당과 무술巫術이 있었는데, 이는 "세계상 많은 원시민족과 같다"라고 언급하였다. 그는 특히 강족의 무당인 '단공'이 그 정신적 우두머리라고 강조하였다. 그는 전설 속 단공의 여러 가지 신통을 묘사하였고, 끝으로 "이러한 마술은 원시종교학에서 '모방한 마술摹擬魔術'이라고 칭하는데" "초기 민심에 근거하여 성립한 것"이라고 하였다.

마지막으로, 그는 토템주의로 강족의 전설과 종교습속을 해석하였다.

---

74 [역자주] 부뚜막신을 가리키는 한자어(竈王神)인데, 이것은 한국에서도 그대로 사용되고 있는 용어다.
75 胡鑑民, 앞의 글; 李昭明, 앞의 책, 195~200쪽.

그는 강족이 양을 토템의 대상으로 삼는 민족이라고 보았다. 강족은 mee 라고 자칭하였는데, mee는 '미에哶'[76]로 발음된다. 이것은 양토템 민족이 양이 우는 소리를 모방하여 민족명으로 삼은 것이라고 그는 밝혔다. 이외에 모든 강족의 의식과 일상행위에 양이나 양털을 사용하는 것도 그는 강족이 양을 토템의 대상으로 삼았다는 증거라고 하였다.[77] 이것은 분명히 그의 문학과 역사학 지식에서 '강羌'이라는 글자가 양 양羊자와 사람 인人자 두 부분으로 조합돼 있기 때문에 중국문헌은 또 강족을 "양을 치는 사람인 양치기牧羊人"라고도 부른다.

요컨대 호감민에게는 한과 번의 많은 요소들이 복잡하게 끼어있는 강족 문화에서 종교 신앙은 한편으론 강족문화의 '특수성'을 증명할 수 있고, 다른 한편으론 또 강족문화의 '낙후성'이나 '원시성'을 설명하는 것이었다. 그가 말하는 바와 같이 "저강이라는 명칭은 일찍이 상은殷商 시기에 보이는데, 이처럼 유구한 역사를 가진 민족이 그 신앙은 이처럼 원시 단계에 정체되어 있었다는 게 아주 회의적이다". 사실상, 당시 유행한 사회진화론, 문명진보관 그리고 민족주의하에서 핵심과 변방의 족군 구분이 호감민에게 강족 종교의 원시성을 '발견'하게 하였다.

이상, 중국과 서구의 세 학자들은 모두 자기시대와 사회문화적 배경 때문에 관찰된 인간의 집단에 대해 약간의 편견이 있었다. 그들이 본 것은 동일한 종교와 문화현상이었지만, 주관적인 문화적 편견을 가지고 있어서 그들 각각이 '경험'한 인지認知는 같지 않았다. 기독교문화중심주의라는 편

---

76  [역자주] 원문은 '哶'으로 되어 있는데, 이 한자의 한글음은 '미'이지만 중국어로는 '미에'로 발음한다.
77  胡鑑民, 앞의 글, 211~216쪽.

견 속에서 토랜서가 인지한 강민은 고귀한 일신교 신도이며, 그들의 신앙과 습속 안에 많은 고대 이스라엘인의 종교문화를 보존하고 있다는 것이었다. 한족 중심주의라는 편견하에서 호감민이 인지한 강족은 낙후되었고, 원시적인 영기靈氣 숭배와 물질 숭배자들이라는 것이었다. 역사는 유구하지만, 발전적 변화의 정도는 한인 보다 훨씬 못하다는 것이었다.

그레이엄은 중국학자가 구축해 놓은 '강족사'강 씨 성 민족과 주나라 사람들의 하늘 신앙를 받아들였기 때문에 '하늘'에 대한 강민의 신앙을 이 민족이 장기간 한화와 티베트화의 영향을 받은 오래된 문화의 잔재라고 보았다.


## 차이 나는 체계 중에서 유사성 찾기

학자들 개개인의 문화적 편견을 배제하면, 20세기 상반기 민강 상류 촌락 거주민들의 종교 신앙은 과연 어떠하였을까? 근대 민강 상류 각 지역의 제신諸神체계와 관련 신앙은 부분적으로 쭉 보존, 실천되어지고 있으며, 어떠한 것들은 노인 세대의 촌락 민중들의 기억에 보존되어 있기도 하고, 혹은 문헌들과 남아있는 사당의 건축물에 보존되어 있기도 하다. 어찌 되었든, 각종 기억매개를 통해 우리는 당시의 상황을 알 수 있다. 간단히 말하면, 민강 상류지역의 '산신'은 가장 보편적인 일종의 종교 신앙이다.

일반적으로, 매 촌락에는 모두 자기들의 산신이 있다. 또 인근의 몇 개 마을에도 공동의 산신이 있다. 더 큰 범위 내에서 몇 곳의 골짜기 내 사람들에게는 더욱 큰 공동의 산신이 있다. 자원 경쟁과 공유에서 아래에서 위로 한 급 높은 상급의 산신이 안쪽에서 바깥쪽으로 빙 둘러진 여러 촌락 집단들과 그 자원을 보호한다. 나는 제3장에서 이미 사람들의 집단 정체성과 구분을 설명할 때 이 신앙체계를 소개한 바 있다.

서쪽과 북쪽에 있는 촌락으로 가까이 갈수록 티베트불교문화의 영향을 더욱 깊게 받았고, 각 촌락의 산신들은 티베트불교의 제신諸神체계에 편입되어 있다. 가장 북쪽의 강족 촌락인 송반 소성구 의기촌은 비교적 티베트화된 이런 촌락을 대표할 수 있다. 앞에서 언급한 것처럼, 현지의 몇 개 마을들은 각기 산신 보살을 갖고 있었고, 일부 2조의 '가족'과 1조의 사람들도 공동의 산신이 있었으며, 또 3개 촌락이 공동으로 산신인 '격일낭조格日囊措'를 제사지냈다. 용두사龍頭寺의 법회티베트불교는 모든 소성구의 강족과 티베트족을 응집시켰다.

마지막으로, 송반의 '설보정雪寶頂' 산신보살티베트불교와 산신의 혼합도 또한 소성구와 부근 각 골짜기의 강족, 티베트족을 응집시켰다. 더욱 티베트화 된 지구인 소성구 서남방의 흑수, 현지 마을 사람들이 술잔을 기울이며 보살에게 경의를 표할 때, 티베트 최대의 보살에서부터 염호하여 내려오는데, 석파가모釋巴迦莫, 색기독력격色氣獨歷格, 구아륜목체究我倫木切를 염호하고, 그 다음에 흑수 최대의 산신인 구탑기歐塔基, 구탑미歐塔迷, 구탑랍歐塔拉을 염호하고, 마지막에는 본 마을의 산신 및 본 가족신의 이름을 염호한다. '강어'를 말하는 이 흑수인들은 앞에서 언급한 바와 같이 민족분류의 식별에서 현재 티베트족이다.

동쪽과 남쪽으로 접한 문천, 리현 일대의 각급 산신들은 점차 각종 한인들의 '사당'으로 대체되었다. 사당에서 모시는 것은 옥황상제, 관음보살, 동악東嶽, 천주川主, 우왕牛王, 이랑二郞 등 한인 신앙들 중의 신명神祇이다. 작은 것으로부터 큰 것까지, 가까운 곳으로부터 먼 곳까지 층층이 산신 체계는 소실되었고, 사람들은 오직 본 현지 사회집단社群들의 산신을 제사 지낼 뿐이다. 산신의 위가 바로 각급 사당들이다.

내가 본서 제3장에서 예를 든 것처럼 무현 영화구 감목약촌甘木若村에는 큰 마을과 작은 마을이 있는데, 이 두 마을 내 이李, 시謝, 서徐, 백白 4개 한족 성씨의 가족은 각각 자기 씨족이 모시는 산신에 대해 제를 지낸다. 두 마을 사람들이 지내는 공동 제사는 천주사당川主廟, 지모낭낭地母娘娘과 우왕사당牛王廟이다. 그들과 영화구永和溝의 여타 마을 사람들은 공동으로 백호산白虎山의 관음사당불교, 혹은 위문渭門 운정산雲頂山의 인과조사因果祖師사당도교에 제를 지낸다.

비교적 한화가 진행된 리현, 문천 두 현 촌락 사람들의 집단 중에는 산신과 각종 도교, 불교 신명을 제외하고, 천신 목비탑天神木比塔 신앙이 한 때 유행하기도 하였다. 앞에서 언급한 바 있는 '강과대전羌戈大戰' 이야기는 강인을 도와 과인들을 패퇴시킨 게 바로 이 신이라는 것이다. '목저주木姐珠와 두안주斗安珠' 이야기[78]에서 그는 목저주의 부친 천신이다. 이러한 이야기들은 모두 현지 무당인 '단공'의 경문에 기록되어 있고, 많은 장소에서 사람들이 함께 합송하였다. 무당 '단공' 자체가 한인의 도교문화의 영향을 상당히 많이 받은 것이다. 그들의 법술에는 소홍과燒紅鍋, 주화두走鏵頭, 타태평포보打太平包栿 등이 있고, 그들이 읊는 주술어로는 설산주雪山咒, 화수주化水咒가 있는데, 이런 것들은 모두 그들이 도교와 밀접한 관계가 있음을 말해준다. 그래서 이러한 이야기를 말할 때는 단공들이 보통 목비탑을 '옥황대제

---

78  [역자주] 목저주는 천신의 딸이고, 두안주는 인간세상의 보통 젊은이인데, 자기 딸이 인간세상의 평범한 남자에게 시집가는 걸 원치 않은 목저주의 부친인 천신이 두안주를 괴롭혔지만 두안주는 이를 극복하고 결국은 목저주와 결혼한다는 줄거리의 이야기다.

<sup></sup>玉皇大帝'로 해석한다.

촌락 민중과 단공은 같은 도교문화의 영향을 받았기 때문에 그들은 늘 천신 목비탑을 '옥황'과 동일시한다. 목비탑 이야기에 나오는 그 사람원숭이는 '손오공'으로 여겨졌다. 이 이야기에는 티베트문화의 요소도 들어 있다. 미후변인彌猴變人[79]을 주제로 하는 인류기원 신화는 많은 티베트불교 경전들에 나올 뿐만 아니라 오늘날이나 역사상 티베트불교의 영향을 받은 인간집단으로 전파되었다.

강족과 바로 옆에 이웃하고 있는 가융티베트족과 흑수티베트족에서 원숭이가 변하여 사람이 되었다는 인류기원 이야기가 유행하고 있다. 한족과 티베트족이라는 두 종류의 종교문화 영향을 받은 일부 촌락 주민들은 '목비탑'은 천상을 관장하는 '서방부처님'으로, '옥황상제'는 지상을 관장하는 천신으로 생각한다.

이런 것으로 알 수 있듯이 그레이엄과 호감민은 모두 사실을 관찰한 바 있고 그것을 정확하게 기술하였다. 즉 각지의 '강민'이나 '강족'의 언어, 생활습속과 종교 신앙은 모두 지역적인 큰 차이가 있다. 간단한 서술방식으로 이 차이를 서술하면 인간 집단이 동쪽, 남쪽으로 가까울수록 한문화의 영향을 많이 받았고, 서쪽, 북쪽에 가까울수록 티베트문화의 영향을 많이 받았다. 그래서 개개의 가까운 촌락 혹은 골짜기 사이에는 모두 이러한 미세한 문화의 '구분'을 유지해오고 있다.

이렇게 혼잡스런 문화현상에 대하여 그레이엄, 토랜서와 호감민의 공동

---

79  [역자주] 원숭이의 인간 변신을 가리키는 이 이야기는 티베트민족에게 전해져 내려오고 있는 티베트민족의 기원 신화이다. 원숭이의 인간 변신 신화가 생겨난 것은 고대 티베트 조상들이 가졌던 원숭이 토템 숭배와 직접적인 연원 관계가 있다.

노력은 '강민문화'를 한족, 티베트족문화의 영향으로부터 벗겨내기를 기대한 것이다. '민족' 개념 아래에서 학자들은 각자 믿고 있는 '강인역사'에 유도되어 각 지역 '강민'의 문화적 유사성을 찾고자 노력하거나 혹은 까마득한 시간역사과 공간외지이며 멀리 있는 산지의 촌락의 자료들에서 '강민문화'의 원형을 수립하였다. 이로써 그들은 '강족'을 회복시키고 중건하였다.

하지만 이 같은 연구의 학술적 합리성은 의심스럽다. 분명 당시에는 주관적 정체성 위에 건립한 '강민'이나 '강족'은 존재하지 않았지만, 매 촌락, 골짜기 혹은 지역의 인간집단들은 모두 각기 자기 족군을 '야만인'과 '한인' 사이에 뒤섞여 있는 '이마'라고 인식하였다. 따라서 이처럼 구체적인 차이성을 가지고 있는 지방문화가 족군 관계상 대표하는 것은 각개 '이마'의 정체성을 주체로 하는 '구분' 체계이지 한화, 티베트화의 영향을 받은 강족의 '정체성' 체계를 대표하는 것은 아니다.

20세기 전반기 중국과 서양학자들은 강족문화의 독특성을 강조하든, 강족문화의 혼잡스러움과 모호함에 곤혹스러워 하든, 그들의 학술적 탐색은 모두 '민족'은 공동의 체질, 언어와 문화를 갖고 있는 인간집단이라는 하나의 개념에 기반하고 있다. 그들은 이러한 체질, 언어와 문화의 특질은 민족이 역사가 연속함에 따라 전승된다고 인식하였다. 이 전승과정에서 문화는 외래문화의 영향을 받아서 가차(假借)나 변천이 발생한다.

따라서 이러한 필드워크 수행자들은 모두 강민문화의 체질, 언어와 문화의 '원형'을 찾아서 — 아득한 옛날이든, 아득히 먼 산간지역이든 관계없이 — '강족'의 범위와 그 본질을 규정하기를 희망하는 것이다. 사실, 역사상에선 강족문화의 '원형'은 없다. 청말에서 민국 초기 시기에 민강 상류의 한족, 티베트족 사이에는 단지 주관적 정체성과 객관적 문화상에서의 모호한 변방만 있었을 뿐이다. 이 모호한 족군변방에서 '강족'이나 '강민'의 범주가 여전히 혼돈스럽고 분명하지 않았을 뿐만 아니라 '티베트문화'와 '티베트 정체성'의 동부변방은 여전히 그 범위가 설정되기를 기다리고 있었다. 사실상 이 시기에 '한족'의 서부변방도 조정이 되고 있던 중이었다. 그래서 이러한 탐색들은 좌절과 불확정성으로 가득 찼다.

## 다른 문화 글쓰기 중 화하華夏변방의 구축과 재구축

이 장에서 나는 약간의 '고대 강인문화' 혹은 근대 이전의 '전통 강인문화'를 소개하였다. 역사적 사실을 말하면, 그것들 중에는 일부가 과거 '강인'들에게 실천되었던 문화습속이었다는 것은 의심의 여지가 없다. 그러나 이러한 문화습속들은 그것들이 시공간에 분포하면서 연속되고, 비슷하거나, 혹은 단절되고, 갈리거나 한 것인데, 모두 '강족' 족군 범위의 존재와 연속하였다고 설명할 수 없다. 다시 말하면, 본 장에서 기술한 '강인문화사' 중에는 이 역사 중에 연속된 하나의 '민족' 주체는 없다. 그렇지만 앞에서 기술한 것이 단순히 서로 조금도 관계가 없는 단편적인 문화 기술이었다라고 말하는 건 아니다. 사실상, 본 장의 분석을 보면 알 수 있는데, 강인문화 역사의 연속성은 사회기억의 서사와 현시 두 측면에서 이해할 수 있다.

'서사'측면에서 볼 때, 우리가 알고 있는 강문화는 거의 모두 한문사료에 의존하기 때문에 이것은 일부 한인들이 그들 마음속의 어떤 서쪽 이민족문화의 역사를 기술한 것이라고 할 수 있으며, 또한 한인이 그 문화적인 서쪽 족군의 변방 역사를 기술한 것이다. 이 역사에서 연속되고 변천되는 것은 화하 및 한인의 서쪽 족군들의 문화적 변방이다. 『후한서後漢書』「서강전西羌傳」의 강인 역사 및 문화습속 관련 기술은 이 문헌이 완성되고 출현한 시대를 나타내는데, 즉 화하또는 한인 서쪽 족군의 변방이 초기 형태가 갖춰진 시대였다.

당 말 이후, '강인문화'에 대한 중국인의 기술은 아주 적었는데, 이는 토번의 흥기와 그 문화의 영향이 점차 동쪽으로 미치게 된 후 '강족'이 대표가 된 화하 서쪽에 있던 족군들의 변방이 위축된 것을 반영한 것이었다. 그리고 20세기 전반기, 중국학자가 민강 상류 강민문화를 탐색한 학술활동도 화하가 그 족군또는 민족변방을 다시 기술하고 세우려는 시도로 보아야 한다.

그런데 토랜서 같은 서방학자 등이 제기한 '강민문화의 이스라엘 근원설' 역시 기독교문화와 서방 식민주의의 확장 속에서 '우리민족'[80]의 동쪽 변방을 건립하려는 활동 중의 하나로 보였다. 그래서 20세기 전반기 한진漢晉시대 이래 화하의 서쪽변방은—민강 상류 '강인지대'의 잔여 인간집단—각종 문화세력의 각축 속에서 동시에 한, 티베트와 서방 기독교문화의 '변방'이 되었다. 이로 인하여 '천신' 목비탑은 옥황상제, 서방정토의 부처님 그리고 야훼 하느님으로 해석되기도 하였다.

한진시대 '강인'문화에 대한 화하의 기술에 비해 상대적으로 근대 학자들의 '강족'문화에 대한 기술이 내용도 번잡할 뿐만 아니라 전자와 본질적인 차이도 있다. 전통적인 중국 지식인들의 변강 이민족문화 관련 기술은

---

80  [역자주] 이스라엘 민족을 가리킨다.

주로 '이화異化된 변방'을 만드는 것이었다. 그래서 "3년에 한 번 모이면 소와 양을 잡아 하늘에 제사를 지낸다", "물과 초원을 따라 방목하고, 일정한 거처가 없다"거나 '처과모리수妻寡母釐嫂' 등과 같은 단어는 항상 같지 않은 시간과 공간의 이민족에 대해 중복해서 사용하였다.

근대에 '민족주의'와 '민족학'의 영향을 받은 중국학자들의 중국 '변강민족' 기술은 그 취지가 같지 않았다.

첫째, 1920~1940년대에 종래 '만황장려蠻荒瘴癘'로 비유되듯이 매우 황폐하고 학질, 말라리아 등의 돌림병이 많은 서남지역의 땅은 이미 국가민족과 분리될 수 없는 서남 변경이 되었다. 그러나 당시 중국변강 연구자들이 남긴 변강 기록에는 그 현지의 '비한족군'은 학자들에게 '이외異化된 변방'으로 보였고, 이 '이화된 화하변방'은 오늘날처럼 언어학, 체질학, 민족학 등의 도구들을 통해 강화되었다.

둘째, 중화민족이 다민족으로 구성되어 있다는 사실을 나타내기 위하여, 또 민족정책의 계획과 실천을 위하여, 서남변경에 과연 그러한 '민족'들이 있는지 식별하는 것이 실로 필요하였다. 즉 다시 말하면, 이 시기 변강민족의 기술은 한족과 비한족들 간의 경계를 획정할 뿐만 아니라 각개 소수민족들 간의 경계도 식별하고 획정해야 하였다.

문화 '현시' 측면에서 보면, 본 장에서 기술하는 '문화사' 중 연속적인 것은 핵심과 변방의 족군 관계이다. 핵심이 가리키는 것은 화하이고, 변방이 가리키는 것은 화하에게 '강'이라고 불리는 족군이다. 족군관계는 양자 간에 문화의 비방 및 억압, 과시와 모방, 추종을 통해 진행되는 문화적 상호활동이다. 화하는 강인문화를 폄하하고 경멸적으로 묘사하였다. 이런 식의 문화 기술은 문자, 구술, 영상과 행동의 현시를 통해 화하의 마음속에 존재하는 '강인'의 낮고 천하다는 지위를 강화시켰다. 지방 차원에서, 혹은 화하변방에서 이 이민족 이미지는 화하와 자주 접촉하는 '강인'들에게 자신이 낮고 천박하다는 것을 느끼게 만든다. 일상생활에서 이러한 '강인'들은 통상 '오랑캐'라고 불리어졌다.

반면, 상대적으로 자칭 '한인'[81]이라는 화하는 이 화하 정체성의 변방에서도 자신들의 문화습속[82]을 과시하고 보여주는 것이 필요하다고 생각하였다. 동시에 이러한 문화과시와 자신들을 폄훼한 오염을 접촉한 많은 '강인'들은 화하문화를 학습하고 모방하여 마침내 화하가족의 역사기억을 차용하여 스스로 '한인'이라고 하였다. 그런 다음, 이렇게 타인들에게 '오랑캐'로 보이지만 스스로 '한인'이라고 자칭하는 이러한 변경 집단들도 문자, 구술, 영상과 행동을 통해 자신들의 서쪽 혹은 상류에 있는 '오랑캐'들을 깔보고 무시하였다. 이러한 문화과정은 일찍이 화하의 서쪽 족군들의 변방을 계속 서쪽으로 이동시켰다. 한진 시기 농서隴西, 관중關中 일대는 '강'의 집단으로 불리었지만, 그 후예들은 수당隋唐 때 모두 화하가 되었다. 당송 시기 감숙성 남쪽 일대 토착민들도 화하에게 '강인'으로 불리어졌는데, 명청시대에 이르러서는 이곳도 한인의 땅이 되었다. 명대 북천백초, 청편하 유역의 '강인'도 청말민국 초기에 와서 모두 사라졌다.

'한화'되어서 화하의 마음속에 존재한 강인의 범주에서 배제된 것을 제외하고, 어떤 지역들의 '강인'들도 '토번화吐蕃化'되어서 이 범주에서 벗어났다. 송대 이후, 원래 화하에게 '강'으로 불리어진 지역의 많은 인간집단들은 모두 화하에게 '번蕃' 또는 '민蠻'으로 불리어졌다. 토번의 정치와 종

---

81　[역자주] 한화된 이민족을 가리킨다.
82　[역자주] 자신들이 받아들인 한족문화를 가리킨다.

교의 힘이 만들어낸 문화적 과시, 그리고 상대적으로 그들의 청장고원 동쪽변방 산악지역 부락민 집단문화에 대한 무시도 일찍이 많은 '강인지대' 상의 집단이 티베트불교와 토번문화를 모방하고 받아들이게 함으로써 화하의 마음속에 '번'이 되게 하였다. 북천의 백초'강'처럼 일부 중국 명, 청대시대의 문헌상에서도 백초'번'이라고 부르고, 그들은 "토번 쩬뽀吐番贊普의 남겨진 종족"으로 지칭되었고, 그들의 풍속도 '번속番俗'이라고 불리어졌다.[83]

당송 이후, 원래의 '강인지대' 토착민은 화하 마음속의 '번'이 되었고, 동시에 '번속'에 대한 한인들의 기록은 많은 지역에서 점차 '강속羌俗' 묘사를 대체하였다. 본서 제6장에서 나는 이미 화하의 역사기억 중에서 '번'은 '강'에 비해서 더욱 엄격하게 한족과 비한족 족군을 구분하는 변계를 대표한다고 언급하였다. 이 때문에 문화의 기술에서 '번'이 '강'을 대신한 것도 중고대中古代[84] 이후 화하의 서부 족군변방의 변화를 나타낸다.

이 점에서 보면, 근대 중국민족학자들은 민강 상류의 '강민문화'를 탐색하였는데, 그중 몇몇 요소들은 더욱 큰 범위의 '저강계민족'의 공동문화유산으로 이해할 수 있고,[85] 그리고 이러한 학술탐구들 및 그 성과가 조성한 문화현시는 다른 화하변방 변천의 중요한 전환점이 되었다.

---

83  나는 티베트학(藏學)을 연구하지 않았고, 티베트지역에 깊이 들어가 필드워크도 해보지 못하였다. 이 때문에 서쪽에서 온 이 문화 현시와 그 과정의 물결은 단지 나의 '화하변방'에 대한 견해 및 내가 흑수, 리현, 무현, 송반, 북천 등 티베트와 강족지역에서 보고 들은 것에 토대를 두고 있다. 북천의 청편번과 백초번은 그 개별 사례들이다.

84  [역자주] 中古時代는 한국사에는 없는 시기구분인데, 중국에서는 통상 위진남북조(魏晉南北朝)시대에서 당대(唐代)까지를 가리킨다.

85  이것은 '백석숭배', '양과 관련된 신앙', '석조루(石碉樓)', '철삼각(鐵三角)' 등등을 가리킨다. 근 수십 년 동안 이렇게 비교적 넓게 분포된 문화적 요인들은 자주 학자들에게 '저강계 민족' 공동의 문화특징으로 보였다.

첫째, 이러한 탐색활동들과 학자들의 강민문화 기술한족, 강족, 티베트족 간의 구분포함은 '강족'이라는 개념 — 강족은 하나의 공동체질, 언어와 문화를 가진 민족임 — 을 강화하여 점차 한인 지식인들의 민족상식이 되었다. 문화기술을 통해서, 특히 종교활동에 대한 기술을 통해 강족도 미신으로 문화가 낙후된 소수민족으로 건설되었다. 호감민의 저작에서 우리는 저자가 늘 천연淺演,[86] 원시 등의 단어들로 강민의 종교와 기타 문화적 특징을 형용하고 있음을 본다.[87] 강족의 종교와 생활습속의 '원시성'에 대한 그의 기술은 문자를 통해 전파되어 알려지는 일종의 사회기억이 되었다. 이 사회기억은 당시 한인 지식인들에게 읽히고, 알게 되어 점차적으로 그들 마음속의 '강민'의 이미지로 형성되었다. 비록 그렇다 하더라도, 과거 화하의 '오랑캐'문화에 대한 묘사와 비교한다면, '강족'문화 글쓰기는 새로운 학술의 영향을 받아서 많이 사용되던 폄훼, 멸시의 단어들을 적게 만들었고, 그것들은 단지 특색 있고, 선명하거나 전통적낙후된인 소수민족문화로 묘사되었다. 이러한 관계와 다른 이유 때문에 과거처럼 멸시되고 더럽혀진 현지인들이 모방하는 일은 일어나지 않았고 한족문화도 현시되지 않는

---

86  [역자주] 일반적으로는 많이 사용되지 않는 용어인데, 변화가 비교적 얕다는 뜻으로 사용된다.

87  이처럼 중국변강 소수민족의 '원시성'에 대한 묘사는 당시 한인들의 논술에서 대단히 유행하였다. 변강 비한족 민족의 문화적 '원시성'은 남아 있는 '오래되고 낡은' 문화의 잔재로 여겨졌다. 일찍이 1930년대 민강 상류지역으로 두루 학술조사를 다녔던 장학본은 자신이 본 '융인(嘉絨)' 습속을 아래와 같이 묘사하였다. "그들의 남자의복은 아직도 낡은 식의 깃이 넓은 대령의(大領依)이다……." 옛말에 "머리를 풀어헤치고 오랑캐의 복장을 하다(披髮左衽, 夷狄之服), 이렇게 의관이 바르지 않게 오른쪽 어깨를 드러내는 우단(右袒)은 아마도 고대로부터 전해져오는 서융의 전통 복장이겠지……? 그들이 나를 갈망하였을 때, 옛날 방식의 예를 많이 사용하여 두 무릎을 꿇고 꼬챙이를 하나 꺾었다……". "예의를 잃어버려서 다른 곳에 가서 찾아야 할 수밖에 없었다." 여기에서 서융이 옛날 예의의 나라(古禮之邦)임을 발견하였다. 莊學本, 『羌戎考察紀』, 84~85쪽을 보라.

다. 반대로, 오늘날처럼 많은 '강족'들은 모두 그들의 소수민족문화를 현시하는 것을 즐거워한다. 이에 대해선 다음 장에서 상세히 설명하겠다.

둘째, 한대부터 명, 청시대까지 점차 위축되었던 화하변방 또는 화하 마음속에 점차 '번'으로 대체된 서쪽의 족군 변계는 근대에 다시 발굴되어 기록되었다. 그 의의는 화하가 강족의 역사와 문화기억의 재현과 재건을 통하여 그 서쪽 혹은 서남 족군변방, 특히 그것과 '티베트족' 간의 족군변방을 모호하게 만들어 한족과 각 민족이 함께 중화민족으로 모이게 만든 것이다. 민족학자인 호감민이든, 언어학자인 문유이든 아무도 중화민족을 수립하려는 의도로 '강족문화'를 발굴, 재현하는데 고심하지는 않았다. 그런데 우리가 화하변방의 긴 역사의 변천에서 보면, '강인문화'는 '한인'과 '강인'의 문화 시현을 통해 부단히 변화되어 가는 하나의 사회기억이 되었다. 이 사회기억은 선택되었고, 이용되었거나 잊혀 졌지만, 끊임없이 화하의 서쪽 족군의 변방을 변화시켰다.

호감민과 문유 등은 비록 근대 서양학문민족학, 체질학, 언어학 등과 '민족'개념의 영향을 받았지만, 그들은 여전히 중국 역사문화의 산물이다. 그들은 『후한서』「서강전」의 저자와 마찬가지로 부지불식간에 중국의 변방을 만들어내는 긴 여정의 작업에 투신하였다.

# 제10장

# 당대 강족羌族 정체성하의 문화 재조再造

근대 강민 혹은 강족문화의 탐색 그리고 그것에서 생겨난 문화 기술은 일종의 과시와 연출된 사회기억이다. 그것들은 한인 지식인들에게 보여주는 것일 뿐만 아니라, 소수민족 지식인들에게도 보여주는 것이어서 소수민족 지식인들의 자아인지에 영향을 미쳤다. 그레이엄은 일찍이 강민이 왜 토랜서로 하여금 그들이 '하느님의 자손'이라는 것을 믿게 만들었는가에 대해 이렇게 해석한 바 있다. 그레이엄은 "그들은 외부에서 오는 방문객들의 환심을 사기 위해 늘 사실이 아닌 허구적인 일로 답한다"라고 지적하였다.[1]

확실히 그렇다. 인류학이든 혹은 구술 역사의 필드워크 방문이든, 보고자는 모두 항상 조사 방문자의 시각, 태도와 그 의도를 세심하게 따져보고 적당한 진술을 선택해서 응답한다. 그러나 현지 지식인 구평산苟平山은 "강

---

1   王明珂, 「誰的歷史─自傳·傳記與口述歷史的社會記憶本質」, 『思與言』 34.3, 1996, 155쪽.

민은 이스라엘인의 후손이며, 하느님 신도"라고 말하였는데, 그는 토랜서를 기쁘게 하려고 사실이 아닌 허위 사실을 진술한 것은 아니다. 그는 토랜서의 '지식 현시'에 설복당하여 정말로 그렇게 믿었을 수도 있다.

학자 혹은 그 대표적인 정치나 문화의 주체가 지식과 정치, 경제적으로 우세한 입장에서 '토착민natives'과 접촉을 할 때[2] 그들이 가져온 외래 지식은 '토착 지식인'들에게 상당한 설득력이 있었다. 이것은 '토착 지식인'의 본질 및 그가 처한 사회적 환경과 관계가 있었다. 여기서 '토착민'이란 자연히 우세한 외래 족군에 비하여 현지의 본토인을 가리킨다. 그리고 '토착 지식인'은 그들 중에서 문화접촉으로 새로운 지식을 획득하여 많은 사람들로부터 지식이 있다고 인정되는 현지인을 가리킨다. 이러한 현지인들도 이로 인해서 늘 외래학자의 보고자, 조수 및 좋은 친구가 되거나 아니면 외래 정치문화 기구의 현지 대표가 되었다.

어찌 되었든, 그들은 외부세계와 자주 접촉하는 현지인들이다. 외부세계와의 접촉으로 들어온 외래의 '물物'과 '지식'은 그들의 사회적 지위를 증진시켰으며, 그래서 이것은 그들이 현지 사물에 대한 우월한 해석권을 가지게 하였는데, 이것이 그들을 '토착 지식인'이 되게 하였다. 그러나 외부세계와 접촉 때문에 그들로 하여금 기타 현지인들에 비해 더욱 절실하게 자기 족군의 열세와 주변성을 받아들이게 하였다. 이러한 상황에서 구

---

2　나는 이 책에서 내가 연구하고 있는 강족을 '토착민'으로 부르는 것을 원하지 않는다. 왜냐하면 '토착민'은 중국어에서 이미 낙후, 원시, 야만인의 무리라는 여러 가지 뜻이 담겨 있기 때문이다. 게다가 강족이 한어를 잘 안다는 것도 그들 자신을 이렇게 불리는 것을 꺼리게 한다. 그런데 여기에서 내가 '토착민 지식인'이라고 하고 '본토 지식인'이라고 하지 않는 이유는 그들이 상대적으로 강세의 외래자(서구 전도사와 한인 학자)들에 비해 열세의 지위를 느끼고 있다는 것을 부각시키기 위해서이다. 어찌 되었든 '본토 지식인'은 대만의 '본토 지식인'과 같이 열세에 놓인 열세자라는 의미는 없다.

평산은 '서방' 조상 기원설을 받아들여서 일부 강민들에게 그들도 고대 이스라엘의 후예라고 굳게 믿게 만들었다. 어찌 되었든, 이것은 단지 근대 강족의 민족화 과정에서 하나의 작은 에피소드일 뿐이다.

아무튼, 청말민초의 중국 국가민족을 수립하는 과정에서 '강족역사'는 이미 한족, 티베트족과 광대한 서남 저강계 민족을 연결하는 교량이 되었고, '강족문화와 언어'의 탐색은 이 민족의 '활화석' 범위를 기술하려는 시도이기도 하였다. 따라서 민족이 식별된 상황에서 강족은 중국 소수민족의 하나가 되었다. 강민 혹은 강족 역사문화와 관련된 각종 논술의 경쟁적인 현시에서 민강 상류의 민중들 역시 학습하고, 선택하거나 지도를 받아서 그들 마음속의 강족 역사와 문화를 수립하였다. 이 과정에서 그들은 내부의 각종 사회적 정체성과 구분 아래 서로 간에 논쟁을 벌였고, 경쟁적으로 '전형적'인 우리민족의 역사와 문화를 나타내었다. 나는 제7장과 제8장에서 이미 현재 강족의 본토 역사기억을 소개한 바 있다. 이번 장에서 나는 주로 20세기 후반에 발생한 강족의 본토문화 구축을 소개하려고 한다.

## 강족羌族의 본토문화 구축 배경

강족의 본토문화 구축과 연출의 주체는 '강족'이다. 그렇기 때문에 우리는 먼저 20세기 후반기 많은 민중이 '강족'이 된 배경에 주의하여야 한다. 앞장에서 나는 호감민과 그레이엄이 일찍이 '전형적'인 강민문화 탐색에 전력을 다한 바 있다고 말하였다. 그러나 그들은 아마도 자신들이 '전범적'인 강민문화를 탐색하면서 이 전범적 '강민' 개념을 강화하였다는 것을 몰랐을 것이다. 이 개념에서 강민에 대한 그들의 기억과 기술은 모두 후대 학자들에게 선택적으로 사용되어 이 민족 개념이 더욱 뚜렷해졌다. 이른 시기 민강 상류에서 인간집단들 간 '전범적인 강족'을 탐색하려는 이 노력은 이 집단을 '민족화' 또는 '소수민족화' 하는 과정의 한 부분이었다.

호감민과 많은 동시대 학자들의 작업은 나중에 반세기 동안의 강족 본토문화 수립에 두 가지 배경을 제공하였다고 말할 수 있다. 하나는 '강족'이라는 이 하나의 민족 실체개념과 본보기가 될 만한 전범화典範化된 강족문화, 언어개념이 1950년대 민족의 식별과 분류에서 '강족'을 국가가 인정하는 소수민족의 하나가 될 수 있게 한 것이었다고 말할 수 있다. 또 다른 하나는 그들이 수집, 기술하고 탐구한 '강민문화'가 '강족'에게 선택, 수식되고 발전되어 본 민족문화의 소재가 되었다는 것이다.

1920년대에서 1940년대는 단지 '민족화'의 시작일 뿐이었다. 1949년 이후, 민족화라는 이 일은 국민정부가 대만으로 철수하였기 때문에 중단되었다. 반대로, 중화인민공화국 정권 아래에서 더 적극적으로 진행되었다. 관련된 업무는 민족조사, 연구, 식별, 분류와 민족정책의 추진 등등을 포함하고 있었다. 민족 식별과 민족분류에서 '강족'은 소수민족의 하나가 되었다. 강족의 범위는 민족문화, 언어, 종교의 기술로 대략 명확한 변계를 이루었다. 이 기술들은 문자와 구전 서적의 간행을 통해 전파되어 강족과 관련된 사회기억이 되기도 하였다.

그런데 많은 '강족'사람들은 국가의 민족구분과 식별에 포함되지 않아 '강족'이 되지 못하였다. 사실상, 민강 상류와 북천지구에 거주하는 주민 대다수가 가지고 있는 풍부한 부계父系 한인가족들의 기억은 그들이 이를 취용하여 '한족'이 되게 하기에 충분하였다. 그들이 기억의 일부를 선택한 이유는 대부분 모계母系조상들의 기억으로, 자신들을 강족으로 등록한 데에는 나름대로 당시의 정치, 사회와 경제적 배경이 있었다.

중화인민공화국 건국 이래 민족 평등과 민족차별 철폐정책을 장려한 결과 확실히 많은 비한족 집단이나 '오랑캐'로 간주되던 '한인'들이 더 이상 쉽게 '한인'의 모욕을 받지 않게 되었다. 얼마 후, 점진적으로 실시된 소수민족 우대정책은 민강 상류와 북천 등 자원이 부족한 화하변방지역에서 더욱 현지인들—이전에 많은 자칭 한인이라 하고 상류 부락 집단 사람들을 오랑캐라고 불렀던 사람들에게 자신의 소수민족 신분을 인정하기를 원하였거나 또는 소수민족 신분으로 지내도록 하였다.

중국의 소수민족 정책은 각종 정치운동의 영향을 받아 진퇴를 반복하였는데, 1980년대 경제개혁 후에야 차차 민족자치가 실현되었다. 민족자치는 어떤 시각에서 보면 다량의 지방 공무원의 자리公職들이 현지 소수민족의 경쟁으로 서로 나눠 가지게 됨을 의미한다. 같은 시기에 진행된 개체화個體化경제,[3] 국가가 변구에 시행한 경제개발이 모두 원래 경제가 낙후된 민강 상류지역을 새로운 자원이 충만하게 하였다. 이때부터 현지 소수민족의 정체성이 고무되고 신장되기 시작하였다.

1950년대 이래 국가가 배양한 현지 소수민족 혹은 한족 지식인은 이 시기에 강족의 정체성을 세우는 첨병이 되었다. 문화교량으로서의 이 '강족 지식인'들은 우리가 주의를 기울일 가치가 있다. 그들 중 상당 부분이 공산당원과 국가간부이기도 하였다. 더욱 중요한 것은 많든 적든 간에 그들

---

3 [역자주] 1978년 말부터 등소평(鄧小平)이 주도한 개혁개방 정책의 일환으로 시행된 개인 규모의 사유제 경제를 말한다. 개체경제는 또 개인경제(Individual economy)라고도 불리는데, 개인경제는 노동자의 생산수단 점유를 국가가 인정하고 이를 기초로 개인이 집단노동이 아닌 개인노동과 자영업에 종사하는 민간경제를 가리킨다.

은 모두 한문으로 전달되는 각종 지식들에 숙달되어 있기 때문에 '지식인'
이 되었다. 상대적으로 강족 촌락 민중에 비하면, 이 지식인들은 본 민족
의 역사와 문화를 해석하는 권력을 장악하고 있어 한문 전적들과 지식에
정통하였기 때문에 그 속에서 국가가 인정하는 민족의 정체성과 구분체계
를 습득할 수 있었다. 그들은 국가와 당中央의 정책 및 운용에 밝고 숙련되
어서 국가, 중화민족과 자기 민족 전체의 이익을 같이 볼 수 있다. 그래서
국가가 그들에게 특수한 정치사회적 지위를 부여하였다.

다른 한편, 국가와 전체 사회 중에서 그들의 특수한 지위는 부분적으로
그들의 본토 민족문화의 해석자와 대변자의 역할에서 나오기도 하였다.
이 새로운 강족 지식인들은 20세기 전반기의 무당인 단공端公, 토착민 출신
관리, 지방 수령 및 기독교도의 지도자 등 구'지식인'들을 대체하였다. 그
러나 어떤 의미에서는 현지의 신, 구 지식인 사이에는 차이가 없었다. 그
들은 모두 외부세계와 접촉해서 습득한 외래 '물'과 '지식'에 기대어 그들
의 사회적 지위와 현지 사물에 대한 해석권을 증진시켜 나갔다. 그들은 외
부세계와 접촉했기 때문에 여타 민중들에 비해 자기 민족의 약세와 변방
성을 더욱 절감하게 되었다. 그래서 영광된 기원歷史과 충분히 자랑스러운
본 민족문화를 선택하고 일으켜 세우는데 힘을 쏟았다. 그해의 구평산과
마찬가지로 당대 '강족 지식인'들은 의도적으로 그들의 역사문화를 허구
화하지 않았다. 그들은 단지 설복 당하였거나 선택적으로 자만심에 찬 역
사문화를 받아들이도록 미혹되었을 뿐이다

이 같은 지식과 권력의 배경에서 한인의 '강인' 또는 '강족'의 역사문화
에 대한 기억과 기술은 강족 지식인들이 자신의 역사와 문화를 세우고 인
식하는 중요한 원천이 되었다. 동시에 내부에서 핵심과 변방을 획분하기

위해서, 지역 정체성을 지닌 각 현, 각 향의 지식인들도 서로 본 민족의 '전통 역사문화'에 대한 해석권의 쟁탈 경쟁을 벌였다.[4]

이처럼 대략 1980년대 중기부터 시작하여 강족 지식인들은 적극적으로 강족문화의 취재, 연구와 홍보, 보급하는 일에 뛰어들었다. 이 변화는 한편으로 1980년대 이후 더욱 많아진 소수민족 지식인들이 현지 자치정부 체계와 현지문화교육 사업 기구로 진입하였기 때문이고, 다른 한편으로는 경제의 개혁개방과 그에 상응한 정치적 이데올로기상의 점진적인 이완이 지방자치정부에게 더 많은 자원과 자신감으로 현지 소수민족의 문화와 정체성을 강화하고 널리 퍼뜨렸기 때문이다.

이 소수민족의식이 보편적으로 대두되던 조류의 영향을 받아서[5] 많은 강족의 '전통문화'가 회복, 구축, 보급되었다. 이하에서 나는 강족문화의 언어와 문자, 단공과 제산회祭山會, 강력년羌曆年[6]과 가장무歌庄舞,[7] 음식문화

---

4  이것은 주로 북천과 문천 지식인들 사이에 어느 곳이 '대우가 태어난 곳(大禹故里)'인가 하는 문제를 둘러싸고 일어난 다툼에 표현되어 있다. 모두가 강족은 대우의 자손이라고 인지하고 있지만, 두 지역의 지식인들은 각기 자기 지역이 대우의 출생지라고 생각하고 있다. 족군 내부에서 역사기억을 두고 벌어진 다툼에 대해서는 본서 제8장을 참고할 것.

5  많은 중국소수민족 연구자들은 1980년대 이래 일어난 이 변화에 주목하였다. 관련 내용은 Dru C. Gladney, *Muslim Chinese : Ethnic Nationalism in the People's Republic*, Cambridge : Harvard University Press, 1991을 참고할 것. 이 변화를 만들어 낸 사회경제적 요인은 다중적이었고, 같지 않은 소수민족지역에서는 아마도 다른 상황이었을 것이다. 강족지역의 경우, 내가 본문에서 언급한 소수민족 지식인들이 하나의 사회집단(민족 자치의 시행을 통한)으로 맺어졌고, 국가정권이 경제에 중점을 두면서 이데올로기 이념을 가벼이 한 것 외에 더 중요한 요인은 개혁개방이 초래한 자원경쟁에서 민족 정체성을 강조하는 것, 즉 자원 공유가 가능한 인간의 집단 범위를 강조하는 것이었다. 한족지역(연해지구를 제외하고)에 비해 많은 소수민족지역에는 각기 훨씬 광활한 개발 공간들이 있는데, 따라서 이것이 민족의식의 대두를 초래한 요인 중 하나일 것이다.

6  [역자주] 일명 강년절(羌年節)로도 불리는 강력년은 주로 사천성 면양시, 북천 강족 자치현, 무현, 송판, 문천, 리현 및 아파티베트와 강족자치주의 강족 사람들이 풍년을 축하, 축복하고 평화를 기원하는 축제이다. 이 행사에는 통상 추수감사절, 축복 및 상서로운 축하 절차가 있고, 매년 음력 10월 1일에 시작하여 보통 3~5일 간 진행되는데, 일부

와 복식 등의 측면에서 보고 들은 바를 소개하겠다.


## 강족문화의 재조再造 언어, 문자

강족 민중에게는 강족인 자신을 규정하는데 가장 큰 곤혹스러운 일은 아마도 언어상의 문제일 것이다. 그들은 '강어鄕談話' 사용으로 '강어'를 쓰는 여타 지역 사람들과 소통하기 어렵다. 특히, 민족에 관한 판에 박힌 지식은 이미 그들에게 '민족'은 공동언어와 문화 등등이 있는 일군의 인간집단이라고 설명하고 있다. 과거 '이마'에 대한 그들의 정의도 늘 "우리와 같은 말을 하는 사람"이었다. 오늘날 '이마'는 '강족'이라고 널리 이해되고 있지만, 서로 소통되지 않는 많은 인간집단들도 포함되어 있다. 강족 민중들은 이에 대해 동일하지 않은 대응과 해석 방법을 가지고 있다. 통상적인 해석은 이렇다. 사람이 분리되어 살면흩어져 있기 때문에, 언어는 천천히 변하기 마련이다. 이는 원래 하나의 공동 '강어'를 보유하였다는 것이고, 그래서 그들 역시 항상 기타지역 강족들이 사용하는 '향담화'를 이해하기 위해 노력하였다는 것을 뜻한다.

그러나 강족 지식인들은 이에 대해 만족하지 못하였다. 1989년부터 사천성 민족위원회의 강족 간부의 주관하에 강족어문 창제계획의 진행이 개시되었다. 추천된 북천, 리현, 무현, 문천, 송반 등지의 강족 지식인 대표들

---

마을은 10월 10일까지 열흘 간 하는 곳도 있다고 한다.
7    [역자주] 가장무는 과탁(果卓), 가장(歌庄), 탁(卓)으로도 불리는 과장무(鍋庄舞)의 다른 이름이다. 鍋庄舞에 관해서는 본 장 [역자주]17을 참고할 것.

이 문천, 무현 등지에 모여서 언어학의 기초훈련을 받았다. 그 뒤 몇 년간, 그들은 조를 편성하여 향촌으로 내려가서 각지 강족의 사투리, 지방의 방언을 조사하고 수집하였으며, 토론회와 연구를 거쳐 최종적으로 '곡곡방언曲谷方言'을 표준 강어로 결정하였다. '곡곡曲谷'은 민족구분에서 강족의 가장 서쪽변방인데 일반적으로 '한화'가 비교적 심하지 않은 지역이기도 하다.[8] '곡곡방언'을 표준 강어로 선정한 후, 이것으로 라틴어 병음으로 된 강족문자를 제정[9]하여 관련『강어사전羌語詞典』을 편집하였다. 표준화된 강어문을 보급하기 위해 문천의 위주사범학교에 '강문반羌文班'을 개설하고, 표준 강어문 교사를 양성하였다. 동시에 강어문 창제 과정에서 이 강족 지식인들도 강족문화의 수집, 연구와 보급에 힘을 기울였다.

그렇다고 하지만 표준화된 강어를 추진하는 것은 분명히 쉽지 않다. 근년, 위주威州사범학교의 강문반은 이미 신입생 모집을 중지하였다. 주된 원인은 현지에서 보편적으로 '한화'사천 서부지역 방언가 각 지역 집단들 간의 '공통어'가 된지 이미 최소 100년의 역사가 있었고, 각 촌락, 각개 골짜기 마다 존재하는 정체성과 구분 메커니즘 때문에 강족은 원래의 '향담화'[10]를 바꾸기가 쉽지 않았을 것이기 때문이다. 더구나 각 골짜기와 각 촌락의 강족들이 외부와 접촉하는 날들이 많아진 후 '한화'를 사용하는 기회가 더욱

---

8　서방의 흑수, 그 주민들이 이야기하는 것은 언어학자들이 칭한 '강어'이다. 1950년대 초의 조사에서 그들도 '강족'으로 여겨졌다. 그러나 나중에 아마도 민족의 소망을 존중하기 위해서 민족구분상 그들은 '티베트족'이 되었을 것이다.

9　[역자주] 역자가 강족에게 문자가 있느냐고 저자 왕명가 선생에게 문의한 바 1990년대에 현지 민족사무관이 추진한 계획으로 먼저 각 지역의 다양한 방언 중에서 표준 강어를 선정한 다음 라틴어로 병음된 강어 문자를 창작하였다고 한다.

10　많은 강족의 중장년들은 현재 '한어'와 '향담화'에 대해 다음과 같은 생각을 가지고 있다. '한어'는 배우지 않아도 말할 수 있는데 거꾸로 '향담화'는 배워야 말할 수 있다. 이것은 우리들에게 도대체 무엇이 '모국어'인가를 생각하게 한다.

보편적이 되었기 때문에 '향담화'는 계속 사라지고 있던 중이었다.

어찌 되었든, 공통의 본토 언어문자의 보급과 사용은 효과가 부족했다고 하더라도 이러한 활동들은 일종의 '현창'으로서 '공통 강어'라는 이 관념을 널리 보급하여 강족의 정체성을 결집시키는 데는 여전히 상당한 의의가 있었다. 향담화로 대화하고 소통하는 데는 여전히 어려움이 있다고 하더라도 강족 지식인들은 보편적으로 각지의 향담화는 강족의 공통 모어라고 생각하고 있다.

### 강력년羌曆年과 가장무歌庄舞

현재 강족의 명절인 '강력년'날과 공적, 사적의 여러 경축장소에서 자주 볼 수 있는 가장무는 모두 강족문화의 중요한 표지로 인식되고 있다. '강력년'이 강족의 전통적인 신년을 의미하는가 그렇지 않은가하는 문제가 오늘날 강족들 내에서 논란이 되고 있다. 토랜서와 호감민의 저서는 모두 강민의 새해가 음력 10월 1일이라고 언급한 바 있다. 주요 활동은 소와 양을 잡아서 환원環願[11]하는 것이다. 그런데 그레이엄의 책에서 저자는 문천, 리현 사이의 화평채和平寨, 목상채木上寨 등지의 습속을 예로 '환원'은 6월 1일, 혹은 8월 1일, 혹은 10월 1일로, 각 촌락들에 통일된 날짜가 없었다고 지적하였다. 게다가 그는 이 명절을 강민의 설날로 보지 않았다. '대학생하기 변강복무단大學生署期邊疆服務團'은 『천서조사기川西調査記』라는 책에 강민의 세시 명절로는 설날, 청명, 단오, 추석 등을 지낸다고 기록하였다. 또한 한인의 습속과 비슷한 현지인의 '설날'은 음력 1월이었다.

---

11 Thomas Torrance, *The History, Customs and Religion of the Ch'iang* 29; 胡鑑民, 「羌民的經濟活動型式」『民族學研究集刊』4, 1944, 58~59쪽.

토랜서와 호감민의 기록에 10월 1일에 '설날'을 지내는 집단은 문천과 리현 동부의 '강민'이었다. 사실상, 내가 수행한 취재와 관련 자료에 의하면, 이른바 강력년은 이 지역에서는 원래 '우왕회牛王會'로 불려지고 있었거나 한인의 절기인 '동지冬至'와 서로 섞여 있어서 '음력 쇠기過小年'으로 불리기도 하였다. '우왕회牛王會' 혹은 우왕보살牛王菩薩을 배례하는 습속은 각지에서 거행시간이 동일하지 않고, 의식도 동일하지 않았으며, 심지어 명절의 의미도 같지 않았다. 농업이 비교적 중요했던 문천과 리현 동부지역에서 이것은 신의 은혜에 감사하는環願 추수절에 해당하였다.

그러나 무현 서로의 목축업이 문천현과 리현지역보다 훨씬 더 목축을 중요시하는 적불소赤不蘇에서는 소와 양을 비교적 많이 기르는 가정만이 우왕보살에게 제사지냈다. 다시 말하면, 북쪽과 서쪽으로 갈수록 '우왕회'의 경축일이라는 의의는 더욱 옅어졌거나 아니면 전혀 없다. 동지를 음력 12월 23일로 지내든지, 혹은 우왕회로 지내든지, 분명한 것은 모두 한인 민간신앙과 관련 있는 습속으로, 이것들의 유행 역시 토착민의 한화 정도와 서로 대응을 하는 것이다.

토랜서는 일찍이 그의 저서에서 독자들에게 한화된 토착민의 오해를 받아 강민년절을 한인의 우왕회로 여기지 말 것을 당부한 적이 있다.[12] 이것은 그 역시 현지 민중들이 10월 1일이 '우왕회'라고 한 것을 들은 바 있었음을 보여준다. 어찌 되었든, 그와 호감민이 마음속으로 모두 인정한 것은 순수한 강족문화였기 때문에 10월 1일 이 날을 강민의 가장 중요한 경축일로 보았고, 이것과 한인 습속인 '우왕회'와의 관련성을 배제하였다. 사

---

[12]  Thomas Torrance, *The History, Customs and Religion of the Ch'iang* 35.

실상, 20세기 전반기이든 혹은 오늘날이든, 현재 모든 강족지역에서 1년 중 가장 중요한 경축일은 '설 쇠기過大年', 즉 한족과 같은 음력설 지내기이다. 설날에 연야밥年夜飯[13]을 먹고, 조상에 제사지내기, 용춤 사자춤 추기 등등도 한족과 대체로 같다. 더 중요한 것은 '강어'에는 '월'과 '년'의 개념이 없어 자연히 '강력년'이라는 것도 없다는 사실이다.[14]

어찌 되었든, '과대년'은 한인 습속으로 알려져 있는데, 이로 인해 강족 문화의 수립에서 '우왕회'는 점차 '강력년'이 되었다. 지방 자치정부가 '강력년'을 쇠는데 주요 역할을 하였다. 1988년 무현에서 전체 강족의 '강력년' 경축활동을 거행하였다. 그 이듬해 문천현에서 축전행사를 거행하였으며, 1990년에 리현에서 거행했으며, 1991년에는 북천현에서 이어 받아 행사를 치렀다. '강력년'은 강족이 쇠는 신년의 상세한 과정이 되었지만, 우리는 잘 알지 못한다. 호감민 등이 쓴 강민의 '설' 습속 관련 기술이 아마도 일정한 영향을 미쳤을 것이다. 각지의 강족 민중들은 대다수가 과거 '강력년'의 습속이 없었다고 분명히 알고 있다. 그들은 항상 그것을 어떤 중요한 '강족'의 고취 결과로 여긴다. 그는 항상 그것을 어떤 중요한 강족의 고취나 추진으로 돌린다. 아래 어느 북천 청편향의 강족 노인이 언급한 것처럼.

현재 이 10월 1일은 리현의 어느 몇 개 지역에서 조사한 것입니다. 게다가

---

13  [역자주] 연야밥은 '연만반(年晚飯)', '단년반(團年飯)', '단원반(團圓飯)' 등으로 불리기도 하는데, 음력 설날 하루 전인 섣달 그믐날 가족들끼리 혹은 친지나 동창들끼리 모여서 같이 하는 저녁 식사를 말한다.
14  강족말 중에 1년은 2개의 단계로 구분하는데, 하나는 따뜻한 기간으로 봄과 여름이 해당되고, 또 하나는 추운기간으로 가을과 겨울이 해당된다.

그들도 음력小年을 지낸다고 하는데, 왜 강력년으로 되었는지 모르겠다고 하네요. 지금 무현 사람들은 어떻게 10월 1일을 강력년으로 바꿀 수 있느냐고 묻습니다. 나는 내가 오히려 당신들에게 묻고 싶다고 말하였죠. 1987년 성도의 어느 강족들, 하옥룡何玉龍, 홍군 노병이 모든 현에 몇 명을 파견하여 그들과 함께 강년 10월 1일을 보냈는데, 나중에 이것이 전통이 되어버렸어요. 88년 무현, 89년 문천, 90년 리현, 91년 북천에서 이렇게 형성되었죠. 현재 일반 백성들은 이에 대해서도 반감을 갖고 있는데, 그들은 10월 1일이 아니라고 생각하고 있어요.

송반 소성구의 강족 한 사람은 이에 대해 다른 해석을 하고 있다. 그는 다음과 같이 말하였다.

해방 후에도 일본인 우두머리가 왔는데 그는 강족이 일본인의 외삼촌이라고 하면서, 강족이 왜 사라졌느냐고 하였어요. 그래서 나중에 무문茂汶이 강족 자치주를 만들자 강력년이 생겼다고 하는데, 일본인이 물어본 것입니다. 강력년이 얼마나 오래 되었는가? 이것은 후에 성립된 것이고, 성립된지 3년, 4년이 되었죠. 춤추고, 노래하고, 황주黃酒[15]를 마시고 합니다.

많은 강족들의 기억에 강력년은 옛날 전통이 아닐 뿐만 아니라 반대로 그들의 언사에서도 '강력년을 쇠기 시작한 때'의 이 시간 좌표가 자주 나타난다. 시간이 시작되는 이 좌표는 새로운 시작—비교적 양호한 경제생

---

15　[역자주] 이미 앞선 역자주에서 소개하였듯이 매실주 같이 술 색깔이 황색인 술을 총칭하는 명칭이다.

활, 비교적 많은 관광객, 자주 주최하는 강족의 가무공연을 대표하고 있다.

강력년 경축행사 중 가장 중요한 활동은 '도과장跳鍋庄' 공연이다. '도과장'은 '사랑沙朗'이라고 불리기도 하는데, 단체 가무의 일종이며, 오늘날 아파주티베트족과 강족이 공유한 지방문화로 인식되고 있다. 그러나 지방의 많은 민중들은 과거 현지에 이 전통은 없었고, 근년에 젊은이들이 외지에서 배워서 들여온 것이라고 입을 모은다. 무현 우미파牛尾巴 촌락의 신년 경축행사에서 나 역시 현지 젊은이들이 '과장'춤을 출 때, 노인들이 함께 모여서 현지의 옛날 전통 가무라는 '니살尼薩'춤을 추는 것을 관찰한 바 있다. 이것은 현지 과거의 전통가무다. 한 현지 노인은 다음과 같이 말했다.[16]

과장춤鍋庄[17]이 있어. 예전에 우리가 춘 것은 니살尼薩[18] 즉 독경할 때 추는 춤인데, 니살일북尼薩日北[19]은 발춤은 추지 않고 그저 주위를 빙글빙글 돌뿐이지. 너가 노래를 한 소절 부르면, 나도 한 소절 부르고 마치 시詩를 댓구로 읊는 것과 같이 앞서 말한 춤추는 방법에 의하면 비교적 느리고 천천히 빙빙 돌며 발을 뛰지 않아. 해방 이후, 그들이 일하러 갔다가 가지고 온 것과장춤이야. 예전에는 그런 춤을 잘 추지 않더라고요. 사랑춤沙朗[20]의 가사와 가장춤의 의

---

16  [역자주] 아래 인용문은 전부 강족말을 저자가 중국어로 바꾸어놓은 것이다.
17  [역자주] 과장무는 티베트족의 3대 민속 무용을 말한다. 이 춤은 "과탁(果桌)", "가장(歌庄)", "탁(卓)" 등으로도 불리며 티베트어로 둥그스름하게 노래를 부르며 추는 춤이라는 뜻이다. 이 춤은 티베트의 창도(昌都), 나곡(那曲), 사천성의 아파(阿壩), 감자(甘孜), 운남성의 적경(迪慶), 청해(靑海)와 감숙성의 티베트인 밀집지역에 분포한다. 명절이나 농한기에 남녀가 원을 그리며 오른쪽에서 왼쪽으로 돌면서 노래하며 추는 춤을 말하고, 보통 춤출 때 남녀가 반원씩 손을 잡고 원을 이루는데, 전체 춤은 처음에는 느리고 나중에는 빠른 2단 춤으로 구성되어 있다. 2006년 5월 20일 과장춤은 중화인민공화국 국무원의 승인을 받아 제1차 국가 무형문화유산 목록에 포함되었다.
18  [역자주] 尼薩은 강족말로 경을 읽는다는 뜻이다.
19  [역자주] 尼薩日北은 강족 발음으로 경을 읽을 때 추는 춤이다.

미는 몰랐고, 니살의 의미는 알았어. 사랑춤은 원래 강족의 춤이 아니었지만, 지금은 진화하여 일부 문인들이 지어낸 것이야. 니살도 있고 설날에는 설을 쇠는 내용이 있는데, 전부 강족말로 쌍방이 한 구절씩 댓구로 노래를 부르는 것이라네노래 형식으로 설명하는 것이다 - 저자주.

주의해야 할 것은 여타 지역에선 '과장'의 가사 내용을 아는 강족 민중이 거의 없다는 점이다. '과장'은 아마도 서쪽지금의 가릉지구와 흑수지구에서 전해져 온 가무일 것이다. 과거 동쪽으로 가면 갈수록, 이런 전통은 약해졌거나 아니면 완전히 없었다. 20세기 전반기, 그레이엄과 『천서조사기』의 저자들은 이미 이 문화현상을 관찰하였다. 당시 강민의 과장춤과 노래는 널리 퍼져 있지 않았고, 이 습속을 갖고 있는 것은 단지 '서번' 또는 가릉티베트와 긴밀한 강민이었다. 그래서 그들은 강민의 과장가무는 '서번' 또는 가릉티베트에서 배워서 온 것이라고 하였다.[21]

노인들의 말에 의하면, 옛날에는 한 지역마다 하나의 과장춤이 있었는데, 모두 다른 점이 있었다. 자칭 '이늑마'의 흑수 티베트족 몇 명의 노인들도 말하는데, 과거 그들은 두 종류의 사랑—'적부사랑赤部沙朗'과 '이늑마사랑彌勒瑪沙朗'춤을 추었다는 것이다. 전자가 가리키는 것은 상류지에서 전래되어온 사랑이고, 후자는 '우리들 사랑'이다.

내가 앞에서 분석한 바와 같이 과거 '이마' 또는 '이늑마'는 단지 작은 구역의 인간 집단 정체성을 대표하지만, '적부'와 '이마' 사이의 변계는 상

---

20  [역자주] 발을 자주 들면서 추는 강족의 전통 춤이다.
21  David C. Graham, *The Customs and Religion of the Ch'iang*, p.32; 敎育部蒙藏敎育司, 『西川調查記』, 24쪽.

대적인 것이고 절대적인 것이 아니다. 그래서 '과장'가무는 확실히 서에서 동으로 전파되었다. 그러나 그레이엄과 『천서조사기』의 저자들은 이것을 가름 혹은 서번문화라고 하였지만, 아주 정확한 것은 아니다.

1989년 이래, 아파주정부와 그 아래 각 현정부가 창도하는 가운데 전형적인 강족의 과장가무와 티베트족의 과장가무가 각기 몇 개로 편성되어 각 지역의 민중들에게 보급되었다. 각 현과 도시의 소수민족 지식인들은 열의를 가진 보급자였다. 오늘날 과장가무는 자주 강족지구의 혼례, 운동회나 강력년 같은 각종 공적, 사적 경축연회에서 공연되었고, 현지 관광활동의 중요한 홍보 프로그램이 되었으며, 또한 강족의 젊은 남녀들이 일상적으로 즐기는 농한기 오락이 되기도 하였다. 오늘날 강족에게 그것은 본 민족문화의 상징일 뿐만 아니라 티베트족과 강족을 포함하는 아파주의 소수민족문화와 단결의 상징이기도 하다.


## 강족羌族의 부녀 복식

강족력의 경축행사나 여행활동에서 젊은 강족 여자아이들이 무늬가 화려하고 아름다운 색채의 민족의상을 차려입고 과장춤을 추는 것은 늘 많은 사람들이 에워싸고 보는 초점이었다. 공공의 공연에서는 강족 소녀들이 색채가 풍부하고 도안이 복잡한 이런 복식을 입었을 뿐만 아니라, 촌락의 일상생활에서도 부녀자들은 항상 '민족복식'을 입는다. 강족의 이 부녀복식의 공통적인 특색은 젊은 부녀자의 색이 화려하고 아름다운 긴 저고리에 표현되어 있다. 색깔은 홍색, 녹색, 복숭아색, 남색이 많으며, 옷깃과 소매에 자수 한 단을 덧댄 것이다. 강족 부녀들은 대개 머리에 머릿수건을 감는 풍습이 있지만 각 지역마다 묶는 방법이 다르다. 가장 큰 차이는 '탑박자搭帕子'와 '포박자包帕子'의 구분이다. 전자는 적부소와 리현 같은 가룡 혹은 흑수티베트족 인근 지역에서 유행하였고, 후자는 그 외 강족지역에서 유행하였다. 포박자의 방식은 삼룡구, 흑호구 보계구, 영화구 등지가 제각기 모두 상당한 차이가 있다본서 앞부분의 사진을 참고할 것. 심지어 하나의 골짜기 안에서도 가까운 촌락들 간에 각기 세부적으로 미묘한 구분이 있다.

신발, 목도리와 허리띠의 자수도 강족의 전통 복식이 갖는 중요한 특색의 하나로 보인다. 서로와 북로 강족의 자수는 기하학 무늬의 '십자수'가 많고, 동로에서는 꽃송이 무늬를 위주로 하는 '자수'가 유행한다. 문천 일대 촌락은 자수가 정교해서 국가로부터 '중국 민예술 강족자수羌繡의 고향'이라고 명명되었다.[22]

강족 자치현 문화부서에 근무하는 강족, 티베트족과 한족 지식인들은 『중국사천강족장식도안집中國四川羌族裝飾圖案集』이라는 그림책을 편집 발간하였다. 이 책에서 도안과 문자의 배열과 해석을 통해 그들은 강족의 복식이 다양한 갈래 가운데 동일성이 있음을 강조하였다. 사실상, 촌락 민중의 관점에서 볼 때, 부녀자들의 머릿수건, 앞치마, 허리띠, 레이스 등에서 매 촌락 마다 각기 그 촌락의 특징이 있고, 매 골짜기에도 제각기 각 골짜기마다의 특징이 있다. 어떨 때는 부녀자의 복식이 같은 산의 윗마을과 아랫마을 간에, 같은 골짜기의 음지쪽 마을과 양지쪽 마을에서도 모두 조금씩 미

---

22  編輯委員會, 『大熊猫的故鄉－中國汶川』, 汶川 : 汶川縣人民政府出版, 1997. [역자주] 저자에게 문의해본바 이 책의 저자명이 분명하지 않고 단지 '編輯委員會'라고만 적혀 있다고 한다.

세한 차이가 있었다. 이러한 미세한 차이는 다른 사람들의 주의를 끌지는 못할 수 있지만, 현지 민중들 사이에는 매우 중요한 구분의 의미가 있다.[23] 어찌 되었든, 오늘날 화려한 색채와 다변화하는 이 '전통강족복식'을 입고 있는 사람들은 대부분 높은 산, 깊은 골짜기 마을의 부녀자들이다.

그래서 이러한 복식의 특징 중 어느 것들은 '전통적'인 것이다―최소한 20세기 전반기부터 계속 전해져 내려오고 있는 것인데 연구할 가치가 있다. 나는 앞장에서 20세기 전반기에 토랜서, 그레이엄, 호감민과 『서천조사기西川調査記』의 저자들이 논급한 '강민'의 복식은 항상 형식이 소박하고, 색채는 단조로웠다고 언급한 바 있다. 그레이엄, 호감민은 일찍이 옷과 신발에 꽃을 수놓은 습속이 비교적 한화나 티베트화가툥화된 지역에서 유행하였다는 것에 주의한 바 있다. 따라서 그들은 강민이 인근의 한족 혹은 가룽 티베트족으로부터 꽃을 수놓은 습속을 습득한 것이 아닌가 하고 의심하였다.

이 외에 나 역시 앞장에서 여광명이 1927년에 기록한 내용을 언급하였다. 즉 "머리를 감는 것으로 모자를 대신하는 것은 천서 한인의 습속으로 강민 혹은 토착민의 특별한 습속이 아니다". 그리고 1934년 중국여행가 장학본 역시 "이 지역의 한족, 강족과 산 바깥의 하천에 사는 사람들은 동일하게 희고 깨끗한 백색 두건을 감고 있었다"라고 알고 있었다. 당시 머리두건을 쓰는 현지인들도 남자들을 포함하고 있었다. 20세기 전반기의

---

23  예컨대 최근 몇 년 사이 무현 위문(渭門) 일대 촌락의 젊은 부녀들이 비교적 긴 두건을 층층이 말아 올려서 떡 모양 같이 만든 머리 수건을 사용하기 시작하였다. 이러한 풍속은 인근 영화(永和)의 도재주촌(道材主村)에도 영향을 미쳤다. 그런데 영화 외의 여타 마을들에선 이것을 '과괴(鍋魁)'(밀가루를 반죽하여 크고 둥글게 구운 떡)라고 비웃는다. 이처럼 촌락들 간에 부녀 복식에서 세밀한 차이가 보이는 것은 영원히 존재하고, 끊임없이 창조되어지기도 한다.

조사자들은 강인들이 남녀를 불문하고 모두 두건을 쓰고, 끈으로 다리를 감았다고 언급한 바 있다.

분명한 것은 과거의 소박함과 달리 현대 강족 촌락의 부녀 복식이 색채에서 대단히 화려하고, 치마의 무늬가 많고 복잡하다는 사실이다. 그 다음으로, 최근 몇 십년 이래 부녀 복식이 점차 특수화되면서 민족과 지역의 특색을 표현하였을 때 그와 반대로 강족 남자의 복식은 촌락이든, 도시이든 오히려 중성화, 일반화 그리고 현대화되는 방향으로 발전하였다. 복식상에서 우리는 각 지역 강족 남자들에게 어떤 다른 게 있는지 보이지 않고, 강족 남자와 한인이 어떤 차이가 있는지도 보이지 않는다. 강족 부녀 복식상의 지역적 차이가 있는데, 이것은 오히려 그레이엄과 호감민이 묘사한 것에서 오늘날에 이르기까지 각지 강족 부녀자들이 입는 옷차림에서 시종 한결같이 나타나는 현상이다.

나는 이미 학술논문에서 근현대 '민족화 과정' 중에 나타난 강족의 부녀 복식 변화를 논한 바 있다.[24] 나는 이 글에서 전범적인 형식의 문화정의 normartive mode of culture에서 '민족복식'을 이해하지 않았지만, 이 '문화' 형성의 과정process과 상황context을 강조하였다. 간단하게 말하면, 현대 '민족'과 '민족국가nation-state' 개념에는 2대 요인이 있는데, 단결민족화와 진보현대화이다.[25] 나는 공동 '기원'으로 민족의 구성원들을 단결시키고 응집

---

24 王明珂,「羌族婦女服飾ーー個 '民族化' 科程的例子」,『歷史言語研究所集刊』69.4, 1998, 841~85쪽.

25 이것은 프래젠지트 두아라(Prasenjit Duara)가 중국 민족주의 관련 저작에서 제기한 것이다. 민족주의하에 이어지는 역사는 한 측면에서 자고이래 역사의 연속성을 강조하고 있고, 다른 측면에서는 전통과 현대 사이의 단절을 강조한다. 관련 논의는 Prasenjit Duara, *Pescuing History from the Nation : Questioning Narratives of Morden China*, Chicago : The University of Chicago Press, 1995, pp.25~29를 참조할 것.

시키는 것을 제외하고, 해당 민족의 '진보'와 '현대화'를 강조하거나 추구하였다. 이러한 종류의 2원화된 특성은 사람들로 하여금 '민족전통문화'에 대하여 두 종류의 상호 모순된 태도를 지니게 하였다. 하나는 '전통문화'가 민족단결을 촉성시키기 때문에 이것을 강조하고 보급할 가치가 있다는 것이고, 다른 하나는 '전통문화'가 또한 낙후를 대표하고 있어서 개혁되거나 회피되어야 한다는 것이다.

'전통문화'에 대한 애증, 그리고 민족내부의 핵심과 변방의 구분 때문에 중화민족으로선 한족은 '전통 민족복식'의 착용을 원하지 않고, 소수민족들이 모두 '전통 민족복식'을 입고 있는 것을 자랑스럽게 생각하였다. 이 것은 한족의 현대화와 소수민족의 낙후를 은유하였다. 강족들 중에서도 시와 읍의 강족 지식인 자신들은 '전통 민족복식'을 입지 않지만, 그들은 촌락의 강족인들이 여전히 자신들의 민족복식을 입고 있는 것을 자랑스럽게 여겼다. 동시에 강족의 시와 읍의 거주민들도 자신들은 비교적 현대화되고 발전하였지만, 촌에 사는 사람들은 보수적이어야 하고 약간 낙오되어야 한다고 생각하였다.

강족 촌락들 중에 남자들도 본 민족 전통복장을 입지 않지만, 그들은 '본지 여인들이 모두 본 민족 전통복식을 입는 것'에는 자긍심을 가지고 있다. 촌락의 남자들도 역시 자신들은 세상물정을 비교적 많이 알고 비교적 발전하였으며, 여자들은 비교적 폐쇄적이고 보수적이라고 생각하였다. 그래서 강족 촌락의 여성들은 각종 사회 구분의 핵심과 변방의 권력관계를 강화함에 '전통'의 계승자가 되었다.[26]

---

26 인도학자 파르타 채터지(Partha Chatterjee)는 인도 민족주의에 대한 연구에서 nationalism의 이원적 특성과 여성과의 관계─민족주의 아래에서 사람들은 물질, 진보,

그러나 이것은 지금 강족의 '전통 민족복식' 현상이 전부 근대 민족주의 아래서 창조, 발명되었다고 말하는 것은 아니다. 이 문화현상을 조성하는 몇 가지 관건적 요인들— 한족과 비한족의 구분, 남성과 여성간의 구분, 도시 거주민과 향촌민의 구분—은 이미 중국역사에서 장기간 지속되었다. 본 지역 골짜기와 골짜기간의 구분, 촌락과 촌락간의 구분도 현지 특유의 지리적 자원 환경과 상응한 인간 무리의 생태에 뿌리를 내렸다. 따라서 외부 한인세계와의 접촉을 위하여 남자들은 항상 한족 의상을 입었다. 또한 현지 각 촌락, 각 골짜기들 사이의 필요한 구분을 유지하기 위하여 자주 밖으로 나가지 않거나 혹은 변방의 지위가 약세에 처해 있는 부녀자들은 현지의 특색이 나타나는 의상을 입어야 하였다.

이러한 것들은 모두 반드시 민족주의가 유행한 후에야 비로소 흥기한 문화현상일 필요는 없다. 좀 더 기본적인 측면에서 보면, 인류의 집단들은 항상 문화 구축의 '몸'을 우리 집단과 다른 집단의 구분으로 삼았는데, 이는 고대나 지금이나, 중국이나 외국이 모두 그랬다. 복식은 개인 신체의 연장으로서 아마도 가장 보편적인 일종의 문화 정립 집단의 '몸'일 것이다. 이것 역시 반드시 국가 민족주의하의 구성일 필요는 없다. 그래서 학자들이 당대 '전통 민족복식'을 근대 민족주의 아래서 발명, 창조된 것으로 볼 때[27] 분명히 이런 문화현상은 더욱 길고 먼 역사적 배경을 간과하였

---

서방, 남성을 대표하는 '세계' 그리고 정신, 전통, 본토(현지)와 여성을 부호로 하는 '집(가정)'으로 구분하는 것을 지적하였다. 그래서 민족주의의 새로운 부권(新父權) 아래 중산계급의 신여성은 현지를 대표하는 정신과 민족주체성을 책임지기 위하여 특정한 복식을 입고 있고, 여타 전통이 보전되도록 기대되어지고 있다. 즉, 민족주의의 이원적 특성에서 남성이 '세계'를 향할 때, 그들은 여자들에게 '집'에 남아있기를 요구하는 것이다. 관련 내용은 Parta Chatterjee, *The Nation and Its Fragments : Colonial and Postcolonial Histories*, Princeton : Princeton University Press, 1993, pp.120~130을 참조할 것.

고, 현지의 인간집단의 생태 배경을 간과하였으며, 아울러 인류의 집단 형성과 구분에 따른 보편적인 심리적 특질을 간과하였다.


## 음식문화 북천北川의 예

나는 앞에서 인간은 항상 신체—'내적 신체'와 '외적 신체'—를 가지고 개인의 사회적 존재와 특성, 그리고 그것과 타인 또는 타인집단 간의 구분을 체험하고 관찰하며 강조한다고 언급한 바 있다. 내적 신체는 주로 실질적 혹은 상상의 내재된 신체의 특질, 특히 상상 중 우리 무리나 다른 무리의 '음식물'이 만드는 신체의 특질을 가리킨다.

족군 내부의 내적 신체의 상징으로서 우리 무리의 음식은 사람들의 주관적인 인지, 수립 및 구성뿐만 아니라 사람들이 음식을 먹는 행위에서도 실천이 되어 확장된다. 내가 처음 북천을 방문했을 때, 내가 방문한 한 강족 지식인은 강족의 가장 특색 있는 음식물인 메밀빵을 언급하였다. 그 다음날 아침, 그는 특별히 그것을 조금 만들어서 우리 숙소로 몇 개를 보내왔는데, 이것이 나는 아주 인상적이었다.

그 후 북천현이 출판한 '대우' 관련 논문집에서 나는 북천이 주관한 '대우 세미나'에 참가한 어느 학자가 회고한 글을 읽은 적이 있는데, 행사 주관자들이 회의에 참석한 학자들을 열정적으로 대하는 모습을 적은 글이었다. 그는 이렇게 말하였다. "치성구治城區 정부가 우리를 위해 풍성한 오찬

---

27  Eric Hobsbawm, Terence Ranger ed., *The Invention of Tradition*, Cambridge : Cambridge University Press, 1983.

을 준비했는데, 이 자리에서 가장 환영을 받은 것은 메밀국수, 메밀면, 고사리면, 두부 등 산간지역 생산품이었다."[28]. 북천 소파향에서 행한 필드워크 중의 취재에서도 나는 아래와 같은 말을 들었다.

산 뒤쪽에 있는 '사람은 썩은 놈下吧子'들입니다. 이것이 바로 민족 중에 보이지 않게 나타나는 한 민족의 격차鴻溝[29]이죠. 과거 본지 사람들이 모두 강족이라는 것을 그들이 알지 못했기 때문에 한 지방 사람들이 다른 지방 사람들을 서로 다른 민족인 것처럼 업신여겼어요. 이것은 생활습속으로 말하면 바깥의 이 파구구壩溝區지역과도 조금 달라요. 이 생활은 먹는 것이 자연조건의 제한을 받아서 메밀면과 옥수수를 먹어요. 그런데 아래쪽에선 쌀과 밀을 먹죠.

그런데 과거 대다수의 북천 사람들이 모두 스스로 한인이라고 하였을 때, '메밀과 보리를 먹는 사람'들도 '야만인'의 대명사였다. 앞서 제3장에서 나는 20세기 상반기 북천지구의 족군 체계를 언급한 바 있는데, 여러 사람들이 모두 자신을 '한인'이라 자칭하면서도 상류에 사는 사람들은 모두 '야만인'으로 생각한다.

사실상 지형, 기후 및 식물의 특성 등의 요인 때문에 하류에서 상류로 가면서 메밀, 옥수수가 각 지역 농산물 비중에서 차차 높아지고 있으며, 그 사이는 분명히 나눌 수 있는 구분점이 없다. 청대의 도광 시기『석천현

---

28  四川省大禹研究會 編,『大禹研究文集』, 北川 : 四川省大禹研究會, 1991, 158쪽.
29  [역자주] 홍구(鴻溝)는 원래 한나라 고조(高祖)와 초나라 항우(項羽)가 천하를 양분할 때의 경계선이었던 운하를 가리키지만, 통상 비유적으로 큰 틈이나 큰 간격, 큰 격차나 넘을 수 없는 한계, 경계를 뜻하기도 한다.

지』에도 당시의 번민蕃民들은 "봄과 가을에 메밀 씨를 두 번 뿌리는데, 한인 주민들과 같다"라고 기록되어 있다. 다시 말해서, 인접한 두 지역 거주민들의 주식은 분명한 구별이 없었다. 그래서 '음식물'로 한족과 비한족을 구분하는 것은 단지 사람들이 주관적으로 타자를 이질화 시키려는 생각에서 하는 상상異己想像과 타자 만들기일 뿐이다.

이런 종류의 주관적인 이질화 상상異己想像은 상류 주민들을 '메밀 먹는 야만인'이라고 비웃게 만들고, 자기들도 하류 사람들에게 '메밀 먹는 야만인'으로 생각하게 만든다. 여러 사람들 모두가 많든 적든 이 메밀을 먹기 때문에 청편하, 백초하 유역의 모든 '한인'들은 족군 정체성의 위기감이 있다. '음식물'로 표현되는 족군 구분 및 그곳에 내재되어 있는 족군들 사이의 차별은 북천의 민간 이야기에도 표현되어 있다.

### 메밀과 보리

보리는 메밀을 대단히 무시하는데, 이유는 그 면가루가 너무 검기 때문이다. 그런데 메밀이 말한다. 나는 비록 조금 검지만, 1년 동안 두 계절을 지내고도 가옥에서 설을 보낸다. 그렇지만 너 보리는 1년에 겨우 한 계절만 보내고 언덕 위에서 설을 보낸다. 보리를 화나게 해서 뱃가죽에 한 줄 금이 가게 만들었다.[30]

위에서 기술한 '메밀과 보리' 이야기는 전해져 내려오는 일종의 '본문 text'이거나 문화의 '표징表徵, representation'으로 보인다. 그 배후의 사회적

---

30  北川縣政協文史資料委員會 編, 『北川羌族資料選集』, 北川 : 北川縣政協文史資料委員會, 1991, 170쪽.

맥락context 또는 본모습reality은 과거 메밀을 먹는 것으로 인식된 '야만인' 이 자칭 보리를 먹는다고 '한인'으로부터 무시를 심하게 당하였다는 것이다. 이 이야기는 『북천강족자료선집北川羌族資料選集』에 수록되어 있다. 이야기를 한 후, 편집자북천 강족 지식인는 "이것 역시 다른 측면에서 강족이 메밀과 보리를 본민족의 곡식신穀神으로 여기고, 그에 대한 편애의 심리를 가지고 있음을 알 수 있다"고 언급하였다. 사실상 우리는 이 이야기에서 이 결론을 얻을 수 없다. 편집자는 이 이야기를 이렇게 해석을 하여 오히려 이 해석 텍스트 배후에 있는 상황—많은 북천인은 과거 모욕을 당하였던 '야만인'에서 오늘날 건방진 '강족'이 된 후 '메밀과 보리'가 본 민족의 문화적 부호가 되었음을 부각시켰다.

1980년대 중반부터 갈수록 더 많아지기 시작한 북천인들은 '강족' 정체성을 회복하였다. 북천의 토착문화가 벌써 일찍부터 상실되어 거의 없어질 위기에 처해 있었지만, 이로 인한 강렬한 강족의 정체성과 정체성 위기에서도 현지 지식인들은 자신들의 '강족문화'를 선택하고 현창시키는데 특별히 열심이었다. 이 본토문화 운동의 물결 속에서 과거 '야만인의 음식물'인 메밀면은 강족 음식물의 상징이 되었다. 이 이야기는 책으로 출판되고, 해석되었으며, 지방정부의 식탁에 올라온 메밀 냉면과 메밀면은 특별히 소개되고 주목을 받았다. 강족 친구들은 나에게 메밀면, 메밀빵 등등을 소개하고 추천하였는데, 이는 모두 일종의 문화현시로 볼 수 있다. 이러한 현시를 통해 객관적인 물질문화는 주관적인 족군의 정체성을 강화하거나 표현하였다. 족군 정체성도 이로 인해 특정 음식물에 대한 그들의 주관적인 취향에 영향을 미쳤다.

# 천신天神, 백석白石신앙, 단공端公과 산신제祭山會

앞에서 나는 20세기 전반기 강족문화 조사자의 연구초점은 주로 강족 종교였다고 언급한 바 있다. 또한 강족의 종교 중에 천신, 백석신앙, 무당인 단공과 산신제는 그들이 중점적으로 기술하였던 것이다. 나 역시 이 시기 '천신'의 성격은 학자들 간에 많은 논쟁이 있었고, 지신祇에 대한 토착인들의 생각도 같지 않았다 — 이것을 야훼 하느님, 옥황, 목비탑으로 보거나 혹은 전혀 알지 못하였다고 논급한 바 있다. 상대적으로, 토랜서는 백석이 유일한 천신을 대표한다고 생각하였고, 그레이엄과 호감민은 백석이 다른 많은 신들을 대표한다고 주장하였다.

무당 단공이 경문經文을 독송하고 주술을 펴는 방법은 절대 다수 학자들의 기술에서 도교문화와 다량으로 혼합되어 있다. 단공의 경문 독송은 어떤 것은 한어로 읽고, 어떤 것은 '향담화'로 읽는다. '향담화'로 읽는 경문의 어떤 부분은 단공 자신만이 해독할 수 있고, 어떤 것들은 단공 자신도 이해할 수 없다. 이러한 것들은 20세기 전반기에 어떤 '본토문화'는 이미 점차 소멸되고 있거나 변화하고 있음을 설명하고 있다.

1950년대 이후, 특히 문화대혁명 시기 '종교'는 사회주의 무신론이라는 환경에서 점차적으로 몰락하였는데, 사원은 훼손되었고 단공의 굿은 금지되었다. 1980년대에 이르러선 경문을 읽을 수 있는 단공은 남아있지 않았다. 여기에서 이렇게 기억을 구술하는 것으로 문화를 전달하는 사회에서 단공은 본토문화의 기억자와 전달자였다. 따라서 단공이 없어진다는 것은 본토문화가 점차 소멸되어 간다는 것을 의미하였다. 더욱 심각한 것은 사회교육이 확대됨에 따라 '무신론'이 민중들 사이에 보급되었다는 점이다.

오늘날 나이 든 세대의 강족이 외부 방문자의 방문을 받은 자리에서 과거 현지의 종교습속에 대해 이야기할 때 항상 "이것들은 모두 과거의 봉건미신이다"라고 말하였다. 일부 촌락에서만, 특히 깊은 산간지역 마을에서만 산림에 제사지내거나 산신에 제사지내는 활동이 매년 거행되고 있다.

1980년대 중반에 와서 일부 강족의 종교문화는 점차 회복되는 추세에 있었다. 강족 지식인들의 노력으로 2~3명의 나이 든 단공의 '노래가사'가 녹음되어 보존되었으며, 일부는 한문으로 번역되어 유포되고 출판되었다. 그 중에서 가장 중요하고 비교적 널리 퍼진 것은 천신, 백석 신앙과 밀접한 관련이 있는 '강과대전' 이야기와 인류기원을 기술한 '목저주와 두안주木姐珠與斗安珠' 이야기이다.[31] '강과대전' 이야기는 역사학자가 그것은 옛날 강인들이 북쪽에서 남쪽으로 내려왔다는 '역사사실'을 반영하고 강족의 유래를 해석한 것이라고 지적하였기 때문에 이 이야기는 강족 지식인들의 광범위한 주의를 끌었다.

천신 목비탑의 딸 목저주木姐珠가 몸의 반은 사람이고 반은 원숭이半人半猿인 두안주와 결혼한 이야기는 더욱 보편적인 인류의 기원을 해석하고 있다. 각종 『강족민간고사집羌族民間古事集』의 출판을 통해 이 두 가지의 이야기와 천신 목비탑은 점차 강족에게 널리 알려지게 되었다. 오늘날 목비탑은 옥황대제가 아니고, 야훼 하느님도 아니며, 모든 강족의 천신—강인이 적을 이기는 것을 보호하는 천신이다. 백석은 바로 이 천신의 상징이다.

그러나 광대한 무현과 송반지구 촌락 사람들은 아직도 목비탑 이야기는 들은 게 아주 적다. 그들에게는 흰 돌, 즉 백석이 여전히 여러 종류의 신들

---

31  이 이야기는 천신의 딸인 목저주와 지상의 半사람 半원숭이 남자 두안주의 결혼 이야기이다. 이에 관해선 본서 제8장, 473쪽을 참조할 것.

을 대표하고 있으며, 천상의 최대 신은 여전히 옥황상제이거나 서방의 부처라고 생각하고 있다. 반대로 시와 읍에 거주하는 강족이나 한문을 읽을 수 있는 강족 지식인들만 강족 천신의 이야기를 잘 알고 있다.

다른 종류의 본토 강족문화 구축에서 '단공'은 특별한 의의가 있다. 최근 몇 년 사이 몇몇 강족 지식인들이 '우문화禹文化' 연구에 열중하고 있다.[32] 대우문화는 단공의 굿에 표현되어 있다고 그들은 생각하고 있다. 단공이 굿할 때 추는 춤은 '우보무禹步舞'[33]이며, 단공이 '괘로 점치는 행위索掛'는 바로 대우가 만든 '연산역連山易'[34]에 근거하였다. 그러나 결국 이러한 '대우문화'를 수립하고 전승시킬 수 있는 것은 소수 노년의 강족 지식인들뿐이다. 그래서 이러한 '대우문화'가 민간에 전해졌지만 전해진 게 그렇게 광범위하지는 않다. 그러나 '대우'는 옛날 강족의 조상이며, 이 기억은 보편적으로 강족들 사이에 전해졌다. 본서 제9장에서 나는 이미 강병장 등

---

32  이러한 열기는 강족 지식인들의 각종 출판물에서 볼 수 있다. 거의 모든 강족의 역사, 문화 간행물들에는 모두 대우 관련 글이 실려 있다. 북천 강족은 『대우연구문집(大禹硏究文集)』과 『대우사료휘편(大禹史料彙編)』 등 전문서적들도 출판하였다. 북천과 문천의 현청 소재지에서도 대우는 많은 상점 간판이나 광고판에 등장하는 주제이다.

33  [역자주] 우보무는 강족어 발음으로 "모엔나샤(Moen Nasha)", "모르따샤(Mordas-ha)", "부질라(Buzila)"로 알려진 양가죽춤(羊皮鼓舞) 의식 활동에서 강족말로 단공을 뜻하는 "석비(釋比)"가 손에 든 양가죽북을 치면서 추는 여러 가지 춤들 중의 한 가지인 "상양보(商羊步)"를 가리키는데, 속칭 "우보무", 혹은 "파자무(跛子舞)"라고 불린다. 강족의 문화적 특성을 지닌 양가죽춤의 형식은 고대 강족인들의 생활 조건, 종교적 신념 및 내면세계가 생생하게 반영된다고 한다. 이 춤은 원래 무당이 신에게 제사를 드리고, 악마를 쫓아내고, 축복을 구하고, 소원을 돌려주고, 고인의 영혼을 하늘로 돌려보내는 의식을 펼 때 추는 춤이었다.

34  [역자주] 고대에는 '연산(連山)'이라고만 불렸는데, 나중에 '연산역(連山易)'으로 불리기도 하였다. 이 이름이 처음 등장한 것은 황제 일족이 만든 것으로 알려진 '주례·춘관종백·태복(周禮·春官宗伯·大卜)'이라고 한다. 연산역은 사계절과 6개의 기(氣), 6갑(甲), 시간과 공간의 변화를 나타내는 세 가지 요소와 9개의 운명을 기반으로 번영과 쇠퇴를 표시해준다고 믿어지는 것인데, 무당들에게 인간의 운명과 길흉화복을 점치는 도구로 사용되었다.

북천의 지방관원이 대우의 기억으로 일종의 "성스럽게 흥하는 지역聖興之域"을 자랑으로 생각하는 '북천인의 정체성'을 강조하였다고 언급한 바 있다. 이 '북천인의 정체성'은 일종의 한인의 정체성이기도 하다. 제8장에서 나 역시 당대 강족의 정체성에서 '대우 자손'의 의의─대우와 그 자손이 북천에서 어떻게 해서 '한인'에서 '강족'이 되었는가 하는 점, 그리고 북천과 문천 강족의 지식인들이 '대우의 출생지'를 두고 행한 논쟁을 설명하였다. 따라서 여기서는 또 다시 기술하지 않겠다.

산신제 활동은 많은 강족 촌락들에서 모두 중단되어서 회복하기 어려운 전통인데, 겨우 몇 군데 소수의 촌락만 쭉 이 종교활동을 유지해오고 있다. 일반적으로 시와 읍이 교통 간선에서 멀리 떨어진 촌락일수록 전통적인 이 산신제 활동을 유지하기 용이하거나 그 필요성도 더 많았다.[35] 그래서 전체 강족지역 중에는 서방, 북방의 깊은 산 촌락 민중들이 비교적 산신제 활동을 중요시하였다.

산신제의 전통은 같은 골짜기 내 각 촌락들이 모두 제각기 자신의 산신에게 제사를 지낸다 하더라도 각 촌락의 산신제 지내는 날짜와 그 식을 올리는 의식의 과정은 같지 않다는 것이다. 인근의 가륭과 흑수티베트도 이와 같다. 이는 '산신제 보살祭山神菩薩'이 현지 촌락의 전통이지 강족 전통이 아니라는 사실을 반영한다.

최근, 현지와 외래의 강족문화 연구자들이 힘을 쓰고 배려하는 가운데 강족문화의 회복과 관광을 발전시키자는 동기에서 어떤 촌락들은 벌써 산

---

35 이것은 촌락이 시, 읍과 교통 간선 마을로부터 멀어질수록 거주민들이 더욱 현지 골짜기의 자원에 의존하게 되고, 그래서 더욱 산신제로 각 골짜기와 각 촌락 사이의 '산의 경계(山界)'를 유지할 필요가 있었기 때문이다. 산신과 인류 자원 분배의 관계에 대해선 본서 제3장을 참고할 것.

신제 활동을 성대하게 거행한 바 있다. 이러한 활동들로 늘 대량의 관광객, 기자, 학자와 인근 주민들을 끌어들여 참여시킨다. 이러한 강족 산신제 활동들을 소개하는 글과 사진들이 각종 매체를 통해 전파되고 있는데, 특히 강족 지식인이 편집, 출판한 강족문화 관련 책과 잡지들에 나타나고 있으며, 이것은 산신제혹 산림 제사가 강족의 대표적인 종교활동이라는 이미지를 더욱 강화시켰다.

과거, 오래 전에 이미 절대 다수의 강족지역들에서는 모두 '묘회廟會' 활동[36]이 유행하였다. 앞에서 내가 이미 설명한 대로 많은 강족지역의 '사당廟子'이 산신을 대체하였으며, '산신'이 각 촌락의 자원 경계선을 유지하는 상징적 의미도 계승하였다. 그래서 1980년대 중반 이래 많은 촌락들이 문혁 시기에 파괴된 '사당'들도 다시 건립하였고 사당활동을 회복하였다. 그러나 이러한 동악묘東嶽廟, 관음묘觀音廟, 천주묘川主廟는 '소수민족 종교문화'라는 호신부적이 없었기 때문에 '봉건적 종교미신'이라고 인식되는 것을 피하기 어려웠고, 일부 민중들의 의심을 받았으며, 현지 정부의 억압도 받았다.


### 문화 현시展演

이상, 나는 과장가무, 음식, 복식과 종교활동 등 강족문화를 묘사할 때 '문화현시'라는 이 개념을 거론하였다. 이에 대해 나는 많은 설명을 해야

---

36  [역자주] 사원, 사당, 도교사원인 도관(道觀, 궁관(宮觀)이라고도 함)에서 행하는 법회, 제사, 행사, 공연 등의 제활동을 말한다. 사당활동이라고 번역하여 의미 전달에는 큰 차이가 없다.

한다. 과거 민족을 연구하던 학자들은 일종의 표준방식의 문화normative mode of culture를 이해한 상태에서 항상 '민족문화'를 사람들 간의 객관적 문화 표징으로 보았다. 한 집단의 '공동문화'가 드러내 보이는 유사성에서 이 인간집단의 '일체성'을 강조하였다.

동시에 현재 인간집단의 문화 그리고 역사상 어떤 인간집단 문화 사이의 유사성은 또 이 문화를 일종의 '문화 전통'으로 보이게 하였는데, 학자들은 이것을 가지고 이 인간집단의 역사적 '연속성'을 강조한다. 인간집단의 문화적 일체성과 그리고 시간상에서 이 무리문화의 연속성은 하나의 '민족'을 구성하는 요건의 하나로 인식되어졌다. 이러한 생각은 이른바 '일체一體' 문화에서의 차이 및 문화전통의 변천을 해석할 수가 없다. 다시 말하면 공간, 시간에서의 문화 및 사회 각층의 무리들 간의 변화를 소홀히 하는 것이다.

다른 연구 전통인 사회인류학자의 연구는 일찍부터 '문화'의 기능과 구조에 관심을 기울였다. 이것은 기능-구조 양식의 문화이해futional-structural mode of culture이다. 이 양식을 이해하는 가운데 학자들은 '민족'의 범위, 변방 혹은 그 역사의 연원 등에 대해서는 개의치 않고, 사회 집단 중에서 어떤 제도문화의 기능, 그것과 기타 사회제도, 경제생태 사이의 관계 및 그것이 반영한 전체 사회와 문화구조혹은 보편적인 인류사회와 문화구조 법칙를 이해하는데 힘썼다. 이러한 연구 경향은 당대 학자들에게 문화나 제도의 본토적 의미 및 그 배후의 '역사history'와 '권력관계politics'를 소홀히 한 것이라고 비평 당하였다.

현상학 그리고 그에 상응하는 '토착 관점' 하에 학자들은 '문화'가 토착적인 주관에 의해 어떻게 인지, 해석되고, 수립되는지 주의하기 시작하였다. 이것은 현상학적 양식의 문화 이해phenomenological mode of culture이다. 이것과 상응하는 것은 집단 구성원들의 주관적 정체성의 '족군 본질eth-nicity' 연구를 강조하는 것이다. 이런 부류의 연구에서 '문화'는 때로 민족 집단들의 변계를 정하는데 도움이 되지 않는 '객관적인 문화 특징'이 집결로 간주되어 소홀히 되는 것으로 보이기도 하고,[37] 때로 민족 집단들의 '근원적 감정primordial attachments'의 사회적 기품稟賦, givens과 그 집단속에서 주관적 상징 의의를 강조하는 것으로 보이기도 하고,[38] 때로는 상상하거나 조작하고, 창조될 수 있는 '전통'으로 여겨지며, 이 문화 창조 배후의 집단 정체성 또는 정체성 변이(민족주의에서 국가민족과 민족의 정통성처럼)에 관심을 가진다.[39]

이러한 이해 방식은 한 사회에서 문화의 다원성, 동태와 주체성을 간과하고 개인이 살면서 실천하는 문화와 전체 사회의 문화 양자 사이의 차이와 관련성도 소홀히 한다. 간단한 사실을 한 가지 언급하면 '현지인'은 항상 피차의 관점을 동의하지 않는다는 점이다. 같은 종류의 문화습속에 대하여 '현지인'의 시현, 이해와 해석이 늘 일치하지 않는다. 이른바 '공동문화'는 어찌 되었든 간에 모두 이 사회의 남성과 여성 문제, 세대와 계급 등

---

37 Michael Moerman, "Ethnic Identification in a Complex Civilization : Who are Lue?" in *American Anthropologist* 67, 1965, pp.1215~1230; Fredrik Barth, "Intro-duction", in *Ethnic Groups and Boundaries*.

38 Clifford Geertz, "The Integrative Revolution:Primordial Sentiments and Civil Politics in the New States", ed. by Clifford Geertz, *Old Societies and New States : The Quest for Modernity in Asia and Africa.*, New York : Free Press, 1963; also, Chap. in *The Interpretation of Cultures*, New York : Basic Books, 1973.

39 Eric Hobsbawm, "Introduction : inventing tradition", ed. by E. Hobsbawm and T. Ranger, *The invention of tradition*, , Cambridge : Cambridge University Press, 1983.

582　실재와 창조의 중국민족사 – 한족과 티베트족 사이의 강족(羌族) | 문화 편

사회 계서적인 권력관계에 간여하는 것을 피하기 어렵다. 따라서 이 강족 문화를 하나의 '문화현시'로 보거나, 아니면 이것을 '객관적 문화현상'과 '주관적 문화구축'으로 보는 부족을 메울 수 있다.

'문화'를 일종의 문화현시로 볼 때에 우리는 '문화'동태의 일면 및 '문화'가 어떻게 현지의 본토와 외부세계와의 상호 영향하에 부단하게 나타나고 변천되는지를 알 수 있다. 문화현시는 두 개의 동태에서 진행된다. 첫째는 현실사회에서의 동태이다. 이것은 각 사회집단들과 개인 및 집단 내외의 군중들이 사회 역사기억에 대하여 선택하고, 해석과 논쟁을 하면서 형성되고 전개된다. 둘째는 역사동태이다. 문화현시는 역사가 변천하는 중에 생산되고, 동시에 그것은 또한 집단 내외 군중들의 사회기억을 강화하거나 변화시키기 때문에 문화와 사회의 역사 변천을 만들어낸다. 내가 말하는 '현창'은 대략 인류학자가 말하는 performance와 같다.

그러나 많은 인류학자들이 개념상 이것으로 상당히 광범위한 인류의 집단 문화행위를 지칭한다 하더라도 실제 연구는 대다수 사회와 종교의식, 희극, 음악, 사회연극, 운동경기 등등 특정한 무대, 연출자, 관중의 사회활동에 집중된다.[40] 내가 강족문화를 하나의 '문화현시'로 볼 때 '현시'는 더욱 광범위한 의의를 갖는다. 그것의 무대는 아마도 각종 사회생활 영역이 될 것이다. 연출자와 관중의 역할은 변동적이어서 서로 잘 조절될 수 있으며, 그것은 당사자가 의식하는 행위이거나 무의식적인 행위일 수 있다. 즉, 우리 개인이 일상생활에서 행하는 각종 사회화 언행모종의 언어리듬, 식탁예절, 인

---

**40** Richard Schechner · Willa Appel, *By Means of Performance : Intercultural Studies of Theatre and Ritual*, Cambridge : Cambridge Press, 1990; Victor Turner, *The Anthropology of Performance*, New York : PAJ publications, 1987.

사방식 등등처럼이 각종 공연을 하는 것이다. 그래서 '공연'은 또 프랑스 사회학자 피에르 부르디외Pierre Bourdieu가 말하는 '습관성 행동習行, practice'과 대략 같다. 공연, 행위의 표현이 의지하고 지지하는 '정체성과 구분체계'는 부르디외가 지칭하는 '습관성 구조習性結構, habitus'의 의미와 상당히 중첩되어 있기도 하다.[41]

　문화의 현시는 반드시 현시할 주제, 현시할 연출자, 관중, 장소와 현시의 매개에 영향을 미친다. 더욱 중요한 것은 이 공연들이 개인이나 집단에게 의미가 관람, 해석, 획득되어져서 의의가 생겨난다는 것이다. 간단히 현재의 강족문화를 예로 들자면, 전시물은 복식, 음식, 백석숭배, 강어, 단공문화 등등이다. 전시자는 촌락의 부녀, 강족지식인, 나이든 단공이나 혹은 모든 강족 민중이다. 관중은 각종 배경의 강족, 한족, 티베트족, 회족과 여타 중국의 소수민족 및 외국인이다. 공연의 장소는 촌락과 시, 읍의 일상생활 가운데이기도 하고, 또는 무현, 마이강 혹은 북경의 공연무대, 또는 문천, 북천에서 거행되는 강족문화 관련 학술세미나 및 관련 활동이거나, 또는 강족의 지방자치정부 및 문화단체가 출판한 간행물 등등이다.

　전시의 매개는 자연이나 인위적인 창조물, 사람들의 신체이거나 신체에서 만들어진 언어와 문자, 몸짓 등등이다. 사회권력관계라는 점에서 보면, 현시는 "누가 현시하고 있는가"라는 것뿐만 아니라 "누가, 누구를 전시품으로 연출하려고 하는가"하는 것에도 영향을 미치고, "어떤 장소 혹은 무대인가"라는 것뿐만 아니라 "누가 창조한 장소 혹은 무대인가"하는 것에

---

41　Pierre Bourdieu, trans. by Richard Nice, *Distinction : A Social Critique of the Judgement of Taste*, 1979; London : Routledge & Kegan Paul, 1984; Pierre Bourdieu, trans. by Richard Nice, *Outline of a Theory of Practice*, Cambridge : Cambridge University Press, 1997.

도 영향을 미치고, 또 "누가 관중인가"라는 것뿐만 아니라 더 중요한 것은 "누가 관중을 끌어들이는가"라는 것에 있다. 마지막으로 현시를 통하여 '문화'는 현시의 연출자와 관중에 대하여 의미를 생산하고, 중점은 어떠한 의의를 만들어냈는가 하는 것뿐만 아니라, 누가 의의를 해석하고 논쟁하는가에 있다.

여기서 문화현시를 초래한 것과 문화현시가 낳은 의의는 주로 일종의 사회 현실의 본모습이며, 일종의 상황이고, 다층면의 사회 정체성과 구분 체계이기도 하다. 사람들의 공연, 관람과 해석을 통해 문화는 한 사회의 정체성과 구분체계를 반영하고 강화하거나 변화시키면서 관련 있는 사회 상황과 역사의 기억을 반영하고 강화하며 변화시킨다. 나는 소위 다층적인 정체성과 구분체계라는 것에 대해서 지적하겠는데, 예를 들면 한족과 구별되는 소수민족의 정체성, 시와 읍에 사는 사람들과 구별되는 농촌 사람들의 정체성, 남자와 구별된 여자의 정체성, 나이든 사람과 구별되는 청년세대의 정체성 및 기타 지역의 강족들과 상대적인 북천, 무현 등지 강족들의 정체성 등등이 있다.

중화민족의 정체성과 관련 구분이라는 점에서는 근대 민족화 과정 이후, 한민족이 중화민족의 핵심이 되고, 과거의 '오랑캐'가 변방의 소수민족이 된 후 소수민족은 격려를 받아 그들의 민족적 특색을 드러낼 자신이 있었다. 강족의 복식, 음식, 민족 춤인 과장무, 산신, 천신과 백석의 숭배 등등은 이 흐름 아래서 신체, 문자와 그림을 통해서도 나타나게 되었다—이에 따라 강족의 정체성 및 강족과 기타 민족 간의 구분이 드러났다. 한족에게 강족문화의 현창을 장려하는 것은 여타 의의가 있다. 이것이 바로 과거 일찍이 화하가 변방의 기이한 풍속, 기이한 산수 그리고 그곳 사람들의 거칠고 길들여지지 않은 모습을 묘사함으로써 '화하변방'을 그려낸 것이다. 그러나 오늘날의 한족은 소수민족에 대해 오래되고, 낡고, 미신적이며, 특색이 있고, 가무에 능한 '소수민족문화'라고 이 국가민족의 일체성 아래 새로운 '화하변방'으로 묘사하고 있다.

이러한 모든 문화현시에서 '복식'은 특수한 의의를 갖는다. 개인 신체의 연장으로서 그것은 '민족의 신체'로 전화되어 그 민족의 특색을 표현하였다. 민족적 특색이 있는 복식을 입고 있는 소수민족은 한족에게 '이질화된 변방'이기도 하다. 이러한 '복식'으로 민족적 특색을 선명하게 하고, 또 선명한 문화적 특색을 지닌 소수민족이 한족의 변방을 부각시키는 전시, 연출은 항상 각 국가 수준의 대형 회의와 경축장소 공연에서 표현된다. 예컨대 각 소수민족 대표들이 이 민족의상을 착용한 단체사진에서 보는 것처럼 신체와 복식으로 하나의 다원적인 중화민족의 모습이 전시되는 것이다. 동시에 민족의상의 현시에 따라 소수민족전통 민족의상 착용자와 한족현대화된 서구 복장이나 간편복 착용자간의 구분이나 각 소수민족들 간의 구분도 더욱 분명해진다.

1980년대 이래 각종 언론매체의 전파도구들이 점차 보급되었기 때문에 이러한 민족 춤이나 복식의 현시가 표현한 민족정체성과 구분은 각종 경연 공연, 민족화보와 민족지식 서적 및 잡지의 발행 그리고 1990년대 이후의 텔레비전 중계방송을 통해 각 민족 인민들특히 시와 읍의 거주민과 지식인들의 우리민족 정체성을 형성시키는데 중요한 집단적 기억을 만들어냈다.

강족은 중국 혹은 중화민족의 변방에 거주할 뿐만 아니라 사천성과 아파주 안에서도 역시 변방의 위치에 거주한다. 각종 정치, 사회의 유력한 집단들은 모두 강족문화를 홍보하는 무대를 만들어내어 서로 다른 변방을 그려낸다. 문천현만 놓고 보면, 1957년부터 1985년까지 강민족의 특색을 지닌 예술공연 단체는 대표로 초청 받아서 마이강주정부 소재지, 성도사천성 정부 소재지, 북경중국 국가 수도에서 거행된 각종 공연시합에 총 99차례나 참가하였다.[42]

이러한 홍보 공연에서, 특히 이러한 홍보공연 장소에 내재되어 있는 정치권력 공간의 의미에서 강족문화의 독특성이 각종 변방의 지위들, 예컨대 아파주에서 가릉티베트족에 비해 상대적인 주州 내 사람들의 변방적 지위,[43] 사천성 내 평원에 거주하는 사천인에 비해 상대적인 산간 사천인의 변방적 지위, 전국적 범위에서 한족에 비해 상대적인 소수민족의 변방적 지위를 각인시켰다. 강족 인민들로서는 그들 모두가 본 민족의 변방성을 느끼고 있지만, '문화현시'를 통해 자신의 전통문화에 대한 자부심을 표현하고, 여타 민족의 문화현시와 상호 경쟁하고 과시한다.

강족문화는 마이강, 성도, 북경 등 우세한 집단이 창조해 낸 장소에서만 공연하는 것은 아니고, 강족 지구에서는 강족 지식인들이 지방 정부기관을 통해서도 각종 강족문화의 현시 장소를 만들어내기도 한다. 예컨대 각 현의 문화관, 역사기록 사무실과 학교, 또는 각종 명절 경축 가무공연, 경연대회 거행, 각종 강족문화 관련 간행물의 편집 출판, 또는 문화 전시관과 문화 고적지의 보수 및 건립이 현시의 현장이다. 이러한 현장들에서 각 현, 각 구 강족의 문화현시는 경쟁적이다. 그들은 강족의 어느 지역이 단공문화를 가장 잘 보존하고 있는가, 어느 지역 전통 의상이 가장 전통적인

---

42  汶川縣地方志編撰委員會, 『汶川縣志』, 汶川, 1992, 695쪽.
43  아파주에서 티베트족(특히 가릉티베트족)이 주체가 되어 1989년 이전 이 주의 전체 이름을 아파티베트족 자치주(自治州)라고 하였는데, 그 후 아파티베트족 강족 자치주로 바뀌었다. 마이강은 이 주의 주정부 소재지이자 가릉티베트족의 경제, 문화 중심지이기도 하다.

가, 어느 지역의 촌락 건축물이 가장 이 민족의 특색을 지니고 있는가, 그리고 어느 지역이 대우문화의 발상지인가 등에 대해 논쟁을 벌인다. 갖가지 연출 및 공연들과 논쟁은 모두 강족민족 중에서 어디가 핵심이고, 어디가 변방인지 경계를 정하기 위한 것이다. 이러한 문화 현시자는 관람자이기도 하면서 동시에 문화의 해석자이기도 하다.

최근 몇 년 사이, 구채구九寨溝가 인기 있는 관광명소가 됨에 따라 구채구로 가는 주요 도로는 또 강족 지구를 통과하게 되었다. 그래서 경제와 민족 정체성을 발전시킨다는 이중적인 동기에서 지방정부와 상인들이 공동으로 현시장소를 만들었고, 촌락 민중特히 부녀자들, 꼭대기에 백석이 있는 건축물과 단공을 주인공으로 한 종교활동 등을 전시물로 만들어 국외 관광객과 국내 관광객, 이 지역의 한족, 티베트족, 회족과 강족 등 다양한 관광객들을 유치하고 있다. 강족문화가 '관광자원'의 하나가 되어 '소수민족 문화'를 전시 및 공연하고 감상하는 가운데 각종 사회권력 관계에서 정체성과 구분은 강화되었다.

한족 관람자들의 입장에선 그들은 오래되고 낙후된, 시골, 미신, 소수라는 이미지를 지닌 독특한 '강족문화'를 감상하면서 자신들에게 내재돼 있는 인식 중 한족의 현대화, 진보, 도시, 이성, 다수의 주류적 지위를 강화시키는 것이다. 강족 관람자들로선 그들은 전통과 찬란한 자기 민족의 문화 현시를 관람하는 것 그리고 자기 민족의 문화에 대한 외부인들의 흥미를 관찰하는 것은 그들 마음속에 존재하는 강족의 오래 되고, 신비롭고, 전통을 고수하여 물결치는 대로 표류하듯이 시대 조류에 휩쓸리지 않는 우리 민족 의식을 강화시키는 것이다. 따라서 문화의 현시에 따라 주관적인 정체성과 구분은 객관적인 문화부호로 되고, 현시는 각각 역사와 문화 지식에 의해 전범화된 모습을 드러내며, 또 각종 이익과 개별 경험이 고립되고 소외되는 무리와 개인 앞에서 그들의 각종 정체성과 구분 체계의 현실경험을 각성시키거나, 강화 혹은 수정하는 것이 된다. 강화되거나 수정된 이 정체성과 구분체계는 또한 그들이 일상생활의 언행을 통해 실천한 문화의 현시를 이끌어낸다.

강족 지식인들도 외부의 전문가, 학자, 관광객들이 강족이 사는 촌락에 들어오도록 이끌었으며, 여기에서도 일종의 문화현시 장소를 만들어내었다. 여기서 문화를 홍보하는 이는 마을의 사람들, 특히 현지 전통의상을 입은 부녀자들이다. 마을 거주민들에게 문화홍보는 이 지역문화에 대한 그들의 믿음을 강화시켰다. 이를테면 현지의 여성 복장이 가장 전통적이고, 현지의 석조 누각과 촌락 건축이 가장 특색 있으며, 현지의 강족어가 가장 순수하게 남아 있으며, 현지의 백석신앙이 가장 잘 보존돼 있어서 멀리서 외부인들이 찾아오도록 끌어들일 수 있다는 것이다.

동시에 이러한 '외부인'도시 거주 강족 지식인 포함해서들도 별도로 일종의 문화현창을 행한다. 그들의 신식 사진기, 촬영기, 현대화된 복장과 손목시계, 가죽구두 따위의 치렛감, 그리고 '교양 있는' 말투 및 '학술성 있는' 강족문화 토론과 해석이 모두 현지인들에게 일종의 과시적인 현시를 형성하였다.

따라서 문화현시와 관찰에서 촌락과 시, 읍에 사는 강족은 한편으로는 '전통유지'와 '시류에 편승하고', 다른 한편으로는 '낙후'와 '진보'라는 측면에서 현지인과 외지인을 구분한다. 그래서 문화의 과시, 구별과 모방, 추종은 동시에 진행된다. 시와 읍의 지식인들은 시골 사람들로 본지의 민족문화를 드러내 보여주지만 정작 자신은 현대 풍조를 모방하고 추구하며, 시골 사람들 중 남자들은 본지의 촌락과 촌락의 부녀자들로 본지의 민족문화를 나타내게 하고 자신들도 시와 읍이나 대도시의 문화 풍조를 모방한다.

촌락의 일상생활에서 '문화 현창'은 각 촌락, 마을의 강족 민중들의 의식주, 계절적 생산활동, 종교의식 등을 통해 끊임없이 진행된다. 예를 들면, 무현 우미파 마을牛尾巴寨에서 정월 7일에 진행되는 '인과년人過年'[44]의식 중, 문화의 현창은 젊은 여자들의 그네타기, 젊은 남자들의 용춤舞龍,[45] 술독을 열고 신을 청하기, 마을 장년들과 노인들의 헌주, 남녀가 빙빙 돌면서 추는 과장무일부 나이 든 부인들은 '니살(尼薩)'춤을 춤 그리고 남자들의 출정의식, 전쟁과정과 승리의 개선길 연출, 부녀자들이 전사들에게 술을 따르는 장면으로 연출된다. 전체 의식과정에서 문화현시는 다른 성별과 세대의 촌민들 의상에서도 나타난다. 이러한 문화현시에서는 연출자 자신이 관중이기도 하다. 현시와 관람에서 각 차원의 사회적 정체성과 구분, 즉 소수민족과 한족, 현지 마을과 다른 마을, 남성과 여성 및 각 세대 간의 집단들 사이가 강화되거나 혹은 새로운 의의를 갖게 된다.

강족의 많은 문화현창은 일상생활과 다양한 의례적 상황들을 통해서 뿐만 아니라 문자와 말에도 나타난다. 본지 문화를 일찍부터 상실한 북천이 특히 그렇다. 북천의 한 지식인은 나에게 이렇게 말하였다.

---

44  [역자주] 이것은 음력 정월 초하루에 닭이 설을 쇠고, 초이튿날에 개가 설을 쇠고, 그런 식으로 차례로 주요 가축들에게 설을 쇠게 하고난 뒤 사람은 초칠일에야 설을 쇤다는 옛날 한족 사람들의 풍습이다. 이것은 가축들 앞에서는 겸손한 마음을 가지겠다는 뜻에서 가축들에게 먼저 설을 쇠도록 한 풍습이다.

45  [역자주] 통상 용등춤으로도 알려진 용춤은 고대인들의 용에 대한 숭배에서 비롯된 것인데, 용의 비틀기, 흔들기, 기울이기, 무릎 꿇기, 점프하기, 흔들기 등 다양한 자세를 끊임없이 보여주면서 춤추는 용의 평화와 풍작을 기원하는 민속문화이다.

우리 곡산의 강족 간부들은 집에 강족의 복식이 모두 갖추어져 있습니다. 현재 중화민족은 모두 외국에서 유행하는 복장을 입고 있는데, 우리 강족은 옛날부터 지금까지 옷차림에서는 유행을 쫓지 않으며, 기타 소수민족들도 같죠……. 현재 민족 복식에서 우리는 회복하는 추세에 있어요. 서방의 기술을 배울 순 있지만, 우리 중화민족의 뿌리는 바꿀 수 없습니다.

이처럼 일상의 말들 중에 본지 혹은 본민족문화의 과시와 현창 그리고 반대로 외부 지역 타민족의 문화 습속에 대한 비평과 조롱은 끊임없이 가까운 사람들 사이에서 일어나고 있다. 일상의 이런 말들 중에 상대적인 심리적 요인이 두 가지 있다. '경쟁, 과시'와 '모방, 추종'인데, '문화 전범典範'이 끊임없이 정의되고, 응집되며, 끊임없이 새롭게 창조되기도 한다. 일상생활에서와 같이 강족 남자나 여자나, 시 읍 사람이나 농촌 사람이나 자주 모여서 집안일을 가지고 잡담한다. 화제는 사람, 일, 때, 장소 상황에 따라 다르다. 그들은 무엇이 보기 좋고 또 적당한 옷인지, 무엇이 가장 전통적인 과장춤인지 토론도 하고, 인근의 강족이나 티베트족 부녀들 옷이 어떤지 기술하거나, 혹은 티베트족 또는 한족의 혼인습속, 가정윤리를 비판하거나, 혹은 티베트족과 외부 관광객의 한어 발음을 비웃기도 한다. 토론, 비판, 비웃기가 포함된 이 한담들 가운데 다양한 사회집단세대, 양성, 구역, 민족, 도시와 시골의 문화특색이 수립되어 연속되거나 수정되며, 다른 대응 집단과의 '구분'도 강화된다.

1990년대에 출간된 『강족연구羌族研究』와 『서강문화西羌文化』이 두 종류의 출판물은 현지 강족문화의 현창을 위해 문자로 알릴 수 있는 공간을 제공하였다. 그런데 이 두 종류의 간행물은 모두 출간을 정상적으로 지속하기가 어려웠다. 이 기간에 북천현 현정부와 그에 소속된 문화교육 기관은 오히려 강족문화와 대우문화와 관련된 많은 전문서적, 논문집과 자료선집을 연속적으로 출판하였다. 이는 문자 공간의 문화현창에서 북천 강족 지식인들이 다른 강족에 비해 비교적 독단적이고 앞서간 사실을 반영하는 것이다. 이런 문자 공간에서 현창지작가와 편집자들은 강족이나 어떤 지역의 강족에 국한하지 않고, 더 넓게 한족, 티베트족과 일본학자들도 포함한다. 현시되고 과시되는 강족문화는 주로 산신, 신의 숲神林, 단공과 백석신앙 및 석조누각과 섬돌문화, 음식복식, 혼인장례 습속과 대우문화 등등이 포함된다. 관람자독자는 주로 시와 읍의 강족 지식인들이다. 그들은 자세히 열독하고, 열심히 토론을 벌인다.

이와 같이 표본적인 강족문화는 부단히 강화되고, 부단히 새로운 내용도 얻는다. '경쟁, 과시'와 '모방, 추종'은 여전히 이 사회과정의 주요 동력이다. 예컨대 북천 강족 지식인들을 예로 들면, 그들은 한편으로 한족 학자들과 무현의 강족 지식인들이 보여주는 강족문화를 모방, 추종하고, 다른 면에선 그들도 '북천을 대우의 출생지' 및 현지의 '대우문화'라고 자화자찬하면서 문천의 강족 지식인들과 대우문화의 핵심 지위를 놓고 경쟁하고 있다. 이러한 논쟁과 현창에서 사실상 두 지역의 강족 지식인들은 모두 '대우'를 통해 그들 마음속에 존재하는 '고대 화하문화古老華夏文化'를 추종하고 있다.

# 역사의 창작물과 창작자

이 책에서 나는 한과 티베트 사이에 거주하는 한 민족을 소개하였는데, 인구가 겨우 약 20만 명 정도인 강족이다. 강족은 오래된 민족이면서도 새로운 민족이기도 하다. 그들이 오래된 민족인 까닭은 3,000여 년 동안 서쪽의 '이족異族'이었으며, 상대商代 사람들이나 역대 화하華夏라고 일컬어지는 중국인들에게 '강羌'으로 불리어졌기 때문이다. 의심할 여지없이 그들의 피와 문화는 많든 적든 간에 오늘날 강족 혹은 저강氐羌계 민족으로 불리는 많은 중국변방의 무리들 속으로 흘러 들어갔다. 다른 각도에서 보면, 그들은 오히려 새로운 한 민족이다. 오늘날 '강족'을 결집시키는 역사기억은 '강족'이라는 이 민족의 칭호에 대한 기억을 포함하여 모두 최근 수십 년 동안 천서川西[1] 북쪽 사람들 집단의 본토 지식을 형성하였다.

그런데 강족은 특이한 민족은 아니다. 머리말에서 나는 실버만Marilyn

---

1  [역자주] 사천성 서부지역을 말한다.

Silverman과 굴리버P. H. Gulliver가 말한 바 있는 역사인류학의 양대 주제인 "과거는 어떻게 현재를 만들어내는가", 그리고 "과거의 구축은 어떻게 현재를 해석하는데 사용되는가"를 거론하였다. 이 양대 주제는 거의 '역사' 와 '민족' 등 주제에 관심을 기울이는 인류학 혹은 역사학 연구에서 '민족의 유래'를 설명하는 두 가지 교집합 없는 해석 패턴이다. 중국민족 혹은 중국 소수민족에 관한 연구에서 이것은 '역사실체론'과 '근대 구축론' 간의 논쟁이다.

'강족' 연구에서 얻은 소득이 있는데, 이에 대한 나의 견해는 이 세계상의 모든 '민족'과 마찬가지로 강족은 역사의 창작물이며, 역사의 창작자라는 것이다. 역사의 창작물로서 한대의 하황서강河湟西羌이든, 당대 서산의 모든 강족들西山諸羌이든, 20세기 전반기의 강민이든, 아니면 오늘날의 강족이든 모두 역사와 '역사'의 산물이다. 이 역사도 내가 칭하는 화하변방의 역사이다. '역사'는 이 역사 중에서 사람들한족과 강족이 세우고, 인지하는 '역사'이다. 역사의 창작자로서 그들도 역사와 '역사'를 창작하였다. 한인들에게 '강인' 또는 '강족'으로 보이는 무리들은 각종 특징들과 행동으로 한, 토번이나 티베트에 비해 변방의 지위에 응대하였기 때문에 여러 가지 역사적 사실들예컨대 모든 부락들이 함께 뭉쳐서 중국, 토번에 대항하거나 혹은 한, 서번이나 티베트가 되는 것을 창조하였다. 동시에 그들도 '역사'를 창작하여 그 내부의 각 민족 집단들 간 또는 한인에 대하여 족군의 본질을 해석하고 수립하였다. 바로 이러한 역사와 '역사' 속에서 '강'은 한, 티베트 사이에 표류하는 모호한 변방이 되었다.

# 화하華夏변방의 역사와 '역사'

옛날이나 지금이나 화하의 마음속에 존재하는 강인과 강족 역사는 사실상 결코 어느 한 민족 실체의 역사가 아니고 '화하변방'의 역사였다. 이 화하변방 역사는 현재 강족의 역사이고, 화하 역사의 일부분이기도 하다. 근대 강족이 중국 소수민족의 하나가 된 것은 근대 중국 지식엘리트가 발명하였거나 수립한 것에 지나지 않는다. 따라서 나는 '역사 실체론'과 '근대 구축론' 설에 동의하기 어렵다.

화하변방의 역사로 강족을 이해하려면, 우리는 '강인'에서 '강족'에 이르기까지 최소 세 과정을 거쳤다고 말할 수 있다. 첫 번째 과정은 '강'이 중국인의 관념에서 서쪽의 이족異族과 족군의 변방이었던 단계였다. 상대에서 동한 시기까지 이 족군의 변방은 화하의 확장에 따라 점차 서쪽으로 이동하여 마침내 동한 위진시대에 청장고원의 동쪽 가장자리가 '강인지대'의 한 곳을 형성하였다. 나중에 수당 시기 토번의 정치와 문화세력이 동쪽으로 이동한 영향을 받아 중국과 토번이 이 지역에서 진퇴하면서 대치하는 상황에서 이 강인지대의 사람들 대부분이 점차 한화되거나 또는 '번화'한인의 관념 중에되었다. 그래서 '강인'의 범위가 점차 축소되어 갔다. 민국 초년 시기에 이르러 민강 상류 일대의 비교적 한화된 토착민들은 여전히 중국 문헌에 '강민'으로 불리어졌다.

두 번째 과정은 서방의 '민족주의' 영향을 받아 근대 중국 지식인들이 역사와 문화기억의 유산 중에서 화하변방이 시기도 중국의 변방이었음를 조정하여, 새로운 국가단위의 민족을 수립하였다. 한인은 이 국가민족의 핵심이 되었으며, '사방변방의 오랑캐四裔蠻夷'는 변강지역의 소수민족이 되었다. 청

말에서 민국 이후의 중국민족지, 민족사 연구와 글쓰기는 한편으로 이 소수민족들의 낙후와 변방성을 설명하고 있고, 다른 한편에선 그들과 한족 사이의 장구한 형제민족 관계를 설명하고 있다. 이러한 배경 아래 '강'과 관련된 역사기억은 '민족사'의 일부로 수립되었다. 또한 민강 상류 사람들의 문화와 습속은 '강족문화' 혹은 '저강민족문화'로 탐색되고 기술되기도 하였다.

세 번째 과정은 근대 이래 민강 상류 현지 지식인들의 우리민족 수립과정이다. 각종 외래 관념과 역사문화기억의 영향을 받아서, 또한 새로운 경제와 정치 환경하에서 민강 상류와 북천의 일부 민중들은 점차 강족으로 되는 것을 받아들였거나 쟁취하였다. 현지 지식인들도 한족과 현지 사회의 기억에서, 그리고 '영웅조상'과 '형제조상'이라는 두 개의 역사심성 아래 그들 마음속의 강족역사를 학습, 선택, 수립하였고, 자신들의 강족문화를 선택하고 형성시켰으며 자랑하였다. 각 층의 역사와 문화의 학습과 과시를 통하여 강족은 본토의 정체성 위에 세워진 민족이 되었다.

화하변방 관점에서 '화하' 혹은 '중화민족'을 이해하는데 우리는 이 '화하변방의 역사'를 세 시기로 나눌 수 있다.

먼저, 상나라시대에서 한진漢晉 시기까지 '강'으로 표징되는 화하 서부 족군의 변방이 화하가 서쪽으로 확장됨에 따라 서쪽으로 옮겨가서 마침내 청장고원 동쪽 끝에 다다르게 되었다. 이것은 '화하 서부 족군의 변방 형성과 표류 이동기'이다.

그 다음은 당대에서 청대까지인데, 한인들이 생각하기에 서쪽이 '강'이라고 부를 수 있는 인간집단들이 갈수록 적어지고, 상대적으로 '번'이 갈수록 많아져서 화하 서쪽 족군들의 변계가 점차 심화되고 선명화 된 것을 나타낸다. 이것은 '화하 서부 족군들의 변방 심화기'이다.

　마지막 시기는 청조 말부터 1980년대까지인데, '화하 서부 족군변방의 질적 변화기'라고 할 수 있다. 이 기간에는 언어학, 역사학, 민족학 등이 수립한 '강족', '강족사', '저강계 민족', '티베트미얀마어족의 강어 지류' 등의 지식을 통하여 옛날 강인지대에 살던 비한족 족군들을 각개 소수민족이 되게 만들어 중국 국가민족의 연결망 안으로 연결시켰다. 이 또한 민족주의 아래에서 중국지식인들이 한진漢晉시대 '강인지대'의 기억을 되살려서 새로운 학술서적들을 통하여 새로이 이 화하 서쪽 족군의 변방을 유화柔化시키고 모호하게 만든 것이었고, 그에 따라 티베트족, 강족, 이족彝族 등의 '소수민족'을 '중화민족'의 변방 내에 집어넣었다. 이 변화와 당대 강족, 이족彝族 등 소수민족의 자기 역사와 문화구축이 공동으로 새로운 화하 변방을 만들었는데, 좀 더 정확하게 말하면, 중화민족의 변방일 것이다.

　역사상 화하는 부단히 자신들과 다른 존재로서 서쪽의 '강인'을 상상하였고, 경계를 획정하였으며, 묘사하였다. 이러한 묘사는 일종의 활성화된 사회기억으로서 화하와 '강인' 사이의 상호 작용에도 영향을 미쳤다. '역사'는 역사에 영향을 미치고, 창조하고, 새로운 '역사'기억과 서사를 만들어갔다. 비록 화하가 부단히 그들 마음속에 자리 잡은 '강인'을 묘사하고 기록하였지만, 온전하고 사회적 전범기억이 된 '강인역사'가 출현한 것은 중국역사상 단지 두 차례 뿐이었던 것 같다. 한진 시기 첫 번째 화하관점의 '전범 강족사'가 편집되어 나왔는데, 그것이 『후한서 서강전後漢書 西羌傳』이다. 그 후 청말 때까지는 중국 역대 왕조사를 기록한 각 정사正史[2]에는 '강

---

2　[역자주] 중국의 역대 왕조에서 국가 차원에서 간행한 통칭 '24史'의 역사서를 말한다.

인'과 그들의 역사를 소개하는 별도의 장이 없었다. 즉, '전범 강족의 역사'는 더 이상 화하에 의해 쓰여져 보존되고 전해지지 않았다는 것이다. 다시 말하면 20세기 초에 들어와서 '중국민족사'의 연구와 글쓰기에서 이뤄진 강족역사의 수립이었고, 이러한 단편적인 연구에 기초하여 마침내 1980년대에 와서 몇 종류의 전범 '강족사'들이 완성되었다. 이것은 새롭게 쓰여진 표본이 되는 전범 강족사일 뿐만 아니라 『후한서 서강전』에 비하면 새로운 장르genre의 창작이기도 하였다.

위에서 언급한 두 가지 '전범적인 강인역사' 글쓰기 사이는 1700년 가까이 떨어져 있다. 이것은 '강인'이라고 표현된 '화하' 또는 '중국인'의 서쪽 족군의 변계가 두 가지 큰 단계의 변화를 거쳤음을 보여준다.

첫 번째 단계는 이 화하 서부 족군의 변방이 후한後漢과 위진시대 사이에 형성되었고, 「서강전」이 이 족군의 변경을 묘사하였다. 이 문헌에서 화하는 서쪽의 이 이족異族들이 중국의 성왕聖王 '순舜'에게 변경지역으로 쫓겨난 '삼묘三苗'족3의 후예이며, 강 씨 성의 한 지파이고, 그 족장 호豪4 가족은 중국에서 도주한 노예 '무익원검無弋爰劍'의 후예로 상상하고 기술하였다.

두 번째 단계는 근현대 '강족사'의 서사에서 강족은 염제炎帝,5 공공共工6의 후예인데, 그 후손들이 강족 외에 오늘날 한족, 티베트족, 이彝족과 모

---

3    [역자주] 중국 전설에 나오는 황제(黃帝) 시대에서부터 요·순·우(堯·舜·禹)의 3왕시대까지 존재한 고대 부족 이름인데, "Youmiao"라고도 불리고 강 씨 성을 가졌다고 한다.
4    [역자주] 과거 현 광서(廣西)의 서남부 일대 지역의 종족을 다스린 족장이었다.
5    [역자주] 전설상의 인물로 황제(黃帝)와 함께 중국인들이 중화민족의 공동조상으로 생각하는 존재이다. 오늘날 중국인들은 한민족(漢民族)의 기원으로서 자신들이 염제(炎帝)와 황제의 자손이라고 여기고 있다.
6    [역자주] 중국 고대 신화 속 물의 신(水神)으로, 공공씨(共工氏), 강회(康回), 공임(孔壬)으로도 불리는데, 현재의 중국인들에게 황제의 후손으로 요나라시대(堯代)에 치수(治水)를 맡았던 관리로 알려져 있다.

든 서남 저강계 민족들에게 널리 퍼져 있다. 언어, 고고학, 체질과 민족학 지식에 힘입어서 각 민족들 간의 긴밀한 역사 관계가 수립되었다. 옛날의 이러한 화하와 오늘날의 중국인들이 '강'의 역사 서사에 대하여 보면 강인 이든, 강족이든 마찬가지로 그들은 모두 '패하고, 쫓겨난 사람들'의 후예 들이라고 생각한다. 다른 점은 삼묘의 후예인 강인이 화하의 마음속 '오랑 캐夷狄'이고, 염제의 후예인 강족은 중국인의 마음속 '소수민족'이라는 것 이다. 옛날의 화하에게 '오랑캐'는 변계 밖으로 쫓겨나거나 구금되어야 할 이민족이었다. 오늘날의 한족에게 '소수민족'은 국가주권과 영토 내 변방 족군과 형제 민족이다.

학자들이 언급하는 것처럼 '장르'는 '상황'을 반영하고 수립한다.[7] 여기 에서 '장르'의 전환과 변화도 새로운 '상황'을 반영하고 만들어 낸다.


## 색다른 '역사'

삼묘의 후예이든, 염제의 후예이든 모두 '영웅조상'의 후예이다. 화하의 마음속에 변방족군의 이 조상들은 화하에 패하여 쫓겨난 실패를 한 비극 의 영웅이다. 어찌 되었든, 최소한 한대 이후부터는 화하 지식인들이 잘 알고 있던 '우리들의 역사'나 '그들의 역사'는 모두 한 사람의 영웅조상에 서 시작된다.

---

7    Terence Turner, "Ethno-Ethnohistory : Mith and History in Native South American Representations of Contact with Western Socieyt", in Jonathan D. Hill ed., *Rethinking History and Mith : Indigenous South American Perspectives on the Past*, Chicaco : University of Illinois Press, 1988, pp.272~274.

중고대 시기, 토번의 정치, 문화의 역량이 동쪽으로 발전되어 청장고원의 동쪽변방지역에까지 확대되었다. 토번과 그 후 티베트인 학자의 눈에는 이 일대의 부락 집단들도 상당한 정도의 야만적인 이족이었다. 오래된 티베트 문서에는 청장고원 동쪽변방의 고대 각 부족들의 기원이 기록되어 있다. 많은 문헌 저자들은 모두 이 동쪽변방 부족과 토번의 모든 부족들은 모두 가장 이른 시기의 '4형제 또는 6형제'의 후예라고 인식하고 있었다. 그중, '작은 동생 혹은 파탄 난 가족' 하나가 동쪽의 변경지역으로 쫓겨 와서 '원시부족'의 선조들이 되었다고 한다.[8] 우리가 주목하여야 할 것은 고대 티베트인과 화하에게 청장고원 동쪽변방의 부락집단 모두가 그 '변방 족군이나 이족異族'이라는 점이다. 그런데 옛날 티베트인 학자와 중국학자들은 오히려 각기 '형제조상'과 '영웅조상'이라는 두 종류의 다른 역사 서사 방식으로 '다른 사람들 무리'의 기원 관련 역사를 세웠다. 그것이 바로 이 책에서 내가 말하는 '역사 심성'의 차이이다.

특정한 '역사심성'에서 사람들은 동일한 패턴으로 '바탕이 되는 역사'를 세워 족군들 간의 이상적인 상호관계와 자원 공유, 분배체계를 규범화하였다. 이 측면에서 강족은 우리로 하여금 '역사'를 인식하게 하는 가장 적당한 사례를 제공하였다. 강족 촌락들 사이에 유행하고 있는 '형제조상 이야기'는 인류의 자원 경쟁이라는 배경에서 '역사'와 족군 정체성 간의 관계를 설명해준다. 동시에 '형제조상 이야기'도 우리에게 '영웅조상 이야기'가 결코 유일한 '역사'가 아니라는 것을 말해주고 있다. 그것 역시 우리에게 말해주고 있는데, 모든 군중들이 반드시 역사로 정복자와 피정복자,

---

8    石泰安著, 耿升譯, 『川甘青藏走廊古部落』, 成都 : 四川民族出版社, 1992, 29쪽.

오래된 원주민과 새로운 이주자의 후예를 구분하는 것은 아니라고 한다.

북천, 리현 등 한문화의 영향이 비교적 깊은 지역에서는 '형제조상 이야기'에 이 형제들의 아버지가 등장하거나 또는 한인의 지리공간에서 형제들의 이주를 언급하기도 하며, 또는 중국역사발전의 시간 순서에 따라 한 줄기의 실처럼 길게 이어져 내려오는 시간線性時間이 생기기도 한다. 더 중요한 점은 그것이 단지 '가족'의 역사일 뿐, 큰 역사중국역사의 작은 갈래라는 점이다. 그래서 본 지역 각 '가족'의 형제조상이 여기에 온 것은 선후가 있고, 또 다른 지리 공간에서 왔는데, '역사'에서 시간, 공간의 구분은 집단가족간의 핵심과 변방의 구분을 강화하기도 한다. 이러한 미시적인 연구 사례들은 '한화'가 어떻게 역사기억서사과 그리고 관련 장르와 심성을 변화시켰는지도 뚜렷이 나타내고 있다.

근대 강족의 형성은 본토 역사 구축에 있어 주로 '영웅조상 역사'의 산물이다. 20세기 상반기 단공의 경문 내용에 나오는 영웅 서사인 '영웅여행기' 또는 '영웅원정기'들은 우리가 다른 역사로부터 '형제조상 이야기'나 여타 '역사'에서 '영웅조상 이야기'로 전환되는 과도기 단계의 역사서사를 암시하는 것 같다. 이것은 아마도 옛날 화하의 『목천자전穆天子傳』, 몽골의 『강격이전江格爾傳』, 서강·티베트康藏지역 각 족군들의 『격살이전格薩爾傳』 등 영웅 역사 詩의 전신일 것이다. '영웅원정기'에서 점차 '영웅조상 역사'로 발전함에 따라 인류사회는 고립되고 평등한 작은 구역의 사회집단에서 차차 중앙화, 계서화된 대형 민족단체와 정치체로 발전하였다.

어찌 되었든, 근대 초기 일찍이 민강 상류의 이 토착 지식인들이 '영웅원정기'로 구축한 '우리민족'의 상상은 완성되기 전에 다른 몇 가지 '영웅조상 역사'들이 전래되어서 좌절되었다. 본지 사람들의 마음속에 대우, 주창, 번리화 등의 '조상'은 모두 하나의 '기원'으로서 본지인들의 족군의 본질을 설명할 수 있다. 한자를 기억하는 힘, 한문화의 우세한 지위는 모두 그들에게 대우, 주창, 번리화 등의 영웅조상들을 믿을 수 있는 사실이라고 인식하게 만들었다. 더욱 강력한 것은 '전범 강족사'의 완성 및 유전이다. 이로부터 단공의 경문에 나오는 이야기는 '종교적 신화'가 되었고, 주창, 번리화 등 영웅조상의 이야기는 '야담 전설鄕野傳說'이 되었다. '전범역사'에 나오는 강족은 염제의 후손이며, 화하의 영웅 성왕 '황제'에게 패배를 당한 영웅의 후예들이다.

그런데 염제와 대우를 서로 비교한다면, 1980년대 이래 강족 지식인들은 대우를 강족조상으로 삼는 역사문화를 세우는 일에 열중하였다. 위진 남북조 시기 관중으로 들어간 강인들이 황제의 후예를 자기들 조상의 기원으로 받들고, 중국사서에 "강은 강성姜姓 염제의 후예다"라는 기록을 무시했던 것처럼, 옛날과 오늘날의 '강인', '강족' 지식인들은 모두 자신이 '실패자'의 후예임을 인정하기를 원하지 않는다. 설령, 본 민족이 염제의 후예임을 인정한다 하더라도 오늘날의 강족 지식인들이 강조하는 것은 단지 옛날 화하의 오래된 기억인 『국어國語』라는 고서에서 염, 황을 형제라고 한 사실뿐이다. 그래서 그들은 강족과 한족은 형제라고 생각한다. 염제가 앞서기 때문에 강족은 여전히 형이다.

'대우'의 출생지와 관련된 역사 논쟁에서 본서의 예는 또한 '역사'가 어떻게 본 족군들 중에서 논쟁이 되고 있으며, 누가 본 종족집단의 핵심이고, 누가 본 종족집단의 변방의 상징자원symbolic capitals인지를 다투는 것이 되고 있다. 민강상류와 북천 지구에서 대우의 유적은 현지 한인 정치문화의 중심이었던 각개 옛날 현성 부근에 존재하는데, 이는 '대우'가 일찍이 화하변방을 서쪽으로 이동시켰다는 것을 보여주는 역사의 기호다. 근대 강족의 민족화 과정에서 혹자는 현지에서 비교적 한화된 집단이 강족이 되는 과정 중에 '대우'가 그들에게 강족의 조상으로 받들어졌다고 말한다. '대우'의 상징적 의미에서 이 화하변방의 변천은 또한 2,000여 년 동안 이화하변방의 변천과 그 근대의 질적 변화를 나타낸다.

본토역사를 구축한 또 다른 예는 1980년대 강족 지식인들이 단공의 경문에 있는 '강과대전'에 대하여 다시 쓰고 재해석한 것이다. 처음 발단이된 것은 한인 역사학자들이 '강과대전'을 실제 일어난 역사의 본토 기억의 잔재— 강인들이 서북에서 한 제국에게 패하여 남쪽으로 이동해온 '역사'로 본 것이었다. 강족 지식인들은 이 '역사'를 받아들였다. 그러나 그들이 구축한 것 중에 더욱 의미가 있는 게 있다. 즉 과인戈人을 이긴 영웅인 '아파백구阿爸白苟'에게 아홉 명의 아들이 있었는데, 이 아홉 형제가 각 지역에 파견되어 마을을 세웠기 때문에 오늘날 상상 속 강족의 유래가 되었다는 것이다. 이 우리민족의 혈연과 지리적 인간집단의 상상은 아홉 형제와 그들이 점거한 땅인데, 이른 시기 단공의 '영웅원정기'에 나오는 역사공간의상상, 오늘날의 언어학 지식이 제공하는 인간집단의 언어공간 상상, 그리고 현재 민족지식과 행정구획 중 우리민족의 정치 공간적 상상을 포함하고 있다.

이 사례는 한 측면에서 이 판본의 강과대전 이야기는 '형제이야기'와 '영웅조상' 두 종류의 역사심성이 혼합된 산물이라고 설명한다. 다른 측면에서 그것은 현재 강족 지식인들의 마음속 강족의 본질과 이상적인 강족의 범위를 설명하기도 한다. 더욱 의의가 있는 것은 이러한 우리민족 구축이 근대 '민족구축'의 중요한 특색들인 언어학, 역사학과 민족학및 고고학, 체질학을 다 반영하고 있지만 적게 반영함으로써 우리민족 구축에 더 많은 '상상'을 할 수 있는 수단을 갖도록 하였다는 점이다.

## 역사와 '역사' 아래에서의 근대적 산물

서쪽으로 진출한 화하의 족군들 및 문화의 변방이 동쪽으로 진출한 토번 혹은 티베트불교문화의 변방과 중고대 때에 청장고원 동쪽 경계지역에서 서로 만났다. 이 역사와 이 역사의 영향을 받은 화하의 이민족에 대한 족군 분류 그리고 생산된 각종 '역사'와 '문화'의 구축, 현시와 논술이 청말 이래 민강 상류와 북천지역 소재 족군들의 정체성 체계를 만들었다. 이것이 본서에서 내가 소개한 '서로 욕하기—截罵—截'의 족군체계이다.

여기에서 우리는 '한화' 또는 '족군의 정체성과 변천과정'이라는 문제를 만나게 되었다. 강족 사회의 역사민족지의 연구, '역사'와 '문화'와 관련된 인류학 탐색은 '한화'나 '한민족漢民族 기원' 문제에 대하여 구체적이고 세밀한 예증들을 제공해준다. '한화'는 많은 학자들이 말하는 바와 같이 화하가 큰 바다처럼 '오랑캐夷狄가 화하로 들어와서 화하가 되는' 결과를 능히 받아들일 수 있는 게 아니다. '한화'는 모든 오랑캐들이 화하문화를 흠모한 결과도 아니다. '한화'의 기록이나 과정도 한어를 학습하고, 중원中原의 의관을 착용하거나 화하와 결혼하는 등등, 언어, 문화와 혈연의 변화를 통해 완성되는 것이 아니다.

다른 측면에서는 일부 학자들은 '한화漢化'의 개념을 한족 쇼비니즘의 산물로 본다. 그러나 그들이 더 의미 있는 해석의 모델을 제시하지 못하고 있는 것도 우리가 이 현상을 이해하는데 아무런 도움이 되지 못하고 있다. 화하변방의 역사 그리고 근대 민강 상류와 북천 토착민의 역사 민족지에서 볼 때, 나는 '한화'가 화하혹은 중국인의 기원과 형성에 중요한 한 방식으로 인식되어져야 한다고 생각한다. 또는 이 현상을 설명하는 더 함축적인 용어는 '화하회華夏化'가 되어야 한다.

민족들 간에 '서로 욕하는' 족군체계는 우리에게 다음과 같은 것을 알려 준다. 첫째, 화하화는 화하 정체성의 관용성이 가져다 준 결과가 아닐 뿐만 아니라 반대로 '야만인'에 대한 '화하'의 무시와 모욕이 전체의 '화하화' 과정을 추동하였다. 둘째, 더 중요한 점은, '화하화' 과정은 문화, 사회의 신분이 분명하게 구분된 '화하'와 '야만인' 사이에는 발생하지 않았으며, 문화, 생활습속과 사회신분이 모두 아주 비슷한 인간집단들 사이에 발생하였다는 것이다. 화하화 과정이 진행된 지역에서 도대체 누가 '한인'이고, 누가 비한족의 '야만인'인가 하는 것은 사실상 상당히 모호하였다. 셋째, 중국 관료의 힘이 개입한 것을 제외하고, 근린 인간집단 간, 사회계급 간 및 남녀 양성 간의 현지 자원의 분배와 공유 체계는 '화하화'의 정체성 변천이 생겨난 주요 배경이었다. 이하에서 나는 이러한 현상들을 더 깊이 있게 해석하겠다.

우리는 이 책에서 이미 언급한, 근대 북천의 백초, 청편 주민들이 어떻게 한인 혹은 화하가 된 과정을 대략 회고해보자. 명대에 이 지역 주민들이 중국의 정복 통치를 받은 후, 한인 이주민 및 그들이 가져온 한문화와 역사기억이 점차 백초, 청편하천의 상류지역 촌락에 깊이 들어갔다. 청말 민국 시기, 여기에서 한족과 비한족의 경계가 모호한 변방이 형성되었다. 모두들 자기는 한인이라고 여기면서도 상류지역 촌락 주민들을 모두 야만인이라고 생각하였다.

한쪽 끝자칭 한인이라고 하는 자의 문화기호와 역사기억의 전시와 과시 및 다른 쪽 끝야만인으로 인식되는 자의 모방과 추종을 통해 명청대 이래 점점 더 많은 북천 사람들이 스스로를 '한인'이라고 불렀다. 그들은 본 가족이 '호남·광동湖廣'지역의 어떤 성을 가진 가족으로부터 온 것이라고 강조하는 것을 제외하고 모두 대우에게 제를 올리는 것으로 한인의 정체성을 추종하였다. 그런데 자칭 '한인'이라면서 상류의 '야만인'을 욕하고 무시하는 자들은 여전히 하류나 시와 읍에 거주하는 사람들에게 '야만인'으로 취급되었다. 여기서 주의하여야 할 것은 전체 정체성과 문화의 변천과정이 인근 사람들 간의 '모방, 추종'과 상대적인 '구별, 과시'로 진행되었다는 사실이다.

추종은 모방의 욕망에서 생겨난다. 추종자는 모방하여 모종의 신분, 이익과 안전보장을 획득하기를 희망한다. 이것은 생물계의 모방행위mimesis와 같다. 많은 동물들은 타자 혹은 다른 물건들을 모방함으로 피해를 피해간다. 추종 동기는 또 르네 지라드René Girard가 언급한 모방 욕망mimetic desire에 해당된다. 친근하고 적대적인 개인이나 집단 사이에서 비교적 우월한 존재의 지위being를 추구하기 때문에 그것을 생산하는 일방이 다른 일방의 그것을 모방한다.[9] 문화와 족군 신분의 추종 욕망은 추종자와 피추종자 사이에 창조되고, 상상 또는 구축된 사회와 문화의 차이에서 생겨난다. 혹은 중국이 정치적으로 오랑캐지역을 정복하여 통치하였기 때문이거나, 혹은 한인들이 변방 오랑캐들에 대한 신체, 문화습속과 역사적 차별, 오염

---

9  관련 논의는 René Girard, trans. by Patrick Gregory, *Violence and the Sacred*, Baltimore : The Johns Hopkins University Press, 1979, pp.143~168을 참조할 것. 본문의 예 중에서 비교적 우월한 '존재'라는 것은 일종의 정체성인데, 사회에서 공인된 우월한 혈통이 가져다주는 신분적 정체성이다.

때문이거나 모두 열세자의 추종 동기를 만들 수 있다.

모방, 추종과 상대적인 것은 상대방의 '모방, 추종'을 두려워하기 때문에 생겨나는 '반反모방, 추종'이다—즉, 자칭 '한인'이라 하는 자가 자신의 문화로 '오랑캐'에게 행한 연출과 과시인데, 이로 인하여 '우리 집단我群'과 '다른 사람들異己' 사이를 '구분'하게 만들었다. 이것은 피에르 부르디외Pierre Bourdieu가 말하는 사회계급의 인간집단들 사이에서 정의되고, 과시되고, 품위를 조작하여 사회적 구분distinction을 만들어내기 위한 책략과 유사하다.[10]

족군 현상 중, 평가를 받는 것은 단지 생활습속 중의 '품격'뿐만 아니라 '역사의 기원', 윤리도덕 등등도 포함하고 있다. 20세기 전반기, 민강 상류와 북천에서는 많은 '한인'들이 우월한 자기 조상의 기원, 규율 있는 생활습속과 모범적인 인륜도덕을 과시하였고, 아울러 '야만인'의 저열한 조상의 기원 및 기이한 풍속들을 조롱하거나 상상하였다. 이렇게 누가 핵심이고, 누가 변방인가, 누가 정복자의 후예이며, 누가 피정복자 혹은 통치 받는 자의 후예들인가를 구분하였다.

이상에서 제기한 '한인'과 '오랑캐'는 사회적 공간의 거리가 매우 먼 인간집단이 아니었다. 그들은 아마도 가까운 인근의 상, 하류 촌락 중에 살았거나, 심지어 같은 촌락에서 생활하였을 수도 있다. 부르디외가 언급한, 품격을 평가함으로써 만들어지는 사회적 구분, 지라드가 언급한 모방욕구도 모두 사회에서 서로 친근하거나 혹은 항상 접촉하는 집단들 간에 일어난다. 이 변방지역에서 '한인'과 '오랑캐'간의 사회문화적 차이는 반드시

---

10  Pierre Bourdieu, trans. by Richard Nice, *Disinction : A Social Critique of the Judgment of Taste*,, London : Routledge & Kegan Paul, 1979.

객관적인 사실인 것은 아니며, 또 반드시 그 차이가 선명한 것도 아니었다. 확실히 '문화'와 '역사'논술을 통해 진행되는 인간 집단들 간의 상호 무시, 과시와 추종은 문화, 족군, 지리와 사회적 거리가 먼 계층예컨대 화하와 비화하, 사대부와 향민들 사이에서 항상 발생하는 것도 아니다.

반대로, 그것들은 비교적 가까운 계층들 간에 주로 발생하여 일련의 상호 무시, 과시와 모방, 추종의 연쇄효과를 만들어낸다. 이렇게 친근한 집단들 간의 경계선은 상당히 모호하다. 경계선이 모호한 것은 어느 일방에게 정체성위기를 가지게 만들고, 이 때문에 과시로 구분하게 하거나, 또는 구분을 강조하게 한다. 다른 일방은 무시를 감내하지 못하여서, 또는 문화 과시에 물들어서, 일종의 문화와 역사가치관무엇이 고상한 문화인가, 무엇이 고귀한 조상의 원류인가을 받아들여 과시자의 문화를 애모하고 심취하게 된다. 그래서 이것을 모방하고 추종함으로써 족군의 정체성을 변화시키고, 무시와 박해를 피한다. 이처럼 한 발, 한 발 서로가 하는 모방, 무시가 만들어 내는 '모호한 화하변방'은 한인 지식인들의 관찰 묘사 중에 항상 '숙번, 생번'으로 나누어지는지역이다. 이 지역은 '화하기원'의 관건이 되는 지역이다. 이 과정도 '화하 형성'의 중요한 과정이었다.

20세기 전반기의 민강 상류 촌락사회로 돌아가 보자. 한 촌락 집단 내에서 사람들의 주관적 의식에서 '족군'의 차이는 항상 우두머리와 그 자손 간, 남성과 여성 사이, 인근 가족들 간에 존재하였다. 토관土官,[11] 우두머리

---

11  [역자주] 토관은 '토사(土司)'라고 부르기도 하는데 원, 명, 청대에 중앙정부가 서북부와 서남부지역의 소수 민족 지도자들에게 부여한 세습적인 관직을 말한다. 원대 이전에는 변경지역의 다양한 소수민족 지도자들에게 관직과 칭호를 부여하여 소수민족을 통치하는 방법을 썼다. 계급에 따라 선위사(宣慰使), 선무사(宣撫使), 안무사(安撫使) 등의 군사 계통의 직위와 토지부(土知府), 토지주(土知州), 토지현(土知縣) 등의 문관직이 있었다.

들은 그 '한인'조상의 기원을 강조하였고 한인의 사신士紳문화와 습속을 현시하였으며, 또한 그 자손들의 혈통적 뿌리血源와 문화적 습속을 무시하고 왜곡시켰다. 남자는 외부에서 시집 온 여자의 '뿌리'가 불결하다고 의심하였으며, 함께 가져올 수 있는 '야만인'의 습속이 본지의 규범을 오염시킬 것을 우려하였다. 나는 본서 제4장에서 민강 상류와 북천지역에서 과거 여인들은 항상 '야만인'의 혈통을 갖고 있다거나 '독약묘毒藥貓'와 여타 마성을 유전시키는 것으로 인식되었다고 설명하였다.

이처럼 촌락 중 여인, 또는 어떤 한 여인은 사람들 마음속이나 잠재의식 속에서 '야만인'의 화신이 되었다. 그래서 촌락 민중들의 마음속 '야만인'은 멀리 있는 '다른 사람異己'이며, 인근 상류 마을의 '다른 사람'이고, 본 촌락 안에서 '야만인'을 만나 혈연이 오염된 '다른 사람'일 수도 있다. 마지막으로, 남성 구성원을 핵심으로 하는 한 가정에서 남성이 가장 가까이 지내는 '다른 사람'은 바로 집안의 여인이다. 민강 상류의 강족, 티베트족 사람들은 보편적으로 여자들이 '마성'을 가지고 있다거나, '오염시키는 힘'이 있다고 믿지만 보통은 집안 여자들을 탓하거나 무시하지는 않는다. 그래서 촌락의 소수 부녀자들은 대중들기타 여성도 포함에게 '독약묘'로 인식되어져서 마을 사람들에게 겹겹이 밖에 있는 '다른 사람'에 대한 공포와 적대심의 속죄양이 되었다.

마을 사람들이 겹겹의 '외부 사람'에 대해 두려움과 적대감을 가지고 있는 것과 반대로, 촌민들 마음속의 '우리민족' 개념 역시 '가족'에서 바깥으로 겹겹이 뻗어나가 하나의 골짜기나 여러 개 골짜기 사람들의 집단인 '이마'까지 포함하는 데에까지 이른다. 지금까지 수십 년 간, '우리민족'이라는 이 범주는 더욱 넓어져서 '강족'과 '중화민족'에까지 다다랐다.

이렇게 안에서 밖으로 겹겹이 존재하는 우리민족 개념은 여러 계층의 집단들을 응집시키는 각종 형제조상 이야기들에서도 표현되었다. 그래서 '동포'와 '다른 부류의 사람들異類'은 결코 두 개로 확연히 구분되는 집단이 아니다. 동포도 다른 사람이고, 다른 사람도 동포가 될 수 있다. 서로간의 친근함과 비슷한 관계로 인해 '형제'는 동포 감정이 바탕이 되는 우호협력을 은유하고, 다른 측면에서는 동포가 너무 비슷하고 가까워서 '형제'도 서로간의 적의와 위협을 은유하기도 한다.

이상 이러한 논의들은 내가 왜 이 책에서 '족군'을 확대하여 각 계층의 혈연과 의사혈연의 집단 정체성이라고 지칭하였는지, 각 계층의 그 '변계 boundaries'의 성격 분석에 비중을 두었으며, 또 왜 겹겹의 내외 '변계'들 간의 상호 비춰보기, 상호 영향을 강조하였는지를 설명한다. 서방의 사회인류학 연구에서 학자들은 이렇게 지적하였다. 즉 최근 10여 년 이래 일부 연구자들의 연구중점이 '정체성' 혹은 '민족주의'로 방향을 들어서 원래의 '족군의 본질ethnicity' 개념에서 벗어났는데, 그 원인도 그들이 '족군의 본질'이 다양성의 집단 상호간 동적 관계를 담아내지 못한다고 인식하였기 때문이다.[12] 확실히 이뿐만이 아니다. 한 특정 사회에 대한 연구에서 학자들은 항상 인류의 특정한 혈연이나 유사 혈원의 집단을 지칭하기 위하여 '친속', '족군' 혹은 '민족' 같은 명사들을 개념화하였다.

그러나 민강 상류의 사례는 오히려 학자들이 인지한 '친속', '족군' 혹은 '민족' 등 개념이 많은 촌락주민들에 대해서 명확한 구별이 없었으며, '우리민족'과 '다른 부류의 사람'들 역시 절대적인 구분이 없었다는 것을 설

---

12  Marcus Banks, *Ethnicity : anthropological constructions*, London : Routlege Press, 1996, pp.134~143.

명하여준다. 민강 상류 촌락 주민들의 특수한 사회배경과 역사의 심성이 이 현상을 초래한 것은 아닌가? 모종의 정도로 말하면 확실히 그와 같다.

그러나 여타 인류사회의 사람들도 흔히 의식이나 잠재의식 속에서 명확하게 '우리민족'과 '다른 부류의 사람'을 분리할 수 없고, 친척, 동포, 적에 대한 우리의 사랑과 미움을 나누어 처리한다. 그렇기 때문에 친한 사람들 사이의 증오는 먼 곳의 '이민족'에게 전가될 수도 있고, 먼 곳의 '이민족'에게서 얻게 된 좌절과 공포도 가까운 사람들에게 화를 내는 것으로 옮겨질 수도 있을 것이다. 이것이 바로 이 세상에서 왜 '어린 양을 희생시키는 현상' 혹은 '독약고양이 현상'이 이처럼 보편화되었는지 말하여주는 것이다.


## 화하華夏변방의 반성적 회고　인류생태적 관점

이상 모범역사强族史와 민족强族, 중화민족이든, '형제이야기' 같은 별종의 역사와 각 골짜기 거주민의 '이마' 정체성이든 이러한 '역사'와 '인류사회 분류'의 존재와 변천은 모두 인류의 자원분배, 공유와 경쟁이라는 가장 기본적인 인류생태의 배경이 있다. 골짜기 안의 세계에 거주하는 강족은 이런 점에서도 우리에게 소중한 계시를 주고 있다.

한 골짜기 안에서 생존자원을 공유하고 획득을 경쟁하기 위해 그들은 형제조상의 '역사'로 골짜기 내 여러 계층의 '족군'들을 응집시키고 구분하였다. '형제관계'는 인간집단들 간의 협력, 구분과 대항을 은유한다. 그러나 어찌 되었든, 이 역사의 기억 아래 현지 인간집단은 정복자와 피정복자의 후예라는 구별은 없으며, 오래된 거주자와 새로운 이주자의 구분도 없다. 모두가 구분하는 것은 동시에 온 몇 개 형제조상의 후손이라는 것이다. 어떤 개인이나 집단도 '역사' 때문에 자원 배분에서 비교적 우월한 지위를 갖거나 주장할 수 없다.

이와 상대적인 것은 바로 우리가 잘 알고 있는 것인데, 우리가 진실이라고 여기는 '영웅조상의 역사' 역시 하나의 표본이 되는 '전범역사'이다. 이런 '역사'는 중국 대륙에서 '황제의 후예'인 한족정복자과 '염제, 삼묘, 치우蚩尤 및 단우單于,[13] 찬보贊普의 후예'인 소수민족피정복자나 변경으로 쫓겨난 자을 형성시켰다. 대만에서는 이 '역사'가 '오사吳沙,[14] 정성공鄭成功[15] 등이 거느린 개간 군정軍丁들의 후예'인 한인정복자와 '산속으로 도주한 번민番民의 후대'인 원주민피정복자를 발생시켰다. 그리고 한족 계통의 대만인들 중에서 '오래된 민월閩越[16]의 이민 후예'인 복로福佬,[17] 객가客家, 오래된 본토인[18]과 '1949

---

13  [역자주] 흉노족 사람들이 자신이 속한 부락연맹의 두령에게 부르는 호칭이다.

14  [역자주] 청나라 복건성(福建省) 출신의 한족 사람으로, 중국대륙의 이민자들을 이끌고 바다 건너 대만으로 들어가서 대만의 여러 곳을 개간한 개척의 선구자였다.

15  [역자주] 17세기 중반, 명나라가 청나라에 패한 상황에서 대만을 근거지로 네덜란드 상인들과 무역을 하면서 중국 남동부 해안지역으로 진출하여 청군에 저항을 계속한 인물로, 대륙의 강소(江蘇), 절강(浙江), 광동(廣東)지역을 원정하기도 하였지만 결국 청군에게 격퇴되었다.

16  [역자주] 전국시대 주(周)나라에게 내쫓긴 월(越)나라의 월인 주력이 복건의 중부지역으로 이주하여 와서 그곳 현지의 백월(百越) 원주민들과 함께 수립한 국가를 말한다. 민월국이 존속한 시기는 대략 기원전 306년에서 110년 사이였고, 한 때는 중국 남동부에서 가장 강력한 나라였다.

17  [역자주] 원래는 광동 사람들이 복건 사람들을 부르던 호칭이었는데, 광동인과 객가족 계열 사람들이 복건성의 민남(閩南)계 사람들을 부르던 칭호가 되기도 하고, 나중에는 일부 민남인들이 자신들을 부르는 호칭이 되었다.

18  [역자주] 중국 한족의 주요 갈래로서 고대 중원지역에 침입해온 오랑캐들의 난을 피해 이곳 사람들이 남쪽으로 이주하면서 수백 년에 걸쳐 형성된 민족이다. 세계문화인류학계에서 명명된 학명으로는 'Hakka'로 불리고 있으며, 그들은 자신들의 고유한 언어인 객가어(客家語)를 사용하고 객가족으로서의 민족 정체성도 강한 편이다. 현재 중국 본토에서는 주로 광동성, 복건성, 강서성, 광서 장족 자치구, 사천성, 호남성 및 해남도와 대만 등지에 여러 갈래의 객가족들이 분포하고 있다. 인구는 중국 국내뿐만 아니라 해외에

년 전후 대만으로 이주해온 군민軍民 후예'인 신주민외래자로 구분된다.

따라서 '역사'는 중국 한족에게 '합리'적으로 자원이 풍부한 동부와 동남부 영토를 점유하게 하였고, 소수민족에게는 자원이 상대적으로 빈곤한 북방, 서남부와 서쪽에 거주하게 하였다. 대만에서 '전범역사'는 복로인이나 민월 한족 계통의 거주민들에게도 현재 주류사회 의식상 대만의 주인이 되게 하였고, 원주민은 피정복자가 되었으며, '신주민'은 나중에 이주해온 외래자가 되었다.

우리는 이 인류 생태학적 관점에서 중국변방의 역사를 되돌아본다. '형제이야기'로 기술된 역사는 중국과 그 변방 일부 지역의 인간집단에 보편적으로 존재하였던 것 같다. 중국 고대사 기록 중에 '형제이야기'의 남겨진 흔적은 어디에서든 볼 수 있다. 예를 들어 우리의 고서인『국어國語』에서도 황제, 염제는 형제라는 설명을 발견할 수 있다.[19] 당시동주(東周) 시기의 다른 지식 엘리트들은 여전히 정복자와 피정복자 사이의 관계가 아닌 형제 관계로 황제와 염제 후예들의 각 나라들을 연결하기를 원했음을 알 수 있다.

그러나 여기서도 다소 늦어져 각종 '영웅조상'들의 논술이 화하 여러 나라들 사이에 유행하여 황제는 점차 특수한 '시조'의 지위를 얻게 되었다. 황제보다 더 앞선 염제는 대다수 선진先秦시대[20]의 문헌들에 황제에게 패한 옛날의 제왕으로 보여졌다. 한진 시기에 이르러 화하의 변방이 청장고원 변방에까지 확대되었을 때 이 변방에 편입되어 화하의 파족인巴蜀人이

---

걸쳐 모두 최소 6,000만 명 이상, 많게는 8,000만 명 이상이 된다는 설이 있다.

19 『國語 · 晉語』, "옛날에 소전(少典)은 교 씨(蟜氏)를 부인으로 맞이하여 황제와 염제를 낳았다. 황제는 희수성(姬水成)으로, 염제는 강수성(姜水成)으로 다른 덕(異德)이 되었으므로 황제는 희가 되고, 염제는 姜이 되었다."

20 [역자주] 일반적으로 춘추전국(春秋戰國) 시대를 가리킨다.

된 사람들은 일찍이 이 '9형제 이야기'로 현지의 지배가문과 중원의 화하를 하나로 결합시켰다.[21]

어찌 되었든, 서한 초기 사마천이 기술한『사기』는 중국 역사서의 전범이고, 이 전범역사가 곧 '영웅조상의 역사'이다.『사기』중「본기本紀」와「세가제편世家諸篇」에 일국일족一國一族의 통치계층이 모두 제각기 그 '영웅조상'에 기원을 두고 있다고 되어 있다. 즉 다시 말하면,『사기』는 전국시대 말기부터 한나라 초기까지 다원화되고 오래된 황제이야기論述들을 총결하였을 뿐만 아니라 황제를 화하엄밀하게 말하면 화하통치 계층일 뿐임의 공동조상이 되게 하였으며, 사기는 '영웅조상'을 골간으로 하는 '장르genre', 이른바 '정사'도 창조하였다. 이로부터 '역사'와 사마천이 "그 말은 고상하지 않다其言不雅馴"고 한 신화, 전설은 분리되었다.[22] 또 이로부터 '형제 이야기'는 역사에서 지위를 잃었고 민간 전설이 되었다.

중국역사의 발생 순서에 따라 이어지는 역사의 시간성線性 혹은 순환의 역사는 영웅성왕으로 시작하는 역사이며, 사회 일부 인사들의 활동을 기록하고 기억하는 것을 위주로 하는 역사가 '정사正史'가 되었다. 앞서 기술한 한진漢晉 시기 화하변방의 파촉 사람들처럼 그들이 더 신뢰한 '역사'는 이때부터 "황제가 촉산씨蜀山氏의 딸에게 장가들어 아들 고양高陽을 낳은 것은 제곡帝嚳[23]을 위한 것인데, 그 서자를 촉에 봉하였다"라는 것을 시작으

---

21 『華陽國志 · 蜀志』, "낙서(洛書)에 적혀 있기를, 인황(人皇)이 나타나 지황(地皇)의 뒤를 잇자 아홉 형제가 아홉 고을(九州)을 나누어 아홉 동산(九囿), 즉 영지(領地)로 삼았다고 한다. 인황은 가운데 고을(中州)에 거하였고, 여덟 개 보(八輔)를 만들었다. 화양(華陽)의 땅과 양민(梁岷)의 지역은 그 중 하나의 영지였는데, 그 영지 중의 나라가 바로 파촉(巴蜀)이었다."

22 王明珂, 「論叢附—近代炎黃子孫國家民族樹立的古代基礎」, 『中央研究院歷史語言研究所集刊』 73.3, 2002, 583~624쪽.

로 하는 역사이다.[24] 따라서 '역사'는 화하와 비화하사람과 영역를 구분할 뿐만 아니라 화하지역 간에도 황제의 직계 관할이 어디인지를 구분한다.

또 역사는 어느 지역이 황제가 봉한 곳인지, 어느 지역이 황제와 그 후예들이 정복한 곳인지를 구분한다. 화하 사람들 중에서도 누가통치가문 황제의 혈통으로 화하가 되었는지, 또 누가백성 교화를 받아서 화하가 되었는지를 구분한다. 이런 여러 가지 구분에 따라 화하는 하나의 계서화된 자원의 공유, 분배와 경쟁체계가 되었다. 비록 그렇다고 하더라도, '형제관계'로 인간 집단을 응집시킨 역사의 심성은 여전히 각종 '소수민족 전설' 및 한인들의 향민사회에 구전되고 있는 가족족보들에 존재하고 있다.

화하변방의 인간집단들 간에 먼저 화하의 '영웅조상'이야기를 받아들이거나 추종한 것은 통상 그 상층의 통치자였다. 이 덕분에 그들은 여전히 현지에서의 자원 배분상 우월한 지위를 누릴 수 있었다. 춘추 시기 오, 월, 초, 진 등 화하변방의 각국 통치자들은 모두 황제 후예의 '화하조상'이야기를 얻어서 화하가 되었다. 위진남북조시대 관료화된 관중의 강인 사대부도 흔히 자칭 황제 후예인 '유우씨有虞氏',[25] '하후씨夏后氏'[26]의 후예라고 하여 화하가 되었다. 명, 청대 이래 중국 서남지역의 토착관리인인 많은

---

23  [역자주] 제곡은 중국 고대 전설상의 오제(五帝) 중의 하나인데, 황제의 증손자이며 요(堯)임금의 할아버지라고 하며, 고신씨(高辛氏)라고 부르기도 한다.

24  『화양국지(華陽國志)』에 이렇게 기록되어 있다. "황제가 촉산씨의 딸에게 장가들어 아들 고양을 낳은 것은 제곡을 위한 것인데, 그 서자를 촉에 봉하여 후백(侯伯)으로 삼았다."『華陽國志』의 두 종류의 역사심성 아래 "파촉통치군왕가족기원(巴蜀統治君王家族起源)"이라는 서사(敍事)에 관한 분석은 졸고, 「歷史事實·歷史記憶與歷史心性」, 『歷史研究』 5, 2001, 136~147쪽을 참고할 것.

25  [역자주] 고대 중국 산서성 남서부와 하남성 북서부에서 활동한 부족이다.

26  [역자주] 순(舜)임금의 선양으로 왕이 되어 중국 전설상 최고 오래된 왕조인 하왕조를 창시한 우(禹)임금이다. 고대 전적들에선 후(后), 하후(夏后), 하후씨(夏后氏)로 일컬어지고 있다.

토사土司들은 항상 자기 선조의 고향은 '남경'이거나 '호남과 광동'이라고 자칭하였는데, 한족 성씨가족계보 중 '성씨의 기원姓氏原流'을 통하여 직접 또는 간접적으로 '황제자손'이 되었다.

따라서 이 조상 '역사'를 통해 그 자손을 화하 정복자의 후예로 바꾸었다. 그리고 그 자손들도 자주 한족 성씨를 취하였기 때문에 한인들이 사용하고 있는 '만 가지 성의 기원萬姓原流'의 기억 중에 그들의 화하조상을 얻었다. 화하변방의 발전에서 화하의 '영웅조상 역사'를 채택하였기 때문에 가면 갈수록 많은 변방 집단들과 공간들을 '화하'라는 이 자원의 공유, 분배 체계 안으로 들어가게 하였다고 말할 수 있다. 이 체계 내에서 '영웅조상의 역사'와 그 밖의 역사논술은 또 다시 계서화된 내부성별, 지역, 계급, 직업 인간집단의 자원 공유와 분배에 한 발 더 들어갔다.

'화하변방'의 서쪽 확장은 동한, 위진 시기에 기본적으로 이미 화하의 경제생태와 사회구조가 존재할 수 있는 지리적 극한에 도달하였다. 이로부터 화하는 무력으로 이 변방을 보호하고 봉쇄할 뿐만이 아니라 변방 공간매우 황폐하고 전염병이 많은 땅과 변방 인간집단오랑캐가 집안을 탐내는의 타자성the sense of otherness을 묘사함으로써 이 변방을 강화하였다. 중고시대 이래 중국의 변방 책략은 대략 '강인지대'에 일련의 군대 주둔지와 많은 병력을 배치하여 '토번'이나 '서번'의 침략과 소요를 방어하겠다는 것이었다. 민강 상류에서 아래로 아안雅安지역, 혹은 더 내려가서 운남 북부에 이르는 이 선은 항상 화하 제국의 서부 강변 방어선이었다. 화하가 강력하게 화하 자원을 보호하고 독점하였기 때문에 청장고원 동쪽 끝대략 서강-티베트지역의 산간에 있는 각 부락, 촌락의 인간집단들은 단지 내부에서만 한정적인 산골짜기, 초원 자원을 쟁취하거나, 혹은 화하의 봉공封貢27 제도하에서 책봉에 대한 복종으로 화하의 하사를 받을 수 있었다.

토번 시기를 제외하고, 역사적으로 청장고원의 동쪽 끝에서 인간집단들은 비교적 대형의 정치군사체로 맺어지기 어려웠으며, 협박과 침략을 수단으로 화하에게 자원을 빼앗았다. 이것은 북쪽 강역의 각 유목부족들이 자주 대형의 유목 제국으로 결집하여 중국을 위협하고, 약탈하였던 것과 상당히 달랐다. 이에 상응하여 '영웅조상 역사'도 북방 유목지역에서 유행하고 있다. 청장고원의 동쪽 끝에서는 '형제조상 이야기'의 역사 심성이야말로 각 족군들이 간직하고 있는 역사기억의 밑바탕이다. '영웅조상의 역사'는 일종의 대외적 확장과 대내적 계급 분화를 통해 자원문제를 해결하는 역사적 심성의 산물을 대표한다. '형제조상 이야기'는 일종의 대내분배, 쟁탈을 통해 자원문제를 해결하는 역사심성의 산물을 대표하다. 따라서 '형제관계'는 결코 현지의 각 족군들이 서로 조화롭게 지내는 기호가 아니다.

반대로, 자원이 극도로 부족하였기 때문에 형제조상 관계가 있다고 공언한 각 종족집단들, 그들과 인근의 '오랑캐'와 '한인'들은 항상 끝없이 서로 약탈하고 원한을 안고 살았다. 청장고원 동쪽 끝의 서강·티베트康藏의 인간집단들도 '티베트문화'와 '티베트인'의 동쪽 끝에 있었다. 우창티베트衛藏28에서 동쪽으로 나아간 정치, 종교, 문화의 힘은 일찍부터 이곳에 도

---

27 [역자주] 중국 천자가 중국의 주변국에게 벼슬을 봉(封)하여 주고 그 나라로 하여금 중국에 사대하도록 조공(朝貢)을 갖다 바치게 한 제도를 말하는데, '조공책봉'제도 혹은 '조공책봉' 관계라고 부르기도 한다.

28 [역자주] 달라이 라마의 티베트나 중국도 모두 티베트를 크게 몇 지역으로 나누어 구분하는데 우창 티베트는 그 중 중국 측이 구분하는 지역의 명칭이다. 티베트와 중국은 동일한 티베트를 구획하는데 지역이 일치하지 않는다. 예컨대 중국은 과거 티베트의 '암도'라는 지역이었던 현재의 청해지역을 행정구역상 티베트로 분류하지 않는 반면, 청해지역을

달하였다고 하지만, 근대 이전에는 정치상의 '티베트'가 없어서 강구康區29의 각 부족들을 자원의 공유와 분배체계 안에 포함시킬 수 없었다. 티베트 불교의 사찰과 그 승려제도만이 일부 자원을 조절하는 기능을 발휘할 수 있었다.

두 개의 강력한 문화와 정체성 사이에 놓여 정치, 경제, 종교 자원의 공유와 경쟁 아래 청말민초 시기에는 청장고원 동쪽 끝 민강 상류의 사람들은 혹은 자칭 '한족'이라고 하고, 혹은 자칭 '이마'라고 하고, 혹은 자칭 '아여鴉如, 가룡'이라 하거나 '티베트인'이라고 불렀다. 그러나 한인들의 마음속에 그들 대부분은 '서번'이었다. '서번'은 야만적으로 횡폭하고 문화가 없으며, 윤리 도덕을 따지지 않는 우리민족이 아닌 타민족들을 대표하며, 또한 화하의식 속에 엄격히 구분된 우리민족의 변방을 대표하기도 한다. 오직 민강 상류의 리현, 문천 일대에 있는 작은 무리의 사람들만이 '강민'으로 인식되었다. 그들은 한과 '서번' 사이에 최후의 모호한 변방이었다.

## 근대 화하華夏변방의 재조   '오랑캐'에서 '소수민족'으로

앞에서 언급한 화하 서부 족군변방 역사의 인류생태 의의를 이해한 상

---

티베트의 영역으로 통치해온 지역이라고 주장하는 달라이 라마 측은 지금도 이 지역을 암도라고 부르고 있다. 티베트 측의 주장에 따르면 티베트는 크게 서쪽의 아리, 우창(중국은 이 지역을 後藏과 前藏으로 구분함), 동쪽의 캄, 북동쪽의 암도로 나눈다.

29 [역자주] 중국 측이 명명하는 티베트 내 한 구역의 명칭인데, 티베트인들은 같은 이 지역을 "캄"지역이라고 부른다.

태에서 우리는 근대 이 화하변방의 '소수민족화'에 대하여서도 새로운 이해를 할 수 있다. 우선, 당대 한족과 비한족을 포괄하는 '중화민족'은 청말 중국의 국가민족이 세워지는 과정에서 결코 유일하게 고려된 방안은 아니었다. 혁명당의 엘리트들은 일찍이 순 한족만으로 된 국가민족의 국가를 세울 것을 주장하였었다. 그 후 근대 서구 열강이 중국에 대한 조공책봉封貢 제도하의 '번속藩屬'을, 혹은 중국의 직·간접적인 국경지역의 토지와 자원을 관할함으로써 그에 대한 침탈 야심과 탐욕을 표출하였다. 이 자극과 경쟁 아래에서 중국 지식인들은 전통 '화하'와 그 '변방'을 포함하는 중화민족을 수립하였다. 새로운 '중국'과 '중화민족'이라는 개념 아래 오늘날처럼 전통 '중국'은 그 '변방'과 합쳐져 하나가 되었다. 과거 경계가 모호하였던 '변강frontiers'과 그 땅 위에 살던 이민족은 경계가 명확한 국가의 '국경borders' 지대 안의 소수민족이 되었다.

중국 서부 변강지역에서 근대 '저강계 민족' 논술과 전범 '강족사' 및 강족이 중국 소수민족의 하나가 된 것은 모두 이 화하변방을 재건한 표징이자 긴 여정의 화하변방 역사의 근대적 산물이라고도 볼 수 있다. 근대 민족주의 아래에서 중고대 이래 토번이 굴기하였다가 점차 사라져간 화하변방, 한진시대의 '강인지대', 그리고 이 보다 더 이른 시기인 상商에서 한漢대까지 강족을 이민족으로 표기하는 '표류하는 화하변방'은 중국 지식인들에게 새롭게 발굴되고 형성되어졌다. 언어학, 체질학, 고고학, 민족학과 근대 사학은 모두 이 민족과 그 역사를 깁고 꿰매는 데보완하고 통합하는 데 사용되었다.

그래서 중고시대 이래 '번番'이라는 이족개념으로 엄중해진 화하 서부 족군의 변방은 오늘날에도 역시 '강족', '저강계 민족' 등의 개념과 역사에 의해 유연해지고 모호하게 되었다. 민족의 식별과 구분 후, 티베트족, 강족, 이족彝族 등등의 구별이 있다. 그러나 '강족'과 '저강계 민족'의 역사, 언어와 혈연체질의 형성을 통해 티베트, 이彝와 서남지역 각 저강계 민족들 간 그리고 그것과 한족 사이는 "너 속에 내가 있고, 나 속에 네가 있다"라고 말할 수 있는 관계이다.

화하의 마음속에 존재하는 '오랑캐'는 이때부터 중국의 '소수민족'이 되었다. 이러한 전변은 인류자원 생태상 상당한 의의가 있다. 이것은 전통적인 화하와 화하변방의 자원 분배와 공유체계의 일차적인 재조정이었다라고 말할 수 있다. 이 책에서 언급한 화하의 서쪽변방은 근 2,000여 년 동안 화하가 그 서쪽의 자원 변계 및 그 지역 특유의 지리적 생태를 강력하게 유지하고 보호하였기 때문에 일찍부터 청장고원 동쪽변방지대 사람들 간의 보편적 충돌과 폭력이 일어났다.

이러한 현상은 '민족화' 이후 모두 현저하게 감소하였다. 현지 노인들은 자주 나에게 과거 피비린내 나는 폭력과 그에 대한 사람들의 공포심을 언급하였다. 그들은 이렇게 말하였다. **"그건 과거 사람들이 지식이 없었기 때문에 우리들이 하나의 민족이라는 걸 몰랐기 때문이죠."** 당대 강족이라는 정체성 아래 '민족감정'은 각 골짜기, 각 마을 사람들 간, 혹은 과거 '오랑캐', '이마' 그리고 '한인'들 간의 폭력 충돌을 해소시켰다. 오늘날 민강 상류의 촌락 사람들은 더 이상 교활한 '한인'도, 탐욕스럽고 거친 '오랑캐' 또는 소수의 고립된 '이마'도 아니며, 오히려 자부심을 가진 강족이 되었다. 소수민족에 대한 국가의 각종 우대와 보조도 부분적으로 핵심과 변방 간의 경제 차이를 메꾸었다.

그런데 소수민족은 자원 배분에서든, 이데올로기상에서든 여전히 중국의 변방이다. 자원 공유에 있어 강족지역의 경우, 분산도호<sup>分産到戶</sup>30라는 농가 가구별 생산정책과 개혁개방정책으로 산림자원을 가진 촌락 농민의 경제생활이 상당히 개선되었다. 그러나 연해 지구와 내륙의 시와 읍이 급속히 발전한 후, 그리고 새로운 소비행위와 시장경제에서 강족은 중국 전체 경제 중의 '변방화'가 점차 강화되는 추세에 있다. 특히, '퇴경환림'정책을 실시하고, 또한 곧 잠시 휴경지에 대해 보조금을 지급해오던 것이 끝나면 새로운 농촌의 경제체제는 어떻게 수립해야 할지 아직 알 수 없다. 이러한 문제들은 모두 중국의 '서부대개발'이 해결하여 줄 것으로 기대하고 있다. 그래서 '서부대개발'의 정책과 실천이 단지 '경제개발'만을 고려하고 화하변방 관점의 '민족문제'를 소홀히 한다면, 전범민족사 관점에서 '가난하고 약한 소수민족을 보살피고 지원'한다고 하면, 소수민족은 계속해서 그 변방화의 운명을 벗어날 수가 없을 것이다.

이데올로기 면에서 우리는 먼저 20세기 전반기의 상황을 되돌아보자. 당시 많은 서남 '오랑캐'들은 현지와 인근 인간집단들의 '민족' 귀속을 안 후에도 계속해서 '형제조상 이야기'로 이 새로운 족군 관계를 규정하였다. 본서 제7장을 참고할 것 아무튼, 새로운 화하변방의 '소수민족사'를 수립하는 가운데 그들은 화하 '영웅조상역사' 중에서 '피정복자의 후예'가 되었다— 그들은 염제, 삼묘, 치우, 반호<sup>盤瓠</sup>31 등의 후예로 인식되었다. 과거 각종 중

---

30 [역자주] 분전도호(分田到戶)라고도 하는 이 정책은 1978년에 농민들의 곡물생산량을 늘리도록 장려하기 위해 등소평이 주도한 중국의 개혁개방 초기 단계에서 국가가 시행한 농업생산 방법이다. 국가가 농부들에게 토지, 종자, 살충제, 비료 및 기타 생산 수단을 제공한 반면, 농민들에게는 스스로 경작, 관리, 수확 및 판매하고 일정 비율에 따라 수확물을 분배하게 함으로써 농민들의 곡물 생산량을 늘리도록 장려하였다. 일종의 농촌지역의 가계 공동생산 계약책임 제도로서 1980년대 초 중국의 농촌지역에 도입된 중요한 개혁이자 농촌 토지시스템의 전환점이었다.

국의 여러 가지 '묘만도책苗蠻圖冊',[32] '백만도百蠻圖'[33]에서 한인화가는 늘 얼굴모습은 흉악하고, 신체는 건장한 남성 '오랑캐'를 '다른 부류 사람들'의 대표적인 형상으로 그렸다. 근대 민족주의의 영향을 받아서 상상되거나 창조된 것과 마찬가지로 '몸'을 은유로 삼는 이민족이었다. 현재 중국의 민족풍물을 소개하는 각종 간행물과 형상 예술의 창작품에서 몸매가 아름다운 소녀는 보통 '소수민족' 대표이다.[34]

오늘날과 옛날의 이 한인들 눈에 '타자' 형상의 변화는 이렇게 이해될 수 있다. 즉 전자는 '다른 부류'이기 때문에 그 형상은 짐승 같고, 후자는 동포이기 때문에 우리 무리 가운데 변방의 약자와 여성을 상징부호로 삼았다. 그것이 어떠하든, 양자는 각기 전통적인 화하와 오늘날 그 변방의 인간집단에 대한 한족의 편견과 그 정도가 다른 오염화를 표현하고 있다.

---

31  [역자주] 반호(盤瓠)와 신녀(辛女) 신화 전설을 줄여서 부르는 명칭이다. 2011년 5월, 중국 국무원의 승인을 받아 중국의 세 번째 국가 무형문화유산 목록에 등재되었다.

32  [역자주] 청대에 작성된 책이름이다. 저자 미상인 이 책에는 묘족 관련 그림이 총 82폭이 그려져 있다고 한다. 『苗蠻圖冊』과 유사한 도첩이 10여 종이 더 있다 하고, 각 도첩의 도감 수는 10여 종에서 82종까지 다양하며, 책 제목은 대동소이한데, 영국 소장 박물관에는 약 6종이 있다고 한다.

33  [역자주] 중국 고대 문헌의 한 종류로서 2권으로 된 저자 미상의 민족 지리서다. 이 책에는 대략 청대 중기의 도광(道光) 연간에 운남(雲南) 지방 관리가 운남성 찬만(爨蠻), 북백(僰白), 흑라라(黑玀玀) 등 소수민족의 농사, 어획, 복식, 음악, 춤, 관혼상제 따위의 습속을 그린 그림 108폭이 채록되어 있다고 한다.

34  Dru C. Gladney, "Representing Nationality in China : Refrguring Majority / Minority Identities", *The Journal of Asian Studies* 53.1, 1994, pp.92~123.

# 중국민족을 다시 생각하다再思考

나는 본서 머리말에서 '중국민족'과 '중국소수민족' 관련 두 종류의 당대 역사논술―'역사실체론'과 '근대수립론'을 언급한 바 있다. 여기에서 '중국민족'에 대한 이 책의 관점에 기초하여 우리는 이 두 종류의 학설에 대해 종합적인 평가를 제시할 수 있고, '중국민족'의 과거와 현재, 학술과 현실 등의 문제를 다시 생각해볼 수 있다. 우리는 이 문제를 두 측면에서 생각할 수 있다. 하나는 학술적 측면인데, 학자들이 주장하는 '민족'과 '역사'는 지식적으로 정확한 것인가 혹은 충분한가? 다른 하나는 윤리적 측면이다. 즉 그들이 수립한 '민족'과 '역사' 지식이 자원의 평등, 공유와 사회 화해를 조성하거나 촉진하는데 도움이 되는가 하는 점이다.

'역사실체론'이 주장하는 '민족'의 정의는 의심해볼 만하다. 30년 가까이 인류학의 족군 연구는 '족군'이든 '민족'이든 모두 비객관적인 체질, 언어와 문화가 범주를 정한 것이라는 것을 설명해준다. 이 민족의 정의에 근거하여 세워진 민족사는 한 민족의 실체가 시간 속에서 연속된 역사이기 때문에 자주 질의를 받기도 한다.[35] 한 개 집단의 혈연, 문화, 언어와 '정체성'은 내적 차이가 있으며, 게다가 역사의 시간 속에 혈연, 문화, 언어와 '정체성'의 유출이 있었고, 새로운 혈연, 문화, 언어와 '정체성'의 유입도 있었다. 도대체 어떤 '민족 실체'가 역사에서 연속되었는가? '역사실체론'의 학술상의 결여는 주로 '텍스트text'와 '표징representation'을 '역사적 사

---

35 Malcolm Chapman, *The Celts : the Construction of a Myth*, New York : Macmillan Press, 1992; Edwin Ardener, "The construction of a History : 'vestiges of creation'", in Elizabeth Tonkin, Maryon McDonald·Malcom Chapman eds., *History and Ethnicity*, London : Routlege Press, 1989.

실historical fact'과 '민족지民族誌적 진리ethnographical truth'라고 여기면서 '역사 텍스트'의 사회적 기억의 본질 및 '문화표징' 현시의 본질 — 즉 양자의 생산과 존재의 역사 상황과 사회 정황을 소홀히 한 데에 있다.

끝으로, 인류의 족군 현상에 대한 비판적 인지가 결여되었기 때문에 관련 '역사'와 '문화' 학술 수립에서 새로운 지식도 족군 현상의 본질을 반영하기 어려웠으며, 또한 연구자 자신의 문화와 정체성의 편견도 반영할 수 없었다. 연구자가 자신의 정치, 문화의 주체적 편견을 인식할 수 없었기 때문에 그 민족사와 민족문화의 구축은 한 발 더 나아가서 '타자'를 변방화하였다. 그렇기 때문에 윤리 측면에서 '역사실체론'하의 전범인 '중국민족사' 및 '중국소수민족사'는 현실에 대한 반성과 오류를 바로잡는 능력을 결여하고 있다. 반대로, 영웅조상 역사심성하의 '황제'와 그 '영웅 정복 역사'의 한족 '역사', 그리고 '치우, 삼묘, 반호盤瓠와 염제의 후예' 그리고 패배해서 변강으로 쫓겨났던 소수민족의 역사는 국가민족의 핵심과 변방 간의 차이를 강화시켰다. 이러한 '역사'는 한 발 더 나아가 '소수민족'의 변방 운명을 변화시킬 방법이 없었으며, 변강 개발에서 더 심화된 인간집단들 간의 자원 불평등을 막아낼 방법도 없었다.

포스트모더니즘의 영향을 받은 '근대수립론'이 '민족'이나 '국가민족'에 대한 주장상 그것들과 '족군ethnic group'의 구분을 강조하고, 후자는 자연적으로 형성되는 것이며, 전자는 근대 민족주의의 산물이라고 인식하는 것은 근대 국가민족 지식엘리트들이 상상하고 만든 것이다. 이러한 시각은 족군, 민족, 국가민족과 관계없이 모두 넓은 의미의 인류 '족군' 현상의 일부분이고, 인류의 생태 관점에서 가족, 족군, 민족, 국가민족 모두 자원의 분배와 경쟁에 관련이 되며, 그리고 관련 있는 권력관계 아래 '역사'의 구축에 영향을 미친다. 또한 그래서 역사에 대한 시각에 있어 '근대수립론'자들은 근대 국가민족 구축의 역사와 '역사'에만 주의를 기울였지 근대 구축의 고대 기초와 오랜 과정의 이 역사변천에서 '근대수립'에서의 인류 생태적 의의를 소홀히 보았다. 그 다음으로 '역사실체론'과 같이 '근대수립론'은 역사가 변화하고 발전하는 과정에서 발생하는 갖가지 '변방'의 미세한 과정 그리고 그 과정이 만들어 내는 '변방' 변천의 역사도 소홀히 하였다.

윤리와 인문적 가치에서 부인할 수 없는 것이 있다. 즉, '근대수립론'자들은 '국가민족신화'를 해체하고, '대한족大漢族 쇼비니즘'에 대항하여 현 소수민족의 변방 지위를 부각시키는 등 이 측면에 확실히 공헌이 있었다는 사실이다. 그러나 가까운 것은 보고 먼 것은 보지 못한 것으로, 이 종류의 논술로 하여금 구조만 해석하고 있어 장기적이고 전면적인 역사 성찰에는 결함을 보이고 있다. 예를 들면, '근대수립론'자들은 근대 '중국국가민족' 중의 핵심과 변방 민족 집단들 간의 불평등만 지적하고 중국 국가민족이 성립되기 전에는 보지 못하였으며, 화하가 그 자원의 경계를 견고하고 지켰기 때문에 이 변방에 연하여 발생한 장기적인 전쟁과 충돌은 보지 못하였다. 그리고 화하 변방 밖으로 배척된 각 인간집단들이 자원의 결핍으로 자주 발생한 족군들 사이의 상호 원한에 따른 살인과 약탈 그리고 인간 집단 사회 내에서 자원 쟁탈로 생겨난 계급, 성별간의 착취와 폭력도 미처 보지 못하였다.

이 책에서 나는 화하변방의 역사를 통해 강족을 이해하였고, 강인과 강족을 통해 화하변방의 역사를 이해하였다. 한 측면에서 보면, 당대 강족은 확실히 민족주의의 영향 아래서 이루어진 근대적 구축이었다. 또 다른 한 측면에서 보면, 강족의 존재는 그 나름대로 근대 이전의 역사적 기초나 연속성을 가지고 있다. 그러나 이 역사에서 연속된 것은 하나의 '민족'이 아니라 화하변방 인간집단에서 발생한 다층적인 사회구분성별, 지역, 계급, 정치와 문화와 관련 권력관계하의 족군 과정이었다. 더욱 중요한 것은 오랜 세월 인류의 생태관점에서 화하변방 역사가 우리로 하여금 중국 근대 국가민족이 형성시킨 인류생태적 의의를 반추하게 하여 현재 중국 소수민족이 처한 상황을 이해하게 하고, 더욱 이상적인 인류의 자원공유 환경의 개선이나 계획을 긍정적으로 도모하게 한 것이다.

이러한 관점에서 볼 때, 주대 이래 한나라와 진나라 시기까지 화하의 영역과 화하 사람들의 확장과 발전, 그리고 그 후 청말에 이르기까지 화하변계의 유지는 모두 이 변계 밖으로 배척된 '이민족'을 희생으로 한 것이다. 따라서 근대 중국의 국가민족이 형성되는 과정에서 화하와 전통적인 화하의 변방은 하나로 합쳐져서 '중화민족'이 되었다. 이것은 이 지역의 오랜 인류자원의 경쟁역사 중 새로운 시도, 즉 광대한 동아시아 대륙 생태계에서 상호 의존적 관계에 있는 지역의 인간집단을 자원 공유의 국가와 국가민족으로 결합시키는 시도였다고 할 수 있다. 이 점에서 보면 청나라 말기, 일부 중국 혁명당의 엘리트들이 순수한 한족국가를 세우려고 한 청사진 및 당대 소수민족의 독립을 고취하는 언론이 반드시 최선의 선택인 것은 아니다.

마찬가지로, 유라시아 대륙의 동, 서 양쪽지역은 다음과 같은 차이가 있다. 서방은 대서양 연안의 인권, 자유를 추구하는 소수 부강한 국가들인데, 그 내륙은 자주 종교, 종족과 경제자원 전쟁에 휘말려 들어가고 내부의 성별, 계급과 종족 박해가 빈번하게 전해지는 각 국가와 각 민족이 있다. 대류의 동쪽 연안은 '다원일체多元一體'의 중국이 경제보조로 내륙지역의 빈곤과 결핍을 늦추고 있으며, 국가의 힘으로 족군들 간의 질서를 유지하고 있다. 우리도 유라시아 대륙의 서반부의 체제가 동반부 국가민족 아래에 있는 중국의 체제보다 우수하다고 말하기 어렵다.

그러나 이것이 당시 중국 국가민족하의 자원 분배와 공유 체계가 완벽하였다는 말은 결코 아니다. 반대로, 그것은 완벽과는 거리가 멀다.

먼저, 소수민족에 대한 '보조제도'는 물질적으로 소수민족지역의 자원 부족 문제를 메워줄 방법이 없다. 이데올로기에서 '보조제도'는 더욱 보조를 받는 자의 소외된 지위를 강화시키는 것은 말할 것도 없다.

다음으로, 소수민족에 대한 중국의 경제적 보조, 그리고 '소수민족'에서 파생되는 그 밖의 자원들예를 들어, 공직, 문화와 관광 등등은 소수민족들 간에 항상 지역, 도시와 농촌, 족군 등의 구분에 따라 층층별로 차등 분배하였다. 결국엔, 일반 시골 사람들이 받는 혜택은 상당히 제한적이다.

셋째, 중국에서 시행한 경제 개혁개방 정책 후, 원래 많았던 사회주의 복지는 취소되었으며, 이것 역시 많은 소수민족들을 한족 빈민층과 동일하게, 교육, 의료 등 각 방면에 더욱 전체 사회의 변방으로 떨어뜨렸다. 연해지구 도시 주민의 자본주의적 소비는 각종 매체를 통해 전파되어 소수민족의 물질 생활상의 좌절을 더욱 심화시켰다.

넷째, 하나의 완전한 자원 공유체계 중에서 '자원'은 단순히 '물질'만을 가리키는 게 아니고 언어, 문화, 종교 등의 '상징부호'까지 포함하고 있다. 이 점에서 보면, 1980년대 이래로 '소수민족문화'는 일종의 상징부호자원 symbolic capital이 되어 각종 인간집단들에게 유용되고 조작되어서 한편으로 화하와 변방 사이의 구분을 강화하였고, 다른 한편에서는 소수민족들 중 도시와 농촌 거주민들 간, 남성과 여성 간의 구분도 강화시켰다. 이와 같이 하여 소수민족, 특히 소수민족의 향민들과 부녀자들도 변방의 변방이 되도록 만들었다.

마지막으로, 국가민족 국가의 인류 생태체계에서 '국가'의 존재와 권력이 모든 것을 초월하기 때문에 국가의 국경과 국가가 인정하는 '민족자치구'의 경계는 법제화되고 확인되었다. 이와 같이 많은 분쟁들을 피하기는 하였지만, '족군'의 정체성 속에서 사람들이 '변계'를 조정하고 국경을 넘어 재난을 피하여 좋게 되기를 추구하는 생태기능을 손상시키기도 하였다.

그래서 오랜 과정의 생태관점의 화하변방의 역사를 강조하고, 현재의 '강족'과 '중화민족'이 모두 이 역사의 산물임을 강조한 것은 결코 이 '중화민족'이 영구히 존재할 것이라는 뜻은 아니다. 현재 화하와 그 변방이 하나의 국가민족체계를 이루고 있는 것은 이 역사 발전 중의 근대적 한 시도였을 뿐이다. 이 항성성과 연속성은 그 내부의 각 인간집단들이 이 '국가민족' 형성의 역사적 과정을 진지하게 인지할 수 있는가, 이 역사적 과정이 인류 생태상의 의의 및 그 역사과정에 내포된 미시적인 사회과정을 인식할 수 있느냐에 달려 있다. 따라서 이 체계를 조정하여 각종 핵심지역과 변방의 집단들 사이의 격차를 해소하려고 하였다. 나는 새로운 민족지식과 역사지식은 객관적인 현상과 주체의 편견을 비출 수 있는 지식체계를 투시하여 사람들이 이러한 사고를 하도록 도울 수 있다고 믿는다.

여기에 이르러 이제 나는 독자들이 이 책은 단지 '소수민족'의 역사와 민족지만이 아니라 화하 혹은 화하변방의 역사와 민족지이기도 하다는 게 더 중요하다는 사실을 이해할 수 있기를 희망한다. 화하 혹은 중국인이라는 이 집단은 그 변방의 추이와 변천으로 인해 성장하고 변화하는데, 화하 변방의 추이와 변천은 또한 인류의 자원 공유와 경쟁체계의 변화를 내포하고 있다. '중화민족'은 확실히 근대의 창조물이라고 할 수 있지만, 이 창조에는 그 역사와 '역사'적 기초가 있다. 현재의 강족, 한족이든 혹은 중화민족이든 이들은 모두 역사의 창조물이며, 동시에 이 인간집단들은 '역사'의 창조자이기도 하다.

민족문제라는 관점에서 보면 중국사는 한족의 소수민족 정복사, 영토 확장의 역사다. 절대 다수인 한족과 색외민족인 흉노, 말갈, 선비, 거란, 티베트, 몽골, 여진 등등의 소수 이민족들 간 투쟁의 역사였다. 한족이 지금의 황허黃河강 중하류를 중심으로 한 중원에서 변방의 '오랑캐'들을 정복, 복속, 동화시켜 한족이 되게 만들거나, 그게 아니었다면 소수민족이 원래의 정체성을 잃지 않고 살게 된 과정이었다. 티베트족과 한족, 몽골족과 한족, 만주족과 한족 사이에, 그리고 근대 이후부터는 서양 민족들과 중국인 간의 갈등, 투쟁, 교섭 과정을 밟았다.

특히 서구 열강과 일본 제국주의의 침략을 받으면서 자신과 다른 언어를 사용하는 민족들이 중국 외의 각지에서 들어와 다른 사상, 종교, 문화, 습속을 가지고 한족과 변별되는 심리적 태도와 행동을 보였다. 하나의 민족이 자신을 민족적으로 자각하게 되는 것은 다른 민족의 침략이나 억압을 받을 때다. 타민족의 침략과 억압을 받을 때에만 자기 민족 및 자신의 존재와 타자에 대해서 변별하고 자각하게 되는 것이다.

19세기 중반부터 시작된 서방 열강의 침입에 위기의식을 느낀 한족이 그들을 타자화하면서 중국 내에 존재하는 모든 민족을 '중국인'으로 변속시켰다. '중국인'이 만들어지기 시작한 것은 이 시기부터였다. 그 전엔 한족은 다른 소수민족과 다르다고 생각했던 그들이었다. 하지만 이제는 그 소수민족들을 아우르면서 중국인으로 한데 묶어서 중국 외의 이민족들에게 대항하고자 하였다. 이것이 바로 근대 중국민족주의 발흥이었고, 소수민족사의 대략적인 구도이기도 하다. 이러한 민족문제는 사실 근대에 들어오기 전에 이미 중국 고대에도 존재했었다. 고대에는 중원지역에 살던 한족이 중원 바깥의 자신들과 다른 소수민족들을 모두 이민족의 '오랑캐'로 취급하였다. 한족은 문자와 유교사상을 기준으로 삼았지만 그것은 지극히 자의적인 것이었다.

그런데 한족은 차차 영역을 확장해서 그곳의 소수민족들을 한족의 영토 내에 들어오게 만들었다. 현재 중국의 서북부에서 서남부로 이어지는 광대한 지역이 모두 그로 인해 중국영토가 된 것이다. 그곳에는 지금도 수십 종의 소수민족들이 살고 있다. 인구가 많은 소수민족은 500만 명이 넘는 민족도 있지만, 대부분은 그 이하다. 1953년 중국의 총인구가 5억 8,260만 3,417명이었을 때 그 중 한족이 5억 4,728만 3,057명이었고, 소수민족은 3,532만 360명이었다. 소수민족은 총인구의 6.06%에 지나지 않았다. 본서에 언급된 티베트족藏族이 277만 5,622명, 이족彝族이 325만 4,269명이었고, 강족은 겨우 3만 5,660명으로만 통계가 잡혔다.[1] 그 뒤 약 70년이 지난 2020년대가 되면 소수민족 전체는 약 9,694만 990명으로 3배가 조금 덜 되게 늘어났는데, 그중 티베트족과 이족이 각기 약 706만 700명과 약 983만 300명이었다. 본서의 저자 왕명가王明珂 선생은 강족 인구가 현재 약 20만 명이라고 한다.[2] 이 수치가 정확하다면 강족은 3만 5,660명에서 70여 년 동안 대략 6배로 늘어난 것이다.

소수민족의 거주 지역, 언어, 문화, 종교, 심리는 한족과 확연히 구별되고 비교된다. 그 가운데 강족은 중원지역의 한족이 서부지역 일대에 거주

---

1    國家民委經濟司, 國家統計局綜合司 編, 『中國民族統計1949~1990』, 北京 : 中國統計出版社, 1991, 41~42쪽.

2    王明珂, 『羌在漢藏之間』, 台北 : 聯經出版社, 2021, 第2版, 24쪽. 그들은 주로 사천성 아파(阿壩) 티베트강족 자치주의 동남변방과 북천(北川) 지구에 모여 살고 있다고 한다.

한 저강氐羌족을 통칭하던 명칭이다. 한대에는 청해 하황青海 河湟지역 일대의 모든 강족을 서강西羌으로 불렀고, 하황도 서역西域, 서남지역과 마찬가지로 강족의 발원지 중 하나였는데, 그 자손들이 150종으로 갈라졌다고 한다. 강족의 분포지역은 이 책에서 언급된 것보다 훨씬 더 넓었다. 진나라가 수립된 후부터 강족은 북방지역에 광범위하게 분포하였다. 그러다가 진이 망하고 진주秦州, 경주涇州, 하주河州, 화주華州 등지의 강족은 매년 지속된 북위北魏에 대한 저항운동에서 진압을 당하면서 사방으로 흩어졌다.[3] 그 뒤 한대에 사천성 일대 외에 티베트, 신강, 감숙성 서북지역과 그에 연접해 있는 내몽고자치구 일대에 거주하였다.[4]

춘추시대 이전에 중국 내부에 살던 많은 열등민족은 절멸하였다고 주장한 양계초梁啓超, 1873~1929의 말대로 강족이 한족에 동화된 부분이 없지 않지만 완전히 흡수되지는 않았다. 그는 중국에서 춘추시대의 진, 초, 오, 월 등의 주요 지역은 중원에 거주하던 한족들로부터 '오랑캐'로 인식되었고, 한대 이후 문명이 진보함에 따라 여러 인종들이 한데 섞여 병존하게 되면서 일부 소수민족이 사라졌다고 주장하였다. 오늘날 현존하는 묘족苗族, 광동, 광서, 호남, 운남지역의 요猺족, 동獞족 등의 소수민족은 우량 인종과 섞여 살면서도 종족적으로 섞이지 않았기 때문에 생존한 것이라고 하였다.[5]

그런데 오히려 저족과 강족은 4세기 초에서 5세기 초에 걸쳐 사천 동부,

---

3  王種翰 主编, 『中國民族史』, 北京 : 中國社會科學出版社, 1994, 284쪽.
4  위의 책 270~279쪽.
5  양계초는 그러나 소수민족들은 언젠가는 경쟁이 발생하고 우량 인종에게 패할 것이므로 빈사 상태와 마찬가지이며, 오래 버티지 못할 것이라고 예상하였다. 사카모토 히로코, 양일모·조경란 역, 『중국 민족주의의 신화 인종 신체 젠더로 본 중국의 근대』, 지식의 풍경, 2006년, 70쪽.

운남, 귀주, 감숙 서부, 영하 서부, 신강 동부 일대에서 성成, 전진前秦, 후량後凉과 전량前凉, 염위, 북연北燕 등 제각기 세 번씩이나 정권을 세우기까지 하였다. 특히 저족이 세운 전진은 한 때 중국의 서북방에서 동북방과 서남부지역하북, 산서, 산동, 섬서, 감숙, 하남, 사천, 신강, 내몽고, 요녕, 강소, 안휘, 호북을 통치하였을 정도로 강성하였다.[6]

이처럼 오늘날 중국 각지에 존재하는 소수민족들은 과연 어떤 역사 궤적을 겪은 결정체일까? 당나라시대 한족은 중원지역 이남의 장강長江 중하류 유역의 소수민족들과 접촉이 있었고, 그 후는 티베트족과 한족과의 관계가 발생하였다. 한족과 티베트족 사이에 존재하였던 수많은 소수민족들은 거대한 한족과 티베트족 사이에서 어떻게 생존할 수 있었을까? 또 한족과 티베트족 사이에서 어떻게 자신의 정체성을 유지하였으며, 또 두 거대 민족과는 어떤 관계를 맺고 살았을까? 오늘날 그들 중 일부는 한족이 되었고, 다른 일부는 티베트족이 되었다. 그 과정은 어떤 것이었을까? 이 물음은 중국 민족사를 관통하고 있는 중요한 질문이다.

이러한 물음에 대해 중국민족사의 전체 구도를 조망할 수 있는 틀과 미세하고 구체적인 내용이 담긴 답을 제공해주는 게 바로 이 책이다. 게다가 지금까지 중국, 대만, 한국, 일본 및 미국학계에 중국민족사 관련 연구저서들이 많이 나와 있지만 특별히 문화인류학적 측면에서 10여 년간이나 중국 소수민족들과 밀착해서 관찰하고 연구한 저서는 흔하지 않다. 내가 이 책을 번역하게 된 이유였다.

본서는 크게 중국 강족의 민족적 원류와 전개과정 및 그 결과 등을 규명

---

6  정권의 수립 연도, 도읍지와 패망년도 등 자세한 내용은 馬大正 主編, 『中國邊疆經略史』, 鄭州 : 中州古籍出版社, 2000, 10쪽을 볼 것.

한 문화인류학적 역사서다. 약 660쪽에 달하는 방대한 본서는 머리말과 맺음말 외에 사회, 역사, 문화 3개 편에 걸쳐 총 10개의 장으로 편성돼 있다. 다년 간 중국 소수민족, 민족정체성, 사회기억과 텍스트 분석에 천착해온 저자의 문제의식은 크게 세 가지다. 어떤 역사가 현재의 강족을 만들었는가? 어떤 '역사'가 다른 종족집단들에게 구성되고, 지금의 강족이 어떻게 해석되고 이해되고 있는가? 또한 강족의 '역사' 구성과 재구성에 대하여 어떻게 역사상의 '강인羌人'과 '화하'를 발생시켰고 변화시켰는가?

저자는 강족과 그들의 역사를 통하여 한족, 티베트족과 서남 민족 집단들 중 일부 변방의 형성, 변천과 그 성격을 설명하고, 인류의 자원 공유와 경쟁관계 및 그 사회, 문화, 역사 기억상의 표징representations에 의해 인류의 일반적인 집단 정체성과 구분을 설명하였다. 그리고 '집단'혹은 민족, 사회, '문화'와 '역사'의 새로운 이해에 바탕을 두고 현 한족, 강족, 티베트족 간의 관계나 더 큰 범위의 중국민족의 기원과 형성에 대하여 새로운 역사인류학적 해석을 시도하였다. 한 마디로 역사학에다 문화인류학을 결합시켜 연구한 역사인류학historical anthropology적 성격을 띤 본서는 중국 소수민족 연구의 새로운 지평을 열었다는데 연구사적 의의가 있다. 본서의 연구방법론과 두드러진 특징 중 한 가지는 저자가 수년 간 강족이 살고 있는 오지의 산골에까지 직접 들어가 그들을 관찰, 질문하고 답을 구한 현장 필드워크를 수행한 점이다. 그는 이 거주지들에 여러 차례 체류하면서 발로 뛰며 수행한 필드워크로 얻은 자료들을 문헌분석과 결합시켰다.

저자는 집단의 정체성 간의 관계를 바라보는 근원론자들과 도구론자의 대립을 넘어서 이 두 가지 시선 중에 각기 적실성이 있는 부분만 받아들여 연구를 진행하였다. '창조'와 '상상'의 근대 이전 역사사실과 관련 역사기억의 기초 및 '창조'와 '상상'의 과정 그리고 이 과정 중에 각종 사회권력 관계, 관련 자원의 공유와 경쟁 배경을 추적하였다. 저자는 사회집단적 기억으로서 선택되고, 기억이 상실되고, 새롭게 재구성되는 것이 '역사'라고 보는 포스트모더니즘의 시각을 원용하면서 집단의 정체성은 변화되기 때문에 과거 자연과 인류의 활동과정을 가리키는 역사와 인간들이 구술, 문자, 그림을 통해 표현한 과거에 대한 선택과 구성을 가리키는 '역사'를 구분하여 그것의 역사과정, '역사' 구성과정 및 양자 간의 관계를 재탐색하였다.

예컨대 「사회 편」에서 정체성identity과 구분distinction 개념을 적용해서 현 강족의 민족적 시원을 밝히기 위한 주요 개념의 하나로 '영웅조상 역사'와 '형제조상 이야기'에 주목해서 강족이 역사와 '역사'의 산물임을 논증하였다. 이어서 고대 중국문헌들을 통해 강족은 역사와 '역사'의 산물임을 밝힌 「역사 편」을 거쳐 「문화 편」에서는 주관적 상상과 창조라고 믿는 경향이 있는 '전통문화'를 조명하면서 '역사'와 '문화' 창조의 고대 기초 및 배후가 된 사회권력 관계와 과정과도 연결시켜 해석하였다. 저자는 사실fact 측면, 서사narrative 측면, 습속행위와 '전연展演, practice & performance' 차원 등 세 가지 각도에서 '강인문화'와 관련된 기록들을 해독, 해석하였다.

이러한 논의를 거쳐 저자가 얻어낸 새로운 사실은 물론, 기존 사실을 수정하거나 한층 더 실증시킨 결론들이 적지 않다. 예컨대 강족사는 한족의 서쪽변방 족군의 역사일 뿐만 아니라 티베트족의 동쪽변방의 역사, 이족 혹은 '서남 저강氐羌계 민족'의 북방 족군변방의 역사이기도 하고, 현 강족은 역사의 생산물, '역사'의 창조물임과 동시에 역사와 '역사'의 창조자이기도 하다는 점이다. 강족 사람들은 스스로 한족, 티베트족, 이족의 조상이라고 해왔는데, 강족사가 부분적으로 이 세 민족뿐만 아니라 여타 많은 서남 소수민족조상의 원류라는 사실, 한족이 강인들에 대한 한족의 차별, 과시와 문화적 현시로 '강인'들을 한족의 문화를 모방하게 만들고 학습을 촉진시켜 결국 강족을 화하가 되도록 만들었다는 사실을 밝혀냈다.

다음으로 본서에서 논급되지 않은 여타 민족문제들, 예컨대 '민족' 개념의 일반성 및 그것의 특수성으로서의 중국민족문제를 이해하는데 도움이 될 내용을 소개하고자 한다. 그것은 왜 우리가 민족문제를 알아야 하는가 하는 점으로 귀결된다. 첫째는 무얼 두고 '민족'이라고 하는가 하는 정의 문제이고, 둘째는 중국에선 '민족'이라는 단어가 언제부터, 어떤 함의를 지니고 사용되었는가 하는 점, 셋째는 민족이 왜 문제가 되었는가 하는 점이며, 끝으로 중국민족문제는 어떤 특징을 가지고 있고, 현재의 상황과 바람직한 존재양태는 어떠해야 하는가 하는 점이다.

'민족'의 정의를 두고 지난 세기 오랫동안 관련 학계에서는 객관설과 주관설이 대립하다가 이 둘의 절충설로 통합된 바 있다. 객관설은 영토, 언어, 종교, 풍속, 습관, 문화 및 역사적 운명의 공통성 같은 객관적 요소에서 민족의 본질을 구하였다. 주관설은 민족적 공통속성의 연대의식 내지 집단적 자아에의 각성이라는 주관적 요소들이 민족의 기저를 이룬다고 봤다. 두 설 모두 편향적이며 포괄적이지 않다는 한계성이 드러나고 있었다. 그 뒤 역사 연구, 진화론과 사회심리학의 영향을 받아서 이 두 설이 종합된 절충설이 타당한 이론으로 받아들여졌다. 즉 민족은 인종이나 영토에서 그 본질을 구하는 생물학적, 지리적 개념과 구별되는 사회학적 개념으로서 공통의 경험, 전통 및 정치체제와 애국심에서 생기하는 정신적 통일체의 점진적 발전이라 하여 민족의 본질을 그들의 의사와 감정 같은 집단 연대의식에서 구한다.

먼저 민족개념의 일반론으로서 아직도 중국에서 민족 정의의 표본으로 사용되고 있는 스탈린Joseph Vissarionovich Stalin, 1878~1953 등 공산주의 이론가 계열의 민족 정의 그리고 이에 대비되는 근대 프랑스의 자유주의 사상가 르낭Joseph Ernest Renan, 1823~1892의 민족 정의를 소개한다. 이 논자들은 모두 다양한 민족들이 복합적으로 살고 있던 다민족 공동체인 유럽사회의 정치적 필요성에서 민족문제에 일찍부터 주의를 기울였다. 그들은 자신의 저작에서 민족이 생겨난 원인과 조건 그리고 민족의 기본 특징에 대해서 논하였다. 예를 들면 마르크스Karl Marx, 1818~1883는 특별히 민족을 주제로 하여 쓴 글은 없지만 그리스 로마와 인디안 부락을 논하면서 간단하게 민족을 언급하였는데 "독특하게 일정한 방언과 지역을 가지고 있는" 부락을 하나의 민족으로 묶었다.[7]

레닌Vladimir Ilyich Lenin, 1870~1924은 제1차 세계대전 전후로 유럽사회의 민족 충돌과 분열이 고조된 시대적 환경에 직면하여 1913년 즈음부터 민족문제를 여러 차례 언급하였지만, 특별히 이론적으로 민족을 정의하거나 개념을 제시한 저술은 보이지 않고 있다. 다만, 러시아 변경지역의 소수민족과 러시아 국경 밖 국가들에 거주하는 피압박민족의 평등민족의 **특권폐지**, 자치권, 자결권 등을 주장하면서 민족을 언어, 심리, 경제, 혈연, 생활관습 등을 공유하는 공동체 정도로 인식하는데 그쳤다.[8]

공산주의 이론가들 중에 민족문제는 오히려 그루지아 출신으로 레닌 정

---

7 「卡 · 馬克思 路易斯 · 亨 · 摩爾根〈古代社會〉一書摘要」, 中共中央馬克思 恩格斯 列寧 斯大林 著作編譯局譯, 『馬克思恩格斯全集』第45卷, 北京 : 人民出版社, 1985, 426쪽.

8 列寧, 「民族問題提綱」(1913年6月26日[7月9日]以前), 中共中央馬克思恩格斯列寧著作編譯局 譯, 『列寧全集』第23卷, 北京 : 人民出版社, 1990, 329쪽과 여타 동일한 레닌 전집의 第24卷, 第25卷 내 민족 관련 저작들 참조.

권의 민족인민위원Narkomnats을 맡은 스탈린이 전문적으로 논한 바 있는데, 그는 자본주의 국가의 민족 상황을 분석한 1913년의 「민족문제와 레닌주의」라는 글에서 민족은 네 가지 특징을 가진다고 정의를 내렸다. 즉 "민족은 사람들이 역사에서 형성되는, 공동 언어, 공동 지역, 공동 경제 및 공동의 민족문화상에 표현되는 공동심리의 소질이 있는 안정된 공동체"[9]라는 것인데, 언어, 지역, 심리 등 객관적으로 다름이 드러나는 요소들의 범주로 민족을 정의한 셈이다.

스탈린의 관점과 유사한 범주에 드는 관점으로 민족의 정의에는 동일한 거주지, 조상의 시원이 같은 혈통, 동질의 체형, 동일한 언어 및 문자의 사용, 같은 종교를 믿고, 풍속을 같이 하며, 생계를 같이 하는 등 여덟 개의 특질이 있다고 본 스위스 태생의 독일 법학자이자 정치가였던 블룬칠리Johann Kasper Bluntschli, 1808~1881의 주장이 있다.[10] 청조 붕괴의 주역이었던 손문孫文, 1866~1925은 자신의 「三民主義」라는 글에서 민족을 혈통, 생활, 언어, 종교, 풍속습관 등 다섯 힘의 결합체라고 하였다.[11]

이에 반해 르낭은 자신의 저서 『민족이란 무엇인가?*What is a Nation?*』1882년에서 레닌, 스탈린과 다른 민족개념을 제시하였다. 즉 민족은 인종에서 유래하는 것도 아니고, 언어로 구분되는 것도 아니며, 종교로 결속되는 것도 아니고, 국경선으로 규정지을 수 있는 것도 아니라고 주장하였다. 르낭은 민족의 본질은 고난과 위업의 공동추억 및 공동으로 생활하여 그들의 업

---

9    中共中央馬克思恩格斯列寧著作編譯局 譯, 「民族問題和列寧主義」, 『斯大林全集』第11卷, 北京 : 人民出版社, 1955, 286쪽.
10   블룬칠리의 이 민족 개념은 양계초가 1903년에 중국에 소개하였다. 陳夕, 『中國共産黨與中國民族問題1921~1949』, 北京 : 中共党史出版社, 2014, 導論, 3~4쪽.
11   廣東省社會科學院歷史研究所等等合 編, 『孫中山全集』第9卷, 北京 : 中華書局, 1986, 187~188쪽.

적을 전하려는 의식적 희구에 있다 하였다. 그는 민족이란 언제든지 새로 생겨날 수 있으며, 영속적인 게 아니어서 언젠가는 종말을 고하게 되는 개념일 뿐이라고 강조하였다. 인간들의 대결집, 건전한 정신과 뜨거운 심장이야말로 민족이라 부르는 도덕적 양심을 창출한다고 하였다. 그래서 그는 민족보다는 인간 자체를 생각하자고 주장하였다.[12]

오스트리아 출신의 영국 사회학자이자 역사가인 헤르츠Frederick Hertz, 1878~1964도 자신의 저서『역사와 정치에서의 국적(Nationality in History and Politics)』, 1944에서 근대 민족의 형성은 언어, 종교, 전통적 풍속 및 습관 등의 객관적 요소를 기저로 하여 사회면에서 이뤄지는 동류의식과 정치집단화의 과정에서 생기는 정치적 집단의식의 긴밀한 상호작용 속에서 생성된다고 하였다.[13] 이와 유사한 논점으로 민족을 주권이 있는 것으로 상상되는 상상의 정치적 공동체, 주어진 영토에 거주하면서 동일한 법률과 통치에 복종하는 사람들의 공동체로 정의하는 시각도 있다.[14]

암스트롱John A. Armstrong도 정신적 태도나 집단적 태도가 민족간 경계의 주요 특징인데, 이것은 삶의 물질적 상황보다 더 오래 지속된다고 보았다. 그에 따르면, 인종적 경계는 지리적 구분보다는 집단 태도가 반영되고 신화, 상징, 의사소통 및 태도 요인과 관련된 무리들은 일반적으로 물질적 효과보다 더 지속된다고 한다. 그는 민족의 기원과 대부분의 근본적인 효과에서 민족 경계 메커니즘은 지도상의 선이나 규칙서의 규범이 아니라 대상의 마음속에 존재한다. 또한 민족을 가르는 상징적 경계의 메커니즘은 대

---

12 에르네스트 르낭, 신행선 역, 『민족이란 무엇인가』, 책세상, 2002, 제2장.
13 김영준, 『마르크스·레닌주의와 민족주의』, 아세아문화사, 1987, 361~362쪽.
14 앤서니 D. 스미스, 이재석 역, 『민족의 인종적 기원』, 그린비출판사, 2018, 285~286쪽.

부분 단어라고 하였고, 생활방식만이 민족의식을 낳는다고 생각하였다.[15]

영국의 마르크스주의 역사학자 홉스봄Eric Hobsbawm, 1917~2012은 민족이란 천성적으로 태어나서 변하지 않는 사회적 실체가 아니라 특정한 시공 아래의 산물일 뿐만 아니라 상당히 늦게 만들어진 인류문명이라고 하였다. 즉 민족이라는 것은 처음부터 주어진 게 아니고 18~19세기 자유민주주의와 계몽사상이 유럽사회에 퍼지게 됨에 따라 신, 계급 같은 기존의 권위들이 무너지는 과정에서 지도층이 국가를 유지하기 위해 만든 개념이라고 주장하였다.[16] 요컨대 민족이란 창조되기도 하고 이합집산도 한다는 것이다.

전후 인도-파키스탄이 그랬고, 냉전 종식과 함께 소련, 유고슬라비아, 체코슬로바키아가 민족적으로 분리 해체된 사실에서 보면 르낭과 홉스봄의 주장은 틀린 게 아니다. 반면, 또 다른 대표적 다민족 국가인 미국, 중국, 인도가 아직 민족적으로 해체되지 않고 있는 것은 어떻게 해석할 수 있을까하는 문제는 다른 과제다.

르낭이나 홉스봄이 논한 유럽사회를 기준으로 보면 민족국가는 근대역사의 산물임이 분명하다. 고대에는 민족국가라는 과정을 겪지 않았고, 이집트, 중국, 고대 바빌로니아는 결코 민족국가가 아니었다고 르낭은 주장하였다.[17] 그런데 르낭의 주장과 달리 동아시아에서는 고대 때부터 민족 문제가 나타났다. 고대 중국이 스스로 세계의 중심국가로 자처하면서 자신들이 거주하는 공간은 문자, 유교사상 등이 중심이 된 고등문명의 세계

---

15 John A. Armstrong, *Nations before Nationalism*, Chapel Hill : the University of North Carolina Press, 1982, pp.9~14.
16 에릭 홉스봄, 『1780년 이후의 민족과 민족주의』, 창작과비평사, 1998, 162쪽.
17 에르네스트 르낭, 신행선 역, 『민족이란 무엇인가』, 책세상, 2002, 57쪽.

라고 생각한 '화華'이고, 그 밖의 지역은 문자와 도덕이 없는 야만의 상태인 오랑캐, 즉 '이夷'라고 자의적으로 구분한 이른바 '화이華夷관계'가 작동돼 왔다.[18]

한 연구에 의하면, 중국의 고대나 근대 말 이전의 역사 문헌들 중에는 '민족'이라는 말이 보이지 않는다고 한다.[19] 중국에서 민족문제는 고대에서부터 존재했지만 민족개념이 사용된 것은 청나라 말기 이후부터였다. 한자문화권에서 '민족'이라는 용어가 정식으로 나온 것은 民과 族을 조합하여 새로운 단어 '민족'을 만든 일본에서 한국과 중국으로 수출되었기 때문이었다.[20] 일본의 영향을 받은 듯한 양계초가 1899년에 쓴 『동적월단東籍月旦』에 처음 나온다. 이 책에서 그는 일본의 최신 역사서의 글을 소개하는 문장 중에 "일본인은 10년 전 서양서적을 대대적으로 번역"했다면서 "동방민족은 세계사에 끼어들 만한 가치가 없다"東方民族, 無可廁入於世界史中之價值는 구절에 이 용어를 쓴 것이다. 중국에선 이 책이 나오고 나서 '민족'이라는 단어가 보편적으로 사용되기 시작하였다고 한다.[21] 19세기 말 청일전쟁 이후 민족적 위기가 전례 없이 심각해졌을 때 일군의 중국지식인들이 위기의식에서 중국이 망족멸족亡種滅族 위험에 처해 있다고 하면서 자기 종족을 보호自强保種할 것을 주장하고 나서부터 점차 일반 중국인들이 민족문제에 관심을 갖기 시작한 계기가 되었다는 것이다.

그로부터 중국에서 '민족'이라는 용어는 광의의 의미로 사용되어 사람

---

18 화이의 분별의식에 대해선 서상문, 「'중국'국호의 기원과 중국 국내외의 '중국'명칭 初探」, 『군사논단』, 제115집(2023년 가을호), 228~230쪽을 참조할 것.
19 陳夕, 앞의 책, 3쪽.
20 西川長夫, 「民族という錯乱」, 『言語文化研究』 14卷1号, 95쪽.
21 金天明·王慶仁, 「"民族"一辭在我國的出現及使用問題」, 『中國社會科學輯刊』 第4期, 1981.

들의 공동체를 가리켰지만, 널리 통용되지는 않았다. '홍번紅番민족', '황한皇漢민족'처럼 사람들의 공동체를 모두 일률적으로 민족이라고 불렀으며, 어떤 경우는 아시아민족, 유럽민족, 강남민족, 화북민족처럼 지역을 붙여서 민족으로 부르기도 하였다. 이외에도 여러 가지 민족 명칭이 있었지만, 어떤 경우는 유목민족, 농업민족, 축업민족 같이 직업에 따라 민족이라 불렀다.[22]

한편, 마르크스주의의 민족 이론이 중국에 들어온 뒤로 공산당이 지배하는 중국에서는 현재까지도 레닌과 스탈린의 민족 이론을 정론으로 삼고 있다. 이유는 수많은 소수민족들이 중국에서 떨어져나가지 않게 하기 위해선 민족이란 동일한 지역, 경제, 문화, 심리적 공동체라는 스탈린의 민족 이론이 민족을 이완시키지 않는 구심력으로 작용할 수 있기 때문일 것이다. 반대로 민족은 상황과 조건에 따라 이합집산이 된다는 르낭과 홉스봄 류의 민족 이론은 위험한 것이다. 본서 저자인 왕명가도 스탈린의 민족 이론을 일부 긍정하였다.

그러면 민족문제가 왜 문제가 되었는가? 민족문제는 한 국가의 정치적 통일, 사회적 안정, 경제건설과 대외관계에도 중요한 영향을 미친다. 다민족 국가의 이해는 전적으로 그 민족구성원의 이해가 우선되어야 한다. 민족이 없는 국가는 없고, 민족에 소속되지 않는 개인도 없기 때문이다. 현재 지구촌에 존재하는 200개 정도의 국가들 중 대부분이 다민족국가다. 중국도 다민족국가이다. 현재 중국은 스스로 "통일적 다민족국가"라고 규정하는데 14억이 넘는 전체 인구 중 90% 이상을 차지하는 한족과 그 나머

---

22 陳夕, 앞의 책, 3~4쪽.

지 소수민족 등 56개 민족이 있다고 한다.[23]

민족문제란 사실상 민족들 간의 관계, 즉 만나면 일어나는 이런 저런 문제를 말한다. 관계는 유무형의 접촉이나 교류다. 세계 어디에서든 다양한 민족들이 관계를 맺으며 살고 있는데서 문제가 발생한다. 상대의 존재를 안다는 것 자체가 문제가 발생할 수 있는 가능태다. 민족문제는 차이에서도 비롯된다. 말이 달라서 서로 통하지 않는 차이, 문화가 달라서 생기는 오해와 우열의식, 외모가 달라서 느끼는 이질성, 혈통, 언어, 문화, 일정한 거주 지역이 달라서 차이가 생긴다. 그 이면에는 본질적으로 한정된 농토와 자원을 두고 경쟁을 벌이는 갈등 관계가 매개돼 있다. 고대나 근현대나, 세계 인구가 벌써 81억이 넘은 오늘날은 더욱 공간과 자원이 유한한 지구상에서 관계는 피할 수 없는 필연이다.

지구상에 매일 같이 지속적으로 일어나고 있는 수많은 민족문제들은 범지구적 공존이 아니라 개별 국가의 국익을 우선시 하는 정치 경제적, 종교적 갈등에서 비롯된 민족들 간의 마찰이 주요 원인이다. 자원과 부의 획득 경쟁, 타자에 대한 인식과 역사의 기억, 이미지나 관념 등 복합적인 요인들의 영향하에 중세 이래 유럽인들 마음속에 몽골민족이 휩쓸고 간 뒤 악몽, 두려움, 증오 등이 깊게 자리 잡음으로써 생겨난 황인종에 대한 두려움도, 또 히틀러시대의 독일의 비극도 민족문제가 원인 중의 하나로 깔려 있었던 것이다. 게르만민족뿐만 아리나 야마토大和민족의 조선인과 중국인

---

23 　한족을 제외한 55개 소수민족은 중국정부가 중국의 영토라고 주장하는 대만의 소수민족을 한 종류로 치고 계산한 것이지만, 실제 대만에는 하나의 소수민족만 있는 게 아니고 서로 언어와 관습 등이 다른 민족이 2018년 현재 총 16종이나 된다(https://suhbeing.tistory.com/m/713). 또 중국은 귀주성 일대에 분포하고 있는 혁가(革=亻＋革)家족과 서족(西族) 등 약 75만 명이 스스로 소수민족이라고 주장하지만 중국정부는 인구가 적다는 이유로 그들을 독립된 소수민족으로 인정하지 않고 있다.

학살, 미얀마인의 로힝야민족Rohingya people 대량 학살처럼 민족이라는 이름하에 타민족을 대량 학살하는 만행까지 자행하였다. 유럽에서 근대 국가가 수립되고 민족개념이 등장하면서 민족 간의 갈등이 시작되었고, 그로 인해 인류는 수많은 갈등과 오해와 고통을 겪었다.

지난 세기 다민족국가인 소련이 무너진 건 미국과의 군비경쟁에 말려든 것이 주원인이었지만 그 이면에도 100여개의 민족으로 구성된 인종문제, 민족문제가 내재되어 있었다. 대표적으로 짜르의 러시아는 이미 16세기 중반 러시아의 통치자 이반 4세Ivan IV가 몽골 제국의 잔류인 볼가강 유역의 카잔한국과 아스트라한한국을 러시아에 병합한 후 계속해서 흑해, 카스피해, 발트해 연안의 크고 작은 여러 민족들을 강제적으로 병합한 역사를 가지고 있었다.[24] 소련 헌법 제70조는 소련이 사회주의적 연방주의의 원칙에 따라 제민족의 자유로운 민족자결 및 평등한 권리를 가진 소비에트사회주의공화국들의 자발적인 결합의 결과로 형성된 단일의 연방제 다민족국가임을 명시하였다. 이 가운데 소수민족들의 "자발적인 결합"이라는 말은 완전히 역사 왜곡이자 날조였다. 러시아가 역대 짜르들과 러시아인 집권층의 소수민족에 대한 전횡적인 억압정책으로 "러시아 제국은 제민족의 감옥"이라고 불렀던 이유다.[25]

민족관계가 근대에 들어와 문제가 되기 시작하면서 중국의 민족적 전개도 유사한 패턴을 보였다. 손문의 민족주의를 삼민주의의 하나로 내건 것

24   기연수, 「소련연방의 붕괴와 독립국가연합의 결성」, 정한구 · 문수언 편, 『러시아 정치의 이해』, 나남출판사, 1995, 247쪽.
25   S. N. Syrov, *Stranitsy Istorii*, Moskva : Ruskii iazyk, 1987, p.17. 列寧, 「關於民族政策問題」(1914年4月6日[19日]以後), 中共中央馬克思恩格斯列寧著作編譯局 譯, 『列寧全集』第25卷, 北京 : 人民出版社, 1988, 68쪽.

이 중국에 민족주의가 대두되었다는 사실을 말해준다. 그는 그 이전 근대적 주권국가의 이상을 천명한 초기엔 청나라의 지배로부터 한족의 주권을 회복하겠다는 '멸만흥한滅滿興漢'을 강조하였을 뿐이다. 그러다가 1911년 청나라가 타도된 신해혁명 전후 정국이 혼란스러워진 것을 틈타 티베트, 위구르 등 소수민족들이 분리 독립을 선언하자 손문은 외세에 대한 반제국주의의 기치를 내걸고 중국의 위상이 회복되면 제국주의에게 피해를 당하고 있던 다른 약소국가를 도울 수 있다고 주장하였다. 신해혁명 직후 그는 중국 내 다수 민족인 한족, 만주족, 몽골족, 회족위구르족 포함, 티베트족 등 5개 민족이 주가 되어 평등한 관계에서 서로 협력 단결하자는 소위 '5족공화五族共和'론을 주창하였다. 더 나아가 5족 외에 여러 소수민족들의 자결과 평등 역시 보장한다고 공언하였다.[26] '중화민족'이라는 말이 만들어진 것도 바로 이 시기였다.[27]

그 뒤 국공내전 시기 중공도 국민당 통치에 반대하던 세력을 규합하려고 소수민족 포섭 전략의 일환으로 소수민족의 '자결권'을 강조하였다. 모택동毛澤東, 1893~1976은 신중국이 출발하였을 때도 민족정책 면에서 영내 각 민족은 일률적으로 평등하고, "중국은 각 민족의 우호협력의 대가정"이라고 하였으며, 대민족주의즉 한민족 쇼비니즘와 협애한 민족주의를 반대한다고 선언하기도 하였다.총강 제50조[28] 또 그는 "민족자결이라는 관점에서 몽골인민에 대해서도 자신의 운명을 스스로 결정할 수 있는 권리를 가져야한다"고도 하였다.

---

26  廣東省社會科學院歷史研究所等等合 編, 『孫中山全集』 第2卷, 北京 : 中華書局, 1986, 2쪽.
27  黃昭堂, 「대만인의 정체성(identity)」, 『極東問題』 2001.9호, 130쪽.
28  「中國人民政治協商會議共同綱領」(1949.9.29), 中共中央文獻研究室 編, 『建國以來重要文獻選集』 第1冊, 北京 : 中央文獻出版社, 1992, 12쪽.

하지만 러시아공산당이나 중공은 모두 소수민족을 기만하고 배신하였다. 공산혁명이 일어나기 전에는 레닌도, 모택동도 모두 자국 내 소수민족들에게 독립하라고 부추겼고, 각기 짜르체제와 국민당의 공화정체제가 무너지고 새로운 공산주의국가를 수립하면 소수민족들의 독립을 허용하겠다는 선언까지 하였다. 볼셰비키의 '10월혁명'으로 케렌스키Alexander Kerensky, 1881~1970 정부가 와해되고, 중공의 공산혁명으로 국민당체제가 무너지고 새로운 두 공산주의국가가 만들어지고 난 뒤 레닌, 스탈린과 모택동은 소수민족들의 독립을 용인해주기는커녕 오히려 더 폭압적이고 차별적으로 취급하였다.

예컨대 대만臺灣이 일제강점기에는 일제로부터, 전후 1947년 '2·28사건'이 발생했을 때는 국민당으로부터 독립해야 한다고 주장한 모택동이었지만,[29] 그 역시 1949년 10월 중화인민공화국을 수립하자마자 바로 태도가 일변하여 기존의 이 정책을 바꾸었다. 즉 소수민족문제에서 더 이상 기왕의 소수민족의 자결권을 인정하지 않았다. 그는 국민당 세력이 기본적으로 퇴치되었다고 보고 신중국을 이끌고 "국가의 통일 대업을 완성하기 위해", 또 "제국주의 및 그 주구들의 중국민족의 단결을 분열시키는 음모를 반대하기 위해서"라는 명분을 강조하였다. 이것은 제국주의세력이 중국 내 각 소수민족과 연계되거나 각 소수민족 내 존재하는 한족에 반대하는 세력을 솎아내기 위한 것이었다.[30] 모택동은 대만을 "해방"하기 위해 군대를 동원하여 금문도金門島 점령을 시도하였으며,[31] 신강新疆을 점령해서

---

29  Edgar Snow, 董樂山 譯, 『西行漫記』, 北京 : 三聯書店, 1979, 83~84쪽; 『解放日報』, 1945.5.1; 「持台灣獨立」, 『解放日報』, 1947.3.8.

30  「中共中央關於少數民族"自決權"問題給二野前委的指示」(1949.10.5), 中共中央文獻硏究室 編, 『建國以來重要文獻選編』 第1冊, 北京 : 中央文獻出版社, 1992, 24쪽.

실질적인 중국영토로 만들었고, 그 이듬해 1950년 10월부터는 대규모 군대를 보내 티베트족도 군사적으로 병합시켜버렸다.[32]

중공의 이런 식언 혹은 배신은 사실 앞서 보았듯이 손문이 청조 정치권력의 와해를 촉진시키기 위해 이민족인 만주족을 중국민족의 범주 안에 넣은 것이나, 또 훗날 대만의 국민정부가 모택동의 신중국을 정치적, 민족적으로 분열시킬 요량으로, 또 대만 스스로 독립의 길을 가기 위해 기존 티베트의 독립을 반대해오던 입장을 바꿔 독립을 인정한다고 표명한 것과 같은 논리였다.[33] 이는 다민족국가에서 다수가 아닌 소수민족이 겪게 되는 숙명 같은 것이다. 평등을 중핵으로 하는 공산주의국가에 진정한 의미의 참평등이 존재하지 않기 때문에 벌어진 역사의 아이러니다. 과연 석가모니가 말한 정복당하고 정복하지 않는 국가관계는 이상에 불과한 걸까?

중국 민족문제는 지금도 현재 진행형이다. 오늘날도 여러 가지 역사적 과정과 조건으로 중국의 소수민족들은 각기 불균등한 상태에서 살고 있다. 사실 다민족국가인 중국에게는 미국처럼 연방국가가 바람직하다. 그래야 인민들의 삶의 질과 행복지수가 높아질 수 있기 때문이다. 제민족의 바람직한 존재양태는 민족 간의 대등한 평화관계의 정착과 기회의 평등이 실현되는 것이다. 그러나 한족 이외의 소수민족들은 모두 하나 같이 인구도 적고, 사회 경제적 사정이 열악해서[34] 연방을 이룰 만큼 정치적, 사회

---

31  자세한 내용은 서상문, 「중국 國·共내전 시기 金門전투와 그 역사적 의의」, 『中國近現代史研究』 제22집, 2004.6을 보라.

32  상세한 과정에 대해선 서상문, 『중국의 국경전쟁(1949~1979)』, 국방부 군사편찬연구소, 2013, 128~193쪽을 참조할 것.

33  서상문, 『혁명러시아와 중국공산당 1917~1923』, 백산서당, 2008, 541쪽.

34  구체적 상황에 대해서는 張天路 主編, 『中國民族人口的演進』, 北京 : 海洋出版社, 1993, 277~281쪽이 참고가 된다.

적 조건이 갖춰져 있지 않는 실정이다. 과거 모택동도 '민족구역자치제도'의 이점을 강조하며 중국에서의 연방제 실시는 적합하지 않다는 입장을 취한 바 있고, 주은래周恩來, 1889~1976도 건국 직전인 1949년 9월 인민정치협상회의 제1계 전체회의에서 미구에 수립될 신중국은 연방제를 취하지 않을 것이라고 하였다.[35]

그 뒤 중국 내 소수민족들 중 티베트족과 위구르족이 중국으로부터 독립하고자 중국 국내외에서 다양한 분리운동을 해온 것은 널리 알려져 있다. 특히 위구르족은 튀르키예의 지원을 받으면서 해외에서 반중공 운동을 벌여왔고, 티베트족은 인도 다람살라의 티베트 망명정부Central Tibetan Administration 일명 India Tibet Exile Government가 반중공 운동을 주도하여 왔다. 한 때 이들은 연맹본부를 유럽에 두고 있다가 요 몇 년 사이 중공의 민심이반이 두드러지자 내몽골분리주의자들과 구만주국 복국을 노리는 인사들까지 합세하여 네 민족이 연맹을 확대하였다.[36]

작년 11월에도 중국의 반체제 민주화운동의 상징적 인물인 위경생魏京生, 왕단王丹, 왕균도王均陶의 주재하에 해외의 중국 민주화운동가들이 샌프란시스코에 모여 기자회견Press Conference for the Congress on China's Directions November 11, 2023 San Francisco, California을 연 데 이어, 올해도 "중공 붕괴에 대비한 향후 중국의 발전방향 구상을 논의Overseas Congress on China's

---

35  陳夕, 앞의 책, 316~317쪽. 그런데 1980년대와 1990년대에 중공에서 펴낸 『建國以來毛澤東文稿』와 『中共中央文件選集』, 또한 2000년대에 나온 『建國以來周恩來文稿』에는 "연방제"라는 어구 자체가 빠져 있는데 이것이 시사하는 바를 놓치지 말아야 한다.
36  2023년 6월 달라이 라마 주재하에 인도 서북부 티베트 망명정부에서 티베트, 신강, 내몽골, 구만주국, 대만, 일본, 한국 등지의 대표들이 모여 중공의 붕괴에 대비하여 독립운동 연맹을 결성하였고 그 뒤 이 연맹의 본부를 서울에 두었다. 「韓 영토학자 장계황 "中분열 신냉전체제 붕괴로 평화 되찾게 돼"」, 『천지일보』, 2023.6.15.

Directions Initiative Prepares for the Collapse of the Chinese Communist Party"하자는 취지로 3월 2~4일간 워싱턴에서 '제1계 국시회의國是會議'를 개최하여 중공 몰락 이후의 민주중국을 건설하기 위한 청사진을 제시하는 등 반중공 투쟁을 본격화하고 있다.[37]

이러한 해외의 반중공 분리운동과 반체제 민주인사들의 동향들을 봤을 때 향후 중국이 다시 혼란에 휩싸이면 과거 청말에 일어났던 전환기적 민족분열이 재연될 가능성이 아주 높아 보인다. 2024년 4월 현재, 중국정부의 가장 우선적인 민족문제 해결과제는 대만, 티베트, 신강, 외몽골 등의 분리 독립을 막는 것이다. 금년 5월 20일부터 대만에는 대만독립 성향이 강한 신임 총통이 이끄는 새로운 정부가 들어선다. 향후 중국의 행보와 중국민족문제의 귀추가 주목된다.

나는 이 책을 햇수로 3년에 걸쳐 번역하였다. 하나의 언어를 다른 언어로 옮긴다는 것은 단순히 언어만의 문제가 아니다. 해당 언어를 사용하는 사람들의 인식, 역사, 문화, 생활 습속, 관념 등등을 또 다른 언어 및 문화권으로 옮기는 작업이다. 여기엔 언어 자체의 한계가 있어 고초를 겪게 마련이다. 번역을 하다보면 출발어와 도착어를 1대 1로 번역하는 것이 불가능한 경우가 있기 때문이다. 번역 이론가이자 탁월한 성경번역가인 유진 나이다Eugene A. Nida, 1914~2011가 얘기한 바 있듯이 네모형의 출발어가 세모형의 도착어로 바뀌기 일쑤다.[38] 이것은 번역작업의 숙명이다. 역자가

---

37  「[記者連線]民運人士學辦"國是會議"構建民主中國藍圖」, 『新唐人電視台』, 北京時間 : 20 24.3.5(https://www.ntdtv.com/gb/2024/03/05/a103858983.html).

38  조금 더 네모형에 가깝게 도달하기 위해서 네모형에 있는 단어의 뜻을 조금 바꾸거나 새로운 의미로 만들어 주석을 붙이고, 주석의 경우는 이태릭체로 원어를 그대로 표기하기도 한다.

원 저자만의 문체나 특별한 문화적 맥락과 뉘앙스까지 모두 살려 내거나 전달하기란 결코 쉽지 않다. 나 역시 지난한 과정을 겪으면서 번역하였지만 이 번역서에도 네모형이 세모나 마름모꼴로 옮겨져 있지 않을까 하는 염려가 없지 않다. 더 적절한 단어나 용어, 더 나은 표현이 있었음에도 놓친 부분이 있을 수 있다는 소리다. 혹시 그런 오류가 발견된다면 그것은 전적으로 역자인 나의 불찰이거나 미진한 능력의 소치다.

아무쪼록 중국 민족문제에 관심이 있는 한국독자들이 이 저서를 통해 중국 민족발전사의 기본 맥락과 구도 등을 알게 됨으로써 중국사의 주요 주제인 민족문제의 이해를 바탕으로 현 중국의 민족문제 상황에도 관심을 가지게 되기를 바라마지 않는다. 현 중국의 민족문제는 중국 주변은 물론, 아시아와 한국으로도 직접 파급될 수 있는 좌시 불가의 사안이다.

끝으로, 의미 있는 이 대작을 번역할 수 있는 기회를 주고 역서가 완성되어 나오기까지 시종일관 관심을 가지고 성원해주신 중앙대 사학과의 손준식 교수에게 깊은 사의를 표한다. 번역 중 여러 가지 의문점이나 의미를 분명히 하기 위해 질의한 것에 대해 일일이 성심성의껏 답을 해주신 저자 왕가명 교수와 대만의 정내위鄭乃瑋 선생에게도 감사드린다.

2024년 3월 25일

북한산 청승재清勝齋에서

운정雲靜

# 참고문헌

## 1. 중국어 고적 문헌

『三國志』, (晉)陳壽, 點校本, 北京：中華書局, 1959.

『山海經』, 畢氏巖靈山館校本, 台北：啟業書局, 1977.

『元和姓纂』, (唐)林寶, 北京：中華書局, 1994.

『世本』, 叢書集成, 北京：中華書局, 1985.

『北史』, (唐)李延壽, 點校本, 北京：中華書局, 1974.

『史記』, (漢)司馬遷, 點校本, 北京：中華書局, 1959.

『左傳』, 十三經注疏, 台北：藝文印書館, 1970.

『石泉縣志』, (清·道光), 趙德林修, 1834.

『宋史』, (元)脫脫等, 點校本, 北京：中華書局, 1977.

『周書』, (唐)令狐德棻等, 點校本, 北京：中華書局, 1971.

『明史』, (清)張廷玉等, 點校本, 北京：中華書局, 1974.

『明實錄』, 黃彰健校勘, 台北：中央研究院歷史語言研究所, 1984.

『直隷理番廳志』, (清·同治), 吳羹梅·周祚嶧修纂, 1866.

『帝王世紀』, (晉)皇甫謐, 北京：中華書局, 1985.

『後漢書』, (劉宋)范曄, 點校本, 北京：中華書局, 1965.

『茂州志』, (清·道光), 楊迦懌等編, 1831.

『茂邊記事』, (明)朱紈, 叢書集成續編, 上海：上海書局, 1994.

『晉書』, (唐)房玄齡等, 點校本, 北京：中華書局, 1974.

『國語』, 四部備要, 台北：中華書局, 1981.

『華陽國志』, (晉)常璩, 台北：台灣商務印書館, 1979.

『隋書』, (唐)魏徵, 點校本, 北京：中華書局, 1973.

『新唐書』, (宋)歐陽修·宋祁, 點校本, 北京：中華書局, 1975.

『萬曆武功錄』, (明)瞿九思, 成都：巴蜀書社, 1993.

『蜀王本紀』, (漢)揚雄, 全上古三代秦漢三國六朝文, 卷53, 北京：中華書局, 1958.

『漢書』, (漢)班固, 點校本, 北京：中華書局, 1962.

『禮記』, 十三經注疏本, 台北：藝文印書館, 1955.

『舊唐書』, (後晉)劉昫, 點校本, 北京：中華書局, 1975.

## 2. 일반 중국어 문헌

文物編輯委員會,『文物考古工作三十年』, 北京:文物出版社, 1979.

王明珂,「誰的歷史－自傳·傳記與口述歷史的社會記憶本質」,『思與言』, 34-35, 1996.

_____,『華夏邊緣－歷史記憶與群族認同』, 台北:允晨文化出版公司, 1997.

_____,「羌族婦女服飾－一個「民族化」過程的例子」,『歷史語言研究所集刊』, 69-4, 1998.

_____,「歷史事實·歷史記憶與歷史心性」,『歷史研究』5, 2001.

_____,「起源的魔力及相關探討」,『語言的暨語言學』, 2-1, 2001.

_____, 「論攀附:近代炎黃子孫國族建構的古代基礎」,『中央研究院歷史語言所集刊』, 73-3, 2002.

王桐齡,『中國民族史』, 台北:華世出版社, 1977重印, 1944.

冉光榮·李紹明·周錫銀,『羌族史』, 成都:四川人民出版社, 1984.

北川縣志編纂委員會,『北川縣志』, 北京:方志出版社, 1996.

北川縣政協文史資料委員會 編,『北川羌族資料選集』, 北川:北川縣政協文史資料委員會, 1991.

四川省松理懋茂汶屯殖督辦署,「松·理·懋·茂·汶」五縣三屯情況調查」, 出版資料不詳.

四川省大禹研究會編,『大禹研究文集』, 北川:四川省大禹研究會, 1991.

四川省阿壩藏族羌族自治州文化局 編,『羌族故事集』, 馬爾康:阿壩藏族羌族自治州文化局, 1989.

四川省編輯組,『羌族社會歷史調查』, 四川省社會科學院出版社, 1986.

白川靜,『羌族考』甲骨金文學論叢 第九冊, 1958.

石泰安, 耿升 譯,『川甘青藏走廊古部落』, 成都:四川民族出版社, 1992.

印順法師,『中國古代民族神話與文化之研究』, 台北:華岡出版公司, 1975.

安應民,『吐蕃史』, 銀川:寧夏人民出版社, 1989.

呂思勉,『中國民族史』(北京:東方出版社, 1996重印), 1934.

李亦園,「漢化·土著化或社會演化:從婚姻·居住與婦女看漢人與少數民族之關係」,『從周邊看漢人的社會與文化』, 黃應貴·葉春榮編, 台北:中研院民族所, 1997.

李海鷹等,『四川省苗族·傈僳族·傣族·白族·滿族社會歷史調查』, 成都:四川省社會科學院, 1985.

李紹明,「論岷江上遊石棺葬的分期與民屬」,『李紹明民族學文選』, 1995.

李學勤,『殷代地理簡論』, 北京:科學出版社, 1959.

沈仲常,「從考古資料看羌族的白石崇拜遺俗」,『考古與文物』6, 1982.

沈松橋,「我以我血薦軒轅:黃帝神話與晚清的國族建構」,『台灣社會研究季刊』28, 1997.

周發賢·王長益,「'爍羅古國'初解」,『西羌文化』創刊號, 1996.

松岡正子,『チャン族と四川チベット チ族』, 東京:ゆまに書房, 2000.

林向,「羌戈大戰的歷史分析」,『四川大學學報叢刊』20, 1983.

林惠祥,『中國民族史』, 上海:商務印書館, 1936.

阿壩藏族羌族自治阿壩州志編纂委員會 編,『阿壩州志』, 成都:民族出版社, 1994.

姚薇元,「藏族考源」,『邊政公論』3-1, 1944.

胡鑒民,「羌族的信仰與習為」,『邊疆研究論叢』(採自李紹明, 程賢敏 編,『西南民族研究論文選』, 成都：四川大學出版社, 1991), 1941.

_____,「羌民的經濟活動形式」,『民族學研究集刊』4, 1944.

夏鼐,「臨洮寺洼山發掘記」,『中國考古學報』4, 1949.

孫宏開,「川西民族走廊地區的語言」,『西南民族研究』, 成都：四川民族出版社, 1983.

_____,「試論'邛籠'文化與羌語支語言」,『民族研究』2, 1986.

孫曉芬,『清代前期的移民塡四川』, 成都：四川大學出版社, 1997.

島邦男, 溫天河·李壽林 譯,『殷虛卜辭研究』, 台北：鼎文書局, 1975.

徐中舒,「夏商之際夏民族的遷徙」, 李紹明·程賢敏 編,『西南民族研究論文選』, 成都：四川大學出版社, 1991.

徐旭生,『中國古史的傳說時代』, 北京：科學出版社, 1962.

祝世德等修,『汶川縣志』, 台北：成文出版社影印出版, 1944.

馬長壽,『氐與羌』, 上海：人民出版社, 1984.

_____,『碑銘所見前秦至隋初的關中部族』, 北京：中華書局, 1985.

陝西周原考古隊,「扶風劉家羌戎墓葬發掘簡報」,『文物』7, 1984.

張茂桂,『族群關係與國家認同』, 台北：業強出版社, 1993.

教育部蒙藏教育司,『川西調查記』, 教育部蒙藏教育司出版, 1943.

莊學本,『羌戎考察記』, 上海：上海良友圖書公司, 1937.

_____,『夷族調查報告』, 國立北京大學中國民族學會民俗叢書專號 2, 民族篇 26, 西康省政府印行, 1941.

陳志良,「禹與四川的關系」,『說文月刊』, 3-9, 1943.

陳夢家,『殷虛卜辭綜述』, 北京：中華書局, 1992.

章炳麟,『檢論·序種姓』, 上海市：右文社, 1919.

梁啓超,『中國歷史研究法』(上海：上海商務印書館), 1924.

傅崇矩·徐湘等修纂,『松潘縣志』, 1924.

傅斯年,「姜原」,『國立中央研究院歷史語言所集刊』, 2-1, 1930.

森安太郎, 王孝廉譯,『中國古代神話研究』, 台北：地平線出版社, 1979.

湯開建,「党項風俗述略」,『西北民族研究』試刊號, 1986.

華企雲,『中國邊疆』, 新亞細亞叢書邊疆研究之二, 上海：新亞細亞月刊社, 1932.

費孝通,「中華民族的多元一體格局」,『北京大學學報：哲學社會科學版』, 4, 1989.

楊鈞衡·黃尙毅等修纂,『民國北川懸志』, 成都：巴蜀書社, 1992.

鄒衡,「論先周文化」,『夏商周考古學論文集』, 北京：文物出版社, 1980.

聞宥,「川西羌語的初步分析」,『華西大學中國文化研究所集刊』, Studia Serica 2, 1941.

編輯委員會,『大熊猫的故鄕－中國汶川』, 汶川：汶川縣人民政府出版, 1997.

蒙文通,『周秦少數民族研究』, 上海：龍門聯合書局, 1958.

劉師培,『中國民族志』, 台北：中國民族學會, 1905.

盧丁·工藤元男 主編, 『羌族歷史文化硏究』, 中國西部南北遊牧文化走廊硏究報告之一, 成都 : 四川
　　　人民出版社, 2000.
黎光明·王元輝, 『猼㺉子, 汶川的土民, 汶川的羌民』, 川康民族調查報告之三, 台北 : 中央硏究院歷
　　　史語言硏究所, 未刊手稿. 1929.
錢穆, 「周初地理考」, 『燕京學報』 10, 1931.
羅香林, 「夏民族發祥於岷江流域說」, 『說文月刊』, 3-9, 1943.
饒宗頤, 「西南文化」, 『中央硏究院歷史語言所集刊』, 46-1, 1974.
顧頡剛, 「四嶽與五嶽」, 『史林雜識初編』, 北京 : 中華書局, 1962.
_____, 「從古籍中探索我國的西部民族－羌族」, 『科學戰線』 1, 1980.

## 3. 서양어 참고문헌

Ahern, Emily M., "The Power and Pollution of Chinese Women", in Margery Wolf and
    Roxane Witke ed., *Women in Chinese Society*, Stanford : Stanford University Press,
    1975.

Anderson, Benedict, *Imagined Communities*, rev. edition, London : Verso, 1991.

Appadurai, Arjun, *The Social Life of Things : Commodities in Cultural Perspective*, Cambridge :
    Cambridge University Press, 1986.

Banks, Marcus, *Ethnicity : Anthropological Constructions*, London : Routledge Press, 1996.

Barkan, Elazar · Marie-Denise Shelton, ed., *Borders, Exiles, Diasporas*, Stanford : Stanford
    University Press, 1998.

Barth, Fredrik, ed., *Ethnic Groups and Boundaries*, London : George Allen & Unwin, 1969.

Bartlett, F. C., *Remembering : A Study in Experimental and Social Psychology*, Cambridge :
    Cambridge University Press, 1932.

Bayly, C. A., "The Origins of Swadeshi(home industry) : Cloth and Indian Society,
    1700~1930", chap. in Arjun Appadurai ed. *The Social Life of Things : Commodities in
    Cultural Perspective*, Cambridge : Cambridge University Press, 1986.

Blackburn, Stuart H., *Singing of Birth and Death : Texts in Performance*, Philadelphia :
    University of Pennsylvania Press, 1988.

Bloch, M., "The Past and the Present in the Present", *Man* 12, 1997.

Boserup, E., *Women's Role in Economic Development*, London : Allen and Unwin Press, 1970.

Bourdieu, Pierre, trans. by Richard Nice, *Distinction : A Social Critique of the Judgement of Taste*,
    London : Routledge & Kegan Paul, 1984.

_____, *Outline of a Theory of Practice*, trans. by Richard Nice, Cambridge :
    Cambridge University Press, 1997.

Briggs, Robin, *Witche & Neighbors*, New York : Penguin Books, 1996.

Chapman, Malcolm, *The Celts : the Construction of a Myth*, New York : Macmillan Press, 1992.

Chartier, Roger, *Cultural History : Between Practices and Representations*, trans. by Lydia G.
    Cochrane, Cambridge : Polity Press, 1988.

Chatterjee, Partha, *The Nation and Its Fragments : Colonial and Postcolonial Histories*, Princeton :
    Princeton University Press, 1993.

Cook, T., "The Independent Lolo of Southwest Szechwan", *Journal of the West China Border
    Research Society*, 8, 1936.

Crossley, Pamela, "Thinking about Ethnicity in Early Modern China", *Late Imperial China*,
    11-1, 1990.

Darnton, Robert, *The Great Cat Massacre and Other Episodes in French Cultural History*, New York

: Basic Books, 1984.

Despres, Leo A., *Ethnicity and Resource Competition in Plural Societies*, Paris : Mouton Publishers, 1975.

Diamond, N., "Defining the Miao", in Stevan Harrell ed., *Cultural Encounters on China's Ethnic Frontiers,* Seattle : University of Washington Press, 1995.

Douglas, Mary, *Purity and Danger : An Analysis of Concepts of Pollution and Taboo*, London : Routledge & Kegan Paul, 1966.

Duara, Prasenjit, *Rescuing History from the Nation : Questioning Narratives of Modern China*, Chicago : The University of Chicago Press, 1995.

Dumont, Louis, *Home Hierarchicus : The Caste System and Its Implications*, complete revised English edition Chicago : The University of Chicago Press, 1980.

Elias, Norbert, *The Established and the Outsiders : A Sociological Enquiry into Community Problems*, London : SAGE Publications, 1965, 1994.

Ginzburg, Carlo, *The Night Battles : Witchcraft and Agrarian Cults in the Sixteenth and Seventeenth Centuries*, trans. by John and Anne Tedeschi (Baltimore : The Johns Hopkins University Press, 1966, 1983.

Girard, René, *Violence and Sacred*, trans. by Patrick Gregory, Baltimore : The Johns Hopkins University Press, 1977.

_____, *The Scapegoat*, trans. by Yvonne Freccero, Baltimore : The Johns Hopkins University Press, 1986.

_____, "Generative Scapegoating", and "Discussion", in Robert G. Hamerton-Kelly ed. *Violent Origins*, Stanford : Stanford University Press, 1987.

Gladney, Dru C., *Muslim Chinese : Ethnic Nationalism in the People's Republic*, Cambridge : Council of East Asian Studies, Harvard University Press, 1991.

_____, "Representing Nationality in China : Refiguring Majority / Minority Identities", *The Journal of Asian Studies*, 53-1, 1994.

Goderlier, Maurice · Marilyn Strathern ed., *Big Men and Great Men : Personifications of Power in Melanesia*, Cambridge : Cambridge University Press, 1991.

Goody, Jack, *Production and Reproduction : A Comparative Study of the Domestic Domain*, Cambridge : Cambridge University Press, 1976,

Gould, R. A., *Living Archaeology*, Cambridge : Cambridge University Press, 1980.

Graham, David C., *The Customs and Religions of the Ch'iang*, City of Washington : Smithsonian Institution, 1958.

Harrell, Stevan ed., *Cultural Encounters on China's Ethnic Frontiers*, Seattle : University of Washington Press, 1995.

Harrell, Stevan, "The History of the History of the Yi", in Stevan Harrell ed., *Cultural Encounters on China's Ethnic Frontiers*, Seattle : University of Washington Press, 1995.

Hill, Jonathan D. ed., *Rethinking History and Myth : Indigenous South American Perspectives on the Past*, Chicago : University of Illinois Press, 1988.

Hobsbawm, Eric and Terence Ranger ed., *The Invention of Tradition*, Cambridge : Cambridge University Press, 1983.

Hoskins, Janet, *The Play of Time : Kodi Perspectives on Calendars, History, and Exchange*, Berkeley : University of California Press, 1993.

Hsu, Cho-yun · Katheryn M. Linduff, *Western Chou Civilization*, New Haven : Yale University Press, 1988.

Irwin Paul, *Liptako Speaks : History from Oral Tradition in Africa*, Princeton : Princeton University Press, 1981.

Isaacs, Harold R., *Idols of the Tribe : Group Identity and Political Change*, Cambridge, Mass : Harvard University Press, 1989.

Keyes, Charles ed., "Towards a New Formulation of the Concept of Ethnic Group", *Ethnicity*, 3, 1976.

Le Goff, Jacques, *Time, Work, & Culture in the Middle Ages*, trans. by Arthur Goldhammer, Chicago : The University of Chicago Press, 1980.

_____, trans. by Steven Rendall · Elizabeth Claman, *History and Memory*, New York : Columbia University Press, 1977, 1992.

Litzinger, Ralph A., "Contending Conceptions of the Yao Past", in Stevan Harrell ed., *Cultural Encounters on China's Ethnic Frontiers*, Seattle : University of Washington Press, 1995.

McAll, Christoper, *Class, Ethnicity, and Social Inequality*, London : McGill-Queen's University Press, 1990.

Mackerras, Colin, *China's Minorities : Integration and Modernization in the Twentieth Century*, Hong Kong : Oxford University Press, 1994.

Maine, Henry S., *Ancient Law : Its Connection with the Early History of Society and Its Relation to Modern Ideas*, USA : Dorset Press, 1861, 1986.

Michaelsen, Scott · David E. Johnson ed., *Border Theory : The Limits of Cultural Politics*, Minneapolis : University of Minnesota Press, 1997.

Miller, Joseph ed., *The African Past Speaks*, Hamden, CT : Archon, 1980.

Moerman, Michael, "Ethnic Identification in a Complex Civilization : Who are the Lue?", *American Anthropologist* 67, 1965.

Nagata, J., "What is a Malay? Situational Selection of Ethnic Identity in a Plural Society", *American Ethnologist*, 1-2, 1974.

Obeyesekere, Gananath, *The Apotheosis of Captain Cook : European Mythmaking in the Pacific*, Princeton : Princeton University Press, 1992.

Popular Memory Group, "Popular Memory : Theory, Politics, Method", in Richard Johnson et. al ed. *Making History*, Minneapolis : University of Minnesota Press, 1982.

Pulleyblank, E. G., "The Chinese and their Neighbors in Prehistoric and Early Historic Times" in David N. Keightley ed., *The Origins of Chinese Civilization*, Berkeley : University of California Press, 1983.

Rappaport, Joanne, *The Politics of Memory : Native Historical Interpretation in the Colombian Andes*, Cambridge : Cambridge University Press, 1990.

Reynolds, Dwight Fletcher, *Heroic Poets, Poetic Heroes : The Ethnography of Performance in An Arabic Oral Epic Tradition*, Ithaca : Cornell University Press, 1995.

Rex, John, *Race Relations in Sociological Theory*, second edition, London : Routledge & Kegan Paul, 1983.

Robinson, Roy, "Cat", in Ian L. Mason ed., *Evolution of Domesticated Animals*, London : Longman Group Limited, 1984.

Roosens, Eugene E., *Creating Ethnicity : The Process of Ethnogenesis*, London : Sage Publications, 1989.

Rosaldo, Renato, *Iloggot Headhunting 1883-1974 : A Study in Society and History*, Stanford : Stanford University Press, 1980.

_____, *Culture and Truth : The Remaking of Social Analysis*, Boston : Beacon Press, 1993.

_____, "Anthropological Commentary", in Robert G. Hamerton-Kelly ed., *Violent Origins*, Stanford : Stanford University Press, 1987.

Royce, Anya Peterson, *Ethnic Identity : Strategies of Diversity*, Bloomington : Indiana University Press, 1982.

Sahlins, Marshall D., *Stone Age Economics*, New York : Aldine Publishing Company, 1972.

_____, *Historical Metaphors and Mythical Realities*, Ann Arbor : The University of Michigan Press, 1981.

_____, *Islands of History*, Chicago : The University of Chicago, 1985.

Schechner, Richard and Willa Appel, *By Means of Performance : Intercultural Studies of Theatre and Ritual*, Cambridge : Cambridge Press, 1990.

Scott, James C., *The Moral Economy of the Peasant : Rebellion and Subsistence in Southeast Asia*, New Haven : Yale University Press, 1976.

Silverman, Marilyn · P. H. Gulliver, *Approaching the Past : Historical Anthropology through Irish Case Studies*, New York : Columbia University Press, 1992.

Smith, Anthony D., *The Ethnic Origins of Nations,* New York : Basil Blackwell, 1987.

Stevenson, P. H., "The Chinese-Tibetan Borderland and Its People", *China Journal* 6-4
·5·6, 1927.

Thompson, Paul, *The Voice of the Past,* second edition, New York : Oxford University
Press, 1988.

Thompson, Richard H., *Theories of Ethnicity : A Critical Appraisal,* New York : Greenwood
Press, 1989.

Tonkin, Elizabeth, Maryon McDonald and Malcolm Chapman ed., *History and Ethnicity,*
London : Routledge, 1989.

Torrance, Thomas, *The History, Customs and Religion of the Ch'iang,* Shanghai : Shanghai
Mercury, Ltd., 1920.

_____, *China's First Missionaries : Ancient Israelites,* London : Thynne & Co,
Ltd., 1937.

Turner, Terence, "Ethno-Ethnohistory : Myth and History in Native South American
Representations of Contact with Western Society", in Jonathan D. Hill ed.,
*Rethinking History and Myth : Indigenous South American Perspectives on the Past,* Chicago :
University of Illinois Press, 1988.

Turner, Victor, *The Anthropology of Performance,* New York : PAJ Publications, 1987.

Weller, Robert P., "Bandits, Beggars, and Ghosts : The Failure of State Control over
Religious Interpretation in Taiwan", *American Ethnologist,* 112, 1985.

White, Geoffrey M., *Identity though History : Living Stories in a Solomon Islands Society,* Cambridge
: Cambridge University Press, 1991.

Willis, Roy, *A State in the Making : Myth, History and Social Transformation in Pre-Colonial Ufipa,*
Bloomington : Indiana University Press, 1981.

Wolf, Eric, *Europe and the People without History,* Berkeley : University of California Press,
1982.

Yalman, Nur, "On the Purity of Women in the Castes of Ceylon and Malabar", *Journal
of the Royal Anthropological Institute* 93-1, 1963.